LA MEDIACIÓN PENAL
Problemática y soluciones

Juan Antonio Cruz Parra

A Ana

La Mediación Penal.
Problemática y soluciones
Juan Antonio Cruz Parra

Editado por:
AUTOPUBLICACIONLIBROS.COM
Calle Mirlo, 4
18101, Belicena, Granada
España
info@autopublicacionlibros.com

Impreso en España
ISBN: 978-84-16157-99-0
Depósito Legal: SE 764-2014

CONTENIDO

TABLA DE ABREVIATURAS Y SIGLAS

§: Parágrafo
AA.VV. Autores varios
AAP: Auto de Audiencia Provincial
AC: Antes de Cristo
AE-WGM: *Alternativ-Entwurf Wiedergutmanchung,* Proyecto Alternativo sobre Reparación de 1992
ALECr: Anteproyecto de Ley de Enjuiciamiento Criminal
AP: Audiencia Provincial
ATC: Auto del Tribunal Constitucional
ATS: Auto del Tribunal Supremo
BCPP: Borrador de Código Procesal Penal
BGBl: *Bundesgesetzblatt,* Boletín legislativo oficial de la República Federal de Alemania
BOCG: Boletín Oficial de las Cortes Generales.
BOE: Boletín Oficial del Estado
CC: Código Civil
CE: Constitución Española
CI: Constitución Italiana
CGPJ: Consejo General del Poder Judicial
CP: Código Penal
CPP: Código procesal penal
CPPF: Código de Procedimiento Penal francés
Coord: Coordinador
DC: Después de Cristo
DR: Diário da República, Boletín legislativo oficial de la República de Portugal
DRAE: Diccionario de la Real Academia Española
DGPJ: *Direção-Geral da Política de Justiça* (Portugal)
Dir: Director
DM: Decisión Marco
ECOSOC: Consejo Económico y Social de Naciones Unidas.
Ed: Editor
EM: Exposición de Motivos
EOMF: Ley 50/1981, de 30 de diciembre, por la que se regula el Estatuto Orgánico del Ministerio Fiscal
EDJ: Base de jurisprudencia de El Derecho Editores
ET AL: *Et alii* (y otros)
FGC: *Family Group Conferencing,* Conferencias Familiares.
FGE: Fiscalía General del Estado
FJ: Fundamento jurídico
GEMME: Grupo Europeo de Magistrados por la mediación
GRAL: Gabinete de Resolución Alternativa de Conflictos (Portugal)
JR: justicia restaurativa
KK: *Kodeks Karny,* Código Penal polaco
KPK: *Kodeks Postepowania Karnego,* Código de Procedimiento Penal Polaco
L: Ley
LECr: Ley de Enjuiciamiento Criminal
LO: Ley orgánica

LOGP: Ley Orgánica 1/1979, de 26 de septiembre, General Penitenciaria
LOPJ: Ley Orgánica 6/1985, de 1 de julio, del Poder Judicial
LORPM: Ley Orgánica 5/2000, de 12 de enero, Reguladora de la Responsabilidad Penal de los Menores
MF: Ministerio Fiscal
ODAC: Oficina de denuncias (en las Comisarías del Cuerpo Nacional de Policía)
ONNUD: Oficina de las Naciones Unidas contra la Droga y el Delito
RAE: Real Academia Española
RD: Real decreto
RDL: Real decreto Ley
RRPM: RD 1.774/2004, de 15 de julio, por el que se aprueba el Reglamento de desarrollo de la LORPM
SAP: Sentencia de la Audiencia provincial
STC: Sentencia del Tribunal Constitucional
STJUE: Sentencia del Tribunal de Justicia de la Unión Europea
StGB: *Strafgesetzbuch,* Código Penal alemán
StPO: *Strafprozeßordnung,* Código Procesal Penal alemán
STS: Sentencia del Tribunal Supremo
TC: Tribunal Constitucional
TJUE: Tribunal de Justicia de la Unión Europea
TOA: *Täter-Opfer-Ausgleich,* sistema germano de compensación autor-víctima
Trad: Traducción
TS: Trbunal Supremo
TSJ: Tribunal Superior de Justicia
UCPCP: Unidad Central de Participación Ciudadana y Programas del Cuerpo Nacional de Policía.
UE: Unión Europea
UGR: Universidad de Granada
URJC: Universidad Rey Juan Carlos

Es fuerza ser enemigo de los enemigos del padre o pariente, y amigo de sus amigos. Pero no duran, sin poderse aplacar, las enemistades; porque todos los agravios, y aun el homicidio, se recompensan con cierto número de ganado, y toda la familia recibe la satisfacción, cosa muy útil para el bien público, porque las enemistades entre hombres que viven en libertad son más peligrosas.

Tácito, *Germania,* XXI.

Presentación

Comencemos reconociendo una cosa: la mediación despierta nuestra curiosidad, aunque solo sea para saber, por fin, qué es. Y es que la mediación está de moda, una moda que, como todas, demostrará con el tiempo su fuerza o debilidad. Cada día cuenta con más adeptos, florecen los cursos de formación para mediadores y se recitan sus laudes como método aplicable a las más disímiles desavenencias: familiares, mercantiles, laborales, incluso penales. La palabra "mediación" se ha terminado imponiendo en nuestro vocabulario, sin embargo pocas veces se emplea correctamente; hasta quienes la ejercen (o creen hacerlo) caen a menudo en el error de confundirla con términos afines, pero de diferente significado.

Nos ha tocado vivir tiempos propensos a la aparición de nuevos paradigmas[1]. Nadie trabaja como antes, ya nada es como antes y todo parece estar en crisis. El Estado social sucumbe a la voracidad de la globalización financiera y el ideal keynesiano, que intentaba congeniar el crecimiento económico con una mejor distribución de la riqueza, languidece en el baúl de los recuerdos. Pero las crisis son el mejor ingrediente para la aparición de nuevas ideas.

En el ámbito del Derecho, la herencia ilustrada se enfrenta al desgaste de más de dos siglos de utilización como fundamento de toda nuestra actividad jurídica. La matemática correlación hecho-pena de los códigos decimonónicos tenía una clara misión: que la respuesta de la ley fuera igual de previsible, rápida y contundente frente a todo aquel que la quebrantase. Al ciudadano, por su propio bien, no se le preguntaba: se habían padecido durante demasiados siglos los excesos y arbitrariedades del Estado absolutista y no cabía permitir excepciones en la individualización del Derecho. Sin embargo, hoy el jurista mira con cierto desencanto los triunfos de la modernidad ilustrada. Como el de la pretendida igualdad, que, luego de tanto tiempo de su proposición, no

[1] Sobre los conceptos de paradigma y cambio de paradigma, vid. la obra, ya clásica, de KUHN, T. S., *La estructura de las revoluciones científicas* (trad. de Agustín Contín, originalmente publicado en inglés, con el título *The structure of scientific revolutions*. University of Chicago Press, Chicago, 1962). Fondo de Cultura Económica, México D. F., 1971. El autor considera las crisis el elemento indispensable para que surjan los nuevos paradigmas.

termina de verificarse, en un sistema que parece perseguir con mayor encono el hurto del monedero de la señora sentada en el parque que las estafas financieras multimillonarias, para las que no fue diseñado.

En el campo de la Antropología, las corrientes inspiradas en el naturalismo nos han propuesto echar la vista atrás, volver a los orígenes[2]. No siempre las palabras "civilización" y "progreso" confirman el significado que les da el diccionario, conclusión a la que se llega nada más abrir un periódico o encender la televisión. Acaso lo que entendemos por progresar y civilizar no ha sido más que un pretexto, inventado en Occidente, para llamar salvajes a otras culturas y así legitimar su conquista y explotación[3]. Estas corrientes antropológicas han escarbado en las arenas de la memoria para mostrarnos la existencia de ciertas prácticas protosociales a las que tal vez merecería la pena despertar de su inmemorial letargo. Esa es la proposición, en esencia, de la llamada justicia restaurativa.

En el terreno de la Psicología, el paradigma de lo racional está dejando paso al de lo emocional. Hoy se acepta que no es solo es inteligente el capaz de conocer y analizar datos con facilidad, sino también el que posee las habilidades necesarias para percibir e identificar los sentimientos e inquietudes de los demás. Este apego por la denominada "inteligencia emocional" pondera positivamente al mediador frente al juez, que sería el prototipo de "inteligencia racional"[4]. Y, en las relaciones sociales, si la ética individualista de la cultura

---

[2] Desde la antropología moderna se nos ha hecho ver que, no existen grandes diferencias entre la mentalidad del hombre primitivo y la nuestra y que, en ciertos aspectos, aquel era tan avanzado o más que nosotros. Vid., BOAS, F., *Cuestiones fundamentales de antropología cultural* (trad. de Susana W. De Ferdkin, originalmente publicado en inglés, *The mind of primitive man,* The Macmillan Co., New York 1911, también publicada en otras ediciones en español con el título *La mentalidad del hombre primitivo*), Ediciones Solar, Buenos Aires, 1964; BOHANNAN, P., *Para raros, nosotros* (trad. de M. Linares García, originalmente publicado en inglés, *We, the alien, Waveland Press,* Long Grove, Illinois,1992). Akal, Madrid, 1996; HENDLER, E. S., *Las raíces arcaicas del Derecho Penal,* Editores del Puerto, Buenos Aires, 2009; LÉVI-STRAUSS, C., *El pensamiento salvaje* (trad. de Francisco González Aramburo, originalmente publicado en francés, *La pensée sauvage,* Plon, París, 1962), Fondo de Cultura Económica, México D. F., 1964.

[3] GARRIDO FERRADANES, F., *"El devenir de la modernidad. Crisis del paradigma y acercamiento a una nueva epistemología social"*, en *Aposta. Revista de Ciencias Sociales,* nº 1, 2003, p. 3. El autor utiliza la expresión *"etnocentrismo expansivo de la sociedad occidental"*.

[4] ROLDÁN BARBERO, H.,*"La mediación penal: entre el orden legal y la voluntad de mejorar"*, en *Revista Penal,* nº 11, 2003, p. 130. Sobre la inteligencia emocional, vid. GOLEMAN, D., *La inteligencia emocional,* 19º edición (originalmente publicado en inglés, bajo el título *Emotional*

occidental moderna significó un gran avance por su oposición al sistema de castas del feudalismo, ahora los pensadores inciden en la necesidad de que libertad individual y conciencia social se compadezcan, para lo que serán necesarios nuevos procesos e instituciones[5].

Todo lo anterior ha sustanciado un caldo de cultivo favorable a la eclosión de los llamados ADR (*alternative dispute resolution*), acrónimo que agrupa a toda una serie de instrumentos, técnicas o medios utilizados para resolver las disputas nacidas de las relaciones sociales con relevancia jurídica[6], los cuales aspiran a reemplazar el paradigma de la decisión judicial por el del compromiso entre los afectados. Estos sistemas, entre los que se encuentra la mediación, no paran de sumar partidarios en el ámbito educativo, en el mundo de los negocios y en el Derecho de familia. Pero la gran pregunta es si podemos recurrir a soluciones de semejante naturaleza en el terreno del Derecho penal, tradicionalmente indisponible para las partes. En los países angloamericanos, menos encorsetados en el testamento ilustrado[7], desde los años 70 del pasado siglo se viene avanzando en la aplicación de antiguas fórmulas comunitarias a determinadas manifestaciones delictivas, lo que arriba anunciábamos se ha dado en llamar justicia restaurativa. Sin embargo, nuestra concepción del Derecho penal como *ius cogens* niega la composición negociada del conflicto criminal, aunque este "no" queda cada vez más lejos de ser absoluto, pues, como veremos, la posibilidad de archivar las causas de poco calado por razones

---

intelligence, Bantam Books, New York, 1995). Barcelona, 1997. Dicha obra supuso un tremendo éxito editorial en todo el mundo occidental y es ya un clásico sobre el tema.

5 Cfr. FOLGER, J. P., BUSH, R. B., *La promesa de mediación* (trad. de Aníbal Leal, originalmente publicado en inglés, *The promise of mediation*, Jossey-Bass Publishers, San Francisco, 1994). Granica, Barcelona, 1996, p. 23.

6 OROZCO PARDO, G., *"Notas acerca de la mediación"*, en *Revista de la Facultad de Derecho de Granada*, nº 5, 2002, p. 741.

7 El sistema legal de los países anglosajones es sensiblemente diferente al de los de Europa continental, por cuanto, a las exigencias ilustradas de certeza y taxatividad de las leyes, no se les dio el mismo carácter "sagrado" que en los países de nuestro entorno, probablemente, como explican ORTUÑO y HERNÁNDEZ, porque *"la reacción contra la clase dominante ya se había producido tiempo atrás en el mundo anglosajón la experiencia fue distinta, puesto que la pérdida de los privilegios de la aristocracia con la Revolución de Cromwell, cien años antes de la francesa, la gestación de la Commonwealth, y el desarrollo del impulso democrático en las colonias inglesas, fortalecieron un sistema popular de justicia muy distinto, que hasta hoy conserva sus peculiaridades respecto al sistema continental europeo. La extracción popular y democrática de los jueces (frente a los que imponía la Corona), y su prestigio profesional y social, determinó que no existiera una dependencia tan rigurosa de la ley escrita"* (ORTUÑO MUÑOZ, J. P., HERNÁNDEZ GARCÍA, J., *Sistemas alternativos a la resolución de conflictos (ADR): la mediación en las jurisdicciones civil y penal*. Fundación Alternativas, Madrid, 2007, p.19).

de oportunidad se abre paso ineluctablemente en los Ordenamientos continentales.

A su vez la doctrina, especialmente la alemana -probablemente por influencia del Derecho tradicional germánico[8]-, lleva largo tiempo trabajando en la integración de la solución reparadora en el modelo penal, bien como circunstancia determinante del abandono de la acusación pública, bien como sustitutivo o equivalente de la intervención punitiva. Estos afanes académicos nos ayudarán a apuntalar el andamiaje teórico de la mediación como figura que necesariamente ha de concebirse, a este lado del Atlántico, como un espacio procesal o, si se quiere, paraprocesal, pero dentro del sistema de justicia, a la sombra de los tribunales[9].

Durante mis años de ejercicio profesional en la Policía Nacional he aprendido mucho acerca de la infinidad de infracciones penales que pueden obtener una respuesta satisfactoria para las partes en conflicto sin necesidad de tramitar un proceso judicial. Son muchas las desavenencias que, dicho en nuestro argot, se solucionan mediante "presencia policial", expresión aparentemente simple que los agentes estampan en el parte de intervención, pero que a veces encierra toda una mediación informal llevada a cabo entre personas enfrentadas. Si agentes sin formación específica en la materia consiguen a menudo solucionar conflictos "en caliente", cabe imaginar lo que podría lograrse a través del trabajo de mediadores profesionales que contactasen con los protagonistas del suceso, días después de acontecido el hecho, cuando todo se ve ya "de otra manera".

---

[8] La trascendencia de la reparación como institución jurídica de los pueblos germánicos ya fue documentada por Cayo Cornelio TÁCITO, en *De las costumbres, sitios y pueblos de la Germania*, XII y XXI (originalmete escrito en latín, *De origine et situ Germanorum*, hacia 98 DC), edición de *El Cid Editor*, Barcelona, 2004, pp. 4-5 y 11. Vid. también, JESCHECK, H. H., WEIGEND, T., *Tratado de Derecho Penal. Parte General* (trad. de Miguel Olmedo Cardenete, originalmente publicado en alemán, *Lehrbuch des Strafrechts: All.* Duncker u. Humblot, Berlín, 1996). Comares, Granada, 2002, pp. 97 ss.; MEZGER, E., *Derecho penal. Libro de estudio, parte general* (trad. de Conrado A. Finzi, originalmente publicado en alemán, *Strafrecht - Ein Studienbuch*, 6º ed., Beck, Munich-Berlin, 1955). Editorial Bibliográfica Argentina, 1958, p. 32; WELZEL, H., *Derecho Penal. Parte General* (trad. de Carlos Fontán Balestra, o riginalmente publicado en alemán, *Das deutsche Strafrecht: eine systematische Darstellung*, De Gruyter, Berlín, 1956), Roque de Palma, Buenos Aires, 1956, pp. 13-14.

[9] ORTUÑO MUÑOZ, J. P., HERNÁNDEZ GARCÍA, J., *Sistemas alternativos a la resolución de conflictos (ADR)...*, op. cit., p. 70.

También me ha servido de inspiración coordinar, en unión de mi compañero, el Inspector Jefe don José Cano Ariza, la experiencia en materia de mediación policial que, bajo la égida de la Universidad de Granada, viene desarrollándose desde hace tres años en la sede de la Jefatura Superior de Policía de Andalucía Oriental, en la que alumnos en prácticas del Máster de Mediación, dirigido por el Catedrático de Derecho Civil don Guillermo Orozco Pardo, están obteniendo resultados verdaderamente alentadores, gracias a su compromiso personal con esta forma de resolución pacífica de conflictos.

Si tuviera que resumir todo este bagaje en una sola frase, diría que las personas necesitan ser escuchadas. Pero nuestro sistema de justicia no escucha a las personas, pues, como en el caso de las estafas multimillonarias, tampoco fue diseñado para ello. Resulta sorprendente lo reconfortante que puede llegar a ser, para quien ha sido víctima de una agresión, que alguien se siente a su lado y le ayude a expresar su padecimiento en un marco de intimidad y libertad. Dentro del servicio puesto en marcha en nuestra Comisaría hemos recibido, incluso en mediaciones que no han terminado en acuerdo, numerosas muestras de gratitud de personas que, como mínimo, se marchaban con un mejor estado anímico merced a la atención recibida. Pero este espacio abierto a la comunicación de sentimientos y puntos de vista no es la única ventaja que la mediación proporciona frente al proceso tradicional. En determinadas infracciones, la mediación posibilita la reparación del daño de manera mucho más rápida y eficaz, amén de menos traumática, tanto para la víctima como para el victimario, todo lo cual me hace creer firmemente en su integración en el esquema penal español.

Si bien es cierto que no siempre fue así, el Derecho penal lleva siglos negando a los particulares la capacidad de resolver por sí solos sus desavenencias, y no es fácil ni conveniente destruir concepciones tan arraigadas de un día para otro: "*en las cosas difíciles no cabe esperar que uno pueda a un tiempo sembrarlas y también cosecharlas, sino que la obra necesita de su preparación para madurar paso a paso*"[10]; con esta frase comenzaba el opúsculo que cambió nuestra

[10] Lema de portada de la famosa obra de BECCARIA *Tratado de los delitos y las penas*, que a su vez es una cita a Francis BACON (*Serm. Fidel*, núm. XLV). BECCARIA (BONESANA, C.,

concepción del Derecho penal, por lo que debemos seguir el consejo de BECCARIA y ser muy cuidadosos a la hora de insinuar nuevos giros. De no andar con tiento y serenidad en la propuesta de la mediación penal, corremos el riesgo de alimentar la argumentación de los detractores de esta figura, a la que acusan de entrañar el regreso a la venganza privada o de conllevar la imposición de una justicia de clase. Se impone pues la necesidad, por una parte, de llevar a cabo un cuidadoso análisis jurídico de las posibilidades reales de implantación de la mediación penal sin lesionar principios o garantías de rango constitucional; y, por otra, de esforzarse en acotar su radio de acción, esto es, las materias criminales en que sería viable y, dentro de estas, los límites penológicos dentro de los que operaría.

La idea de aplicar fórmulas colaborativas al conflicto criminal resulta verdaderamente sugestiva, y a muchos que inicialmente recelábamos nos ha terminado inspirando. *"Siempre es consolador para el dedicado al estudio de realidades tan dramáticas como el delito y la pena soñar un futuro en que la última desaparezca o se transforme profundamente"*, decía el profesor ANTÓN ONECA[11], pero un oscuro peligro se cierne sobre tan bello desiderátum: el de que, ante la crisis que padecemos, estos mecanismos acaben implantándose atendiendo exclusivamente a criterios economicistas, lo que puede convertirlos en una especie de "justicia para pobres", a la que el ciudadano se vea abocado a acudir por no poder permitirse otra. No hay que escatimar esfuerzos, por tanto, en pro de asegurar la plena libertad de las partes para decidir someterse o no a estos sistemas, así como el respeto de las garantías procesales consagradas en nuestra Constitución.

A todo lo expuesto se entregan las páginas venideras, que no pretenden sino transmitir una idea de la mediación penal como ejercicio democrático que, adecuadamente imbricado en el sistema oficial de justicia, puede coadyuvar a la paz social, la razón de ser del Derecho penal.

Marqués de), *Tratado de los delitos y las penas* (trad. de Juan Antonio de las Casas, escrito originalmente en italiano, *Dei delitti e delle pene*, 1764). Heliasta, Buenos Aires, 1993, p. 50.

[11] ANTÓN ONECA, J., *La utopía penal de Dorado Montero*. Universidad de Salamanca, Salamanca, 1951, p. 12.

Quiero también expresar mi más sincera gratitud a quienes me han apoyado durante la confección de esta obra: mis compañeros del Cuerpo Nacional de Policía; mi hermana Vanessa, traductora de alemán, por haberme facilitado la lectura de diversos textos germanos; Monika Wisniewska Dejneka, por haber hecho lo propio con otros escritos en polaco; mis padres Juan y Mari Luz, que me ayudaron con las correcciones ortográficas de última hora. Y, especialmente, hoy me siento en deuda con los codirectores de la tesis doctoral en que está basada[12], don Guillermo Orozco Pardo y don Carlos Aránguez Sánchez, por su continuo apoyo académico, pero sobre todo por honrarme con su amistad.

[12] Tesis, titulada *La mediación penal. Problemas que presenta su implantación en el proceso español y sus posibles soluciones,* cuya defensa tuvo lugar el 6 de septiembre de 2013, en el Salón Rojo de de la Facultad de Derecho de la Universidad de Granada, obteniendo la calificación de apto cum laude por unanimidad.

CAPÍTULO I. LA APARICIÓN DE LA JUSTICIA RESTAURATIVA FRENTE A UN SISTEMA PENAL EN CRISIS

K se volvió hacia la escalera para dirigirse al juzgado de instrucción, pero se quedó parado, ya que aparte de esa escalera veía en el patio otras tres entradas con sus respectivas escaleras y, además, un pequeño corredor al final del patio parecía conducir a un segundo patio. Se enojó porque nadie le había indicado con precisión la situación de la sala del juzgado. Le habían tratado con una extraña desidia o indiferencia, era su intención dejarlo muy claro. Finalmente decidió subir por la primera escalera y, mientras lo hacía, jugó en su pensamiento con el recuerdo de la máxima pronunciada por el vigilante Willem, que el tribunal se ve atraído por la culpa, de lo que se podía deducir que la sala del juzgado tenía que encontrarse en la escalera que K había elegido casualmente.

Franz Kafka, *El proceso.*

I.1 Una realidad indiscutida

Hoy nadie pone en duda que nuestro sistema penal está en crisis. Ni la ciencia del Derecho penal, ni la legislación penal, ni la administración de justicia penal han estado, en lo que respecta a su gran tarea frente a la vida, a la altura de su gran misión. Estas palabras reflejan bastante bien la realidad actual de nuestro sistema penal pero, además, encierran un terrible drama: fueron pronunciadas por VON LISZT hace ciento treinta años[13]. Así que, o nos resignamos a aceptar la crisis como algo inherente al sistema[14], o va siendo hora de arreglar ciertos desajustes que nuestro modelo de justicia penal arrastra desde largo tiempo atrás.

Uno de sus impedimentos más acuciantes, si no el que más, es su descomunal atasco, consecuencia de la ingente cantidad de procesos que se

[13] VON LISZT, F., *La idea del fin en el Derecho penal* (trad. de César Pérez del Valle, originalmente publicado en 1882, con el título *Der zweckgedanke im strafrecht*, también conocida como *El programa de Marburgo*), Universidad Autónoma de México. México, D. F., 1994, p. 133.

[14] Sobre la crisis como parte del "ser" de la Administración de Justicia, vid. PEDRAZ PENALVA, E., *Constitución, Jurisdicción y Proceso*. Akal, Madrid, 1990, pp. 227-276.

ventilan cada día en nuestros juzgados y tribunales. Según los últimos datos publicados, en 2012 ingresaron en la justicia española casi nueve millones de asuntos, de los que un 71,8% correspondió al orden penal[15]. La ciudadanía, azuzada por los medios de comunicación, focaliza sus quejas en la Justicia[16], cuando el verdadero responsable es el legislador. Porque el fundamento principal de este mal es la mórbida obesidad del Derecho penal sustantivo[17], una enfermedad que a su vez obedece a varias etiologías:

En primer lugar, el Derecho penal material viene siendo utilizado, desde hace décadas, como herramienta electoral por unos mandatarios políticos que se han olvidado de su naturaleza de *ultima ratio*. Es lo que se conoce como populismo punitivo[18]: a cada noticia de sucesos, el gobernante de turno

---

[15] Fuente: Consejo General del Poder Judicial, *Estadística Judicial. La Justicia dato a dato. Año 2012*, obtenido el 2 de agosto de 2013 en http://www. poderjudicial.es, p. 33.

[16] Si se consultan las encuestas sociológicas conocidas como "el barómetro", del Centro de Investigaciones sociológicas, puede comprobarse como, regularmente, la Justicia está entre las instituciones peor valoradas por nuestros conciudadanos. Pueden consultarse las encuestas en http://www.cis.es.

[17] Para una amplia exposición sobre el tema, vid., SILVA SÁNCHEZ, J. M., *La expansión del Derecho penal. Aspectos de la política criminal en las sociedades postindustriales*, 2ª edición. Civitas, Madrid, 2001. En palabras de PEDRAZ, *"hoy día contamos con el Ordenamiento jurídico más complejo, caótico, denso, totalizante, asistemático, contradictorio, protector y deshumanizante de todos los tiempos, sometido a constantes cambios..."* (del mismo, *Constitución, Jurisdicción y Proceso*, op. cit., p. 245).

[18] *Populist punitveness*, expresión utilizada por primera vez por el profesor de Criminología de la Universidad de Cambridge Sir Anthony BOTTOMS, en la página 39 de su trabajo *"The Philosophy and Politics of Punishment and Sentencing"*, en AA.VV., *The Politics of Sentencing Reform*, ed. CLARKSON, C., MORGAN, R. Clarendon Press, Oxford, 1995, pp. 17-49. Vid., también, sobre el populismo punitivo y la relación entre los medios de comunicación y el Derecho penal: ARANDA OCAÑA, M. *et al.*, *El populismo punitivo. Análisis de las reformas y contra-reformas del sistema penal en España (1995-2005)*. Universidad de Barcelona, Barcelona, 2005, pp. 6 ss.; CUERDA RIEZU, A., *"Los medios de comunicación y el Derecho penal"*, en AA.VV., *Homenaje al dr. Marino Barbero Santos: in memoriam*. Universidad de Castilla-La Mancha/Universidad de Salamanca, Cuenca, 2001, vol. I, pp. 187-208; DEL ROSAL BLASCO, B. *"¿Hacia el Derecho penal de la postmodernidad?"*, en *Revista Electrónica de Ciencia Penal y Criminología*, núm. 11-08, 2009, obtenido el 13 de diciembre de 2012 en http://www.criminet. ugr.es/recpc/11/recpc11-08.pdf, pp. 44 ss.; DE URBANO CASTRILLO, E., *"La justicia restaurativa penal"*, en *La Ley Penal*, nº 73, 2010, p. 2; DÍEZ RIPOLLÉS, J. L., *"El nuevo modelo de seguridad ciudadana"*, en *Revista Jueces para la Democracia*, nº 49, 2004, p. 30; LANDROVE DÍAZ, G., *El nuevo Derecho Penal*. Tirant lo Blanch. Valencia, 2009, pp. 57 ss.; LAMAS LEITE, A., *"`Nueva penología´, punitive turn y Derecho Penal:* quo vadimus? *Por los caminos de la incertidumbre (pos)moderna"*, en *InDret, Revista para el análisis del Derecho*, nº 2, 2013, obtenido el 14 de junio de 2013 en http://www.indret.com, p. 27; SCHEERER, S., *"El círculo de reforzamiento político periodístico. Sobre la influencia de los medios de comunicación en el proceso de gestación de la normativa penal"* (trad. de Miguel Ángel cano Paños, originalmente publicado en alemán, *"Der politisch-publizistische Verstärkerkreislauf. Zur Beeinflussung der Massenmedien im Prozeß strafrechtlicher Normgenese"*, en *Kriminologisches Journal*, núm. 10, 1978, pp. 223-227), en *Revista de Derecho Penal y Criminología*, 3ª Época, nª 8, 2012, pp. 403-410.

responde con la promesa de castigar penalmente la conducta en cuestión o agravar su pena, caso de estar ya tipificada[19]. Como triste consecuencia, el Derecho penal se ve privado de su legitimación, quedando reducido a la mera condición de "arma política"[20].

El populismo punitivo y los medios de comunicación cohabitan en régimen de permanente realimentación[21]. Como sabemos bien quienes desempeñamos menesteres policiales, la seguridad plena no existe y, aunque existiera, tranquilizaría muy poco a los ciudadanos si no fuera algo que pudiesen percibir. No nos reconforta estar seguros, sino sentirnos seguros[22], porque una cosa es el delito, que afecta a únicamente a quien lo padece, y otra

Por otro lado, frente al sentido peyorativo en que los autores citados emplean el término, MATTHEWS, R., por su parte, discrepa, considerando el fenómeno como algo positivo, por cuanto abre la posibilidad de una mayor participación ciudadana en el diseño de la política criminal. Del mismo, *"The Myth of Punitiveness"*, en *Theoretical Criminology*, vol. 9, .nº 2, 2005, pp. 88-89.

[19] A título de meros ejemplos ilustrativos de esta realidad, mencionaremos dos casos acaecidos mientras estas líneas eran escritas: no había sido aún extinguido el incendió que arrasó, en la primavera de 2012, el parque natural de Fraga do Eume, en A Coruña, cuando el Presidente de la Xunta de Galicia ya comparecía ante los medios para pedir el endurecimiento de las penas de los pirómanos (vid., por todos, diario *ABC* de 2 de abril de 2012, obtenido el 10 de noviembre de 2012 en http://www.abc.es/20120402/espana/abci-feijoo-incendio-galicia-201204021258.html). Como segundo ejemplo, el conocido caso de la concejal del Ayuntamiento de Los Yébenes (Toledo), Olvido Hormigos (vid., por todos, diario *El País* de 6 de septiembre de 2012, obtenido el 10 de noviembre de 2012 en http://politica.elpais.com/politica/2012/09/06/actualidad/1346921099_328741.html): muy pocos días después de ser conocido el suceso de la difusión de su video íntimo, el Ministro de Justicia daba a conocer las líneas maestras del Anteproyecto de Ley Orgánica de reforma del Código Penal, una de las cuales consistía, curiosa coincidencia, en la tipificación de la difusión no autorizada de imágenes íntimas obtenidas con consentimiento. Podría seguirse poniendo ejemplos *ad aeternum*.

[20] ALBRETCH, P. A., *"El Derecho penal en la intervención de la política populista"*, en AA.VV., *La insostenible situación del Derecho penal*. Comares, Granada, 1999, p. 472.

[21] Sobre la relación entre punitivismo y medios de comunicación, vid. CEREZO DOMÍNGUEZ, A. I., *El protagonismo de las víctimas en la elaboración de las leyes penales*. Tirant lo Blanch, Valencia, 2010, pp. 32-35; FUENTES OSORIO, J. L., *"Los medios de comunicación y el Derecho penal"*, en *Revista Electrónica de Ciencia Penal y Criminología*, nº 7-16, 2005, pp. 2 ss.; RÍOS MARTÍN J. C. *et al.*, *Desenmascarando mitos que sostienen el Derecho penal* (2010), obtenido el 20 de enero de 2013 en http://www.otroderechopenal.com, pp. 3-4; VARONA GÓMEZ, D., *"Medios de comunicación y punitivismo"*, en *InDret, Revista para el análisis del Derecho*, nº 1, 2011, obtenido el 30 de diciembre de 2012 en http://www.indret.com, pp. 1-34. Este último autor trae a colación la interesante teoría, de origen estadounidense, de la *agenda setting*, en virtud de la cual, los asuntos que los votantes estiman como prioritarios son precisamente aquellos que los medios de comunicación han previamente seleccionado y sobre los que han volcado su actividad informadora (MC COMBS, M., SHAW, D., citados por VARONA GÓMEZ, op. cit., p. 3).

[22] Sobre la noción de seguridad ciudadana, vid. DEL ROSAL BLASCO, B. *"¿Hacia el Derecho penal de la postmodernidad?"* op. cit., pp. 21 ss. Vid., también, AEBI, M. F., LINDE, A., *"El misterioso caso de la desaparición de las estadísticas policiales en España"*, en *Revista Electrónica de Ciencia Penal y Criminología*, nº 12-07, 2010, obtenido el 13 de diciembre de 2012 en http://www.criminet.ugr.es, pp. 1-30. Los autores llegan a la conclusión de que las estadísticas policiales del Ministerio del Interior y las fuerzas policiales autonómicas, suelen ser incompletas, demasiado generales y presentan serios problemas de fiabilidad.

el temor al delito, que puede llegar a ser un mal en sí mismo[23]. Nunca la sociedad ha tenido un contacto tan directo con la violencia como en nuestros días[24], cuando los sucesos más desagradables han pasado de las páginas de *El Caso* a la cabecera de los telediarios. La violencia "vende", y los medios de comunicación, a fuerza de exprimir los sucesos más oprobiosos, han contribuido decisivamente a que se instale en el individuo una permanente sensación de inseguridad ante el delito que le lleva a demandar más y más protección[25]. Los medios se nutren de la realidad, pero a su vez ellos mismos influyen sobre la realidad, como demostró Orson Welles aquella famosa noche de 1938 en que retransmitió en directo la supuesta invasión marciana de nuestro planeta[26]. En España, diversos estudios han revelado que la gran mayoría de la población percibe un aumento considerable de la delincuencia en

---

[23] GARLAND, D., *La cultura del control,* (trad. de Máximo Sozzo, originalmente publicado en ingles, *The culture of control,* Oxford University Press, Oxford, 2001). Gedisa, Barcelona, 2005, p. 45. Sobre el miedo al delito, vid. OLIVARES GARCÍA, O., *"Victimización policial"*, en *Ciencia Policial,* nº 114, 2012, pp. 9-12; WARR, M., *"El miedo al delito en los Estados Unidos: rutas para la investigación y la formulación de políticas"* (trad. de Mario Arroyo), en AA.VV. (ed. BARBERET, R., BARQUÍN, J.), *Justicia Penal Siglo XXI,* Departamento de Justicia de EE.UU., Granada, 2006, obtenido el 10 de septiembre de 2012 en http://www.criminet.ugr.es, pp. 181-222.

[24] HASSEMER, W., *Persona, mundo y responsabilidad. Bases para una teoría de la imputación en derecho penal* (trad. de Francisco Muñoz Conde y María del Mar Díaz Pita). Temis, Bogotá, 1999, p. 39. Vid. también, LANDROVE DÍAZ, G., *El nuevo Derecho penal,* op. cit., pp. 63 ss.; SOTO NAVARRO, S., *"La influencia de los medios de comunicación social en la percepción de la delincuencia"*, en *Revista Electrónica de Ciencia Penal y Criminología,* nº 07-09, 2005, obtenido el 30 de diciembre de 2012 en http://www.criminet.ugr.es/recpc, donde la autora presenta un estudio según el cual, *"mientras en las noticias de prensa los sucesos con mayor presencia cuantitativa son los homicidios y asesinatos, que representan cerca de un tercio del total de noticias sobre delincuencia, según las estadísticas policiales estos delitos alcanzan tan sólo el 0,06% de los hechos conocidos"* (op cit., p. 37). Sobre la sobredimensión de la delincuencia juvenil en los medios de comunicación, vid. CANO PAÑOS, M. A., *El futuro del Derecho penal juvenil europeo. Un estudio comparado del Derecho penal juvenil en Alemania y España.* Atelier, Barcelona, 2006, pp. 117-119. Para el autor, los medios de comunicación transmiten una imagen de la delincuencia juvenil que *"difiere en muchos casos de la situación real"* (p. 117).

[25] Siguiendo a MAQUEDA ABREU, encontramos un ejemplo paradigmático, aunque hay muchos más, en la delincuencia extranjera. Por más que avalados estudios han demostrado que no hay relación causa-efecto entre inmigración y criminalidad, la interesada labor de ciertos políticos y medios de comunicación ha conseguido que la población identifique ambos conceptos. MAQUEDA ABREU, M. L., *"Políticas de seguridad y Estado de Derecho"*, en AA.VV., *Serta: in memoriam Alexandri Baratta* (coord. PÉREZ ÁLVAREZ, F.). Universidad de Salamanca, 2004, pp. 1.294 ss.

[26] Nos referimos a la famosa emisión radiofónica de la adaptación de la obra *La guerra de los mundos,* de H. G. Wells, que Orson Welles dirigió la noche del 30 de octubre de 1938 desde el *Mercury Theatre* de Nueva York, la cual, durante 59 minutos, causó el pánico entre la población norteamericana al ser tomada por una invasión marciana real. Puede consultarse la grabación original de la emisión en http://www.ivoox.com/la-guerra-de-los-mundos-de-orson-wells-audios-mp3_rf_215606_1.html.

los últimos veinte años, cuando lo cierto es que ha decrecido[27]. Esta situación aparece, a ojos del mandatario político, como un suculento manjar electoral que no puede dejar escapar[28], deviniendo todo ello en una inútil agravación de las penas. Inútil porque la delincuencia estructural no disminuirá, el bombardeo mediático no se detendrá, los ciudadanos no dejarán de tener miedo y los futuros gobernantes, buscando el más difícil todavía, volverán a agravar los castigos. Y así sucesivamente. El espectáculo debe continuar.

Se ha evidenciado también la utilización en el campo del Derecho penal de la técnica de la legislación simbólica[29], consistente en el dictado de leyes para resolver problemas que no se corresponden con posibilidades jurídico-penales de solución adecuada. Leyes que no son más que "un golpe en el vacío"[30] porque, lo realmente querido, difiere de lo efectivamente aplicado. Se trata, siguiendo a HASSEMER, de un Derecho penal "de engaño", que no responde al objetivo de la protección de bienes jurídicos concretos, sino a otras finalidades, por cuanto se disfrazan de normas penales lo que son verdaderas declaraciones políticas[31], no dirigidas a los infractores, sino a los ciudadanos respetuosos con

[27] Cfr. GARCÍA ESPAÑA, E. *et al.*, *"Evolución de la delincuencia en España. Análisis longitudinal con encuestas de victimización"*, en *Revista Española de Investigación Criminológica*, nº 8, 2010, p. 22. Según este estudio, el 90% de los encuestados opinó que la delincuencia había aumentado entre 1989 y 2008, cuando ha sido al contrario. Como dato paralelo, más del 90% de la población de la encuesta afirmaba ver alguna noticia sobre delitos violentos, al menos una vez al día.

[28] Según opina DEL ROSAL BLASCO, B., *"el populismo punitivo no es un fenómeno coyuntural, producto de ambiciosos políticos a la búsqueda del voto; es algo más. En realidad es mucho más: es una forma de gobernar una sociedad fragmentada, diversa e individualista, a la que el gobernante le proporciona señas de identidad, que ese populismo se encarga de generar y alimentar, identificando al "enemigo común" y colocándose, el propio gobernante, al lado de las víctimas (actuales o potenciales), a quienes promete proteger anunciando el fin de la tolerancia y la expulsión del seno social del victimario"*. Del mismo, *"¿Hacia el Derecho penal de la postmodernidad?"* op. cit., p. 51.

[29] Vid. COBO DEL ROSAL, M., QUINTANAR DÍEZ, M., *Instituciones de Derecho Penal Español, parte general,* Centro de Estudios Superiores de Especialidades Jurídicas, Madrid, 2004, p. 30; DÍEZ RIPOLLÉS, J. L., *"El Derecho penal simbólico y los efectos de la pena"*, en AA.VV., *Crítica y Justificación del Derecho penal en el cambio de siglo.* Universidad de Castilla-La Mancha, 2003, p. 163; HASSEMER, W., *"Derecho penal simbólico y protección de bienes jurídicos"* (trad. de Elena Larrauri), en AA.VV., *Pena y Estado* (dir. BUSTOS RAMÍREZ, J.). Cono Sur, Santiago de Chile, 1995, pp. 23-36; del mismo, *Persona, mundo y responsabilidad. Bases para una teoría de la imputación en derecho penal,* op. cit., p. 49; MAQUEDA ABREU, M. L., *"Políticas de seguridad y Estado de Derecho"*, op. cit., p. 1.292; SÁNCHEZ CONCHEIRO, M. T., *Para acabar con la prisión.* Icaria, Barcelona, 2006, pp. 50 ss.

[30] RYFFEL, H., citado por HASSEMER, W., *"Derecho penal simbólico y protección de bienes jurídicos"*, op. cit., p. 28.

[31] HASSEMER, W., *"Derecho penal simbólico y protección de bienes jurídicos"*, op. cit., pp. 29 ss. Como dice el autor, *"un Derecho penal simbólico con una función de engaño no cumple la tarea de una política criminal y mina la confianza de la población en la Administración de Justicia"*. Para BARATTA,

la ley[32]. A estos se les intenta imponer una determinada cosmovisión, educarlos en determinados valores, lo que se aparta de la concepción del Derecho penal como instrumento de control social que debe limitarse a la protección de bienes jurídicos, y recupera el viejo problema de la relación entre Derecho y moral[33].

El populismo punitivo y el Derecho penal simbólico son los padres del que JAKOBS bautizó como "Derecho penal del enemigo" (*Feindstrafrecht*)[34]; aquel ya no destinado a proteger bienes jurídicos, sino a luchar contra determinados colectivos que son catalogados como peligrosos: pensemos en los terroristas y demás exponentes de la delincuencia organizada. La pertenencia a estos grupos determina por sí misma la peligrosidad del individuo, frente al que se desprecian las más elementales garantías al imponérsele medidas, no basadas en un hecho concreto, sino en sus condiciones personales, so pretexto de que las leyes "normales" del Estado de Derecho[35] son incapaces de contener su peligrosidad. Esto da lugar a un Derecho penal de autor que no fundamenta el castigo en aquel principio del hecho que nos enseñaron en la Facultad, sino en

---

esta situación no es sólo una situación de ´engaño´ por parte del legislador frente al público: *"llama la atención cada vez más, en los últimos tiempos, la distancia que se crea entre adquisiciones científicas relativas a las reales posibilidades de acción instrumental del sistema de la justicia criminal y las sedes de las decisiones políticas del legislador"*. BARATTA, A., *"Funciones instrumentales y simbólicas del Derecho penal: una discusión en la perspectiva de la criminología crítica"* (trad. de Mauricio Martínez Sánchez), en Pena y Estado, AA.VV., dir., BUSTOS RAMÍREZ, J. Cono Sur, Santiago de Chile, 1995, p. 54. DÍEZ RIPOLLÉS, por su parte, discrepa de este planteamiento crítico, argumentando que al Derecho penal le es inherente el efecto simbólico, del que se ha servido siempre para la consecución de sus fines (del mismo, *"El Derecho penal simbólico y los efectos de la pena"*, op. cit. p. 51).

32 SÁNCHEZ CONCHEIRO, M. T., *Para acabar con la prisión*, op. cit., p. 53.

33 LARRAURI PIJOÁN, E., *La herencia de la criminología crítica,* Siglo XXI, Madrid, 1991, p. 219. La autora, citando a SCHEERER, pone en evidencia el hecho de que se utilice un medio considerado injusto (el delito) para conseguir un objetivo justo (los nuevos valores).

34 Para JAKOBS, punitivismo y simbolismo constituyen *"el linaje del Derecho penal del enemigo"* (JAKOBS, G., CANCIO MELIÁ, M., *Derecho penal del enemigo.* Madrid, Civitas, 2003, p. 65). Según relata MUÑOZ CONDE, JAKOBS utilizó por vez primera este concepto en su ponencia a las Jornadas de Penalistas Alemanes de Frankfurt en 1985, aunque en un sentido más bien crítico. Sin embargo, posteriormente ha sido su gran adalid. MUÑOZ CONDE fue el primero en denunciarlo, por el peligro que la admisión de un Derecho penal del enemigo puede significar para el Estado de Derecho y los derechos fundamentales garantizados por las distintas constituciones y por los Convenios internacionales sobre la materia (del mismo, *"De nuevo sobre el derecho penal del enemigo"*, en *Revista Penal,* nº 16, 2005, pp. 123 y 125). En el mismo sentido, LANDROVE DÍAZ, G., *El nuevo Derecho penal,* op. cit., pp. 35 ss. Por su parte, DEMETRIO CRESPO, considera que el Derecho penal del enemigo es consecuencia del simbolismo jurídico y de la propia crisis del Estado social (del mismo, *"Del ´Derecho penal liberal´ al ´Derecho penal del enemigo´"*, en *Revista de Derecho Penal y Criminología,* nº 14, 2004, p. 91).

35 JAKOBS emplea el término "Derecho penal del ciudadano" (*Bürguerstrafrecht*), en contraposición al *Feindstrafrecht* (JAKOBS, G., CANCIO MELIÁ, M., *Derecho penal del enemigo,* op. cit., p. 21).

las características personales del *uomo delinquente,* en terminología lombrosiana. En consecuencia, se eliminan garantías procesales, se aumentan sensiblemente las penas de prisión y se restringen los beneficios penitenciarios, todo ello para neutralizar a los considerados enemigos de la sociedad, que son objeto del *"adelantamiento de la punibilidad"* de unos hechos que todavía no han cometido pero que están en disposición de cometer en el futuro[36].

Otro vástago del populismo y el simbolismo sería el denominado "Derecho penal de emergencia"[37]. El esquema es el siguiente: surge un problema nuevo o supuestamente nuevo; la opinión pública, cizañada por los medios, pone el grito en el cielo reclamando una solución y el gobernante de turno, especialmente cuando goza del apoyo de la mayoría absoluta del Congreso, promueve la aprobación de una ley penal que, sin resolver el problema, logra calmar a la masa[38]. Como muchos de estos problemas no son de índole estrictamente penal, la nueva ley, con tal de "apagar el fuego", desoye las reglas esenciales de nuestro Derecho punitivo. Esto ha llevado a FERRAJOLI a decir que la legislación de emergencia ha conformado progresivamente un sistema punitivo especial, de carácter más administrativo que penal[39]. En nuestro Ordenamiento hallamos ejemplos en el conglomerado de conductas de riesgo[40] que están siendo tipificadas en los últimos años como delitos contra la seguridad colectiva, cuando su tratamiento no debería tener otro tenor que el

---

[36] JAKOBS, G., CANCIO MELIÁ, M., *Derecho penal del enemigo,* op. cit., p. 80.

[37] Cfr. FERRAJOLI, L., *Derecho y razón. Teoría del garantismo penal* (trad. de Perfecto Andrés Ibáñez, Alfonso Ruiz Miguel, Juan Carlos Bayón Mohino, Juan Terradillos Basoco y Rocío Cantarero Bandrés, originalmente publicado en italiano, *Diritto e ragione,* Laterza, Bari, 1989). Trotta, Madrid, 2009, p.10 et pássim. FERRAJOLI crea el concepto de "legislación de emergencia", dentro del que incluye también al llamado "Derecho penal del Enemigo", mostrándose muy crítico con estas manifestaciones del Derecho penal. Hay que decir el el autor italiano considera la regulación de figuras penales transactivas, como sería la de la conformidad en nuestro país, como formas de Derecho penal de emergencia (op. cit., p. 703). La importante obra citada de FERRAJOLI gira en torno a la idea de que el Derecho penal tiene que existir, pero ha de ser mínimo para que exista el máximo de libertad.

[38] Cfr. ZAFFARONI, E. R., *"La creciente legislación penal y los discursos de emergencia",* en AA.VV., *Teorías actuales en el Derecho penal.* Ad-Hoc, Buenos Aires, 1999, p. 615.

[39] FERRAJOLI, L., *Derecho y razón. Teoría del garantismo penal,* op. cit., p. 342.

[40] Sobre el criterio del riesgo como *nuevo paradigma* determinante de la intervención preventiva del Derecho penal, vid. MENDOZA BUERGO, B., *"Exigencias de la moderna política criminal y principios limitadores del Derecho penal",* en *Anuario de Derecho Penal y Ciencias Penales,* vol. LII, 1999, obtenido el 14 de diciembre de 2012 en http://www.cienciaspenales.net, pp. 281 ss., DEL ROSAL BLASCO, B. *"¿Hacia el Derecho penal de la postmodernidad?"* op. cit., pp. 28 ss. A juicio de este autor este autor, dicho paradigma se ha convertido en el *"nuevo becerro de oro del Derecho penal"* (p. 62).

administrativo, como el delito de conducir sin licencia (art. 384 CP)[41], que puede consumarse por el mero hecho de haber perdido los puntos del carné. Aunque la elaboración del Derecho penal, por su especial trascendencia y significado, es la que más dosis de paciencia y mesura habría de requerir, hoy parece haberse convertido en una especie de "comida rápida" que momentáneamente contenta a sus destinatarios, pero acaba generando serios desórdenes orgánicos. Dicho en palabras de ESER, el Derecho penal corre el riesgo de transformarse en un tipo de "droga alternativa" para una falsa política social que puede resultar errónea desde el principio[42]. En este sentido, se habla en la doctrina de una "huida hacia el Derecho penal", por cuanto problemas sociales del más diverso pelaje, se quitan de en medio a base de ser remitidos a aquel para que los solucione[43].

Estas realidades derivan, de acuerdo con BARATTA, en la sustitución de la democracia por una suerte de tecnocracia basada en la comunicación entre los políticos y su público, quedando la política como una forma de espectáculo en el que las decisiones se orientan no tanto a modificar la realidad cuanto a modificar la percepción subjetiva del espectador[44]. La percepción de la violencia, como dice HASSEMER, es fundamentalmente *"un fenómeno político y comunicacional"*[45], y la dramatización de la amenaza termina justificando una política criminal que tiende a hacer del Derecho penal un instrumento de

---

[41] Para obtener una visión crítica de la regulación de las conductas de riesgo en materia de seguridad vial, vid. GARCÍA ALBERO, R., La nueva política criminal de la seguridad vial. Reflexiones a propósito de la LO 15/2007, de 30 de noviembre, y del Proyecto de Reforma del Código Penal", en *Revista Electrónica de Ciencia Penal y Criminología*, nº 09-11, 2007, págs. 1-28. Obtenido el 14 de diciembre de 2012 en http://www.criminet.ugr.es. El autor advierte sobre la creación de una especie de terrorismo viario, de manera similar a como se ha hecho en la violencia de género.

[42] ESER, A., *"Una justicia penal ´a la medida del ser humano´ en la época de la europeización y la globalización"*, en *Modernas tendencias en la ciencia del derecho penal y en la criminologia: Congreso Internacional Facultad de Derecho de la UNED, Madrid , 6 al 10 de noviembre de 2000*. UNED, Madrid, 2001, p. 29.

[43] Cfr. CARBONELL MATEU, J. C., *Derecho penal: concepto y principios constitucionales*, 3ª edición. Tirant lo Blanch, Valencia, 1999, p. 203; RÍOS MARTÍN J. C. *et al.*, *Desenmascarando mitos que sostienen el Derecho penal*, op. cit., p. 3; ZUGALDÍA ESPINAR, J. M., *Fundamentos de Derecho Penal*, 2ª edición, Universidad de Granada, 1991 p. 165.

[44] BARATTA, A., *"Funciones instrumentales y simbólicas del Derecho penal: una discusión en la perspectiva de la criminología crítica"*, op. cit., p. 53.

[45] HASSEMER, W., *Persona, mundo y responsabilidad. Bases para una teoría de la imputación en derecho penal*, op. cit., p. 46.

"direccionismo estatal"[46] o, en palabras de ALBRETCH, un *"mecanismo políticamente deseado de encubrimiento y ocultación de las contradicciones del sistema"*[47]. Ante semejante escenario, no es de extrañar que el propio Fiscal General del Estado, en la Introducción de la Memoria de la FGE de 2012, mostrase su preocupación porque *"la mecánica elevación de las penas se pueda esgrimir como mágico talismán ante una sociedad agobiada por problemas que no encuentran solución en otros ámbitos"*[48].

Visto lo anterior, podemos afirmar que el Código Penal es la prueba, cada vez más irrefutable, de que no se puede medir la calidad de un libro por su grosor. Y si a la hipertrofia jurídica que acabamos de dibujar le sumamos otras dos causas, como son la escasez de medios y personal del aparato judicial y el aumento de la población y de sus disputas[49], la cosa se complica aún más. La complejidad de la sociedad moderna ha conducido a la multiplicación geométrica de los conflictos, fenómeno ante el que se muestran impotentes los métodos clásicos de decisión basados en metodologías heterocompositivas[50]. A esto contribuye una idea del Derecho propia de un país de tradición napoleónica como el nuestro, donde el mensaje que se ha transmitido de generación en generación es que, ante un conflicto, el único camino es acudir a los tribunales, pues no de otra manera se restañará el interés lesionado[51].

A más de todo esto, cuando los problemas se intentan combatir sobre los cimientos decimonónicos de nuestro proceso penal, la situación se torna insostenible. La Ley de Enjuiciamiento Criminal, dictada en 1882, ha vivido y sobrevivido tres siglos, sufriendo hasta la fecha 66 reformas parciales (48 de

---

[46] HASEERMER, W., *"El destino de los derechos del ciudadano en un Derecho penal eficaz"* (trad. de Francisco Muñoz Conde), en *Estudios Penales y Criminológicos*, nº 15, 1990-1991, p. 98.
[47] ALBRETCH, P. A., "El *Derecho penal en la intervención de la política populista"*, op. cit., p. 477.
[48] Fiscalía General del Estado, *Memoria elevada al Gobierno de S. M. presentada al inicio del año judicial.* Centro de Estudios Jurídicos del Ministerio de Justicia, Madrid, 2012, p. XXXVI de la Introducción a cargo del Fiscal General del Estado.
[49] GARCIANDÍA GONZÁLEZ, P. M, habla de *"judicialización de la vida moderna"*. El mismo, *"La regulación de la mediación penal en España: opciones legislativas y contenidos mínimos"*, en AA.VV., *Sobre la mediación penal (posibilidades y límites en un entorno de reforma del proceso penal español.* Aranzadi, Pamplona, 2012, p. 414.
[50] ORTUÑO MUÑOZ, J. P., HERNÁNDEZ GARCÍA, J., *Sistemas alternativos a la resolución de conflictos (ADR)...*, op. cit., p. 10.
[51] Ibídem, p. 16. Los autores emplean el término "hiperjudicialización de la vida social".

ellas postconstitucionales), por lo que su sustitución por otra de nuevo cuño se viene considerando imprescindible desde hace mucho tiempo[52].

Por otra parte, la metodología clásica de confrontación judicial se ha mostrado incapaz de dar una solución adecuada a la comisión de determinadas infracciones. La sentencia judicial y el farragoso proceso que culmina (siempre que no haya recurso), no satisfacen a la víctima, y las penas hacen bien poco por mejorar el futuro del delincuente, por lo que la propia sociedad se resiente, y la percepción subjetiva de una justicia ineficaz se expande de forma muy negativa para la consolidación del Estado de Derecho[53].

Los factores expuestos han generado, en suma, una crisis de legitimación del sistema penal clásico, que ha propiciado la difusión de nuevos modelos, menos formalizados y más flexibles[54], y aquí es donde entran en escena la justicia restaurativa y su mejor exponente, la mediación penal. Estas concepciones abogan por la existencia de un control social no basado únicamente en el imperio absoluto de la ley y la represión, sino que armonice los intereses del Estado y de la sociedad con los de las partes privadas del delito[55].

Nuestro sistema penal hunde sus raíces en el Siglo de las Luces, en las ideas de ROUSSEAU, MONTESQUIEU y VOLTAIRE, eficazmente trasladadas

---

[52] Así lo reconoce el Acuerdo de Consejo de Ministros, de 2 de marzo de 2012, publicado mediante Resolución de la Subsecretaría del Ministerio de Justicia de 8 de marzo de 2012 (BOE nº 62, de 13 de marzo de 2012), por el que se crea una Comisión Institucional para la elaboración de una propuesta de texto articulado de Ley de Enjuiciamiento Criminal. El pasado 25 de febrero de 2013, dicha la Comisión entregó un borrador de Código Procesal Penal (BCPP) al Gobierno (disponible en http://www.mjusticia.gob.es/cs/Satellite/es/1215197775106/Medios/1288778173060/Detalle.html) que abordaremos en infra IV.5. La doctrina, por su parte, es unánime acerca de la necesidad de la sustitución de la LECr por otra de nueva factura (vid., por todos, GÓMEZ DE LIAÑO DIEGO, R., *"Algunas notas sobre los mecanismos alternativos a la acción penal. El principio de conformidad en el Anteproyecto de Ley de Enjuiciamiento Criminal de 2011"*, en AA.VV., *Sobre la mediación penal [posibilidades y límites en un entorno de reforma del proceso penal españo]*. Aranzadi, Pamplona, 2012, p. 389).

[53] ORTUÑO MUÑOZ, P., *"El papel del abogado en la mediación"* (2010), obtenido el 11 de noviembre de 2012 en http://www.rpublica.org/contenidos/opinion/369-pascual-ortuno-qel-papel-del-abogado-en-la-mediacionq, documento sin paginar.

[54] LANDROVE DÍAZ, G., *La moderna victimología*. Tirant lo Blanch, Valencia, 1998, p. 12.

[55] MATELLANES RODRÍGUEZ, N., *"La justicia restaurativa en el sistema penal. Reflexiones sobre la mediación"*, en *Mediación en materia de familia y derecho penal*, AA.VV., coord. MARTÍN DIZ, F., Andavira, Santiago de Compostela, 2011, p. 223.

al Derecho Penal por BECCARIA[56], quienes concibieron las garantías que todavía hoy sustentan nuestro modelo de justicia como freno de los excesos de monarcas y jueces. En el llamado sistema continental europeo, dichas concepciones se materializaron a partir de la Revolución Francesa y, desde luego, no pueden darse por superadas, pero no es menos cierto que han de ser adaptadas a los tiempos que nos ha tocado vivir, con los que no se compadecen conceptos como la obligatoriedad del ejercicio de la acción penal por el Ministerio Fiscal. Tal regla, aunque plasmada en la ley, no se condice con una realidad, la actual, en que la denominada "cifra oscura"[57] sugiere que las instancias oficiales proceden selectivamente a la hora de perseguir y castigar los delitos, es decir, que no se da respuesta a todas las infracciones por igual, ya sea por imposibilidad material o porque no todos los ciudadanos son perseguidos con el mismo encono cuando infringen la ley[58].

En las páginas que siguen trataremos de encajar la mediación en nuestro sistema penal sin quebrar sus principios programáticos, tarea que encontramos factible, pero también útil. Como excelente indicio, sirva la invitación con que el Fiscal General del Estado, garante teórico de la observancia de dichos principios, concluye su introducción a la citada Memoria de la FGE de 2012: "*no tengamos miedo para explorar nuevos caminos en el campo del proceso penal y de sus formas alternativas*"[59].

Dentro del crítico escenario que hemos dibujado, podemos distinguir tres factores como los que en mayor medida han contribuido a generar las

[56] TOMÁS Y VALIENTE afirmaba que con toda justicia puede denominarse nuestro Derecho Penal como *postbeccariano* (del mismo, *La tortura judicial en España*. Crítica, Barcelona, 2000, originalmente publicado en 1973, p. 189). Por su parte, ANTÓN ONECA calificaba la obra de BECCARIA de *"evangelio de los reformadores"* (del mismo, *Los fines de la pena según los penalistas de la Ilustración*. Instituto de Ciencias Jurídicas, Madrid, 1965, p. 3), recordando que muchas de sus proposiciones siguen aún vigentes en los Ordenamientos actuales (del mismo, *Derecho penal, 2ª edición anotada y corregida por José Julián Hernández Guijarro y Luis Benítez Merino*. Akal, Madrid, 1986 [1ª edición publicada en 1949], p. 60). Para una inmejorable explicación de la aportación beccariana, vid. SÁINZ CANTERO, J. A., *Lecciones de Derecho penal. Parte general. Tomo I. Introducción*. Bosch, Barcelona, 1979, pp. 99-107.

[57] La "cifra oscura", "cifra negra" o *"dark number"* es, dicho muy someramente, *"el terreno existente entre la criminalidad real y la registrada"*, es decir, aquella que llega a las autoridades competentes (HASSEMER, W., MUÑOZ CONDE, F., *"Introducción a la Criminología y al Derecho penal"*. Tirant lo Blanch, Valencia, 1989, p. 46). Volveremos sobre la cifra oscura en infra III.1.2.

[58] HASSEMER, W., MUÑOZ CONDE, F., op. cit., p. 19.

[59] Fiscalía General del Estado, *Memoria elevada al Gobierno de S. M. presentada al inicio del año judicial* (2012), op. cit., p. XXXVI de la Introducción a cargo del Fiscal General del Estado.

condiciones óptimas para que hoy el legislador español esté barajando seriamente la posibilidad de otorgar carta de naturaleza al instrumento de la mediación penal[60], a saber: el denominado retorno de la víctima al proceso penal; el fracaso de las penas tradicionales como instrumento de resocialización; y el boom de la justicia restaurativa. Pasemos a su estudio.

I.2 El retorno de la víctima

Desde la segunda mitad de la pasada centuria, los estudiosos vienen reclamando una mayor preocupación por la persona directamente afectada por el delito, de la que se ha dicho que es la gran olvidada del sistema penal[61]. Como consecuencia de esta exhortación, de un tiempo a esta parte la víctima viene siendo objeto de una mayor atención por los diferentes agentes implicados en la confección del sistema de justicia, lo que ha motivado que se hable del "retorno de la víctima", expresión que GARLAND acuñara en su obra *La cultura del control* (2001)[62].

I.2.1 El olvido de la víctima

Nuestro proceso penal gira en torno al imputado, lo que su día constituyó un verdadero triunfo en el combate librado por los pensadores ilustrados contra las esencias del Estado absolutista. En el tenebroso proceso

---

[60] Así, el Ministro de Justicia, en una respuesta a una pregunta oral en el Senado (*Diario de Sesiones de las Cortes Generales, Senado, X Legislatura*, nº 36, de 23 de octubre de 2012, p. 2.447) manifestó que la futura reforma de la LECr introducirá una regulación sobre la mediación penal. El Ministro dijo concretamente lo siguiente: *"(...) Cabe citar también algunas modificaciones importantes que ya he enunciado, como la desaparición de las faltas. Le recuerdo a usted que de los 9 millones de asuntos judiciales que tenemos en España 6,5, es decir el 72%, corresponden al orden penal. Vamos a hacer procedimientos alternativos. Vamos a introducir, señoría —y esto es una novedad importante—*, la mediación en el orden penal, *lo cual exigirá una responsabilidad siempre con participación de la víctima, pues será necesario su consentimiento. Vamos a introducir también formas alternativas al cumplimiento de la pena. Vamos a dotar a los fiscales de la posibilidad de acordar la conformidad de cara a un régimen más ágil; permitir acuerdos entre la acusación y la defensa, de forma que se reconduzca parte de la delincuencia hacia sistemas de conformidad o, en su defecto, hacia el enjuiciamiento inmediato (...)"*. Meses después el Ministro de Justicia presentaba el BCPP, del que se hablará en infra IV.5, que regula expresamente la mediación penal.

[61] Vid., entre muchos otros, CARBONELL MATEU, J. C., *Derecho penal: concepto y principios constitucionales*, op. cit., p. 241, CID MOLINÉ, J.,*"Medios alternativos de solución de conflictos y Derecho penal"*, en *Medios alternativos de solución de controversias*, AA.VV., BOE-Facultad de Derecho de la Universidad Autónoma de Madrid, Madrid, 2007, p. 157.

[62] *The culture of control*, Op. cit. La expresión original utilizada por GARLAND es *"the return of the victim"*.

medieval el justiciable, si era plebeyo -y más aún si carecía de recursos económicos-, no pasaba de ser considerado un "trozo de carne", que igual terminaba apaleado, torturado o ejecutado, dependiendo su suerte de factores no siempre relacionados con una ley cuyo significado tampoco era, ni por asomo, el que hoy le atribuimos[63]. A este cambio contribuyó decisivamente el ascenso de la burguesía, que había adquirido tal poder y confianza en sí misma que ya no toleraba situaciones en las que un plebeyo tenía que pagar con su vida, mientras que si era noble podría salir librado con una multa[64]. Los reformistas ilustrados situaron al imputado en el centro del sistema penal, pues, en ese momento histórico, la urgencia más perentoria era el afianzamiento de unas mínimas garantías legales frente a los atroces y desiguales castigos que se estilaban[65]. Dichas garantías configuraron finalmente un esquema penal encaminado a salvaguardar, frente a otros sistemas que habían existido a lo

---

[63] Antes de la reforma iluminista eran moneda de uso común los *"...gemidos de los infelices sacrificados a la cruel ignorancia y a la insensible indolencia; los bárbaros tormentos con pródiga e inútil severidad multiplicados por delitos, o no probados o quiméricos; la suciedad y los horrores de una prisión, aumentados por el más cruel verdugo de los miserables, que es la incertidumbre de su suerte..."* (BECCARIA [BONESANA, C., Marqués de], *Tratado de los delitos y las penas* op. cit., p. 56). La tortura, no obstante, era un instrumento legal para "animar" al reo a declarar, en el que todo estaba normalizado: procedimientos, momentos, duración, instrumentos, hasta el punto de poderse decir que *"era un instrumento cruel, pero no salvaje"* (FOUCAULT, M., *Vigilar y castigar: nacimiento de la prisión* [trad. de Aurelio Garzón del Camino, originalmente pubicado en francés, *Surveiller et punir*, Gallimard, París, 1975]. Siglo XXI, Buenos Aires, 2002, p. 46).

[64] CHRISTIE, N., *Los límites del dolor* (trad. de Mariluz Caso, publicado originalmente bajo el título *Limits to pain*, Universitetsforlaget, Oslo, 1981), Fondo de Cultura Económica, México D. F., 1984, p. 50.

[65] Constituye un ejemplo impactante la descripción que nos proporciona FOUCAULT de los castigos que prescribía la Ordenanza Francesa de 1670: *"...la Ordenanza de 1670 había regido, hasta la Revolución, las formas generales de la práctica penal. He aquí la jerarquía de los castigos que prescribía:* [citando a su vez a SOULATGES] *'La muerte, el tormento con reserva de pruebas, las galeras por un tiempo determinado, el látigo, la retractación pública, el destierro'. Era, pues, considerable la parte de las penas físicas. Las costumbres, la índole de los delitos, el estatuto de los condenados variaban además. La pena de muerte natural comprende todo género de muertes: unos pueden ser condenados a ser ahorcados, otros a que les corten la mano o la lengua o que les taladren ésta y los ahorquen a continuación; otros, por delitos más graves, a ser rotos vivos y a expirar en la rueda, tras de habérseles descoyuntado; otros, a ser descoyuntados hasta que llegue la muerte, otros a ser estrangulados y después descoyuntados, otros a ser quemados vivos, otros a ser quemados tras de haber sido previamente estrangulados; otros a que se les corte o se les taladre la lengua, y tras ello a ser quemados vivos; otros a ser desmembrados por cuatro caballos, otros a que se les corte la cabeza, otros en fin a que se la rompan'.* FOUCAULT, M., *Vigilar y castigar: nacimiento de la prisión*, op. cit., p. 38. Para adquirir una perfecta visión de tales castigos en España, vid. las obras de TOMÁS Y VALIENTE, F., *El Derecho penal de la Monarquía Absoluta (siglos XVI, XVII, XVIII)*. Tecnos, Madrid, 2ª ed., 1992, y *La tortura judicial en España*, op. cit.

largo de la historia, las más altas dosis de racionalidad y, consecuentemente, de limitación de la arbitrariedad[66].

En este contexto de máxima racionalización del conflicto penal, la víctima sobra. El problema es entre la sociedad, representada en el Estado, y el acusado: no cabe la venganza personal, será el conjunto social el que se desquite a través de las instancias estatales de justicia. Como dice ESER:

> *Estas tendencias a la despersonalización se cimentaron a través de una vía de desarrollo de la dogmática jurídico-penal, consistente en una progresiva exaltación del bien jurídico en detrimento de la víctima, en la que, por ejemplo, en el homicidio o el hurto no se percibe únicamente una lesión del otro en concreto sino una agresión a la vida o a la propiedad en general, o incluso contra la sociedad o contra el Estado como tales*[67].

De esta manera, según señala el mismo autor, la víctima del delito acabó siendo también una víctima de la dogmática de la teoría del delito[68]. Y así hemos seguido hasta hoy, cuando la Criminología y su vástago, la Victimología, nos han hecho reparar en esta gran carencia del sistema penal surgido de la Toma de la Bastilla. Porque, a diferencia del imputado, que en cierto modo constituye la figura central del procedimiento penal, ya que todo gira en tomo a su culpabilidad o inocencia, la víctima es solamente un elemento marginal. En contraste con el procedimiento civil, donde el ofendido juega un papel decisivo como demandante, en el procedimiento penal actúa, como regla general, solo como testigo del hecho o de sus consecuencias[69]. Su papel protagonista fue traspasado al fiscal y, como corolario de la separación entre pena y

---

[66] FERRAJOLI, L., *Derecho y razón. Teoría del garantismo penal*, op. cit., p. 34.

[67] ESER, A., *"Una justicia penal ´a la medida del ser humano´ en la época de la europeización y la globalización"*, op. cit., p. 22.

[68] ESER, A., *Sobre la exaltación del bien jurídico a costa de la víctima* (trad. de Manuel Cancio Mellá, originalmemte publicado en alemán, *"Rechtsgut und Opfer: zur Überhöhung des einen auf Kosten des anderen"*, en *Libro Homenaje a Ernst-Joachim Mestmäcker*, Nomos-Verlag, Baden-Baden, 1996), Universidad Externado de Colombia, Bogotá, 1998, p. 35.

[69] ESER, A., *"Acerca del renacimiento de la víctima en el procedimiento penal"* en AA.VV., *De los delitos y las víctimas* (trad. de Fabricio O. Guariglia y Fernando J. Córdoba). Ad-Hoc, Buenos Aires, 1992, p. 16.

resarcimiento, fue empujado cada vez más a la periferia del proceso penal, donde le cabe solamente el rol de mero objeto del procedimiento[70].

Pero no sería justo imputar la marginación de la víctima exclusivamente a los ilustrados; el origen de su papel de cenicienta del sistema es muy anterior. Siguiendo a GARCÍA-PABLOS, el rol de la víctima en el fenómeno criminal ha pasado por tres fases a lo largo de la historia: protagonismo, neutralización y redescubrimiento[71], siendo en esta última donde nos hallamos. En la primera etapa, de protagonismo, no existía el Estado, pero sí la norma que imponía la compensación al ofendido o a su familia. De acuerdo con GROSSI, la tradicional vinculación del nacimiento del Derecho al del Estado es errónea: primero existió el Derecho y después vino el poder político[72]. Es la norma jurídica positiva la que necesitó del surgimiento del Estado para existir, pero el Derecho no es solo norma positiva[73], es un fenómeno primordial de la sociedad que, para nacer, *"no espera a los coágulos históricos ligados al desarrollo humano y representados por las distintas formas de gobierno público"*[74]. Así, las primeras sociedades acéfalas ya poseían normas que, si no eran jurídicas en el sentido técnico del término -pues no existían todavía estructuras estatales de las que emanar-, sí hacían las veces de lo que hoy serían nuestras leyes procesales, de modo que prescribían la composición como vía común de solución de los conflictos civiles, y el sistema acusatorio privado como forma principal de persecución penal[75]. En cuanto a las normas materiales, se ha afirmado que los sistemas penales primitivos solían recurrir a la reparación antes que a la venganza violenta, la cual era casi exclusivamente concebida como *ultima ratio*[76].

---

[70] Ibídem, p. 17.

[71] GARCÍA-PABLOS DE MOLINA, A., *Criminología: una introducción a los fundamentos teóricos*, 7ª Edición. Tirant lo Blanch, Valencia, 2013, p. 123.

[72] GROSSI, P., *Mitología jurídica de la modernidad*. Trotta, Madrid, 2003, p. 25. También don José Antonio SÁINZ CANTERO dijo en su manual que el Derecho penal es tan antiguo como el hombre (del mismo, *Lecciones de Derecho penal*, op. cit., p. 94).

[73] Acerca de la mayor amplitud del Derecho en relación a la norma jurídica positiva, vid. OTERO PARGA, M., *"Un tipo de ley. La norma jurídica"*, en *Jurídica. Anuario del Departamento de Derecho de la Universidad Iberoamericana*, nº 33, 2004, pp. 199-210.

[74] GROSSI, P., *Mitología jurídica de la modernidad*. Trotta, Madrid, 2003, p. 25.

[75] MAIER, J. B., *"La víctima y el sistema penal"*, en AA.VV., *De los delitos y las víctimas*. Ad-Hoc, Buenos Aires, 1992, p. 185.

[76] FRÜHAUF, L., *Wiedergutmachung zwischen Täter und Opfer: eine neue Alternative in der strafrechtlichen Sanktionspraxis*. Mannhold, Gelsenkirchen, 1988, pp. 15 ss.

La venganza particular o *Blutrache,* en terminología germánica, no era una reacción instintiva o espontánea. Tampoco era solamente un derecho, sino un verdadero deber que recaía sobre la parte ofendida y su clan (*Sippe*), frente a los que respondían, de modo solidario, tanto el infractor como su progenie[77], y cuyo ejercicio estaba sometido a ciertas reglas y formas. Por ejemplo, la comisión de un asesinato, explica FOUCAULT, concedía a la familia del finado la facultad de matar al asesino, lo cual no podía hacerse sin respetar unas pautas: *"si el asesino cometió el crimen de esta o aquella manera, será preciso matarlo cortándolo en pedazos o decapitándolo y colocando la cabeza en una estaca frente a su casa"*[78]. Este modo de proceder ritualizaba la venganza y contribuía, como nuestros plazos y formalidades procesales, a dotarla de validez jurídica. Se trataba, en suma, de una justicia penal de carácter privado que consideraba la afrenta como un hecho perteneciente únicamente a la esfera de la víctima y su familia; por lo tanto esta era la única institución competente para vengar el daño causado[79]. Y, aunque ha quedado acreditada la existencia de órganos públicos que conocían de ciertos delitos en la antigüedad[80], lo cierto es que el ofendido mantenía en todo caso el poder para incoar el proceso o disponer del mismo, por ejemplo mediante el perdón. Solo paulatinamente, según expuso

---

[77] Cfr. ANTÓN ONECA, *Derecho penal,* 2ª edición, op. cit., p. 56; FERRAJOLI, L., *Derecho y razón. Teoría del garantismo penal,* op. cit., p. 144. El autor italiano mezcla los términos "venganza privada" y "venganza de sangre", lo que LARRAURI critica, ya que entiende que, en la mayoría de las ocasiones, no se derramaba sangre alguna, sino que se daban otras compensaciones. (LARRAURI PIJOÁN, E., *"Criminología crítica: abolicionismo y garantismo",* op. cit., p. 145).

[78] FOUCAULT, M., *La verdad y las formas jurídicas* (trad. de Enrique Lynch, originalmente publicado en portugués, *A verdae e as formas jurídicas,* sobre cinco conferencias pronunciadas por el escritor en Río de Janeiro, entre los días 21 y 25 de mayo de 1973, Pontificia Universidade Católica do Rio de Janeiro, 1978), Gedisa, Barcelona, 1996, p. 57. El autor se refiere al sistema de justicia penal imperante entre las antiguas tribus germánicas.

[79] GARCÍA-PABLOS DE MOLINA, A. *Tratado de Criminología,* 4ª edición. Tirant lo Blanch, Valencia, 2009, p. 117.

[80] Así, TÁCITO, al hablar de las antiguas tribus germánicas, menciona sólo dos casos en que se daba una especie de acción pública: la traición y la homosexualidad. *"A los traidores y a los que se pasan al enemigo ahorcan de un árbol, y a los cobardes e inútiles para la guerra y a los infames que usan mal de su cuerpo ahogan en una laguna cenagosa, echándoles encima un zarzo de mimbres. La diversidad del castigo tiene respeto a que conviene que las maldades, cuando se castigan, se muestren y manifiesten a todos, pero los pecados que proceden de flaqueza de ánimo débense esconder aun en la pena de ellos"* (*De las costumbres, sitios y pueblos de la Germania,* XII, op. cit., p.7). En estos casos, la comunidad se consideraba lesionada, y colectivamente exigía la reparación al infractor. En el resto de infracciones, como señala FOUCAULT, la primera condición para su persecución penal es que hubiera dos partes, no tres (*La verdad y las formas jurídicas,* op. cit., p. 56). Por su parte, LARRAURI cita como ejemplos de órganos públicos de justicia penal la asamblea de ciudadanos en Grecia o diferentes consejos de ancianos en Mesopotamia o en Asiria (LARRAURI PIJOÁN, E., *"Criminología crítica: abolicionismo y garantismo",* en *Anuario de Derecho Penal y Ciencias Penales,* vol. L, 1997, p. 144).

VON LISZT, el "círculo de la sangre" fue reduciéndose, primero a los familiares más cercanos y, finalmente, al autor de la ofensa[81]. Se ha llegado a hablar, en suma, de la existencia de una "edad de oro de la victima"[82].

Sin embargo, con el advenimiento de la organización estatal, el conflicto penal cambia de manos, pasando a ser una cuestión entre el Estado y el delincuente. A la víctima le queda ver cómo se reduce drásticamente su papel procesal, limitado ahora al cumplimiento de una serie de obligaciones, como la de deponer junto a los demás testigos. Y, puesto que la historia siempre es escrita por los vencedores, en nuestros días a la venganza privada se le llama "venganza de sangre", mientras que a la venganza pública se le llama "pena". Ya explicó IHERING que el Derecho no es más que una forma de violencia, si bien consciente de su inmensa ventaja y, consecuencia de ello, también de su propia necesidad de medida[83].

En consecuencia, desde el momento en que es relegada repentinamente del proceso oficial, se consuma la "expropiación del conflicto a la víctima", expresión de CHRISTIE que ha hecho feliz carrera en la literatura posterior sobre la materia[84]. El proceso de expropiación se realiza a través de la implantación de mecanismos formales, guiados por órganos profesionales extraños a la situación, que atosigan a las partes con terminología técnica e incomprensible, lo que según PAVARINI constituye una "expropiación de sentido" en toda regla[85]. Para HASSEMER, en cambio, no se trata de una expropiación sino de una "neutralización", a través de la que el naciente Estado habría querido eliminar las venganzas privadas y sus peligrosas reacciones en

[81] VON LISZT, F., *La idea del fin en el Derecho penal* op. cit., p. 73.

[82] *"Golden age of the victim"*, expresión utilizada por primera vez en SHAFER, S., *The victim and his criminal: a study in functional responsibility*. Ramdon House, Nueva York, 1968, p. 7.

[83] IHERING, R. v., *El fin en el Derecho* (trad. de Leonardo Rodríguez, originalmente publicado en 1877 con el título *Zweck im Recht*). Rodríguez Serra, Madrid, 1911, p. 196.

[84] CHRISTIE la utilizó por primera vez en un trabajo titulado *"Conflicts are property system"*, en *The British Journal of Criminology*, vol. 17, nº 1, enero de 1977. Dicho trabajo fue traducido al español: CHRISTIE, N., *"Los conflictos como pertenencia"* (trad. de Alberto Bovino y Fabricio Guariglia), en AA.VV., *De los delitos y las víctimas*. Ad-Hoc, Buenos Aires, 1992, pp. 157-183.

[85] PAVARINI, M., *"¿Abolir la pena? La paradoja del sistema penal"*, en *No hay Derecho*, nº 1, Buenos Aires, 1990, p. 4.

cadena[86]. De lo que no cabe ninguna duda es de que el proceso penal terminó convirtiendo aquello que era algo entre dos partes concretas –infractor y víctima- en un conflicto entre una de ellas -el infractor- y el Estado.

Por tanto, según CHRISTIE, en un moderno juicio penal dos cosas importantes han sucedido: primero, las partes están siendo representadas. En segundo lugar, la parte que es representada por el Estado, denominada la víctima, es representada de tal modo que, en la mayoría de los casos, es empujada fuera del escenario y reducida a ser el mero desencadenante involuntario del asunto[87]. De esta manera, la víctima siempre pierde: pierde frente al delincuente y, a menudo de un modo mucho más traumático, frente el Estado, que le deniega el derecho a participar plenamente *"en lo que podría haber sido uno de los encuentros rituales más importantes de su vida"*[88].

Entonces, ¿en qué momento histórico se produce la apropiación de los conflictos por el Estado? Se pueden ver elementos de justicia oficial en el Código de Hammurabi o en las reformas de Solón en Atenas, pero son claramente minoritarios. Sin duda, justicia penal pública y privada han coexistido durante milenios (pensemos, por ejemplo, en la larga pervivencia de la institución del duelo), por lo que lo correcto sería preguntarse en qué momento se inclina la balanza a favor del Estado en la batalla por obtener el monopolio del tratamiento del crimen. Obviamente, resulta muy difícil señalar un punto de inflexión concreto. ALISTE SANTOS lo sitúa en los estertores del Impero Romano, en una Constitución del año 342 de los emperadores Constancio y Constante, dirigida al prefecto de Fenicia, que abolió definitivamente la institución del juez privado[89]. A su vez, PALMA

---

[86] HASSEMER, W., *Fundamentos del Derecho Penal*. Bosch, Barcelona, 1984, p. 94. En esta idea reincide SILVA SÁNCHEZ, aclarando que no emplea el término "neutralizar" en sentido peyorativo, *"sino más bien meliorativo"*, pues de lo que se trataba era de proteger a la víctima potencial. El autor discute el argumento del olvido de la víctima afirmando que el Derecho penal siempre ha estado orientado a la víctima, pero a la potenciasl, no a la actual. (del mismo, *"Sobre la relevancia jurídico penal de la realización de actos de ´reparación´"*, en *Revista del Poder Judicial*, nº 45, 1997, pp. 190-191).

[87] CHRISTIE, *"Los conflictos como pertenencia"*, op. cit., p. 62.

[88] Ibídem, p. 63.

[89] ALISTE SANTOS, T. J., *"Meditación crítica de la mediación como alternativa a la jurisdicción"*, en *Mediación en materia de familia y derecho penal*, AA.VV., coord. MARTÍN DIZ, F.. Andavira, Santiago de Compostela, 2011, pp. 68-69.

CHAZARRA ubica el momento crítico en el reino de Guillermo el Conquistador, cuando, en 1116, su hijo Enrique I de Inglaterra promulgó unas leyes que otorgaban al Rey el control de algunos delitos que ponían en peligro la paz del reino (incendio, robo, asesinato), motivo por el que debían someterse a su jurisdicción[90]. Pero el asunto probablemente guarda relación con la entrada en escena de la Inquisición medieval, creada en 1184 con motivo de la persecución de los cátaros en el Languedoc francés. Para MAIER, fue la Inquisición la que desalojó abruptamente a la víctima de su pedestal, expropiando todas sus facultades al crear la persecución penal pública y desplazando por completo, así, la eficacia de su voluntad en el enjuiciamiento[91]. Por el mismo camino discurre la opinión de ZAFFARONI, quien sitúa el crucial viraje y su posterior consolidación a lo largo del siglo XIII. El tránsito de la *disputatio* a la *inquisitio* como sistema penal, dice ZAFFARONI, se traduce en la "confiscación" de la víctima y en su consiguiente degradación (y en la del victimario) a la categoría de simples protagonistas de una "señal" que habilita la intervención del poder[92]. Según FOUCAULT, la *inquisitio* o "indagación" existía ya en la época del Imperio Carolingio (siglos VIII y IX)[93], consumándose la incautación de los conflictos por el Estado con el advenimiento de las grandes monarquías medievales de la segunda mitad del siglo XII. Estas se fundan sobre la apropiación de la justicia, cuando el concepto de "daño" se sustituye por el de "infracción". La infracción ya no es una ofensa a la víctima, es un ataque al Estado, al Soberano, el cual, para resarcirse, recurre a la confiscación de los

---

[90] PALMA CHAZARRA, L., *La mediación como proceso restaurativo en el sistema penal*, Tesis doctoral, dirigida por el profesor Borja Mapelli Caffarena. Universidad de Sevilla, Sevilla, 2007, p. 504. En el mismo sentido, PALERMO, G., *Perspectivas socio-jurídicas de la mediación penal en Italia. Análisis comparativo con España*. Cultiva Libros. Madrid, 2011, p. 10.

[91] MAIER, J. B., *"La víctima y el sistema penal"*, en *De los delitos y las víctimas*, op. cit., p. 185. En cuanto al momento concreto, MAIER lo sitúa aproximadamente en el siglo XIII, cuando, como consecuencia del impulso de la concentración de poder que supone la iglesia romana a través dela autoridad papal, comienzan a existir, en grandes proporciones, conceptos como *"pena estatal, persecución penal pública, extrañamiento de la víctima, persecutores públicos..."* (del mismo, *"Entre la inquisición y la composición"*, en AA.VV., *Homenaje al dr. Marino Barbero Santos: in memoriam*. Universidad de Castilla-La Mancha/Universidad de Salamanca, Cuenca, 2001, vol. II, p. 804).

[92] ZAFFARONI, E. R. *et al.*, *Derecho penal. Parte general*. Ediar, Buenos Aires, 2002, p. 263.

[93] FOUCAULT, M., *La verdad y las formas jurídicas*, op. cit., p. 70. Según este sistema, *"el representante del poder llamaba a personas consideradas capaces de conocer las costumbres, el derecho o los títulos de propiedad, las reunía, hacía que jurasen decir la verdad, les preguntaba qué conocían, qué habían visto o qué sabían de oídas, y seguidamente las dejaba a solas para que deliberasen. Al final de esta deliberación se pedía la solución del problema"*.

bienes del infractor, con lo que la infracción termina siendo una forma de enriquecimiento económico del poder establecido[94].

Sirvan de freno a este debate las palabras de TOMÁS Y VALIENTE, para quien el carácter público del Derecho penal "*no se impuso de una vez para siempre, sino que para ello hubo que superar, aún en los siglos de la edad moderna, serios obstáculos*"[95]. No obstante, según el llorado maestro valenciano, en España la transformación decisiva llegó con el reinado de los Reyes Católicos y su labor de fortalecimiento del poder real, empresa cuyo éxito requería de la recabación del *ius puniendi* de la esfera señorial. Isabel y Fernando impulsaron la creación, tanto de una legislación penal unitaria, como de las instituciones destinadas a su salvaguardia: la Santa Hermandad (1476) y el Santo Oficio de la Inquisición (1480)[96].

Hubiera o no momento concreto, lo cierto es que si el Estado absoluto se apropió del protagonismo de los conflictos, el Estado de la razón tampoco ha hecho nada por devolverlo. Desde el medievo hasta nuestros días los conflictos serán resueltos por la "mano de hierro" que describió IHERING, la cual "*debía plegar las voluntades, siempre en revuelta, para llevarlas a la concurrencia de un fin común*"[97]. Se entra, pues, en un nuevo modelo de delito, monopolizado por el Estado y el delincuente, que a su vez dará origen a una nueva concepción de la pena, cuya finalidad será la expiación, la disuasión o, más recientemente, la resocialización, según la idea imperante en cada época. La solución autocompositiva navegará errante en el mar del olvido durante las siguientes centurias.

I.2.2 El estudio de la víctima

I.2.2.1 La Victimología

[94] Ibídem, p. 67.

[95] TOMÁS Y VALIENTE, F., *El Derecho penal de la Monarquía Absoluta (siglos XVI, XVII, XVIII)*, op. cit., p. 26. En el mismo sentido, GARCÍA-PABLOS afirma que el triunfo del Estado Moderno sobre el resto de Instituciones sociales caminó paralelo a la progresiva asunción por aquel del monopolio del *ius puniendi* (del mismo, *Introducción al Derecho penal*, 4ª edición. Editorial Universitaria Ramón Areces, Madrid, 2006, p. 460).

[96] TOMÁS Y VALIENTE, F., *El Derecho penal de la Monarquía Absoluta (siglos XVI, XVII, XVIII)*, op. cit., pp. 27 ss.

[97] IHERING, R. v., *El fin en el Derecho*, op. cit., p. 162.

Como gráficamente expresa NEUMAN, la Victimología es una suerte de criminología, pero al revés[98]. Desde el nacimiento de la Criminología en el último cuarto del siglo XIX, el estudio del fenómeno delictivo giraba exclusivamente en torno a la figura del criminal. Jack el Destripador, Henri Landru o el Doctor Holmes y su "Hotel de los Horrores" eran celebridades; sin embargo nadie conocía la identidad de ninguna de sus víctimas. Es tras la Segunda Guerra Mundial, a raíz de la difusión de los padecimientos relacionados con el Holocausto y los campos de concentración estalinistas, cuando comienzan a realizarse estudios sobre el ejercicio de la violencia desde el punto de vista de quien la sufre. A partir de ahí fueron multiplicándose las voces que clamaban por el estudio de los rasgos, características y comportamiento de aquella persona que padece las consecuencias del delito, reconociéndose la existencia como disciplina, desde los años 70 de la pasada centuria, de lo que se ha dado en llamar Victimología; habiendo quienes la consideran una ciencia autónoma, mientras que para otros es una rama auxiliar o integrada en la Criminología[99]. El I Simposio Internacional de la Víctima, celebrado en Jerusalén en 1973 con el patrocinio de la Sociedad Internacional de Victimología, la definió como *"el estudio científico de las víctimas"*[100]. Son considerados los padres de esta rama del saber Hans VON HETING y Benjamin MENDELSOHN. VON HETING publicó la primera obra monográfica sobre el tema: *El criminal y su víctima* (1948)[101], mientras que a MENDELSOHN le corresponde el lustre de haber utilizado por primera vez el vocablo "victimología", lo que al parecer hizo en una famosa conferencia pronunciada el

---

[98] NEUMAN, E. *Victimología. El rol de la víctima en los delitos convencionales y no convencionales, 2ª edición.* Editorial Universidad, Buenos Aires, 1994, p. 35.

[99] Acerca de la discusión sobre la consideración de la victimología como ciencia independiente o como disciplina dentro de la criminología, vid. MORILLAS FERNÁNDEZ, D. *et al., Victimología. Un estudio sobre la víctima y los procesos de victimización,* op. cit., pp. 18 ss.; ALASTUEY DOBÓN M. C., *La reparación a la víctima en el marco de las sanciones penales,* Tirant lo Blanch, Valencia, 2000, p. 39; VARONA MARTÍNEZ, Gema, *La mediación reparadora como estrategia de control social,* op. cit., pp. 92 ss.

[100] Por citar alguna de las definiciones que han hecho fortuna, tomamos la de GULOTTA, para quien el objeto de estudio, es la víctima de un delito, su personalidad, sus características biológicas, psicológicas, morales, sociales y culturales, sus relaciones con el delincuente y su papel en el origen del delito, GULOTTA, G. *La vittima.* Guiffré Editori, Milán, 1976, p. 7.

[101] *The Criminal and his Victim.* Yale University Press, New Haven, 1948.

29 de marzo de 1947 en el Hospital Coltzea de Bucarest, invitado por la Sociedad de Psiquiatría de aquella ciudad[102].

Sin embargo, el estudio de la persona que ha sufrido el delito no ha terminado de ofrecerle lo que ella más necesita: una pronta y lo menos traumática posible reparación por las lesiones o los daños padecidos. Y, aunque el redescubrimiento de la víctima no puede reducirse a un mero subrayado mercantil de sus expectativas[103], no es menos cierto que las pretensiones resarcitorias de la víctima han de discurrir frecuentemente por una vía larga y penosa, e incluso, en última instancia, hasta infructuosa. Ello no solo porque el ofendido se ve muchas veces obligado a entablar el procedimiento civil adicional al penal; también es posible y hasta probable que no reciba nada si el autor, por su parte, carece de medios, o se ha sustraído por completo a una ejecución[104].

La indiferencia por la víctima contribuye de manera decisiva a la generación de lo que se ha denominado "victimización secundaria", concepto acuñado por KHÜNE para referirse al conjunto de agresiones psíquicas -no deliberadas, pero efectivas- que la víctima recibe en su relación con los profesionales de los servicios sanitarios, policiales o de la judicatura -exámenes, declaraciones, reconstrucción de los hechos, asistencia a juicios, identificaciones

---

[102] NEUMAN, E. *Victimología...*, op. cit., p. 27. Sobre el origen de la victimología, vid. GARCÍA-PABLOS DE MOLINA, A., *Tratado de Criminología*, op. cit., pp. 114 ss. (concretamente, sobre la génesis del término, vid. p. 122); HERRERO MORENO, M., *"Historia de la victimología"*, en AA.VV., *Manual de Victimología*, coords. ECHEBURÚA ODRIOZOLA, E. *et al*. Tirant lo Blanch, Valencia, 2006, pp. 51-78 (si bien la autora [op. cit., p. 62] atribuye la paternidad de la expresión al psiquiatra Fedric WERTHAM, de su libro *The show of violence* [1949]); LANDROVE DÍAZ, G., *"La víctima ante el Derecho penal español"*, en *Estudios penales y criminológicos*, nº. 21, 1998, pp. 167-208; LARRAURI PIJOAN, E., *"Victimología"*, en AA.VV., *De los delitos y las víctimas*. Ad-Hoc, Buenos Aires, 1992, pp. 282-292; MORILLAS FERNÁNDEZ, D. L. *et al*., *Victimología. Un estudio sobre la víctima y los procesos de victimización*. Dykinson, Madrid, 2011, pp. 7 ss.; PÉREZ CABALLERO, M. L., *"Las víctimas en la mediación penal de adultos"*, Consejo General de Colegios Oficiales de Psicólogos, Madrid, 2012, pp. 3 ss.; RODRÍGUEZ MANZANERA, L., *Victimología. Estudio de la víctima*. Porrúa, México D. F., 2002, pp. 9 ss.; VÁZQUEZ CÁRDENAS, A. E., *"La victimología como estudio. Redescubrimiento de la víctima para el sistema penal"* (2011), en *Revista Prolegómenos - Derechos y Valores*, nº I, 2011, obtenido el 12 de mayo de 2012 en http://www.redalyc.org.

[103] GARCÍA-PABLOS DE MOLINA, A., *Tratado de Criminología*, op. cit., p. 118.

[104] ESER, A., *"Acerca del renacimiento de la víctima en el procedimiento penal"* op. cit., p. 28. Si bien es cierto que nuestro Derecho penal prevé la exigencia de la responsabilidad civil al acusado de manera conjunta con la penal (arts. 109 y 116 CP), no lo es menos que a veces, por descuido, la responsabilidad civil queda sin satisfacer, sobre todo en el caso de los juicios penales terminados por conformidad. A esto nos referiremos más adelante.

de acusados, lentitud de los procedimientos-, así como el tratamiento informativo de los hechos por los medios de comunicación[105]. A su vez, la Recomendación nº R (2006) 8, del Comité de Ministros del Consejo de Europa, de 14 de junio, sobre Asistencia a las Víctimas de Infracciones, dedicó su artículo 1.3 a la definición de victimización secundaria: *"aquella victimización que no es resultado directo del acto criminal sino que deriva de la actitud de las instituciones y de las personas hacia la víctima"*. La perspectiva de padecer estos males genera un fundado temor al que se debe con frecuencia la decisión de no denunciar, para evitar molestias o las posibles represalias que pueda tomar el delincuente[106], por lo que podemos concluir que, junto al lógico miedo a sufrir un delito, existe el miedo a la victimización secundaria, que en cierto modo acaba también siendo una forma de victimización[107].

I.2.2.2 La victimodogmática

Como consecuencia de los progresos alcanzados por la Victimología como Criminología de la víctima, los estudiosos de la dogmática del Derecho penal también se han acercado a ella, sobre todo desde la doctrina germana, lo que se ha dado en llamar "victimodogmática" (*Viktimo-Dogmatik*). Sin embargo, no hay que caer en la errónea creencia de que la bibliografía dedicada a la víctima desde la dogmática penal persigue en su conjunto mejorar su situación[108], pues la mayoría de estos estudios han ido referidos al papel jugado por la víctima en el desencadenamiento del hecho delictivo, de ahí que también sea llamada "dogmática orientada al comportamiento de la víctima"[109].

---

[105] KHÜNE, H. H., *"Kriminologie: Victimologie der Notzucht"*, en *Juristische Schulung* (Alemania), nº 5, 1986, p. 388.

[106] MANZANARES SAMANIEGO, J. L., *Mediación, reparación y conciliación en el Derecho Penal*, COMARES, Granada, 2007, p. 10.

[107] Cfr. NORDENSTAHL, U. C. E., *Mediación penal. De la práctica a la teoría.* Librería Histórica, Buenos Aires, 2005, p. 52.

[108] ESER, A., *"Acerca del renacimiento de la víctima en el procedimiento penal"* op. cit.,p. 40. En el mismo sentido, RÖSSNER *et al.*, *La mediación penal.* Generalitat de Catalunya, Barcelona, 1999, p. 69.

[109] SILVA SÁNCHEZ, J. M., *"La consideración del comportamiento de la victima en la teoría jurídica del delito –Observaciones doctrinales y jurisprudenciales sobre la 'victimo-dogmática'"*, en *Cuadernos de Derecho Judicial. La victimología,* vol. 15, 1993. Consejo General del Poder Judicial, Madrid, p. 15.

La victimodogmática se aparta de las concepciones criminológicas para integrarse más bien en la teoría jurídica del delito. Como dice ESER, en contra de lo que el término podría sugerir, mucho más que mejoras para la víctima, persigue limitaciones de la punibilidad y/o de las sanciones para el autor[110], puesto que ha sido orientada, desde la doctrina penal, al estudio de la posibilidad de interacción entre el autor y la víctima en el desencadenamiento del hecho delictivo, lo que conllevaría la estimación de una corresponsabilidad parcial de la persona que ha padecido la infracción[111]. Así, DE VICENTE REMESAL resume el contenido de la victimodogmática en el examen de si el comportamiento de la víctima puede llegar a constituir una atenuante, una eximente o incluso una agravante de la responsabilidad criminal del autor[112]; o, dicho con las palabras de ARES, se trata de determinar en qué medida la corresponsabilidad de la víctima en el hecho puede repercutir, y en su caso de qué manera y con qué alcance, en la valoración jurídico penal del comportamiento del autor[113]. De esta manera, siguiendo a SILVA SÁNCHEZ, la teoría de la imputación objetiva ha permitido negar en muchos casos la imputación del resultado producido a la conducta del autor, por haber mediado un comportamiento de la víctima que ha contribuido causalmente a la producción del resultado (argumentos de puesta en peligro voluntaria, atribución del resultado a un área de responsabilidad ajeno, etc.). En otros casos, se ha llegado incluso a hacer desaparecer la infracción del deber de cuidado del autor. En los delitos de omisión también se ha tenido presente,

---

[110] ESER, A., *"Acerca del renacimiento de la víctima en el procedimiento penal"* op. cit., p. 40.

[111] SILVA SÁNCHEZ, J. M., *"La consideración del comportamiento de la victima en la teoría jurídica del delito...´"*, op. cit., p. 15. Como señala el autor, lo estudios victimodogmáticos se han centrado en los delitos de estafa, apropiación indebida y similares.

[112] DE VICENTE REMESAL, J., "La consideración de la víctima a través de la reparación del daño en el Derecho penal español: posibilidades actuales y perspectivas de futuro", en SILVA SÁNCHEZ, J. M. (ed.), Política criminal y nuevo Derecho Penal. Libro homenaje a claus Roxin. Bosch, Barcelona, 1997, p. 178. Vid., también, LANDROVE DÍAZ, G., *"La víctima ante el Derecho penal español"*, op. cit., p. 174; ROXIN, C., *Derecho Penal. Parte General, Tomo I, Fundamentos, la estructura de la Teoría del Delito* (trad. de Diego Manuel Luzón Peña, Miguel Díaz y García Conlledo y Javier De Vicente Remesal, originalmente publicado en alemán, *Strafrecht. Allgemeiner Teil, Band I*, Beck, Munich, 1994), Civitas. Madrid, 1997, p. 562.

[113] ARES, J. L., *"El retorno de la víctima al proceso penal"* (2010), obtenido el 3 de noviembre de 2012 enhttp://www.procesalpenaluns.blogspot.com.es/2010/12/retorno-de-la-victima-al-pro ceso-penal.ht ml, documento sin paginar.

consciente o inconscientemente, el comportamiento de la víctima a efectos de la exoneración del autor[114].

Sin embargo, de acuerdo con ROXIN, *"no hay datos que apoyen la hipótesis de que el legislador haya querido hacer depender el merecimiento o la necesidad de pena con carácter general de que la víctima adopte las medidas de autoprotección exigibles"*[115], por lo que las concepciones de la victimodogmática, cuyo indudable mérito reside en que han hecho ver la necesidad de una cierta autoprotección ante estafas o falsificaciones burdas y delitos similares[116], si son llevadas más allá de lo razonable, pueden derivar en consecuencias político criminales no deseables, como la privación de protección penal al que confía ingenuamente, lo que *"convertiría la malicia, la desconfianza y la temerosa obsesión por la seguridad en la ley de la convivencia social"*[117], cuando, muy al contrario, señalan JESCHECK-WEIGEND, *"la protección penal debe reforzar la confianza recíproca y descargar a la vida social del temor frente a los delitos"*[118].

Estimamos, con LARRAURI, que la víctimodogmática, como estudio de la conducta de la víctima, puede ser útil si se orienta hacia el análisis, desde el punto de vista quien ha padecido el injusto, de las posibilidades de propiciar el diálogo con el delincuente, a los efectos de acordar una reparación que evite la pena[119], lo que nos vuelve a servir en bandeja la perspectiva de integrar la mediación como posible vía dentro del modelo penal. En este sentido, la autora estima capital la aportación de ROXIN sobre la concesión de un mayor protagonismo a las víctimas a través de la consideración de la reparación como consecuencia jurídica del delito, cuestión que abordaremos más adelante.

---

114 SILVA SÁNCHEZ, J. M., *Perspectivas sobre la política criminal moderna*. Ábaco, Buenos Aires, 1998, pág. 148.

115 ROXIN, C., *Derecho Penal. Parte General, Tomo I, Fundamentos, la estructura de la Teoría del Delito*, op. cit., p. 564.

116 Ibídem, p. 565.

117 Ídem.

118 JESCHECK, H. H., WEIGEND, T., *Tratado de Derecho Penal. Parte General*, op. cit., p. 272.

119 LARRAURI PIJOAN, E., *"Victimología"*, op. cit.., pp. 293 ss.

I.2.2.3 La victimización terciaria

Como apunta MAPELLI, es habitual que la pena no sea la consecuencia negativa más grave que cabe esperar a una persona cuando comete un delito[120]. Así, junto a la victimización primaria (relativa al padecimiento concreto de la acción punible) y a la secundaria (ya estudiada), hemos de hacer mención también de la llamada victimización terciaria, que puede ser descrita como el conjunto de daños, ajenos a la pena, que sufre aquel que ha sido etiquetado como delincuente y las personas a él vinculadas (estigmatización social del delincuente y sus familiares, imposibilidad de planificar el futuro, etc.)[121]. En este sentido, cabe añadir que no solamente la prisión mancilla al condenado y a sus allegados, también el largo y tedioso proceso, cuya peor parte es el aposento en el banquillo de los acusados (de ahí que se hable de la "pena de banquillo"). CARNELUTTI, con su prosa siempre pía, expresó esta triste realidad:

> *La gente cree que el proceso penal termina con la condena, y no es verdad; la gente cree que la pena termina con la salida de la cárcel, y no es verdad; la gente cree que el ergástulo*[122] *es la única pena perpetua y no es verdad. La pena, si no propiamente siempre, en nueve de cada diez casos, no termina nunca. Quien ha pecado está perdido. Cristo perdona, pero los hombres no*[123].

---

[120] MAPELLI CAFFARENA, B., *Las consecuencias jurídicas del delito*. Thomson Reuters, Cizur Menor (Navarra), 2011, p. 22.

[121] Cfr. TAMARIT SUMALLA, J., *"La victimología. Cuestiones conceptuales y metodológicas"*, en AA.VV. *Manual de Victimología*, coords. ECHEBURÚA ODRIOZOLA, E. *et al*. Tirant lo Blanch, Valencia, 2006, p. 33. Vid. también, GARCÍA-PABLOS DE MOLINA, A., *"El redescubrimiento de la víctima: victimización secundaria y programas de reparación del daño. La denominada victimización terciaria (el penado como víctima del sistema legal)"*, en *Cuadernos de derecho judicial. La victimología*, vol. 15, 1993, Consejo General del Poder Judicial, Madrid, pp. 287 ss.; HASSEMER, W., MUÑOZ CONDE, F., *Introducción a la Criminología y al Derecho Penal*, op. cit., p. 29; RIVERA BEIRAS, I., *La devaluación de los derechos fundamentales de los recursos: La construcción jurídica de un ciudadano de segunda categoría*. Bosch, Barcelona, 1997, pp. 21 ss. Dentro del concepto de victimización terciaria suele hablarse de "victimización institucional" (marginación social por las estructuras injustas determinadas por los grupos dominantes), "victimización penitenciaria" (hacinamiento y sobrepoblación de los centros penitenciarios -Agresiones físicas, psiquicas, sexuales–, Mafias y normas internas que controlan los más fuertes/poderosos) y "victimización postpenitenciaria" (problemas de reinserción en una sociedad hostil-reincidencia).

[122] En referencia al *ergastolo*, prisión a perpetuidad prevista en el art. 22 del C. Penal italiano.

[123] CARNELUTTI, *Las miserias del proceso penal* (trad. de Santiago Sentis Melendo, originalmente publicado como *Le miserie del processo penale*, Edizioni Radio Italiana, Roma, 1957). Temis, Bogotá, 2005, p. 33.

A su vez, la Instrucción 1/89 de la FGE parece ser igualmente consciente del problema cuando, al tocar la cuestión de la conformidad en el procedimiento abreviado, establece (punto III.C):

> *El reconocimiento de la propia responsabilidad y la aceptación de la sanción, implican una actitud socializadora que facilita la reinserción social, reclamada como fin de la pena en el artículo 25.2 de la Constitución Española y que en lo posible no debe ser perturbada ni por la continuación del proceso, ni por la sumisión a la ´estigmatización´ del juicio oral*[124].

Es indiscutible entonces que, aun ocupando posiciones procesales muy diferentes, agresor y agredido sufren en común los padecimientos que el sistema oficial genera a los que se ven inmersos en él, independientemente del título en virtud del que lo hagan.

I.2.3 La legislación pro víctimas

El redescubrimiento de la víctima también ha tenido su reflejo en forma de textos legislativos que los Estados avanzados han articulado al objeto de preservar sus derechos. A nivel internacional, ejerció gran influencia en este sentido la Resolución 40/34 de la Asamblea General de Naciones Unidas, de 29 de noviembre de 1985, por la que se aprobó la *Declaración sobre los principios fundamentales de justicia para las víctimas de delitos y del abuso de poder*, que las describe así en el art. 1 de su anexo:

> *Aquellas personas que, individual o colectivamente, hayan sufrido daños, inclusive lesiones físicas o mentales, sufrimiento emocional, pérdida financiera o menoscabo sustancial de sus derechos fundamentales, como consecuencia de acciones u omisiones que violen la legislación penal vigente en los Estados Miembros, incluida la que proscribe el abuso de poder.*

La citada Resolución consagró, tanto el derecho de la víctima al acceso al proceso judicial y a obtener una reparación (art. 4), como la obligación del

[124] Estamos aquí ante una manifestación (germinal, si se quiere) del principio de oportunidad, como en su momento sostendremos.

delincuente de resarcirla por el daño causado (art. 7). En nuestro país, tuvimos que esperar hasta la Ley 35/1995, de 11 de diciembre, de Ayudas y Asistencia a las Víctimas de Delitos Violentos y contra la Libertad Sexual, para que se recogiera una carta de derechos de la víctima[125]. Dicha ley prevé una serie de ayudas para las víctimas de dichos delitos[126], además de imponer a los distintos funcionarios y autoridades en su art. 15, bajo la rúbrica *Deberes de información*, una serie de obligaciones informativas para con la víctima, mediante las que podríamos decir que se intenta reducir la sensación de desapego e indiferencia que, como venimos exponiendo, transmite el sistema de justicia a quien ha sido sujeto pasivo de un delito[127]. También la LO 1/2004, de 28 de diciembre, de Medidas de Protección Integral contra la Violencia de Género, dispone el establecimiento de un conjunto de medidas de ayuda a las víctimas de la violencia así denominada[128].

---

[125] El Borrador de Código Procesal Penal (BCPP), presentado mientras se ultimaba la redacción de este trabajo y sobre el que se tratará en infra IV.5, contiene un "Estatuto de la víctima" cuyo contenido no difiere en exceso de lo prevenido en la normativa actualmente vigente. Sobre el contenido de la Ley 35/95, vid. GONZÁLEZ VIDOSA, F., *¿Qué es la ayuda a la víctima?*. Atelier, Barcelona, 2001, pp. 76 ss.; GORDILLO SANTANA, L.F., *La justicia restaurativa y la mediación penal*. Iustel, Madrid, 2007, pp. 90 ss.; SÁINZ-CANTERO CAPARRÓS, M. B., *La reparación del daño ex delicto*. Comares, Granada, 1997, pp. 71-73.

[126] Reguladas en el Real Decreto 738/1997, de 23 de mayo, por el que se aprueba el Reglamento de Ayudas a las Víctimas de Delitos Violentos y contra la Libertad Sexual.

[127] "*Deberes de Información:*

1.Los Jueces y Magistrados, miembros de la Carrera Fiscal, autoridades y funcionarios públicos que intervengan por razón de su cargo en la investigación de hechos que presenten caracteres de delitos dolosos violentos y contra la libertad sexual, informarán a las presuntas víctimas sobre la posibilidad y procedimiento para solicitar las ayudas reguladas en esta Ley.

2. Las autoridades policiales encargadas de la investigación de hechos que presenten caracteres de delito recogerán en los atestados que instruyan todos los datos precisos de identificación de las víctimas y de las lesiones que se les aprecien. Asimismo, tienen la obligación de informar a la víctima sobre el curso de sus investigaciones, salvo que con ello se ponga en peligro su resultado.

3. En todas las fases del procedimiento de investigación el interrogatorio de la víctima deberá hacerse con respeto a su situación personal, a sus derechos y a su dignidad.

4. El Secretario judicial cuidará de que la víctima de un hecho que presente caracteres de delito, en el mismo momento de realizar la denuncia o, en todo caso, en su primera comparecencia ante el órgano competente, sea informada en términos claros de las posibilidades de obtener en el proceso penal la restitución y reparación del daño sufrido y de las posibilidades de lograr el beneficio de la justicia gratuita. Igualmente cuidará de que la víctima sea informada de la fecha y lugar de celebración del juicio correspondiente y de que le sea notificada personalmente la resolución que recaiga, aunque no sea parte en el proceso [La redacción de este apartado se debe a la Ley 13/2009, de 3 de noviembre, de reforma de la legislación procesal para la implantación de la nueva oficina judicial].

5. El Ministerio Fiscal cuidará de proteger a la víctima de toda publicidad no deseada que revele datos sobre su vida privada o su dignidad, pudiendo solicitar la celebración del proceso penal a puerta cerrada, de conformidad con lo previsto en la legislación procesal".

[128] Muy esquemáticamente, se prevén tres tipos de medidas: Asistencia informativa y jurídica, ayudas laborales y sociales, y ayudas económicas en aquellos casos en los que se prevé que la mujer, por sus circunstancias personales, no va a poder incorporarse al mercado laboral.

Digresión: el concepto de violencia de género manejado en la citada ley es, cuando menos, discutible, por cuanto deja fuera de su ámbito objetivo las agresiones machistas que no recaen en la pareja o expareja, así como las agresiones de pareja entre homosexuales, por lo que, en realidad, se está haciendo referencia más bien a la violencia de pareja del hombre contra la mujer, sea o no por móviles machistas[129].

Tenemos que decir que estos mandatos favorables a las víctimas no siempre se cumplen en la práctica. La tramitación de la pieza de responsabilidad civil sigue siendo objeto de escasa atención en nuestros tribunales. Por ejemplo, como hemos tenido la oportunidad de comprobar en nuestro devenir profesional, el fiscal a veces pacta con la defensa la

[129] Por más que lo consideremos discutible, asumiremos en esta obra el concepto legal de violencia de género, que la contempla como aquella que se ejerce sobre las mujeres *"por parte de quienes sean o hayan sido suis cóngyuges o de quienes estén o hayan estado ligados a ellas por relaciones similares de afectividad, aun sin convivencia"* (art. 1 LO 1/2004, de 28 de diciembre, de Medidas de Protección Integral contra la Violencia de Género). Por tanto, el concepto se circunscribe a la violencia ejercida por el hombre sobre la mujer, y siempre que sean o hayan sido pareja. La trascendencia de la definición es mayor de lo que puede pensarse, pues el hecho de que una agresión entre o no dentro de su radio de acción no solamente tiene consecuencias penales sino, como se ha dicho en la nota anterior, en materia de ayudas sociales, laborales, etc. De esta manera, si, por ejemplo, una chica es agredida por un compañero de trabajo, enojado porque se cree superior al ser hombre y sin embargo ha sido ella quien ha recibido un ascenso, eso no es violencia de género, porque no son ni han sido pareja. Otro ejemplo: un tipo trata de saltarse la cola del cine y empuja a la persona que le precede, que es su ex mujer, de la que se divorció hace 20 años. Eso sería violencia de género, pues es violencia ejercida por un hombre contra su ex pareja mujer. Todo ello sin mencionar el desamparo en cuanto a las citadas ayudas sociales en que queda la mujer que es maltratada por su pareja cuando esta es otra mujer. No compartimos, desde luego, esta concepción. Sobre el concepto de género, vid. DELGADO ÁLVAEZ, C., SÁNCHEZ PRADA, A., *"La inviabilidad de la mediación en violencia de género: claves psicológicas"*, en AA.VV., *La mediación en materia defamilia y Derecho penal. Estudios y análisis.* Andavira, Santiago de Compostela, 2011, pp. 325 ss.; LAMAS, M., *Feminismo. Transmisiones y retransmisiones.* Taurus, México D. F., 2006, pp. 91-114. Sobre el concepto de violencia de género y sus posibles objeciones, vid. LOBO GUERRA, M., SAMPER LIZARDI, F., *"¿Es posible la mediación en aquellos casos en los que ha existido violencia de género?"*, en *Sobre la mediación penal. Posibilidades y límites en un entorno de reforma del proceso penal español.* Aranzadi, Pamplona, 2012, pp. 165-171; MAQUEDA ABREU, M. L., *"La violencia de género. Entre el concepto jurídico y la realidad social"*, en *Revista de Ciencia Penal y Criminología*, nº 8, 2006, obtenido el 5 de diciembre de 2012 en http://www.criminet.ugr.es, pp. 2 ss; OUBIÑA BARBOLLA, I., *"La distancia que les separa, la distancia que nos separa: mediación en casos de violencia doméstica en España y en otros sistemas"*, en *Sobre la mediación penal (posibilidades y límites en un entorno de reforma del proceso penal español).* Aranzadi, Pamplona, 2012, pp. 186 ss.; SÁEZ RODRÍGUEZ, C., *"La estrategia contra la violencia de género en su complicado encaje con la mediación penal"*, en AA.VV., *Justicia restaurativa, mediación penal y penitenciaria: un renovado impulso.* Reus, Madrid, 2011, pp. 229-233; TORRES FERNÁNDEZ, M. E., *"Expansionismo penal y maltrato de pareja. ¿Un papel posible para la mediación?"*, en *Libro de ponencias de la VIII conferencia internacional del foro mundial de mediación, Valencia, 18-21 de octubre de 2012, vol. III.* Foro Mundial de Mediación, Caracas, 2012, pp. 61-62.

conformidad de esta[130] sin acordarse de exigir la satisfacción de la responsabilidad civil, con lo que la víctima queda avocada a gastar dinero, tiempo y desvelos en entablar un nuevo proceso civil si quiere ser indemnizada. Afortunadamente esto no es lo habitual, pero lo que sí es moneda corriente en nuestros juzgados es el incumplimiento por los fiscales de su deber de información a la víctima. La Instrucción 2/2009 de la FGCE[131], suscrita conjuntamente con el Consejo General de la Abogacía Española, sobre la aplicación del protocolo de conformidad, establece la obligación de informar a la víctima cuando se alcanza la conformidad con el acusado, algo que, por exceso de trabajo, desidia, o ambas cosas, no suele efectuarse.

Por lo tanto, sin dejar de reconocer la importancia de estos instrumentos, parece que resultan insuficientes para lograr los objetivos de atención a los intereses de la víctima, lo que se advierte en la dificultad del sistema penal en lograr la reparación[132]. Estas medidas, en suma, no le han devuelto su papel principal en el conflicto, y tampoco han conseguido su "desvictimización", término muy al uso en Victimología que se define como la recuperación total de la víctima, desde el plano material, físico y psicológico[133], y lo mismo puede decirse de la normativa internacional dictada al respecto[134]. El pretendido

[130] De este instituto hablaremos en el epígrafe primero del Capítulo III de la presente obra.

[131] Según la meritada Instrucción, *"Otra de las tareas esenciales que el Fiscal debe asumir en el marco de la resolución consensuada del procedimiento es la protección de la víctima y del resto de los perjudicados por el delito. Esa misión específica del Ministerio Público ha de ser particularmente cuidada a la hora de cerrar el acuerdo de conformidad. La víctima se ha encontrado históricamente ausente y desinformada -cuando no perpleja- acerca del resultado pactado del proceso, sobre todo cuando no está personada en él. Por ello, de cara a la negociación de la conformidad el Fiscal procurará oír previamente a la víctima o perjudicado, aunque no estén personados en la causa, siempre que sea posible y lo juzgue necesario para ponderar correctamente los efectos y el alcance de tal conformidad, y en todo caso cuando por la gravedad o trascendencia del hecho o por la intensidad o la cuantía sean especialmente significativos los intereses en juego, así como en todos los supuestos en que víctimas o perjudicados se encuentren en situación de especial vulnerabilidad. Igualmente deberá asegurarse en lo posible que éstos sean informados de la existencia y los términos de la conformidad, una vez pactada, y de sus consecuencias procesales. A tal fin, los Fiscales Jefes dispondrán los medios necesarios, en los términos establecidos por la Instrucción 8/2005, de 26 de julio de 2005, sobre el deber de información en la Tutela y Protección de las Víctimas en el Proceso Penal."*

[132] CID MOLINÉ, J.,*"Medios alternativos de solución de conflictos y Derecho penal"*, op. cit., p. 157.

[133] Cfr. MORILLAS FERNÁNDEZ, D. L. *et al.*, *Victimología. Un estudio sobre la víctima y los procesos de victimización*, op. cit., pp. 140 ss.

[134] Así lo admite veladamente la Directiva 2012/29/UE, del Parlamento y el Consejo, de 25 de octubre, por la que se establecen normas mínimas sobre los derechos, el apoyo y la protección de las víctimas de delitos, que recoge, en el apartado 4 de sus considerandos iniciales, que su objetivo *"es avanzar de forma significativa en la protección de las víctimas en el conjunto de la Unión en particular en el marco de los procesos penales"*. Curiosamente, cuando el texto de la citada Directiva

regreso a la victima, en fin, tal y como ha sido estructurado normativamente, se ha hecho en pos de una idea utilitarista, centrada más en las indemnización que en la reparación, acaso sin verdadera intención de de satisfacer las necesidades de aquella. Como apunta GARCÍA-PABLOS, identificar las expectativas de la víctima con pretensiones meramente económicas supone una visión muy simplista de la realidad[135]; baste decir que, en los programas de mediación penal llevados a la práctica en nuestro país, de los que en su momento hablaremos, un alto porcentaje de las reparaciones reviste contenido simbólico o comunitario. La participación de la víctima en el proceso no debe entenderse como una mera concesión, sino como un derecho originario[136], por lo que consideramos que estas "ayudas" han de completarse con la admisión legal de la posibilidad de que la víctima pueda resolver en primera persona la agresión que ha sufrido a través de la mediación penal.

I.2.4 Riesgos asociados al retorno de la víctima

La euforia por devolver el protagonismo del proceso penal a la víctima entraña no pocos peligros. En un extremo, el de la vuelta a tesis punitivas expiatorias, alentada desde una óptica política populista, y la consecuente merma en materia de garantías del imputado en pro del desiderátum justiciero. En el extremo opuesto, el peligro de que la exaltación de soluciones alternativas termine llevando a la abolición del propio Derecho penal. Procedamos a examinar ambos problemas.

I.2.4.1 La amenaza de la utilización demagógica de las víctimas

Preocupación por las víctimas y hambre de votos pueden llegar a conformar un peligroso cóctel. Nos referimos al riesgo de que las demandas de los colectivos victimales se utilicen, de manera más o menos bienintencionada,

---

se hallaba aún en fase de propuesta (Propuesta de Directiva 2011/0129 (COD), del Parlamento y el Consejo, de 18 de mayo de 2011), tenía un tenor mucho más crítico, al decir en el mismo punto de sus considerandos iniciales, que, *"aunque se han logrado mejoras en este ámbito, no se han alcanzado plenamente los objetivos propuestos"*.

135 GARCÍA-PABLOS DE MOLINA, A., *Criminología: una introducción a los fundamentos teóricos*, op. cit., p. 125.

136 ESER, A., *Sobre la exaltación del bien jurídico a costa de la víctima*, op. cit., p. 42.

para justificar reformas penales de claro sesgo punitivo. La víctima (afortunadamente) ya no es ese rostro anónimo que tan poca atención recibió durante siglos: ahora empieza a tener cara y ojos, nombre y apellidos. El asociacionismo de las víctimas ha ganado mucho peso en la sociedad[137] y esto no ha pasado desapercibido ante el mandatario político, que no ahorra esfuerzos en honrarlas siempre que hay ocasión. Estar de parte de las víctimas es lo correcto, pero el problema es que también es lo "políticamente correcto", en el sentido de que se ha instalado la idea en la sociedad de que si no se es duro con el delincuente no se está a favor de la víctima[138]: he aquí el peligro arriba expuesto, que yace bajo expresiones tan gráficas e impactantes como "tolerancia cero"[139] y otras de similar jaez. Es un contexto de extremos que SILVA SÁNCHEZ expresa no menos gráficamente al afirmar que el Derecho penal puede pasar de ser la *"Magna Charta"* del delincuente, como lo describió VON LISTZ[140], a convertirse en la *"Magna Charta"* de la víctima[141].

---

[137] Sobre el auge del asociacionismo victimal, vid. CEREZO DOMÍNGUEZ, A. I., *El protagonismo de las víctimas en la elaboración de las leyes penales*, op. cit., pp. 20-21; TAMARIT SUMALLA, J., *"Paradojas y patologías en la construcción social, política y jurídica de la victimidad"*, en *Indret, Revista para el Análisis del Derecho*, nº 1, 2013, obtenido el 30 de junio de 2013 en http://www.indret.com, pp. 1-, pp. 17-18.

[138] GARLAND, D., *La cultura del control*, op. cit., p. 46.

[139] *Zero tolerance*, término cuyo nacimiento suele situarse en los agresivos programas llevados a cabo por el Jefe del Departamento de Policía de Nueya York, William Bratton, a mediados de los años 90, bajo el mandato del conocido Alcalde Rudolh Giulianni, pero que, en realidad, había comenzado a utilizarse una década antes por el Gobierno estadounidense del Presidente Ronald Reagan, donde dicha expresión se empleaba para subrayar la actitud de intolerancia total dentro de su política antidrogas (cfr. ALBORNOZ, J. E., *"Tolerancia cero: un mito peligroso"*, en *Revista Criterio*, nº 2.244, 1999, obtenido el 19 de diciembre de 2012 en http://www.revista criterio.com.ar). La política de la tolerancia cero está inspirada en la famosa "teoría de las ventanas rotas", formulada por primera vez en 1982 por WILSON y KELLING: *"si una ventana de un edificio está rota y se deja sin reparar, el resto de las ventanas serán rotas pronto. Esto es cierto tanto en buenos barrios como en los más decadentes. La rotura de ventanas no ocurre en mayor escala debido a que algunas zonas están habitadas por decididos ´rompedores de ventanas´ mientras otras están pobladas por ´amantes de ventanas´ , sino porque una ventana sin reparar es señal de que a nadie le preocupa, por lo tanto romper más ventanas no tiene costo alguno"* (WILSON, J. Q., KELLING, L., *"Ventanas rotas: la policía y la seguridad en los barrios"* [trad. de Daniel Friedman, originalmente publicado en inglés, *"Broken Windows. The police and neighborhood safety"*, en *The Atlantic Monthly*, vol. 249, nº 3, 1982, pp. 29-38], en *Delito y Sociedad. Revista de Ciencias Sociales*, nº 15-16, 2001, p. 69. Sobre el concepto de tolerancia cero, vid. también LANDROVE DÍAZ, G., *El nuevo Derecho Penal*, op. cit., pp. 29 ss.

[140] VON LISZT, *la idea del fin en el Derecho penal*, op. cit., pp. 13-14. Para el autor, el Derecho penal debe ser concebido como un conjunto de garantías -*"Magna Charta"*- puestas al servicio del delincuente, *"contra la omnipotencia estatal, contra el ciego poder de la mayoría, contra el Leviathan"*.

[141] SILVA SÁNCHEZ, J. M., *La Expansión del Derecho Penal. Aspectos de la política criminal en las sociedades postindustriales*, Civitas, Madrid, 2001, p. 53.

Por otro lado debemos señalar que, si bien no todos los colectivos victimales son iguales, lo cierto es que algunos de ellos se han situado a la vanguardia del discurso del regreso a posiciones penales teóricamente superadas. Así, en los últimos tiempos se advierte la existencia de cierta tendencia político-criminal, de connotaciones vindicativas, mediante la que nuestros gobernantes tratarían de ganarse el favor de aquellos colectivos. Medidas tomadas en los últimos años, como las relativas al cumplimiento íntegro de las penas, la ampliación a 40 años del tiempo máximo de estancia en presidio o la restricción de la libertad condicional; así como las que hay en proyecto -léase la llamada custodia de seguridad o el eufemismo de la prisión permanente revisable- parecen dar fe de ello[142]. Cabe preguntarse cómo, en un terreno tan necesitado de un enfoque sereno y racional como el de la política criminal, personas incitadas por la pura exasperación han conseguido ejercer una influencia legislativa absolutamente desconocida en otras materias, en principio mucho más propicias a la consulta ciudadana. La respuesta probablemente tenga mucho que ver con la influencia de los medios de comunicación, a través de los cuales la mayoría social se identifica con las víctimas de los delitos, lo que termina desembocando en la demagogia antes aludida[143]. Ante este estado de cosas podría llegarse a la conclusión de que es el auditorio el que manipula al demagogo, pero lo cierto es que este termina logrando que el foco de la atención social se desplace y que no se discuta sobre los verdaderos problemas, por lo que cabría concluir que entre ambos, político y colectivos victimales, se ha establecido un proceso de *feed-back* o realimentación verdaderamente inquietante.

Se ha llegado a hablar de la existencia de un derecho de la víctima a la condena del autor[144], cuando lo cierto es que nunca ese derecho ha sido

---

[142] Vid. epígrafe 3 del presente capítulo, dedicado al victimario, donde se tratará sobre la evolución de las concepciones relativas a la pena y sus fines.

[143] Sobre esta cuestión, vid. CEREZO DOMÍNGUEZ, A. I., *El protagonismo de las víctimas en la elaboración de las leyes penales*, op. cit. pp. 25 ss. En este escenario es posible, como dice WRIGHT, que algunos políticos, temerosos de una pérdida de votos entre el sector más duro de la opinión pública, terminen mostrándose en contra de la implantación de modelos como la mediación (WRIGHT, M., *"Restorative justice: For whose benefit?"*, en *Victim-offender mediation in Europe: Making restorative justice work*. Leuven University Press. Leuven, 2000, p. 35).

[144] Vid. GALAIN PALERMO, P. *La reparación del daño a la víctima del delito*. Tirant lo Blanch, Valencia, 2010, p. 328 ss.

reconocido en los Ordenamientos modernos, y solamente en un sistema penal "taliónico" podría contemplarse su existencia[145]. Los derechos de la víctima y del victimario no han de concebirse como vasos comunicantes en que, para que aumente el contenido de uno, ha de bajar el del otro; la mayor atención a la víctima no tiene por qué significar más represión para el delincuente, sino que el sistema de justicia penal tiene que tener en cuenta dos elementos: al autor del delito y a la víctima y, por consiguiente, contemplar la posibilidad de la reparación en dicho marco[146]. Entendemos, con URRA PORTILLO, que hay que ponerse al lado de las víctimas, pero no dejarles legislar[147] y que, como dice BARONA, no se debe luchar por la superposición de sujetos y derechos, sino por la integración de la víctima con los ya existentes[148]. Volver a postulados claramente superados por la ciencia penal del siglo XX, cuando no inconstitucionales, en pro de una mejor satisfacción de los intereses de las víctimas, no parece un argumento razonable, por lo que, si bien compartimos las proposiciones a favor de la valorización de aquellas, esto debe hacerse dentro de los márgenes del Derecho penal del Estado Social y Democrático.

I.2.4.2 Las tesis abolicionistas[149]: el peligro de regreso a la venganza privada

---

[145] SILVA SÁNCHEZ, J. M., *"Una crítica a las doctrinas penales de la 'lucha contra la impunidad' y del 'derecho de la víctima al castigo del autor'"*, en *Revista de Estudios de Justicia*, nº 11, 2009, p. 52. Nuestro TC, por su parte, niega la existencia de tal derecho (por todas, STC 115/2001, de 10 de mayo (EDJ 2001/4675), FJ 11.

[146] RODRÍGUEZ MANZANERA, L., *"Derecho victimal y victimodogmática"*, en *Eguzkilore*, nº 26, 2012, p. 142.

[147] URRA PORTILLO, J., *"Educar a los adolescentes para la socialización"*, conferencia impartida el 26 de julio de 2011, en el transcurso de la XIX edición de la Universidad de Verano de Adeje. Obtenido (extracto) el 14 de diciembre de 2012 en http://www.eldia.es/2011-07-27/SOCIEDAD/6-Urra-Hay-ponerse-lado-victimas-permitirles-legislar.htm.

[148] BARONA VILAR, S., *Mediación Penal. Fundamento, fines y régimen jurídico*. Tirant lo Blanch, Valencia, 2011, p. 97.

[149] Las teorías abolicionistas parten del movimiento anarquista del siglo XIX, pero el abolicionismo penal contemporáneo es una corriente inscrita en la llamada criminología crítica, de la que se hablará en infra I.3.2, que pretende la desaparición total del sistema penal de justicia estatal. Considera que ningún espacio de la administración del castigo merece ser rescatado, por lo tanto la consecuencia no puede ser otra que, lisa y llanamente, la virtual abolición de todas sus partes, básicamente cárcel, tribunales penales y policía represiva; y su sustitución por otras y diversas formas de control social. Los autores abolicionistas más prestigiosos son: el sociólogo noruego Thomas Mathiesen, cuya obra *The Politics of Abolition, Essays inpolitical action theory*, publicada en 1971, es señalada como pionera de esta corriente; el holandés Louk Hulsman, profesor de derecho penal en la Universidad de Erasmus, Rotterdam, fallecido en 2009, que escribió, junto a BERNAT DE CELLIS, J., *Peinesperdues. Le systemepenal en question* (1982), traducido al castellano como *Sistema Penal y Seguridad Ciudadana: Hacia una alternativa* (Ariel, Barcelona, 1984) y el profesor de criminología en la Universidad de Oslo, ya mencionado en este trabajo, Nils Christie, autor de *Los límites del dolor*, op. cit. Podemos decir,

Como hemos visto, urge la necesidad de aumentar el margen de maniobra del ofendido en el conflicto penal. Pero no sin adoptar ciertas cautelas. La idea básica que proponen los autores adscritos a las tesis abolicionistas se resume en la devolución del manejo de sus propios conflictos a las personas implicadas, sin que el Estado tenga la más mínima participación[150]. No contemplan la reparación como reacción penal, sino que expresan con aquella algo diametralmente distinto de la sanción estatal[151]; la suya es una búsqueda, según CHRISTIE, de *"opciones a los castigos, no solo castigos opcionales"*[152]. Estas corrientes han ayudado a poner de manifiesto algunos de los grandes defectos estructurales del sistema penal y, aunque sus propuestas parecen exageradas y más bien utópicas, no puede negarse que han hecho ver la necesidad de enfocar la comisión de cada delito de manera específica y de buscar posiciones intermedias. Precisamente tales posiciones intermedias, a las que nos sumamos, aun reconociendo la evidencia de los planteamientos abolicionistas y el indiscutible deber de reforzar el rol del ofendido en el proceso penal, consideran sin embargo que el peligro de caer en el caos justifica los costos que el propio Derecho penal provoca. En consecuencia, el monopolio estatal del *ius puniendi* estará tanto más justificado cuanto más bajos sean los costes del Derecho penal respecto a los costes de la "anarquía punitiva"[153].

La crítica instantánea que se hace al abolicionismo es la del riesgo de que

---

citando a POQUET, que *"el abolicionismo penal no se presenta como una crítica parcial más, a la manera de las formuladas por las modernas corrientes criminológicas, que recaen sobre aspectos puntuales del sistema de justicia penal, sino como una impugnación total al conjunto del control social punitivo, que abarca instituciones, prácticas, normas y discursos. Es la más radical de todas las críticas conocidas hasta el presente, aunque en realidad muchas de sus apreciaciones fueron enunciadas tiempo antes por otras disciplinas, como la sociología y la criminología. La novedad estriba en la propuesta final y en el sincretismo crítico que emplea para convertir a dicha propuesta en una meta ineludible"*. POQUET, A., *Temas de Derecho Penal y Criminología*. Ediar. Buenos Aires, 2005, p. 123.

150 BOVINO, A., *"La víctima como preocupación del abolicionismo penal"*, ", en AA.VV., *De los delitos y las víctimas*. Ad-Hoc, Buenos Aires, 1992, p. 245. En su opinión, *"es importante señalar que la propuesta de recuperar a la víctima, de llamarla a decidir, tiene un propósito típicamente abolicionista: la selección de una alternativa no punitiva para enfrentar la situación problemática en que se ha visto envuelta. Este nuevo modelo de sociedad sin sistema penal requiere, a su vez, una excesiva y muchas veces ingenua confianza en la víctima; pero cabría preguntarse si, ante los violentos sistemas penales de la actualidad, no es preferible ser catalogados de ingenuos para intentar, de una vez, que el sistema penal deje de ser otro victimario"*.

151 BERIZONCE, R. O., *Efectivo acceso a la justicia*, op. cit., p. 200.

152 CHRISTIE, *Los límites del dolor*, op. cit., p. 14.

153 FERRAJOLI, *Derecho y razón. Teoría del garantismo penal*, op. cit., p. 336. En la misma línea, BERTONI, E. A., *"El Derecho Penal mínimo y la víctima"*, en AA.VV., *De los delitos y las víctimas*. Ad-Hoc, Buenos Aires, 1992, p 253.

sus proposiciones nos retrotraigan a épocas donde la venganza del individuo ofendido o de su clan constituían la única forma de justicia penal conocida. Esto significaría, de acuerdo con FERRAJOLI, una privatización del conflicto nada aconsejable, por cuanto se estaría dando carta de naturaleza a la venganza particular, a las reacciones salvajes y desenfrenadas contra las ofensas y, consecuentemente, al triunfo de los poderosos sobre los débiles[154]. Por el contrario hay estudiosos, como LARRAURI, que no comparten el empleo del término "venganza privada". Para la autora, lo que existía en época antigua no era un derecho de venganza privada, sino el poder de disposición de la victima sobre las formas prototípicas del proceso penal, en las cuales ya existía una cierta intervención pública[155]. También en su tiempo dijo VON LISZT que la venganza de sangre no era venganza privada, sino familiar o de la *gens*, negando la existencia de una venganza privada desprovista de todo elemento social en toda la historia de la humanidad[156].

Pero no podemos ignorar el peligro de la venganza privada, por mucho elemento social que pueda contener. No hace falta viajar a lugares exóticos ni intimar con tribus perdidas para observar manifestaciones vigentes de la "venganza legal". En Albania encontramos un cercano ejemplo. Allí, tras el derrumbe del régimen comunista y la posterior revuelta de 1997, la falta de autoridad institucional provocó que los ciudadanos regresasen a la aplicación del *Kanum*, un código consuetudinario que se ha transmitido durante siglos en las montañas del norte del país. El *Kanum* consagra la venganza de sangre, esto es, el asesinato privado de una persona en pago de infracciones anteriores –hoy día prácticamente limitadas al homicidio-, cometidas por aquella o por otro miembro de su estirpe. Se calcula que, desde 1991, han muerto 9.800 personas a causa de dicha venganza[157], que si bien no es plenamente aceptada, sí es

---

154 FERRAJOLI, *Derecho y razón. Teoría del garantismo penal,* op. cit., p. 337.

155 LARRAURI PIJOÁN, E., *"Criminología crítica: abolicionismo y garantismo",* op. cit., p. 144. Sobre la intervención pública en las formas prototípicas del proceso penal, vid. nota nº 80.

156 VON LISZT, F., *La idea del fin en el Derecho penal* op. cit., p. 71.

157 Cfr. ATTANASIO, A., GIORGI, J., *"Venganza de sangre",* reportaje publicado en el diario *El País,* de 21 de octubre de 2012, pp. 8-10; GARCÍA LEON, R., *"El Kanum y la venganza de sangre",* publicado el 28 de noviembre de 2010, obtenido el 23 de octubre de 2012 en http://www.suite101.net/article/el-kanum-y-la-venganza-de-sangre-a31221; DIVA, J., *"Sangre*

asumida por una sociedad que desconfía de las autoridades oficiales. Según datos ofrecidos por el propio gobierno albanés, en 1997, durante el período de total anarquía que vivio Albania, se llegó a las 1.800 personas asesinadas por venganza de sangre, resultando heridas otras 3.500[158]. La "devolución" del homicidio, lejos de zanjar la disputa, no hace sino enquistarla, continuando una macabra espiral de barbarie entre clanes familiares que puede llegar a propagarse *ad infinitum*[159].

El caso de Albania parece un buen ejemplo de lo que supondría una hipotética dejación de funciones por parte del Estado en materia de justicia penal. Sin un poder común, como explicó HOBBES, solo puede existir la guerra de todos contra todos[160], de modo que, cuando falta el Estado o este es extremadamente débil, otras estructuras, seguramente más perniciosas, tienden a ocupar su lugar. La Historia nos enseña que la mafia y sus equivalentes nacieron y siguen naciendo como sustitutivos de la *potestas* pública en épocas caracterizadas por un gran vacío de poder. La venganza particular, en suma, jugó su papel como institución en tiempos pretéritos y sirvió para ganar un cierto orden bajo el que pudiera desenvolverse la vida en sociedad, pero no tiene cabida en nuestro mundo.

Por último, no podemos sustraernos al deseo de plantear un interrogante, relacionado con la reciente Ley 10/2012, de 20 de noviembre, sobre la que regresaremos infra, que ha incorporado a nuestro ordenamiento las famosas tasas judiciales[161]: En aquellos supuestos en que se carezca de medios económicos para pleitear, ni sea posible el acuerdo extrajudicial, ¿no estará la

---

para un nuevo abril quebrado", artículo publicado en el diario *El País*, de 1 de abril de 2007, obtenido el 24 de octubre de 2012 en http://www.elpais.com.

158 TECCO, S., *"La venganza de sangre albanesa"*, artículo publicado en el diario ABC, de 4 de agosto de 2003, obtenido el 23 de octubre de 2012 en http://www.abc.es.

159 Para una mejor comprensión del fenómeno, vid. KADARE, I., *Abril quebrado.* Alianza Editorial, Madrid, 2009, donde se ofrece un cuadro demoledor sobre esta realidad.

160 HOBBES, T., *Leviatán* (originalmente escrito en inglés, *Leviathan or the matter, forme and power of a commonwealth, ecclesiasticall and civil,* 1651), obtenido el 12 de mayo de 2012 en http://www.inep.org, p. 52.

161 Si bien, como consecuencia de las multitudinarias quejas recibidas, algunos de los supuestos en que se devengan las tasas han sido atemperados por el Real Decreto-ley 3/2013, de 22 de febrero, por el que se modifica el régimen de las tasas en el ámbito de la Administración de Justicia y el sistema de asistencia jurídica gratuita.

meritada ley abriendo una peligrosa ventana al ejercicio de la venganza privada?

I.2.5 Toma de posición: la necesidad de tutela estatal

La presente obra aboga por la adopción de un modelo de mediación penal, no como una instancia de no-poder, como es presentada desde las posturas afines al abolicionismo, sino como una forma de control social. De acuerdo con HASSEMER, el actual Derecho penal ha de caminar hacia la imagen de un modelo utópico, pero deben diferenciarse los pasos que hay que dar en la dirección correcta y los que siguen un camino equivocado[162]. Una sociedad sin control es inimaginable[163], y el control social requiere del ejercicio del poder, por lo que el Estado debe seguir desempeñando un rol determinante en el funcionamiento de la mediación, o de cualquier otra forma de justicia restaurativa que se pretenda implantar[164].

Podría contestarse a este argumento que el control social ya estaba presente en el andamiaje grupal preexistente al Estado, cuando imperaban las formas privadas de justicia penal. Dicha afirmación sería cierta. Sin embargo, el que ejerce el Estado es un control social formalizado[165], y esto hace que esté

---

[162] HASSEMER, W., *"Los rostros del derecho penal"*, en AA.VV., *Cahiers de defense sociale.* SIDS, Milán, 2004, p. 112.

[163] MUÑOZ CONDE, F., *Derecho penal y control social.* Fundación Universitaria de Jerez. Jerez, 1985, p. 36.

[164] En este sentdo, el *Proyecto Alternativo sobre Reparación* (*Alternativ-Entwurf Wiedergutmachung,* AE-WGM), elaborado por un grupo de prestigiosos penalistas alemanes, austriacos y suizos en 1992, del que hablaremos más adelante, pese a que está dedicado a preconizar la importancia de la reparación como sustitutivo de la pena, rechaza las tesis abolicionistas, afirmando la necesidad del control estatal *"para motivar también a los poderosos a la observancia de las reglas básicas de la vida en sociedad"*. El AE-WGM, del que hablaremos en Infra III.3.2.2, VI.4.1, VI.4.2 y VII.1, fue originalmente publicado en BAUMANN, J. *et al, Alternativ-Entwurf Wiedergutmachung: (AE-WGM): Entwurf eines Arbeitskreises deutscher, österreichischer und schweizerischer Strafrechtslehrer: (Arbeitskreis AE).* Beck, Munich, 1992. Existe traducción al español del AE-WGM, que ha sido la manejada en la redacción de la presente monografía, en PÉREZ SANZBERRO, G., *Reparación y conciliación en el sistema penal, ¿apertura de una nueva vía?* Comares, Granada, 1999, pp. 423 ss.

[165] Vid. BACIGALUPO ZAPATER, E., *Manual de Derecho Penal,* Temis, Santa Fe de Bogotá, 1996, p. 1; HASSEMER, W., MUÑOZ CONDE, F., *Introducción a la Criminología y al Derecho Penal,* op. cit., p. 116; LARRAURI PIJOÁN, E., *La herencia de la criminología crítica,* op. cit., p. 4; MIR PUIG, S., *Dereho Penal. Parte general.* 8ª edición. Reppertor, Barcelona, 2010, p. 39; MORILLAS CUEVA, L., *Derecho Penal. Parte general. Fundamentos conceptuales y metodológicos del Derecho Penal. Ley Penal, 2ª edición.* Dykinson, Madrid, 2010, pp. 22-23; ZUGALDÍA ESPINAR, J. M., *Fundamentos*

sometido a una serie de reglas y límites que operan como garantías a favor del delincuente y del que todavía no ha delinquido. Todo control social acarrea injerencias en la vida del individuo, pero estas, conforme al Estado de Derecho, han de estar justificadas y limitadas, tarea que corresponde al Derecho penal[166], la *Magna Charta* de VON LISZT, que es parte del control social, pero también, al mismo tiempo, su formalización[167]. El control social que se ejerce al margen del Derecho está menos formalizado y sistematizado, de manera que sus límites no son tan fáciles de apreciar[168], dejando lugar a la incertidumbre, a la sorpresa. Dotar de reglas, límites y garantías al control social ejercido por el Estado es función del Derecho penal, lo que, al menos a nuestro modo de ver, conviene a la mediación, porque supone un control más favorable al individuo, al liberarlo del coyunturalismo y la subjetividad propios de otros sistemas de control social[169]. Sin la participación del Estado de Derecho, el individuo quedaría desamparado a merced del instinto de sus semejantes, donde, como dijo VON LISZT, "*viven lo tempestuoso y lo incontenible*" (...) y *el instinto natural de la venganza no conoce otra medida que la magnitud de la irritación y de la fuerza de acción que se han reunido en el individuo*"[170]. Por eso este trabajo defiende que la mediación, sin dejar de ser una forma de justicia restaurativa, debe permanecer dentro del Derecho penal, lo que conlleva la asunción de sus principios y garantías[171]. Si no lo concibiésemos así, si privásemos al Estado de Derecho de

de Derecho Penal, 2ª edición, Universidad de Granada, 1991 pp. 31 ss.

[166] Cfr. HASSEMER, W., *Persona, mundo y responsabilidad. Bases para una teoría de la imputación en derecho penal,* op. cit., pp. 7-8. También en HASSEMER, W., MUÑOZ CONDE, F., *Introducción a la Criminología y al Derecho Penal,* op. cit., p. 118. Para los autores, esta función formalizadora la lleva a cabo el Derecho penal de dos formas:
-Estableciendo con publicidad y claridad ya antes de su intervención la clase y las consecuencias de esa intervención y haciendo previsible, controlable y corregible la intervención misma ("técnica de protección"); -Vinculando su intervención a principios que, en el marco de lo posible, eviten que el control social jurídicopenal imponga lesiones jurídicas innecesarias ("principios valorativos").

[167] HASSEMER, W., *"Los rostros del derecho penal"*, op. cit., p. 115.

[168] HASSEMER, W., *Por qué no debe suprimirse el Derecho penal* (trad. de Miguel Ontiveros Alonso, conferencia pronunciada en el acto de clausura de los XII Cursos de Postgrado en Derecho de la Universidad de Salamanca el 24 de enero de 2003). Instituto Nacional de Ciencias Penales, México D. F., 2003, p. 37.

[169] MUÑOZ CONDE, F., GARCÍA ARÁN, M., *Derecho Penal. Parte general,* 8ª edición. Tirant lo Blanch, Valencia, 2010, p. 30.

[170] VON LISZT, *la idea del fin en el Derecho penal,* op. cit., p. 88. En la segunda parte de la cita el autor está, a su vez, utilizando una frase de JELLINEK.

[171] Asunto al que se ha dedicado el capítulo III de la presente obra.

su necesaria presencia, nos veríamos abocados al abismo tempestuoso e incontenible de la venganza humana.

Empero, junto a la necesidad de la pervivencia del control formal, existe la de una mayor implicación de la sociedad en su ejercicio. El Estado social, de acuerdo con BUSTOS, necesita de la efectiva participación de todos, no solo en el momento de la elección de representantes, sino también mediante la descentralización real de asuntos como el conflicto penal, de ahí la necesidad de intensificar las formas de mediación o reparación[172]. Los planteamientos abolicionistas nos han abierto los ojos a la necesidad de una mayor "socialización del control", en palabras del mismo autor[173]. Se impone, entonces, un "pacto razonable con el abolicionismo"[174]; la adopción de una estrategia, siguiendo a SILVA SÁNCHEZ, que coadyuve a una disminución real de la criminalidad desde perspectivas progresistas, pero moviéndose dentro del statu quo del sistema penal[175]. Los muros más inaccesibles, como se demostró en Troya hace tres milenios, solo pueden ser franqueados desde dentro, por lo que de momento el abolicionismo deberá servirnos de inspiración para mejorar la estructura que nos cobija, no de ariete para su derribo.

Por otro lado, hay que subrayar que a través de la adscripción de la mediación al modelo penal se llega a una forma menos traumática de control social; un control, como ha sido denominado, suave o sutil[176]. En el tema que nos atañe, como indica ROLDÁN, la mayor o menor formalización del control dependerá del sistema de mediadores que se adopte[177], de manera que, en tanto que el presente estudio aboga por un modelo de mediadores integrado en la propia Administración de Justicia, podemos decir que el esquema de mediación

---

[172] BUSTOS RAMÍREZ, J., *Política criminal y Estado*, en *Revista de Ciencias Penales*, Año IX, n° 12, 1996, p. 58.
[173] BUSTOS RAMÍREZ, J., *Política criminal y Estado*, op. cit., p. 58.
[174] ROLDÁN BARBERO, H., *"La mediación penal: entre el orden legal y la voluntad de mejorar"*, op. cit., p. 129.
[175] SILVA SÁNCHEZ, J. M., *Aproximación al Derecho Penal contemporáneo*. Bosch, Barcelona, 1992, p. 23.
[176] Cfr. ROLDÁN BARBERO, H.,*"La mediación penal: entre el orden legal y la voluntad de mejorar"*, op. cit., p. 127; PALERMO, G., *Perspectivas socio-jurídicas de la mediación penal en Italia. Análisis comparativo con España*, op. cit., p.18.
[177] Ídem.

que defendemos asume la pervivencia de la formalización del control social. El trabajo de los mediadores sirve para encauzar y limitar la virulencia de los intereses enfrentados en los conflictos y, por tanto, para preservar el tejido institucional del sistema[178], lo que no es cosa baladí en los tiempos de inestabilidad social que vivimos. Solo eso ya justifica un examen detenido de las posibilidades de la mediación intramuros del sistema oficial, también en el ámbito penal.

No podemos, pues, dejar fuera al Estado. No es esa la idea que hemos venido a defender aquí. No se trata de sustituir una bilateralidad (Estado-autor) por otra (autor-víctima)[179], porque entonces el esquema seguirá incompleto. La suposición de poder invertir el movimiento de la rueda de la historia puede ser una romántica utopía[180], pero nada más, porque, si marginamos al Estado, marginamos a la sociedad en su conjunto. Si se reduce la función del Derecho penal a la solución privada del conflicto surgido entre el autor y la víctima, se niegan los intereses de la sociedad expresados en la pretensión penal estatal, es decir, de conservación del ordenamiento jurídico y protección de las próximas víctimas[181].

Queda planteada, pues, la primera de las dos grandes premisas que fundamentan este trabajo: la necesidad de la tutela Estatal de la mediación, a través de su integración en el sistema de justicia. Una voz en principio tan autorizada como la del Fiscal General del Estado parece compartir esta idea, cuando propone la mediación como vía a explorar, *"convenientemente articulada en el proceso penal"*[182]. Y es que, en el Orden penal, los intereses en juego exceden con mucho de los que se ventilan en otras ramas del Derecho, en las cuales

---

[178] KOLB, D., *Los mediadores* (trad. de Felipe Sáez Hernández, originalmente publicada en inglés, *The Mediators*, Mit Press, Cambridge, 1983). Ministerio de Trabajo y Seguridad Social. Madrid, 1989, p. 15.

[179] MARTÍNEZ ESCAMILLA, M., *"Justicia reparadora, mediación y sistema penal: diferentes estrategias, ¿los mismos objetivos?"*, en AA.VV., *Estudios penales en homenaje a Enrique Gimbernat.* Edisofer, Tomo I, Madrid, 2008, p. 475.

[180] ROXIN. C., *"La reparación en el sistema de los fines de la pena"*, en AA.VV., *De los delitos y las víctimas* (trad. de J. B. Maier y Elena Carranza, originalmente publicado en alemán, *Wiedergutmachung und Strafrecht*, W. Fink, München, 1987). Ad-Hoc, Buenos Aires, 1992, p. 143.

[181] HIRSCH, H. J., *"La reparación del daño en el marco del Derecho Penal material"* (trad. de Elena Carranza), en AA.VV., *De los delitos y las víctimas.* Ad-Hoc, Buenos Aires, 1992, p. 58.

[182] Fiscalía General del Estado, *Memoria elevada al Gobierno de S. M. presentada al inicio del año judicial* (2012), op. cit., p. XXIV de la Introducción a cargo del Fiscal General del Estado.

pueden concebirse alternativas al proceso[183], mas, en la materia que nos ocupa, no podemos hablar de alternativa, sino de medio, mecanismo, complemento, modalidad o vía, pero siempre dentro de los cauces del proceso oficial.

Finalmente, el planteamiento de la primera gran premisa entraña el de la segunda: no todas las infracciones penales van a poder ser objeto de mediación, al menos en el sentido que maneja el presente trabajo, como mecanismo dotado de virtualidad para motivar el abandono de la pretensión penal pública; de manera que, como más adelante se expondrá, la autoridad estatal –juez o fiscal, preferentemente el segundo- tendrá que visar la derivación de los casos concretos a mediación, así como dar por bueno el resultado alcanzado.

I.3 El fracaso de la pena tradicional

Amén de centrar su atención en la víctima, las corrientes críticas del Derecho penal y la Criminología han reclamado también un mayor interés hacia el victimario, pero no cuando es acusado, momento en que sabemos que goza del protagonismo del proceso, sino cuando ha sido ya condenado. En este contexto, otra de las grandes razones apuntadas a la hora de hablar de la crisis del sistema penal, qué duda cabe, es el fracaso universal de su castigo clásico, la pena de prisión. La preocupación por la función de las cárceles, que había arrancado desde muy antiguo, terminó desembocando en los países occidentales, tras la Segunda Guerra Mundial, en un intento por convertirlas en lugares donde poder inculcar en el recluso valores de convivencia y de respeto hacia el prójimo. Hoy, tras el fiasco de estas tesis, la pena de prisión está siendo objeto de un tratamiento legislativo que, en términos psiquiátricos, cabría calificar de bipolar: se intenta que el que no ha entrado no entre (a fin de no perderlo para la vida en sociedad) y que el que ha entrado no salga (porque se deduce que está perdido para la vida en sociedad). Veámoslo más detenidamente.

---

[183] No obstante, ALISTE SANTOS estima que en ningún orden jurisdiccional puede hablarse de la mediación como alternativa al proceso y que emplear dicho término es una falacia, ya que es imposible trazar una analogía que permita hablar de alternativa entre la mediación y el proceso judicial. Del mismo, *"Meditación crítica de la mediación como alternativa a la jurisdicción"*, op. cit., p. 67 ss.

I.3.1 La ecuación del cerrojo y el calendario

La estandarización de la pena de prisión también llegó de manos de la reforma ilustrada. Hasta entonces había constituido un medio de aseguramiento del reo que se encontraba a la espera de juicio o una forma de obtener mano de obra barata[184]. Su consolidación como pena de referencia significó un enorme paso hacia adelante, tanto en términos de humanización de las sanciones como de seguridad y proporcionalidad jurídicas, pues postergó la miríada de castigos y tormentos estilados hasta entonces[185], así como en muchos casos, que no en todos, la propia pena de muerte[186].

Hasta la renovación iluminista, siguiendo a PRIETO SANCHÍS, las infracciones leves se castigaban con rigor, las menos graves con la muerte y las graves inventando nuevos suplicios, de forma que los modos de castigar se multiplicaban en una irracional progresión hacia la atrocidad[187]. El sistema

---

[184] Sobre la evolución de las prisiones, vid. MAPELLI CAFFARENA, B., *las consecuencias jurídicas del delito*, op. cit., pp. 89 ss.; OROZCO PARDO, G., *"La cárcel como instrumento de la violencia institucional"*, en *Revista Aldaba*, nº 1, 1983, pp. 53-62.

[185] Baste, para comprender lo que decimos, la descripción del catálogo de penas contenida en Las Partidas de Alfonso X el Sabio: *"Siete maneras hay de penas por las que pueden los jueces escarmentar a los que cometen yerros, cuatro de ellas son mayores y tres menores. Y las mayores son estas: la primera es dar a hombre pena de muerte o de perdimiento de miembro. La segunda es condenarlo a que esté en hierros para siempre, cavando en los metales del rey, o labrando en las otras labores o sirviendo a los que las hicieren. La tercera es cuando destierran a alguno para siempre a alguna isla o a algún lugar cierto tomándole todos sus bienes. La cuarta es cuando mandan a alguno echar en hierros, que yazga siempre preso en ellos, o en cárcel o en otra prisión; y tal prisión como esta no la deben dar a hombre libre, sino a siervo, pues la cárcel no es dada para escarmentar los yerros, mas para guardar los presos tan solamente en ella hasta que sean juzgados. La quinta es cuando destierran a algún hombre por tiempo cierto a alguna isla o para siempre, no tomándole sus bienes. La sexta es cuando dañan la fama de alguno juzgándolo por infamado, o cuando lo quitan de algún oficio que tiene, por razón de algún yerro que hizo, que no se use de allí en adelante de oficio de abogado ni de personero, o que no aparezca antes los jueces cuando juzgaren hasta tiempo cierto o para siempre. La setena es cuando condenan a alguno a que sea azotado o herido públicamente por yerro que hizo o lo ponen por deshonra de él en la picota, o lo desnudan haciéndole estar al sol untado de miel porque lo coman las moscas alguna hora del día".* (Partida VII, Título XXXI, Ley 4). Sobre la forma de castigar en la España de la Edad Media, volvemos a recomendar la lectura de dos maravillosas obras del maestro Francisco TOMÁS Y VALIENTE: *El Derecho penal de la Monarquía Absoluta (siglos XVI, XVII, XVIII)*, op. cit., y *La tortura judicial en España*, op. cit.

[186] No en vano, BECCARIA ha sido considerado el primer promotor de la abolición de la pena de muerte, a través de su clásico *Tratado de los delitos y las penas*, pues, si bien es cierto que, en algunos pasajes, critica la pena de muerte por no considerarla suficientemente ejemplar, no lo es menos que se opone frontalmente a aquella, por ejemplo cuando dice que *"si pudiese contribuir a salvar de una muerte horrenda, algunas de las desgraciadas víctimas de la tiranía, o de la ignorancia que es igualmente funesta, las bendiciones y las lágrimas de un solo inocente, vuelto a las sensaciones de alegría y de felicidad, me consolarían del desprecio del resto de los hombres"* (del mismo, *Tratado de los delitos y las penas*, op. cit., p. 57).

[187] PRIETO SANCHÍS, L., *La filosofía penal de la Ilustración*. Palestra, Lima, 2007, p. 45.

nacido de las Luces viene a simplificar enormemente las cosas: en la fase instructora se sustituye el tormento por la prisión provisional y, a la hora de imponer el castigo definitivo, se recurre a una tabla de normas punitivas, llamada "código penal", a cuya sistematización contribuirá decisivamente la noción de bien jurídico[188], entendido como valor fundamental, ya de la comunidad (BINDING)[189], ya del individuo (VON LISZT)[190], que el Derecho debe salvaguardar (vida, libertad, patrimonio, honor...). De este modo, la tarea del legislador consistirá en asignar a cada bien jurídico una magnitud expresada en años de prisión, que será la referencia a seguir por el juzgador cada vez que alguien atente contra un bien jurídico concreto. Una ecuación irreprochable que podemos advertir en el siguiente comentario de HEGEL:

> *El hurto, la rapiña, la multa y la pena de cárcel, etcétera, son meramente cosas heterogéneas; pero según su valor, su carácter general de ser vulneraciones, son cosas comparables. Concierne al intelecto, como se ha notado, el buscar la aproximación a la igualdad de estos respectivos valores. Si no se comprende la conexión existente en si, entre el delito y su superación, y el concepto del valor y de la posibilidad de comparar a entrambos según el valor, puede acontecer que en una pena apropiada se vea solamente un vínculo arbitrario de un mal con un acto ilícito*[191].

La existencia de una conexión racional entre infracción y castigo constituía una perentoria necesidad en términos de seguridad jurídica, que era

---

[188] Concepto creado por BIRNBAUM en 1834 (cfr. MIR PUIG, S., *Derecho Penal. Parte general.* 8ª edición. Reppertor, Barcelona, 2010, p. 120; del mismo, *Introducción a las bases del Derecho penal,* 2ª edición, B d F, Buenos Aires, 2003, p. 112; MORILLAS CUEVA, L., *Derecho Penal. Parte general,* op. cit., p. 95; ROXIN, C., *Derecho Penal. Parte General, Tomo I, Fundamentos, la estructura de la Teoría del Delito,* op. cit., p. 55).

[189] BINDING consideraba que el delito lesionaba el derecho subjetivo del Estado, definiendo el bien jurídico como *"todo lo que el legislador entiende valioso como condición de una vida sana de la comunidad jurídica"* (cfr. GALAIN PALERMO, P. *La reparación del daño a la víctima del delito,* op. cit., p. 48; MIR PUIG, S., *Introducción a las bases del Derecho penal,* op. cit., p. 113; MORILLAS CUEVA, L., *Derecho Penal. Parte general,* op. cit., p. 95; URQUIZO OLAECHEA, J., *"El bien jurídico"*, en *Cathedra, Espíritu del Derecho,* nº 2, año 2, 1998, obtenido el 12 de agosto de 2012 en http://www.sisbib.unmsm.edu.pe, documento electrónico sin paginar).

[190] VON LISZT ponía en acento en la titularidad individual del bien jurídico, definiéndolo como *"aquel interés vital para el desarrollo de los individuos de una sociedad determinada, que adquiere reconocimiento jurídico"* (del mismo, *Tratado de Derecho penal, trad. de la 20ª ed. alemana por Luis Jiménez de Asúa, adicionado con el Derecho penal español por Quintilliano Saldaña* (originalmente publicado en 1881). Reus, Madrid, 1999, Tomo II, p. 6.

[191] HEGEL, G. W. F., *Filosofía del Derecho* (trad. de Angélica Mendoza de Montero, tomada de la versión italiana de Francisco Messineo, originalmente escrito en alemán, *Grundlinien der Philosophie des Rechts,* 1821), 5ª edición. Claridad, Buenos Aires, 1968, pp. 110-111.

lo más demandado en aquella época por la nueva clase dominante, la burguesía, que necesitaba de dicha seguridad en sus crecientes intercambios comerciales. A partir de este momento, la ley deja de ser el reflejo de una decisión más o menos caprichosa del monarca para convertirse en el producto de un contrato social, cuya violación constituye un ataque no ya al soberano, sino a toda la sociedad[192]. Y en la prisión se encontrará el castigo perfecto para el nuevo esquema, porque es el más homogéneo y fácil de medir: tan solo hacen falta un cerrojo y un calendario. La reforma penal ilustrada consistirá, en suma, en algo semejante a lo ocurrido en el episodio bíblico del monte Sinaí, solo que ya no será una deidad quien suministre a los mortales las Tablas de la Ley. Ahora, fruto de la superación de la tesis del origen divino del Derecho, el legislador va a ser humano, pero se le seguirá presumiendo la misma infalibilidad que a su predecesor: he aquí la esencia del positivismo jurídico[193].

El nuevo sistema, por otra parte, encajaba a la perfección con las finalidades de la pena hasta entonces aceptadas, estrictamente circunscritas a la idea de escarmiento del malhechor o de intimidación de sus semejantes. Así, mientras unos entendían el castigo como retribución moral (KANT) o jurídica (HEGEL) del injusto cometido, otros, como BECCARIA, BENTHAM, FILANGIERI o el español LARDÍZABAL Y URIBE, abogaban por la función disuasoria de aquel, lo que hoy denominamos prevención general negativa.

KANT concebía la ley penal como imperativo categórico. El filósofo prusiano utilizó por primera vez este concepto, que dominaría su ética y toda la ética deontológica posterior, para referirse al Derecho penal: *"La ley penal es un imperativo categórico y ¡ay de aquel que se arrastra por las sinuosidades de la doctrina de la felicidad para encontrar algo que le exonere del castigo…!"*[194]. Así, la imposición

---

[192] Para una convincente explicación en clave económica de la reforma penal ilustrada, vid. FOUCAULT, M., *Vigilar y castigar: nacimiento de la prisión* op. cit., pp. 94 ss.

[193] El positivismo jurídico es una corriente de pensamiento, con múltiples escuelas en distintos países de Europa, que, dicho muy gruesamente, entiende el Derecho como una ciencia autosuficiente y completamente separada de la moral; la ley positiva es buena porque es ley, no porque sea moral. Las distintas tendencias del positivismo se expandieron por Europa durante el siglo XIX y alcanzan su máxima expresión en el XX, con el austríaco Hans KELSEN y su *Teoría pura del Derecho* (1934), de la que más adelante volveremos a hacer mención.

[194] KANT, I., *La metafísica de las costumbres* (trad. de Adela Cortina Orts y Jesús Conil Sancho, originalmente publicado en alemán, *Die Metaphysik der Sitten*, 1797). Tecnos, Madrid, 1989, pp.

del castigo no es sino el ejercicio del mandato de justicia en que consiste la ley penal, derivado de la realización del hecho culpable. El culpable ha sido libre de elegir, pudo escoger entre actuar o no y decidió hacerlo; ahora debe afrontar la consecuencia ineluctable de su libre albedrío y expiar su culpa. La idea de retribución moral es llevada por KANT hasta sus últimas consecuencias en su célebre ejemplo de la isla:

> *Aun cuando se disolviera la sociedad civil con el consentimiento de todos sus miembros (por ejemplo decidiera disgregase y diseminarse por todo el mundo el pueblo que vive en una isla), antes tendría que ser ejecutado hasta el último asesino que se encuentre en la cárcel, para que cada cual reciba lo que merecen sus actos.*[195]

Aunque muy posterior, traemos la siguiente justificación de CARRIL Y CAMPERO, verdaderamente macabra, de la aplicación de la pena capital como inmolación moral del delincuente:

> *Es verdad, en fin, que al oir rezar aquel Credo que es como el grito con que el infeliz condenado al suplicio llama a las puertas de la eternidad, y al sentir, al sentir el ruido horripilante del hierro, y verle mover apenas la cabeza, y echar sus ojos fuera de las órbitas, y descolgar un poco la lengua mezclada y tinturada con saliva y sangre humeantes todavía: es verdad que al oir y sentir todo esto mi corazón se desgarra y se oprime: pero la inteligencia y la conciencia me repiten con muda elocuencia, la expiación, la expiación (...). La inteligencia y la conciencia, por último, haciéndome consideraciones sobre la ley moral, y la justicia, y la utilidad social y los deberes del poder público, me claman una y otra vez, la expiación, la expiación*[196].

HEGEL, por su parte, perfiló la noción de retribución jurídica, que sustentaba en el siguiente silogismo: el delito supone la negación del Derecho; la pena, a su vez, es la negación del delito; de manera que la pena es, consecuentemente, la afirmación del Derecho. Para HEGEL:

> *En el hecho de que la violencia se destruye en su concepto, reside la verdadera explicación del por qué la violencia es anulada con la violencia; por consiguiente, ella no*

166-167. Sobre la filosofía jurídica de KANT y HEGEL, vid. WELZEL, H., *Introducción a la Filosofía del Derecho* (trad. de Felipe González Vicén). Aguilar, Madrid, 1971, pp. 171-191.

[195] KANT, I., *La metafísica de las costumbres*, op. cit., p. 169.

[196] CARRIL Y CAMPERO, M., *Dos palabras sobre la pena de muerte*. Imprenta de la Propaganda Gallega, Orense, 1876, p. 8.

solo es condicionalmente jurídica, sino necesaria, es decir, como segunda violencia, que es una anulación de una primera violencia. (...) La superación del delito es el castigo, pues según el concepto es la vulneración de la vulneración y según la existencia, el delito tiene una extensión determinada cualitativa y cuantitativa; por lo tanto, su negación, como existencia, tiene otra existencia[197].

Las teorías basadas en la punición *quia peccatum est* recibieron el nombre de teorías absolutas de la pena, mientras que las que justificaron la pena como medio para impedir futuros delitos (*punitur ne peccetur)* fueron denominadas teorías relativas[198]. Estas, en un principio, centraron la prevención del delito en la idea de pena como forma de intimidación de la mayoría (prevención general negativa[199]). BECCARIA, quizá su exponente más popular, decía: "*¿queréis evitar los delitos? Haced que las leyes sean, claras y simples. (...) Haced que los hombres las teman, y no teman más que a ellas. El temor de las leyes es saludable; pero el del hombre al hombre es fatal y fecundo de delitos*"[200]. Otro egregio ilustrado, Gaetano FILANGIERI, lo explicaba así:

> *La esperanza y el temor son los dos apoyos de las leyes. La legislación criminal no debe manejar sino la última de estas dos pasiones. Las penas con que amenazan las leyes llenan de terror al que quisiera quebrantarlas, y defienden por este medio la tranquilidad de los demás ciudadanos, que sabedores del peligro á que se exponen los que se atreven á turbarla, viven tranquilos bajo la protección de las leyes*[201].

---

[197] HEGEL, G. W. F., *Filosofía del Derecho,* op. cit., pp. 104 ss.

[198] Vid. BAUMANN, J.; *Derecho penal. Conceptos fundamentales y sistema* (trad. de Conrado A. Finzi de la 4ª edición, de 1972, originalmente publicado en Alemán, *Grundbegriffe und System des Strajrcchts.* Kohlhamnier, Berlín, 1961). Depalma, Buenos Aires, 1973, pp. 14 ss.; CASTRO MORENO, A., *El por qué y el para qué de las penas (análisis crítico sobre los fines de la pena).* Dykinson, Madrid, 2008, pp. 11-12; CUELLO CONTRERAS, J., MAPELLI CAFFARENA, B., *Curso de Derecho penal. Parte general.* Tecnos, Madrid, 2011, p. 28; DEMETRIO CRESPO, E., *Prevención general e individualización judicial de la pena.* Ediciones de la Universidad de Salamanca, Salamanca, 1999, pp. 58 ss.; JESCHECK, H. H., WEIGEND, T., *Tratado de Derecho Penal. Parte General,* op. cit.,x pp. 75 ss.; MAPELLI CAFFARENA, B., *Las consecuencias jurídicas del delito,* op. cit., pp. 57 ss.; MIR PUIG, S., *Derecho Penal. Parte general,* op. cit., pp. 79 ss.; PRIETO SANCHÍS, L., *"La filosofía penal en la ilustración española",* en AA.VV., *Homenaje al dr. Marino Barbero Santos: in memoriam.* Universidad de Castilla-La Mancha/ Universidad de Salamanca, Cuenca, 2001, vol. I, pp. 492 ss.; QUINTERO OLIVARES, G., *Parte general del Derecho penal,* 3ª edición. Thomson Reuters, Cizur Menor (Navarra), 2009 pp. 96 ss.

[199] Frente a la prevención general positiva, más moderna, de la que se hablará en el epígrafe I.3, basada en la idea de la pena como forma de fortalecer en la sociedad el sentimiento de fidelidad al Derecho.

[200] BECCARIA (BONESANA, C., Marqués de), *Tratado de los delitos y de las penas,* op. cit., p. 159.

[201] FILANGIERI, G., *Ciencia de la Legislación, escrita en italiano por el caballero Cayetano Filangieri, traducida al castellano por Don Jaime Rubio, abogado de los reales consejos,* 3ª edición (originalmente

Estos autores, huelga decirlo, son los formuladores modernos de las teorías de la retribución y de la prevención general; empero, como es fácil imaginar, la expiación y el terror han explicado los castigos desde tiempos inmemoriales. Podemos comprobarlo, por ejemplo, en Las Partidas de Alfonso X el Sabio (siglo XIII), donde se afirma que las penas son impuestas a los delincuentes por dos razones: *"la una es porque reciban escarmiento de los yerros que hicieron; la otra es porque todos los que lo vieren y oyeron, tomen de ello ejemplo y apercibimiento para guardarse que no yerren por miedo de pena"*[202].

Con todo, parece que el objetivo primordial de los ilustrados fue la intimidación[203], lo que responde a una concepción utilitarista de la pena acorde con la secularización del Derecho que por entonces se proponía. La pena, como claramente se desprende de los textos iluministas, se separa de la tradición judeocristiana de expiación moral para cumplir un cometido práctico concreto: asustar a los que todavía no han delinquido. Los castigos habían de ser útiles y convenientes, decía LARDIZÁBAL Y URIBE, *"pues seria ciertamente una crueldad y tiranía imponer penas á los hombres por solo atormentarlos con el dolor, y sin que de ellas resultase alguna utilidad"*[204]. Este pragmatismo se advierte en la despenalización, a lo largo del siglo XIX, de ciertas conductas pecaminosas cuyo castigo no reportaba beneficio alguno al sistema; *"la legislación tiene seguramente el mismo centro que la moral; pero no tiene la misma circunferencia"*, expresó BENTHAM inspirándose en MONTESQUIEU[205]. Así, la Declaración de los

---

publicado en italiano, *Sciencia della legislacione,* entre 1770 y 1780). Imprenta de NÚÑEZ. Madrid, 1822, Tomo IV, Libro Tercero, Parte Primera, p. 3.

[202] Partida VII, Libro XXXI, Ley 1. Así mismo, en la Nueva Recopilación de 1567, donde se dice, como justificación de las leyes, que *"...por ellas la maldad sea refrenada y la vida d elos buenos sea segura, y por miedo a la pena, los malos se excusen de hacer el mal"* (Libro II, Título II, Capítulo 2).

[203] PRIETO SANCHÍS, L., *La filosofía penal de la Ilustración.* Palestra, Lima, 2007, p. 47.

[204] LARDIZÁBAL Y URIBE, M., *Discurso sobre las penas contrahido a las leyes criminales de España, para facilitar su reforma.* Impresor Joaquin Ibarra, Madrid, 1787, p. 83. Esta obra de LARDIZÁBAL, en palabras de ANTÓN ONECA, significó para la reforma del Derecho penal español lo mismo que significó la de BECCARIA a nivel universal (ANTÓN ONECA, J., *Derecho penal, 2ª edición,* op. cit., p. 39). Vid. también, sobre el gran ilustrado español, SÁINZ CANTERO, J. A., *Lecciones de Derecho penal,* op. cit., pp. 163-169.

[205] BENTHAM, J., *Tratados de legislación civil y penal, obra extractada de los manuscritos del señor Jeremías Bentham, jurisconsulto inglés, por Esteban Dumont, miembro del Consejo Representativo de Ginebra, y traducida al castellano por Ramón Salas.* Imprenta de D. Fermín Villalpando, Madrid, 1821, Tomo I, p. 75. MONTESQUIEU ya había avanzado esta idea al manifestar que *"antes de haber leyes positivas, existían relaciones de justicia posibles. Decir que no hay nada justo ni injusto sino lo que ordenan ó prohiben las leyes positivas, equivale á afirmar que antes de trazarse círculos no eran iguales todos sus radios".* MONTESQUIEU (SECONDAT, C. L., Barón de), *El espíritu de las leyes,*

Derechos del Hombre y del Ciudadano de 1789 prescribía, en su art. 8, que *"la ley no debe imponer otras penas que aquéllas que son estrictamente y evidentemente necesarias"*, plasmación del principio de utilidad de los iluministas.

Por su parte, FEUERBACH, considerado el padre de la moderna ciencia penal alemana[206] y el formulador más eficaz de la prevención general[207], merced a su teoría de la coacción psicológica[208], incidió en la idea de lesión de un derecho como condición limitadora del Derecho penal. Para el autor, solo podía constituir delito aquella actuación que, excediendo los límites de la libertad jurídica, produjese la lesión de un derecho subjetivo ajeno. El Código Penal de Baviera de 1813, que él mismo redactó, se caracterizaba por la falta de incriminación de conductas contrarias a la religión o a la moral, que el Ordenamiento bávaro derivó a la esfera del Derecho administrativo y de policía. Dicho texto legal fue el primero que sistematizó los delitos en función de los bienes jurídicos, ejerciendo gran influencia en códigos posteriores de Europa y en Latinoamérica[209].

(trad. de Sirio García del Mazo, originalmente publicado en francés, *De l'esprit des lois*, 1748). Librería General de Victoriano Suárez, Madrid, 1906, Tomo I, p. 12.

[206] Cfr. ANTÓN ONECA, J., *Derecho penal, 2ª edición*, op. cit., p. 39; MEZGER, E., *Derecho penal. Libro de estudio, parte general*, op. cit., p. 41; MIR PUIG, S., *Introducción a las bases del Derecho penal*, op. cit., p. 57; MORILLAS CUEVA, L. *Metodología y ciencia penal*, 3ª edición. Universidad de Granada, Granada, 1993, p. 64; SÁINZ CANTERO, J. A., *Lecciones de Derecho penal*, op. cit., p. 120.

[207] ROXIN, C., *Derecho Penal. Parte General, Tomo I, Fundamentos, la estructura de la Teoría del Delito*, op. cit., pp. 89-90.

[208] Paul Johann Anselm Ritter von FEUERBACH, padre del filósofo Ludwig Andreas von Feuerbach y abuelo del pintor Anselm Feuerbach, elaboró su teoría afirmando que la pena debe responder al fin de la sociedad de que *"aquel que tenga tendencias antijurídicas, sea impedido psicológicamente de motivarse según estas tendencias"* (cita tomada de BACIGALUPO ZAPATER, E., *Manual de Derecho Penal*, op. cit., p. 13). Vid. ANTÓN ONECA, J., *Derecho penal. Obra ajustada al primer ejercicio de oposiciones al Cuerpo de Aspirantes a la Judicatura y al Ministerio Fiscal.* Reus, Madrid, 1922, p. 9; del mismo, *Derecho penal*, op. cit., p. 39; JESCHECK, H. H., WEIGEND, T., *Tratado de Derecho Penal. Parte General.*, op. cit., p. 78; MAPELLI CAFFARENA; B., *Las consecuencias jurídicas del delito*, op. cit., pp. 66-67; MEZGER, E., *Derecho penal. Libro de estudio, parte general*, op. cit., pp. 41, 371-373 y 282; MIR PUIG, S., *Derecho penal. Parte general*, op. cit., p. 82; MUÑOZ CONDE, F., GARCÍA ARÁN, M., *Derecho penal. Parte general*, op. cit., pp. 90-91; QUINTERO OLIVARES, G., *Parte general del Derecho penal*, op. cit., p. 98.

[209] Cfr. GALAIN PALERMO, P. *La reparación del daño a la víctima del delito*, op. cit., p. 44; HORMAZÁBAL MALAREE, H., *Bien jurídico y Estado social y democrático de Derecho*. Cono Sur, Santiago de Chile, 1992, pp. 15-16; WELZEL, H., *Derecho Penal. Parte General*, op. cit., p. 17; ZAFFARONI, E. R., *"Los códigos penales de latinoamérica"*, en *Códigos penales de los países de América Latina* (Suprema Corte de Justicia de la Nación de México). ILANUD, México D.F., 2000, pp. 63-65.

I.3.2 La prisión como instrumento resocializador

A la reacción ilustrada corresponde el mérito de haber puesto una frontera legítima al poder de castigar, pero la atrocidad de los tormentos no se combatió atendiendo al hombre, sino como límite jurídico[210]. Habrá que aguardar todavía *"para que el homo criminalis llegue a ser un objeto definido en el campo del conocimiento"*[211]. Andando el tiempo, el príncipe esclarecido en que los ilustrados depositaron sus esperanzas será reemplazado por la *volonté générale* rousseauniana[212]; al concepto de Estado de Derecho se le agregará el adjetivo "democrático" y, más tarde, el epíteto "social". Y el Estado, ya social y democrático de Derecho, como lo define nuestra Constitución[213], acabará abrazando, al menos sobre el papel, las proposiciones resocializadoras del delincuente, encuadradas en las teorías relativas de la pena y, dentro de ellas, en la llamada prevención especial. La prevención especial o individual también contempla el castigo como medio de prevenir los delitos pero, a diferencia de la prevención general, no propone actuar sobre el conjunto de la ciudadanía, sino sobre la persona del infractor, utilizando la pena en pro de su recuperación social (teorías resocializadoras o prevención especial positiva) o de su neutralización (teorías inocuizadoras o prevención especial negativa).

Pese a que ya desde la antigüedad clásica se habían expresado ideas cercanas a estos postulados[214], hasta la llegada de las concepciones

---

[210] FOUCAULT, M., *Vigilar y castigar: nacimiento de la prisión*, op. cit., p. 78.

[211] Ibídem, p. 62.

[212] Sobre la idea de voluntad general como base de la soberanía, vid. ROUSSEAU, J. J., *El contrato social* (originalmente publicado en francés, *Du contract social; ou, principes du droit politique*, París, 1762). El Aleph, Buenos Aires, 1999, pp. 23 ss.

[213] Art. 1.1 de la Constitución Española: *"España se constituye en un Estado social y democrático de Derecho…"*.

[214] Así, en los diálogos platónicos (siglo IV AC) se habla del castigo como medida que debe ser aplicada en pro de la reeducación del delincuente. En *Protágoras*, este explica a Sócrates que la justicia, la sensatez y la obediencia a la ley son algo de lo que ha de participar todo ciudadano: *"todos aquellos que no participen de esta cosa, hombres, mujeres y niños, sean contenidos, reprimidos y penados hasta que la instrucción y el castigo los corrijan (…) En la misma forma ten por cierto que el más injusto de todos los que están nutridos en el conocimiento de las leyes y de la sociedad seria un hombre justo, y hasta capaz de enseñar las leyes y la justicia si le comparas con gentes que no tienen educación, ni leyes, ni tribunales ni jueces"* (*Obras completas de Platón, puestas en lengua española por Patricio de Azcárate*, Tomo II. Medina y Navarro Editores, Madri, 1871, pp. 37 y 42). Este diálogo platónico llevó a MEZGER a señalar al sofista Protágoras (480-411 AC) como el autor de la teoría más antigua del Derecho penal (del mismo, *Derecho penal. Libro de estudio, parte general*, op. cit., p. 381). Por su parte, MAPELLI menciona el lema del frontispicio del Hospicio de San Miguel en

reeducadoras, en palabras de TOMÁS Y VALIENTE: "*castigo, intimidación, utilidad: estos eran los fines realmente perseguidos con las penas. Lo otro, el correccionalismo, era una evasión de la realidad, sin duda más justa que la realidad misma, pero casi totalmente al margen de ella*"[215]. Sin embargo, a finales del siglo XIX, el hombre que los ilustrados descubrieron en el criminal va a convertirse en el objeto que se pretende transformar, en el campo científico de las nuevas disciplinas criminológicas[216]. Uno de lo grandes formuladores de estas ideas fue el jurista y político alemán (aunque nacido en Viena) Frank VON LISZT, ya citado en esta obra, cuyo célebre *Programa de Marburgo* criticaba la pretendida equidad del retribucionismo kantiano al afirmar que "*del principio metafísico de la pena, que todas las teorías absolutas colocan como fundamento, no se puede inferir un principio sólido de medida de la pena*"[217]. VON LISZT consideraba que, a la hora de fijar la sanción, la atención no solo debía dirigirse al hecho, sino también al autor y a sus circunstancias personales, pues "*no es el concepto el que debe ser castigado sino el autor*"[218], y por eso reclamaba un mayor grado de individualización de las penas. Así, distinguía tres tipos de delincuentes: los ocasionales, frente a los que bastaría una corta pena a modo de advertencia; los que necesitan corrección pero pueden recuperarse, a quienes habría que imponer penas superiores al año pero no excesivamente duraderas; y los irrecuperables, para los que recomendaba la privación de libertad de por vida[219]. Si, como explican JESCHECK-WEIGEND, la pena en KANT y HEGEL mira al pasado (retribución) y en BECCARIA y BENTHAM mira al futuro (intimidación)[220], podría decirse que en VON LISZT contempla ambos sentidos del tiempo, pues actúa sobre la memoria del delincuente primario que ha sufrido el castigo para convencerle de que por su propio bien es mejor no

---

Roma, de 1703: "*Poco vale castigar a los delincuentes, si no se les mejora con la educación*" (del mismo, *Las consecuencias jurídicas del delito,* op. cit., p. 61).

[215] TOMÁS Y VALIENTE, F., *El Derecho penal de la Monarquía Absoluta (siglos XVI, XVII, XVIII)*, op. cit., p. 358.

[216] FOUCAULT, M., *Vigilar y castigar: nacimiento de la prisión*, op. cit., p. 61.

[217] VON LISZT, F., *La idea del fin en el Derecho penal* op. cit., p. 96. Esta obra es también conocida como "*El programa de Marburgo*", por la universidad donde el autor dio a conocer sus postulados, al impartir la lección inaugural del curso de 1882.

[218] Ibídem, p. 129.

[219] Ibídem, pp. 115 ss.

[220] JESCHECK, H. H., WEIGEND, T., *Tratado de Derecho Penal. Parte General*, op. cit., p. 71.

recaer, y al irrecuperable lo encierra indefinidamente, evitando así sus delitos futuros.

Coetáneos a los del vienés fueron los trabajos de la llamada Escuela Positiva italiana, representada por LOMBROSO, GAROFALO, y FERRI, quienes también focalizaban sus quejas en el sistema retribucionista por tratar a todos los reos por igual y no tener en cuenta las posibilidades de recuperación para la vida social de cada uno. Estos autores estimaban como fin primordial de la pena la "curación" del penado, según terminología médica muy acorde con la condición de galeno de Cesare LOMBROSO. Decía FERRI:

> *Actualmente el individuo justiciable no es más que un maniquí viviente, sobre el cual el juez pega el número de un artículo del Código penal (...). Durante la ejecución de su pena llega á ser otro autómata numerado, presentando así el contraste absurdo y desmoralizador de una persona que vive, respira y siente, perdida y sumergida en la masa anónima de una penitenciaría cualquiera (...). Y ¿qué ocurre al día siguiente de expirar la pena?, ¿quién, pues, entre los ejecutores de la condena se ocupa, y si quisiese podría ocuparse, de saber cuáles son los efectos producidos por la pena en la persona del condenado, que aptitudes le ha dado, ó quitado para readaptarse á la vida social?*[221]

En España, a mediados del siglo XIX triunfaba la doctrina filosófica de KRAUSE y su discípulo AHRENS[222], cuya teoría de la mejora (*Besserungstheorie*) había trasladado RÖDER al campo del Derecho penal. Según la misma, el único

---

[221] FERRI, E., *Sociología criminal,* (trad. de Antonio Soto y Hernández, originalmente publicado en italiano, *Sociologia criminale,* Boca, Torino, 1900). Góngora, Madrid, 1907, Tomo II, pp. 208-212. Vid, también, del mismo, *Los nuevos horizontes del Derecho y del procedimiento penal* (trad. de Isidoro Pérez Oliva, originalmente publicado en italiano, *I nuovi orizzonti del diritto e della procedura penale,* Zanichelli, Bolonia,1884). Góngora, Madrid, 1887, pp. 109 ss.

[222] El krausisino, por el alemán Karl Christian Friedrich KRAUSE, es una corriente filosófica, mezcla de religión y moral, que tuvo gran seguimiento entre los pensadores españoles de la segunda mitad del siglo XIX. El krausismo español fue, más que una escuela filosófica, una reacción contra el anquilosamiento político y cultural imperante, un estilo de vida intelectual, defensor de un catolicismo supeditado a la razón que pretendía sustituir la rancia religiosidad española por una moral austera y el cultivo de la ciencia, en especial la ética, el derecho, la sociología y la pedagogía, anhelo que cuajó en la creación de la Institución Libre de Enseñanza. Vid. BODERO. E. R., *"Pedro Dorado Montero, el desmitificador de Salamanca"*, en AA.VV., *Homenaje póstumo al Dr. Edmundo Durán Díaz,* Universidad Católica de Santiago de Guayaquil, Santiago de Guayaquil, 2002 pp. 21-42; MAPELLI CAFFARENA, B., *Las consecuencias jurídicas del delito,* op. cit., pp. 62-63; del mismo, *Principios fundamentales del sistema penitenciario español.* Bosch, Barcelona, 1983, p. 7; SÁNCHEZ ORTIZ DE URBINA, R., *"Krausismo"*, en AA.VV., *Enciclopedia de la cultura española.* Editora Nacional, Madrid, 1966, tomo III, pp. 825-826.

o principal efecto que cabía otorgar a la pena era la corrección moral del culpable[223]. Esta idea impregnó la obra de un destacado grupo de escritores en nuestro suelo durante el último tercio de la centuria XIX, al que se conoce como Escuela Correccionalista Española[224]. De acuerdo con ZAFFARONI, el correccionalismo no se limitaba a ser una simple teoría de la prevención especial, pues su principal objetivo no era prevenir la comisión de delitos, sino la mejora moral del hombre[225]. Entre los correccionalistas cabe destacar al penalista y político Luis SILVELA, a la escritora Concepción ARENAL, su representante más popular -a quien se suele atribuir la famosa máxima *"odia el delito y compadece al delincuente"*[226]- y al profesor Pedro DORADO MONTERO, en cuyo trabajo merece la pena detenerse. La obra de DORADO posee una significación que tal vez debería gozar hoy de mayor reconocimiento, pues constituye el arranque de un camino que en su día se juzgó extravagante y excesivamente condescendiente con los criminales[227], pero que finalmente culminó en la dicción constitucional de 1978 sobre la orientación de las penas privativas de libertad[228]. El penalista salmantino urdió un correccionalismo en el que se dejaba sentir el influjo de la *Scuola Positiva*, con la que intentó tender un puente de unión, de ahí que ANTÓN ONECA, su sucesor en la cátedra

---

[223] Cfr. ANTÓN ONECA, J., *"La teoría de la pena en los correccionalistas españoles"*, en AA.VV., *Estudios jurídico-sociales. Homenaje al profesor Luis Legaz y Lacambra*. Universidad de Santiago de Compostela. Santiago de Compostela, 1960, *separata*, p. 1015; del mismo, *Derecho penal*, op. cit., p. 39; MORILLAS CUEVA, L., *Metodología y ciencia penal*, op. cit., pp. 86-87; SÁINZ CANTERO, J. A., *Lecciones de Derecho penal*, op. cit., pp. 185-187.

[224] Sobre el correccionalismo español, vid. ANTÓN ONECA, J., *"La teoría de la pena en los correccionalistas españoles"*, op. cit., pp. 1.015-1.025; del mismo, *Derecho penal. Obra ajustada...*, op. cit., pp. 11-12; del mismo, *Derecho penal*, op. cit., pp. 49-51; CALVO GONZÁLEZ, J., *El escudo de Perseo. La cultura literaria del derecho*. Comares, Granada, 2012, pp. 73-90; MIR PUIG, S., *Introducción a las bases del Derecho penal*, op. cit., pp. 244-247; MORILLAS CUEVA, L., *Metodología y ciencia penal*, op. cit., pp. 85-94 y 106-112; QUINTERO OLIVARES, G., *Parte general del Derecho penal*, op. cit., pp. 100-103; SÁINZ CANTERO, J. A., *Lecciones de Derecho penal*, op. cit., pp. 187-200.

[225] ZAFFARONI, E. R. *et al.*, *Derecho penal. Parte general*, op. cit., p. 241.

[226] Si bien, como relata CALVO GONZÁLEZ en *El escudo de Perseo*, op. cit., p. 80, la frase ya existía anteriormente. La cita concreta de Concepción ARENAL es la siguiente: *"hay que recordar y poner en práctica aquella máxima de odia el delito y compadece al delincuente a la cual puede añadirse: si está arrepentido ámale y protégele"*, y data de un trabajo escrito en 1885 y publicado en 1897, titulado *El pauperismo*, que puede leerse en http://www.cervantes virtual.com/obra/el-pauperismo--0. Sobre la relevancia de la obra penitenciaria de ARENAL, vid. ANTÓN ONECA, J., *"La teoría de la pena en los correccionalistas españoles"*, op. cit., pp. 1.119-1.123; MORILLAS CUEVA, L., *Metodología y ciencia penal*, op. cit., pp. 87 ss.

[227] Cfr. SÁINZ CANTERO, J. A., *Lecciones de Derecho penal*, op. cit., p. 198.

[228] El art. 25.2 de nuestra Constitución consagró la orientación de las penas privativas de libertad y las medidas de seguridad hacia la reeducación y reinserción social.

salmantina de Derecho penal, calificase su doctrina de correccionalista-positivista[229]. Como los italianos, DORADO recurría a la metáfora del médico y el paciente para referirse a la relación que debe existir entre juez y condenado[230]; sin embargo, frente al autoritarismo que aquellos preconizaban, DORADO, que también había bebido de las fuentes krausistas, sostuvo el respeto al ser humano como idea central de su obra[231]. De esta forma, elaboró el concepto de "pedagogía correccional"[232] para designar la necesaria labor de educación que debía realizarse con los inadaptados, pues, "*si se consigue rescatarlos y absorberlos, claro está que ya entonces están reasimilados, y que de rebeldes y enemigos se han vuelto amigos y contribuyentes*"[233]. DORADO, de quien nos aventuramos a decir que hoy seguramente sería un ferviente defensor de la justicia restaurativa, no hizo sino llevar hasta las últimas consecuencias su preferencia por la recuperación del hombre delincuente frente a la intimidación y la retribución, que todavía dominarían durante cincuenta años más el panorama de la ciencia penal.

Así pues, no será hasta mediados del pasado siglo cuando mayoritariamente se discuta la legitimación de los discursos punitivos utilizados hasta entonces, produciéndose lo que KLUG denominó "la despedida de Kant y Hegel" (*abschied von Kant und Hegel*)[234]. En el entorno de los cambios sociales operados tras la Segunda Guerra Mundial, diversos estudios hacen hincapié en la necesidad de que la dogmática penal adopte una vocación social de la que hasta ahora ha carecido. Las tesis de la Defensa Social y de la

---

[229] Cfr. ANTÓN ONECA, J., *La utopía penal de Dorado Montero*, op. cit., p. 11; del mismo, *Derecho penal*, op. cit., p. 50; MIR PUIG, S., *Introducción a las bases del Derecho penal*, op. cit., pp. 56 y 246-247; MORILLAS CUEVA, L., *Metodología y ciencia penal*, op. cit., p. 106.

[230] Los representantes de la *Scuola*, utilizaban a menudo esta metáfora, probablemente, como se dijo supra, por influencia de la condición de médico de LOMBROSO (cfr. CASTRO MORENO, A., *El por qué y el para qué de las penas*, op. cit., pp. 93-94). También Concepción ARENAL gustaba de asimilar la reclusión penitenciaria a la estancia en un sanatorio: "*...yo considero una prisión como un hospital, solamente que en vez del cuerpo, tenéis enferma el alma, y que las dolencias son el resultado de los excesos del paciente*" (de la misma, *Cartas a los delincuentes*, Librería de Victoriano Suárez, Madrid, 1894, p.18).

[231] QUINTERO OLIVARES, G., *Parte general del Derecho penal*, op. cit., p. 101.

[232] Cfr. HERNÁNDEZ DÍAZ, J. M., "*Nuevo Derecho penal versus pedagogía correccional en Dorado Montero*", en AA.VV., *El largo camino hacia una educación inclusiva*. Universidad Pública de Navarra, Pamplona, 2009, vol. II, pp. 125-132.

[233] DORADO MONTERO, P., *Naturaleza y función del Derecho*. Reus, Madrid, 1927, pp. 94-95.

[234] KLUG, U., "*Abschied von Kant und Hegel*", en AA.VV., *Programm für ein neues Strafgesetzbuch*. Fisher, Fráncfort del Meno, 1968, p. 36. En España, SILVA SÁNCHEZ habla de "*despedida de Kant y Hegel de la teoría de los fines de la pena*" (en *Aproximación al Derecho Penal contemporáneo*, op. cit., p. 15).

Nueva Defensa Social, elaboradas respectivamente por el italiano Filippo GRAMATICA (1945) y el francés Marc ANCEL (1954), sitúan la resocialización del delincuente como la propia esencia y razon de ser del Derecho penal[235]. Para ambos, el acto delictivo denota en su autor una falta de responsabilidad social que justifica la intervención estatal en aras de su recuperación[236]. En Alemania, las inquietudes a favor de la prevención especial se evidenciaron en el célebre Proyecto Alternativo (*Alternativ Entwurf*) de Código Penal de 1966, presentado por catorce catedráticos de Derecho penal como reacción al Proyecto oficial de 1962[237]. El *Alternativ Entwurf,* cuyo preámbulo concebía la pena no como un suceso metafísico sino como una *"amarga necesidad dentro de la comunidad de seres imperfectos que son los hombres"*, inspiró reformas penales de claro matiz resocializador en el país germano[238].

Asimismo, durante los años 60 y 70, Europa da la bienvenida a las teorías sociales de la criminalidad procedentes de Norteamérica, como la del

[235] Si bien la postura de la la defensa social de GRAMATICA es mucho más radical, llegando a proponer la desaparición de los conceptos de delito, de responsabilidad penal y de pena, abogando por la única existencia de medidas de seguridad, las cuales han de ser impuestas atendiendo exclusivamente a la peligrosidad del sujeto, por encima del hecho concreto cometido. ANCEL plantea una visión mucho más posibilista al sostener que la Defensa social no sólo camina a la par del Derecho penal, sino que lo integra y lo impulsa. Para el autor francés, el Derecho penal ha de prescindir del concepto de culpa y no limitarse a castigar la violación consciente de la Ley, sino que ha de proteger a la sociedad frente a las empresas criminales. Sobre dichas tesis, vid. BARBERO SANTOS, M., *"La Defensa Social, treinta años después"*, en *Boletín de Información del Ministerio de Justicia,* n" 1372, de 25 de enero de 1985, separata; MAPELLI CAFFARENA, B., *Las consecuencias jurídicas del delito,* op. cit., pp. 63-64; del mismo, *Principios fundamentales del sistema penitenciario español,* op. cit., pp. 25-29; MIR PUIG, S., *Introducción a las bases del Derecho penal,* op. cit., p. 57; MORILLAS CUEVA, L., *Metodología y ciencia penal,* op. cit., pp. 194 ss.; SÁINZ CANTERO, J. A., *Lecciones de Derecho penal,* op. cit., pp. 148-155; SILVA SÁNCHEZ, J. M., *Aproximación al Derecho Penal contemporáneo,* op. cit., p. 27.

[236] Cfr. MAPELLI CAFFARENA, B., *Principios fundamentales del sistema penitenciario español,* op. cit., p. 26.

[237] Los autores del *Alternativ Entwurf* fueron BAUMANN, J., BRAUNECK, A. E., HANACK, E. W., KAUFMANN, A., KLUG, U., LAMPE, E. J., LENCKNER, T., MAIHOFER, W., NOLL, F., ROXIN, C., SCHMITT, R., SCHULTZ, H., STRATENWERTH, G. y STREE, W. Vid. DEMETRIO CRESPO, E., *Prevención general e individualización judicial de la pena,* op. cit., p. 54; MIR PUIG, S., *Introducción a las bases del Derecho penal,* op. cit., pp. 57-59; MORILLAS CUEVA, L., *"Reflexiones sobre el Derecho Penal del futuro"*, en *Revista Electrónica de Ciencia Penal y Criminología,* nº 4-06, 2004, obtenido el 2 de julio de 2012 en http://www.crinimet.ugr.es, p. 11; ROXIN, C., *Derecho Penal. Parte General, Tomo I, Fundamentos, la estructura de la Teoría del Delito,* op. cit., p. 86; SILVA SÁNCHEZ, J. M. *Aproximación al Derecho Penal contemporáneo,* op. cit., p. 15.

[238] Así, por ejemplo, el § 60 del C. Penal alemán de 1969, claramente inspirado en el *Alternativ Entwurf,* según el cual *"el tribunal no impondrá pena si las consecuencias del hecho que alcanzan al autor son tan graves que la imposición de una pena seria evidentemente errónea. Esto no rige si el autor ha incurrido, por el hecho que ha cometido, en una pena privativa de la libertad de más de un año"*. Vid. BAUMANN, J.; *Derecho penal. Conceptos fundamentales y sistema,* op. cit., pp. 24-25.

"etiquetamiento" (*labelling approach*)[239], que conciben al delincuente como un producto de la sociedad. Los reproches al sistema clásico son llevados a su máximo exponente por la llamada Criminología radical o crítica[240], una de cuyas tendencias es el abolicionismo. Estas corrientes tratan de superar el denominado "paradigma etiológico" de la Criminología tradicional[241], es decir, la consideración clásica del delito como un fenómeno estrictamente individual, pasando a concebirlo como un efecto del sistema. No se limitan a hacer ver la necesidad de la reeducación del victimario una vez que este ya ha delinquido, sino que ponen el énfasis en la concepción de la infracción penal como una consecuencia, muchas veces inevitable, de su deficiente proceso de socialización, casi siempre rodeado de pobreza, marginación, hacinamiento y desestructuración familiar. En estos casos se discute si el individuo que

[239] El *labelling approach* ejerció gran influencia en Estados Unidos en los años 60, exportándose al resto del mundo occidental. Parte de una proposición básica: el delincuente no es el que delinque, sino el que ha sido etiquetado por la sociedad como tal. Su formulador más destacados es Howard BECKER (vid. LAMNEK, S., *Teorías de la criminalidad* [trad. de Irene del Carril, originalmente publicado en alemán, *Kriminalitätstheorien - kritisch: Anomie und Labeling im Vergleich,* Wihelm Fink, Munich, 1977], Siglo XXI, México D. F., 1980, pp. 56 ss.; LARRAURI PIJOÁN, E., *La herencia de la criminología crítica,* op. cit., pp. 25 ss.; MAPELLI CAFFARENA, B., *Principios fundamentales del sistema penitenciario español,* op. cit., pp. 46-53; PÉREZ LÓPEZ, J. A., *"La explicación sociológica de la criminalidad",* pp. 28 ss., en *Derecho y Cambio Social,* nº 22, 2010, obtenido el 13 de febrero en http://www.derechoycambiosocial.com, pp. 18 ss.).

[240] La criminología crítica puede definirse como un movimiento de reacción contra los postulados de la criminología tradicional que pretende la construcción de una teoría materialista de la desviación y para lo que se sirve de conceptos e hipótesis elaborados en el ámbito del marxismo. Parte de la Universidad de Berkeley, donde a finales de los 60 se crea la "Unión de Criminólogos Radicales", cuya declaración de principios menciona lo siguiente: "*La Unión se propone promover alternativasradicales de la ideología y la práctica de discriminación (...) que predominan abrumadoramente en lacriminología de hoy. La Unión agradece cualquier aporte a la exposición de las causas fundamentales políticas y económicas del crimen y la delincuencia; que construya definiciones del delito formuladas eninterés de los pueblos oprimidos y de las clases explotadas; que analice críticamente las estrategias decompulsión legales y extralegales aplicadas por el Estado y sus instituciones de apoyo; y, en general, quecontribuyan al desarrollo de una criminología popular*". En nuestro entorno estas ideas tuvieron su principal representante en el italiano Alesandro BARATTA. Cfr. VÁZQUEZ GONZÁLEZ, M., *Delincuencia juvenil: consideraciones penales y criminológicas.* Cólex, Madrid, 2003, p. 101; LINARES REBAZZA, D. J., *"Breves apuntes sobre la criminoilogía crítica de Alessandro Baratta"* (2009), obtenido el 18 de diciembre de 2012 en http://www.derechojusticiasociedad.blogspot.com.es/2009/02/breves-apuntes-sobre-lacriminologia.html, documento sin paginar. Vid. también, BARATTA, A., *Criminología crítica y crítica al Derecho penal* (trad. de álvaro Bunster, originalmente publicado en italiano, *Criminologia critica e critica del diritto penale, introduzione alta sociologia giuridico-penal,* Societá Editrice Il Molino, Bolonia,1982). Siglo XXI, Buenos Aires, 2004; LARRAURI PIJOÁN, E., *La herencia de la criminología crítica,* op. cit.

[241] Unánimente es considerado Cesare LOMBROSO el fundador de la criminología etiológica, a través de su obra cumbre, *L´uommo delinquente* (Fratelli Bocea Editori, Torino, 1876). Sobre el paradigma etiológico de la criminología y su pretendida ruptura, vid. LARRAURI PIJOÁN, E., *La herencia de la criminología crítica,* op. cit., pp. 25 ss.; VIRGOLINI, J. E. S., *La razón ausente. Ensayo sobre criminología y crítica política.* Editores del Puerto, Buenos Aires, 2005, pp. 47 ss.

trasgrede la ley bajo semejantes antecedentes ha tenido la misma libertad de elección, en términos kantianos, que aquel que ha recibido una educación adecuada, pues, de no existir esa libertad, al menos no en plenitud, el merecimiento de la pena tendría que ser menor y, en todo caso, esta debería orientarse a la superación de las mencionadas deficiencias.

Por eso, dice FERRAJOLI, un sistema político que se crea moderno ha de ser capaz de tolerar la desviación como reflejo de *"tensiones y disfunciones sociales no resueltas"*, así como de prevenirla sin medios represivos, debiendo orientar sus quehaceres hacia la desaparición de las causas materiales de esa desviación[242]. Desde este punto de vista, razona el autor, la reclusión carcelaria es *"inútilmente aflictiva e incluso criminógena"*, y lo deseable sería la instauración de garantías jurídico-sociales aptas para eliminar los fenómenos de disgregación y de marginación de los que se nutren las subculturas criminales[243]. Urge la necesidad, como señala MELOSSI, de aparejar condiciones de vida contrarias al surgimiento de comportamientos indeseados, así como de instaurar un control social *"más activo y menos reactivo"*[244]. La pobreza y la marginación, dice CHRISTIE, se han de combatir construyendo escuelas, no prisiones[245]. No en vano, MARX-ENGELS habían afirmado, mucho tiempo atrás, que *"si el hombre es formado por las circunstancias, se deben formar humanamente las circunstancias"*[246].

I.3.3 El muro contra el que siempre se topa

Finalmente, las concepciones rescializadoras acabaron por ser recogidas en los textos constitucionales occidentales. Así, el art. 25.2 de nuestra Carta Magna, ya citado, establece que *"Las penas privativas de libertad y las medidas de seguridad estarán orientadas hacia la reeducación y reinserción social y no podrán consistir en*

[242] FERRAJOLI, L., *Derecho y razón. Teoría del garantismo penal*, op. cit., p. 343.

[243] Ídem.

[244] MELOSSI, D., *"Ideología y Derecho penal: ¿el garantismo y la criminología crítica como nuevas ideologías subalternas?"*, en *Pena y Estado*, AA.VV. (dir. BUSTOS RAMÍREZ, J.). Cono Sur, Santiago de Chile, 1995, p. 63.

[245] CHRISTIE, *Los límites del dolor*, op. cit., pássim.

[246] MARX, K., ENGELS, F., *La sagrada familia o crítica de la crítica contra Bruno Bauer y consortes*, (trad. de Carlos Liacho, originalmente publicado en alemán, *Die heilige Familie oder Kritik der Kritischen Kritik. Gegen Bruno Bauer und Consorten*, Fráncfort del Meno, 1845). Claridad, Buenos Aires, 1971, p. 153.

trabajos forzados...", aspiración reiterada en el art. 1 de la LO 1/1079, de 26 de septiembre, General Penitenciaria. Llama la atención el hecho de que se predique esta orientación exclusivamente de las penas privativas de libertad y de las medidas de seguridad, olvidando el resto de posibilidades punitivas, lo que no parece sino el reflejo de la concepción que nuestros legisladores han venido arrastrando desde la reforma ilustrada, que privar de libertad es la única manera posible de castigar[247].

No obstante, por mor de la dictadura que padecimos, el desiderátum resocializador llegó muy tarde a nuestro Ordenamiento; de hecho lo hizo en plena crisis de estas tendencias. En Italia, por ejemplo, la Constitución de 1948 ya dispuso que las penas "*non possono consistere in trattamenti contrari al senso di umanità e devono tendere alla rieducazione del condannato*" (art. 27). Así, en las décadas de la posguerra, explica GARLAND, las prisiones se convirtieron en territorio de agentes de libertad condicional, trabajadores sociales, psicólogos, psiquiatras, educadores y reformadores sociales de todo tipo[248]. Pero las teorías sociales de la criminalidad, aun sin quererlo, contribuyeron a que se pasase de la euforia al desánimo en torno al ideal resocializador, pues entrañaban una paradoja difícil de rebatir: si es la sociedad la que ha "fabricado" la delincuencia, de poco servirá resocializar al delincuente, cuando es la propia sociedad lo que hay que resocializar[249].

Desgraciadamente, por más que los Estados occidentales han intentado hacer menos desagradable la estancia a los huéspedes de sus prisiones, lo cierto es que los esfuerzos por convertir el período carcelario en algo positivo, tanto para el recluso como para la sociedad, no han dado fruto[250], y las cárceles, en lugar de ejercer un efecto reeducador sobre los desviados, han consolidado, en

[247] Esta es nuestra opinión, aunque desde la doctrina se proporcionan otras explicaciones. Vid. DEMETRIO CRESPO, E., *Prevención general e individualización judicial de la pena,* op. cit., p. 72. Continuaremos el estudio del art. 25.2 CE en infra III.3.1.

[248] GARLAND, D., *La cultura del control,* op. cit., p. 84.

[249] Cfr. SILVA SÁNCHEZ, J. M., *Aproximación al Derecho Penal contemporáneo,* op. cit., p. 33. Sobre la idea de "resocialización social" vid. MAPELLI CAFFARENA, B., *Principios fundamentales del sistema penitenciario español,* op. cit., pp. 30 ss.

[250] HASSEMER, W., MUÑOZ CONDE, F., *Introducción a la Criminología y al Derecho Penal,* op. cit., p. 14.

la mayor parte de los casos, la identidad negativa del delincuente y su ingreso en la carrera criminal[251]. Se han ideado programas reeducativos del más diverso tenor y debemos reconocer, pese a la mala imagen que a veces se ha transmitido, que han existido funcionarios penitenciarios de una honestidad y competencia fuera de toda duda, pero todos los esfuerzos han topado contra un mismo muro: el de la prisión. La cárcel se ha mostrado, en suma, como un lugar del todo incompatible con la reeducación y reinserción social del penado, en el que este, como dijo BARATTA, no interioriza normas sociales, sino patrones de comportamiento con los que sobrevivir en el microcosmos del presidio[252].

Después de más de un siglo de lucha por reformar las prisiones, durante los años 70 del pasado siglo empezó a instalarse, en el mundo del Derecho y la Criminología, un acusado escepticismo respecto de la vigencia del ideario resocializador que durante años había inspirado la reforma del sistema penal y penitenciario[253]. La constancia de las cifras de reincidencia y los costos de unas instalaciones *"razonadas de modo preventivo-general"* alimentaron -y aún hoy continúan alimentando- la creciente desconfianza en la efectividad y la legitimidad de las estrategias e instrumentos reeducadores[254]. Dicho escepticismo fue dando paso, desde mediados de los 80, al pleno convencimiento del fracaso del ideal resocializador. HASSEMER-MUÑOZ CONDE ya manifestaron en 1989 que *"el mito de la resocialización penitenciaria se invoca hoy más como un fantasma que como una realidad factible"*[255] y, en nuestros días, sin perjuicio de que todavía sigan aplicándose programas reeducativos (al fin y al cabo el art. 25.2 CE sigue ahí), los grandes objetivos parecen fuera de alcance. Ya no se pretende que la prisión funcione como mecanismo resocializador sino que, como apunta LANDROVE, la cárcel ha visto reducida

---

[251] BARATTA, A., *Criminología crítica y crítica al Derecho penal,* op. cit, p. 194.

[252] Ibídem, p. 96.

[253] Vid., sobre la crisis de los ideales resocializadores, DEL ROSAL BLASCO, B. *"¿Hacia el Derecho penal de la postmodernidad?"* op. cit., p. 24; GARLAND, D., *La cultura del control,* op. cit., pp. 41-42; LARRAURI PIJOÁN, E., *La herencia de la criminología crítica,* op. cit., pp. 192 ss.

[254] NAUCKE , W., HASSEMER, W., LÜDERSSEN, K., *Principales problemas de la prevención general* (trad. de Gustavo Eduardo Alonso y Tea Low, originalmente publicado en alemán, *Hauptprobleme der Generalprävention,* Verlag GmbH, Fráncfort, 1979). B de F, Buenos Aires, 2004, p. 53.

[255] HASSEMER, W., MUÑOZ CONDE, F., *Introducción a la Criminología y al Derecho Penal,* op. cit., p. 140.

su función a logros neutralizadores y retributivos, por lo que va a seguir ahí, *"si bien limitada a sus funciones de custodia y segregación"*[256].

En resumen, la puerta de la cárcel nunca ha dejado de ser el inicio de un viaje sin billete de vuelta hacia la marginación y la reincidencia, y, tristemente, sigue vigente la frase de LARDIZÁBAL Y URIBE, que la prisión *"hace perversos a los que no lo eran y consuma en su perversidad a los que ya lo eran"*[257]. Pero he aquí un argumento importantísimo: como recuerdan HASSEMER-MUÑOZ CONDE, cuando la cárcel se consolidó como castigo ordinario a imponer a los que cometían un delito, a nadie se le pasaba por la cabeza que tuviese una finalidad distinta de la penitencia de los que habían infringido las normas y de la intimidación del resto de la sociedad[258]. Es decir, el fallo cometido estriba, no en el fracaso en sí de las concepciones resocializadoras, sino en haber creído que estas podían aplicarse a quienes están confinados tras los barrotes de una celda, por lo que su crisis era, es y será su manifiesta incapacidad para superar la finalidad preventivo general que le es inherente[259]. De acuerdo con MAPELLI, el mito resocializador, lejos de convertir la prisión en una pena excepcional, ha terminado legitimándola como pena hegemónica en relación con las demás[260]. Esta preocupación ya se advertía en el famoso informe sobre la prisión en Estados Unidos *Doing Justice* (*Haciendo Justicia*), publicado en 1976, cuando las ideas reeducadoras todavía estaban en su cénit; dicho estudio ponía de manifiesto la contradicción existente entre querer resocializar a una persona y, a la misma vez, aislarla de la sociedad[261]. La resocialización es, en muchos sentidos, la antítesis del castigo, por eso es muy difícil pedir a la prisión que

---

[256] LANDROVE DÍAZ, G., *El nuevo Derecho Penal,* op. cit., p. 18. En el mismo sentido, GARLAND, D., *La cultura del control,* op. cit., p. 51.

[257] LARDIZÁBAL Y URIBE, M., *Discurso sobre las penas…,* op. cit., p. 203.

[258] HASSEMER, W., MUÑOZ CONDE, F., *Introducción a la Criminología y al Derecho Penal,* op. cit., p. 136.

[259] Ibídem, p. 140.

[260] MAPELLI CAFFARENA, B., *"Una nueva versión de las normas penitenciarias europeas",* en *Revista Electrónica de Ciencia penal y Criminología,* nº 8-1, 2006, p. 4.

[261] VON HIRSCH, A., *Doing Justice. The Choice of Punishments.* Hill and Wang, Nueva York, 1976, p. xxix et pássim, si bien es cierto que esta obra fue todo un ataque contra las penas indeterminadas, exigiendo la "pena merecida" para cada delito, aunque con base en una escala de penas privativas de libertad de duración sensiblemente inferior a la habitual. Hay autores, como GARLAND, que la consideran un canto al retrbucionismo (GARLAND, *La cultura del control,* op. cit., p. 119).

sirva para otro objetivo que no sea la estigmatización del autor. Ello por no mencionar, además, la carga que suponen al Estado los gastos de su aplicación y que, para más inri, suele dejar a la víctima sin indemnizar, pues es complicado que quien ya ha ingresado en el círculo carcelario, es decir, el delincuente habitual, sea solvente[262]. Como dice OROZCO, se ha querido utilizar la cárcel para cambiar al hombre y no ha dado resultado; sin embargo, extramuros del centro de internamiento, el sistema que produce las conductas desviadas siempre ha sido el mismo[263].

I.3.4 La vuelta a los postulados clásicos

Aprovechando la atmósfera de pérdida de confianza en las posibilidades de reinserción del delincuente, viene afianzándose una tendencia legislativa que, aun sin reconocerlo, parece ambicionar el arrinconamiento de la resocialización como fin punitivo. A modo de continuación de una secuencia, el Derecho penal se expande sin freno de un tiempo a esta parte, lo cual parece responder, además de a los fenómenos que se expusieron al comienzo del presente trabajo, a un deseo mal disimulado de apartar lo más posible a los "enemigos de la sociedad". Este anhelo se traduce en una mayor severidad de las penas de los delitos en general, y en especial de los que constituyen el núcleo de la delincuencia habitual, la mayor parte de ellos de escasa entidad, de manera que se ha llegado a la esquizofrénica solución de combatir el fracaso de la reeducación de los encerrados encerrándolos aún más.

Efectivamente, se advierte la existencia de una suerte de neoclasicismo que proclama el regreso de los dogmas tradicionales de taxatividad de la norma, proporcionalidad y seguridad jurídica, como reacción frente a la supuesta inseguridad y arbitrariedad derivadas de la excesiva atención prestada por el legislador durante los años postconstitucionales a los fines resocializadores de

---

[262] BERTONI, E. A., *"El Derecho Penal mínimo y la víctima"*, en AA.VV., *De los delitos y las víctimas.* Ad-Hoc, Buenos Aires, 1992, p. 254. Vid., también, DÍEZ GONZÁLEZ, P. R., ÁLVAREZ DÍAS, J. A. (dir. ÁLVAREZ GARCÍA, F. J.), *Los efectos psicológicos de la pena de prisión.* Tirant lo Blanch, Valencia, 2009.

[263] OROZCO PARDO, G., *"La cárcel como instrumento de la violencia institucional"*, op. cit., p. 61.

la pena[264]. Esta *"sacudida del Estado del Bienestar penal"* (GARLAND)[265] o *"resurgimiento de modelos pre-clásicos y clásicos"* (LIPPENS)[266], se percibe en nuestro país desde la promulgación del vigente Código Penal de 1995 y sus continuas reformas, basadas en el progresivo endurecimiento de los castigos y de sus condiciones de ejecución (cumplimiento íntegro de las penas, restricción de las condiciones de acceso a la libertad condicional, etc.[267]). Como se dijo al principio de la presente monografía, este recurso a soluciones punitivas de marcado sesgo expansivo responde también a un populismo alentado desde sectores de los medios de comunicación y de la política, que de manera ignorante coadyuvan al resurgimiento de unas ideas que desde el fin de la Segunda Guerra Mundial parecían definitivamente superadas[268]. De esta suerte, nuestro Código Penal ha sido objeto de 27 reformas hasta 2012, casi en su totalidad de un acusado cariz agravatorio[269], presentadas por el Gobierno de

---

[264] SILVA SÁNCHEZ, J. M., *Aproximación al Derecho Penal contemporáneo,* op. cit., pp. 34 ss.

[265] GARLAND, D., *La cultura del control,* op. cit., p. 35. El autor utiliza la expresión *"penal-welfare complex"*, traducida en la edición en español como *"complejo penal welfare"*. Sin embargo, creemos que "Estado del bienestar penal" refleja mejor la idea que quiere transmitir el autor, referida, a nuestro juicio, a la aplicación de las concepciones del Estado del Bienestar occidental (*Welfare State*) en el sistema de justicia penal: finalidad resocializadora de las penas, flexibilidad para conceder la libertad condicional, etc. Así, GARLAND llama *"penal welfarism"* a *"los dispositivos institucionales que caracterizaron crecientemente el campo desde la década de 1890 hasta la de 1970 y que moldearon el sentido común de generaciones de autoridades políticas, académicos y operadores"*, el cual *"ha sido recientemente sacudido hasta sus raíces"*.

[266] LIPPENS, R., *"La problemática actual de la criminología crítica"* (trad. de Maria Gaiteri, conferencia pronunciada en la Facultad de Derecho de la Universidad de Buenos Aires el 15 de abril de 2009), en *Revista Digital de la Maestría en Ciencias Penales de la Universidad de Costa Rica*, nº 1, 2009, obtenido el 12 de febrero de 2013 en http://www.revistaciencias penales.ucr.ac.cr, p. 124.

[267] Para un estudio preciso sobre esta tendencia hacia el endurecimiento, tanto en las condenas como en los criterios seguidos en su ejecución vid. ARANDA OCAÑA, M. *et al., El populismo punitivo,* op. cit., pp. 38 ss., CID MOLINÉ, J., *El incremento de la población reclusa entre 1996 y 2006: Diagnóstico y remedios,* en *Revista Española de Investigación Criminológica,* nº 6, 2008, obtenido el 16 de diciembre de 2012 en http://www.criminologia.net, p. 1 ss.; LANDROVE DÍAZ, G., *EL nuevo Derecho penal,* op. cit., pp. 73-133.

[268] DEL ROSAL BLASCO, B. *"¿Hacia el Derecho penal de la postmodernidad?"* op. cit., p. 11. Por su parte, GARLAND habla de una elevación de la temperatura emocional de las políticas públicas, afirmando que *"el sentimiento que atraviesa la política criminal es ahora con más frecuencia un enojo colectivo y una exigencia moral de retribución en lugar del compromiso por buscar una solución justa, de carácter social"* (GARLAND, D., *La cultura del control,* op. cit., p. 45). MAQUEDA ABREU, por su parte, dice que parece como si el legislador se hubiera olvidado de que la ciencia penal llegó hace más de un siglo a la necesidad de humanizar las penas de prisión, así como de prescindir de las penas cortas de prisión por su injusticia e inutilidad. De la misma, *"Políticas de seguridad y Estado de Derecho"*, op. cit., pp. 1.304.

[269] Así, el actual Código Penal español ha sido modificado, desde que fue aprobado en 1995, por la LO 2/1998, de 15 de junio, extendiendo el tratamiento legal del terrorismo a determinadas manifestaciones de la violencia callejera; por la LO 7/1998, de 5 de octubre, por la que se suprimieron las penas de prisión y de multa para los supuestos de no cumplimiento del servicio

turno como las panaceas de los problemas de seguridad del ciudadano. Esta politización de las medidas penales debería haber llevado, en buena lógica, a la polarización de las posiciones de los grandes partidos políticos españoles, como por ejemplo ha ocurrido en materia de sanidad o de educación. Sin embargo, en el terreno de la política criminal, el efecto ha sido justamente el contrario; la escalada punitiva ha venido tanto desde la derecha como desde la izquierda, lo que confirma que, más que obedecer a la aplicación de un ideario concreto, esta tendencia responde a la utilización de la política criminal como instrumento de conquista de votos[270].

Siguiendo la secuencia, el pasado 20 de septiembre de 2013 fue aprobado en Consejo de Ministros un nuevo Proyecto de Ley Orgánica Reforma del Código Penal (BOCG nº 66-1, de 4 de octubre de 2013), cuya tramitación

militar obligatorio y prestación social sustitutoria; por la LO 11/1999, de 30 de abril, que reforma los delitos contra la libertad sexual, endureciendo sus penas; por la LO 14/1999, de 9 de junio, en materia de protección a las víctimas de malos tratos y de reforma de la LECr, por la LO 2/2000, de 7 de enero, en materia de prohibición del desarrollo y el empleo de armas químicas; por la LO 3/2000, de 11 de enero, en materia de lucha contra la corrupción de agentes públicos extranjeros en las transacciones comerciales internacionales; por la LO 4/2000, de 11 de enero, sobre derechos y libertades de los extranjeros en España y su integración social; por la LO 5/2000, de 13 de enero que pospone la entrada en vigor de los artículos 19 y 69 al 13 de enero de 2001; por la LO 7/2000, de 22 de diciembre, que modificó el Código Penal y la LORPM en materia de terrorismo; por la LO 8/2000, de 22 de diciembre, de reforma de la Ley Orgánica sobre derechos y libertades de los extranjeros en España y su integración social, por la LO 3/2002, de 22 de mayo, en materia de delitos relativos al servicio militar y a la prestación social sustitutoria; por LO 9/2002, de 10 de diciembre, en materia de sustracción de menores, por la LO 1/2003, de 10 de marzo, para la garantía de la democracia en los Ayuntamientos y la seguridad de los concejales; por la LO 7/2003, de 30 de junio, de medidas de reforma para el cumplimiento íntegro y efectivos de las penas; por la LO 11/2003, de 29 de septiembre, de medidas concretas en materia de seguridad ciudadana, violencia doméstica e integración social de los extranjeros; por la LO 15/2003, de 25 de noviembre, de modificación del Código Penal, que supuso el endurecimiento de muchas penas, así como la creación de nuevos tipos penales, generando no pocas críticas entre la doctrina; por la LO 20/2003, de 23 de diciembre, mediante la que se castiga la convocatoria ilegal de un referéndum; por la LO 1/2004, de 28 de diciembre de Medidas para la protección Integral contra la violencia de género, ya comentada en la presente monografía; por la LO 2/2005, de 22 de junio, por la que se suprimen los artículos 506 bis, 521 bis y 526 bis; por la LO 4/2005, de 10 de octubre, en materia de delitos de riesgo provocados por explosivos; por la LO 15/2007 de 30 de noviembre, que realiza una importante modificación y agravación de las conductas relacionadas con la seguridad vial; por la LO 5/2010, de 22 de junio, que acomete una gran reforma, de contenido agravatorio en su mayor parte, por la LO 3/2011, de 28 de enero, por la que se modifica la LO 6/85, de régimen electoral general; y por la LO 7/2012, de 7 de diciembre, que acomete la revisión de los delitos contra la Hacienda Pública y contra la Seguridad Social, regulados en el Título XIV, creando diversos tipos agravados, así como la creación de nuevos delitos contra los derechos de los trabajadores previstos en el Título XV del Código Penal, y contra la Adminstración Pública, regulados en el Título XIX.

[270] Sobre esta cuestión, vid. GARLAND, D., *La cultura del control*, op. cit., p. 50; LANDROVE DÍAZ, G., *El nuevo Derecho penal*, op. cit., p. 68.

parlamentaria seguramente haya finalizado una vez este trabajo vea la luz, que es la quintaesencia del punitivismo denunciado en el mismo, por cuanto aglutina pingües dosis de:

- Populismo punitivo, ya presente en la frase de apertura de la Exposición de Motivos, que justifica la reforma en aras de la obtención de condenas que sean socialmente percibidas como justas. Así, en sintonía con esta declaración, se agravan determinadas conductas de gran repercusión en los medios de comunicación, sin otro fin aparente que el de contentar a una opinión pública crispada. Por ejemplo, la nueva redacción del art. 166.1 CP, que contempla la equiparación punitiva con el homicidio de la detención ilegal con desaparición (por el dramático caso de Marta del Castillo), o la tipificación, en el nuevo art. 197.4 bis, de la difusión sin consentimiento de material audiovisual de contenido íntimo que previamente había sido facilitado de manera consentida (por el caso, ya mencionado, de la Sra. Hormigos, concejal del municipio toledano de Los Yébenes). Otro ejemplo: la nueva dicción del actual art. 89 CP (art. 88 del Anteproyecto), que extiende la sanción de expulsión del territorio nacional, no solo a los extranjeros sin residencia legal, sino a todo extranjero, incluidos los comunitarios, condenado a pena de prisión superior a un año, sin más distinción.

- Derecho penal del enemigo, al introducir en el catálogo de penas la dudosamente constitucional "prisión permanente revisable". La nueva medida no se antoja precisamente "nueva", pues parece inspirada en lo que en 1882 formuló VON LISZT: *"La sociedad debe protegerse de los irrecuperables, y como no podemos decapitar ni ahorcar, y como no nos es dado deportar, no nos queda otra cosa que la privación de libertad de por vida (en su caso, por tiempo indeterminado)"*[271]. Obsérvese que ya entonces se proponía el término "indeterminado", como ahora se ha hecho con el eufemismo "permanente revisable", para evitar decir "perpetua" o "de por vida". *Nihil novi sub sole.*

Igualmente puede considerarse una manifestación de esta forma de

[271] VON LISZT, F., *La idea del fin en el Derecho penal*, op. cit., p. 120.

Derecho la llamada "custodia de seguridad", de nuevo cuño, que implica la privación de libertad del que ya ha cumplido su condena, simplemente en atención a su estado peligroso y no porque haya cometido delito alguno. Esta medida rompe el dualismo clásico pena/medida de seguridad y, también lejos de significar un progreso, nos retrotrae a los tiempos de la tenebrosa "cláusula de retención", disposición estilada en España entre los siglos XVII y XIX que permitía alargar de manera arbitraria las condenas[272]. Sin duda, como señala MAPELLI, si los españoles de entonces supieran que hoy vuelve a suscitarse el debate sobre unos castigos que llevan siglo y medio superados, se llevarían las manos a la cabeza[273].

- Derecho penal de emergencia, que es una constante desde hace años, y que queda reflejado, por ejemplo, al tipificarse ciertas conductas de desobediencia leve a la autoridad que hasta ahora se tramitaban como infracciones administrativas de la LO 1/92, de 21 de febrero, de protección de la seguridad ciudadana. Otro ejemplo: la agravación de las penas de los delitos de incendios forestales, que ahora suben hasta seis años de prisión, lo que al pirómano, ya sea un demente o un esbirro de las empresas madederas, le va a importar bien poco.

Tenemos que completar estas reflexiones con un dato incuestionable: el desmesurado volumen de la población carcelaria en nuestro país. En las tres últimas décadas, el número de reclusos de ha multiplicado por cuatro, mientras que el crecimiento de la población española no ha llegado al 23%[274]. Entre los años 2000 y 2009, al compás de las continuas reformas agravatorias del vigente Código Penal, la población penitenciaria pasó de 45.000 a 76.000 internos, lo que significa que nuestras prisiones alojaron a 3.500 nuevos internos cada año.

[272] La cláusula de retención era un elemento añadido a la sentencia condenatoria que mantenía al penado sujeto a la pena, aun cumplida la sentencia, que puede considerarse un antecedente de la medida de seguridad. Vid., para una completa exposición sobre esta medida, SANZ DELGADO, E., *Regresar antes: los beneficios penitenciarios*. Ministerio del Interior, Madrid, 2006, pp. 37-40.

[273] MAPELLI CAFFARENA, B., *"La cadena perpetua revisable"*, en *Anuario Joly Andalucía 2013*, obtenido el 1 de junio de 2013 en http://www.anuariojolyandalucia.com/article/justiciaysucesos/1241398/la/cadena/perpetua/revisable.html, documento sin paginar.

[274] Fuente: RÍOS MARTÍN J. C. *et al.*, *Desenmascarando mitos que sostienen el Derecho penal*, op. cit., p. 6, a su vez basado en los datos oficiales publicados por el Ministerio del Interior.

Puede observarse un decremento en los tres últimos años, pero este obedece casi exclusivamente al descenso de la población reclusa extranjera, que ha descendido en solo dos años en más de 3000 internos, como consecuencia de las políticas legales implantadas para aligerar de foráneos nuestras prisiones[275]. Sin embargo, y esto es lo llamativo, la escalada general de la población penitenciaria no guarda relación con las tasas delincuenciales publicadas[276].

Tabla nº 1. Evolución de la población reclusa en España[277]

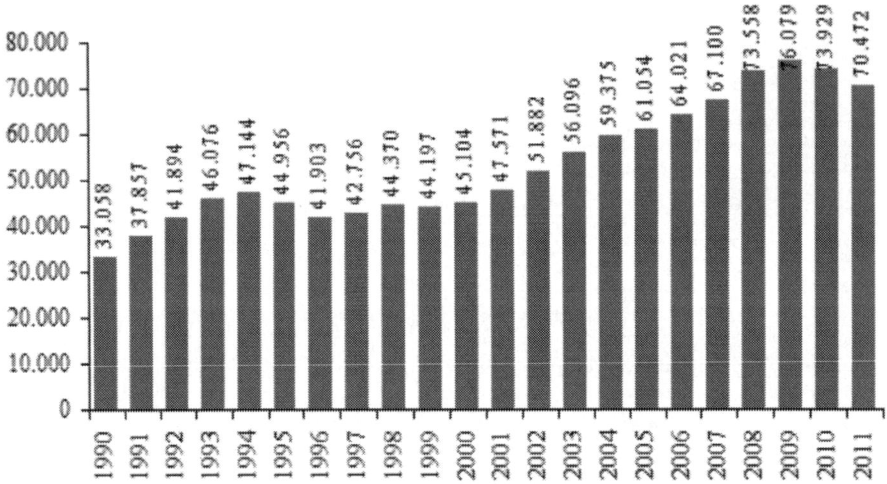

[275] Nos referimos, fundamentalmente, a dos medidas introducidas por la LO 5/2010, de 22 de junio, de reforma del C. Penal: la elevación a regla general de la sustitución por la expulsión del territorio español de las penas privativas de libertad inferiores a seis años impuestas a un extranjero no residente legalmente en España (art. 89.1); y la rebaja punitiva del tipo básico del delito de tráfico de sustancias estupefacientes que causen grave daño a la salud (art. 368), debiendo tener en cuenta que la mayor parte de los condenados por este delito son extranjeros que han sido sorprendidos tratando de introducir dichas sustancias en territorio español.

[276] Según RÍOS MARTÍN J. C. *et al.*, *Desenmascarando mitos que sostienen el Derecho penal,* op. cit., p. 8, este hecho, aunque parezca paradójico, tiene fácil explicación. En primer lugar, porque, contrariamente a la opinión generalizada, la prisión se utiliza cada vez más como respuesta al delito, en detrimento de otras penas y alternativas menos agresivas. En segundo lugar, porque la pena de cárcel sigue endureciéndose iterativamente, además de la continua creación de nuevos tipos penales castigados con dicha pena. Y, en tercer lugar, porque con el Código Penal vigente de 1995, al haber desaparecido la redención de penas por el trabajo, y al haberse endurecido las condiciones parala obtención del tercer grado y la libertad condicional, los presos, en gran parte –aproximadamente el 80%, según los autores-, cumplen íntegramente sus condenas dentro de prisión.

[277] Fuente: MONTERO, T., *"Las reformas del Código Penal y su incidencia en la población penitenciaria"*, según datos del *Anuario estadístico del Ministerio del Interior,* obtenido el 15 de diciembre de 2012 en http://www.cj-worldnews.com, documento sin paginar.

Tabla nº 2. Infracciones penales conocidas en España por cada 1.000 habitantes[278]

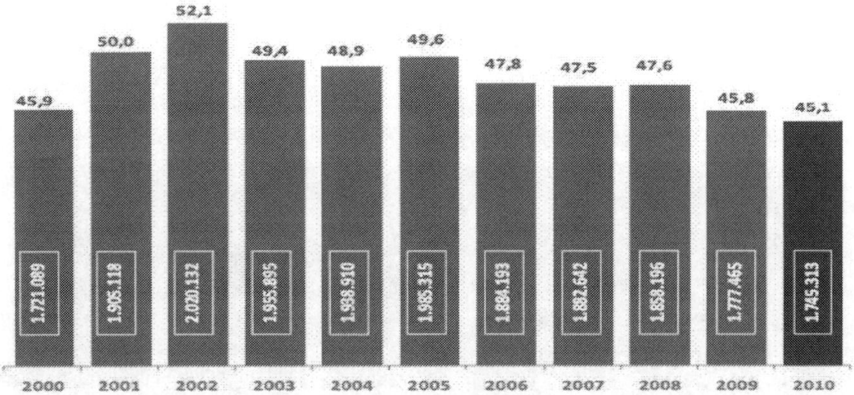

Estas evidencias nos obligan a preguntarnos el porqué de tantas reformas al alza de las penas, por qué el llamado "Código Penal de la Democracia" es mucho más duro que el franquista[279], y por qué nuestras cárceles son de las más pobladas de nuestro entorno.

[278] Fuente: *Ministerio del Interior. Evolución de la criminalidad 2010,* obtenido el 15 de diciembre de 2012 en http://www.mir.es. En los recuadros inferiores se recoge el número total de infracciones conocidas por año.

[279] GONZÁLEZ SÁNCHEZ, I., se pregunta si ello obedece a razones económicas relacionadas con lal globalización. Del mismo, *Aumento de presos y Código Penal,* en *Revista Electrónica de Ciencia Penal y Criminología,* nº 13-04, 2011, obtenido el 12 de diciembre de 2012 en http://www.criminet.ugr.es, p. 18.

Tabla nº 3. Población reclusa en Europa, a mayo de 2011[280]

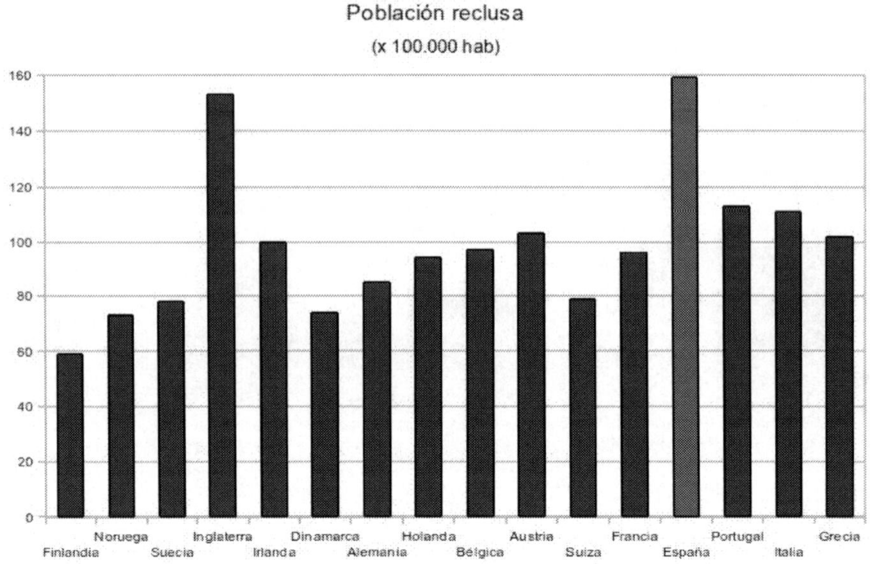

Como conclusión, solo nos resta afirmar que las políticas penales de los últimos años han enfrentando el problema del fracaso de la reeducación con la pura y dura represión, en vez de ir al fondo del asunto, es decir, valorar y combatir lo que MARX-ENGELS llamaban *"los focos antisociales donde nacen los crímenes"*[281].

I.3.5 Toma de posición

Es imposible, como la realidad ha demostrado, hacer de las prisiones lugares de reinserción y reeducación social, lo que no deja de ser una buena prueba de la necesidad de su desaparición y progresiva sustitución por otros sistemas. Hoy, merced a las nuevas tecnologías, el dinero es electrónico, los documentos son electrónicos, se tienen "ciberamigos" y hasta es posible practicar "cibersexo". Todo tiende a inmaterializarse, sin embargo las cárceles son todavía un engendro de acero y piedra. De acuerdo con ARÁNGUEZ,

---

[280] Fuente: WALMSLEY, R., *World prision polulation list, nith edition*. International Centre for Prision Studies, Essex, 2012, (según datos suministrados por las distintas administraciones penitenciarias), p. 6.

[281] MARX, K., ENGELS, F., *La sagrada familia…*, op. cit., p. 153.

deberían aprovecharse en mayor medida los avances científicos para facilitar tanto la imposición como el cumplimiento virtual de medidas restrictivas de libertad: prohibición de acercamiento a lugares o de realización de determinadas conductas mediante localizadores GPS, implantación de sensores para vigilar el cumplimiento de la prohibición de ingesta de tóxicos, etc., medidas que el citado autor agrupa bajo el concepto de "prisión electrónica" y cuya inobservancia ya sí devendría en la imposición del castigo en su formato clásico[282]. Por increíble que parezca, todavía no han sido suficientes más de doscientos años de experimentos carcelarios para afrontar la realidad que mostró LARDIZÁBAL Y URIBE a finales del siglo XVIII, cuando dijo que "*la mayor parte de los que son condenados á presidios y arsenales, vuelven siempre con mas vicios que fuéron, y tal vez, si se les hubiera impuesto otra pena, hubiera ganado la sociedad otros tantos ciudadanos útiles y provechosos*"[283].

Si examinamos atentamente diversos preceptos de nuestra legislación penal, advertiremos que lo que reza el art. 25.2 CE ya no se lo cree ni el legislador, que ha tratado de edulcorar las condiciones de ejecución de la pena de prisión en los supuestos de criminalidad leve, con el claro objetivo de evitar que personas "normales", ajenas en principio al mundo del hampa, ingresen en el bucle de la delincuencia. Ejemplo significativo de lo que decimos es la llamada suspensión general u ordinaria[284] del apdo. 1 del art. 80 CP, que permite al juez suspender la ejecución de las penas privativas de libertad,

---

[282] Para una completa y muy interesante exposición acerca del conjunto de medidas englobadas en el concepto de "prisión electrónica" vid. ARÁNGUEZ SÁNCHEZ, C., "*La progresiva implantación de la prisión electrónica en el Ordenamiento jurídico español*", en *Orbis: Revista Científica*, vol. 1, nº 1, 2010, obtenido el 11 de marzo de 2013 en http://www.cesrei. com.br/ojs/ index.php/orbis, pp. 1-26.

[283] LARDIZÁBAL Y URIBE, M., *Discurso sobre las penas...*, op. cit., p. 85.

[284] Según la clasificación de COLMENERO. Las otras dos variantes de suspensión serían: la especial (art. 87 CP), referida a supuestos de delitos cometidos a causa de la acción a determinadas sustancias, en cuyo caso abarca condenas de hasta 5 años de prisión, siempre que se certifique suficientemente, por centro o servicio público o privado debidamente acreditado u homologado, que el condenado se encuentra deshabituado o sometido a tratamiento para tal fin en el momento de decidir sobre la suspensión, y la extraordinaria o especialísima (art. 80.4 CP), sin sujeción a requisito alguno, en el caso de que el penado esté aquejado de una enfermedad muy grave con padecimientos incurables, salvo que en el momento de la comisión del delito tuviera ya otra pena suspendida por el mismo motivo. COLMENERO MÉNDEZ DE LUARCA, M., "*La suspensión de la ejecución de las penas privativas de libertad tras la reforma operada por la Ley Orgánica 15/2003*", en AA.VV., *Cuadernos de Derecho Judicial. Las penas y sus alternativas*, vol. IV, 2005, dir. VIEIRA MORANTE, F. J., Consejo General del Poder Judicial, Madrid, 2005, p. 184.

originalmente limitada a penas privativas de libertad no superiores a un año y ampliada a partir del vigente Código Penal de 1995 a penas privativas de libertad no superiores a dos años. En la práctica diaria de nuestros órganos jurisdiccionales, la suspensión, si se dan los requisitos legales (consistentes, fundamentalmente, en carecer de antecedentes penales[285] y tener satisfechas las responsabilidades civiles derivadas del delito[286]) constituye la regla general: esta es una realidad que cualquiera que acostumbre a pisar los estrados tiene empíricamente comprobada.

Al anterior ejemplo puede sumársele el constituido por el art. 88.1 CP, que permite la sustitución, antes de dar inicio a su ejecución, de las penas de prisión que no excedan de un año por multa o por trabajos en beneficio de la comunidad, y en los casos de penas de prisión que no excedan de seis meses, también por localización permanente. Además, el segundo párrafo del mismo apartado contempla la posibilidad de sustitución excepcional de las penas de prisión de hasta dos años impuestas a reos no habituales, *"cuando de las circunstancias del hecho y del culpable se infiera que el cumplimiento de aquéllas habría de frustrar sus fines de prevención y reinserción social"*, una frase que por sí sola certifica el fracaso de la prisión.

Ambos preceptos demuestran que la resocialización es más fácil de alcanzar fuera que dentro del presidio[287], pues, como reza la STS de 5 de julio de 2000 (EDJ 2000/20672), FJ único:

---

[285] El Código utiliza la expresión *"que el condenado haya delinquido por primera vez"*, no teniéndose en cuenta las anteriores condenas por delitos imprudentes ni los antecedentes penales que hayan sido cancelados o que debieran serlo, habida cuenta del tiempo transcurrido desde el cumplimiento de la condena (art. 81 CP).

[286] Art. 81.3 CP: *Que se hayan satisfecho las responsabilidades civiles que se hubieren originado, salvo que el Juez o Tribunal sentenciador, después de oír a los interesados y al Ministerio Fiscal, declare la imposibilidad total o parcial de que el condenado haga frente a las mismas.*

[287] Como dice COLMENERO, en cada supuesto concreto, es preciso realizar un examen de los datos disponibles para valorar si la finalidad de resocialización puede ser alcanzada más fácilmente mediante el ingreso en prisión que quedando en libertad (COLMENERO MÉNDEZ DE LUARCA, M., *"La suspensión de la ejecución de las penas privativas de libertad..."*, op. cit., p. 186). A la luz de lo habitual de la concesión de la suspensión, cuando se dan los requisitos legales, parece demostrar lo poco que se confía en la capacidad resocializadora de nuestros centros penitenciarios.

El fundamento de la suspensión de la ejecución de las penas cortas privativas de la libertad radica en la finalidad de evitar el previsible ´contagio criminológico´ que puede tener lugar en la prisión en casos en los que la corta duración de la pena no permite un tratamiento resocializador. No cabe duda que la pena de multa no ofrece ningún riesgo de ´contagio carcelario o criminológico´ y, consecuentemente, no requiere necesariamente, en principio, una institución como la suspensión condicional de su ejecución.

Además, la prisión no solamente ha fracasado como pena, también lo ha hecho como medida de seguridad. Nos referimos al generalizado fenómeno de la utilización de las penitenciarías convencionales como sede de ejecución de medidas de seguridad. Resulta habitual, quizá por falta de medios materiales o simplemente por comodidad, que se destinen módulos penitenciarios al cumplimiento de medidas de seguridad privativas de libertad, de tal manera que, en la práctica, por mor de unos informes de recuperación que difícilmente serán favorables (¿qué psicólogo penitenciario va a informar favorablemente la excarcelación de un "asegurado", con las consecuencias personales y profesionales que puede acarrear un error de evaluación?), a quien se le impone una de estas medidas termina permaneciendo en el centro penitenciario el mismo tiempo que si hubiese sido condenado a la pena de prisión, y si no permanece más tiempo encerrado es por la limitación contenida en el art. 6.2 del C. Penal[288]. Por si todo esto no bastara, debido a su "estado peligroso" no se le conceden los permisos penitenciarios que sí disfrutan los presos "normales" de los módulos contiguos, por lo que podemos concluir que, si la exigencia de reeducación y reinserción social contenida en el art. 25.2 CE es muy difícil de conseguir mediante la pena de prisión, lo es más todavía a través de la "medida de seguridad de prisión", si se nos permite el neologismo. Ante semejante panorama, podemos preguntarnos qué diferencias reales hay entre la pena de prisión y la medida de seguridad privativa de libertad, si ambas comparten sus dos principales notas características: la estancia en un edificio destinado a la

[288] Art. 6.2. C. P.: *"Las medidas de seguridad no pueden resultar ni más gravosas ni de mayor duración que la pena abstractamente aplicable al hecho cometido, ni exceder el límite de lo necesario para prevenir la peligrosidad del autor".*

custodia de presos y la finalidad pretendidamente resocializadora[289].

Sin embargo, hasta que se invente algo mejor, el presidio va a quedarse entre nosotros, pero debería hacerlo únicamente como forma de castigar las infracciones más graves, aquellas que repugnan especialmente a una sociedad que no va a admitir alternativas. Y, si ya se ha previsto legalmente la suspensión de la ejecución de ciertas penas privativas de libertad o su sustitución por otras, no vemos por qué no puede regularse un procedimiento de mediación-reparación penal capaz igualmente de evitar la estigmatización social del victimario y su ingreso en la espiral delictiva, pero en mucho mejores condiciones para víctima y victimario[290]. Ello por dos razones:

a) Se evitaría el juicio, con los trastornos que acarrea para ambas partes, especialmente para la víctima. Además, la solución sería más rápida.

b) Se aumentarían las posibilidades de reparación, al ser esta fruto del acuerdo entre las partes, a las que se reconoce autonomía para decidir su contenido.

I.4 El boom de la justicia restaurativa

En lo que llevamos andado del presente capítulo hemos visto que víctima e infractor comparten, en cierto sentido, su condición de mártires del sistema. Como reacción a esta evidencia, entre los años 60 y 80 del pasado siglo fue conformándose en Estados Unidos una tendencia que recogía ideas de la Sociología, la Criminología y la Antropología, y que respondía al deseo de encontrar vías alternativas de tratamiento del hecho delictivo sin tener que

---

[289] Vid. CASTRO MORENO, A., *El por qué y el para qué de las penas,* op. cit., p. 108; HASSEMER, W., MUÑOZ CONDE, F., *Introducción a la Criminología y al Derecho Penal,* op. cit., p. 164; QUINTERO OLIVARES, G., *Parte general del Derecho penal,* op, cit., pp. 120-121. La única diferencia, señala DEMETRIO CRESPO, estriba en que, mientras que la medida de seguridad sólo puede responder a una finalidad de resocialización del individuo (prevención especial), las penas privativas de libertad continúan respondiendo a otras finalidades relacionadas con la prevención general (*Prevención general e individualización judicial de la pena,* op. cit. p. 65). Sin embargo, como apunta MAPELLI, las medidas de seguridad también buscan la prevención general por cuanto muchas de ellas no pretenden más que la "intimidación especial" (*Principios fundamentales del sistema penitenciario español,* op. cit., p. 148).

[290] De hecho, en opinión de CUELLO CONTRERAS-MAPELLI, ambas medidas están imbuidas de la misma filosofía que la mediación (de los mismos, *Curso de Derecho penal. Parte general,* op. cit., p. 36).

pagar los altos costes emocionales y materiales asociados al modelo de justicia oficial. La nueva corriente inspiró sus proposiciones en el ideario abolicionista[291], así como en diversos estudios etnográficos, vinculados al naturalismo[292], que habían centrado su atención en los ritos tradicionales adoptados por las comunidades aborígenes para resolver sus desavenencias internas, dando como resultado lo que hoy conocemos como justicia restaurativa. Aunque primero cuajó en los países angloamericanos, menos supeditados a la legalidad penal que los de nuestro entorno, hoy puede hablarse de un verdadero boom a escala mundial del interés por las vías alternativas de justicia penal, similar, como apunta MAPELLI, al provocado en su día por el *Programa de Marburgo*[293]. Anualmente se publican multitud de obras sobre el tema y, como más adelante veremos, sus concepciones gozan de predicamento entre las más relevantes organizaciones internacionales.

Pero lo que primero llama la atención de este "nuevo paradigma", como ha sido calificado[294], es la diversidad de sus denominaciones[295]. Se ha hablado de justicia conciliadora[296] o reconciliadora, expresión que se queda corta, por cuanto se circunscribe a la concordia entre las partes. También ha sido llamada

---

[291] Así, son comunes las citas a CHRISTIE en las obras pioneras de la justicia restaurativa citadas en este trabajo. Sobre la influencia del abolicionismo en la JR, vid. LLOBET RODRÍGUEZ, J., *"Justicia restaurativa y la protección de la víctima"*, en *Pensamiento Penal*, nº 32, 2006, obtenido el 12 de mayo de 2012 en http://www.pensamientopenal.com.ar, pp. 9-12.

[292] El naturalismo antropológico, grosso modo, propugna la recuperación de determinadas pautas primitivas de comportamiento humano, las cuales han quedado postergadas en el transcurso del largo y tortuoso viaje hacia la "civilización".

[293] MAPELLI CAFFARENA, B., *Las consecuencias jurídicas del delito*, op. cit., p. 455.

[294] BARNETT, R., *"Restitution: a new paradigm of criminal justice"*, en *Ethics*, vol. 87, nº 4, 1977, pássim, obtenido el 14 de julio de 2012 en http://www. randybarnett.com/restitution.html, pássim; DE URBANO CASTRILLO, E., *"La justicia restaurativa penal"*, op. cit., p. 6; TAMARIT SUMALLA, J., *"La justicia restaurativa: concepto, principios, investigación y marco teórico"*, en AA.VV., *La Justicia restaurativa: desarrollo y aplicaciones* (coord. TAMARIT SUMALLA, J.). Comares, Granada, 2012, p. 6; ZEHR, H., *"Retributive justice, restorative justice"*, en *New Perspectives on Crime and Justice*, Mennonite Central Commitee, nº 4, 1985, p. 4 ss.

[295] KEMELJAJER, A., *"En búsqueda de la tercera vía. La llamada 'justicia restaurativa', 'reparativa', 'reintegrativa' o 'restitutiva'"*, en GARCÍA RAMÍREZ, S. (coord.), *Derecho Penal. Memoria del Congreso Internacional de Culturas y Sistemas Júridicos Comparados. I. Derecho Penal*. Universidad Autónoma de México, Mexico, D. F., p. 272.

[296] Cfr. ALDONEY RAMÍREZ, LL. M., *"Sistemas penales comparados. Mediación penal y justicia alternativa"*, en *Revsta Penal*, nº 39, 2005, p. 234; PASCUAL RODRÍGUEZ, E., *La mediación en el sistema penal. Propuestas para un modelo reparador, humano y garantista*. Tesis doctoral, dirigida por la profesora Margarita Martínez Escamilla. Universidad Complutense, Madrid, 2012, p. 125. BERISTAIN IPIÑA, por su parte, propuso la denominación "justicia recreativa", para evitar cualquier sesgo vindicativo (del mismo, *Nueva Criminología desde el Derecho Penal y la Victimología*. Tirant lo Blanch, Valencia, 1994, p. 338).

justicia reparadora o victimal[297], términos igualmente insuficientes, pues reducen la cuestión a la reparación del daño causado a la víctima[298]. Finalmente, la denominación que ha terminado imponiéndose es la de justicia restaurativa (*restorative justice*), generalmente atribuida al criminólogo Ray BARNETT, quien la estrenó en un escrito de 1977[299]; si bien el primero que la empleó para dar título a un trabajo fue el profesor menonita Howard ZERH, en 1985[300]. Esta designación, cuyo uso se fue generalizando a partir del Congreso Internacional de Criminología de Budapest de 1993, es, probablemente, la que mejor transmite la idea de la pluralidad de intereses que se pretende satisfacer a través de esta modalidad de justicia, a saber: los de la víctima y del victimario, mas también los de la comunidad de la que ambos forman parte[301].

La JR se presenta como una tercera opción de modelo de justicia penal, que trataría de superar el fracaso tanto del sistema centrado en la retribución

[297] Cfr. RODRÍGUEZ LAÍNZ, J. L., *"Mediación penal y violencia de género"*, en Diario La Ley, nº 7.557, 2011, p. 1; VARONA MARTÍNEZ, Gema, *La mediación reparadora como estrategia de control social. Una perspectiva criminológica*. Comares, Granada, 1998, pássim.

[298] Cfr. GONZÁLEZ CANO, M. I., *"La mediación penal en España"*, en AA.VV. *La mediación penal para adultos. Una realidad en los ordenamientos jurídicos* (dir. BARONA VILAR, S.), Tirant Lo Blanch, Valencia, 2009, p. 20; KEMELJAJER, A., *"En búsqueda de la tercera vía..."*, op. cit., p. 272; PALMA CHAZARRA, L., *La mediación como proceso restaurativo en el sistema penal*, op. cit., p. 507.

[299] BARNETT, R., *"Restitution: a new paradigm of criminal justice"* (1977), op. cit. En la p. 288 de dicho artículo, el profesor BARNETT, refiriéndose a los beneficios de la reparación a la víctima por parte del infractor, dijo que tal reparación es reparadora, restaurativa y puede realmente dejar la situación entre el criminal y la víctima mejor de lo que estaba antes de cometerse el delito (*"...It is reparative, restorative, and may actually leave the situation better th in it was before the crime, both for the criminal and victim..."*).

[300] *"Retributive justice, restorative justice"* (1985), op. cit. Posteriormente publicó *Changing lenses* (Herald Press, Elkhart, Indiana, 1990, publicado en español en 2012, *Cambiando de lente*, citado en esta obra), considerado el primer trabajo exhaustivo de discusión sobre la filosofía de la JR. Pueden seguirse las ideas del profesor ZERH en su blog: http//:www.emu.edu/now /restorative-justice/. Sobre la comunidad menonita, vid. nota nº 331.

[301] A nuestro juicio, el concepto de justicia restaurativa es más amplio que el de justicia reparadora. Ambos términos, tomados del inglés, no significan exactamente los mismo, pues, mientras el vervo *"to repair"* equivale a "reparar", el verbo *"to restore"* significa además "restablecer". En cuanto a las definiciones del DRAE, nos parece muy interesante la siguiente acepción de la voz "restaurar" (que no posee el verbo "reparar") como es "recuperar", que puede ser utilizada para expresar la idea de recuperar socialmente a víctima e infractor. Sobre este particular, vid. lo expuesto en el capítulo infra del presente trabajo, dedicado a la normativa legal sobre mediación, acerca de la Directiva 2012/29/UE, de 25 de noviembre, *por la que se establecen normas mínimas sobre los derechos, el apoyo y la protección de las víctimas de delitos, y por la que se sustituye la Decisión Marco 2001/220/JAI del Consejo*. En nuestra opinión esta norma, o sus traductores oficiales al español, confunden los términos "restaurativa" y "reparadora", si bien hemos de reconocer, aunque no lo compartamos, que es común entre los autores la utilización sinónima de ambas expresiones (así, MAPELLI CAFFARENA, B., *Las consecuencias jurídicas del delito*, op. cit., p. 455; MEJÍAS GÓMEZ, J. F., *La mediación como forma de tutela efectiva*. El Derecho Editores, Madrid, 2009, pp. 75 ss.).

como del basado en la rehabilitación del delincuente[302]. Sin embargo no propone nada nuevo, sino que se apoya en la reformulación de instituciones preexistentes al proceso. En esencia, aspira a la recuperación de un heterogéneo conjunto de métodos cuyo origen se remonta a tiempos inmemoriales, cuando la reparación y otras formas de conciliación entre familias o grupos sociales eran el modo habitual de resolver los conflictos que hoy llevaríamos al Derecho penal[303]. Dicho en palabras de FOLBERG-TAYLOR, *"los medios de resolución de conflictos en los que una tercera parte ayuda a los contendientes a resolver sus conflictos y a llegar a sus propias decisiones probablemente han existido desde que había tres personas sobre la Tierra"*[304]. Desde que empezó a relacionarse con sus semejantes el hombre ha conocido el fenómeno de la criminalidad[305], pero hemos de comprender que en aquel tiempo excluir al infractor, como se hace hoy, era perjudicial para la supervivencia del grupo. En los albores de la humanidad, la forma más inteligente de afrontar el hecho criminal consistía en propiciar la reparación del mal causado; como dijimos al principio, seguramente este era el mecanismo que resolvía la mayor parte de las cuestiones propias de nuestro Orden penal en las sociedades embrionarias y que, con el transcurso de los siglos, terminaría siendo sustituido por el proceso judicial.

Los instrumentos de JR poseen, no obstante su diversidad, una muy destacada nota común: en todos ellos reina la autocomposición, es decir, la resolución del conflicto se deja en manos de sus protagonistas, a diferencia de los métodos heterocompositivos, que serían aquellos en que la solución se somete, bien a una instancia estatal -como es el caso del proceso judicial-, bien a la decisión de un tercero con poder decisorio, como sucede en el arbitraje[306]. La

---

[302] Cfr. LLOBET RODRÍGUEZ, J., *"Justicia restaurativa y la protección de la víctima"*, op. cit., p. 8; DEL RÍO FERNÁNDEZ, L., *Mediación y cambio cultural. Hacia una nueva filosofía penal*, texto de la conferencia inaugural de las I Jornadas Técnicas sobre Mediación, "Nuevos Enfoques de la Justicia", celebradas en El Puerto de Santa María (Cádiz), el 20 y 21 de octubre de 2011, p. 4.

[303] MANZANARES SAMANIEGO, J. L., *Mediación, reparación y conciliación en el Derecho Penal*, op. cit., p. 17.

[304] FOLBERG, J., TAYLOR, A., *Mediación: resolución de conflictos sin litigio* (trad. de Beatriz E. Blanca Mendoza, originalmente publicada en inglés bajo el título *Mediation: a comprensive guide to resolving conflicts without litigation*, Jossey-Bass Publishers, San Francisco, 1984). Limusa, México, 1996, p. 21.

[305] SÁINZ CANTERO, J. A., *Lecciones de Derecho penal*, op. cit., p. 1.

[306] Cfr. GIMENO SENDRA, V., *Introducción al Derecho Procesal. 3ª edición*. Colex, Madrid, 2005, p. 18.

autocomposición no es extraña a las materias civil y mercantil, tradicionalmente consideradas disponibles; empero, la gran novedad que aporta la JR es su aspiración de trasladar la autocomposición al ámbito criminal, que desde el advenimiento de las estructuras estatales ha sido coto vedado al poder de disposición de las partes, so razón de la preeminencia del interés público. Por otro lado, tampoco debemos confundir autocomposición con "autodefensa", "autotutela" o "autoayuda". En la autocomposición, las partes enfrentadas cooperan y se sacrifican en pos del arreglo, mientras que en la autodefensa la solución es impuesta unilateralmente por la parte más poderosa. De acuerdo con GIMENO SENDRA, la autocomposición representa un medio más civilizado de solución de conflictos[307], pues, como a su vez expresó ALCALÁ-ZAMORA, en ella confluye el altruismo de las partes, frente al egoísmo característico de la autodefensa[308].

Cambiando de cuestión, la JR parte de presupuestos aparentemente contrarios a los de las teorías de los fines la pena, ya que si estas afirman la amarga necesidad del castigo, justificada por fines retributivos o preventivos, la JR parte de la afirmación de la inutilidad de la pena y, especialmente, del reconocimiento del masivo incumplimiento de los fines preventivo especiales de la pena privativa de libertad[309]. El delito deja de constituir un acto contra el Estado y pasa a ser un acto contra la comunidad, contra la víctima e, incluso, contra su propio autor, pues él también es agredido con la violación del ordenamiento jurídico[310]. La idea clásica de reproche moral es reemplazada por

---

[307] Ídem.

[308] ALCALÁ-ZAMORA Y CASTILLO, N., *Proceso, autocomposición y autodefensa (contribución al estudio de los fines del proceso).* Universidad Autónoma de México, México D. F., 2000 (originalmente publicado en 1947), p. 13. El autor atribuye la creación del vocablo "autocomposición" a CARNELUTTI (ibídem. p. 11). Sin embargo, el gran procesalista español era un gran defensor del principio de legalidad, y estaba muy en desacuerdo con la existencia de fórmulas negociadas en el Derecho penal (vid., del mismo, *Cuestiones de terminología procesal.* Universidad Autónoma de México, México D. F., 1972, p. 58).

[309] DE LA CUESTA AGUADO, P. M., *"Fines de la pena y justicia reparadora"*, en AA.VV., *Sobre la mediación penal (posibilidades y límites en un entorno de reforma del proceso penal español).* Aranzadi, Pamplona, 2012, pp. 138-139.

[310] Vemos cómo los extremos se tocan: KANT ya dijo que *"cualquier daño inmerecido que ocasionas a otro en el pueblo, te lo haces a ti mismo. Si le injurias, te injurias a ti mismo; si le robas, te robas a ti mismo; si le pegas, te pegas a ti mismo; si le matas, te matas a ti mismo"* (del mismo, *La metafísica de las costumbres,* op. cit., p. 167).

la de responsabilidad social[311] y, si en la justicia oficial se da el interés público en la actuación del Derecho penal, en la JR tal interés pertenece a las personas implicadas en el episodio criminal y a la comunidad que les rodea[312]. Siguiendo a MIERS *et al.*, la filosofía de la JR, aun a riesgo de caer en un exceso de simplificación, puede resumirse en "tres erres":

- Responsabilidad (del infractor, al que se le hace entender lo que ha hecho);
- Restauración (reparación de la víctima) y
- Reintegración (del infractor en la comunidad, que a su vez también se ve reparada de esta manera)[313].

Esta "triple acción" implica, en definitiva, restaurar a la víctima, a los ofensores y a la sociedad[314].

I.4.1 Concepto de justicia restaurativa

Los adalides de esta corriente contraponen la expresión "restaurativa" con el epíteto "retributiva", con que adjetivan a la justicia oficial[315]. A nuestro juicio, sería tal vez más adecuado calificar a esta útima de "punitiva", por cuanto la retribución no es la única justificación de la pena en los sistemas penales

[311] GALAIN PALERMO, P. *La reparación del daño a la víctima del delito,* op. cit., p. 78.

[312] FARIAS, V., *La reparación de la víctima desde un enfoque criminológico y civil.* Tesis doctoral, bajo la dirección de la Profesora García Garnica y la Orientación del Profesor David Lorenzo Morillas Fernández. Universidad de Granada – Universidad Federal de Pelotas (Brasil), 2011, p. 205.

[313] *"...at the risk of over- simplification, the philosophy on which it is based can most helpfully be summarised in terms of the 'three Rs' of Responsibility, Restoration and Reintegration." Its more particular purposes include the prevention of reoffending, the recognition of the victim's interest in the amelioration of and acceptance by the offender of the harm done, and of the community's interest in the longer term rehabilitation of and support for the offender, and a reduction in criminal justice costs".* MIERS, D. *et al.*, ed. WEBB, B., *An exploratory evaluation of restorative justice schemes.* London Home Office. Londres, 2001, p. 9 (trad. propia).

[314] BRAITHWAITE, J., *Crime and Justice,* University of Chicago, 1999, p. 18.

[315] Cfr. ZEHR, H., *"Retributive justice, restorative justice"*, op. cit. Pássim; del mismo, *Cambiando de lente. Un nuevo enfoque para el crimen y la justicia* (trad. de Cristián D. Quezada *et al.*, originalmente publicado en inglés, *Changing lenses.* Herald Press, Elkhart, Indiana, 1990). Herald Press, Harrisonbourg, Virginia, 2012, pp. 105 ss. Vid., también, BARALLAT LÓPEZ, J., *"La mediación en el ámbito penal"*, en *Revista jurídica de Castilla y León,* nº 29, 2013, p. 3; DE URBANO CASTRILLO, E., *"La justicia restaurativa penal"*, op. cit., p. 1; GALAIN PALERMO, P. *La reparación del daño a la víctima del delito,* op. cit., p. 135; GORDILLO SANTANA, L. F., *Las justicia restaurativa y la mediación penal..."*, op. cit. pássim; KEMELJAJER, A., *"En búsqueda de la tercera vía..."*, op. cit., p. 272.

vigentes hoy en día (de hecho se pretende desterrada, aunque es bien sabido que eso no es cierto). Además, lo que se trata de evitar es la punición, no exactamente la retribución, la cual, en cierto modo, también existe en los patrones restaurativos cuando ofendido y ofensor acuerdan una reparación homogénea del daño causado. El modelo de justicia punitiva se caracteriza por definir la ilicitud penal como infracción de una norma. El modelo de JR, en cambio, se caracteriza por concebir la ilicitud penal como un daño infligido por el infractor, tanto en los bienes e intereses de la víctima como en la paz de las relaciones sociales de la comunidad a la que ambos pertenecen. La consecuencia principal para uno y otro en este modelo consiste, en general, en la posibilidad de poder recurrir a un mecanismo de composición entre ellos que, en términos generales, permite el restablecimiento, fáctico o simbólico, del estado de cosas anterior a la infracción[316]. ZEHR condensa así las diferencias entre ambos paradigmas:

> - *Justicia Retributiva: El crimen es una agresión contra el Estado, definido como la infracción de la ley y culpa. La justicia determina la culpa y administra el dolor o castigo en una contienda entre el ofensor y el Estado dirigida por reglas sistemáticas.*
> - *Justicia Restaurativa: El crimen es una agresión contra las personas y las relaciones. Crea obligaciones de reparar el daño causado. La justicia incluye la participación de la víctima, del ofensor y de la comunidad en busca de soluciones que promuevan reparar y reconciliar*[317].

Originalmente, las obras de ZEHR y demás pioneros en la materia formularon el ideal de justicia restaurativa como paradigma alternativo y contrapuesto al sistema oficial de justicia penal, como se desprende de las abundantes referencias a los textos abolicionistas que aquellas suelen contener. Hoy se tiende a concebir el modelo restaurativo como un sistema en convivencia con el oficial, llamado a atenuar sus diferencias[318], de ahí que muchos aspiremos a integrar alguna de sus expresiones, como la mediación

---

[316] BOVINO, A., *Problemas en el Derecho Procesal Contemporáneo*. Editores del Puerto. Buenos Aires,1998, p. 96.

[317] ZEHR, H., *Cambiando de lente. Un nuevo enfoque para el crimen y la justicia*, op. cit., p. 105.

[318] GARCIANDÍA GONZÁLEZ, P., *"La regulación de la mediación penal en España..."*, op. cit., p. 415.

penal, dentro del modelo de justicia ordinario.

Empero, dado que existe una gran variedad de soluciones alternativas, con muy diferentes perfiles, agrupadas dentro de la misma idea de JR, se hace muy difícil la precisión de un concepto uniforme en torno a la misma, lo que ha sido visto como un signo de debilidad por los detractores de este movimiento[319]. Este hecho responde, además de a la diversidad de instrumentos utilizados (uno de los cuales es la mediación[320]), a dos razones principales: en primer lugar, hemos de reconocer que estas experiencias carecen de una base ideológica uniforme. Entre sus defensores podemos hallar integrantes de corrientes filosóficas, antropológicas o religiosas verdaderamente disímiles y hasta incompatibles entre ellas[321]. En segundo lugar, tampoco hay que olvidar que no se trata de una teoría dogmática del delito[322], sino más bien de una "antidogmática del delito", una reacción crítica frente los sistemas modernos que busca experimentar con fórmulas alternativas, muchas de ellas de origen tribal.

No obstante, una vez estudiados los manuales, podemos seleccionar la siguiente definición, formulada por el criminólogo británico Tony MARSHALL en 1999, como la más citada[323]: *"aquel proceso donde las partes involucradas en una*

[319] Cfr. CABEZUDO RODRÍGUEZ, N., *"El último (y controvertible) credo en materia de política criminal. Justicia restaurativa y mediación penal"*, en *La Ley Penal*, nº 86, 2011, p. 6; LARRAURI PIJOÁN, E., *"Tendencias actuales de la justicia restauradora"*, en *Serta. In memoriam A. Baratta* (ed. PÉREZ ÁLVAREZ, F.). Universidad de Salamanca, Salamanca, 2004, p. 440. GALAIN PALERMO, por su parte, estima que el problema más serio al que se enfrenta la JR es el de su diversidad conceptual (del mismo, *La reparación del daño a la víctima del delito*, op. cit., p. 140).

[320] Si bien MARTÍN DIZ discrepa de la consideración de la mediación como formato restaurativo, afirmando que en tal caso perdería, *"de forma irrecuperable, su esencia de institución jurídica, procesal, y como posible sistema complementario de solución de conflictos"* (MARTÍN DIZ, F., *La mediación: sistema complementario de Administración de Justicia*, Consejo General del Poder Judicial, Madrid, 2010, p. 326).

[321] CABEZUDO RODRÍGUEZ, N., *"El último (y controvertible) credo en materia de política criminal. Justicia restaurativa y mediación penal"*, op. cit., p. 6.

[322] KEMELJAJER, A., *"En búsqueda de la tercera vía..."*, op. cit., p. 274. GORDILLO SANTANA añade otra razón: la renuencia de los propios autores a dar una definición, acaso por la falta de acuerdo al respecto (del mismo, *La justicia restaurativa y la mediación penal*. Iustel, Madrid, 2007, p. 59).

[323] Comparten esta definición, entre muchos otros, GALAIN PALERMO, P. *La reparación del daño a la víctima del delito*, op. cit., p. 137; GORDILLO SANTANA, L. F., *La justicia restaurativa y la mediación penal*, op. cit., p. 60; KEMELJAJER, A., *"En búsqueda de la tercera vía..."*, op. cit., p. 274; LARRAURI PIJOÁN, E., *"Tendencias actuales de la justicia restauradora"*, op. cit., p. 443; MATELLANES RODRÍGUEZ, N., *"La justicia restaurativa en el sistema penal. Reflexiones sobre la*

específica ofensa resuelven colectivamente cómo afrontar las consecuencias de la ofensa y sus implicaciones para el futuro"[324]. Esta fue la descripción adoptada en la Declaración de Lovaina, suscrita el 13 de mayo de 1997 por los participantes en la I Conferencia Internacional sobre Justicia Restaurativa para Jóvenes[325]. Por su parte, la Resolución del Consejo Económico y Social de Naciones Unidas (ECOSOC) 2000/14, de 27 de julio, relativa a los Principios Básicos sobre la utilización de Programas de Justicia Restaurativa en Materia Penal, la conceptúa en su punto tercero como *"proceso en el que víctima y ofensor, y aquellas otras personas o miembros de la comunidad afectados por un delito, participan juntos activamente en la resolución de las cuestiones relacionadas con el mismo, generalmente con la ayuda de un facilitador"*.

La misma definición aparece recogida en el *Handbook on Restorative Justice programmes,* obra de los profesores de Criminología canadienses Yvon DANDURAND y Curtis GRIFFITHS, publicado en diciembre de 2006 por la Oficina de las Naciones Unidas contra la Droga y el Delito (ONUDD)[326]. En el ámbito de la Unión Europea, la Directiva 2012/29/UE, de 25 de noviembre, *por la que se establecen normas mínimas sobre los derechos, el apoyo y la protección de las víctimas de delitos, y por la que se sustituye la Decisión Marco 2001/220/JAI del*

---

mediación", op. cit, p. 208; OLALDE, A., *Justicia restaurativa y mediación en el ámbito penal.* Centro Universitario de Transformación de Conflictos, Leioa, 2006, p. 6; PALMA CHAZARRA, L., *La mediación como proceso restaurativo en el sistema penal*, op. cit., p. 510; STRANG, H. *et al.*,*"Victims evaluations face to face restorative justice conferences: a quasi experimental análisis"*, en *Journal of Social Issues*, vol. 62, nº 2, 2006, pp. 282; TAMARIT SUMALLA, J., *"La justicia restaurativa: concepto,…"*, op. cit., p. 12.

324 *"A process whereby parties with a stake in a specific offence collectively resolve how to deal with the aftermath of the offence and its implications for the future".* MARSHALL, T. F., *Restorative Justice. An overview.* Home Office Research Development and Statistics Directorate. Londres, 1999. Obtenido el 12 de julio de 2012 en: http://www.Library.npia. police.uk/docs/homisc/occ-resjus.pdf, p. 5.

325 Cfr. KEMELJAJER, A., *"En búsqueda de la tercera vía..."*, op. cit., p. 274; TAMARIT SUMALLA, J., *"La justicia restaurativa: concepto,…"*, op. cit., p. 11; JOHSTONE, G., *A Restorative Justice Reader. Texts, sources, context.* Routlegge, Nueva York, 2011, pp. 477 ss. Puede consultarse el contenido de esta declaración en http://www.usuarios.multimania.es/criminologia_his pana/leuv.html.

326 *"A restorative process is any process in which the victim and the offender and, where appropriate, any other individuals or community members affected by a crime participate together actively in the resolution of matters arising from the crime, generally with the help of a facilitator"* (trad. propia). DANDURAND, Y., GRIFFITHS, C. T., *Handbook on Restorative Justice programmes.* ONUDD, Nueva York, 2006, p. 5.

Consejo, define la justicia reparadora[327] como "*cualquier proceso que permita a la víctima y al infractor participar activamente, si dan su consentimiento libremente para ello, en la solución de los problemas resultantes de la infracción penal con la ayuda de un tercero imparcial*". Ya en nuestro país, la obra de RÍOS MARTÍN *et al.* entiende por justicia restaurativa:

> *La filosofía y el método de resolver los conflictos penales que atienden prioritariamente a la protección de la víctima y al restablecimiento de la paz social, mediante el diálogo comunitario y el encuentro personal entre los directamente afectados, con el objeto de satisfacer de modo efectivo las necesidades puestas de manifiesto por los mismos, devolviéndoles una parte significativa de la disponibilidad sobre el proceso y sus eventuales soluciones, procurando la responsabilización del infractor y la reparación de las heridas personales y sociales*[328].

De acuerdo con el criminólogo australiano John BRAITTHWAITE, uno de los autores más conspicuos de este movimiento, habría que ampliar todas estas definiciones para incluir los valores esenciales de la JR: curación, aprendizaje moral, participación comunitaria, diálogo, respeto, responsabilidad y enmienda, y la determinación de lo que debe ser restaurado: las pérdidas, la ofensa producida, el sentido de seguridad, la dignidad, la autonomía, la democracia deliberativa, la armonía y el apoyo social[329].

I.4.2 Primeras experiencias modernas en materia de justicia restaurativa

Como venimos afirmando, el origen de los sistemas de JR se pierde en la noche de los tiempos, aunque su "reciclaje" data de la década de los años 70 del pasado siglo. Como primera sentencia penal moderna sobre JR, suele citarse la que puso fin a un caso acaecido en 1974 en la localidad de Elmira (Ontario,

---

[327] Volvemos a remitirnos al capítulo que se dedica infra a la normativa legal sobre mediación, acerca de la Directiva 2012/29/UE, la cual confunde, a nuestro juicio, los términos "restaurativa" y "reparadora".

[328] RÍOS MARTÍN, J. C. *et. ál.*, *La mediación penal y penitenciaria. Experiencias de diálogo en el sistema penal para la reducción de la violencia y el sufrimiento humano.* 3ª Edición. Colex, Madrid, 2012, p. 29.

[329] BRAITHWAITE, J., *Restorative Justice and Responsive Regulation.* Oxford University Press, Nueva York, 2002, p. 12. Esta obra constituye uno de los manuales más difundidos a nivel mundial.

Canadá)[330]. Dos jóvenes, bajo el efecto del consumo de estupefacientes, causaron destrozos en 22 automóviles aparcados en las calles de la ciudad. Nadie podía imaginar entonces que aquel suceso iba a dar origen a un movimiento de dimensiones planetarias. Viendo que los chavales no tenían antecedentes penales, Mark Yantzi, el agente de libertad condicional encargado de preparar el informe previo a la sentencia, consideró que lo que necesitaban no era un castigo, sino hacer un ejercicio de responsabilidad por sus actos. El agente Yantzi, que había sido voluntario menonita[331], recabó la ayuda de Dave Worth, coordinador de los voluntarios del Comité Central Menonita en Kitchener (Ontario), y juntos presentaron en el juzgado una propuesta en ese sentido, pero el juez la rechazó. Sin embargo este, para sorpresa de ambos, al dictar la sentencia cambió de opinión y ordenó que los jóvenes cumplieran lo sugerido por el oficial, de modo que los chavales, acompañados por Mark y Dave, visitaron los domicilios de las víctimas, admitieron su falta y llegaron a un acuerdo de reparación del daño causado. Luego de tres meses se consumó el

---

330 Cfr. BELTRÁN MONTOLIU, A., *"Modelo de mediación en los Estados Unidos de América"*, en AA.VV., *La mediación penal para adultos. Una realidad en los ordenamientos jurídicos* (dir. BARONA VILAR, S.), Tirant Lo Blanch, Valencia, 2009, p. 60; DOMINGO DE LA FUENTE, V., *"Justicia Restaurativa y Mediación Penal"*, en *Lex Nova*, nº 23, 2008, pp. 5-6; GORDILLO SANTANA, L. F., *La justicia restaurativa y la mediación penal...* op. cit., pp. 57 ss.; HIGHTON, E., ÁLVAREZ, G, GREGORIO, C.. *Resolución alternativa de disputas y sistema penal.* Buenos Aires, Ad Hoc, 1998, p. 36; KEMELJAJER, A., *"En búsqueda de la tercera vía..."*, op. cit., p. 279; OLALDE, A., *Justicia restaurativa y mediación en el ámbito penal*, op. cti., p. 8; PASCUAL RODRÍGUEZ, E., *La mediación en el sistema penal.*, op. cit., pp. 172 ss.; TAMARIT SUMALLA, J., *"La justicia restaurativa: concepto,..."*, op. cit., p. 3; ZEHR, H., *Cambiando de lente. Un nuevo enfoque para el crimen y la justicia*, op. cit., pp. 153-154.

331 Los menonitas son una comunidad cristiana nacida en la época del puritanismo. Se les considera pioneros, junto a los cuáqueros [vid. nota infra nº 400], en la aplicación de formas de justicia comunitaria en los Estados Unidos. De hecho, algunas de las principales autoridades académicas en la materia son menonitas, como Howard ZEHR, ya citado en esta obra, profesor de justicia restaurativa [*sic*] en la Estatern University Mennonite, en Harrisononbourg, Virginia, Estados Unidos (vid. nota supra nº 120). Este movimiento nació en Zurich, en los años 20 del siglo XVI. Su principal ideólogo fue Menno Simons (1496-1561), un predicador holandés anabaptista, de cuyo nombre proviene el nombre de la comunidad. Menno Simons no fue su fundador pero los menonitas adoptaron su versión más integrista del anabaptismo. Perseguidos, emigraron desde los Países Bajos y el norte de Alemania hacia Rusia y, vueltos a expulsar de allí, en 1640 se trasladaron a los Estados Unidos. Eran pacifistas y, ya en 1688, protestaron contra la esclavitud en Estados Unidos. Una de sus ramas más conocidas, seguramente por las películas de Hollywood, es la de los Amish. La Iglesia Mennonita Amish de la Antigua Orden, de corte extremamente fundamentalista, es la que aparece en el filme de 1985 *Unico testigo.* Los menonitas siguen viviendo fundamentalmente del cultivo de una variedad muy rica y resistente del trigo rojo, que trajeron de Rusia cuando fueron expulsados por el zar Pedro. Hoy, cosas de la historia, Rusia importa ese mismo trigo desde Estador Unidos. Vid., para mayor información, COLINA, J., *Quáqueros y menonitas* (2007), obtenido el 19 de noviembre de 2012 en http://www.es.catholic.net, documento sin paginar.

total cumplimiento de los acuerdos y, según nos cuentan las crónicas, la comunidad se sintió satisfecha por los resultados obtenidos.

En 1977, agentes de la libertad condicional de Elkhart, Indiana (Estados Unidos), iniciaron una experiencia inspirada en el caso de Elmira, que se convirtió, en 1979, en la base de una organización altruista llamada *Center for Comunnity Justice* (Centro para Justicia Comunitaria), que a día de hoy sigue operando a pleno rendimiento[332]. El éxito de la experiencia permitió establecer en Indiana el primero de los programas de justicia restaurativa estadounidenses, conocidos como VOPR (*Victim-Offender Reconciliation Program*), a los que pronto se unieron los programas VOM (*Victim-Offender Mediation*), que también continúan funcionando regularmente[333]. Siguiendo su estela han sido llevados a la práctica diversos programas en distintas partes del mundo, que no involucran solo al autor y a la víctima, sino también a familiares y a otros miembros de la comunidad. Este desarrollo debe mucho al apoyo, tanto de organizaciones no gubernamentales como de grupos religiosos tales como los menonitas, ya mencionados, y los cuáqueros, así como de comunidades indígenas de Latinoamérica, África y Oceanía, todos ellos trabajando fuera del proceso penal, como alternativa al mismo. Algunos de estos grupos indígenas están exportando al resto de la sociedad sus fórmulas ancestrales, lo cual es de sumo interés, pues, no lo olvidemos, el derecho consuetudinario indígena se inscribe entre los llamados "derechos de tercera generación"[334], habiendo sido ya contemplado en algunos textos constitucionales. Por solo citar algunas iniciativas de difusión de los sistemas de justicia comunitaria, desde hace 20 años existe en Canadá la *Community Justice*

---

[332] Vid. para mayor información, la página web de esta organización: http://www.centerfor communityjustice.org/.

[333] Vid., para más información, la página web estadounidense http://www.vorp.org. Puede decirse que los programas de conciliación están orientados principalmente al perdón, mientras que los de mediación se centran en la reparación del daño causado, no siendo necesario el perdón. Sobre el origen de ambos, vid. BELTRÁN MONTOLIU, A., *"Modelo de mediación en los Estados Unidos de América"*, op. cit., p. 61; ZEHR, H., *Cambiando de lente. Un nuevo enfoque para el crimen y la justicia*, op. cit., pp. 156 ss.

[334] Si los derechos de primera generación son los del indivuo, considerado como tal, y los de segunda geenración se derivan de su rol social, los derechos de tercera generación son aquellos que se le reconocen por integrar un pueblo. También se les llama derechos de los pueblos o derechos colectivos o solidarios y tienen su origen en el proceso de descolonización llevado a cabo en el siglo XX.

Initiatives Association, mientras que en Estados Unidos se creó la VOMA (*Victim-Offender Mediation Association*)[335].

I.4.3 Principales instrumentos de justicia restaurativa

Es preciso señalar que, dentro de la multiplicidad de expresiones restaurativas, cada práctica, en función de las necesidades sociales y de las especificidades culturales del lugar donde se implanta, puede comprender elementos tomados de diferentes modelos, por lo que no puede hablarse de esquemas únicos ni ideales[336]. No obstante, cabe destacar, como patrones clásicos de JR: la mediación víctima-ofensor, las conferencias familiares y los círculos de diálogo. Los tres han sido designados por Naciones Unidas[337], así como en las Conclusiones del I Congreso Internacional sobre Justicia Restaurativa y Mediación Penal, celebrado en Burgos durante los días 4 y 5 de marzo de 2010[338], como los más indicados para su implantación en los distintos Estados. De igual manera, la Directiva 2012/29/UE, antes citada, al referirse a la diversidad de formas de justicia reparadora, únicamente hace mención expresa de los tres sistemas referidos. Trataremos de sintetizar en breves apuntes el funcionamiento de los dos que acompañan a la mediación penal:

I.4.3.1 Conferencias familiares (*Family Group Conferencing*, FGC)

Tienen su origen en los ritos de justicia familiar practicados por las tribus maorís en Nueva Zelanda, siendo implantadas en este país tras la promulgación de la Ley 24/1989, de 27 de mayo, la *Children, Youth and their Families Act*[339], que incorporó las FGC al sistema de justicia juvenil, aunque posteriormente han ido

---

335 Pueden consultarse las página web de estas asociaciones: http://www.voma.org y http://www.cjibc.org

336 GUARDIOLA LAGO, M. J. *et al.*, *"Conferencing: origen, transferencia y adaptación"*, en AA.VV., *La Justicia restaurativa: desarrollo y aplicaciones* (coord. TAMARIT SUMALLA, J.). Comares, Granada, 2012, p. 238.

337 Resolución del ECOSOC 2002/12, de 24 de julio "Principios básicos sobre la utilización de programas de justicia restaurativa en materia penal" (*Basic principles on the use of restaurative justice programmes in criminal matters*), citada en supra IV.1.1.

338 Conclusiones del I Congreso internacional sobre justicia restaurativa y mediación penal, documento obtenido el 30 de julio de 2012 en http://www.justiciarestaurativa.org, p. 9.

339 Puede consultarse la *Children, Youth and their Families Act* en http://www.legislation.govt.nz/act/public/1989/0024/latest/whole.html#DLM 149438.

aumentando su ámbito de aplicación. Es por ello que Nueva Zelanda es conocida como el primer país del mundo en institucionalizar una forma de justicia restaurativa. Actualmente las FGC son aplicadas también en Australia[340], Estados Unidos, Canadá, Sudáfrica, Reino Unido e Irlanda, e incluso empiezan a protagonizar experiencias en la Europa continental[341]. Las conferencias pueden considerarse "una forma expandida de mediación"[342], ya que implican la participación de un mayor número de personas además de la víctima y el infractor, lo que puede ayudar a que se superen algunas de las limitaciones de la mediación[343]. Partiendo de la premisa de que el delincuente acepta los hechos y está de acuerdo en participar en una conferencia de justicia restauradora (que le habrá ofrecido la policía o el juez, dependiendo de qué órgano concreto tenga en cada ordenamiento la competencia de derivar los casos), se llevará a cabo dicha conferencia, con la participación del infractor y su familia y de la víctima y la suya; es decir, se facilita que los protagonistas del conflicto acudan acompañados de personas de su círculo más íntimo, denominadas "apoyadores", pues se entiende que pueden ser decisivas en el tratamiento y superación del problema, especialmente en el caso de los jóvenes. Cada conferencia estará dirigida por un *facilitator*, que puede ser un trabajador social (Nueva Zelanda) o un agente de policía (modelo Wagga australiano), quien tendrá como misión procurar que exista un diálogo respetuoso y que se llegue al acuerdo restaurador. El facilitador es un personaje distinto del mediador, pues solo se encarga de propiciar un encuentro entre las partes para que estas, por sí mismas, lleven a cabo la negociación. La conferencia comenzará con una debate acerca del hecho y de sus consecuencias para la víctima, y seguirá con una discusión de lo que se debe hacer para repararlo.

---

340 En Australia gozan de gran predicamento. Inicialmente fueron conocidas como *Wagga*, por el distrito donde comenzó a funcionar el primer proyecto piloto en 1991 (Wagga Wagga, en el Estado de Nueva Gales del Sur). El sistema Wagga guarda ciertas diferencias con el neozelandés aunque, actualmente, la mayoría de los Estados australianos aplican el modelo neozelandés. Vid. GUARDIOLA LAGO, M. J. *et al.*, *"Conferencing: origen, transferencia y adaptación"*, op. cit., p. 256.

341 Una muestra del incipiente interés que despierta el *conferencing* en Europa es que, en diciembre de 2008, el *European Forum for Restorative Justice* (EFRJ) comenzó un estudio explorarorio sobre las posibilidades de implantación de este sistema en nuestro continente. Puede consultarse en su web: http://www.euforumrj.org.

342 MERINO ORTIZ, C., ROMERA ANTÓN, C., *"Conferencias de grupos familiares y sentencias circulares: dos fórmas ancestrales de resolución de conflictos…"*, op. cit., p. 287.

343 GUARDIOLA LAGO, M. J. *et al.*, *"Conferencing: origen, transferencia y adaptación"*, op. cit., p. 239.

Para finalizar, se acordará un plan y se firmará. Entre las soluciones más habituales destacan el perdón, la reparación material y el trabajo en beneficio de la comunidad, siendo necesaria, en la generalidad de los países, su ratificación por la autoridad judicial[344].

I.4.3.2 Círculos de diálogo, círculos restaurativos o círculos de sentencia (*peacemaking circles, restorative justice circles* o *sentencing circles*)

Su germen procede de las culturas nativas de Estados Unidos y de Canadá, como la de los Navajo[345], y actualmente son utilizados en esos y en otros países del mundo anglosajón. Los círculos se diferencian de las FGC fundamentalmente en que el conjunto de personas que participan en el encuentro es más amplio[346]. Para su gestión y organización se crean los Comités de Justicia Comunitaria (*Community Justice Commitees*, CJC), con representación de las Instituciones sociales y de la Justicia. Los casos son generalmente derivados a los CJC por la policía, el fiscal o el juez, pero incluso pueden serlo por las escuelas o los servicios de atención a las víctimas[347]. Consisten en una conversación alrededor de un círculo donde los miembros de una comunidad discuten sobre las causas y efectos de una infracción en la que se han visto involucrados otros miembros de la misma comunidad, aconsejando sobre el

---

[344] Vid. BARONA VILAR, S., *Mediación Penal. Fundamento, fines y régimen jurídico*, op. cit., p. 145; CID MOLINÉ, J.,*"Medios alternativos de solución de conflictos y Derecho penal"*, op. cit., p. 162; DANDURAND, Y., GRIFFITHS, C. T., *Handbook on Restorative Justice programmes*, op. cit., pp. 20 ss.; GUARDIOLA LAGO, M. J. *et al.*, *"Conferencing: origen, transferencia y adaptación"*, op. cit., pp. 238 ss.; LARRAURI PIJOÁN, E., *"Tendencias actuales de la justicia restauradora"*, op. cit., pp. 443-444; MERINO ORTIZ, C., ROMERA ANTÓN, C., *"Conferencias de grupos familiares y sentencias circulares: dos fórmas ancestrales de resolución de conflictos..."*, op. cit., pp. 285-303; OLALDE, A., *Justicia restaurativa y mediación en el ámbito penal*, op. cti., pp. 12-13; SOLAR, M.,*"Justicia Restaurativa con adolescentes infractores de ley penal en el marco de la convención de los derechos del niño"*, en *Revista de derechos del niño*, nº 2, 2003. Obtenido el 16 de julio de 2012 en: http://www.unicef.cl/ archivos_documento /92/Derechos2.pdf, p. 253; SOLETO MUÑOZ, H., *"La justicia restaurativa como elemento complementario a la justicia tradicional"*, op. cit. p. 63; STRANG, H. *et al.*,*"Victims evaluations face to face restorative justice conferences: a quasi experimental análisis"*, op. cit., pp. 281 ss.; TAMARIT SUMALLA, J., *"La justicia restaurativa: concepto,..."*, op. cit., pp . 13-14; VILLACAMPA ESTIARTE, C., *"La justicia restaurativa en los supuestos de violencia doméstica (y de género)"*, en AA.VV., *La justicia restaurativa: desarrollo y aplicaciones aplicaciones* (coord. TAMARIT SUMALLA, J.). Comares, Granada, 2012, pp. 113 ss.

[345] Sobre la aplicación de este método por los Navajo, vid. VILLACAMPA ESTIARTE, C., *"La justicia restaurativa en los supuestos de violencia doméstica (y de género)"*, op. cit., p. 119.

[346] Ibídem, p. 114.

[347] DANDURAND, Y., GRIFFITHS, C. T., *Handbook on Restorative Justice programmes*, op. cit., p. 23.

contenido de la sentencia que dictará el juez en el caso concreto. Participan la víctima, el delincuente y el "guardián del círculo", que lidera el diálogo y suele ser un anciano respetado por la colectividad. Según el caso de que trate, también toman parte funcionarios de la Administración de Justicia, entre los que se incluye al propio juez, o cualquier ciudadano interesado en el delito. El círculo se organiza fuera de las instalaciones judiciales: en la escuela, en el pabellón de deportes o al aire libre, debiendo seguirse un procedimiento que, a través de una rica tradición oral, se ha ido transmitiendo de padres a hijos durante generaciones: Una vez formado el círculo, las personas que se sientan a su alrededor poseen el mismo nivel de poder, no se reconocen privilegios. Solo quien tiene un amuleto -por ejemplo una pluma- que circula según lo ordene el líder, puede hacer uso de la palabra. El círculo funciona según la política del consenso: entre todos los participantes deberá acordarse la respuesta ante la persona que ha quebrantado la ley. Una vez determinada la sentencia, el juez recupera su rol y se compromete a dictarla. Además del propio círculo de sentencia, previamente suelen celebrarse "círculos de sanación", separados entre víctima y delincuente, y finalmente "círculos de apoyo y responsabilidad", que vigilan el cumplimiento del plan adoptado para reparar el daño y además controlan la conducta de los sentenciados, a fin de generar tranquilidad en la sociedad y permitir su reincorporación a la comunidad.

La más importante característica de los círculos es que a través de ellos se pueden resolver conflictos penales graves, como casos de agresión sexual o maltratos, no quedando este proceso circunscrito a infracciones contra la propiedad como ocurre con otras manifestaciones del paradigma restaurativo. Además, admiten la imposición de penas de prisión (no olvidemos que el juez participa en el círculo), que puede dejarse en suspenso, a expensas de la realización de trabajos en beneficio de la comunidad[348].

---

[348] Vid. DANDURAND, Y., GRIFFITHS, C. T., *Handbook on Restorative Justice programmes*, op. cit., pp. 22 ss.; MERINO ORTIZ, C., ROMERA ANTÓN, C., *"Conferencias de grupos familiares y sentencias circulares: dos fórmas ancestrales de resolución de conflictos dentro del paradigma restaurativo"*, en *Eguzkilore*, nº 12, 1998, pp. 285-303; OLALDE, A., *Justicia restaurativa y mediación en el ámbito penal*, op. cti., p. 14; PARKER, L., *"Círculos"* (2008), obtenido el 13 de julio de 2012 en: http://www. Justiciarestaurativa.org/intro/practices/circle; PIÑEYROA SIERRA, C. *et al.*, *El valor de la palabra que nos humaniza*, op. cit., p. 29; ROLDÁN BARBERO, H., *"La mediación penal: entre el orden legal y la voluntad de mejorar"*, op. cit., pp. 118 ss.; SOLETO MUÑOZ, H., *"La justicia*

I.4.4 Bondades que se predican de la justicia restaurativa

Las de la JR son concepciones bienintencionadas, a veces ingenuas, pero no puede negarse que están extendiéndose por todo el mundo y que, adecuadamente formuladas, con las pertinentes limitaciones, pueden contribuir a mejorar el sistema penal. Así, la mediación entre víctima y ofensor es solo una modalidad más dentro de la JR, pero se antoja la más práctica, al menos en nuestra sociedad, pues es la más fácilmente trasladable al proceso oficial, como defiende este trabajo. Las concepciones restaurativas parten de un interés en recrear un sentimiento de vecindad, de interconexión, para que los ciudadanos se involucren en la resolución de los conflictos que les afectan, en lugar de dejarlos en manos de aquellos profesionales que desde muy antiguo se apropiaron del problema[349]. De acuerdo con MAIHOFER, *"en un Derecho penal entre libres e iguales, la reparación debe ser la sanción primera. La terminación del conflicto por composición y por compensación del daño, el procedimiento preferido"*[350].

Atendiendo a la abundante literatura sobre la materia, podemos resumir en las siguientes las ventajas que, frente al sistema tradicional, los defensores de este modelo atribuyen a la JR:

- El foco del proceso penal deja de centrarse exclusivamente en la infracción penal y en el castigo al culpable, para concentrarse en los aspectos humanos del conflicto que dio origen al delito[351], tratando de identificar las necesidades y obligaciones de las personas implicadas[352].

---

restaurativa como elemento complementario a la justicia tradicional", en *Sobre la mediación penal (posibilidades y límites en un entorno de reforma del proceso penal español)*. Aranzadi, Pamplona, 2012, p. 64; TAMARIT SUMALLA, J., *"La justicia restaurativa: concepto,..."*, op. cit., p. 14; VILLACAMPA ESTIARTE, C., *"La justicia restaurativa en los supuestos de violencia doméstica (y de género)"*, op. cit., pp. 113 ss.

[349] LARRAURI PIJOAN, E., *"Victimología"*, op. cit., p. 305.

[350] MAIHOFER, W., citado, entre otros, por ROXIN. C., *"La reparación en el sistema de los fines de la pena"*, op. cit., p. 141.

[351] CUELLO CONTRERAS, J., MAPELLI CAFFARENA, B., *Curso de Derecho penal. Parte general*, op. cit., p. 36.

[352] GUILLAMAT RUBIO, A., *La justicia restaurativa y la mediación penal...* op. cit., p. 3.

- También, se presta más y mejor atención a las necesidades preventivo especiales del infractor[353], pues permite tener en cuenta no solo el hecho puntual, sino una mirada al pasado del delincuente, a su desarrollo futuro y a su disposición al resarcimiento de los daños causados[354]. El infractor se sentirá tratado con justicia y no será estigmatizado; de esta forma no se fomentará su desafío a la ley. Se busca que asuma su responsabilidad por el hecho cometido[355] y, además (en el caso de determinados métodos restaurativos, como las conferencias), los allegados de las partes se involucran en el cumplimiento de los acuerdos, convirtiéndose en garantes de la recuperación del infractor. Los estudios llevados a cabo suelen mostrar que, a través de los mecanismos restaurativos, los acuerdos de reparación se cumplen en mayor medida, y es inferior la posibilidad de reincidencia, que en el ámbito de la justicia penal oficial[356].

- (Unido a todo lo anterior), se pone el punto de mira en la revalorización de la condición de persona como sujeto de derechos, tanto del autor como de la víctima del delito[357].

- Personalización frente a formalización[358], es decir, frente a la burocratización imperante en el proceso punitivo, se facilita la comunicación directa entre las dos partes y se enfatiza el rol del individuo, como origen y fin de todo el sistema de justicia[359].

---

[353] VARONA MARTÍNEZ, G., *"Evaluación externa del servicio de mediación penal de Barakaldo, julio-diciembre de 2007"* (2008), obtenido el 30 de marzo de 2012 en http://www.justizia.net, p. 10.

[354] REVILLA GONZÁLEZ, J. A., *"La mediación penal"*, en AA.VV., *Mediación y solución de conflictos. Habilidades para una necesidad emergente*, M. Tecnos, Madrid, 2007, p. 304.

[355] OLALDE, A., *Justicia restaurativa y mediación en el ámbito penal*, op. cit., p. 5.

[356] BRAITHWAITE, J., *Restorative Justice and Responsive Regulation*, op. cit., pp. 46-52.

[357] LÓPEZ ORTEGA, J. J., *"La reparación del daño basada en el consenso en la propuesta para la reforma del proceso penal"*, en AA.VV., *Sobre la mediación penal (posibilidades y límites en un entorno de reforma del proceso penal español)*. Aranzadi, Pamplona, 2012, p. 492.

[358] PASCUAL RODRÍGUEZ, E., *"La mediación en el Derecho penal de adultos en la fase de enjuiciamiento: un estudio sobre la experiencia piloto en los órganos jurisdiccionales"*, en *Alternativas a la judicialización de los conflictos: la mediación, Estudios de Derecho Judicial*, nº 111/2006. Consejo General del Poder Judicial, Madrid, 2006, p. 112, TAMARIT SUMALLA, J., *"La justicia restaurativa: concepto,..."*, op. cit., p. 13.

[359] PIÑEYROA SIERRA, C. *et al.*, *El valor de la palabra que nos humaniza. Seis años de justicia restaurativa en Aragón*, Asociación ¿hablamos?, Zaragoza, 2011, p. 27.

- Participación de la comunidad. Es decir, no del Estado, sino del círculo social y familiar al que pertenecen víctima e infractor[360]. Los métodos de la JR permiten estrechar lazos con la comunidad para evitar nuevas infracciones[361]; las sanciones impuestas no son excluyentes sino que, al contrario, suponen una oportunidad para que la persona reafirme su reconciliación con la comunidad[362]. En este sentido, como ya se ha dicho, algunos de los instrumentos empleados en JR no son sino verdaderas tradiciones tribales de origen ancestral.

- Se neutraliza la escalada vertiginosa de la justicia "legal" y sus consabidos costes y retrasos[363].

- La posibilidad de recibir de manera pronta y eficaz una compensación anima a las víctimas a denunciar las infracciones[364]. Dicho de otra manera, se reducen significativamente las consecuencias de la llamada victimización secundaria y, por ende, de la terciaria.

- Como señaló BARNETT[365], la reparación directa entre autor-víctima puede mejorar la situación que existía entre ambos antes de cometerse la infracción[366]. Puede decirse, en este sentido, que la JR aspira a ser una "justicia positiva"[367].

---

[360] Cfr. BRAITHWAITE, J., *Crime and Justice*, University of Chicago, 1999, pássim; KEMELJAJER, A., *"En búsqueda de la tercera vía..."*, op. cit., p. 273; OLALDE, A., *Justicia restaurativa y mediación en el ámbito penal*, op. cti., p. 7; PEREDA BELTRÁN, N., *"Nuevas formas de justicia para menores víctimas de procesos restaurativos"*, en AA.VV., *La Justicia restaurativa: desarrollo y aplicaciones* (coord. TAMARIT SUMALLA, J.). Comares, Granada, 2012, p. 141; PIÑEYROA SIERRA, C. *et al.*, *El valor de la palabra que nos humaniza*, op. cit., p. 25; TAMARIT SUMALLA, J., *"La justicia restaurativa: concepto,..."*, op. cit., p. 13.

[361] KEMELJAJER, A., *"En búsqueda de la tercera vía..."*, op. cit., p. 278; VARONA MARTÍNEZ, G., *Criterios de evaluación en la justicia restaurativa: análisis comparado e internacional*, texto de la comunicación presentada dentro de la Mesa Redonda *Justicia restauradora: evaluación de las experiencias existentes*, en el II Congreso Nacional de la Sociedad Española de Victimología, *Conocer, Reconocer y Reparar a las Víctimas*, Donostia-San Sebastián, 25-27 de junio de 2007, obtenido el 12 de junio de 2013 en http://www.arrats.com, p. 7.

[362] BRAITHWAITE, J., *Restorative Justice and Responsive Regulation*, op. cit., pp. 78-100.

[363] MARSHALL, T., *Restorative Justice. An overview*. Op. cit., p. 6.

[364] *"The possibility of receiving compensation would encourage victims to report crimes and to appear at trial"*. BARNETT, R., *"Restitution: a new paradigm of criminal justice"*, op. cit., p. 180.

[365] Vid. nota supra nº 299.

[366] Efectivamente, si se parte de una relación personal anterior entre víctima y victimario, la efectividad de este tipo de mecanismos es demoledora, por cuanto, en la mayoría de los casos, el delito sólo es la "punta del iceberg" de un conflicto interpersonal que lleva mucho tiempo fraguándose. Es lo que hemos denominado "infracciones punta del iceberg" de la mediación

Por su parte, el *Handbook on Restorative Justice programmes*[368] incluye el siguiente cuadro acerca de las ventajas de la JR para víctima y ofensor:

VENTAJAS PARA LA VÍCTIMA	VENTAJAS PARA EL OFENSOR
Participar directamente en la resolución de la situación y el establecimiento de las consecuencias de la ofensa.	Asumir la responsabilidad por sus actos y entender los efectos que han producido en la víctima
Recibir contestaciones a sus preguntas sobre el delito y el ofensor.	Expresar sus sentimientos acerca de su acción, incluido el remordimiento
Expresarse sobre el impacto que le ha producido al ofensa	Recibir apoyo para reparar el daño causado a la víctima y a sus familiares
Recibir restitución o reparación	Enmendar el mal causado mediante restitución o reparación
Recibir una disculpa	Disculparse directamente ante la víctima
Restaurar, cuando ello sea apropiado, una relación con el ofensor	Restaurar, cuando ello sea apropiado, una relación con la víctima
Conseguir cerrar una etapa	Conseguir cerrar una etapa

penal (vid. infra V.1.1.2). Quien suscribe ha tenido oportunidad de constatarlo personalmente, durante la experiencia llevada a cabo en la Jefatura Superior de Policía de Andalucía Oriental, de la que se hablará en el capítulo IX.

[367] PIÑEYROA SIERRA, C. *et al.*, *El valor de la palabra que nos humaniza*, op. cit., p. 28.

[368] Citado en supra I.4.1.

CAPÍTULO II. CONCEPTO Y PRINCIPIOS DE LA MEDIACIÓN PENAL

> *Evitarán en quanto puedan los pleitos, procurando que las partes se compongan amistosa y voluntariamente, excusando procesos en todo lo que no sea grave, siempre que pueda verificarse sin perjudicar los legítimos derechos de las partes, para lo cual se valdrán de la persuasión, y de todos los medios que les dictare su prudencia, haciéndoles ver el interés que a ellas mismas les resulta, y los perjuicios, y dispendios inseparables de los litigios, aun cuando se ganan.*
>
> Instrucción de Corregidores de Carlos III, aprobada por Real Cédula de 15 de mayo de 1788, art. 3.

II.1 Concepto de mediación penal

II.1.1 Sobre el vocablo mediación

Como decíamos al empezar esta obra, el uso del término "mediación" ha acabado generalizándose entre nosotros, pero el significado le concedemos es muy ambiguo[369]. Por ejemplo, quién no se ha sobresaltado alguna vez con el zumbido telefónico de un anuncio de seguros, acompañado de frases del tenor de *"llame a este número de teléfono y nuestros mediadores se pondrán en contacto con usted"*. Estos eslóganes, además de fastidiarnos la siesta, confunden "mediador" con "intermediario"[370]. Y quién no ha leído o escuchado en algún medio de comunicación, o en las novelas y películas de género policíaco, locuciones tales como *"la policía envió a su mediador a hablar con los secuestradores"*. Esas veces se

[369] Para CONFORTI, el uso del término "mediación", más que por su ambigüedad, se caracteriza por su vaguedad: *"cabe distinguir la ambigüedad de la vaguedad; en la ambigüedad se desconoce el significado de una palabra, situación que se resuelve por medio del análisis del contexto y situación, estipulando o acordando entonces el significado de la palabra en cuestión. En tanto en la vaguedad estamos frente a la indeterminación de la extensión o denotación de la palabra en relación con su connotación o intención"*. CONFORTI, F., *"Los 'enemigos' de la mediación de conflictos"* (2013), obtenido el 30 de enero de 2013 en http://www.lawerpress.com, documento sin paginar.

[370] Vid., como ejemplo, DÍAZ DE DIEGO, P., *La mediación en seguros privados: análisis de un complejo proceso de cambio.* Fundación Mapfre, Madrid, 2009, pássim.

dice "mediador" cuando se debe decir "negociador"[371], pues difícilmente va a mediar en un asunto quien es parte en el mismo. Lo que hacen estos cualificados profesionales es mercar con el delincuente, ofrecerle cosas a cambio de que haga otras.

Yendo al Diccionario de la RAE, su vigente edición, la 22ª, define la mediación como *"acción y efecto de mediar"*; una descripción ciertamente parca, pero si atendemos a la pendiente de incluir en la próxima 23ª edición, veremos que va a admitirse una segunda acepción: *"actividad desarrollada por una persona de confianza de quienes sostienen intereses contrapuestos, con el fin de evitar o finalizar un litigio"*. Esta definición ya va acercándonos a la idea que pretendemos transmitir.

En cuanto al término "mediar", va a ser igualmente objeto de modificación en el diccionario, pues su actual acepción, *"interponerse entre dos o más que riñen o contienden, procurando reconciliarlos y unirlos en amistad"*, será reemplazada en la futura edición del DRAE por *"actuar entre dos o más partes para ponerlas de acuerdo en un pleito o negocio"*[372]. Como vemos, se imprime un tono más jurídico a la descripción; cabría decir, de acuerdo con CONFORTI, que el lenguaje de la mediación ha comenzado a mutar del lenguaje natural no formal al lenguaje técnico a consecuencia de la entrada en escena de las diversas leyes de mediación[373].

En el campo del Derecho, la doctrina suele citar el Fuero de Avilés de 1076 como la primera referencia expresa a la mediación en un texto jurídico hispano[374]. Concretamente se utiliza la palabra "medianedo" como sinónimo de

---

[371] Vid., por ejemplo, artículo de TORRES, J., *"Una moto es razonable, un helicóptero no"*, en diario *La Opinión de Málaga*, edición de 28 de octubre de 2012, obtenido el 19 de noviembre de 2012 en http://www.laopiniondemalaga.es/malaga/2012/10/28/moto-razonable-helicoptero/544252.html, documento sin paginar, donde se mezclan ambos términos. Vid., asimismo, como ejemplo de mal uso del término en novela policíaca, CRAIS, R., *El secuestro*. Ediciones B, Barcelona, 2003, pássim.

[372] Puede consultarse el texto vigente, así como las modificaciones aprobadas y pendientes de incluir, en http://www.rae.es.

[373] CONFORTI, F., *"Los ´enemigos´ de la mediación de conflictos"*, op. cit., documento sin paginar.

[374] Cfr., DÍAZ LÓPEZ, J. A., *"Propuestas para la práctica de la mediación penal…*, op. cit., p. 3, Consejo de Estado: Dictamen de 17 de febrero de 2011 sobre la Ley de mediación en asuntos

jurisdicción extraordinaria, es decir, aquella situada por encima de la ordinaria y basada en el Derecho natural.

Y, en la obra cumbre de nuestra literatura, queda perfectamente reflejada la idea de mediación en el pasaje que hemos seleccionado para dar inicio al capítulo VI de este trabajo, al que nos remitimos, cuando CERVANTES, en el relato de la disputa por la bacía que el Caballero de la Triste Figura había tomado por el yelmo de Mambrino, utiliza las expresiones *"ser medianeros"* y *"mediaron"*.

Posteriormente, volvemos a encontrar el vocablo en el Diccionario de Autoridades de la Lengua Española de 1734, donde la voz "mediación" aparece definida como *"la interposición de alguno que pretende componer o reconciliar a otros que están entre sí discordes, o conseguir alguna cosa para otro"*. La misma descripción se mantiene en las ediciones del DRAE de 1870 y de 1791, datando la definición actualmente en vigor de la edición de 1803[375].

II.1.2 Origen histórico de la mediación

Tal y como sucede con la justicia restaurativa, el uso de la mediación viene de muy antiguo, al punto de haber sido descrita por KOLB como la segunda profesión más antigua del mundo[376]. HOMERO, por ejemplo, describe en la Ilíada el intento de Ulises, de mediar entre Aquiles y Agamenón en su disputa por la troyana Briseida[377]. Las más rudimentarias formas de asociación humana tenían sus mediadores, aunque no los llamasen así, y todavía hoy, en las tribus más aisladas, puede comprobarse cómo se sigue confiando la resolución de las desavenencias al más anciano del clan. En la antigua China fue un sistema habitualmente empleado en el arreglo de los desacuerdos. CONFUCIO afirmaba la existencia de una armonía natural en las relaciones

---

civiles y mercantiles, p. 3; OTERO PARGA, M., *"Las raíces históricas y culturales de la mediación"*, en AA.VV., *Mediación y solución de conflictos. Habilidades para una necesidad emergente*, M. Tecnos, Madrid, 2007, pp. 173 ss.

[375] Fuente: Real Academia Española, *Nuevo Tesoro Lexicográfico de la Lengua Española*. DVD-ROM. Espasa-Calpe. Madrid, 2001.

[376] KOLB, D., *Los mediadores* op. cit., p. 13.

[377] HOMERO, *Ilíada*. Espasa, Madrid, 1999, Canto IX, versos 114 ss., pp. 164 ss.

humanas que debía dejarse desenvolver, siendo imposible la imposición de un acuerdo a través de la coacción[378]. En esta república la mediación se sigue ejerciendo en la actualidad a través de los Comités Populares de Conciliación y, en Estados Unidos, inmigrantes chinos fundaron la *Chinese Benevolent Association* para solucionar, a través de la mediación, disputas entre miembros de la comunidad y dentro de las familias[379].

A su vez, Japón contempla la mediación entre sus más viejas leyes consuetudinarias. En tiempos de paz era habitual que los samuráis ayudaran a resolver las disputas, pues su código de conducta, el *Bushido*, les encomendaba *"poner su fuerza al servicio de los más débiles y ser un sabio para los ignorantes"*[380]; no en vano, uno de los títulos del Emperador es el de "Mediador entre el cielo y los hombres". En los tribunales nipones se dispuso legalmente la conciliación de desavenencias personales antes de la Segunda Guerra Mundial[381], y tan arraigada está la tradición de conciliación y mediación en la vida del japonés, que se dice que en Japón hay más personas dedicadas al arreglo floral que abogados[382].

En Hawai encontramos una forma ancestral de mediación, el *ho`ponopono,* utilizado principalmente en conflictos familiares dentro de la tribu. El procedimiento es dirigido por un *haku* o mediador que facilita la comunicación entre las personas que tienen el problema para conseguir que vuelva la paz a la familia[383]. Similares al *haku* son el *mangui-ugual* de Kalinga y el *monkalun* de Ifugao (Filipinas), o el *kong-chhing* de Singapur[384]. También en diversas regiones de África la mediación ha supuesto, desde tiempos inmemoriales, un mecanismo esencial para la resolución de controversias

---

378 Cfr. FOLBERG, J., TAYLOR, A., *Mediación: resolución de conflictos sin litigio,* op. cit. p. 21; OTERO PARGA, M., *"Las raíces históricas y culturales de la mediación"*, op. cit. p. 177.
379 Cfr. FOLBERG, J., TAYLOR, A., *Mediación: resolución de conflictos sin litigio,* op. cit. p. 23.
380 Cfr. CID LUCAS, F., *"Del bushi al neosamurai"*, en *Puertas de Lectura,* Universidad de Extremadura nº 24, 2012, p. 112.
381 VALDÉS CRUZ, L., ZUBIZARRETA PRIETO, L. D., PAREDES LEÓN, A., *"Orígenes históricos y culturales de la mediación"* (2010), obtenido el 19 de noviembre de 2012 en http://www.ecolink.com.ar. Documento sin paginar.
382 FOLBERG, J., TAYLOR, A., *Mediación: resolución de conflictos sin litigio,* op. cit. p. 21.
383 ALÉS SIOLÍ, J., *"Costumbres para mediación"*, en revista *La Toga,* nº 160, 2006, p. 52.
384 Cfr., KOLB, D., *Los mediadores,* op. cit., p. 14.

interpersonales. Cualquiera puede convocar a una asamblea donde una persona respetada, generalmente un anciano, actúa como mediador para ayudar a las partes involucradas a resolver su conflicto de una manera colaborativa[385]. Un destacado exponente es el "Jefe con piel de leopardo" de la tribu de los Nuer, en el actual Sudán del Sur, definido por BOHANNAN como *"el mediador más famoso de la antropología legal"*[386]. El Jefe con piel de leopardo, como nuestros mediadores, no tiene poder dispositivo alguno (salvo el de amenazar a los contendientes con una maldición si no cooperan)[387].

En los templos religiosos, la mediación se ha practicado desde hace siglos, siendo una de las misiones sociales del párroco, ministro o rabino arreglar las desavenencias surgidas entre sus feligreses. Los fundamentos de la mediación y la justicia restaurativa conectan indiscutiblemente con la tradición cristiana del perdón. Para ARENDT, el descubridor del papel del perdón en la esfera de los asuntos humanos fue Jesús de Nazaret; si en el Antiguo Testamento perdonar era cosa divina y el hombre perdonaba porque Dios así lo quería, a partir de los evangelios la iniciativa del perdón será humana[388]. Encontramos un bello ejemplo en el Evangelio de Mateo, cuando Pedro pregunta a Cristo: *"¿cuántas veces tengo que perdonar a mi hermano si peca contra mí?, ¿hasta siete veces?"* y aquel le contesta: *"no digo yo hasta siete veces, sino hasta setenta veces siete"*[389]. También dentro del Nuevo Testamento podemos hallar indicios de mediación, como cuando Pablo se dirige a los corintios exhortándoles a que no resuelvan sus diferencias en el tribunal, sino a que nombren a personas de su propia comunidad para conciliarlas: *"...¿y osa alguno de vosotros que tienen un litigio con otro acudir en juicio ante los injustos y no ante los santos? (...) ¿no hay entre vosotros ningún prudente capaz de ser juez entre*

---

385 FOLBERG, J., TAYLOR, A., *Mediación: resolución de conflictos sin litigio,* op. cit. p. 22.
386 BOHANNAN, P., *Para raros, nosotros,* op. cit., p. 146.
387 Ídem.
388 ARENDT, H., *La condición humana* (trad. de Ramón Gil Novales, originalmente publicado en inglés, *The human condition,* The University of Chicago Press, Chicago, 1958). Paidós, Buenos Aires, 2009, p. 259.
389 Mateo 18:21. *Nuevo Testamento.* La Católica, Madrid, 1987, p. 47.

hermanos?"[390]. El propio Jesús, en el Sermón de la Montaña, bendice a los pacificadores *"porque ellos serán llamados hijos de Dios"*[391].

Otro antecedente histórico de la mediación es el *Beth Ding* judío, un consejo compuesto por rabinos cuyo cometido era resolver desavenencias entre los particulares[392]. Continuando esta tradición, en 1920, en Nueva York, la comunidad judía norteamericana creó un foro propio para la resolución de desavenencias entre sus miembros, el *Jewish Conciliation Board*.

En todo caso, dejando aparte los muchos ejemplos pretéritos que acreditan la antigüedad de la mediación como medio de resolución de conflictos, es común la cita a la Convención de La Haya, de 18 de octubre de 1907, sobre solución pacífica de controversias internacionales, como primer texto jurídico que, de forma embrionaria, regula la mediación como institución legal. Dicho convenio, entre cuyos firmantes se hallaba el entonces Rey de España, Alfonso XIII, dedicaba su Título II (arts. 2 al 8) a "Los Buenos Oficios y la Mediación", señalando en el art. 4 que *"el papel del mediador consiste en reconciliar las pretensiones opuestas y en apaciguar los resentimientos que puedan haber surgido entre los Estados en conflicto"*.

Centrándonos ya en el ámbito de los modernos Estados occidentales, Estados Unidos es, sin duda, el país de referencia. Es reconocido como germen teórico de los ADR[393] el artículo publicado en 1906 por Roscoe POUND, Decano de la Escuela de Derecho de la Universidad de Harvard, titulado *Las causas de insatisfacción popular con la Administración de Justicia*[394], cuya idea de buscar soluciones alternativas al proceso judicial caló profundamente en los círculos

---

[390] I Corintios 6: 1-4. *Nuevo Testamento*, op. cit., p. 244.

[391] Mateo: 5:9. *Nuevo Testamento*. Op. cit., p. 24.

[392] Cfr., FOLBERG, J., TAYLOR, A., *Mediación: resolución de conflictos sin litigio*, op. cit. p. 22, OTERO PARGA, M., *"Las raíces históricas y culturales de la mediación"*, op. cit. p. 176.

[393] Acrónimo que designa a los medios alternativos de resolución de disputas, citado en la presentación de este trabajo.

[394] *The causes of popular dissatisfaction with the administration of justice"*, en 29 *A.B.A. Rep.*, 1906, pp. 395-417. El artículo fue presentado en la conferencia anual de la *American Bar Association* (ABA), algo así como el colegio de abogados norteamericano. Puede consultarse el texto completo en http://www.law.unl.edu.

académicos norteamericanos[395]. En el terreno de los conflictos laborales, la Ley Erdman de 1898 ya contemplaba la conciliación extrajudicial y, en 1913, en el seno del Departamento de Trabajo se crea el Servicio de Conciliación de Estados Unidos, que llegó a emplear a 250 mediadores en los centros de producción durante la Segunda Guerra Mundial[396]. Sin embargo, no es hasta comienzos de la segunda mitad de la pasada centuria cuando podemos decir que empieza a extenderse el uso de la mediación en la vida cotidiana de los ciudadanos estadounidenses. En 1947 se crea el Servicio Federal de Mediación y Conciliación o FMCS (*Federal Mediation and Conciliation Service*), organismo dedicado a la resolución de disputas en el medio laboral, que todavía hoy continúa realizando su labor a través de su plantilla de mediadores, distribuida en una red de oficinas territoriales con sede central en Washington. Posteriormente, en los años 60, determinados juzgados norteamericanos comienzan a experimentar con la mediación entre parejas que se separan. Más tarde, en la década de los 70, en medio del clima de descontento y demandas sociales generado tras la guerra de Vietnam, la mediación se ampliaría a otros conflictos, muy especialmente en el ámbito del medio ambiente. Suele citarse el caso de la presa del río Snoqualmie[397], en el Estado de Washington, donde tras una gran inundación acaecida en 1959, la USCE (*United States Corps of Engineers*) llevó a cabo un plan contra los desbordamientos, ideando una gigantesca presa cuya construcción venía siendo demandada desde tiempo atrás por los granjeros del lugar. Tiempo después, en 1970, una fuerte movilización de ambientalistas y ciudadanos residentes de la región manifestó su enérgico desacuerdo con el proyecto. Tras varios intentos de llegar a una solución

---

[395] Cfr. FERNÁNDEZ BALLESTEROS, M. A., *"Avenencia"*, en *Revista del Club Español de Arbitraje*, nº 14, 2012, p. 14; FRIEDMAN, B., *"Popular dissatisfaction with the administration of justice: a retrospective (ando look ahead)"*, en Indiana Law Journal, vol. 82, 2007, obtenido el 26 de enero de 2013 en http://www.repository.law.indiana.edu, pp. 1.193 ss.; PÉREZ PUERTO, A., *Mediación civil y familiar en Cataluña* (2010), obtenido el 26 de enero de 2013 en http//:www.noticiasjuridicas.com, documento sin paginar; TORTOSA MUÑOZ, A., *La mediación. Una alternativa extrajudicial a la resolución de conflictos*, conferencia pronunciada el 24 de enero de 2013 en la Cámara de Comercio de Granada.

[396] KOLB, D., *Los mediadores*, op. cit., p. 24.

[397] Vid. BUTTS GRIGGS, T., *"La mediación en Norteamérica"*, en AA.VV., *Mediación y solución de conflictos. Habilidades para una necesidad emergente*, M. Tecnos, Madrid, 2007, pp. 204 ss.; DA SILVA JUNIOR, S. R., *La aplicación de la mediación en los conflictos medioambientales.* Tesina dirigida por BELLOSO BURGOS, N. Facultad de Derecho de Burgos, Departamento de Derecho Público, 2010, pp. 98 ss.; FOLBERG, J., TAYLOR, A., *Mediación: resolución de conflictos sin litigio*, op. cit. p. 25, Consejo de Estado: Dictamen de 17 de febrero de 2011 sobre la Ley de mediación en asuntos civiles y mercantiles, p. 4.

satisfactoria por las dos partes, el Gobernador de Washington sometió el conflicto a dos mediadores, Gerald W. Cormick, con experiencia en negociaciones comunitarias, y Jane E. McCarthy, asesora financiera. Pese a las muchas presiones recibidas, el acuerdo que finalmente se alcanzó suele figurar en los estudios sobre mediación como ejemplo de la eficacia de la solución negociada. Otro caso paradigmático es el de la disputa, también durante la década de los 70, sobre el uso para fines eléctricos de las aguas del río Hudson[398], en la que se vieron implicadas cinco grandes compañías eléctricas y numerosos colectivos de ciudadanos, así como particulares con intereses en el asunto, que también terminó con éxito en 1981, tras la mediación de un conocido abogado norteamericano, retirándose de los tribunales las acciones emprendidas hasta el momento y poniéndose fin a más de 17 años de juicios y 20.000 folios de expedientes.

En paralelo a los casos medioambientales, en los años 70 nacieron los Centros de Justicia de Barrio (*Neighborhood Justice Centers*), con el fin de arreglar disputas vecinales y aligerar la carga de los juzgados. De unos pocos programas aislados al principio, se pasó a casi doscientos a comienzos de los 80 y a más del doble en los años 90[399]. También por esa época se fundó la SPIDIR (*Society of Professionals in Dispute Resolutions,* Sociedad de Profesionales de la Resolución de Disputas), asociación que hoy goza de gran predicamento entre la sociedad norteamericana y que agrupa a profesionales de todos los ámbitos de la mediación. En el espacio educativo, empezaron a impartirse cursos de mediación en Nueva York en 1972, a través de *The Children´s Project for Friends* (Proyecto para la Amistad Infantil), un programa desarrollado por la comunidad cuáquera[400] que desde entonces ha formado a miles de maestros y

---

[398] Vid., por todos, HIGHTON DE NOLASCO, E., *"Mediar en el ambiente entero"*, en *Revista Fundación Libra*, nº 3, 1993, obtenido el 19 de noviembre de 2012 en http://www.fundacion libra.org.ar, documento sin paginar; Consejo de Estado, Dictamen de 17 de febrero de 2011 sobre la Ley de mediación en asuntos civiles y mercantiles, p. 4.

[399] FOLGER, J. P., BUSH, R. B., *La promesa de mediación*, op. cit., p. 20.

[400] Los cuáqueros, llamados también Sociedad Religiosa de los Amigos o simplemente Amigos, es una sociedad religiosa de origen cristiano, procedente de los puritanos ingleses radicales de mediados del siglo XVII. Su nombre, *quakers*, deriva de *quake* (temblar, se supone que de pavor, ante Dios). Eran especialmente teatrales en sus predicaciones y, verdaderamente, según los que asistieron a alguna, se acababa temblando. Su primer líder fue George Fox (1624-1691) que, por haber pasado seis años de su vida la cárcel, por su oposición al cristianismo imperante, instó a

profesores[401]. También se debe a los cuáqueros la creación del *Christian Conciliation Service,* un proyecto para para capacitar y proporcionar mediadores eclesiásticos para la resolución de disputas personales. Hoy día se mantienen activos muchos mediadores formados gracias a dicha iniciativa[402].

Pero la espoleta del *big Bang* de los ADR fue la *Pound Conference,* una reunión de juristas estadounidenses convocada en Mineápolis en 1976, en conmemoración del 70 aniversario del histórico artículo de Roscoe POUND, en la que destacó la presentación del trabajo del profesor de Harvard Frank SANDER, *Varieties of dispute processing*[403]. Como respuesta al impacto de la *Pound Conference,* la *American Bar Association* dio un paso más al crear el *Special Committee on alternative means of dispute resolutions* (Comité Especial sobre formas alternativas de resolución de disputas) y desde entonces la curva ascendente no ha hecho sino crecer. El Gobierno federal y el Congreso norteamericanos se decidieron a impulsar este tipo de mecanismos de solución de controversias[404] y, en el año 1980, el Congreso aprobaba la ADRA (*Administrative Dispute Resolution Act*), norma que fijaba las condiciones a exigir por el Departamento Federal de Justicia para la puesta en marcha de programas

los cuáqueros a defender la causa de la justicia social. Para escapar de la persecución, los cuáqueros se trasladaron a Norteamérica, donde otro de sus cabecillas, William Penn, estableció la colonia de Pensilvania. Los cuáqueros fueron de los primeros que se opusieron a la esclavitud en Norteamérica, siempre han sido pacifistas y dirigen algunas de las escuelas más prestigiosas del país. Rechazan todos los sacramentos, se visten y hablan con sencillez, y practican una forma especial de meditación. Son pioneros en la resolución pacífica de conflictos y, entre otras iniciativas sociales, a ellos se debe la creación de la famosa organizaicón ecologista Grenpeace. Han actuado en numerosas ocasiones en socorro de poblaciones sacudidas por conflictos bélicos, por lo que se les concedió el Premio Nobel de la Paz en 1947. Para mayor información, vid. COLINA, J., *Quáqueros y menonitas,* op. cit., documento sin paginar.

401 VINYAMATA CAMP, E., *Aprender mediación.* Paidós, Barcelona, 2003, pp. 69-70.

402 Puede obtenerse más información en http://www.conflicttopeace.org/ccservices.html.

403 Sobre el impacto de la *Pound Conference* y el trabajo de SANDERS, vid. MARQUES CEBOLA, C., *"Los sistemas de mediación pública en Portugal: una visión comparativa con las experiencias de mediación en España",* en AA.VV., *La mediación en materia de familia y Derecho penal,* Andavira, Santiago de Compostela, 2011, p. 351; MOFFITT, M. L., *"Frank Sander and his legacy as an ADR pioneer",* en *Negotiation Journal,* Harvard College, oct. 2006, p. 437 (existe una versión en español: SANDERS, F. E. A., *Varieties of Dispute Processing: versión en español,* [trad. de Julio César Betancourt], CIA, Londres, 2010); SILVESTRI, E.., *"Observaciones en materia de instrumentos alternativos para la resolución de las controversias"* (trad. de Perfecto Andrés Ibáñez, originalmente publicado en italiano, *Osservazioni in tema di strumenti alternativi per la risoluzione delle controversie,* en *Rivista trimestrale di diritto e procedura civile,* 1999, LIII, pp.321-337), en *Revista Jueces Para la Democracia,* nº 37, 2000, p. 48.

404 Vid., para mayor información, BELTRÁN MONTOLIU, A., *"Modelo de mediación en los Estados Unidos de América",* op. cit., pp. 63 ss.; BUTTS GRIGGS, T., *"La mediación en Norteamérica",* op. cit., pp. 204 ss.

sobre mediación, conciliación, arbitraje y otras técnicas análogas. Hoy dichas técnicas son mundialmente conocidas bajo el acrónimo ADR, trasladado al español como RAD (Resolución Alternativa de Disputas), MASC (Medios Alternativos de Solución de Controversias) o MARC (Medios Alternativos de Resolución de Confrontaciones)[405].

II.1.3 Entre la justicia restaurativa y los ADR

Como venimos diciendo, las vías pacíficas de resolución de conflictos son hoy un tema estrella, si bien el entusiasmo que despiertan no corre parejo al grado de conocimiento de sus distintas expresiones. La mediación penal es solo una modalidad, entre muchas otras, de justicia restaurativa, pero a veces se entremezclan ambos conceptos. Si damos la vuelta al prisma, la idea de JR engloba a la de mediación, que sería un instrumento de aquella, probablemente el más cualificado, pero no el único[406]. Simultáneamente, la mediación se encuadra dentro de los llamados ADR, propuestos en los países anglosajones desde el pasado siglo, como hemos visto, y actualmente muy en boga en todo el mundo occidental. Sin embargo, de acuerdo con BRAITHWAITE, no hay que confundir los ADR con la justicia restaurativa, pues los primeros se conciben pura y lisamente como instrumento para llegar a llegar a una solución pactada de forma rápida y eficaz, mientras que el interés de la JR es, como su nombre indica, alcanzar una solución justa[407]. Afirmamos entonces que la mediación penal se encuentra a medio camino entre el modelo restaurativo y los ADR porque goza, por un lado, de la esencia de la justicia restaurativa al aspirar, como esta, a la consecución de una solución justa. Pero, por otro lado, su principal pretensión, como ADR, es restablecer un statu quo concreto, apartándose en ese sentido de la desiderata comunitaria (restablecimiento de la paz social, mejora de la convivencia) de la JR. Se ha dicho, para condensar esta

[405] Nos quedaremos con ADR.

[406] MANZANARES SAMANIEGO, J. L., *Mediación, reparación y conciliación en el Derecho Penal*, op. cit., p. 17. Para ROLDÁN BARBERO, la mediación penal constituye el medio más simple de la JR (del mismo, *"La mediación penal: entre el orden legal y la voluntad de mejorar"*, op. cit., p. 118).

[407] BRAITHWAITE, J., *Restorative Justice and Responsive Regulation*, op. cit., p. 12. Sobre el utilitarismo de los ADR, vid. OROZCO PARDO, G., *"Notas acerca de la mediación"*, op. cit., pp. 742.

idea, que la mediación sería un instrumento parcialmente restaurativo, o que la JR constituye una forma de "mediación humanística"[408].

A diferencia de la JR, la mediación no puede presentarse a sí misma como alternativa al proceso, sino que ha de incorporarse al mismo, y para ello tendrá que asumir su carácter técnico y sus principios prácticos; esta es la idea de mediación que mejor conviene a la noción del Derecho del sistema europeo continental. La tradición jurídica angloamericana, más permeable a la desjudicialización (*diversion*) de las respuestas penales, admite soluciones de justicia comunitaria que en nuestro modelo sería muy difícil acomodar sin merma de determinados principios con jerarquía constitucional. De otro lado, la mediación posee la ductilidad de los ADR para amoldarse a los cauces procesales, así como su utilitarismo en cuanto a rapidez y economía de formas, lo que le confiere el atractivo necesario para ser abrazada por el legislador como posible respuesta –una más, que no la única, por supuesto- frente a la manifiesta crisis de la justicia.

Por decirlo de algún modo, la JR posee una dimensión cuasi ético-religiosa[409], de la que se deriva una pretensión de superioridad moral que no discutimos, pero que casa mal con los que han de ser los planteamientos de un Derecho penal moderno[410], y que además sería imposible de plasmar en la letra de la norma positiva, una vez que la mediación penal se regulase. Como desde hace bastante tiempo es sabido, no conviene mezclar Derecho y moral[411]. El Derecho, contrariamente a la moral, no pretende responder a ninguna verdad

408 TAMARIT SUMALLA, J., *"La justicia restaurativa: concepto,..."*, op. cit., p. 18. El autor atribuye la expresión "mediación humanística" a UMBREIT.

409 Expresión de SILVA SÁNCHEZ (en *"Sobre la relevancia jurídico penal de la realización de actos de 'reparación'"*, op cit., p. 188), si bien el maestro la utiliza en otro contexto.

410 Como dice MARTÍNEZ ESCAMILLA, el procedimiento mediador no puede prescindir de las emociones, pero ello en absoluto implica que la mediación sea un procedimiento moralizante (de la misma, *"La mediación penal en España: estado de la cuestión"*, en AA.VV., *Justicia restaurativa, mediación penal y penitenciaria: un renovado impulso.* Reus, Madrid, 2011, p. 42). Sobre la separación entre Derecho y moral, vid. KELSEN, H., *Teoría pura del Derecho,* (trad. de por Roberto G. Vernengo, originalmente publicado en alemán, *Reine Rechtslehre,* 2ª edición, 1960, la primera edición data de 1934), Universidad Autónoma de México, México D. F., 1982, pp. 79 ss. Para el autor, *"La exigencia de distinguir el derecho de la moral, y la ciencia jurídica de la ética, significa que, desde el punto de vista de un conocimiento científico del derecho positivo, su legitimación a través de un orden moral diferente del orden jurídico es irrelevante, dado que la ciencia jurídica no tiene que aprobar o desaprobar su objeto, sino conocerlo y describirlo".*

411 Lo que no empece que existan, como decía MONTESQUIEU, *"relaciones de equidad anteriores a las leyes positivas que las establecen"* (del mismo, *El espíritu de las leyes,* op. cit., p. 12).

absoluta, sino a los intereses predominantes en cada momento, manifestados por la voluntad general[412]. A buen seguro habrá muchos, tanto infractores como víctimas, que hagan un uso completamente prosaico de la mediación; esto no se puede prohibir y aunque se pudiera prohibir no se podría evitar, porque la sinceridad del arrepentimiento o del perdón es todavía indemostrable (e inexigible) en Derecho. No cabe imponer a quienes participan en la mediación la adopción de nuevos valores o la modificación de los que tenían[413], pues, como afirma PÉREZ SANZBERRO, no es posible, en una sociedad democrática, *"perseguir la mejora del individuo bajo el signo de la coacción"*. Cosa bien distinta, según la misma autora, es pretender que el Derecho penal reconozca espacios para la comunicación de los sujetos, en aras de una mejor resolución de los conflictos que les atañen[414].

Por lo tanto carecen de relevancia, prima facie, las motivaciones íntimas de los participantes. Otra cosa será lo que pase si estas salen abruptamente a la superficie, es decir, cuando el mediador compruebe –y para ello nada mejor que una adecuada formación y experiencia- que sus intereses son excesivos o perjudiciales, en cuyo caso siempre le queda el poder de dar por terminada la mediación y derivar la continuación del proceso penal a los senderos tradicionales[415].

Por expresarlo gráficamente, si concibiéramos la mediación exclusivamente como modelo restaurativo y no como ADR, deberíamos exigir para dar validez al acuerdo, aparte de la compensación, el sincero arrepentimiento del ofensor, el franco perdón del ofendido y hasta un futuro mejor para ambos. Pero esto no es así, no se puede pretender la sanidad espiritual del sujeto; debe bastar con una reparación voluntaria por el infractor, aceptada como solución por la víctima y ajustada a los parámetros que

---

412 IHERING, R. v., *El fin en el Derecho*, op. cit., pp. 163-164.

413 Contrariamente a esta afirmación, SÁNCHEZ CONCHEIRO, en su obra sobre mediación penal, define la reparación del infractor a la víctima como una compensación que se produce *"después de una reflexión profunda sobre su acción y consecuencias que le lleven a sentir culpa por ello"* (de la misma, *Para acabar con la prisión*, op. cit., p. 106). No podemos compartir en sentimiento de culpa como integrante, por definición de la mediación penal.

414 PÉREZ SANZBERRO, G., *Reparación y conciliación en el sistema penal, ¿apertura de una nueva vía?*, op. cit., p. 396.

415 PASCUAL RODRÍGUEZ, E., *La mediación en el sistema penal...*, op. cit., p. 140.

legalmente se establezcan. Por todo ello decimos, en fin, que el concepto de mediación penal está a caballo entre el de justicia restauradora y el de los ADR.

II.1.4 Deslinde de figuras afines

Frecuentemente la mediación es definida como medio pacífico de resolución de disputas pero, a menudo, se cae en el error de confundirla con instrumentos similares, pero diferentes, como el arbitraje, la negociación y la conciliación, considerados también ADR. Procedamos a su deslinde:

- En el arbitraje existe un tercero con poder decisorio (árbitro) que dicta un laudo vinculante para los litigantes; en la mediación el tercero (mediador) se limita a intentar aproximar a las partes: no tiene poder para decidir y tampoco tiene interés en tenerlo, su interés es que las partes lleguen por sí mismas a la solución del conflicto. Así, mientras el árbitro (como el juez) se encuentra "suprapartes", el mediador se encuentra "infrapartes"[416], siendo estas totalmente libres de llegar o no al acuerdo El arbitraje suele resultar eficaz en conflictos donde se busca, sobre todo, una solución más rápida y eficaz que cuando acudimos a los tribunales ordinarios. Resulta especialmente indicado en las disputas mercantiles, no así cuando el elemento emocional ejerce una acentuada influencia en el problema, para cuya resolución serán necesarios unos conocimientos y habilidades muy distintos de los que se esperan de alguien que va a limitarse a ejercer como árbitro[417].

- La mediación también es distinta de la negociación o transacción, en la que el asunto se afronta exclusivamente por los participantes, sin ayuda de terceros. En la mediación, por el contrario, hay un agente externo –el mediador- que, aun careciendo de poder decisorio, coadyuva a la consecución del acuerdo. Podría decirse, siguiendo a OROZCO, que dentro del esquema de los ADR, *"la mediación supone más que una negociación asesorada y menos que un arbitaje*

---

[416] ALCALÁ-ZAMORA Y CASTILLO, N., *Proceso, autocomposición y autodefensa (contribución al estudio de los fines del proceso)*, op. cit., p. 75.

[417] MAGRO, V., HERNÁNDEZ, C., CUÉLLAR, J. P., *Mediación Penal. Una visión práctica desde dentro hacia fuera*. Club Universitario, San Vicente (Alicante), 2011, p.18; TAMARIT SUMALLA, J., *"La justicia restaurativa: concepto...", *op. cit., p. 19.

dirimente"[418]. Por otro lado, en la mediación es fundamental el contacto personal entre los protagonistas, mientras que la negociación es abordada, las más de las veces, por sus representantes.

- Tampoco es exactamente lo mismo que la conciliación, aunque la doctrina no es unívoca al respecto. Para GIMENO SENDRA, se diferencian en el carácter espontáneo de la mediación, mientras que la conciliación posee un sesgo más institucionalizado, como la conciliación previa a determinados procedimientos judiciales: proceso laboral, enjuciamiento de injurias y calumnias vertidas por particular, dentro del proceso penal, etc.[419]. Estos procedimientos, de acuerdo con ALCALÁ-ZAMORA, poseen naturaleza de acto de jurisdicción voluntaria y, por tanto, aun constituyendo actividad judicial, no son actos jurisdiccionales, "*salvo que el juez la desnaturalice, actuando, no de conciliador, sino de coaccionador*"[420]. Indudablemente, la conciliación a la que las partes se ven legalmente impelidas a acudir es muy distinta de la mediación, caracterizada por su voluntariedad. GONZÁLEZ CANO estima que la mediación se identifica con un tipo de autocomposición en la que el mediador posee una formación específica y emplea determinadas técnicas propias de su especialidad, mientras que la conciliación queda para el campo de la solución más "amigable" o en aquellos procedimientos judiciales antes aludidos[421]. Por último, RUIZ RICO-OROZCO ponen el acento en la mayor pasividad del conciliador frente al mediador. El conciliador se limita a juntar a las partes para que negocien solas, mientras que el papel del mediador es mucho más activo: recaba opiniones de las partes, tercia en las controversias y propone soluciones, aunque estas no son vinculantes[422].

---

[418] OROZCO PARDO, G., *"Notas acerca de la mediación"*, op. cit., p. 744.

[419] GIMENO SENDRA, V., *Introducción al Derecho Procesal. 3ª edición.* Colex, Madrid, 2005, p. 19. Evidentemente, el maestro gandiense se está refiriendo a las llamadas mediaciones informales, no a las realizadas por un profesional (vid. capítulo VI de la presente obra, dedicado al procedimiento de mediación).

[420] ALCALÁ-ZAMORA Y CASTILLO, N., *Proceso, autocomposición y autodefensa (contribución al estudio de los fines del proceso)*, op. cit., p. 73.

[421] GONZÁLEZ CANO, M. I., *"Los métodos alternativos de resolución de conflictos"*, en AA.VV., *Mediación y solución de conflictos. Habilidades para una necesidad emergente*, M. Tecnos, Madrid, 2007, p. 135.

[422] RUIZ RICO Y RUIZ MORÓN, J., OROZCO PARDO, G., "La mediación familiar en el Derecho español", en Revista Mediara, nº 1, 2012, p. 30. En el mismo sentido, BARONA VILAR,

A nuestro entender, la diferencia entre ambas figuras estriba en que el primordial objetivo de la conciliación es, como su nombre sugiere, la reconciliación, es decir, el restablecimiento de una relación personal deteriorada mediante el arreglo de disparidades arrastradas tiempo atrás, mientras que la mediación, especialmente si la concebimos en el ámbito penal, trata de dar solución a un conflicto concreto, es decir, posee una vocación eminentemente utilitarista, lo que no significa que renuncie a mejorar las relaciones de víctima e infractor si estos ya se conocían con anterioridad[423]. Además, enfocado desde el prisma penal, en la conciliación no tiene por qué haber necesariamente un agresor y un agredido, mientras que en la mediación penal siempre hay una infracción, un victimario que la ha cometido y una víctima que la ha padecido.

II.1.5 Definición

A diferencia de lo que ocurre con la justicia restaurativa como concepto indeterminado y con pluralidad de aristas, la mediación sí cuenta con definiciones precisas[424]. El problema es que hay casi tantas como autores han abordado el tema, si bien es verdad que suelen compartir ciertos elementos fundamentales. Hace ya muchos años, ALCALÁ-ZAMORA presentó la mediación como una figura que a primera vista parece un arbitraje, cuya estructura adopta, pero que posee en realidad el contenido de la autocomposición, ya que las partes son dueñas de aceptar, rechazar o modificar cualquier solución que se les proponga[425]. Posteriormente, ha hecho fortuna en la literatura específica la definición de FOLBERG-TAYLOR, quienes conciben la mediación como:

> *Aquel proceso mediante el cual los participantes, junto con la asistencia de una persona o personas neutrales, aislan sistemáticamente los problemas en disputa con el*

S., *"El movimiento de las ADR en el Derecho comparado"*, en AA.VV., *Violencia de género, justicia restaurativa y mediación.* La Ley, Las Rozas (Madrid), 2011, p. 463; OROZCO PARDO, G., "Notas acerca de la mediación", en Revista de la Facultad de Derecho de Granada, nº 5, 2002, p. 743.

[423] Cfr. MAGRO, V., HERNÁNDEZ, C., CUÉLLAR, J. P., *Mediación Penal. Una visión práctica...*, op. cit., p. 19.

[424] MATELLANES RODRÍGUEZ, N., *"La justicia restaurativa en el sistema penal. Reflexiones sobre la mediación"*, op. cit., p. 224.

[425] ALCALÁ-ZAMORA Y CASTILLO, N., *Proceso, autocomposición y autodefensa (contribución al estudio de los fines del proceso)*, op. cit., p. 75.

objeto de encontrar opciones, considerar alternativas, y llegar a un acuerdo mutuo que se ajuste a sus necesidades[426].

Otra descripción, verdaderamente original y atractiva, es la de MARLOW, para quien la mediación es "*un procedimiento imperfecto, que emplea una tercera persona imperfecta, para ayudar a dos personas imperfectas, a concluir un acuerdo imperfecto, en un mundo imperfecto*"[427].

Dentro de nuestras fronteras[428], destacamos la definición de OROZCO: "*un procedimiento de resolución de conflictos en el que interviene un tercero -mediador- dotado de amplias facultades de información y propuesta, cuya función consiste en buscar el acuerdo de las partes*"[429]. A su vez, PUY MUÑOZ sintetiza los diferentes elementos que integran el concepto de mediación en dos descripciones: una definición "formal", compuesta por seis elementos: *procedimiento (1) que resuelve un conflicto entre dos (2) con un acuerdo justo y legal (3), obtenido de un diálogo mantenido de forma voluntaria (4), y moderado por un mediador imparcial y neutral (5), provisto de autoridad moral y privado de potestad coercitiva (6)*, y una definición "esencial", formada por otros seis elementos: *proceso transformativo (1) de comunicación circular (2) que coloca las personas descentradas en su centro (3), y ordena el fluir de los conflictos que las enfrenta (4) al hallazgo de la misma cosa justa (5), evitando la recaída en la espiral de la venganza (6)*[430].

Centrándonos ya en la rama del Derecho que nos ocupa, ROLDÁN concibe la mediación penal como "*la interacción entre víctimas y ofensores con la asistencia de un tercero, el cual facilita el arreglo del conflicto de una manera no punitiva en función de los deseos y sentimientos de las partes*"[431]. Más recientemente, MARTÍNEZ ESCAMILLA la ha definido como "*el encuentro entre víctima y autor*

---

[426] FOLBERG, J., TAYLOR, A., *Mediación: resolución de conflictos sin litigio*, op. cit. p. 27.

[427] MARLOW, L., *Mediación familiar. Una práctica en busca de una teoría. Una nueva visión del derecho* (trad. de Ana M. Sánchez y Daniel J. Bustelo, originalmente publicado en inglés, *Divorce mediation: a practice in search of a theory*, Harlan Press, Nueva York, 1997). Granica, Barcelona, 1999, p. 31.

[428] No incluimos a ALCALÁ-ZAMORA pues estaba exiliado a consecuencia de la Guerra Civil.

[429] OROZCO PARDO, G., "*Notas acerca de la mediación*", op. cit., p. 744.

[430] PUY MUÑOZ, F., "*La expresión `mediación jurídica´. Un análisis tópico*", en AA.VV., *Mediación y solución de conflictos. Habilidades para una necesidad emergente*, M. Tecnos, Madrid, 2007, pp. 25-26.

[431] ROLDÁN BARBERO, H.,"*La mediación penal: entre el orden legal y la voluntad de mejorar*", op. cit., p. 135.

del delito, que tiene lugar con el fin de que ambas partes, a través del diálogo, lleguen a un acuerdo sobre cómo reparar el daño inferido y resolver el conflicto. Dicho encuentro es conducido por una persona imparcial: el mediador"[432].

Yendo a los textos legales, la Directiva 2008/52/CE del Parlamento Europeo y del Consejo, de 21 de mayo de 2008, *sobre ciertos aspectos de la mediación en litigios transfronterizos sobre asuntos civiles y mercantiles*, describe la mediación como:

> *Un procedimiento estructurado, sea cual sea su nombre o definición, en el que dos o más partes en un litigio intentan voluntariamente alcanzar por sí mismas un acuerdo sobre la resolución de su litigio con la ayuda de un mediador. Este procedimiento puede ser iniciado por las partes, sugerido u ordenado por un órgano jurisdiccional o prescrito por el derecho de un Estado miembro.*

España ha transpuesto dicha directiva en Ley 5/2012, de 6 de julio, de Mediación en Asuntos Civiles y Mercantiles[433], que entiende por mediación (art. 1): *"aquel medio de solución de controversias, cualquiera que sea su denominación, en que dos o más partes intentan voluntariamente alcanzar por sí mismas un acuerdo con la intervención de un mediador"*.

En el ámbito penal, la Recomendación nº R (99) 19 del Comité de Ministros del Consejo de Europa, de 15 de septiembre, sobre Mediación en Asuntos Penales, la concibe en su artículo I como *"un procedimiento a través del cual víctima e infractor, voluntariamente, se reconocen capacidad para participar activamente en la resolución de un conflicto penal, gracias a la ayuda de un tercero imparcial: el mediador"*.

---

[432] MARTÍNEZ ESCAMILLA, M., *"La mediación penal en España: estado de la cuestión"*, op. cit., p. 16.

[433] Esta norma, que excluye expresamente la posibilidad de ser aplicada en el campo penal, dice, en el punto 1 de su Preámbulo: *"Entre las ventajas de la mediación es de destacar su capacidad para dar soluciones prácticas, efectivas y rentables a determinados conflictos entre partes y ello la configura como una alternativa al proceso judicial o a la vía arbitral, de los que se ha de deslindar con claridad. La mediación está construida en torno a la intervención de un profesional neutral que facilita la resolución del conflicto por las propias partes, de una forma equitativa, permitiendo el mantenimiento de las relaciones subyacentes y conservando el control sobre el final del conflicto"*.

A su vez, la Decisión marco del Consejo de la Unión Europea 2001/220/JAI, de 15 de marzo, relativa al Estatuto de la Víctima en el Proceso Penal, recientemente derogada, la describía en su art. 1 e) como *"la búsqueda, antes o durante el proceso penal, de una solución negociada entre la víctima y el autor de la infracción, en la que medie una persona competente"*. Sin embargo, la Directiva 2012/29/UE, que ha venido a sustituir a la anterior, no define en ningún momento la mediación penal, habiendo optado, como veremos infra, por relegar el concepto de mediación penal en favor del más amplio de justicia reparadora.

Finalmente, aportamos la siguiente definición al objeto de sintetizar la noción de mediación penal sostenida en el presente trabajo: *un procedimiento dentro del proceso penal en el que víctima e infractor, ayudados por un mediador oficial, pueden decidir el contenido de un acuerdo de reparación cuyo efectivo cumplimiento paralizaría el progreso de la acción penal.* Así, se defiende un concepto de mediación como mecanismo que resuelve, "desde dentro", el proceso penal, por lo que urge hacer dos aclaraciones inmediatas:

1ª Se trata de una propuesta *de lege ferenda,* que no tiene cabida en el actual marco legal.

2ª. El presente estudio no pretende excluir la mediación penal en ningún supuesto (delitos graves, ámbito penitenciario), pero su específico objeto es aquella mediación penal que, tras su oportuna regulación, gozaría de virtualidad para determinar el archivo de la causa o bien el dictado de una sentencia condenatoria cuya ejecución quedaría a expensas del cumplimiento del acuerdo de reparación; de ahí la importancia que se dará a la concreción de las infracciones respecto de las que sería en ese sentido viable la mediación y a los requisitos legales que deberían establecerse para que el cumplimiento del acuerdo salido de la misma terminase derivando en la extinción de la responsabilidad penal del infractor.

II.2 Principios de la mediación penal

De las anteriores definiciones puede extraerse un conjunto de principios informadores de la mediación, los cuales, salvo algún matiz que será oportunamente explicado, son extrapolables al ámbito penal. A su vez, la meritada Recomendación nº R (99) 19 del Consejo de Europa consagra tres grandes reglas de la mediación penal: la voluntariedad de las partes, la confidencialidad de las sesiones y la plena disponibilidad del procedimiento por las partes en cualquier momento del mismo (art. II). A partir de estas premisas, la doctrina ha ido elaborando un catálogo de principios de la mediación penal en el que, de manera casi unánime, incluye los siguientes[434]: voluntariedad, confidencialidad, gratuidad, oficialidad, flexibilidad, bilateralidad, imparcialidad y neutralidad. Procedamos a su examen:

II.2.1 Principio de voluntariedad

Las partes han de participar libre y voluntariamente en la mediación, de lo contrario estará abocada al fracaso. Este atributo de la mediación, sumado a su carácter personal, facilita una mayor implicación de las partes en la búsqueda del acuerdo[435]. Será fundamental, a fin de garantizar su libertad de elección, dotar a las partes de una adecuada y completa información acerca de sus derechos y deberes, así como de las posibles consecuencias de sus decisiones. Siguiendo a ORTUÑO-HERNÁNDEZ, dicha información, como cualquiera que se suministra a los ciudadanos en el seno de todo proceso penal, debe ajustarse a la competencia técnica y lingüística de sus destinatarios, y ha de comprender

[434] Algunos autores proponen otros principios más, pero se ha decidido recoger los que casi sin excepción se repiten en todos los textos, tanto doctrinales como legales. Por ejemplo, GORDILLO SANTANA, L., incluye los principios de creatividad y de cercanía (del mismo, *La justicia restaurativa y la mediación penal*, op. cit., pp. 220 ss.). FARRÉ SALVÁ, por su parte, excluye el principio de neutralidad, por entender que la mediación, por definición, no es neutral, apoyando su argumento en la Ley de mediación de Cataluña (ley 1/2002, de 15 de marzo), la cual no lo nombra, aunque todas las demás sí (FARRÉ SALVA, S., *Gestión de conflictos: taller de mediación. Un enfoque socioafectivo.* Ariel, Barcelona, 2010, pp. 116-117). MARTÍN DIZ, a su vez, incorpora los principios de oralidad y probidad (MARTÍN DIZ, F., *La mediación: sistema complementario de Administración de Justicia*, op. cit., pp. 71 ss.). Por último, TAMARIT menciona los de transparencia y economía procesal (del mismo, *"La justicia restaurativa: concepto,..."*, op. cit., p. 18).

[435] MARTÍN DIZ, F., *"La mediación: marco general para su implantación como sistema complementario de administración de justicia"*, en *Mediación en materia de familia y derecho penal*, AA.VV., coord. MARTÍN DIZ, F., Andavira, Santiago de Compostela, 2011, p. 41.

tanto los derechos de los que se es titular como las obligaciones que pueden derivarse del proceso de mediación[436], de tal forma que la mediación no podrá producirse si alguna de las partes no es capaz de entender el procedimiento en el que se le está invitando a participar[437]. Además, los protagonistas también han de ser libres de abandonar en cualquier momento la mediación sin que ello les depare ningún perjucio sustantivo ni procedimental[438]. HUGHES introduce el concepto de "autodeterminación", que define como "*el tomar decisiones por las partes de forma voluntaria y basada en la información*", y que considera el objetivo más importante de toda mediación[439].

Probablemente, como apunta MANZANARES SAMANIEGO, la voluntariedad del imputado para participar en la mediación no va a ser, ni mucho menos, absoluta, al tener pendiendo sobre sí la espada de Damocles de la continuación del proceso penal, pudiendo llegar a pensar que, caso de desaprovechar la oportunidad que se le brinda, su conducta será valorada como obstinación y acabará perjudicándole, a lo que habrá que añadir la fundada creencia de que los jueces habrían saludado el acuerdo, aunque solo sea por disminuir la carga laboral[440]. Tendremos entonces que contemplar una voluntad relativa en el infractor, que será la exigible, ya que la probable falta de plenitud en su libertad de elección no desnaturaliza el procedimiento, ni supone una ruptura con las garantías constitucionales del imputado, como diremos al abordar su estudio. En cuanto a la víctima, se repite el problema, aunque de forma mucho más tenue, como envés de su planteamiento en el caso del

---

[436] ORTUÑO MUÑOZ, J. P., HERNÁNDEZ GARCÍA, J., *Sistemas alternativos a la resolución de conflictos (ADR)...*, op. cit., pp. 71-72. Los autores añaden que *"...en todo caso, en dicha información debe procurar trasladarse también no sólo los costes y beneficios del proceso, tanto desde la perspectiva de la persona responsable del daño como de la víctima, sino también las razones del proceso, "la filosofía pública" que lo inspira y las condiciones rituales de desarrollo. La información debe actualizarse a lo largo del todo el proceso judicial, pues en cada fase debería garantizarse la entrada en juego del mecanismo de mediación cuyos objetivos restaurativos vendrán, en lógica consecuencia, determinados por el grado de desarrollo alcanzado en el proceso judicial con el que debe articularse".*

[437] LARRAURI PIJOÁN, E., *"Tendencias actuales de la justicia restauradora"*, op. cit., p. 451.

[438] PASCUAL RODRÍGUEZ, E., *La mediación en el sistema penal...*, op. cit., p. 163.

[439] HUGHES, S. H., *"La protección institucionalizada de los mediadores en los Estados Unidos: una breve mirada a través del acta uniforme de mediación"* (trad. de Consuelo Cristina Sánchez González), en *Revista de la Facultad de Derecho de la Universidad de Granada*, nº 5, 2002, p. 720.

[440] MANZANARES SAMANIEGO, J. L., *Mediación, reparación y conciliación en el Derecho Penal*, op. cit., p. 48.

victimario[441].

La voluntariedad, por otro lado, consiste también en la plena libertad de las partes para llegar o no a un acuerdo, así como para determinar su contenido, no estando vinculadas en ningún momento por las sugerencias que les pueda ir haciendo el mediador, cuya capacidad no debe ir más allá de la mera formulación de indicaciones. CHRISTIE destaca la importancia de que, cuando se haga necesaria la presencia de un mediador, este no tenga el poder de imponer la solución: "*cauanto menos poder detente el mediador, más difícil se hará llegar a una respuesta punitiva*"[442]. Precisamente, la consistencia que aporta a los acuerdos el haber sido alcanzados voluntariamente les otorga una gran probabilidad de éxito, como se ha demostrado en las experiencias realizadas hasta la fecha.

Al hilo de esta cuestión es necesario tocar, si quiera de soslayo, el famoso tema de las tasas judiciales, sobre las que se dejó planteado un interrogante en el capítulo anterior, al hablar de la venganza privada. La Ley 10/2012, de 20 de noviembre, que impone las tasas, en nuestra humildísima opinión constituye un verdadero atentado contra el derecho fundamental a la tutela judicial efectiva, consagrado en el art. 24.1 CE. En sectores favorables a la mediación se ha recibido con optimismo esta ley[443], argumentándose que va a fomentar su utilización o la de otras vías extrajudiciales, mas se olvida uno de los principios fundamentales de estos mecanismos: su voluntariedad. Por más que se nos quiera "vender" la idea, una ley de este jaez no fomenta la mediación: coacciona a que se acuda a la mediación. La imposición de tasas puede significar un peligroso paso hacia una justicia de clases, corriéndose el riesgo, además, de que la mediación quede relegada a la condición de "justicia *low cost*", de arreglo barato al que recurrir cuando no se pueda litigar "en *bussines*". En suma, rescatando palabras de BERIZONCE, no se puede abandonar la mediación

---

441 Ídem.

442 CHRISTIE, N., *Los Límites del dolor*, op. cit., p. 14.

443 Vid. la edición del diario digital *lne.es*, de 24 de noviembre de 2012, que recoje las declaraciones del magistrado Javier Azparren, Presidente del Grupo Europeo de Magistrados por la Mediación (GEMME), en las que se utiliza este argumento. Obtenido el 24 de noviembre de 2012 en http://www.lne.es/oviedo/2012/11/24/azparren-cree-aumento-tasas-empujara-mediacion/13 31299.html.

> *...al juego de las presiones y sutiles coacciones sociales, de manera que los fuertes y más poderosos triunfarán sobre los débiles, menos poderosos. Ello no debería asombrar, pues así funciona, en general, nuestra administración de justicia en Derecho privado actualmente, a la cual no acceden los débiles y en la cual, probablemente tampoco triunfan ellos en gran medida*[444].

II.2.2 Principio de confidencialidad[445]

La confidencialidad comporta la reserva absoluta de lo que se dice en las sesiones de mediación. De lo único que quedará constancia es del acuerdo: los documentos que se muestran, lo hablado por las partes, la realidad del hecho acaecido, quedan bajo el paraguas de la garantía absoluta de reserva, que abarcará a todos los intervinientes en el proceso (víctima, victimario, mediador, colaboradores eventuales), formalizándose mediante la suscripción del oportuno convenio de confidencialidad[446]. La confidencialidad aparece como prespuesto esencial de la libertad de las partes para decidir su participación en la mediación, amén de contribuir a fomentar la profundidad de la discusión, otro elemento fundamental del éxito de la mediación: si las partes tuvieran que ser cautas sobre lo que dicen, la eficacia de la mediación quedaría drásticamente limitada. Este argumento es denominado por HUGHES el de la "franqueza" a favor de la confidencialidad de la mediación[447]. En el proceso penal esta cuestión, como analizaremos en el siguiente capítulo, alcanza especial relevancia. Si las sesiones de mediación no dan sus frutos, los datos vertidos en las mismas no podrán ser utilizados en un ulterior juicio, dado el evidente riesgo de lesión de los derechos primarios de todo imputado, como la presunción de inocencia o el derecho a no declarar contra sí mismo ni a confesarse culpable. Como consecuencia de este principio, el mediador habrá de

---

[444] BERIZONCE, R. O., *Efectivo acceso a la justicia*. Librería Editora Platense, La Plata, 1987, p. 5.

[445] La citada Recomendación nº R (99) 19 del Consejo de Europa dice en su art. II.2 que *el contenido de las sesiones de mediación es confidencial y no podrá ser usado ulteriormente, salvo con el consentimiento de las partes.*

[446] PAZ, S.M., PAZ S.S., *La mediación penal y los principios procesales* (2001). Obtenido el 12 de julio de 2012 en http://mediadoresenred.org.ar.

[447] HUGHES, S. H., *"La protección institucionalizada de los mediadores en los Estados Unidos..."*, op. cit., pp. 723-724.

estar sometido al deber de sigilo, de un lado, y amparado por el secreto profesional, de otro[448].

II.2.3 Principio de gratuidad

La gratuidad de la mediación penal es una consecuencia ineludible del carácter público del Derecho penal. El Estado no puede, como defiende este trabajo, dejar la persecución punitiva en otras manos que no sean las suyas. Garantizar la paz social y la seguridad de los ciudadanos es función indeclinable del Estado, y por eso el acceso a la justicia penal es gratuito. De esta manera, los procedimientos de mediación penal han de gozar de la misma gratuidad que los servicios judiciales penales. Cualquier persona, sea cual sea su condición, tendrá derecho a optar por someterse sin costo a este procedimiento, garantizándose simultáneamente el principio de igualdad del art. 14 CE. Su carácter gratuito separa hondamente a la mediación penal de otras modalidades, en las que el mediador es un profesional liberal que cobra por sus servicios a los sujetos implicados. En consonancia con la idea que aquí se defiende de la mediación penal como cauce intraprocesal, ha de ser la Administración la que corra con los gastos. De esta forma, el Gobierno mantiene sus obligaciones en materia de prevención criminal[449]. Por lo tanto, el personal mediador debe actuar al servicio de la Administración de Justicia, lo que no significa forzosamente que tenga que ser funcionario, pero sí que debe depender funcionalmente de aquella mientras tenga lugar cada programa concreto de mediación.

La gratuidad no empece que se prevea, *de lege ferenda,* un mecanismo en virtud del cual, si el mediador detectase una patente mala fe en la decisión de recurrir a la mediación (por ejemplo, que no se quiera llegar a acuerdo alguno, sino que se utilice la mediación con la única intención de alargar el proceso en

---

[448] HUGHES plantea una excepción a la obligación de confiencialidad, como es el evitar que esta sea utilizada por el mediador o las partes como forma de encubrir una actuación negligente. Solo en aras de poder reclamar las oportunas responsabilidades derivadas de dicho comportamiento sería viable revelar los documentos y conversaciones vertidos en las sesiones de mediación (del mismo, *"La protección institucionalizada de los mediadores en los Estados Unidos…"*, op. cit., pp. 708 ss.).

[449] MARQUES CEBOLA, C., *"Los sistemas de mediación pública en Portugal…"*, op. cit., '. 359.

su conjunto o para obtener una confesión del imputado), pudiera informar al juez a los efectos de la imposición del pago de las costas procesales relativas a la mediación a quien hubiera hecho uso indebido de la misma. No olvidemos que nuestra LECr dispone, en su art. 240.3, que tanto el querellante particular como el actor civil serán "*condenados al pago de las costas cuando resultare de las actuaciones que han obrado con temeridad o mala fe*". No obstante, por muy torticera que fuera la conducta del imputado, no se le podrían imponer costas de ninguna clase si finalmente fuese absuelto en el proceso penal de referencia, pues el artículo citado establece que "*no se impondrán nunca las costas a los procesados que fueren absueltos*" (apdo. 2, segundo párrafo).

Por otra parte, anunciamos ya que la economía material no va a constituir, de momento, un argumento de primera magnitud en defensa de la implantación de la mediación en nuestro proceso penal[450]. Empero, quizás a largo plazo, el servicio de mediación podría sufragarse con el equivalente de ahorrado en jucios, apelaciones o ejecutorias evitados.

II.2.4 Principio de oficialidad

La oficialidad, igual que la gratuidad, está íntimamente ligada al carácter irrenunciablemente público de nuestro Derecho Penal. La mediación penal debe desarrollarse, y así está siendo concebida en los países de nuestro entorno que ya la han acogido, a la sombra del proceso oficial. Aparte de hacer de freno de los extravíos de las partes[451], la oficialidad permite enfrentar una de las grandes críticas que se formulan contra la mediación penal, como es que supone la privatización del proceso penal[452]. Por eso nos referimos a ella como "medio", "técnica", "mecanismo" o, en todo caso como "procedimiento" (dentro del proceso), pero no como "proceso", calificación muy habitual que a veces responde a un error conceptual. La mediación penal no puede ser considerada

[450] De ello hablaremos en el próximo epígrafe.

[451] ALCALÁ-ZAMORA Y CASTILLO, N., *Proceso, autocomposición y autodefensa (contribución al estudio de los fines del proceso)*, op. cit., p. 226.

[452] RÍOS MARTÍN, J. C. *et al.*,, *La mediación penal y penitenciaria. Experiencias de diálogo en el sistema penal para la reducción de la violencia y el sufrimiento humano*, op. cit., p. 87.

como proceso[453], porque proceso solo hay uno: el proceso penal, dentro cuyos márgenes queremos situar la mediación. Por ende, corresponderá al juez o al fiscal, al menos desde la noción de mediación penal que aquí se defiende, la función de derivar los casos al servicio de mediación. En todo caso, podrá ser llamada proceso en el sentido de considerarla parte del proceso oficial[454], pero, fuera de esta intención, o bien se está incurriendo en un equívoco, o se mantiene una idea de mediación como proceso autónomo al margen de las instancias oficiales que no compartimos, entre otras cosas porque sería de todo punto incompatible con los sustratos más profundos de nuestra cultura jurídica.

En este sentido, el frustrado Anteproyecto de Ley de Enjuiciamiento Criminal (ALECr), aprobado por el anterior Gobierno de España el 22 de julio de 2011, decía en su Exposición de Motivos (apartado XXVI) que la mediación penal:

> *No puede consistir en una especie de renuncia del Estado a la titularidad exclusiva del ius puniendi. No se trata de otorgar a los particulares un poder omnímodo de disposición como el que les está atribuido en los estrictos supuestos de delito privado. Al contrario, la mediación ha de concebirse como un instrumento al servicio de la decisión expresa del Estado…*

Así, en tanto que en la mediación en Derecho privado puede el particular acogerse a un mediador privado o a una institución de mediación, en materia penal son las instancias públicas las que han de albergar estos servicios. Este carácter público, además, operará como garantía del cumplimiento de la reparación y de la rebaja o suspensión de la pena[455].

Por otra parte, como consecuencia de este principio y del de gratuidad, la mediación penal –a diferencia de otras- no puede constituirse como un negocio lucrativo al margen de las Instituciones públicas, por lo que el mediador no será un profesional liberal con ánimo de lucro, sino, como se ha dicho arriba, una

---

[453] CARRIZO GONZÁLEZ-CASTELL, A., *"La mediación penal en España"*, en *Mediación en materia de familia y derecho penal*, AA.VV., coord. MARTÍN DIZ, F.. Andavira, Santiago de Compostela, 2011, p. 238. Para el autor, si bien es cierto que se trata de un método de solución de conflictos, el carácter autocompositivo y no heterocompositivo de la mediación, es decir, la falta de un tercero imparcial que dictamine una solución y la ejecute, imposibilita que pueda ser conceptuada como proceso.

[454] Ídem.

[455] Ibídem, p. 88.

figura integrada en el sistema de justicia, excediendo las capacidades del autor de estas líneas el determinar en virtud de qué título (funcionario de carrera, personal laboral fijo o temporal, etc.)[456].

II.2.5 Principio de flexibilidad

Según este principio, también denominado de informalidad, frente a la rigidez de las reglas, pautas y plazos del proceso convencional, la mediación se caracteriza por una cierta libertad de formas y por un estilo consensuado de llevar a cabo el procedimiento[457]. De este modo, el procedimiento de mediación deberá ser flexible en cuanto a los plazos para la celebración de las sesiones y a la conclusión del mismo. Esto no significa que pueda extenderse *ad aeternum*, pues no olvidemos que va a existir un proceso penal paralizado a expensas de lo que suceda, sino que deberá marcarse un plazo de espera razonable[458]. En este sentido, nos sirve de referencia la Ley 5/2012, de 6 de julio, de Mediación en Asuntos Civiles y Mercantiles, cuyo art. 20 establece que *"la duración del procedimiento de mediación será lo más breve posible y sus actuaciones se concentrarán en el mínimo número de sesiones"*, precepto que ha sido transpuesto en el BCPP de 2103. Por su parte, el ALECr de 2011 fijaba en tres meses el plazo máximo para desarrollar la mediación penal (art. 158.3). Como se va a repetir a lo largo y ancho de esta monografía, la mediación penal ha de someterse en todos sus extremos a límites y pautas legales, lo que trae como consecuencia que, aun respetando este principio de flexibilidad, deba fijarse un plazo máximo a partir de cuya extinción el proceso tradicional sea reactivado. Ello, además, contribuiría a evitar usos abyectos de la mediación que solo pretendiesen ocasionar dilaciones innecesarias. BUTRÓN BALIÑA propone como opción el establecimiento de plazos a partir de lo cuales se informe al juez sobre el desarrollo de la mediación[459], una idea interesante siempre que se trate de mera información –no intromisión- acerca de si el asunto continúa vivo o se halla en

---

[456] Sobre la conveniencia de configurar la mediación como sistema institucionalizado y público, integrado en la Administración de Justicia, vid. MARTÍN DIZ, F., *La mediación: sistema complementario de Administración de Justicia*, op. cit., pp. 142 ss.

[457] NORDENSTAHL, U. C. E., *Mediación penal. De la práctica a la teoría*, op. cit., p. 71.

[458] LARRAURI PIJOÁN, E., *"Tendencias actuales de la justicia restauradora"*, op. cit., p. 451.

[459] BUTRÓN BALIÑA, P., *"La mediación penal"*, en *Los retos del Poder Judicial ante la sociedad globalizada. Actas del IV Congreso Gallego de Derecho Procesal (I Internacional) A Coruña, 2 y 3 de junio de 2011)*, Universidad de A Coruña, 2012, p. 45.

vía muerta, para que el juez pueda tomar la decisión de cortar la mediación o, por el contario, de prorrogar su plazo dentro de los parámetros que legalmente se establezcan.

La flexibilidad también hace alusión al contenido y duración de las sesiones, lugar de celebración de las mismas, así como al contenido de la reparación decidido por las partes. Esta podrá ser material o de otro tipo, cuestión que abordaremos en su momento. En opinión de diversos autores, la flexibilidad se predica también respecto de los criterios de selección para derivar los asuntos a mediación[460], aunque habrá que ser extremadamente cuidadosos en este sentido, fijando legalmente las pautas a seguir a la hora de determinar qué materias pueden derivarse y cuáles no, pues de lo contrario podría entrarse en conflicto con el principio de legalidad que preside nuestro Derecho Penal.

II.2.6 Principio de bilateralidad

Este principio posee dos vertientes. La primera de ellas hace referencia a que el procedimiento ha de estar protagonizado por las partes en conflicto, lo que no es óbice para que puntualmente intervengan otras personas *"vinculadas a la situación-conflicto"*[461]. Ahora bien, ha de tratarse, como decimos, de personas ligadas al conflicto, como, por ejemplo, los padres o tutores, si se trata de menores, pues ello ayudará emocionalmente al interesado. Sin embargo, los abogados de las partes no deben participar, al menos no activamente, ya que ellos no son parte en el conflicto y pueden coartar la libertad de su representado. Otra cosa, claro está, es que le asesoren sobre la posibilidad de someterse o no a la mediación y que sean informados de su desarrollo y de cómo termina la misma, para aportar sus conocimientos técnicos en el momento

---

[460] Cfr. RÍOS MARTÍN, J. C. *et al.*, *La mediación penal y penitenciaria. Experiencias de diálogo en el sistema penal para la reducción de la violencia y el sufrimiento humano*, op. cit., pp. 89.

[461] RÍOS MARTÍN, J. C. *et al.*, *Justicia restaurativa y mediación penal. Análisis de una Experiencia (2005-2008)*, Estudio publicado por el Servicio de Planificación y Análisis de la Actividad Judicial del Consejo General del Poder Judicial (2008). Obtenido el 4 de abril de 2012 en http://poderjudicial.es.

de aceptar o no los acuerdos y de llevarlos a la práctica, de lo que se tratará oportunamente[462].

Una indiscutida regla de la mediación, entendida en sentido general, es la necesidad de diálogo directo entre las partes, en el que estas expresen libremente sus pretensiones siguiendo las pautas que marca el mediador. Es en el proceso de diálogo donde precisamente reside una de las grandes diferencias de la mediación con la justicia oficial: las partes tienen la oportunidad de expresar sus puntos de vista, de "contar su historia", sin verse condicionados por el desfile de profesionales de aquella[463], razón por la que los letrados deben de abstenerse de intervenir en las sesiones[464]. Sin embargo, dadas las especiales connotaciones que rodean a la mediación penal, ha de preverse la posibilidad de que víctima y agresor –especialmente la primera- no deseen encontrarse, por lo que, en mediación penal, son corrientes las entrevistas individualizadas (mediación indirecta o *shuttle mediation*, como la llaman los ingleses[465]), sobre todo en las fases iniciales[466].

Por otro lado, en la mediación mercantil empieza a estár en boga la mediación *on line*, hasta el punto de haberse llegado a hablar de métodos "ODR" (*On line Dispute Resolutions*)[467]. La ya mencionada Ley 5/2012, de mediación civil y mercantil, se ha hecho eco de estas tendencias y, con un criterio marcadamente economicista, prevé en su art. 24 la posibilidad de que las partes se acojan a medios electrónicos o a videoconferencias para entablar la

---

462 Vid. Infra VI.I, donde se abordará el papel del abogado en la mediación.

463 El exceso de profesionales puede provocar que las partes se sientan cohibidas a la hora de expresarse con plena libertad. Cfr. GORDILLO SANTANA, L. F., *La justicia restaurativa y la mediación penal*, op. cit., pp. 61 ss.

464 Lo que no empece que puedan estar presentes en un segundo plano; de ello hablaremos en infra VI.1.4.

465 Cfr. MONTESINOS GARCÍA, A., *"La mediación penal en Inglaterra y Gales"*, en AA.VV. *La mediación penal para adultos. Una realidad en los ordenamientos jurídicos* (dir. BARONA VILAR, S.), Tirant Lo Blanch, Valencia, 2009, p. 101.

466 Vid. infra VI.2.2.

467 BUENO de MATA, F., *"Mediación online: ¿la mediación del futuro?"*, en *Mediación en materia de familia y derecho penal*, AA.VV., coord. MARTÍN DIZ, F.. Andavira, Santiago de Compostela, 2011, pp. 85 ss.

mediación, señalando incluso que esa será la vía preferente cuando se trate de reclamaciones de cantidad por un importe no superior a los 600 euros[468].

Sin embargo, no nos parece esta una modalidad aplicable al campo del Derecho penal, por más que determinados autores, como CARRETERO MORALES, vean viable la mediación penal *on line*, concretamente en materia de violencia de género, por el entorno seguro que proporcionaría a la víctima, que sería, así, más libre para expresarse, amén de que, una comunicación asincrónica, va a facilitar a las partes mayor tiempo para reflexionar a la hora de elaborar sus mensajes y respuestas[469].

En cuanto a la otra vertiente de este principio, las partes han de participar en un plano de igualdad, pues solo de esta manera podrán ser libres para tomar decisiones. Así, han de satisfacer unos mínimos en cuanto a su estructura psíquica que les permitan gozar de capacidad intelectiva y volitiva[470], por lo que deberán ser excluidos de la participación en los programas de mediación los enfermos mentales y los menores e incapaces (salvo que tengan un entendimiento suficiente para el caso concreto y estén asistidos por su representante legal). Es también la ausencia de igualdad, aunque desde otro punto de vista, la razón aducida para negar la utilización de la mediación en casos de violencia doméstica y de género, en los que la situación de desequilibrio emocional y sometimiento al poder del victimario expone a la víctima a ocupar una posición de inferioridad en el marco de las

---

[468] Art. 24: *"Actuaciones desarrolladas por medios electrónicos.*
1. Las partes podrán acordar que todas o alguna de las actuaciones de mediación, incluida la sesión constitutiva y las sucesivas que estimen conveniente, se lleven a cabo por medios electrónicos, por videoconferencia u otro medio análogo de transmisión de la voz o la imagen, siempre que quede garantizada la identidad de los intervinientes y el respeto a los principios de la mediación previstos en esta Ley.
2. La mediación que consista en una reclamación de cantidad que no exceda de 600 euros se desarrollará preferentemente por medios electrónicos, salvo que el empleo de éstos no sea posible para alguna de las partes".

[469] CARRETERO MORALES, E., *"Mediación online: una posible vía para introducir la justicia restaurativa en asuntos de violencia de género"*, en AA.VV., *Sobre la mediación penal (posibilidades y límites en un entorno de reforma del proceso penal español*. Aranzadi, Pamplona, 2012, pp. 211-243.

[470] Cfr. GORDILLO SANTANA, L. F., *La justicia restaurativa y la mediación penal*, op. cit., p. 201; ESQUINAS VALVERDE, P., *La mediación entre víctima y agresor en la violencia de género*. Tirant lo Blanch, Valencia, 2009, p. 29.

negociaciones[471]. En nuestro Derecho, la mediación está expresamente prohibida en materia de violencia de género, asunto que abordaremos en profundidad en el capítulo V.

II.2.7 Principio de imparcialidad

El principio de imparcialidad es consecuencia del de igualdad de partes en el proceso, y confiere al mediador el papel de garante de que la actuación de las partes transcurra en condiciones de equilibrio de poder. Lógicamente, la posición inicial de las partes no es simétrica; existe, según observa RICOEUR, "*una diferencia de altura, una disparidad vertical, entre la profundidad de la falta y la altura del perdón*"[472]. El mediador tiene que tener en cuenta el dato de que hay alguien que ha padecido un mal y otro que ha violado la ley para causárselo, y equilibrar con su actuación la balanza de fuerzas. Pero, a la misma vez, debe favorecerse la simetría de las partes, en el sentido de que ambas gocen de la posibilidad de negociar libremente y sin coacción de ningún tipo en la búsqueda de la solución. El mediador ha de velar porque se den estas condiciones, y para estar en condiciones de hacerlo es capital, en ello incidirá este trabajo, una adecuada formación del mismo.

El mediador ha de asegurarse, asimismo, de que la transmisión de comunicación por partes transcurra en un plano de igualdad. Esto no significa que tenga que lograr a toda costa una correspondencia matemática de las intervenciones. Lo que debe tratar de conseguir es una suerte de "equidad comunicativa" entre los protagonistas, ya que no todas las personas tienen la misma facilidad para expresarse, el mismo ritmo comunicativo, por lo que es posible que el mediador tenga que hacer más preguntas o dar más tiempo a

[471] Sobre este desequilibrio, vid. ESQUINAS VALVERDE, P., *La mediación entre víctima y agresor en la violencia de género*. Tirant lo Blanch, Valencia, 2009, pp. 59-63. Vid., también, Capítulo V, epígrafe 1, del presente estudio, dedicado a las infracciones penales que pueden prestarse a la mediación.

[472] RICOEUR, P., *La memoria, la historia y el olvido* (trad. de Agustín Neira, originalmente publicado en francés, *La mémorie, l'histoire, l'obli*, Éditions du Seouil, París, 2000). Fondo de Cultura Económica, Buenos Aires, 2004, p. 585.

alguno de los participantes, a fin de eliminar las asimetrías comunicativas que pueda haber entre ellas[473].

Otro indispensable corolario del plano de igualdad en el que tienen que actuar las partes, es el mutuo respeto que ha de presidir sus intervenciones. Indiscutiblemente, las sesiones de una mediación penal van cargadas de fuertes emociones, y el dolor y la culpa no siempre pueden expresarse a través de palabras gentiles. Hay que dejar a las partes libertad para comunicar sus sentimientos, no en vano este es uno de los grandes atributos de la mediación frente al proceso judicial. Pero si el mediador considera inadecuado un comportamiento y este es reiterado tras la oportuna advertencia, deberá suspender la mediación y dejar paso al proceso penal convencional. Del buen arte del mediador dependerá saber cuándo frenar determinadas expresiones que pueden coartar la libertad del otro o hacer que no se sienta respetado.

Una última arista del principio de imparcialidad hace referencia a que el mediador, como es obvio, no puede inclinarse hacia ninguna de las partes, sin que quepa cualquier tipo de relación con cualquiera de ellas antes, durante o después de la mediación[474].

II.2.8 Principio de neutralidad

Si en la actividad del juez o del árbitro, neutralidad e imparcialidad son términos sinónimos, en mediación son conceptos diferentes[475]. La imparcialidad del mediador, acabamos de verlo, es similar a la del juez o el árbitro. Sin embargo la neutralidad, en mediación, no ha de vincularse a la asepsia propia de la labor de aquellos. Esto obedece a la naturaleza misma de la función del

[473] FARRÉ SALVA, S., *Gestión de conflictos: taller de mediación. Un enfoque socioafectivo*, Ariel, Barcelona, 2010., p. 118.

[474] En el epígrafe 1 del capítulo VI, dedicado al mediador, se hablará sobre las causas de abstención y recusación que han de pesar sobre él.

[475] Así, los diferentes textos legales sobre mediación, como, sin ir más lejos, la ley 5/2012, de 6 de julio, de mediación en asuntos civiles y mercantiles, diferencian entre ambos términos, como dos características distintas que ha de reunir el mediador. De esta manera, en el art. 7 de la meritada ley se habla de la imparcialidad de los mediadores, mientras que el art. 8 versa sobre su neutralidad. Sin embargo, FARRÉ SALVÁ, excluye el principio de neutralidad de los principios de la mediación, por entender que la mediación, por definición, no es neutral. Apoya su argumento en la Ley de mediación de Cataluña (ley 1/2002, de 15 de marzo), la cual no nombra dicho principio, aunque todas las demás sí (FARRÉ SALVA, S., *Gestión de conflictos: taller de mediación. Un enfoque socioafectivo.*, op. cit, pp. 116-117).

mediador, quien carece de poder de decisión autorizado, lo que le distingue, en esencia, del juez y del árbitro[476], siendo su atribución básicamente colaborativa, cooperativa, asistencial, pero en ningún caso decisoria o impositiva[477]. Así, la neutralidad del mediador ha de vincularse a "neutralizar", que significa "*contrarrestar el efecto de una causa, por la concurrencia de otra diferente u opuesta*"[478]. Si la actitud del juez o árbitro es pasiva, limitándose a dictar la solución, la del mediador es activa; es una neutralidad, digámoslo así, empática, entendida la empatía como la habilidad para comprender las emociones de los demás[479]. El mediador no está de lado de ninguna de las partes, pero está a favor de que se satisfagan las necesidades de ambas. Su labor va a consistir, básicamente, en lograr que los protagonistas del conflicto recorran el camino que va desde sus posiciones iniciales hasta sus necesidades reales[480]. De modo distinto al juez o árbitro, que se sitúan en una atalaya decisoria desde la que observan fríamente el problema, el mediador actúa, en palabras de HIERRO, desde "*dentro del conflicto y, por ello, no como un observador neutral del mismo sino como un agente peculiar, ya que no actúa con independencia de las partes en conflicto sino al servicio de las dos partes en conflicto*"[481].

Mientras que conocimiento del juez o árbitro se va a circunscribir a las pretensiones concretas de los protagonistas del litigio, el mediador ha de ser capaz de comprender, como hemos dicho, sus intereses y necesidades. Ahora bien, tendrá que hacerlo con cuidado de no abandonar lo que se ha dado en llamar "equidistancia funcional" del mediador, consistente en que este no puede introducir en el asunto sus propios valores e ideología ni hacer alianzas con ninguna de las partes[482]. Las opiniones personales del mediador, por tanto,

---

[476] "*Por decirlo de una manera, mientras que el Juez examina el pasado, el mediador trabaja sobre el futuro, posibilitando un objetivo común del que todos se pueden beneficiar*". MAGRO, V., HERNÁNDEZ, C., CUÉLLAR, J. P., *Mediación Penal. Una visión práctica...*, op. cit., p. 12.

[477] MARTÍN DIZ, F., "*La mediación: marco general para su implantación como sistema complementario de administración de justicia*, op. cit., p. 42.

[478] Fuente: Diccionario de la RAE, 22ª edición.

[479] GOLEMAN, D., *La inteligencia emocional*, op. cit., 1997, p. 5.

[480] Sobre esta cuestión volveremos en Infra VI.1, dedicado a la figura del mediador.

[481] HIERRO SÁNCHEZ-PESCADOR, L., "*Aspectos éticos de los medios alternativos...*", op. cit., p. 44.

[482] Cfr. FRANCÉS LECUMBERRI, P., "*El principio de oportunidad y la justicia restaurativa*", en *InDret, Revista para el Análisis del Derecho*, nº 4, 2012, obtenido el 8 de diciembre de 2012 en http://www.indret.com, p. 20; LAUCIRICA ARRIOLA, N., "*Propuesta de la regulación legal de la*

no tienen cabida en la "historia" que se le está contando. A más de esto, debe ser sensible ante las emociones y, al mismo tiempo, no dejarse influir por los intentos de las partes de que se ponga del lado de cada una en detrimento de la otra[483].

ALCALÁ-ZAMORA afirmó que, frente a los procesos heterocompositivos, como son la jurisdicción y el arbitraje, en los que se establece una solución imparcial, los procesos autocompositivos implican una forma de solución parcial, ya que ambas partes han de renunciar a una porción de sus pretensiones para poder alcanzar dicha solución[484]. Por lo tanto, la maestría del mediador consistirá en saber ser parcial a partes iguales, he aquí la esencia de la neutralidad en mediación. En este sentido, ROMERA ANTÓN dice que, más que imparcial, el mediador ha de ser "multiparcial"; su norte ha de ser la satisfacción de las necesidades últimas de las personas mediadas, lo que en ocasiones solo se va a conseguir a través del apoyo e implicación de la persona mediadora[485]. En pos de la misma idea, DI CHIARA idea el neologismo "equipróximo"[486], mientras que HIERRO habla de "biparcialidad del mediador", en tanto que su función consiste en servir a las dos partes del conflicto, no siendo una relación de servicios bilateral profesional-cliente, sino una relación triangular *"profesional-clienteA/profesional-clienteB/clienteA-cliente B"*[487].

figura y funciones de la persona mediadora", en *Cuadernos José María Lidón*, nº 8, 2011, p. 214; PORTELA, J. G., *"Estructura y fases de la mediación"*, en AA.VV., *Mediación y solución de conflictos. Habilidades para una necesidad emergente*, M. Tecnos, Madrid, 2007, p. 220.

483 VINYAMATA CAMP, E., *Aprender mediación*, op. cit., p. 26.

484 ALCALÁ-ZAMORA Y CASTILLO, N., *Proceso, autocomposición y autodefensa (contribución al estudio de los fines del proceso)*, op. cit., p. 13.

485 ROMERA ANTÓN, C., *"Principios de la mediación en el ámbito penal: consideraciones desde la práctica"*, en *Sobre la Mediación Penal (posibilidades...)*, op. cit., p.155.

486 DI CHIARA, G., *"Scenari processuali per l'intervento di mediazione: Una panoramica sulle fonti"*, en *Rivista Italiana di Diritto e Procedura Penale*, nº 2, 2004, p. 501.

487 HIERRO SÁNCHEZ-PESCADOR, L., *"Aspectos éticos de los medios alternativos..."*, op. cit., p 44. Para el autor, *"este rol característico hace que los criterios de parcialidad o imparcialidad resulten inaplicables y ello nos obliga a construir un ideal regulativo nuevo al que bien podríamos denominar 'biparcialidad'"*.

II.3 La mediación penal y la economía procesal

Desde los sectores doctrinales más comprometidos con su defensa, la mediación penal es generalmente presentada como medio que va a aligerar de pleitos a la Justicia, lo que permitirá que esta pueda centrarse en las cuestiones de mayor entidad, como la persecución de la delincuencia organizada[488]. Empero, los argumentos en clave de economía procesal merecen ser objeto de una reflexión que evite posibles desilusiones futuras. Dedicaremos este epígrafe a intentar precisar si la mediación realmente supone un ahorro procesal (y por consiguiente material), y si tal argumento es tan principal como a veces se nos quiere hacer ver. Parece claro que este medio puede generar, potencialmente, una significativa ganancia en términos económico-procesales, en tanto que evitará dilaciones indebidas, práctica de diligencias innecesarias, ahorro de papel y de tiempo, etc. Desde este punto de vista sí se antoja, sobre todo en los tiempos que corren, un argumento clave para convencer de una vez a nuestros gobernantes de la viabilidad de esta figura, máxime cuando últimamente vemos que no parecen atender a otra razón a la hora de legislar.

Así, un reciente estudio presentado en el Parlamento Europeo, relativo a la mediación civil y mercantil, concluye que, si se utilizara con frecuencia, la mediación podría conllevar un ahorro de tiempo y dinero considerable y fácilmente mensurable[489]. Sin embargo, pensando a corto plazo, esto no está tan claro. El eurodiputado Klaus-Heiner Lehne, en su intervención en el Parlamento Europeo de 12 de octubre de 2012, se lamentaba de que la normativa europea en materia de mediación civil y mercantil está todavía muy lejos de alcanzar sus objetivos, afirmando que, aunque la mediación permitiría ahorrar tiempo y costes en la UE, lo cierto es que, tal y como han demostrado varios estudios cofinanciados por la Comisión, el número de asuntos en los que recurre a la mediación sigue representando un porcentaje muy pequeño en el conjunto de

---

[488] Cfr. GONZÁLEZ CANO, M. I., *"La mediación penal en España"*, op. cit., p. 33.

[489] Vid. entrevista, publicada el 4 de mayo de 2012 en *diariojuridico.com*, al presidente del Grupo Europeo de Magistrados por la Mediación (GEMME), el magistrado Agustín Azparrren. Obtenido el 18 de noviembre de 2012 en http://www.diario juridico.com/entrevista-destacada-2. Documento sin paginar.

Europa, en algunos países inferior al 0,1%, lo que, de momento, impide que puedan notarse sus consecuencias económico-procesales[490].

Es decir, que va a hacer falta todavía tiempo para que el recurso generalizado a la mediación suponga verdaderos ahorros al sistema de justicia[491]. Y, si trasladamos esta cuestión al campo penal, podemos calcular que vamos a necesitar mucho más tiempo todavía, tal vez décadas; ello por tres razones principales:

1ª) Porque unos de principales obstáculos que ha de superar la mediación es el desconocimiento público de su existencia y de sus virtudes, lo que se verá acentuado en el terreno de la mediación penal: costará más convencer a la sociedad de las excelencias de la mediación penal que de las de la civil, que es exactamente lo que está pasando con el legislador español, permeable a las fórmulas autocompositivas en el Derecho privado pero todavía receloso de su introducción en el campo del Derecho público. Es decir, va a ser necesario un lento proceso, primero de regulación y luego de difusión, para que la utilización de la mediación penal se generalice hasta poder influir significativamente en los presupuestos de las Administraciones de Justicia[492].

2º) Porque, no lo olvidemos, el Derecho penal es mucho menos propenso a la disponibilidad de los procedimientos que el civil o el mercantil. Consecuentemente, el ejercicio de la mediación en el campo penal va a estar sometido a más límites y tendrá un menor radio de acción que en aquellos. Aunque esta es una cuestión por discutir, que el presente estudio abordará más tarde, una porción muy importante de ilícitos penales va a quedar fuera del ámbito objetivo de la mediación. Pensemos, sin ir más lejos, que la mediación no va a ser posible en aquellos supuestos en que no existe una víctima corpórea,

---

490 Vid. intervención, de 12 de octubre de 2012, del diputado del Parlamento Europeo Klaus-Heiner Lehne, realizando una pregunta a la Comisión en nombre de la Comisión de Asuntos Jurídicos. Obtenido el 18 de noviembre de 2012 en http://www.europarl.europa.eu/sides/getDoc.do?pubRef=-//EP//TEXT +OQ+O-2012-000169+0+DOC+X ML+V0//ES.

491 Si bien, como hemos dicho en supra II.2.1, en España la "ley de tasas judiciales" quizá suponga un importante impulso de la mediación, si bien por la vía de la "coacción", al ya no poder permitirse muchos ciudadanos entablar un pleito judicial.

492 Vid., como ejemplo a este respecto, la conclusión nº 7 al final de esta monografía, sobre las cifras alcanzadas en Alemania, donde la mediación penal posee largos años de recorrido.

sino que se atenta contra la generalidad, como los delitos contra la seguridad colectiva, que en 2011 acapararon casi la mitad de las 274.000 condenas dictadas en España[493]. Repárese, por otro lado, en la abundancia de delincuentes multireincidentes, con los que se podrá llegar fácilmente a un acuerdo de conformidad, pero no de mediación, porque aquellos escapan a la esencia y finalidad misma de este instrumento.

Además, los procesos penales menos "mediables" suelen ser precisamente los más costosos[494] (pensemos por ejemplo en un asesinato: los costes que suponen los estudios biológicos, balísticos, etc.). De igual manera, si la mediación civil no prospera, los gastos del proceso tradicional acabarán siendo impuestos a la parte perdedora en forma de costas procesales, mientras que en el campo penal estas son asumidas generalmente por el erario público.

3ª) Y porque, tampoco lo olvidemos, el coste de la mediación civil o mercantil va a ser afrontado por las partes: ellas serán las que abonen los servicios del mediador, pues la suya es, en esencia, una profesión privada. La puesta en marcha de la mediación penal, por el contrario, necesita de la instalación de los oportunos servicios públicos de mediación penal, dentro de los propios edificios de justicia, en las oficinas de atención a la víctima o donde se decida, pero es indudable que su montaje va a requerir un esfuerzo económico que corresponderá al Estado o a las Comunidades Autónomas. Después, con el paso de los años y la disminución de los procesos penales, el gasto se irá amortizando acaso hasta convertirse en una inversión positiva pero este, como decimos, será un proceso muy lento.

En conclusión, la mediación, en concreto la penal, podrá acabar siendo rentable, pero no antes de que transcurra un lapso temporal muy considerable. De esta manera, para evitar incurrir en un razonamiento que pueda ser tachado de falaz, no se debe contemplar el ahorro como el principal argumento a favor

---

[493] Tan sólo los delitos contra la seguridad vial, supusieron un 42% del total de delitos conocidos. Fuente: Instituto Nacional de Estadística. Obtenido el 20 de enero de 2013 en http://www. ini.es.

[494] Este vocablo, que podríamos definir como "susceptible de ser guiado por los cauces de la mediación", no está recogido oficialmente en nuestra lengua pero es muy útil y utilizado en la materia, por ello se entrecomilla. En adelante, una vez presentado al lector, irá sin comillas.

de la implantación de la mediación penal. Por otro lado, y esto es muy importante decirlo, la interpretación de la utilidad de la mediación en clave económica puede llevar a su burocratización, uno de los grandes peligros a evitar, es decir, a que, con tal de "acabar cuanto antes" y ser más eficientes se termine perdiendo el respeto a los principios y a las pautas que han de respetarse en toda mediación. Esto es lo que parece estar ocurriendo con alguna modalidad consolidada de JR, como las conferencias familiares en Australia y Nueva Zelanda, de las que ya se ha hablado. Para agilizar las mismas, de un tiempo a esta parte se está extendiendo la mala costumbre de realizarlas telefónicamente[495], algo que priva de la cercanía personal con los protagonistas del conflicto, precisamente uno de los defectos que se achacaron a la justicia oficial para defender la instauración de estos sistemas.

Por todos los motivos aducidos, nos sumamos al sector doctrinal que descarta la tesis del ahorro a la hora de promocionar esta figura[496].

---

[495] Cfr. MERINO ORTIZ, C., ROMERA ANTÓN, C., *"Conferencias de grupos familiares y sentencias circulares: dos formas ancestrales de resolución de conflictos..."*, op. cit., p. 300.

[496] Vid., por todos, RÍOS MARTÍN, J. C. *et al.*, *La mediación penal y penitenciaria. Experiencias de diálogo en el sistema penal para la reducción de la violencia y el sufrimiento humano*, op. cit., pp. 84 ss, DEL MORAL GARCÍA, A., *"Perspectivas de la mediación en el ámbito penal. Reflexiones de un fiscal"*, en *Revista Familia*, nº 36, 2008, pp. 84 ss. Para este Fiscal del Tribunal Supremo, este tipo de argumentos utilitaristas son "alzaprimados" por los defensores de las técnicas mediadoras. Además, hacer depender en exceso las ventajas de la mediación del aligeramiento de la carga de trabajo hace un flaco servicio a la filosofía favorable, por lo que no han de ser criterios utilitaristas los principales valedores de la justicia restaurativa.

CAPÍTULO III. COMPATIBILIDAD DE LA MEDIACIÓN CON LOS FUNDAMENTOS DE NUESTRO DERECHO PENAL

Una revolución no es la anarquía.

Rudolf von Ihering, *El fin en el Derecho.*

Según se avanzó en el primer capítulo, el modelo de mediación penal que se propone no conlleva una dejación de funciones por parte del Estado. La mediación se ha de hacer un hueco en nuestro sistema penal sin quebrarlo y, como advierte QUINTERO OLIVARES, cualquier otro planteamiento que olvide esta cláusula está condenado al fracaso[497]. Pero, para ello, es necesario cohonestar premisas tan disímiles como el *nullum crimen sine poena* y la colaboración autor-víctima, misión compleja, pero factible. Y es que, de acuerdo con BARATTA, el gran reto del Derecho penal hoy es el de su transformación con arreglo a sus propios principios[498].

De conformidad con la sistemática propuesta, y dejando para el capítulo V lo relativo a la concreción de los tipos penales susceptibles de mediación, a continuación se analizan, en primer lugar, las posibilidades de articulación de la mediación con los principios que vienen predicándose de nuestro Derecho penal desde época clásica, para después centrarnos en las garantías procesales del imputado, que como es sabido son consecuencia de tales principios. Finalmente, haremos referencia a una cuestión que consideramos capital, como es la de la integración de la reparación acordada en el marco de un procedimiento de mediación, que denominaremos *reparatio per mediationem,* en las teorías tradicionales de los fines de la pena.

---

[497] QUINTERO OLIVARES, G., *"Sobre la mediación y conciliación en el sistema penal: situación y perspectiva de futuro"*, en AA.VV., *Violencia de género, justicia restaurativa y mediación.* La Ley, Las Rozas (Madrid), 2011, p. 505.

[498] BARATTA, A., *"Funciones instrumentales y simbólicas del Derecho penal: una discusión en la perspectiva de la criminología crítica"*, op. cit., p. 55.

III.1 Compatibiliad con los principios clásicos del Derecho Penal

Como se ha dicho a lo largo del presente trabajo[499], nuestro esquema penal tiene su basamento ideológico en la filosofía ilustrada y está fuertemente ligado al concepto de Estado surgido tras el derrumbamiento del absolutismo. La teoría del contrato social sometió el poder de gobernantes y jueces al imperio de la Ley y consagró un conjunto de principios y garantías que supuso la proscripción de los tormentos arbitrarios. Empero, simultáneamente, la racionalidad del nuevo sistema elevó el castigo a la categoría de corolario ineluctable de toda infracción de la norma penal. *"No bastará la prontitud en la pena, para que produzca buenos efectos, si al mismo tiempo no es irremisible, que es la otra cualidad que debe tener"*, decía LARDIZÁBAL Y URIBE[500]. Así, cualquier solución al problema penal que se aparte del *nullum crimen sine poena* sobre el que se ha construido nuestro esquema penalístico cae abiertamente, al menos en teoría, en la heterodoxia.

Ahora bien, la garantías que conforman el principio de legalidad, que tan importante papel desempeñaron en la superación del oscurantismo jurídico medieval[501] y en la conformación del Estado de Derecho, han de ser objeto de adaptación a los días actuales, en los que la complejidad de las relaciones económicas y personales del siglo XXI ha comportado el incremento geométrico de los conflictos legales[502]. Se necesita flexibilizar el contenido de los axiomas tradicionales de nuestro sistema jurídico, para poder convenirlo con el de otros emergentes, llamados a ser la punta de lanza de las reformas que la Justicia

---

[499] Vid. supra I.2.1, relativo al olvido de la víctima, y I.3.1, sobre la estandarización de la pena de prisión.

[500] LARDIZÁBAL Y URIBE, M., *Discurso sobre las penas...*, op. cit., p. 57. En similares términos, BECCARIA había manifestado que *"...hacer ver a los hombres la posibilidad de poder perdonar los delitos, y que la pena no es necesaria consecuencia suya, es fomentar el halago de la impunidad, y manifestar, que pudiéndose perdonar, las sentencias no perdonadas son más bien violencias de la fuerza que providencias de la justicia"* (BECCARIA [BONESANA, C., Marqués de], *Tratado de los delitos y las penas*, op. cit., pp. 164-165).

[501] Oscurantismo que alcanzaba su máxima expresión en el proceso penal, pues, aparte de la oscuridad literal de las mazmorras, como señala FOUCAULT, antes de la Revolución Francesa, en los países europeos, salvo Inglaterra, todo el procedimiento penal, hasta la sentencia, se mantenía en secreto, sin que ni el acusado pudiera conocer los cargos ni las pruebas practicadas, *"el saber era privilegio absoluto de la instrucción del proceso"*. FOUCAULT, M., *Vigilar y castigar: nacimiento de la prisión*, op. cit., p. 41.

[502] ORTUÑO MUÑOZ, P., *"El papel del abogado en la mediación"* (2010), op.cit., documento sin paginar. Vid. capítulo I del presente trabajo, dedicado a la crisis del sistema de justicia penal.

demanda, como el principio de oportunidad, de cuya mano podrá instalarse la mediación penal. Cuando, a fin de garantizar la función de la ley y de proteger los derechos fundamentales del presunto infractor se exige, desde las posiciones más puristas de la ciencia penal, que se mantenga la formalización clásica del proceso, se olvida que este de tipo de justicia está siendo, en la práctica de nuestros días, de muy escasa calidad. Como se dijo al comienzo de este trabajo, no es lo mismo el hurto del monedero de la señora sentada en el parque que las estafas bancarias de miles de millones, y sin embargo el esquema clásico parece perseguir con más virulencia la primera de las infracciones. Por eso, hay que conservar los *"magníficos edificios vacíos erigidos por la cultura moderna"* como los llama GROSSI (legalidad, certeza del derecho), pero dotados de un contenido encaminado a darles *"una legitimación no solo formal"*[503].

Y, ante la pregunta de hasta cuánto pueden doblarse sin partirse los principios penales clásicos, su límite de resistencia, el punto de fractura hasta donde poder avanzar, ha de buscarse en la Constitución. Toda restricción que el legislador haya querido dar a cualquier sector del Derecho debe partir de los principios constitucionales, por lo que, como afirmó NUVOLONE, también la Constitución es el límite de interpretación de la norma penal[504]. Por ello, lo que tenemos que analizar es si las innovaciones que se formulan en aras de la mejora del modelo de justicia penal, como la que aquí nos ocupa, son incardinables o no en nuestro marco constitucional penal. La Constitución no alberga en su seno una determinada política criminal ni establece unos criterios fijos, pero sí marca unos parámetros generales y consagra un sistema de valores que no pueden ser contradichos[505]. Los principios constitucionales están

---

[503] GROSSI, P, *Mitología jurídica de la modernidad*, op. cit., p. 37.

[504] NUVOLONE, P., *Il sistema del diritto penale*, Cedam, Pádova, 1975, p. 35. *"La Costituzione puó considerarsi la struttura portante del sistema penale"*, dijo el maestro lombardo. En el mismo sentido, COBO DEL ROSAL, M., VIVES ANTÓN, T. S., *Derecho penal. Parte General*. 5ª edición. Tirant lo Blanch, Valencia, 1999, p. 88. Sobre las relaciones entre Derecho constitucional y penal, vid. TIEDEMAN, K., *"Constitución y Derecho penal"* (trad. de Luis Arroyo Zapatero), en *Revista Española de Derecho Constitucional*, nº 33 (separata), pp. 144-172. En su opinión, *"un cierto ámbito de las cuestiones fundamentales de la dogmática penal están abiertas a la influencia directa del orden constitucional, es decir, en cierto modo se encuentran a la vez dentro de las fronteras de la Constitución y en vinculación con la política criminal"* (op. cit., p. 148

[505] CARBONELL MATEU, J. C., *Derecho penal: concepto y principios constitucionales*, op. cit., p. 84. En el mismo sentido, TERRADILLOS BASOCO, J. M., *"La Constitución penal. Los derechos de la libertad"*, en CAPELLA HERNÁNDEZ, J. R. (ed), *Las sombras del sistema constitucional español*. Trotta, Madrid, 2003, p. 357; URÍAS MARTÍNEZ, J., *"El valor constitucional del mandato de*

llamados a determinar el alcance último de las garantías penales y procesales: mientras no quiebren aquellos, tampoco lo harán estas.

De la misma forma la mediación, la subsiguiente reparación pactada entre víctima e infractor y los efectos que esta surta, deberán inscribirse en el seno del proceso penal y ser sometidas, por tanto, al control de los representantes del Estado en dicho proceso: jueces y/o fiscales. Insertar la justicia restaurativa en el modelo penal implica la obligación de respetar las competencias de los órganos de persecución oficiales, por lo que únicamente estos tendrán la facultad de reconocer efectos procesales a la *reparatio per mediationem,* o bien de reencauzar el asunto por el ritual tradicional si la mediación no fructifica en un plazo razonable -que ha de fijarse en la ley- o si consideran que el acuerdo alcanzado lesiona principios constitucionales o derechos fundamentales de alguna de las partes o de terceros. De lo contrario estaríamos excediendo la capacidad de adaptación del andamiaje constitucional sobre el que descansa nuestro sistema penal, que terminaría cediendo y haciendo por tanto inviables la reformas que aquí se plantean.

III.1.1. Principio de legalidad versus principio de oportunidad

III.1.1.1 Planteamiento del problema

Enunciado en nuestra Carta Magna como principio (art. 9.1) y como derecho fundamental (art. 25.1), el principio de legalidad se configura en el Derecho penal clásico como una garantía de la libertad individual, un resorte limitador de las intervenciones del Estado[506], cuya finalidad consiste en dar a los ciudadanos, en la medida de lo posible, certeza sobre qué conductas pueden realizar y cuáles no; qué castigo recibirán si realizan las conductas prohibidas, así como el marco procesal y las condiciones bajo las que aquel será aplicado[507]. Desde esta perspectiva, la implantación de la mediación penal, que no siempre

resocialización", en *Revista Española de Derecho Constitucional,* nº 21, 2001, p. 48. Sobre la Constitución, no sólo como límite, sino, además, como fundamento del Derecho penal, vid. DONINI, M., *"Un Derecho Penal fundado en la carta constitucional: razones y límites. La experiencia italiana",* en *Revista Penal,* nº 8, 2001, pp. 24 ss.

506 SÁINZ CANTERO, J. A., *Lecciones de Derecho penal,* op. cit., 38.

507 SILVA SÁNCHEZ, J. M., *Aproximación al Derecho Penal contemporáneo,* op. cit., p. 252.

ofrece las mismas soluciones a casos similares, puede suponer un conflicto con tan importante conquista humana.

Si se parte de una concepción purista del principio de legalidad, su compatibilidad con un mecanismo como la mediación penal es prácticamente imposible. Pero la realidad de nuestros días nos demuestra que el principio de legalidad está muy lejos de ser un concepto inflexible. Hemos avanzado arriba que el límite hasta el que podemos llevar la modulación de este principio lo marca la Constitución. Merece la pena traer a colación las palabras de HASSEMER-MUÑOZ CONDE, escritas en 1989, que bien pueden aplicarse hoy a la cuestión de la introducción de la mediación penal:

> *Es comprensible, pues, que el legislador penal ante las condiciones de un cambio social acelerado y de un cambio rápido de las ideas normativas, caiga en la tentación de ofrecer programas de decisión flexibles, y tampoco puede negársele la legitimación para comprobar con experimentos controlados los efectos de sus decisiones favorecedoras del arbitrio judicial y, en su caso, corregirlas. Pero estas decisiones legislativas también deben poder ser controladas y corregidas. En ningún caso, puede el legislador llevar la desformalización hasta tal punto de abandonar una de las tareas fundamentales en la aplicación del Derecho penal, las garantías formales, lesionando con ello el principio de legalidad*[508].

En este sentido, cabe decir que la configuración constiucional del principio de legalidad está orientada preferentemente a garantizar el sometimiento de los poderes ejecutivo y judicial a la ley, amén de servir de garantía al ciudadano frente al poder punitivo del estado[509], lo que no obsta a la introducción del mecanismo mediador siempre que se respeten las garantías que integran el mencionado principio. Tal vez el más duro escollo sea la defensa

[508] HASSEMER, W., MUÑOZ CONDE, F., *Introducción a la Política Criminal y al Derecho Penal*, op. cit., p. 175.

[509] Cfr. CARBONELL MATEU, J. C., *Derecho penal: concepto y principios constitucionales*, op. cit., pp. 110 ss. Según resume el autor, hoy el principio de legalidad posee una categoría indiscutible de garantía del ciudadano frente al poder punitivo del Estado, y se traduce en cuatro principios que deben ser respetados: no hay delito sin ley previa, escrita y estricta, no hay pena sin ley, la pena ha de responder a un juicio justo y regulado por la ley y ha de ejecutarse según lo previsto en la ley (las denominadas garantías del principio de legalidad: criminal, penal, judicial y de ejecución).

de la legalidad que encomienda al MF el art. 124.1 de nuestra Carta Magna, traducido en la necesidad en el ejercicio de la acción penal, pero, como seguidamente comprobaremos, esto tampoco es hoy un dogma de fe.

Sabido es que el sistema de justicia penal español gravita en torno a los principios de legalidad y oficialidad: existe un interés público en castigar determinadas conductas tipificadas legalmente (principio de legalidad criminal y penal) por merecer un reproche según el parecer de la sociedad, la cual legisla indirectamente, por medio de sus representantes. Además, solo el Estado es competente para imponer el castigo a través de sus órganos jurisdiccionales (principio de exclusividad), castigo que únicamente puede resultar del proceso penal (principio de legalidad procesal). No son pocos los que piensan que, para instaurar un sistema de mediación penal en España, necesitaríamos destipificar las conductas susceptibles de guiarse por dicho sistema (con lo cual ya no sería penal y no se lesionaría, consecuentemente, el principio de legalidad penal) o proceder a una profunda reforma, ya no solo legal sino constitucional[510], debiéndose redefinir verdaderos principios programáticos de nuestro Derecho, con la consecuente dilapidación de la herencia recibida en forma de cientos de años de tradición jurídica[511]. Pero, como venimos sosteniendo, estas reformas son evitables si se inserta la mediación en el mismo proceso penal, como un mecanismo opcional para las partes y con un ámbito objetivo perfectamente

---

[510] Cfr. AGUILERA MORALES, M., *"La Mediación Penal: ¿quimera o realidad?"*, en *Revista Electrónica de Derecho de la Universidad de La Rioja (REDUR)*, nº 9, diciembre de 2011, obtenido el 12 de julio de 2012 en http://www.dialnet.unirioja.es, p. 140. Esta autora nos recuerda que existe un sector de la doctrina que entiende que las experiencias piloto en mediación penal de adultos que se están llevando a cabo en nuestro país son, no ya alegales, sino directamente ilegales, por transgredir los principios de nuestro sistema penal. Así opinan, entre otros, MANZANARES SAMANIEGO, J.L., *"La Mediación Penal"*, en *Diario La Ley*, núm. 6.900, 10 de marzo de 2008, p. 3; MARTÍN DIZ, F., *La mediación: sistema complementario de Administración de Justicia*, op. cit., p. 366; QUERALT JIMÉNEZ, J. J., para quien la mediación es incompatible con el diseño constitucional tanto de la función jurisdiccional como con el de la función del Ministerio Fiscal, salvo profundas reformas legales (del mismo, *"La mediación en España y perspectivas internacionales"*, en *Victimología y Victimodogmatica. Una aproximación al estudio de la Víctima en el proceso penal*, AA.VV., coord. REINA ALFARO, L. M. Ara, Lima, 2003, p. 241; del mismo autor, *"Víctimas y garantías: algunos cabos sueltos. A propósito del Proyecto Alternativo de la Reparación"*, en SILVA SÁNCHEZ, J. M., [ed.], *Política criminal y nuevo Derecho penal, libro homenaje al profesor Claus Roxin*. Bosch, Barcelona, 1997, pp. 147-149).

[511] Cfr. CHOZAS ALONSO, J. M., *"La ´conformidad´ en el proceso penal español"*, en *Temas de derecho procesal penal de México y España*, AA.VV., coords. CIENFUEGOS SALGADO, D., NATARÉN NANDAYAPA, C. F., RÍOS ESPINOSA, C. Universidad Autónoma de México, México D. F., 2005, p. 320.

delimitado por la ley, siendo la autoridad estatal (juez, fiscal o ambos) quien supervise su adecuación y la de los acuerdos alcanzados a los principios y garantías constitucionales[512].

Acudiremos entonces al llamado principio de oportunidad como llave de paso de las soluciones autocompositivas en el proceso penal. Pero, ¿qué es el principio de oportunidad? El profesor GIMENO SENDRA, según definición ya clásica, lo explica como *"la facultad que al titular de la acción penal asiste, para disponer, bajo determinadas condiciones, de su ejercicio con independencia de que se haya acreditado la existencia de un hecho punible contra un autor determinado"*[513]. A su vez, MAIER lo concibe como:

> *La posibilidad de que los órganos públicos, a quienes se les encomienda la persecución penal, prescindan de ella, en presencia de la noticia de un hecho punible o, inclusive, frente a la prueba más o menos completa de su perpetración, formal o informalmente, temporal o definitivamente, condicionada o incondicionalmente, por motivos de utilidad o razones político criminales*[514].

Queda claro, entonces, que la esencia de la distinción entre legalidad y oportunidad radica en la facultad que se reconoce al encargado del ejercicio de la pretensión penal, el Ministerio Público, de adoptar decisiones discrecionales en cuanto a su ejercicio y persecución. Ello se encuentra proscrito bajo la órbita de la legalidad y, por el contrario, constituye la característica definitoria de la oportunidad[515]. En el sistema procesal regido por el principio de legalidad, necesariamente ha de iniciarse un procedimiento penal ante la sospecha de comisión de cualquier hecho delictivo, sin que el MF pueda instar el sobreseimiento mientras subsistan los presupuestos que lo originaron y exista

---

[512] Aunque hay autores, como ESQUINAS VALVERDE, que sostienen que, ante críticas tan contundentes como las que se han formulado (vid. notas supra), *"quizás debería optarse de lege ferenda por configurar la mediación exclusivamente como un proceso ´paralelo´ y no ´alternativo´ al juicio convencional, a fin de que pudiera emitirse una declaración de culpabilidad por parte del tribunal"*, lo que sortearía el conflicto con el principio de legalidad y sus consecuentes (de la misma, *Mediación entre víctima y agresor en la violencia de género*, op. cit., p. 94).

[513] GIMENO SENDRA, V., MORENO CATENA, V. y CORTES DOMINGUEZ, V., *Derecho Procesal. Proceso penal.* Tirant Lo Blach. Valencia, 1993, p. 56.

[514] MAIER, J. B., *"La victima y el sistema penal"*, op. cit., p. 109.

[515] MARTÍNEZ GAMBOA, R. J., *Vías Alternativas a la Solución de Conflictos en el Proceso Penal*, Editorial Académica Española, Saarbrücken, 2011, p. 57.

un imputado. Por su parte, un sistema procesal regido por el principio de oportunidad autoriza a los titulares de la acción penal, si se cumplen los presupuestos legales, a ejercitarla, incoando el procedimiento o facilitando su sobreseimiento[516].

Pero no nos asustemos: la oportunidad no tiene por qué ser el borde de ese abismo de trampas y mercadeos procesales que muestran las películas de juicios norteamericanas, que tanto pavor nos infunde a los juristas del sistema napoleónico. Todo depende del modelo que se decida adoptar. Así, existen dos grandes patrones de aplicación del principio de oportunidad, según se conciba su recurso como regla general o como excepción a la misma[517]:

A) La oportunidad como regla general.

Para el primero de los modelos la oportunidad es la regla, elevada a base rectora de la persecución penal. Este es el sistema adoptado en el Derecho estadounidense, donde el ejercicio de la acción penal (*prosecution*), constituye una función pública de naturaleza ejecutiva, que se rige por los principios de monopolio y discrecionalidad. La *prosecutorial discretion* implica que el fiscal (*prosecuting attorney* o *prosecutor*) no está obligado al ejercicio de la acción penal ante la existencia de la *notitia criminis*, pudiendo decidir libremente si la ejerce o no y, en caso afirmativo, qué cargos imputa al acusado, decisión que no depende únicamente de criterios técnicos, sino que obedece a razones de pura oportunidad[518].

La principal herramienta procesal del fiscal estadounidense es el llamado *plea bargaining*, que no es sino una negociación pura y dura con el acusado, un

---

[516] TODOLÍ GÓMEZ, A. (2008), *Reflexiones sobre la aplicación del principio de oportunidad en el proceso penal y su ejercicio por el ministerio fiscal.* Obtenido el 22 de junio de 2012 en http://noticias.juridicas.com.

[517] Vid. BOVINO, A., "*La víctima como sujeto público y el Estado como sujeto sin derechos*", en *Lecciones y Ensayos* (buenos Aires), nº 59, 1994, pp. 5 ss, del mismo, *Problemas en el Derecho procesal contemporáneo*, op. cit., pp. 230 ss.; MARTÍNEZ GAMBOA, R. J., *Vías Alternativas a la Solución de Conflictos en el Proceso Penal*, op. cit., pp. 41 ss.; CORIGLIANO, M. E.,"*Juicio abreviado: una imposición de criterios de oportunidad en el sistema penal*", en *Derecho y cambio social*, nº 21, 2010, obtenido el 11 de noviembre de 2012 en http://www.derechoycambiosocial. com, p. 1 ss.

[518] TINOCO PASTRANA, A., *Fundamentos del sistema judicial penal en el Common law*, Servicio de Publicaciones de la Universidad de Sevilla. Sevilla, 2001, p. 140.

toma y daca culminado con el *guilty plea*[519], la declaración de culpabilidad del acusado una vez este ha aceptado la petición de pena que previamente ha negociado con el *prosecutor*. Los términos de la negociación no solo giran en torno a la pena; también pueden modificarse los propios hechos objeto del proceso, algo impensable en nuestro sistema y que desde luego jamás compartiríamos. Ello puede dar lugar a condenas aun contra un imputado que confiesa un delito *"legal y lógicamente imposible"*[520]. La inmensa mayoría de los asuntos penales en los Estados Unidos se resuelven sin llegar al *trial* (juicio oral con jurado), y la proporción del *plea bargaining* frente al juicio oral es de 10 a 1[521]: más del 90 por ciento de los acusados se declara culpable antes de correr el riesgo de ir a juicio por un hecho más grave o por una pena mayor[522].

Las casi ilimitadas facultades que tiene el *prosecutor* durante la negociación, que le permiten aumentar o disminuir la petición de pena y cambiar los cargos por otros distintos hacen, como apunta ORTIZ ÚRCULO, que el sistema se vea expuesto a peligros como el de que el acusado llegue a declararse culpable de delitos que no ha cometido, y además sin la garantía de un juicio. Según dicho autor, como ventajas de este sistema, pueden apuntarse:

- Para el acusado: cuando ve el riesgo de ser condenado, consigue eludir el juicio, obtiene una pena menor y de manera más rápida, y empieza antes su rehabilitación.
- Para el *prosecutor*: alcanza la condena sin problemas de pruebas, evitando así riesgos de absoluciones y engordando sus estadísticas.
- Para los abogados: además de obtener la reducción de penas, ahorran trabajo por el mismo precio y dicen haber conseguido un buen acuerdo para su cliente.

---

[519] Cfr. LUDEÑA BENÍTEZ, O. D., *Breves reflexiones sobre la justicia penal negociada en el Derecho Español y comparado* (2008), obtenido el 10 de julio de 2012 en http://noticias. juridicas.com, documento sin paginar; SCHÜNEMANN, B., *"¿Crisis del procedimiento penal? (¿marcha triunfal del procedimiento penal americano en el mundo?)"*, en *Revista de Derecho Penal* (Montevideo), nº 11, 2000, pp. 111-112.

[520] CARRIÓ, A., citado por BOVINO, A.,*"La víctima como sujeto público y el Estado como sujeto sin derechos"*, op. cit., p. 6.

[521] LUDEÑA BENÍTEZ, O. D (2008). *Breves reflexiones...*, op. cit., documento sin paginar.

[522] ORTIZ ÚRCULO, J. C., *"El principio de oportunidad: naturaleza, ámbito de aplicación y límites"*, en AA.VV., *El proceso en el siglo XXI y soluciones alternativas,* Centro de Estudios Jurídicos, Madrid, 2004, pp. 3.396 ss.

- Para el Estado: no solo porque la obtención más rápida de la pena hace que esta sea más eficaz y cumpla mejor sus fines sino por el ahorro en términos de economía procesal -y desde luego material- al evitarse el juicio que, en ese país, es siempre con jurado.

Y, como inconvenientes:

- Un posible trato discriminatorio de las personas marginadas, que no cuentan con abogados hábiles en la negociación frente a los profesionales del crimen, que son dirigidos por expertos consejeros legales.
- Un atentado al principio de legalidad porque las penas pierden su fin de prevención general y especial al poder obtenerse con la negociación grandes rebajas que administran como en un mercado los administradores de la justicia (*procurators*) con excesivo poder y discrecionalidad, a veces regida por intereses particulares, como los electorales[523], sin que en ello tenga nada que ver el legislador.
- Una lesión de garantías constitucionales, pues el acusado se verá privado de ellas al declararse culpable, muchas veces sin serlo o con grandes posibilidades de haber sido absuelto.
- La declaración de culpabilidad es, muy a menudo, desconocedora de la certeza de las pruebas de cargo y se realiza en demasiadas ocasiones por miedo a una posible condena y por la presión que se ejerce sobre personas que son inocentes.
- Existe un trato desigual entre los condenados con juicio que obtienen penas más severas por el mismo hecho que los condenados mediante negociación[524].

SCHÜNEMANN, muy crítico con esta figura, afirma que el *plea bargaining* ha transformado la búsqueda de la verdad en un "agárrate como

---

[523] No se olvide que los responsables de las fiscalías norteamericanas lo son por elección popular, y su efectividad en relación a las condenas conseguidas es un dato clave para su reelección. Cuando se comete un crimen especialmente desagradable en un distrito, el Fiscal jefe debe encontrar al culpable y obtener su condena o probablemente no sea reelegido. Afortunadamente para todos nosotros, en España el fiscal es un funcionario de carrera.

[524] ORTIZ ÚRCULO, J. C., *"El principio de oportunidad: naturaleza, ámbito de aplicación y límites"*, op. cit., pp. 3.396 ss.

puedas"[525], mientras que ALCALÁ-ZAMORA lo tildó en su día de "bochornoso chalaneo"[526], de tira y afloja entre acusador y acusado para que este se declare culpable y, si se ponen de acuerdo, se le condene por un delito de menos importancia que el cometido en realidad[527]. El magno procesalista español pensaba que, fruto de las críticas recibidas, este *"lamentable coadyuvante de justicia penal norteamericana"* se iba a ir utilizando cada vez menos[528], pero ya hemos visto que se equivocó, pues supone el noventa por ciento de las acusaciones penales en aquel país.

B) La oportunidad como excepción a la regla de la legalidad.

El segundo modelo del principio de oportunidad empieza a abrirse paso en países europeos continentales como España, donde rige la tradición de la legalidad en la persecución penal[529]. En esta segunda variante, conocida como "oportunidad reglada", la oportunidad opera como excepción a la regla de

---

[525] SCHÜNEMANN, B., *"¿Crisis del procedimiento penal?...",* op. cit., p. 118.

[526] ALCALÁ-ZAMORA Y CASTILLO, N., *Proceso, autocomposición y autodefensa (contribución al estudio de los fines del proceso),* op. cit., p. 89.

[527] ALCALÁ-ZAMORA Y CASTILLO, N., *Cuestiones de terminología procesal.* Universidad Autónoma de México, México D. F., 1972, pp. 58-59.

[528] Ídem.

[529] Alemania puede considerarse el país arquetipíco con tradición de *Civil law* en el que se ha reconocido el principio de oprtunidad (*Opportunitätsprinzip*) en el proceso penal, tanto de adultos como de menores, ello merced a las reformas legales de comienzos de los años 90 del pasado siglo, de las que hablaremos en infra VII.1, si bien la oportunidad ya se reconoció en la "Ley Emminger", de 4 de enero de 1924, que introdujo el parágrafo 153 StPO para facultar la renuncia a la persecución de la criminalidad bagatelaria, disparada a consecuencia de la penuria económica padecida en Alemania tras la I Guerra Mundial. Se trata de una oportunidad reglada, sometida a los condicionamientos legales. Así, en el proceso de adultos, en virtud de los dispuesto en los §§ 153a y ss. StPO, el fiscal, por razones de oportunidad, puede decretar el archivo de las actuaciones, suavizar las penas o sustituirlas por imposiciones o mandatos en los siguientes casos: 1) Si estima que la continuación del proceso provocará el peligro de una grave desventaja para el Estado o cuando se opusieran a la persecución otros intereses públicos superiores (generales o de la comunidad; 2) En determinados supuestos, si el arrepentimiento activo del acusado sirve para esclarecer el hecho delictivo o para evitar sus consecuencias; 3) Si se puede ayudar a la víctima de un chantaje no persiguiendo el hecho delictivo con el que está coaccionada cuando dicho delito le sea imputado a ella o a persona con la que exista suficiente proximidad afectiva; 4) Si en determinados delitos de escasa relevancia (pena privativa de libertad inferior a un año) se plantea una cuestión prejudicial ante otro orden jurisdiccional civil o administrativo y es resuelta en el plazo señalado por el fiscal, que también puede variarlo, cabe el archivo del procedimiento penal; 5) En la denominada pequeña criminalidad o de escasa reprochabilidad, el fiscal esta facultado para decretar el archivo cuando concurran dos requisitos: escasa culpabilidad y falta de interés público en la persecución. Este archivo deberá ser confirmado por decisión motivada del juez, salvo que concurran además otros tres requisitos, en cuyo caso no es necesaria la intervención del juez: tratarse de un delito contra la propiedad, haber producido escasos daños y ser mínima la pena. En todos estos casos se ofrecen al acusado determinadas condiciones o mandatos que ha de cumplir a cambio del archivo. Complétese con infra VII.1, sobre la mediación penal en Alemania.

legalidad y permite, en algunos casos definidos por la ley, prescindir de la persecución penal pública. Aunque su principal *leitmotiv* es el interés del Estado (mayor celeridad y eficacia procesales, menores costos de la justicia), también atiende a consideraciones como la relación entre el autor y el hecho o entre el autor y su víctima. Defendemos esta concepción del principio de oportunidad como base para admitir la posible operatividad de la mediación penal, al menos tal y como la concibe el presente estudio, pues no es posible en nuestro sistema proyectar dicho principio de manera semejante a como se hace en los países que siguen el modelo de justicia criminal angloamericano, donde la oportunidad significa la libertad absoluta para decidir sobre el ejercicio de la acusación penal. Contemplamos el principio de oportunidad, de cuyo reconocimiento puede beneficiarse la mediación penal, de forma restringida, solo dentro del marco jurídico y bajo las condiciones que previamente marque la ley.

En este horizonte, inevitablemente aparece la pregunta de si el principio de oportunidad, por muy reglado que sea, puede coexistir en nuestro sistema penal con el de legalidad y sus consecuentes, como los de igualdad, proporcionalidad de las sanciones y seguridad jurídica. Tomemos como referencia la Recomendación del Consejo de Europa nº R (87), de 17 de septiembre, citada en supra IV.1.2, que aconsejó adoptar la oportunidad penal en aquellos Estados *"donde las tradiciones constitucionales y legales lo permitan"*[530]. Entonces, ¿lo permite nuestra tradición? Prima facie, la respuesta es no. Pero, ¿lo permite nuestra legislación? Creemos que sí, de manera que, lo primero que hay que decir, es que nuestra tradición está cambiando, se está adaptando al hecho ineluctable de que el proceso penal no puede abarcarlo todo. Por ello, en el Derecho penal español de adultos[531] ya existen palmarios reflejos del principio de oportunidad, tanto en el Código Penal[532] como, fundamentalmente,

---

[530] Art. III.7: *"Donde las tradiciones constitucionales y legales lo permitan, el procedimiento de la ´declaración de culpabilidad´ en el que el infractor es requerido por el tribunal al comienzo del proceso para acaptar o negar los cargos, o similares procedimientos, deben ser implantados. En ellos, el tribunal debe tener la facultad de prescindir de total o de parte de la instrucción de la causa y proceder inmediatamente a dictar sentencia y a decidir, cuando sea apropiado, una vez estudiada la personalidad del acusado, una rebaja de la pena a imponer"*.

[531] Pues en el de menores ya está consagrado el principio de oportunidad, como se verá en infra IV.3.

[532] Puede considerarse, por ejemplo, una expresión del principio de oportunidad, la forma de tipificar el chantaje atribuyendo al fiscal la potestad de no acusar por el delito con cuya

en nuestra multiparcheada ley rituaria: nos referimos, aunque no es el único[533], al instituto de la conformidad. Pese a que en el procedimiento ordinario ya existía de antiguo la aceptación por el acusado de la pena solicitada por la acusación (art. 655 LECr), el verdadero giro se produjo a raíz de la promulgación de la LO 7/88, de 28 de diciembre, que introdujo la posibilidad, dentro del procedimiento abreviado de nuevo cuño, de que la conformidad pudiera formalizarse por la defensa *"conjuntamente con el escrito de acusación del Ministerio Fiscal"* (art. 791.3 LECr, ya derogado). Si bien nuestro legislador siempre ha sido muy cuidadoso en mantener la configuración de la conformidad como acto unilateral de la defensa, mediante el que es esta, y no el MF, quien dispone de la pretensión, la frase citada abrió la puerta a la negociación y, para un sector de la doctrina, la caja de Pandora[534]. Muestra de ello es la Circular de la FGE 1/989, dictada con motivo de la entrada en vigor de la ley arriba referida, alguno de cuyos pasajes desliza cierta consciencia de que la nueva regulación de la conformidad en el procedimiento abreviado estaba implantando el embrión de la oportunidad en el proceso penal español. Así, en

---

revelación se hubiera amenazado, si estuviere sancionado con pena que no excede de dos años, o al Juez o Tribunal con la de rebajar la sanción en uno o dos grados si la pena del delito excediere de aquel límite (art. 171.3 CP).

[533] Así, es posible encontrar alguna otra manifestación, como la contenida en el art. 969.1 LECr, que señala: *"El Fiscal asistirá a los juicios sobre faltas siempre que a ellos sea citado. Sin embargo, el Fiscal General del Estado impartirá instrucciones sobre los supuestos en los que, en atención al interés público, los Fiscales podrían dejar de asistir al juicio, cuando la persecución de la falta exija la denuncia del ofendido o perjudicado. En esos casos, la declaración del denunciante en el juicio afirmando los hechos denunciados tendrá valor de acusación, aunque no los califique ni señale pena"*.

[534] Se han opuesto a la conformidad, al menos tal y como ha sido configurada en los últimos años, entre otros, CHOZAS ALONSO, J. M., *"La 'conformidad' en el proceso penal español"*, op. cit., pássim; CORIGLIANO, M. E., para quien *"este sistema implica, necesariamente, una franca imposición de criterios de oportunidad en el proceso que colisiona con precedentes de nuestra historia jurídica y conlleva a graves renunciamientos en el ordenamiento procesal y constitucional"* (del mismo, *"Juicio abreviado: una imposición de criterios de oportunidad en el sistema penal"*, op. cit., pp. 1 ss.); DELGADO BARRIO, J., *"El principio de oportunidad en el proceso penal: aplicación de la doctrina de los conceptos jurídicos indeterminados"*, en AA.VV., *La reforma del proceso penal*, Ministerio de Justicia, Madrid, p. 312; MOLINA LÓPEZ, R., *"La McDonalización del proceso penal (la indemnización de perjuicios en el proceso penal como sustituto de la pretención punitiva)"*, en *Revista Facultad de Derecho y Ciencias Políticas* (Universidad Pontificia Bolivariana, Colombia), vol. 38, nº 19, 2008, obtenido el 19 de agosto de 2012 en http://www.redalyc.uaemex.mx, p. 314; QUERALT JIMÉNEZ, J. J., *"La mediación en España y perspectivas internacionales"*, op. cit., p. 240; RUIZ VADILLO, E., *"El principio de oportunidad reglada"*, en AA.VV., *La reforma del proceso penal*, Ministerio de Justicia, Madrid, pp. 391 ss. El magistrado defendía la absoluta incompatibilidad entre legalidad y oportunidad y, por tanto, la inconstitucionalidad del segundo (op. cit., p. 401); SCHÜNEMANN, B., *"¿Crisis del procedimiento penal?..."*, op. cit., pp. 113-114. En opinión del profesor alemán, la conformidad implica el otorgamiento de un espacio para el *plea bargaining*. Los acuerdos informales, continúa el mismo autor, son *"un hacha para las raíces de una tradición centenaria"*, y afectan a la esencial separación entre sistema jurídico y económico.

su punto III.C, no en vano titulado "La introducción del principio de ´consenso´", señalaba:

> *El Ministerio Público deberá promover esas soluciones facilitadoras de la sentencia, no ciertamente apartándose de la legalidad, pero sí utilizando todos los márgenes de arbitrio legal para llegar a situaciones de consenso con el acusado y su defensa, especialmente en el ámbito de los delitos menos graves y de menor trascendencia social.*

Si ya se hablaba en semejantes términos en 1989, posteriores reformas han ampliado el radio de acción de la conformidad, como la operada por la Ley 38/2002 y su complemento, la LO 8/2002, ambas de 24 de octubre, que sustituyeron el meritado art. 791.3 LECr por el actual 787.1, el cual permite a la defensa, antes de iniciarse la práctica de la prueba, mostrar su conformidad con el escrito de acusación *"que contenga pena de mayor gravedad, o con el que se presentara en ese acto"*. La reforma de 2002 conllevó también la regulación de los llamados "juicios rápidos", a los que se aparejó una modalidad de conformidad "premiada"[535], mediante la que el acusado que claudica ve reducida en un tercio la pena solicitada por la acusación no superior a los tres años de prisión (art. 801 LECr). Esta solución se certifica en una "sentencia de conformidad", dictada sin actividad plenaria alguna por el juez de instrucción de guardia, de manera que los juicios rápidos son tan rápidos que no hay ni juicio. A su vez, la LO 5/1995, de 22 de mayo, extendió la conformidad al procedimiento ante el Tribunal del Jurado (art. 50), aunque, por una evidente cuestión numérica, su relevancia es

[535] Vid. LUDEÑA BENÍTEZ, O. D., *Algunos aspectos polémicos de la conformidad "premiada" del art. 801 de la LECRIM: los modos de obtenerla y la competencia inicial para la ejecución de la pena* (2007). Obtenido el 18 de enero de 2013 en http://www.noticias.juridicas.com, documento sin paginar. Por su parte, ÁLVAREZ SACRISTÁN, I. (*"¿Por qué la mediación penal?"*, en *Diario La Ley*, nº 7.699, 21 sept. 2011, p. 6), discrepa de esta denominación, alegando que no es acorde con la definición del DRAE (*"recompensa, galardón o remuneración que se da por algún mérito o servicio")*. Pensamos, no obstante, que el vocablo está muy bien traído, y que responde a la intención del legislador: ofrecer al acusado la rebaja punitiva a modo de premio por ahorrar un juicio al Estado. En todo caso, si la definición antedicha no casa con esta modalidad de conformidad, ofrecemos otra definición del DRAE que encaja a la perfección, como es la de la acepción de "premio de consolación": *"pequeño favor con que se pretende consolar a quien ha visto frustradas sus esperanzas"*.

mucho menor que en los procedimientos antes mentados[536]. Estos mecanismos fueron plasmados en la LECr como excepciones a la regla general, pero su uso se va intensificando cada vez en mayor medida. Sin ir más lejos, en el año 2012, el 79% de las acusaciones públicas en el seno de diligencias urgentes ante el Juzgado de Instrucción se formuló de conformidad con la defensa del acusado, mientras que en el caso de los juicios ante los Juzgados de lo Penal y ante las Audiencias Provinciales el porcentaje fue del 58%[537].

Puede decirse, en fin, que aquel que desdeñe la acogida del principio de oportunidad en nuestro Ordenamiento penal, congruentemente debería oponerse también a la existencia de la conformidad, dados los claros destellos de dicho principio que esta figura emana. Además, cuando la conformidad se conjuga con los crecientes márgenes de discrecionalidad que el Código Penal concede al juzgador en sede de individualización de la pena, las posibilidades de transacción procesal penal (a la que el juez no siempre es ajeno) se multiplican geométricamente, por lo que no ha de extrañar que nuestros foros judiciales se conviertan, en ocasiones, en una suerte de mercados persas, *sit venia verbo*, especialmente en materia de juicios rápidos y de procedimiento abreviado; cualquiera que acostumbre a pisar los estrados asentirá al respecto[538]. Por otra parte, esto no significa que el MF siempre "desinfle" sus escritos de acusación para estimular la conformidad de la defensa. Muchas veces, y acaso esto es peor, lo que hace es "inflarlos" en exceso para, tras el pertinente tira y afloja con el letrado defensor, dejar la pretensión condenatoria en los parámetros que inicialmente había estimado adecuados, lo que no parece de recibo, pues implica una manipulación del ejercicio acusatorio no permitida ni pensada por el legislador[539].

---

536 Como dato orientativo, en 2012 se dictaron en España 741.189 sentencias en la jurisdicción penal, de las que únicamente 361 correspondieron a procedimientos ante el Tribunal del Jurado. Fuente: *Estadística Judicial. La Justicia dato a dato. Año 2012*, op. cit., pp. 33 y 64.

537 Fuente: Fiscalía General del Estado, *Memoria elevada al Gobierno de S. M. presentada al inicio del año judicial* (2012), op. cit., pp. 85 ss.

538 PASCUAL RODRÍGUEZ, E., utiliza la expresión *"mercadear con la pena"* (de la misma, *La mediación en el sistema penal...*, op. cit., p. 130), mientas que ORTUÑO MUÑOZ, J. P. y HERNÁNDEZ GARCÍA, J. hablan de *"verdadero mercadeo"* (de los mismos, *Sistemas alternativos a la resolución de conflictos (ADR)...*, op. cit., p. 29).

539 Cfr. DEL MORAL GARCÍA, A., *"Perspectivas de la mediación en el ámbito penal. Reflexiones de un fiscal"*, op. cit., p. 85.

III.1.1.2 Toma de posición

Los principios de oportunidad y de legalidad pueden cohonestarse. Aunque ambos parten de lógicas antagónicas, las perentorias necesidades de eficacia de nuestro sistema penal justifican la adaptación del principio de legalidad, lo que, siempre que se guíe bajo ciertos parámetros, no tiene por qué suponer ninguna perversión del proceso penal, como se ha llegado a decir[540]. Dichos parámetros han de responder, eso sí, no a un simple deseo de *"quitar papeles de en medio"*[541], sino a criterios político-criminales: a un uso más racional de la fuerza por parte del Estado, que deberá reservarse a las transgresiones más graves del orden establecido, así como a un mayor reconocimiento de las vías de consenso entre las partes.

Entonces, si no queremos renunciar a siglos de tradición jurídica, debe tratarse de una oportunidad reglada, es decir, sometida a límites, pues, como bien dice MUERZA ESPARZA, *"nótese que la ´oportunidad reglada´ no es aquella que se somete a reglas –el juicio de oportunidad consiste en decidir lo que resulta oportuno- sino el ámbito objetivo en el que caben los juicios de oportunidad"*[542]. Esta figura va a ser, sin lugar a dudas, la punta de lanza del proceso de reforma de la Administración de Justicia que se avizora, el cual, no lo neguemos, tiene un marcado sesgo utilitarista. Ya en su tiempo, ALCALÁ-ZAMORA afirmó que *"la excesiva duración de los litigios constituye uno de los mayores y más viejos males de la administración de justicia"*[543]; este el principal problema que se pretende combatir. En efecto, tendríamos que ser muy ilusos para no ver que la definitiva instalación del principio de oportunidad en los Ordenamientos continentales está obedeciendo a la necesidad de erradicar la saturada carga procesal y penitenciaria, pero no por ello debemos dejar escapar la oportunidad (nunca mejor dicho) de utilizarlo en aras de conseguir, y en esto es de capital importancia la buena praxis cotidiana de los fiscales, una mejor calidad de la justicia para todos los ciudadanos. Como tan lúcidamente expresa HASSEMER,

---

[540] Así, CHOZAS ALONSO, J. M., *"La ´conformidad´ en el proceso penal español"*, op. cit., p. 340.

[541] Ídem.

[542] MUERZA ESPARZA, J. *"La autonomía de la voluntad en el proceso penal: perspectivas de futuro"*, op. cit., p. 194.

[543] ALCALÁ-ZAMORA Y CASTILLO, *Estampas procesales de la literatura española*. Ejea, Buenos Aires, 1961, p. 62.

"la mixtura legalidad-oportunidad, depende finalmente de la ética de las autoridades y Tribunales, del control del público y de la confianza de la población en el Derecho"[544].

En el principio de oportunidad reside el nudo gordiano de la compatibilidad o incompatibilidad de la mediación con nuestro Derecho penal: la mediación penal, en el sentido en que este trabajo la concibe, es admisible en la medida en que se admita el principio de oportunidad. Y, como se deriva de lo que venimos manifestando, creemos no incurrir en falacia alguna al pretender asociar la cabida de la mediación en nuestro sistema penal con la asidua realidad de las conformidades. La conformidad penal es muy diferente de la mediación, pero ambas comparten el recurso al principio de oportunidad. La conformidad penal suaviza la concepción tradicional del principio de legalidad pero no lo quebranta, precisamente porque su campo de aplicación está perfectamente delimitado por la ley y no traspasa los límites constitucionales. Se da, entonces, ese "doblarse sin partirse" del principio de legalidad que mencionábamos en la introducción del presente capítulo. Por tanto si, acotando claramente unos límites, la ley ha permitido la práctica de la conformidad sin que cedan los cimientos de nuestro edificio jurídico, nada obsta a que pueda hacer lo mismo con la mediación, también dentro de los oportunos contornos legales.

En conclusión, estamos ante un razonamiento plausible que se resumiría en esta sencilla regla de inferencia:

- Si se reconoce el principio de oportunidad, la mediación penal tendrá cabida en nuestro Ordenamiento.

- La práctica de la conformidad en el proceso penal, tal y como hoy se ha generalizado en nuestros juzgados, supone el reconocimiento implícito del principio de oportunidad.

- Entonces, la mediación penal tiene cabida en nuestro Ordenamiento.

---

[544] HASSEMER, W.,*"La persecución penal: legalidad y oportunidad"* (trad. de M. A. Cobos Gómez de Linares), en *Revista Jueces para la Democracia*, nº 4, 1988, p. 11.

Pero, además, la mediación, como expresión del principio de oportunidad, puede hacer más que la conformidad por los protagonistas del conflicto. Estamos utilizando la conformidad como argumento para defender la viabilidad de la mediación en nuestro sistema procesal pero son muy grandes las diferencias que a ambas figuras separan:

- La conformidad pone su acento en la elusión del juicio, que no de la sentencia, para lo cual se intenta contentar al acusado con una rebaja punitiva. Este, muchas veces, se ve obligado a renunciar a su derecho a un juicio justo, ante el temor de que se le acabe aplicando una "agravante innominada"[545]. Su norte es únicamente la economía procesal, mientras que la razón de ser de la mediación estriba en una mejor satisfacción de los intereses del ofensor y, sobre todo, de la víctima[546].

- Sin embargo, pese a que el objetivo de la conformidad es la economía procesal, para llegar a la sentencia de conformidad se ha tenido que confeccionar un atestado en sede policial, y después se ha formado la causa en el juzgado de instrucción, con intervención de jueces, fiscales, abogados; y declaración de imputados, testigos y peritos. Posteriormente, el secretario ha tenido que formalizar los preparativos del juicio, señalando la fecha, remitiendo las citaciones a todos los que han de intervenir en un juicio que no se va a celebrar en el habitual supuesto de que se alcance un acuerdo, generalmente en los pasillos, con gran desconcierto de las víctimas, testigos y peritos, que tienen la sensación de que alguien les ha tomado el pelo, lo que repercute de forma muy negativa en la imagen de la justicia[547]. En este escenario, la peor parte se la lleva la víctima. Para empezar, como ya se dijo en el epígrafe del presente estudio dedicado a su olvido, no suele recibir explicación alguna, pese a ser ese un deber legamente establecido. Y, si no le sonríe la suerte, el juicio se suspenderá una o más veces, con lo que tendrá que volver a revivir en su memoria, con

---

[545] DEL MORAL GARCÍA, A., *"Perspectivas de la mediación en el ámbito penal. Reflexiones de un fiscal"*, op. cit., p. 85.

[546] CORIGLIANO estima que la conformidad se centra en el victimario y deja fuera del conflicto a la víctima. Del mismo, *"Juicio abreviado: una imposición de criterios de oportunidad en el sistema penal"*, op. cit., p. 2.

[547] Cfr. ORTUÑO MUÑOZ, J. P., HERNÁNDEZ GARCÍA, J., *Sistemas alternativos a la resolución de conflictos (ADR)...*, op. cit., p. 28.

ocasión de cada citación, la funesta historia que la ha llevado hasta allí. Por fin, tras horas de espera, un agente judicial le comunicará que ya puede irse, porque acusación y defensa han llegado a un acuerdo. Lo mismo puede decirse de los peritos y testigos que han tenido que dejar sus ocupaciones para acudir al juicio, y que son despachados de la misma forma expeditiva[548].

- La ley no exige que la víctima haya sido reparada para que el juez admita la conformidad y, como también se dijo supra, a veces el fiscal se olvida de incluir la pertinente indemnización en concepto de responsabilidad civil en el acuerdo de conformidad, lo que abre la puerta a otro pasillo del kafkiano proceso, esta vez perteneciente al orden civil[549].

- La conformidad no deja de ser punición, en palabras de FERRAJOLI, y remite más bien a las prácticas persuasorias permitidas por el secreto en las relaciones desiguales propias de la Inquisición[550], en tanto que la mediación es, esencialmente, reparación. La conformidad implica confesión[551], mientras que la mediación implica asunción de responsabilidad, que no es lo mismo[552].

Sin embargo, allá donde no llegue la mediación, no vamos a negar la utilidad de la conformidad. Pensemos, por ejemplo, en aquellos supuestos en los que el encausado es un delincuente multireincidente. La mediación poco puede hacer por él; su propia esencia, desde el punto de vista del victimario, no lo permite, pues lo que se quería evitar, como es que aquel se vea empujado por el sistema a la marginalidad y la delincuencia, ya ha ocurrido.

Se impone -ya se ha dicho- la necesidad de tutela estatal de la mediación penal, primero a cargo del legislador, regulándola, y después por el fiscal o la autoridad judicial, visando su aplicación concreta. Sin esta condición no puede

---

[548] Ibídem, p. 29.

[549] Pues, al ser dictada en conformidad, la sentencia es firme, y si por descuido no se ha incluido la satisfacción de la responsabilidad civil, el ofendido no tiene otro camino que pertecharse de abogado y procurador y reclamarla ante el orden jurisciccional civil.

[550] FERRAJOLI, L. *Derecho y razón. Teoría del garantismo penal.* Op, cit., p. 648.

[551] Si bien de forma indirecta, ya que la regulación española de la conformidad no exige confesión expresa de hechos (vid. GIMENO SENDRA, V., *Derecho procesal penal,* op. cit., p. 705).

[552] Vid. epígrafe infra III.2, dedicado al conflicto con las garantías procesales, concretamente el subepígrafe III.2.2, dedicado a la presunción de inocencia.

existir la mediación en el proceso penal español; he aquí su gran diferencia respecto de la mediación en el ámbito del Derecho privado.

III.1.2. La regla de la necesidad en el ejercicio de la acción penal

Esta es la manifestación del principio de legalidad que más problemas parece plantear en relación con la instauración del principio de oportunidad. De hecho, como señala CONDE-PUMPIDO, para quien la discusión de si el principio de oportunidad es o no contrario al principio de legalidad aparentemente está superada[553], el problema de su convivencia con el principio de legalidad se ha presentado fundamentalmente, más que como un choque frontal entre oportunidad versus legalidad, como una contraposición entre oportunidad y la regla de la necesidad en el ejercicio de la acción penal por el MF[554], derivada del art. 124 de nuestra Carta Magna, que confiere al MF la misión de *"promover la acción de la justicia en defensa de la legalidad"*, y consagrada expresamente en el art. 105 LECr, según el cual:

> *Los funcionarios del Ministerio Fiscal tendrán la obligación de ejercitar, con arreglo a las disposiciones de la Ley, todas las acciones penales que consideren procedentes, haya o no acusador particular en las causas, menos aquellas que el Código Penal reserva exclusivamente a la querella privada...*

Pese a no ser pocos los que ven aquí un impedimento insalvable[555], nos adherimos a la postura de quienes estiman que la regla de la necesidad de la acción penal ha de ser hoy día, cuando menos, matizada[556]. La regulación actual

---

[553] CONDE-PUMPIDO FERREIRO, *"El principio de oportunidad reglada: su posible incorporación al sistema del Proceso Penal Español"*, en AA.VV., *La reforma del proceso penal*, Ministerio de Justicia, Madrid, 1989, p. 293.

[554] Ídem.

[555] Como MUERZA ESPARZA, para quien la necesidad de ejercicio de la acción penal posee rango de verdadero principio, el cual *"forma parte del art. 124.2 CE por lo que es imposible paliar parte del contenido esencial del principio de legalidad sin merma de ese mismo principio. En definitiva, no parece que quepa en nuestro marco constitucional atribuir al Ministerio Fiscal, en virtud de un juicio de oportunidad, la facultad de dejar de acusar o dejar de calificar una conducta tipificada como delito.* MUERZA ESPARZA, J., *"La autonomía de la voluntad en el proceso penal"*, op. cit., p. 195.

[556] Vid. ALMEIDA SILVA, K. C., *La incorporación del principio de oportunidad en el proceso penal: un análisis de política criminal.* Tesis Doctoral, dirigida por el Catedrático Víctor Moreno Catena. Universidad Carlos III. Getafe, 2008. El autor dedica un capítulo a dilucidar si la necesidad de la acción penal es principio (en cuyo caso no sería absoluto y podría ceder, en determinadas ocasiones, ante el de oportunidad) o regla (que, como toda regla, admite excepciones). Así, se conciba como se conciba, no es incompatible con el principio de oportunidad. Se refieren a la

del principio de necesidad en España encuentra su origen en un momento muy distinto del actual, en el que la rapidez y eficacia que la sociedad demanda del proceso penal no se condicen con el carácter decimonónico de este[557].

Una interpretación estricta del principio de legalidad obliga a jueces y fiscales a emprender la persecución penal de todo lo que parezca revestir características delictivas, independientemente de lo deseado por el ofendido (salvo en los llamados delitos privados). Pero este diseño clásico de la regla de la necesidad del ejercicio de la acción penal ha quedado a merced de su inevitable y abrumador quebranto: la realidad de los hechos le ha superado. De acuerdo con HASSEMER, tanto a corto plazo, visto desde una perspectiva económica, como a largo, desde un punto de vista político-criminal, es "poco inteligente" obligar de la misma manera e intensidad a las autoridades competentes al esclarecimiento de todos los delitos, pues los recursos materiales y personales de dichas autoridades siempre serán insuficientes[558]. Semejante intensidad teórica para todos y cada uno de los delitos no ha dado los resultados de eficacia que se esperaba en su persecución, y prueba de ello son dos datos, uno conocido y otro desconocido:

a) Como dato conocido, según las últimas cifras oficiales publicadas, frente a los casi de seis millones y medio de asuntos ingresados en el orden penal en 2012, solamente setecientos cuarenta mil terminaron por sentencia[559]. Otro dato: el 54% de las 13.525 diligencias de investigación preprocesal incoadas por los fiscales en 2012 fueron archivadas[560]. Esto nos sugiere que tal vez se está haciendo un uso poco racional de la tutela efectiva que nuestra Constitución

---

necesidad del ejercicio de la acción penal como regla, entre otros, MONTERO AROCA, *Principios del proceso penal, una explicación basada en la razón*, Tirant lo Blanch Alternativa, Valencia, 1997, p.45 y CONDE PUMPIDO FERREIRO, C., *"El principio de legalidad y el uso de la oportunidad reglada en el proceso penal"*, en *Revista del Poder Judicial. Número especial VI: Protección jurisdiccional de los derechos fundamentales y libertades públicas*, vol. 6/1989, pág. 24.

[557] MARTÍNEZ SOTO, T. *"La mediación penal y la reforma de la Ley de Enjuiciamiento Criminal. El principio de oportunidad como instrumento de simplificación procesal"*, en AA.VV., *Sobre la Mediación Penal (posibilidades y límites en un entorno de reforma del proceso penal español)*. Aranzadi, Cizur Menor (Navarra), 2012.

[558] HASSEMER, W.,*"La persecución penal: legalidad y oportunidad"*, op, cit., p. 9.

[559] Fuente: CGPJ, *Estadística Judicial. La Justicia dato a dato. Año 2012*, op. cit., p. 33.

[560] Fuente: Fiscalía General del Estado, *Memoria elevada al Gobierno de S. M. presentada al inicio del año judicial* (2012), op. cit., p. XXV de la Introducción a cargo del Fiscal General del Estado, y p. 94.

consagra[561]. Los que de alguna manera operamos en el sistema de justicia penal, sabemos que muchas de las denuncias presentadas obedecen a disputas que tienen su origen en posiciones subjetivas de obcecación, simples "cabreos", para entendernos; o a malos entendidos, que, o bien ni siquiera son constitutivos de infracción o, aun siéndolo, podrían resolverse facilitando una simple charla entre las partes[562].

b) Como dato desconocido, tenemos la famosa "cifra oscura" de la delincuencia[563], que no es sino la confirmación de que el Derecho penal no se aplica igualitariamente a toda la sociedad, unas veces porque no se puede y otras porque existen otros procesos fácticos de selección, no controlados, que impiden la actuación de la ley penal[564]. No conocemos exactamente la magnitud de la cifra oscura (si no no sería oscura), pero es posible que los delitos conocidos apenas supongan un 10% de los cometidos[565]. A esto habría que sumar el resultado del cálculo hecho en su tiempo por FERRI, según el cual, aparte la criminalidad "real", es decir, el número de los delitos realmente cometidos, entre la criminalidad "conocida" y la criminalidad "perseguida" (delitos cuyos autores son procesados por las autoridades) quedaría un pasivo de un 65% de delitos descubiertos y no castigados, a lo que todavía sería preciso agregar "*las impunidades más ó menos escandalosas debidas, para un cierto número de delitos y delincuentes, a la intervención en la administración de la justicia penal de los intereses de la clase dominante*"[566]. No es de extrañar, pues, que el proceso penal haya sido comparado con un embudo, pero con las paredes llenas de agujeros[567].

---

561 Art. 24.1. "*Todas las personas tienen derecho a obtener la tutela efectiva de los jueces y tribunales en el ejercicio de sus derechos e intereses legítimos, sin que, en ningún caso, pueda producirse indefensión*".

562 Vid. infra V.1.1, dedicado a las infracciones "estrella" de la mediación.

563 Vid. nota supra nº 57.

564 Cfr. CORIGLIANO, M. E.,"*Juicio abreviado: una imposición de criterios de oportunidad en el sistema penal*", op. cit. p. 6.; HASSERMER, W., MUÑOZ CONDE, F., *Introducción a la Criminología y al Derecho Penal*, op. cit., p. 19, pp. 46 ss.

565 Cfr. MAPELLI CAFFARENA, B., *Las consecuencias jurídicas del delito*, op. cit., p. 72.

566 FERRI, E., *Sociología criminal*, op. cit., Tomo II, p. 213.

567 KAISER, G., *Introducción a la Criminología* (trad. de José Arturo Rodríguez Núñez, bajo la supervisión de José María Rodríguez Devesa, originalmente publicado en alemán, *Kriminologie*, Heidelberg, 1980), 7ª edición. Dykinson, Madrid, 1987, p. 124.

Sin embargo, entendemos que una interpretación de nuestro Derecho positivo adecuada a las demandas actuales de la sociedad, bien puede armonizar estas con nuestras reglas penales, sin necesidad de grandes reformas. Ningún sistema penal, ni siquiera aunque de principio así se establezca, pretende realmente una transparencia total de las conductas sociales, como ningún sistema sanitario pretende el tratamiento y sanación de todas y cada una de las dolencias: ello nos llevaría a la histeria colectiva. Así, como ya se ha dicho, la formulación negativa del principio de legalidad en la Constitución[568] parece configurarlo como un límite del *ius puniendi* del Estado, más que como un deber de castigar[569]. De acuerdo con ROXIN:

> *La necesidad de la amenaza penal abstracta no funda imposición alguna de punibilidad en cada caso particular. La punición es, conocidamente, la última ratio de la política criminal. El principio de subsidiariedad allí expresado se prolonga únicamente de manera consecuente desde el punto de vista de la política jurídica, desde la sanción del precepto penal, a la que se lo refiere solamente casi siempre, hasta el caso individual, allí donde se utiliza la reparación como sustituto de la pena o para su atenuación, cuando se puede obtener con ello el mismo efecto o uno mejor. Las ya infinitas posibilidades actuales de sobreseer el procedimiento prueban que al legislador de ninguna manera le parece indispensable la punición de lo punible en el caso concreto*[570].

El argumento de integrar la necesidad del ejercicio de la acción penal en el principio constitucional de legalidad es erróneo, tanto desde el punto de vista constitucional como procesal[571]. En primer lugar, como decíamos antes, no puede concederse rango de derecho fundamental a dicha regla, pues el principio de legalidad, tal y como está concebido en nuestra Carta Magna, opera como freno al poder del Estado, de ahí su formulación negativa (art. 25.1

---

[568] Art. 25.1 CE: *Nadie puede ser condenado o sancionado por acciones u omisiones que en el momento de producirse no constituyan delito, falta o infracción administrativa, según la legislación vigente en aquel momento.*

[569] En este sentido, el Informe del Consejo General del Poder Judicial, de 1992, sobre el Anteproyecto del hoy vigente Código Penal, afirmaba que "el principio de de legalidad, concebido retributivamente, coloca al Estado en la necesidad de reaccionar ante los delitos con al pena adecuada a la culpabilidad del autor, por más que pueda resultar inútil o contraproducente, (…) pero la formulación constitucional del mismo (art. 25.1 CE) no expresa tal cosa. No configura el principio de legalidad como un *deber de castigar*, sino como un *límite del ius puniendi* del Estado, de ahí la formulación negativa".

[570] ROXIN, C., *"La reparación en el sistema de los fines de la pena"*, op. cit., p. 152.

[571] ALMEIDA SILVA, K. C., *La incorporación del principio de oportunidad…* Op. Cit., p. 137.

CE). El principio de legalidad es el principal límite que el Estado de Derecho impone al ejercicio de la potestad punitiva, y está compuesto por un conjunto de garantías para los ciudadanos que precisamente pueden resumirse en la prohibición de que el Estado intervenga más allá de lo que la ley le permite[572]. Nuestro Tribunal Constitucional vincula el principio de legalidad constitucional a la autolimitación que se impone al propio Estado con el objeto de impedir la arbitrariedad o el abuso de poder, de modo que expresa su potestad punitiva a través del instrumento de la ley y solo la ejercita en la medida en que está prevista en la ley (SSTC 133/1987, de 21 de julio -EDJ 1987/133-, FJ 3, y 137/1997, de 21 de julio - EDJ 1997/4892, FJ 2). Por decirlo sintéticamente, más que obligar a perseguir toda conducta aparentemente punible, pretende imponer a dicha persecución el respeto a las garantías que conforman dicho principio. Nos ha parecido justificado reproducir íntegramente, por esclarecedoras, las palabras sobre esta cuestión formuladas por MORENO CATENA:

> *Parece evidente que tanto la legalidad que garantiza el artículo 9.3 CE como el art. 25.1 se vinculan con el principio de legalidad penal, pero no se refieren al ejercicio de la acción penal, cuya obligatoriedad tiene rango legal, pero no viene obligado por la Constitución. En segundo lugar, la referencia al art. 124 del texto constitucional, donde se regula el Ministerio Fiscal, no puede acogerse del modo en que viene formulado, no solo porque la norma fundamental inmediatamente después de ordenar que el fiscal promueva la acción de la justicia en defensa de la legalidad añade «y del interés público tutelado por la ley», de modo que ese interés ya no es exactamente la ley o, al menos, no aparece explícita y directamente en la ley porque, si así fuera, el inciso holgaría; pero es que, además, el Ministerio Fiscal, que sin duda ha de ser guardián de la ley, debe atender la satisfacción de otros intereses, como el interés social al que también menciona el art. 124, de modo que una lectura completa del precepto constitucional conduce a atribuir al Ministerio algo más y algo distinto del mero ejercicio del principio de legalidad. Por otra parte, se sostiene que la sujeción del fiscal a la ley no puede ser ni menor, ni de otro género que la del juez, y que el ejercicio obligatorio de la acción penal es algo connatural al principio de legalidad, pero en estas consideraciones se pierde de vista que el sometimiento del juez a la ley, más allá de la interpretación de las normas, es una característica esencial del mismo y un correlato de su independencia, pero no*

[572] MUÑOZ CONDE, F., GARCÍA ARÁN, M., *Derecho Penal. Parte general*, op. cit., p. 109.

cabe referirse en los mismos términos al MF, pues precisamente la Constitución, ni ordena que esté sometido únicamente al imperio de la ley ni proclama su independencia, sino, al contrario, que está sometido al principio de unidad de actuación y dependencia jerárquica[573].

En cambio, el ejercicio obligatorio de la acción penal se integra más bien en el marco de los sistemas penales de corte decimonónico, en los que el Estado, además de asumir el monopolio del *ius puniendi* asignando el ejercicio de la acción penal a un acusador público –lo que consustancia el principio de oficialidad[574]–, toma la decisión política de que a tal poder habrá de establecer unos límites muy estrictos, con el objetivo de evitar el uso abusivo o arbitrario por parte de sus titulares[575]. Así, pese a ser el mecanismo tradicionalmente adoptado por los sistemas continentales, hay que señalar que ello no le convierte en derecho fundamental, de carácter absoluto y, por esta razón, innegociable[576]. Como señala ORTIZ ÚRCULO, *"no hay un derecho fundamental de acción penal, sino de obtener una respuesta motivada cuando se ejercita la acción penal (que puede ser de inadmisión) cuando se ejercita la acción penal (tutela judicial efectiva)"*[577]. El mismo autor añade:

> *Una cosa es la predeterminación normativa indispensable para que una persona pueda ser condenada o sancionada por un hecho ilícito (delito, falta o infracción administrativa), y otra distinta la manera en que el Estado (titular del ius puniendi) pueda perseguir los delitos y sancionarlos. Lo primero es claro que viene establecido en la CE (art. 25.1), pero lo segundo no se recoge de manera explícita en ningún precepto de ella. En nuestra Carta Magna no se encuentra la obligación de perseguir y condenar por un hecho delictivo ´en todo caso y con la sanción prevista en la ley y no con otra menor´ y, de estarlo, esa obligación sería ajena al derecho que toda persona*

---

[573] MORENO CATENA, V., en *"El proceso penal español. Algunas alternativas para la reforma"*, en *Cuadernos de Derecho Judicial, Sistemas penales europeos*, vol. 4, 2002, p, 22.

[574] Vid. GIMENO SENDRA, V., *Derecho procesal penal.* Thomson Reuters, Cizur Menor (Navarra), 2012, pp. 254-257.

[575] ARMENTA DEU, T., *"Principio acusatorio: realidad y utilización (lo que es y lo que no)"*, en *Revista de Derecho Procesal*, n.º 2, 1996, p.315.

[576] ALMEIDA SILVA, K. C., *La incorporación del principio de oportunidad…* Op. Cit., p. 139.

[577] ORTIZ ÚRCULO, J. C., *"El principio de oportunidad: naturaleza, ámbito de aplicación y límites"*, op. cit., p. 3.405.

tiene a la predeterminación normativa del hecho delictivo y de la pena para ser condenada (principio de legalidad), salvo que quiera entenderse esa predeterminación normativa en sentido tan amplio que conlleve también la necesidad del proceso hasta su final y de la condena prevista[578].

Por otro lado, no podemos dar la espalda a la realidad que hoy vive el Derecho penal: "*la vida avanza tozudamente, incluso aunque la ley no lo logre y no es buena esa situación para el Estado de Derecho*"[579]. La multitud de conductas que aceleradamente se vienen tipificando en los últimos años ponen en duda su carácter de *última ratio*, hasta el punto de poder decir que se está imponiendo un principio de "intervención máxima"[580], frente al de intervención mínima que siempre se predicó de esta rama del Derecho. Téngase en cuenta, como ya se dijo, que nuestro relativamente joven Código Penal ha sido objeto, hasta la fecha, de 27 reformas, la mayoría para ampliar el catálogo de conductas punibles. La práctica diaria en nuestro sistema de justicia nos revela cuán habitual es el desecho de acciones penales[581], incluso por razones de pura imposibilidad material, por lo que, pretender la vigencia de una obligatoriedad inexcusable del ejercicio de la acción penal, ante toda conducta que revista caracteres delictivos, se antoja una ingenuidad, pues es indudable que existe un proceso de selección en el examen de los comportamientos delictivos[582].

Además, del propio art. 124 CE puede extraerse un argumento de peso en pro de estos planteamientos, ya que, si dicho precepto convierte al Ministerio

[578] Ídem.

[579] Ibídem, p. 3.415.

[580] Vid. lo dicho al comienzo del capítulo I de este estudio acerca de la crisis del Derecho penal.

[581] Como señala CONDE PUMPIDO, si no somos farisaicos hemos de convenir que tras una gran mayoría de los hechos declarados falta se ocultan supuestos que en estricta legalidad debieran ser calificados como delito, esencialmente en las imprudencias de tráfico. Igualmente tras muchos archivos decretados por el juez y aprobados por el fiscal, yace un desistimiento de la acción que en estricta legalidad debiera haber sido ejercitada. Y, en contra de lo que pudiera pensarse, no se trata de simples corruptelas sino de algo más trascendente y que pesa en el ánimo de los operadores del proceso. CONDE PUMPIDO FERREIRO, C., "*Alternativas a la pena privativa de libertad y principio de oportunidad reglada en el proceso penal*". En *Criminología y Derecho Penal al servicio de la persona. Libro homenaje al profesor Antonio Beristain*. AA.VV. Instituto Vasco de Crminología. San Sebastián, 1989, p. 1021.

[582] GORDILLO SANTANA, L. F., "*Los principios constitucionales y las garantías penales en el marco del proceso de mediación penal*", en *Revista electrónica de Derecho de la Universidad de la Rioja*, nº 4, marzo de 2007, obtenido el 12 de mayo de 2102 en http://www. dialnet.unirioja.es. p. 16.

Fiscal *"en el más acérrimo defensor del principio de legalidad"*[583], no es menos cierto que, a continuación, le encomienda procurar ante los Tribunales la satisfacción del interés social, lo que puede ser interpretado como el establecimiento de una suerte de contrapeso a la obligación de defensa de la legalidad, el cual legitimaría al MF, bajo determinadas circunstancias, a no ejercitar la acusación pese a la existencia de delito. La propia dicción del art. 105 LECr contempla esta posibilidad, como recuerda GIMENO SENDRA, pues no obliga al MF al ejercicio de todas las acciones penales que se deriven de la comisión de un delito, sino de todas las que *"considere procedentes"*[584]. Acudiendo al Derecho comparado, si tomamos como ejemplo el modelo de Italia, único de nuestro entorno que confiere status de norma constitucional a la regla de la obligatoriedad de la acción penal (artículo 112 CI)[585], bastará una rápida observación del sistema procesal penal italiano y de los varios procedimientos abreviados que le fueron incorporados en los últimos 20 años para comprobar, como explica ALMEIDA SILVA[586], que tampoco esta regla es aplicada de forma absoluta en aquel país.

Cabe añadir, asimismo, que la introducción del principio de oportunidad se verá facilitada en la medida en que consideremos superado el sistema inquisitivo y sustituido por el acusatorio[587], pues este último otorga a las partes una mayor capacidad de iniciativa, mientras que en el modelo inquisitivo, o no se reconoce dicha capacidad, o se le considera totalmente prescindible[588];

---

583 GIMENO SENDRA, V., *Derecho procesal penal*, op. cit., pp. 255.

584 Ibídem, p. 256. Como explica el autor, lo que no puede hacer el MF, es archivar la acusación por razones de oportunidad, ya que la única causa legalmente contemplada en la actualidad es la de la atipicidad del hecho (art. 773.2 LECr).

585 De este modo reza el artículo 112 de la CI: *El ministerio público está obligado a ejercitar la acción penal.* Volveremos sobre el modelo italiano en infra VII.4.

586 ALMEIDA SILVA, K. C., *La incorporación del principio de oportunidad...* Op. Cit., pp. 142 y 143: *"Con la aprobación por el Decreto n.º 447/1988, de 22 de septiembre del nuevo Codice di Procedura Penale italiano y las reformas que le sucedieron, se ha flexibilizado de modo significativo la regla del ejercicio obligatorio de la acción penal".*

587 Consumar dicha transmutación parece que era uno de los objetivos del abandonado anteproyecto de Ley de Enjuiciamiento Criminal de 2011 (dicho texto otorgaba el protagonismo en la instrucción penal al Ministerio Fiscal, bajo el control del denominado *juez de Garantías*), y es de esperar que también lo sea del que se redacte bajo la égida del Gobierno que actualmente rige nuestros destinos.

588 En palabras de FERRAJOLI, *"se puede llamar acusatorio a todo sistema procesal que concibe al juez como un sujeto pasivo rígidamente separado de las partes y al juicio como una contienda entre iguales iniciada por la acusación, a la que compete la carga de la prueba, enfrentada a la defensa en un juicio*

aunque, como afirmara BUSTOS, *"el proceso no solo no ha de ser inquisitorio, sino tampoco acusatorio, sino de partes, pues se trata de reconocer la calidad de personas a la víctima y al victimario y al mismo tiempo que se trata de un conflicto"*[589].

El principio de oportunidad, como oportunidad reglada, en suma, no equivale a la arbitrariedad del que aplica la ley, pudiendo ser compatible con el principio de legalidad en la medida en que sea la propia ley la que tase los supuestos en los que puede ser aplicado. No todos los casos de oportunidad son adecuados para la transformación; no lo son, por ejemplo, aquellos en que el Estado tiene un interés especial en la persecución penal[590], por lo que, en la tarea de determinación de dichos supuestos, habrán de quedar al margen las infracciones más graves. Mediante el ejercicio del principio de oportunidad se responde a razones de interés social[591], como la escasa lesión social producida por la comisión de la infracción y la falta de interés público en la persecución de

---

contradictorio, oral y público y resuelta por el juez según su libre convicción. A la inversa, llamaré inquisitivo a todo sistema procesal donde el juez procede de oficio a la búsqueda, recolección y valoración de las pruebas, llegándose al juicio después de una instrucción escrita y secreta de la que están excluidos o, en cualquier caso, limitados la contradicción y los derechos de la defensa. Es claro que a los dos modelos se pueden asociar sistemas diversos de garantías, tanto orgánicas como procesales: si el sistema acusatorio favorece modelos de juez popular y procedimientos que valorizan el juicio contradictorio como método de investigación de la verdad, el sistema inquisitivo tiende a privilegiar estructuras judiciales burocratizadas y procedimientos fundados en poderes de instrucción del juez, acaso compensados por vínculos de pruebas legales y por pluralidad de grados en el enjuiciamiento". FERRAJOLI, L. *Derecho y razón. Teoría del garantismo penal.* Op, cit., p. 563.

589 BUSTOS RAMÍREZ, J., *Manual de Derecho Penal. Parte general,* 4ª edición, aumentada, corregida y puesta al día por HORMAZBAL MALAREE, H. PPU, Barcelona, 1994, p. 117.

590 MAIER, J. B., *"La víctima y el sistema penal"*, op. cit., p. 229.

591 En este sentindo, el Informe del Consejo General del Poder Judicial, de 1992, sobre el Anteproyecto del hoy vigente Código Penal, ya citado en este trabajo, sostiene que la legalidad *"no se quebranta porque, allí donde la pena adecuada a la culpabilidad no cumple sus fines, pueda ser sustituida por otras más leves, o por medidas o simplemente pueda renunciarse a ella. Y esta conclusión se proyecta sobre el proceso: el principio de necesidad de ejercicio de la acción penal para el Ministerio Público debiera paliarse de forma que, sin merma del principio de legalidad proclamado en la Constitución, pudiera evitarse el juicio en las infracciones menores, cuando ha desaparecido el interés social en el castigo, o el presunto culpable ha sufrido ya una pena natural u otro tipo de circunstancia o compensaciones hacen innecesario el recurso al Derecho criminal, siempre desde luego, con la posibilidad de ulterior control judicial".* En este sentido, para CONDE PUMPIDO FERREIRO (*"El principio de legalidad y el uso de la oportunidad reglada en el proceso penal"*, en *Revista del Poder Judicial*, op. cit., p. 24), *"se trata de reconocer que en el proceso penal, al lado de espacios de conflicto deben existir espacios de consenso. Mientras la criminalidad más grave es reflejo del conflicto social y debe pasar por soluciones impuestas que determinen y clarifiquen el conflicto, la criminalidad menor, con frecuencia no conflictiva y constitutiva de hechos aislados y no repetibles en la vida de su autor, debe conducir a soluciones de consenso, que contribuyan a la no estigmatización de quien, por la ocasionalidad de su infracción, no es propiamente un delincuente. En tales casos la búsqueda de la pacificación del proceso a través del consenso es un imperativo ético jurídico y el mantener en este terreno a ultranza el principio de legalidad es con frecuencia convertir un proceso público, como el penal, en instrumento de intereses puramente privados".*

la misma[592]. Conectamos este argumento con la idea de mediación a través de la palabras que en su día escribió BUSTOS:

> *El Estado no solo tiene que considerar como expectativa la imposición de una pena, sino además, posibilitar que en el proceso penal se den formas diferentes de su terminación; esto es, su suspensión o no inicio y, por tanto, la no imposición de una pena en razón de la comunicación establecida entre las partes*[593].

Sobre la base del principio de oportunidad ha de ser entendida la mediación. Ambas, como dice DEL RÍO FERNÁNDEZ, son figuras distintas en el ejercicio de la acción penal, pero ciertamente tienen un sentido complementario[594]. En este sentido, según la EM del frustrado ALECr de 2011 (apdo. XXVI):

---

[592] Así se configura en países de nuestro entorno como Alemania, que, como hemos visto, permite el sobreseimiento con base en este principio en casos de poca importancia o sometido al cumplimiento de determinadas condiciones - §§ 153 y 154 StPO-, o Francia, cuyo Código de Procedimiento Penal, en su art. 41, faculta al Ministerio Fiscal para desistir de la acción penal en pro de este principio, cuando los hechos son de escasa entidad.
En Portugal, nos dice CASTILLEJO MANZANARES, R., también existe un control de la decisión del MF a través de tres vías: En primer lugar, en el plazo de 30 días a partir del acuerdo de archivo, el superior jerárquico del Ministerio Público puede ordenar sea formulada acusación, salvo que el asistente (acusador particular) hubiera requerido la apertura de instrucción. En segundo lugar, el acuerdo del juez se hace necesario tanto para el archivo de las diligencias de investigación por tratarse de delito al que el Tribunal puede dispensar o suspender la pena, como para el supuesto en que el fiscal decida la suspensión provisional de la acusación. Por último, existe un control social que se produce a través de la facultad del asistente (acusador particular) de requerir la apertura de una instrucción judicial en los casos en que el Ministerio Fiscal no haya deducido acusación. De la misma, *"Hacia un nuevo proceso penal investigación y juicio de acusación"*, en *Estudios Penales y Criminológicos*, nº 29, 2009, p. 231.
Por su parte, la Recomendación (87) 18 del Comité de Ministros del Consejo de Europa, de 17 de septiembre, la facultad de aplicar el principio de oportunidad en la persecución de los hechos delictivos ha de estar prevista en la ley y adoptada cuando existan indicios suficientes de culpabilidad, y teniendo en cuenta la gravedad de la infracción, las circunstancias y consecuencias de la misma, la personalidad del infractor, los efectos de una eventual condena, la situación de la víctima, garantizándole siempre el derecho a la reparación de los daños. Al tiempo, previene que el archivo puede ser incondicionado o sujeto a determinadas condiciones y previa audiencia del imputado.
Asimismo, como ya se ha mencionado en esta monografía, frente al principio de oportunidad "reglada", el principio de oportunidad "libre" es el propio de los países anglosajones y encuentra su máxima expresión en Norteamérica a través del instituto del *plea bargaining o plea guilty*, conforme al que la acusación se formula previa transacción con el acusado y es aceptada por este en los términos concertados, que son aprobados por el juez, eludiéndose así el enjuiciamiento y todo el trámite procesal.

[593] BUSTOS RAMÍREZ, J., *Manual de Derecho Penal. Parte general*, op. cit., p. 90.

[594] DEL RÍO FERNÁNDEZ, L., *"El reto de la mediación penal: el principio de oportunidad"*, En *Diario La Ley*, núm. 6.520, 6 de julio de 2006, p. 6.

La mediación ha de concebirse como un instrumento al servicio de la decisión expresa del Estado de renunciar a la imposición de la pena cuando ésta no es necesaria a los fines públicos de prevención y pueden resultar adecuadamente satisfechos los intereses particulares de la víctima. Aparece, así, la mediación como un mecanismo al servicio del principio de oportunidad.[595]

III.1.3. La taxatividad de la norma penal

Podemos preguntarnos también si aquella exigencia del principio de legalidad constituida por el principio de taxatividad o mandato de certeza de las normas penales (*lex certa*), podría suponer un problema para la introducción de mecanismos como el que recomienda el presente estudio. Esta sí es una garantía vinculada al derecho fundamental constituido por el principio de legalidad, y supone la demanda de descripción precisa, tanto de las conductas prohibidas, como de las sanciones a imponer a quienes incurran en ellas[596]. Se responde, de ese modo, a la obligación de seguridad jurídica consagrada en el art. 9.3 de nuestra Ley Fundamental: el justiciable ha de saber a qué consecuencias se expone si decide infringir la norma. Pues bien, en determinados supuestos en que opere la mediación penal, se estará llegando a soluciones no previstas expresamente en la norma penal, lo que puede suponer un conflicto con el mandato de taxatividad y, por ende, con el principio de igualdad, puesto que casos similares estarán recibiendo desigual tratamiento penal[597].

Otra vez, como en las demás vertientes del principio de legalidad, procede una flexibilización del concepto, lo cual vuelve a ser factible siempre

---

[595] Hay que decir que el BCPP de 2013 también da carta de naturaleza a la introducción del principio de oportunidad (vid. infra IV.5).

[596] DE VICENTE MARTÍNEZ, R., *El principio de legalidad penal*. Tirant lo Blanch. Valencia, 2004, p. 40.

[597] Como dice ROXIN, "*una ley indeterminada o imprecisa y por ello poco clara no puede proteger al ciudadano de la arbitrariedad, porque no implica una autolimitación del ´ius puniendi´ estatal a la que se pueda recurrir; además es contraria al principio de división de poderes, porque le permite al juez hacer cualquier interpretación que quiera e invadir con ello el terreno del legislativo; no puede desplegar eficacia preventivo-general, porque el individuo no puede reconocer lo que se le quiere prohibir; y precisamente por eso su existencia tampoco puede proporcionar la base para un reproche de culpabilidad*". Del mismo, *Derecho Penal. Parte General, Tomo I, Fundamentos, la estructura de la Teoría del Delito* op. cit., p. 169.

que no se transgredan los límites constitucionales; ello con base en tres argumentos:

1) En primer lugar, como denuncian numerosos autores, el mandato de certeza de las normas penales, como manifestación del principio de legalidad, no vive sus mejores momentos, habida cuenta de los márgenes de discrecionalidad que hoy se concede al juez y del frecuente recurso a las cláusulas generales o indeterminadas y a las llamadas leyes penales en blanco[598]. Las primeras hacen que el destinatario de la ley penal esté muy lejos de gozar de la seguridad jurídica y garantía individual que el principio de legalidad debería proporcionar[599], mientras que las segundas ponen en entredicho el principio de legalidad, pues no siempre remiten a otras normas con rango de ley, lo que sería deseable y exigible, sino a normas administrativas (las llamadas normas penales en blanco propias) o, lo que es peor todavía, a legislaciones divergentes, por tratarse de materias de competencia autonómica.

Sin embargo, el problema de la multiplicación de las normas en blanco se justifica por la complejidad de los tiempos que nos ha tocado vivir, en los que el desenvolvimiento humano alcanza tantas y tan sofisticadas manifestaciones que es inevitable recurrir a esta técnica[600]. Si esto es así, ¿acaso no podemos emplear este argumento a la hora de atemperar el principio de legalidad para hacerlo compatible con el de oportunidad en aquellos supuestos en que la reparación ofrecida a la víctima haga innecesaria la persecución penal?

En cuanto a la discrecionalidad judicial, no puede negarse que hoy, merced a las sucesivas reformas legales (y a las que se avizoran) el juez cada vez tiene mayor margen de movimiento en sede de individualización de la pena, por lo que la respuesta penal ofrecida en casos similares puede variar mucho. Este es un argumento utilizable frente a los que hacen hincapié en el peligro de

---

598 Vid. LANDROVE DÍAZ, G., *"El Derecho Penal de la seguridad"*, en *Diario La Ley*, nº 5.868, 10 de octubre de 2010; MAPELLI CAFFARENA, B., *Las consecuencias jurídicas del delito*, op. cit., p. 31; MUÑOZ CONDE, F., GARCÍA ARÁN, M., *Derecho penal. Parte general*, op. cit., pp. 106-107.

599 SÁINZ CANTERO, J. A., *Lecciones de Derecho penal*, op. cit., p. 39.

600 CARBONELL MATEU, J. C., *Derecho penal: concepto y principios constitucionales*, op. cit. p. 124.

generación de respuestas disímiles que planea sobre la mediación[601], en el sentido de que no puede afirmarse que con la mediación se vaya a subjetivar el sistema, porque este ya es subjetivo. Como mucho, podrá decirse que se subjetivará un poco más[602].

La realidad que acabamos de describir deja, como señala OLMEDO, un amplio margen a la interpretacion y aplicación de las normas penales, de conformidad con los criterios político-criminales que en cada momento se manejen[603], lo que a nuestro juicio juega claramente a favor de la posibilidad de aplicación diferenciada de la norma penal como resultado del acuerdo de reparación alcanzado entre víctima e infractor.

2) En segundo lugar, traemos a colación el argumento defendido por un sector de la doctrina que, si bien comparte la exigencia de taxatividad en la redacción de los tipos penales, admite la vaga regulación, mediante términos imprecisos y regulativos, de las causas de justificación[604], pues "*el sentido teleológico del principio admite la reducción del contenido de seguridad jurídica a fin de lograr una ampliación de la libertad individual*"[605]. Creemos que podría aplicarse el mismo razonamiento a la aceptación por el órgano judicial de la reparación brindada a la víctima en los casos en que haya operado la mediación penal, es decir: considerar que no se atenta contra la exigencia de la determinación taxativa de la consecuencia jurídica prevista por la norma penal si se cumplen los parámetros legales que permitan archivar la causa en virtud de una reparación que ha evitado la imposición de la pena. Cosa distinta es que quisiera contraponerse el principio de legalidad a un sistema que permitiera la

601 Cfr. ROLDÁN BARBERO, "*La mediación penal, entre el orden legal y la voluntad de mejorar*", op. cit., p. 134.

602 Ídem.

603 OLMEDO CARDENETE, M., "*¿Es la* lex stricta *una garantía efectiva en Derecho Penal?*", en AA.VV., *Estudios penales en homenaje a Enrique Gimbernat*. Edisofer, Tomo I, Madrid, 2008, p. 587.

604 Donde abundan los términos nebulosos, como "grave peligro", "necesidad racional" o "mal propio o ajeno", vid. Art. 20 CP.

605 DE VICENTE MARTÍNEZ, R., *El principio de legalidad penal*, op. cit. Por su parte, MORESO, J. J., señala que hay razones para defender que el umbral de precisión exigido para la formulación de los tipos penales ha de ser más alto que el umbral de precisión exigido para la formulación de las causas de justificación ("*Principio de legalidad y causas de justificación. Sobre el alcance de la taxatividad*", en *Doxa*, nº 24, 2001, pp. 525 ss.), y ROXIN estima que "*en las causas de justificación la interpretación correspondiente al principio nullum crimen no está vinculada al límite del tenor literal, sino sólo a los principios ordenadores inmanentes a las respectivas causas de justificación*" (*Derecho Penal. Parte General, Tomo I*, op. cit., p. 286).

indeterminación previa de los delitos y de las penas, o la discrecionalidad absoluta y no regulada legalmente de la acusación en la persecución y castigo de los delitos, lo que podría afectar a aquel principio o contradecir el mandato de seguridad jurídica del art. 9.3 CE, así como generar tratos desiguales para los ciudadanos, que lesionarían el principio de igualdad del art. 14 CE[606].

3) En tercer lugar, dado que, como oportunamente se explicará, se defiende una implantación de la mediación penal limitada a los delitos leves y menos graves, traemos a nuestra causa la postura de ciertos autores, para los que, en este tipo de infracciones, la exigencia de *lex certa* es menor que para las infracciones penales graves. De tal manera, FERRERES COMELLA sostiene que el art. 25.1 CE no imposibilita graduar las exigencias de precisión atendiendo a la mayor gravedad de las penas. Además, no se trataría de rebajar las exigencias respecto de las infracciones amenazadas con menos pena, sino más bien de aumentarlas cuando se trate de delitos graves. Tras rechazar que tal proposición haya de desincentivar la consecución de certeza, tal perspectiva permitiría que frente a la comprensión generalizada para con el legislador, se erigiera un criterio más riguroso cuando se constata que la pena con la que se amenaza a quien incurre en la conducta defectuosamente tipificada es particularmente grave[607]. Parece coincidir este autor con SILVA SÁNCHEZ, quien se muestra permisible al establecimiento de un "Derecho penal de dos velocidades": un núcleo duro del Derecho penal, el de la pena privativa de libertad, respecto al cual no cabría flexibilizar las garantías jurídicas tradicionales, y el resto, referido a las penas de multa y las privativas de derechos, para las que sí sería posible una flexibilización controlada de tales principios[608]. Terminamos estas reflexiones citando a ESER:

---

[606] ORTIZ ÚRCULO, J. C., *"El principio de oportunidad: naturaleza, ámbito de aplicación y límites"*, op. cit., p. 3.405.

[607] FERRERES COMELLA, V. *El principio de taxatividad en materia penal y el valor normativo de la jurisprudencia (una perspectiva constitucional).* Civitas. Madrid, 2002, pp. 70 ss.

[608] SILVA SÁNCHEZ, J.M. *La expansión del Derecho penal. Aspectos de la política criminal en las sociedades postindustriales*, op. cit,, p. 163: *"...en lo anterior han quedado caracterizadas las que, a mi juicio, serían las ´dos velocidades´ del Derecho penal. Una primera velocidad, representada por el Derecho penal ´de la cárcel´, en el que habrían de mantenerse rígidamente los principios político-criminales clásicos, las reglas de imputación y los principios procesales; y una segunda velocidad, para los casos en que, por no tratarse ya de la cárcel, sino de penas de privación de derechos o pecuniarias, aquellos principios y reglas podrían experimentar una flexibilización proporcionada a la menor intensidad de la*

La unidad del derecho penal es tan poco un valor en sí mismo como el propio derecho penal. Como instrumento para la protección de determinados intereses legítimos y, en consecuencia, para la dirección de comportamientos, el derecho penal debe aplicarse ajustándose en la medida de lo posible a su función y ello implica necesariamente que se configure de maneras distintas[609].

III.1.4 Principio de proporcionalidad penal

El principio de proporcionalidad subyace en toda idea de Derecho y significa, básicamente, que cada uno ha de ser tratado según sus propios merecimientos[610]. Al hablar de la proporcionalidad seguiremos la distinción clásica entre proporcionalidad en sentido amplio y proporcionalidad en sentido estricto, para posteriormente hacer referencia a su relación con el principio de igualdad.

III.1.4.1 Proporcionalidad en sentido amplio

En sentido amplio, el principio de proporcionalidad se configura como una prohibición de exceso que vincula a los poderes del Estado, conteniendo a su vez tres principios: de adecuación, de necesidad y de proporcionalidad en sentido estricto[611]. En cuanto a los dos primeros, si afectan a la mediación penal es en su beneficio. De un lado, la adecuación a los fines perseguidos por el Derecho penal de un Estado democrático y aconfesional, como en teoría es el nuestro, excluye aquellas penas que tengan una finalidad únicamente

---

sanción. La pregunta que hay que plantear, en fin, es la de si puede admitirse una ´tercera velocidad´ del Derecho penal, en la que el Derecho penal de la cárcel concurra con una amplia relativización de garantías político-criminales, reglas de imputación y criterios procesales". Por su parte, los defensores del "Derecho penal del enemigo", estudiado en el primer capítulo de este trabajo, defienden la existencia de esta tercera velocidad también en determinadas infracciones graves, como forma de combatir a los enemigos del sistema (vid. JAKOBS, G., CANCIO MELIÁ, M., *Derecho penal del enemigo*, op. cit., pp. 80-82).

[609] ESER, A., *"Una justicia penal ´a la medida del ser humano´ en la época de la europeización y la globalización"*, op. cit., p. 26.

[610] MUÑOZ CONDE, F., GARCÍA ARÁN, M., *Derecho penal. Parte general*, op. cit., pp. 84-85.

[611] Cfr. COBO DEL ROSAL, M., VIVES ANTÓN, T. S., *Derecho penal. Parte General*, op. cit. pp. 81-90; COBO DEL ROSAL, M., QUINTANAR DÍEZ, M., *Instituciones de Derecho penal Español, parte general*, op. cit., pp. 68-69; MIR PUIG, S., *"El principio de proporcionalidad como fundamento constitucional de límites materiales del Derecho penal"*, en AA.VV., *Constitución, derechos fundamentales y sistema penal (semblanzas y estudios con motivo del setenta aniversario del profesor Tomás Salvador Vives Antón)*. Tirant lo Blanch, Valencia, 2009, pp. 1.357 ss. También la doctrina del TC ha consagrado la existencia de estos tres principios a partir de la STC 62/1982, de 15 de octubre (EDJ 1982/62), FFJJ 4, 5 y 6.

retributiva, es decir, que no tengan propósito alguno de tutela de bienes jurídicos penalmente protegidos, sino estrictamente vindicativo, siendo esta una finalidad penal incompatible con la *reparatio per mediationem*, como veremos infra. De otro lado, el principio de necesidad de la pena, ya enunciado en la Declaración de los Derechos del Hombre y del Ciudadano de 1789[612], ha se der contemplado desde el punto de vista de la utilidad del castigo, por lo que no solo no significa obstáculo alguno para la defensa de la mediación penal, sino que constituye uno de sus argumentos más poderosos, en cuanto que justifica la sustitución de la pena por otras medidas allí donde sea posible, pues, como sabemos por BECCARIA, una pena inútil es una pena injusta[613].

Hay también que conectar la necesidad de la pena con el merecimiento de esta[614], criterio similar pero diferente. Incluso en situaciones en que se constate la lesión de un bien jurídico penalmente protegido, y por tanto exista necesidad de pena, ha de aceptarse la posibilidad de determinar la ausencia de merecimiento de la misma por razones de oportunidad y utilidad social. Consecuentemente, si no hay merecimiento, tampoco habrá necesidad de pena; por ejemplo, cuando el infractor ha puesto todo de su parte en pro de enmendar su mal. El lenguaje común es muy sabio y todos comprendemos perfectamente lo que es no hacer una cosa porque "no merece la pena": no reportaría ninguna utilidad el hacer esa cosa. De la misma manera, en Derecho penal, no hay merecimiento de pena cuando esta no comporta utilidad alguna a la ciudadanía.

III.1.4.2 Proporcionalidad en sentido estricto

---

[612] El art. 8 de la mencionada Declaración, ya citado antes en esta obra, establece que *"La ley no debe imponer otras penas que aquéllas que son estrictamente y evidentemente necesarias..."*.

[613] BECCARIA (BONESANA, C., Marqués de), *Tratado de los delitos y las penas* op. cit., p. 57 *et passim*.

[614] Sobre el principio de "merecimiento de pena", vid. GALAIN PALERMO, P. *La reparación del daño a la víctima del delito*, op. cit., pp. 158 ss.; HASSEMER, W., MUÑOZ CONDE, F., *Introdución a la Política Criminal y al Derecho Penal*, op. cit., pp. 65 ss.; MUÑOZ CONDE, F., GARCÍA ARÁN, M., *Derecho penal. Parte general*, op. cit., p. 80.

Si los principios de adecuación y de necesidad han de entenderse desde la exigencia de una cierta idoneidad cualitativa[615] entre la conducta y las consecuencias jurídicas, el principio de proporcionalidad en sentido estricto viene referido, según su formulación clásica, a la necesaria relación cuantitativa entre aquellas, es decir, a la exigencia de que la gravedad de la pena o de la medida de seguridad se corresponda con la gravedad del hecho cometido o de la peligrosidad del sujeto, respectivamente[616].

Desde este planteamiento, la crítica instantánea que suele hacerse a la mediación penal consiste en considerar que pone en entredicho el principio de proporcionalidad, al dejar la resolución del caso en manos de lo que la víctima y la comunidad consideren más satisfactorio[617]. Comencemos reiterando que el límite que nos va marcar hasta dónde podemos extender el significado de los principios estudiados en el presente capítulo reside en la Constitución. Así, contrariamente a la discusión antes presentada, acerca de si la regla de la necesidad en el ejercicio de la acción penal tenía alcance de derecho fundamental, en este caso parece estar bastante claro que no existe un derecho fundamental a la proporcionalidad de las penas. Esto no significa que el principio de proporcionalidad penal no posea rango constitucional: a pesar de no figurar en la dicción del Texto de 1978, la mayoría de los autores le reconocen dicha condición, pero sin consenso acerca del precepto donde puede entenderse consagrado[618]. La no consideración como derecho fundamental se

---

[615] Expresión empleada en la STC 161/1997, de 2 de octubre (EDJ 1997/5477), FJ 11. A su vez, CARBONELL MATEU dice que la pena ha de ser *"cualitativamente adecuada para conseguir la finalidad"* (*Derecho penal: concepto y principios constitucionales*, op. cit., p.207).

[616] MORILLAS CUEVA, L. *Derecho Penal. Parte general. Fundamentos...*, op. cit, pp. 160-61. También, COBO DEL ROSAL, M., VIVES ANTÓN, T. S., *Derecho penal. Parte General*, op, cit., p. 88. Ya la Declaración Universal de los Derechos y Deberes del Hombre y del Ciudadano de 1795 proclamaba en su art. 12 que *"la Ley no debe señalar sino las penas estrictamente necesarias y proporcionales al delito"*.

[617] Así, CABEZUDO RODRÍGUEZ, N., *"El último (y controvertible) credo en materia de política criminal. Justicia restaurativa y mediación penal"*, op. cit., p. 18.

[618] Cfr. CUELLO CONTRERAS, J., MAPELLI CAFFARENA, B., *Curso de Derecho penal. Parte general*, op. cit., p. 248; DE LA MATA BARRANCO, N. J. *El principio de proporcionalidad penal.* Tirant Lo Blanch, Valencia, 2007, p. 69; MAPELLI CAFFARENA, B., *Las consecuencias jurídicas del delito*, op. cit., p. 31. Por su parte, COBO DEL ROSAL y QUINTANAR DÍEZ vinculan dicho principio, en primer lugar, a la *justicia* como *valor superior de* nuestro ordenamiento jurídico, consagrado en el art. 1 de nuestro Texto Constitucional, relacionándolo también con los arts. 15 CE (prohibición de torturas y tratos inhumanos o degradantes), 17.2 CE (límite temporal de la detención preventiva), 17.4 CE (límite temporal de la prisión provisional) y 55.2, 2º párr. CE (proscripción de la utilización injustificada o abusiva de las facultades reconocidas por Ley

contiene en la doctrina elaborada por el Tribunal Constitucional a partir de la STC 65/1986, de 22 de mayo (EDJ 1986/65), cuyo FJ 3 concluyó que "*no cabe deducir del artículo 25.1 de la Constitución Española un derecho fundamental a la proporcionalidad abstracta de la pena con la gravedad del delito*[619]. Constituye la única excepción a esta línea jurisprudencial la famosa STC 136/1999, de 20 de julio (EDJ 1999/14094), dictada por el Pleno del Tribunal en el caso de los miembros de la Mesa Nacional de Herri Batasuna, donde se llega a decir (FJ 30) que la desproporción de la pena prevista en el tipo penal aplicado constituye una vulneración del artículo 25.1 de la Constitución[620]. Pero, salvo en aquella ocasión, nuestro Tribunal Constitucional ha desestimado cuantas demandas de amparo se han basado en la falta de proporcionalidad entre el delito cometido y la pena impuesta, dejando en manos del legislador la modulación de las sanciones, con el único límite de no caer en la arbitrariedad, lo que a nuestro juicio no tiene por qué ocurrir si, de la mano de la ley y con el visto bueno de la autoridad judicial o fiscal, se da la oportunidad a víctima e infractor de llegar a una solución consensuada libremente aceptada por ambos, como aquí se promueve.

En cuanto a su significado concreto, el TC ha declarado reiteradamente que la proporcionalidad "*en ningún caso se reduce a una exacta proporción entre el desvalor de la sanción y el desvalor del comportamiento prohibido, según un hipotético baremo preciso y prefijado*"[621]. En consecuencia, hemos de desterrar la idea de proporcionalidad penal como una balanza en cada uno de cuyos platillos se posara la infracción penal y su sanción, hasta alcanzar una especie de equilibrio ideal[622]. Además, como indica MIR PUIG, la proporcionalidad en sentido

Orgánica en relación con las investigaciones correspondientes a la actuación de bandas armadas o elementos terroristas (de los mismos, *Instituciones de Derecho Penal Español, parte general,* op. cit. pp. 67-68). Para MORILLAS CUEVA, el principio de proporcionalidad se deduce del art. 15 CE, arriba mencionado (del mismo, *Derecho Penal. Parte General. Fundamentos...*, op. cit., p. 161). De la misma opinión es ZUGALDÍA ESPINAR, J. M. (del mismo, *Fundamentos de Derecho Penal,* op. cit., p. 175).

619 En el mismo sentido, vid. SSTC 19/1988, de 16 de febrero (EDJ 1988/335), FJ 8, 150/1991, de 4 de julio (EDJ 1991/7287), FJ 4b y 24/1993, de 21 de octubre (EDJ 1993/9364), FJ 5.

620 La STC 136/1999 originó una gran polémica, no solo en la doctrina sino también dentro del propio Tribunal Constitucional, como demuestra el hecho del abundante número de votos particulares que se emitieron.

621 Por todas, la STC 55/96, de 28 de marzo (EDJ 1996/976), FJ 8.

622 MARTÍNEZ GAMBOA, R. J., *Vías Alternativas a la Solución de Conflictos en el Proceso Penal*, op. cit., p. 63.

estricto no ha de mirar al pasado sino al futuro; esto es, la pena no ha de compararse con la infracción cometida, que ya es imposible evitar, sino con las que puedan cometerse en el futuro[623]. Desde este punto de vista, la crítica de la falta de proporcionalidad de las soluciones mediadoras también puede ser desactivada en la medida en que estas puedan contribuir a la función de pacificación social del Derecho penal, tema que abordaremos más adelante. Creemos que si hay desproporcionalidad por exceso en la mediación, es decir, si se pacta una solución más gravosa para el victimario que la que le hubiera tocado soportar en forma de pena, la autoridad competente para validar el acuerdo siempre podrá reconducirlo hacia sus cauces adecuados o, en su caso, anularlo. Por otro lado, la crítica de la falta de proporcionalidad por defecto se nos antoja solamente justificable desde una óptica retribucionista que hemos de dar por superada[624]. Volviendo a la doctrina del TC, la misma dice que para hablarse de una desproporcionalidad inconstitucional debería constatarse la existencia de *"un medio alternativo menos restrictivo de derechos para la consecución igualmente eficaz de las finalidades deseadas por el legislador"*[625]. Entonces, a contrario, podemos argumentar que nada obsta, en términos constitucionales de proporcionalidad, a que se cumplan las finalidades deseadas por el legislador (reparación a la víctima, reinserción del victimario, protección de víctimas futuras), utilizando un medio alternativo menos restrictivo de derechos como sería un programa de mediación penal en lugar de la pena señalada inicialmente a la infracción, ya que lo que se proscribe es precisamente lo contrario, esto es, que existiendo soluciones menos lesivas e igualmente eficaces, se opte por las más gravosas.

III.1.4.3 Proporcionalidad penal y principio de igualdad

---

[623] MIR PUIG, S., *"El principio de proporcionalidad como fundamento constitucional de límites materiales del Derecho penal"*, op. cit., p. 1.365. Para el autor, la perspectiva *ex post* del juicio de proporcionalidad es propia de una concepción retribucionista de la pena (op. cit., pp. 1.369 y 1.375). Vid. también, del mismo autor, *Derecho Penal. Parte general*, op. cit., p. 128.

[624] Como dice LARRAURI, *"el punto débil del retribucionismo es que el principio de proporcionalidad impide que éste se vulnere por abajo, esto es, requiere la imposición de un castigo proporcional aun cuando la víctima renuncie a ello"*. De la misma, *"Tendencias actuales de la justicia reparadora"*, op. cit., p. 453.

[625] STC 55/96, de 28 de marzo (EDJ 1996/976), FJ 8.

La proporcionalidad penal también puede conectarse con el principio de igualdad, cuyas exigencias se verían contrariadas si se aplicase la misma pena a conductas de muy desigual trascendencia[626]. Ello no significa, empero, que una misma conducta no pueda recibir un trato penal (que no punitivo) más favorable al infractor en atención a su participación en un programa de mediación culminado en la reparación aceptada por la víctima. Nuestro Ordenamiento penal viene resolviendo la pugna entre proporcionalismo e individualización atribuyendo a los jueces un creciente margen de actuación en sede de individualización de las penas o de ejecución de las mismas. Según indican COBO DEL ROSAL-VIVES ANTÓN, el principio de igualdad no exige al juez que trate los supuestos idénticos siempre de igual modo, sino tan solo que justifique argumentalmente las diferencias[627], por lo que hablar de proporcionalidad no equivale a negar la existencia de una variedad de soluciones y de sus correspondientes márgenes de estimación[628]. Ya hemos tratado en el presente estudio acerca de las figuras de la suspensión y sustitución de las penas privativas de libertad, a las que pueden añadirse otros instrumentos penológicos adoptados por el legislador español en fase de ejecución de las condenas, como el "régimen abierto" o la libertad condicional, los cuales deben decidirse atendiendo primordialmente al grado o pronóstico de reinserción de la persona, permitiendo así la individualización tanto de la condena como de las condiciones de su cumplimiento.

Además, ese trato penal más favorable arriba referido ya se está dando a aquellos acusados que se limitan, simple y llanamente, a aceptar una pena por la vía de la conformidad, por lo que dicha posibilidad con más motivo debería admitirse cuando el acusado hace el esfuerzo de acercarse a la víctima en pro de la reparación de su ofensa (o de evitar la condena, para qué nos vamos a engañar, pero una cosa conlleva la otra, y esto es lo importante).

---

626 CARBONELL MATEU, J. C., *Derecho penal: concepto y principios constitucionales*, op. cit., p. 213.

627 COBO DEL ROSAL, M., VIVES ANTÓN, T. S., *Derecho penal. Parte General*, op. cit., p. 95.

628 CUELLO CONTRERAS, J., MAPELLI CAFFARENA, B., *Curso de Derecho penal. Parte general*, op. cit., p. 248.

Por otro lado, en un Estado de Derecho la igualdad significa tratar de forma desigual a los desiguales[629], lo que implica una concepción valorativa de la igualdad que posibilita, en palabras de COBO DEL ROSA-QUINTANAR DÍEZ, *"diferencias de trato o tratamiento a favor o en contra de determinadas clases de personas, de forma justificada"*[630], que BARATTA expresó al definir el principio de "proporcionalidad concreta" o de "adecuación del costo social": debe tenerse en cuenta la aplicación de la pena a sujetos provenientes de diversos estratos sociales. Las reglamentaciones de las sanciones y de los beneficios deben contemplar criterios tendentes a compensar y limitar las desigualdades de los efectos de la pena en los condenados y en su entorno[631].

Asimismo, merece la pena reseñar la proposición de diversos autores, que pretenden superar el "paradigma proporcionalista" como principio básico para distribuir los castigos, ofreciendo como criterio más razonable el de la recuperación social del delincuente, aunque manteniendo, eso sí, la justicia penal proporcionalista como último recurso y como garantía en referencia al sistema que se adopte[632].

Cabe añadir, a fortiori, que la jurisprudencia de nuestro Tribunal Constitucional exige justificar la diferencia de trato punitivo únicamente cuando se trata de resoluciones dictadas por el mismo órgano jurisdiccional (SSTC 51/85, de 10 de abril [EDJ 1985/51] y 57/85, de 29 de abril [EDJ 1985/57]).

En síntesis, podemos afirmar que, como ocurría con la regla de la necesidad en el ejercicio de la acción penal, la exigencia de proporcionalidad ha de entenderse desde la óptica de los límites al ejercicio del *ius puniendi* del

---

[629] En España, según doctrina muy consolidada desde la STC 8/1981, de 30 de marzo (EDJ 1981/8).

[630] COBO DEL ROSAL, J., QUINTANAR DÍEZ, J., *Instituciones de Derecho Penal Español, parte general*, op. cit., p. 64.

[631] BARATTA, A. *"Principios de Derecho Penal mínimo (para una teoría de los derechos humanos como objeto y límite de la ley penal)"*, en *Criminología y Sistema Penal (Compilación in memoriam)*, -trad. de Beatriz Lenzi-. B de F, Buenos Aires, 2004, pp. 309-310. Originalmente publicado en *Doctrina Penal*, año 10, nº 37 a 40, 1987.

[632] CID MOLINÉ, J.,*"Medios alternativos de solución de conflictos y Derecho penal"* op. cit., p. 165, VON HIRSCH, A., *Censurar y Castigar*, (trad. de Elena Larrauri, originalmente publicado en inglés bajo el título *Censure and sanctions*, Oxford University Press, 1993). Trotta, Madrid, 1998, pp. 117 ss. et pássim.

Estado[633]. No es que represente únicamente esto, pero sí será uno de sus principales aspectos[634]. Así, MORILLAS define el principio de proporcionalidad como un *"límite consustancial al Estado social y democrático de Derecho"*[635] y, DE LA MATA BARRANCO, como *"una regla de maximización de la libertad"*[636], íntimamente conectada con el principio de intervención mínima[637]. Debemos concluir, entonces, que el principio de proporcionalidad penal está configurado principalmente como garantía contra los excesos punitivos más que contra los defectos y que, en todo caso, está íntimamente ligado con la finalidad de la norma penal[638], por lo que si esta se consigue por medios distintos a los de la pena tradicional, como es el que aquí se recomienda, no se entrará en conflicto con dicho principio.

Por último, algunos autores han querido ver en la mediación una quiebra del principio de igualdad, por cuanto solo podrían beneficiarse de la misma quienes tuvieran medios económicos suficientes para indemnizar a la víctima[639]. Nos remitimos al punto VI.4.2 de la presente monografía, dedicado a los contenidos del acuerdo de reparación, mas avanzamos ya que dicha crítica parte del error de confundir reparación con responsabilidad civil.

---

[633] Cfr. BACIGALUPO ZAPATER, E., *Derecho penal y el Estado de Derecho.* Editorial Jurídica de Chile, Santiago de Chile, 2005, pp. 122-123; HASSEMER, W., MUÑOZ CONDE, F., *Introdución a la Política Criminal y al Derecho Penal,* op. cit., p. 138. En palabras de estos últimos, *"la misión del Derecho penal no consiste sólo en proteger bienes jurídicos y el correcto funcionamiento del sistema social de convivencia, sino también en limitar el poder punitivo del Estado que, decidido a acabar a toda costa con la criminalidad, puede imponer sanciones excesivas sacrificando con ello las garantías mínimas de los individuos y la idea de proporcionalidad".*

[634] DE LA MATA BARRANCO, N.J. *El principio...* op. cit., p. 65.

[635] MORILLAS CUEVA, L. *Curso de Derecho penal español. Parte general.* Marcial Pons, Madrid, 1996, pp. 40 ss.

[636] DE LA MATA BARRANCO, N.J. *El principio...* op. cit., p. 70..

[637] COBO DEL ROSAL, M., VIVES ANTÓN, T.S., *Derecho Penal. Parte General,* op. cit., p. 82. En el mismo sentido, ZUGALDÍA ESPINAR, *Fundamentos de Derecho Penal,* op. cit., p. 164.

[638] *"En síntesis, puede hablarse de un principio informador de la legislación y aplicación del Derecho Penal, cual es el principio de proporcionalidad o principio de necesidad, que se identifica con la estricta utilidad de la intervención penal, es decir, con la eficacia de la pena desde la perspectiva de sus fines".* COBO DEL ROSAL, J., QUINTANAR DÍEZ, J., *Instituciones de Derecho Penal Español, parte general,* op. cit., p. 70.

[639] Vid. QUERALT JIMÉNEZ, J. J., *"Víctimas y garantías: algunos cabos sueltos..."*, op. cit., p. 148; BERDUGO GÓMEZ DE LA TORRE, I. *et al, Introducción al Derecho penal.* Iustel, Madrid, 2010, p. 357.

III.1.4. Principio de intervención mínima

El recurso a este principio es uno de los argumentos más utilizados a favor de la justicia restaurativa y sus diferentes manifestaciones. El Derecho penal, como es sabido, no debe utilizarse sino como *ultima ratio,* cuando sea imposible recurrir a otros medios de reacción y tutela no penales para restablecer la paz jurídica violada, lo que ha de completarse con su denominado carácter fragmentario: el Derecho penal solo debe proteger los bienes jurídicos más esenciales frente a los ataques más vehementes contra los mismos[640]. El principio de intervención mínima, como dice ALASTUEY DOBÓN, significa que el Estado, como comunidad supraordenada en una sociedad, tiene el deber de prestar ayuda a otras comunidades más pequeñas que forman parte del cuerpo social, así como al individuo; pero también que el Estado tiene el deber de abstenerse de actuar cuando baste la intervención de entes sociales menores o del individuo[641].

Pero, en el modelo que proponemos, la mediación se inscribe en el propio proceso penal, respondiendo al principio de oficialidad expuesto antes. Por lo tanto, el argumento de la intervención mínima ha de ser entendido desde el punto de vista de la pena, en el sentido de que esta debe ceder, en determinados casos, ante la reparación, pues, tal y como la concebimos, la mediación penal es Derecho penal. Así, frente a los que abogan por una extracción masiva de infracciones poco gravosas del Código Penal como respuesta a los males que aquejan su salud, consideramos que el ciudadano que sufre una agresión de poca entidad, pero merecedora de reproche penal, ha de tener derecho a una respuesta penal a su problema. Muchas de las llamadas infracciones "de bagatela" protegen bienes jurídicos que han de seguir permaneciendo bajo el manto preventivo del Derecho penal; empero, su puntual lesión puede guiarse por cauces ajenos al juicio y la sentencia, pero no al proceso penal. Entonces la mediación se presenta como una manera, perfectamente válida, de hallar una solución dentro del Derecho penal, no extramuros del mismo. Nuestra experiencia profesional nos enseña que las

---

640 SÁINZ CANTERO, J. A., *Lecciones de Derecho penal,* op. cit., p. 37.

641 ALASTUEY DOBÓN M. C., *La reparación a la víctima en el marco de las sanciones penales,* op. cit., pp.102-103.

faltas –o delitos leves según la denominación en ciernes- pueden parecer menudencias desde la persepectiva del estudioso que medita sobre ellas bajo la quietud del flexo de su mesa de trabajo, pero no desde la de los protagonistas pasivos del suceso. A veces estas pequeñas infracciones generan padecimientos psíquicos de todo tipo en quienes las sufren, como puede observar a diario cualquiera que pise las salas de espera de las oficinas de denuncias de nuestras comisarías. Por eso no compartimos el destierro del Código Penal de estas infracciones: las personas tienen derecho a una respuesta penal también en estos casos, si bien entendemos que dicha respuesta puede consistir en el ofrecimiento de la mediación por servicios oficiales especializados. Como dice SILVA SÁNCHEZ, *"la demanda social de protección a través del Derecho penal probablemente no se vería resuelta de un modo funcional con un Derecho penal reducido a su núcleo duro"*[642].

Por ello, no es el de la drástica reducción del Derecho penal, en virtud del principio de intervención mínima, el argumento donde descansa nuestra defensa de la mediación. Esta ha de ser concebida como una forma de tutela penal; lo contrario significaría la renuncia a los fines preventivo generales y especiales que deben seguir presidiendo el tratamiento de la pequeña criminalidad y, consecuentemente, la negación de protección penal a quien ha sufrido un ataque injusto. La normas penales son expresión de la voluntad general, que selecciona el conjunto de valores que aquellas protegen[643], y pegar un tortazo a alguien o hurtar su bolsa han sido infracciones penales aquí y en cualquier lugar del mundo desde que existe la vida en comunidad. Consecuentemente, la decisión de dejar determinados intereses fuera del espectro de lo penalmente sancionable sólo puede tomarse en íntima relación con la conciencia social imperante en cada momento histórico.

Todo lo anterior no significa, desde luego, que el Código Penal no padezca la obesidad mórbida que le diagnosticamos al comienzar esta obra, pero creemos que la misma no es debida a la proliferación de las pequeñas infracciones. Que estas sean pequeñas no quiere decir que amparen bienes

---

[642] SILVA SÁNCHEZ, J. M., *La expansión del Derecho penal. Aspectos de la política criminal...*, op. cit., p. 58.

[643] CARBONELL MATEU, J. C., *Derecho penal: concepto y principios constitucionales*, op. cit, p. 51.

jurídicos "pequeños". Pensemos, por ejemplo, en el mentado tortazo: es una pequeña infracción que, sin embargo, protege un valor tan esencial como la salud.

III.1.6. Retroactividad de la ley penal más favorable

En relación con la excepción de la regla *tempus regit actum* que permite la ultraactividad de las normas sancionadoras cuando estas favorecen al justiciable (arts. 9.3 CE, a contrario, y 2.2 CP), nos preguntamos, a modo de simple hipótesis de laboratorio, si dicha excepción afectaría a la implantación de la mediación penal, es decir, si una vez que entrase en vigor la normativa sobre mediación podría aplicarse esta a sucesos acaecidos con anterioridad, por el beneficio que podría suponer para el acusado. Pues bien, la respuesta va a depender de cómo concibamos la reparación infractor-víctima y, consecuencia de ello, de cómo queramos inscribir la mediación en nuestro modelo penal:

1) Si concebimos la figura de la mediación como un cauce procesal mediante el que puede llegarse al archivo provisional de la causa, opción por la que se decanta este trabajo, no cabría la retroactividad en favor del reo; ello por dos motivos: en primer lugar, porque se trata de normas de índole procesal, no sustantivo, que son las únicas donde en principio rige la prohibición de retroactividad y su excepción *favor rei*[644] y, en segundo lugar, porque sería absurdo someter a mediación procesal un proceso que ya ha concluido. En conclusión, únicamente podrían ser desviados a mediación aquellos procedimientos penales que se iniciasen tras la entrada en vigor de la ley de mediación penal que se viene demandando en la presente monografía.

2) En cambio, si optamos conceder al juez la facultad, caso de tener éxito la mediación, de certificar en sentencia la reparación como sustitutivo de la pena, dejando la mediación extramuros del proceso, es decir, si únicamente se plasmasen los efectos de la mediación en sede de Derecho penal material,

[644] Sobre esta cuestión, vid. CARBONELL MATEU, J. C., *Derecho penal: concepto y principios constitucionales*, op. cit., pp. 152-153; JESCHECK, H. H., WEIGEND, T., *Tratado de Derecho Penal. Parte General*, op. cit., p. 149; MAPELLI CAFFARENA, B., *Las consecuencias jurídicas del delito*, op. cit., p. 28; MIR PUIG; *Derecho penal. Parte general*, op. cit., p. 1113; MORILLAS CUEVA, L., *Derecho Penal. Parte General. Fundamentos...*, op. cit., p. 263.

consagrando la reparación como consecuencia jurídica, al lado de las penas y de las medidas de seguridad (la "tercera vía" de la que hablaremos infra), sí podría operar retroactivamente a favor del reo. En este caso, al tratarse de normas materiales, para la aplicación del criterio del *tempus regit actum* habría que estar al momento de la comisión del hecho y, puesto que una reparación impuesta en virtud de sentencia judicial generalmente va a ser más favorable que una pena, dichas normas tendrían efectos retroactivos, y el acusado tendría derecho –si se dan el resto de condiciones- a que la reparación del daño pudiese operar como consecuencia jurídica de su acción, aunque esta hubiera sido cometida antes de la entrada en vigor de la hipotética ley que aquí contemplamos.

III.2 Compatibilidad con las garantías procesales del imputado[645]

No menos espinosa es la cuestión de los roces que, de implantarse la mediación penal, pueden suscitarse con las garantías procesales contenidas explícita e implícitamente en el segundo apartado del art. 24 CE, las cuales, amén de poseer rango de derecho fundamental, coadyuvan a garantizar la tutela efectiva a la que hace referencia el apartado 1 del mismo precepto[646]. En el capítulo I expresamos el temor a que el ansia por devolver a la víctima el protagonismo del proceso penal termine significando la vuelta a una justicia basada en la venganza pura y simple[647], en la que no se respeten las garantías más elementales[648]. Siguiendo a WRIGHT, la mediación puede conllevar una vulneración de los derechos del ofensor, principalmente porque su participación puede no ser voluntaria desde el momento en que pende sobre su

---

645 Utilizamos "imputado" como término genérico. Entiéndase también por imputado el acusado, inculpado, denunciado o el eufemismo por el que la legislación procesal que se avizora pretende reemplazar el término imputado: "encausado".

646 BALAGUER CALLEJÓN, F. *et al.*, *Manual de Derecho Constitucional*. Tecnos, Madrid, 2005, p. 222.

647 Vid. supra I.2.4.2.

648 Cfr. ESQUINAS VALVERDE, P., *Mediación entre víctima y agresor en la violencia de género*. Op. cit., pp. 91 ss.; GORDILLO SANTANA, L.F., *La justicia restaurativa y la mediación penal*, op. cit., p. 172; QUERALT JIMÉNEZ, J. J., *"Víctimas y garantías: algunos cabos sueltos..."*, op. cit., pp. 149 ss.; del mismo, *"La mediación en España y perspectivas internacionales"*, op. cit., pp. 241 ss.

cabeza la amenaza de la pena, lo que puede llevarle a declararse culpable a fin de participar en la iniciativa de mediación y reparación[649].

Sin embargo, determinadas conquistas del Derecho son incuestionables[650] y, como venimos afirmando, un modelo de mediación instalado dentro del proceso penal puede -y debe- ser compatible con sus principios informadores. Las garantías del imputado que ineludiblemente habrán de preservarse a la hora de configurar legalmente la mediación penal son el derecho a la defensa y sus derivados (derecho a no declarar contra sí mismo y a no confesarse culpable, derecho a la asistencia letrada) y, fundamentalmente, el derecho a la presunción de inocencia. Pasemos a su estudio.

III.2.1. Derecho a no declarar contra sí mismo y a no confesarse culpable

Este derecho, cuya constitucionalización responde a la idea, hoy generalmente aceptada, de que el Estado Democrático de Derecho no puede obligar al ciudadano a ponerse en el dilema de tener que perjurar o perjudicarse a sí mismo ante una acusación[651], es pieza indispensable del derecho fundamental a la defensa del art. 24.2 CE, como reiteradamente ha declarado nuestro Tribunal Constitucional[652]. Por su parte la LECr, al regular las declaraciones de los procesados (arts. 385 a 409 bis), proscribe el empleo de cualquier clase de coacción o amenaza, debiendo el juez practicar toda las diligencias necesarias para adquirir el convencimiento de la verdad aun habiéndose producido la confesión del procesado. Cabe preguntarse, desde esta perspectiva, si la participación del imputado en un programa de mediación podría suponer una merma de estas garantías.

En primer lugar, se critica que este mecanismo es susceptible de generar efectos coactivos en la voluntad del presunto infractor, cuyo deseo de obtener una respuesta diferente de la pena puede llevarle a reconocer todo tipo de

---

649 WRIGHT, M. *Justice for victims and offender: a restorative response to crime.* Waterside Press, Hatfield, Hertfordshire, Gran Bretaña, 1996, p. 22.

650 GORDILLO SANTANA, L.F., *La justicia restaurativa y la mediación penal*, op. cit., p. 172.

651 BALAGUER CALLEJÓN, F. *et al.*, *Manual de Derecho Constitucional*, op. cit., p. 235.

652 SSTC 110/1984 (EDJ 1984/110), FJ 10, 197/1995 (EDJ 1995/6582), FJ 6, 161/1997 (EDJ 1997/5477), FJ 5 y 127/2000 (EDJ 2000/7598), FJ 4, entre otras.

responsabilidades. JOHNSTONE, temeroso del peligro de instrumentalización de la justicia restaurativa por el sistema penal oficial, utiliza la expresión "coerción indirecta"[653]. Para evitarla, al iniciar toda mediación penal habrá que poner especial énfasis en instruir a los participantes acerca de su carácter voluntario, informándoles de su derechos y de las consecuencias de la elección de una u otra vía. Quizá en el victimario esa voluntad sea relativa[654] pero, a nuestro juicio, no como para poder hablar de una conculcación del derecho de defensa. A más de esto, la derivación del asunto concreto a la mediación deberá contar con el visto bueno del fiscal o el juez y también del letrado del imputado, caso de tratarse de una causa por delito[655]. Ciertamente, estos problemas ya se dan en la figura de la conformidad, donde coexisten, como en la mediación, el acuerdo y la asunción de responsabilidades, y sin embargo ahí está dicha figura, vehiculando la mitad de nuestras causas penales por delito.

Pero, aunque el imputado no se debe sentir compelido a reconocer los hechos, no es menos cierto que el *leitmotiv* de la mediación, como ya se ha dicho, es procurar una solución más satisfactoria también para la víctima y, evidentemente, esta difícilmente se va a sentir satisfecha sin que el infractor reconozca los hechos, pues pocas cosas pueden indignar más a quien los ha padecido que escuchar al autor negar lo que ambos conocen[656]. Probablemente conscientes de ello, la mayor parte de las regulaciones existentes sobre la materia que nos ocupa suele exigir algún grado de aceptación de los hechos por el autor[657], con el peligro que ello conlleva de utilización de la mediación como

---

[653] JOHNSTONE, G., *Restorative Justice, Ideas, Values, Debates*, p. 32. William Publishing. Londres, 2002, p. 32.

[654] Se pregunta acertadamente GORDILLO SANTANA (*La justicia restaurativa y la mediación penal*, op. cit., p. 36), si no existen presiones externas cuando el letrado aconseja a su cliente aceptar la conformidad de los juicios rápidos ante el juez de instrucción con la finalidad de evitar el juicio oral y una potencial pena mayor. En todo caso, entendemos que el único límite se encuentra, en que la reparación víctima-victimario sea presentada siempre como una opción más entre las existentes al victimario y a la víctima. Y que sean las partes, con consejos de sus abogados o de terceros independientes, quienes libremente opten por la opción mejor para ellos.

[655] Pues, si se trata de faltas, la intervención de letrado no es precetiva (art. 967.1 LECr). Y no nos parece imprescindible modificar dicha prescripción, habida cuenta de los escasos interes jurídicos en juego en este tipo de procedimientos.

[656] MARTÍNEZ ESCAMILLA, M., *"La mediación penal en España: estado de la cuestión"*, op. cit., p. 32.

[657] En este sentido, cabe recordar que una de las dos variantes de terminación del proceso penal por oportunidad recogidas en el ALECr de 2011, la del archivo condicionado, posible para

herramienta para obtener la confesión del investigado. En este sentido, la Directiva 2012/29/UE[658] señala, en su art. 12.1, c) que *"el infractor tendrá que haber reconocido los elementos fácticos básicos del caso"*. Esta ambigua redacción deja cierta libertad a los Estados para exigir mayor o menor taxatividad en la asunción de responsabilidad por el ofensor, por lo que habrá que esperar a la transposición de esta directiva en nuestro Ordenamiento para ver qué exigencias concretas se establecen, pero parece evidente que se corre el riesgo de que el mentado requisito acarree el quebranto del derecho inherente a todo imputado a no declarar contra sí mismo y a no confesarse culpable.

Entendemos que es necesario un reconocimiento de responsabilidad por el victimario para que la mediación pueda fructificar, pero el mismo no podrá suponer en ningún caso un fallo de culpabilidad, de manera que la cuestión de la culpabilidad, a efectos de la posible continuación del proceso penal por sus cauces habituales, deberá quedar abierta[659]. No se puede obligar al infractor que acepta una mediación a formular una declaración de culpabilidad, al menos una declaración que contenga hechos concretos: hora, día, lugar, *modus operandi*, el reconocimiento de que se obraba dolosamente... una confesión formal, en fin. Esta afirmación tiene un triple fundamento: en primer lugar, se trata de evitar que la confesión pueda ser utilizada en el proceso penal si la mediación fracasa o aquel se reactiva porque no se cumple lo pactado; en segundo lugar, no olvidemos que, a diferencia del proceso tradicional, la mediación penal no tiene como objetivo averiguar los hechos y la concreta participación del imputado en los mismos, sino resolver un conflicto[660]; y, en tercer lugar, una exigencia de reconocimiento formal de hechos choca frontalmente con el derecho constitucional a no declarar contra uno mismo y a no confesarse culpable.

---

infracciones con pena de hasta cinco años de prisión, exigía, entre otros requisitos, que el imputado hubiese reconocido su responsabilidad en los hechos punibles (vid. supra IV.4. Dicho reconocimiento de culpabilidad no se exigía en el caso del archivo por oportunidad, viable para infracciones penadas con hasta dos años de prisión o de hasta 10 años, tratándose de penas de otra naturaleza, así como de multa, cualquiera que fuese su cuantía).

[658] Citada en supra I.4.1, I.4.2 y II.1.5. Será estudiada en infra IV.1.

[659] Cfr. CANO PAÑOS, M. A., *"Posibilidades de ´diversión´ por parte del ministerio fiscal en el Derecho penal juvenil alemán"*, en *Revista de Derecho Penal y Criminología*, 2ª época, nº 13, 2004, pp. 251-252 (si bien el autor se refiere al proceso penal de menores).

[660] DÍAZ LÓPEZ, *"Propuestas para la práctica de la mediación penal..."*, op. cit., p 18.

Así, coincidimos con PÉREZ SANZBERRO en que no se puede discutir la relevancia de la existencia de pruebas de responsabilidad en relación al hecho para que se realice la derivación de un caso a mediación por parte de las instancias competentes, lo que no se opone a que la persona sospechosa no sea tratada como culpable[661]. Por ello, la exigencia de una declaración de responsabilidad como requisito previo para realizar una reparación ha de ser interpretada con flexibilidad, de tal modo que se entienda como suficiente un reconocimiento del hecho en lo esencial o la necesidad de que las pruebas así lo dispongan. Es decir, bastaría con la evidencia de una actitud que supone asumir una participación en el hecho delictivo o bien la existencia de unos hechos esclarecidos y la disposición del inculpado a participar en las sesiones de mediación[662]. A sensu contrario, una posible solución sería que la futura ley que regule la mediación penal proscribiese su utilización cuando existieran dudas relevantes acerca de la incriminación del imputado. Si finalmente, como se vislumbra, se otorga al fiscal la competencia para derivar los casos a mediación, esta capacidad no le eximiría de sus obligaciones primarias, cuales son las de determinar la existencia de un hecho tipificable como delito y la vinculación de la persona imputada con el mismo. Solo luego de establecidos estos extremos básicos sería el momento de estudiar la viabilidad de derivar el expediente concreto a un servicio de mediación.

Por último cabe añadir, a este respecto, que un proceso de mediación penal llevado adecuadamente por un mediador bien formado garantiza que las partes negocien equilibradamente sus peticiones, también desde el plano de la "responsabilización real" del autor de los hechos, ya que es perfectamente detectable la posibilidad de que el presunto autor de los hechos no lo sea en realidad, cuestión que desde las premisas del enfoque de mediación supone la

[661] PÉREZ SANZBERRO, G., *Reparación y conciliación en el sistema penal, ¿apertura de una nueva vía?*, op. cit., p. 385.

[662] Ibídem, p. 178. LARRAURI, por su parte, dice que *"los hechos básicos de un caso debieran ser reconocidos por ambas partes como base de la mediación, pero su participación en la mediación no debe ser usada como base de una admisión de culpa en el proceso penal"*. LARRAURI PIJOÁN, E., *"Tendencias actuales de la justicia restauradora"*, op. cit., p. 451.

paralización del proceso y la remisión del pertinente informe al juzgado sobre este aspecto[663]

III.2.2. Derecho a la presunción de inocencia

Hoy nadie discute que no se puede condenar a nadie sin prueba de cargo que enerve la presunción de su inocencia, lo que constituye el verdadero fundamento del proceso penal del moderno Estado de Derecho. No es solo un principio del que se derivan límites para el legislador, sino un auténtico derecho fundamental cuyo contenido consiste en que nadie puede ser condenado sin pruebas que, practicadas legítimamente, demuestren su culpabilidad[664]. Evidentemente, en la mediación no se da condena alguna, pero no es menos cierto que puede implicar la terminación, aunque sea provisional, de un proceso penal en virtud de la reparación del infractor a la víctima. Acabamos de decir "infractor", cuando todavía no ha sido juzgado ni condenado como tal: si hasta escribiendo estas líneas nos traiciona el subconsciente, imaginemos en la vida real. Y es que es difícil sustraerse al dato de que, implícitamente, el imputado está reconociendo algún tipo de responsabilidad penal cuando acepta participar en la mediación[665]. La pregunta es si no se estará atentando contra la presunción de inocencia al reconocer efectos jurídicos a la reparación que ofrece alguien contra quien no se ha desarrollado actividad probatoria alguna en juicio.

Por otra parte, si el mecanismo fracasa, ¿qué ocurrirá con las manifestaciones vertidas libre y espontáneamente por el presunto infractor a lo largo de las sesiones de mediación, podrán tener eficacia probatoria y ser valoradas por el juzgador?; ¿qué pasará con los compromisos que haya podido asumir el presunto infractor, servirán de base a un juicio de culpabilidad sin que se haya realizado actividad probatoria alguna? Para soslayar este problema, toda futura regulación de la mediación penal en nuestro país debería respetar dos principios esenciales acerca de la utilización de las manifestaciones vertidas en las sesiones de mediación:

---

[663] GORDILLO SANTANA en *"Los principios constitucionales y las garantías penales en el marco del proceso de mediación penal"*... op. cit., p. 36.
[664] BALAGUER CALLEJÓN, F. *et al.*, *Manual de Derecho Constitucional*, op. cit., p. 236.
[665] QUERALT JIMÉNEZ, J. J., *"Víctimas y garantías: algunos cabos sueltos..."*, op. cit., p. 162.

1º) La imposibilidad de admitir como prueba las manifestaciones vertidas por el presunto infractor durante las sesiones de mediación. Se debe garantizar a la persona acusada la opción de abandonar el proceso de mediación en cualquier momento hasta el inicio del juicio oral, sin merma alguna en sus garantías procesales[666]. Supongamos que la víctima declara en el juicio oral que el acusado reconoció ante ella los hechos: no cabría admitir tal declaración como prueba de cargo, pues ello vulneraría la confidencialidad de la mediación e, indirectamente, el derecho de todo imputado a no declarar contra sí mismo y a no confesarse culpable, del que ya hemos tratado.

Así, debe evitarse de la manera más eficaz posible todo influjo cognitivo en el juez de los contenidos elaborados o adquiridos en el curso de la mediación[667]. Tomar en cuenta las manifestaciones vertidas durante la mediación a la hora de dictar sentencia equivaldría a admitir una prueba ilícitamente constituida; sería como si, por ejemplo, se aceptasen como prueba unas conversaciones telefónicas interceptadas sin autorización judicial. Lo contrario, es decir, la licitud probatoria de lo declarado en las sesiones de mediación, supone dar a dichas manifestaciones carta de naturaleza como prueba constituida: todo un disparate jurídico, dada la evidente falta de garantías que rodearon su obtención.

Relacionado con lo expuesto, constituye un referente harto desalentador, aunque se trate de una resolución perteneciente al Orden civil, la Sentencia de la Sala 1ª del TS, de 2 de marzo de 2011 (EDJ 2011/11662), en la que, en contra del criterio adoptado en la SAP Barcelona de 22 de junio de 2007 (EDJ 2007/146208), se admiten datos de carácter patrimonial aportados por los cónyuges en un proceso de mediación que concluyó sin acuerdo. En cualquier Orden, pero con más motivo en el penal, dados los primarios intereses constitucionales que están en juego, lo manifestado por las partes en las sesiones de mediación no puede trascender al órgano jurisdiccional para ser usado en un hipotético juicio ulterior. De lo contrario podrá hablarse de

[666] RÍOS MARTÍN, J. C. *et al.*, *La mediación penal y penitenciaria. Experiencias de diálogo en el sistema penal para la reducción de la violencia y el sufrimiento humano*, op. cit., p. 96.

[667] ORTUÑO MUÑOZ, J. P., HERNÁNDEZ GARCÍA, J., *Sistemas alternativos a la resolución de conflictos (ADR)...*, op. cit., p. 73.

conciliación judicial o de lo que se quiera, ahí está el diccionario para buscar términos, pero desde luego eso no será mediación.

2º) El mediador, al igual que otros profesionales, ha de estar sujeto al deber de sigilo profesional y a su vez amparado por el secreto profesional consagrado en nuestro Texto Constitucional[668]. Otra cosa abriría las puertas a un uso subrepticio de la mediación penal.

Por otro lado, sobre la valoración que pueda hacer el juez del hecho de que el imputado haya aceptado participar en el procedimiento de mediación, en caso de que finalmente haya juicio, hay que dejar sentado que nunca podrá admitirse un juicio de culpabilidad basado en el consentimiento de la mediación por el imputado[669]; en este caso se vulneraría de plano la presunción de inocencia[670]. ORTUÑO-HERNÁNDEZ[671] van más allá al defender el establecimiento de reglas que eviten cualquier atribución de valor indiciario de culpabilidad a la simple coyuntura de la participación del acusado en una mediación. Sin embargo, resulta muy difícil imaginar que realmente quepa imponer al juez la obligación de ignorar semejante dato. Seguramente pasará, si se nos permite la comparación, como en aquella escena de la película *Testigo de cargo,* cuando el juez reprende al abogado defensor, magistralmente interpretado por Charles Laughton, por formular una pregunta improcedente a

---

[668] Art. 24.2, párrafo 2º: *"La Ley regulará los casos en que, por razón de parentesco o de secreto profesional, no se estará obligado a declarar sobre hechos presuntamente delictivos".* Más adelante avanzaremos sobre esta cuestión.

[669] QUERALT se pregunta sarcásticamente si, caso de fracasar el procedimiento de mediación, no tendría el juez que imponer la pena correspondiente a la conducta, pero sin haber llevado a cabo actividad probatoria alguna. QUERALT JIMÉNEZ, J. J., *"Víctimas y garantías: algunos cabos sueltos..."*, op. cit., p. 154.

[670] Así, la Recomendación nº R (99)19 del Comité de Ministros del Consejo de Europa, de la que se habló al principio de este trabajo, dice en el art. II.2,: *"las discusiones en mediación son confidenciales y no deben ser usadas subsiguientemente, excepto con el consentimiento de las partes".* Y, en el art. IV.14, señala: *"(...)La participación en mediación no debe usarse como una prueba o evidencia de admisión de culpabilidad en el subsiguiente proceso penal".* Igualmente, respecto al consentimiento de las partes, refiere en el art.II.1: *"la mediación penal tiene que llevarse a cabo exclusivamente con el consentimiento libre de las partes (...) la necesidad de que existan una mínima actividad probatoria que garantice la existencia de indicios serios de responsabilidad del sujeto, como presupuesto para realizar la propuesta para participar en un proceso de mediación, evitando supuestos donde personas, por ejemplo, inocentes acepten reparar por evitar el daño emocional que les supone soportar un proceso penal".* La posterior Recomendación nº R (2006) 8, vuelve a insistir acerca de la necesaria confidencialidad e la mediación penal (art. XI).

[671] ORTUÑO MUÑOZ, J. P., HERNÁNDEZ GARCÍA, J., *Sistemas alternativos a la resolución de conflictos (ADR)...*, op. cit., p. 74.

una testigo. Acto seguido, el juez ordena a los miembros del jurado que actúen como si no hubieran escuchado la respuesta de la testigo. Atónito, el asistente del abogado cuestiona a este en voz baja cómo pueden los miembros del jurado hacer como que no han oído una cosa, cuando realmente la han oído, contestando el abogado: *"no pueden, por eso he hecho la pregunta"*.

Por consiguiente, dado que será imposible lograr que el juzgador se sustraiga completamente del dato de la participación del acusado en la mediación[672], la limitación técnica que sí es viable establecer *ex lege* es la consistente en prohibir que la decisión del infractor de participar en la mediación pueda ser tomada por el juez como prueba incriminatoria, sin perjuicio -y esto como decimos es lo inevitable- de que sí sea contemplada como indicio[673]. Esto nos lleva otra vez al punto de partida de la necesaria y completa información que debe suministrarse a las partes sobre las posibles repercusiones del sometimiento al procedimiento de mediación[674].

Sea como fuere, aún admitiendo de que lleguen a dictarse sentencias condenatorias sin prueba de cargo suficientemente enervadora de la presunción de inocencia, no parece este el mejor argumento para desdeñar la mediación, pues si alguna institución padece tal defecto esa es, como venimos afirmando, la de la conformidad, tal y como se ha configurado en los últimos años[675]. Las

[672] Guste o no, no puede negarse que el imputado va a pagar un *precio inicial* consistente en el reconocimiento, si no de su culpabilidad, sí de la existencia del hecho dañoso y de su implicación en el mismo (MANZANARES SAMANIEGO, J. L., *Mediación, reparación y conciliación en el Derecho Penal,* COMARES, Granada, 2007, p. 48). Para CABEZUDO, no puede obviarse que el hecho de haberse intentado la mediación entre las partes gravitará sobre la causa (del mismo, *"El último (y controvertible) credo en materia de política criminal. Justicia restaurativa y mediación penal"*, op. cit., p. 17).

[673] Comparte esta opinión PASCUAL RODRÍGUEZ, E., *La mediación en el sistema penal…*, op. cit., p. 160.

[674] Cfr. MARTÍNEZ ESCAMILLA, M., *"La mediación penal en España: estado de la cuestión"*, op. cit., p. 34.

[675] AGUILERA MORALES, M., op. cit., p. 142, advierte del peligro que se cierne sobre el acusado que rechaza un pacto de conformidad mediante el siguiente silogismo: "si debe premiarse al que se conforma por lo que de ahorro supone su conformidad a la Administración de Justicia, debe castigarse al que no se ocnforma por lo que de no colaboracionista tienen su actitud". En la práctica, dice la autora, y lo compartimos plenamente, quien apuesta por ejercer activamente su derecho de defensa en el juicio oral, parte de una situación concebida para propiciar su conformidad: el Ministerio Fiscal sobrecarga la pena solicitada en previsión de ofrecer una rebaja si existe conformidad, luego si esta no se produce no ya es sólo que el imputado no pueda acceder a esa rebaja, es que se enfrenta como punto de partida a una solicitud "al alza" de la pena y a un resultado en que el Juzgado o Tribunal puede justificar ese

conformidades, como cualquiera que pise regularmente los estrados habrá observado, dan lugar muchas veces a confesiones "poco convencidas", por así decirlo, meramente impulsadas por el deseo de evitar un juicio de incierto resultado. He aquí otra de sus grandes diferencias con la mediación: en esta no puede exigirse la confesión, sino únicamente la asunción de responsabilidad en lo acaecido.

Volviendo al precepto antes citado de la Directiva 2012/29/UE, que exige el reconocimiento por el imputado de *"los elementos fácticos del caso"*, quizá hubiese sido más indicado el empleo de la expresión contenida en la norma cuando era todavía la Propuesta de Directiva 2011/0129[COD], del Parlamento y el Consejo, de 18 de mayo de 2011[676], en la que, en vez de *"elementos fácticos"* se decía *"responsabilidad por su actuación"*, lo que no implica, en principio, reconocer actos concretos, sino simplemente aceptar que se ha tenido responsabilidad; algo que, en términos probatorios, seguramente es más difícil de utilizar contra el declarante en un ulterior juicio.

En conclusión, la voluntad de asumir una reparación por parte del ofensor que se da en la mediación no debe implicar la obligación de que aquel se declare culpable: la admisión voluntaria de la reparación a la víctima no tiene por qué conllevar la admisión de la acusación del fiscal en todos sus extremos o incluso en ninguno[677]. Así, el imputado puede asumir su participación en los hechos y a la vez alegar motivos exculpatorios o atenuatorios a su favor o discutir en el proceso el grado de responsabilidad en relación al hecho. Un ejemplo puede ser que el autor de los hechos reconozca que ha causado daños a la víctima y decida repararlos pero sin embargo alegue que actuó trastornado y

incremento penológico o la no obtención de determinados beneficios en la no aceptación de la conformidad. En el mismo sentido se pronuncia GORDILLO SANTANA, para quien las normas que regulan la conformidad facultan al juez de instrucción a dictar sentencias en supuestos de delitos cuando el imputado reconoce los hechos, relegando toda la carga probatoria a una confesión no practicada con la suficiente contradicción (GORDILLO SANTANA, L. F., *"Los principios constitucionales y las garantías penales en el marco del proceso de mediación penal"*, op. cit. p. 4).

676 Vid. lo expuesto sobre las distintas redacciones de la Directiva 2012/29/UE en el epígrafe IV.1, dedicado a la normativa internacional en materia de mediación.

677 PÉREZ SANZBERRO, G., *Reparación y conciliación en el sistema penal, ¿apertura de una nueva vía?*,op. cit, p. 381.

pretenda la exención de responsabilidad[678]. Por lo tanto existen, de acuerdo con PÉREZ SANZBERRO, una serie de requisitos que deben conformar el proceso de mediación penal para evitar la infracción del derecho a la presunción de inocencia del inculpado, entre ellos[679]:

- La necesidad de dejar claro a las partes que en todo momento es posible rechazar el proceso y retirarse de él sin que ello suponga consecuencias gravosas para aquellas.
- La oferta debe ir acompañada de información sobre las previsiones legales en cuanto a la respuesta jurídico penal para el hecho delictivo en cuestión, tanto en caso de aceptación como en caso de rechazo, de forma que se garantice una decisión informada sobre las consecuencias de su opción, en el contexto de las posibilidades que ofrezca la ley.
- Debe garantizarse el derecho de defensa, sin ambigüedades. El autor ha de ser informado de sus derechos, inclusive el de poder elegir abogado que le asesore de su decisión, incluyendo el nombramiento de oficio si es necesario y dentro de la mediación.

III.2.3. Derecho a la asistencia letrada

En cuanto al derecho de defensa en su sentido técnico, la mediación no supone la desaparición del abogado del proceso penal. No encontramos inconveniente a que, a su papel inicial de garante de los derechos del imputado[680], se le una el del asesoramiento en cuanto a la pertinencia o no de aceptar someterse a esta técnica, e incluso a que se exija su visto bueno. Ahora bien, una vez iniciado el procedimiento mediador, el letrado pasará a un segundo plano, ya que el único "técnico" que participa en las sesiones de mediación es el propio mediador[681], lo cual no es óbice para que el presunto infractor vaya informando de los avances o retrocesos al letrado, quien podrá así mismo aconsejarle al respecto. Será necesario, eso sí, impartir cierta

---

[678] Ibídem, p. 382.

[679] Ibídem, p. 393.

[680] No se olvide que, el derecho a la defensa letrada está configurado en nustra LECr como un derecho irrenunciable de todo imputado, esté detenido (art. 520.2) o no (art. 118, art. 767), salvo en materia de delitos contra la seguridad vial (art. 520.5).

[681] Vid. supra II.2.6, en relación al principio de biteralidad en la mediación penal.

formación en la materia a los letrados, como ocurrió con la implantación de los juicios rápidos por poner un ejemplo, lo que puede llevarse a cabo a través de las infraestructuras de los Colegios de Abogados.

III.3 Compatibilidad con las finalidades de la pena

Hemos tratado de conjugar la mediación con los principios del Derecho penal, pero también tenemos que atender a sus fines, asociados a la pena según el planteamiento tradicional[682]. El Derecho penal tiene asignada una doble función, de protección y de prevención, ejerciendo esta última a través de la pena como principal herramienta[683]. Por tanto, se impone la exigencia de que la reparación surgida de la mediación responda a finalidades compatibles con las de la pena, pues de lo contrario carecerá de virtualidad para evitar su imposición. Cualquier mecanismo que aspire a operar como sustituto de la pena no puede violentar determinados principios de rango constitucional –como hemos visto a lo largo del presente capítulo-; ni significar una merma de legitimidad ni de capacidad del Derecho penal como medio de control social; y tampoco puede generar ninguna distorsión negativa en materia de política criminal, por lo que hemos de asegurarnos de que la admisión de la mediación en el modelo penal no va a suponer ventaja alguna para ningún tipo de delincuencia.

Para el examen de las capacidades de la reparación de operar como instituto penal debemos acudir a la rica doctrina germana sobre la cuestión. ROXIN, al preguntarse sobre el significado de la reparación penal en el sistema de fines de la pena, llega a la conclusión de que la respuesta puede tener repercusiones prácticas considerables, ya que, posiblemente, "*solo la legitimación teórico-penal de la reparación en el Derecho penal puede abrir el camino, de lege lata y de lege ferenda, para su entrada efectiva en acción*"[684]. Pero fue Kurt SEELMANN el primer autor que trató de modo específico las relaciones entre reparación y

---

[682] MIR PUIG, S., *Introducción a las bases del Derecho penal*, op. cit., p. 48.
[683] MORILLAS CUEVA, L. "*Reflexiones sobre el Derecho Penal del futuro*", op. cit., p. 9. Sobre la función de protección y prevención del Derecho penal, vid., del mismo autor, *Derecho Penal. Parte general. Fundamentos conceptuales y metodológicos…*, op. cit. pp. 93 ss.
[684] ROXIN, C., "*La reparación en el sistema de los fines de la pena*", op. cit., p. 135.

fines de la pena, en su trabajo titulado *Strafzwecke und Wiedergutmachung* (*Fines penales y reparación*)[685]. Para SEELMANN, el concepto penal de reparación no se identifica con la idea de resarcimiento civil, sino que supone un acto de conciliación con la víctima y la sociedad[686]. Así configurada, la reparación se apartaría de las ideas de expiación e intimidación, propias de las formulaciones tradicionales, para poner el acento en la función positiva de la reacción penal frente a la víctima y la sociedad[687]. Posteriormente, Dieter RÖSSNER incidió en la noción de reparación como acto positivo que neutraliza los efectos negativos del hecho cometido. El infractor se rehabilita ante la sociedad al ofrecer su esfuerzo reparador para restablecer el equilibrio dañado, lo que para RÖSSNER constituye un "*Derecho penal del hecho de carácter positivo*"[688]. Ambos autores preconizan el reconocimiento de la reparación como un nuevo fin de la pena (*dritter Zweck*)[689].

Por tanto, como ya se dijo al principio y se volverá a decir al final, en ningún modo el contenido de la reparación subsiguiente a la mediación debe quedar constreñido a la compensación material o económica; ello implicaría una suerte de "privatización" del Derecho penal que está en las antípodas de nuestras intenciones. Será pues necesario, desde la óptica de los fines de la pena, perfilar el alcance y condiciones de la reparación surgida de la mediación, a fin de hacer de ella una hipótesis jurídico-penal plausible.

---

685 *"Strafzwecke und Wiedergutmachung"*, en *Zeitschrift für Evangelische Ethik*, nº 25, 1981, pp. 44-55. Sobre las posiciones de SEELMANN, vid., PÉREZ SANZBERRO, G., *Reparación y conciliación en el sistema penal, ¿apertura de una nueva vía?*, op. cit., pp. 211-215. También en BARONA VILAR, S., *"Situación de la justicia restaurativa y la mediación penal en Alemania"*, en AA.VV., *La mediación penal para adultos. Una realidad en los ordenamientos jurídicos* (dir. BARONA VILAR, S.), Tirant Lo Blanch, Valencia, 2009, pp. 239-240.

686 SEELMANN, K., *"Strafzwecke und wiedergutmachung"*, op. cit., p. 55.

687 PÉREZ SANZBERRO, G., *Reparación y conciliación en el sistema penal, ¿apertura de una nueva vía?*, op. cit., p. 215.

688 RÖSSNER, D., *"Wiedergutmachen statt übelvergelten – (Straf) theoretische Begründung und Eingrenzung der kriminalpolitischen idee"*, en AA.VV., *Täter-Opfer-Ausgleich: vom zwischenmenschlichen Weg zur Wiederstellung des Rechtsfriedens* (eds. MARKS, E., RÖSNER, D.). Forum Verlag Godesberg, Bonn 1989, p. 21. Para un completo comentario en castellano acerca de la concepción de reparación de RÖSSNER, vid. ALASTUEY DOBÓN M. C., *La reparación a la víctima en el marco de las sanciones penales*, op. cit., pp. 239 ss.; PÉREZ SANZBERRO, G., *Reparación y conciliación en el sistema penal, ¿apertura de una nueva vía?*, op. cit., pp. 216-222.

689 Cfr. PÉREZ SANZBERRO, G., *Reparación y conciliación en el sistema penal, ¿apertura de una nueva vía?*, op. cit., pp. 211 ss.; ROXIN, C., *"La reparación en el sistema de los fines de la pena"*, op. cit., p. 135.

III.3.1 ¿A qué fines responden hoy las penas?

Conscientes de lo lejos de nuestras posibilidades que está el resolver semejante dilema, nos hemos limitado a escribir estas líneas a modo de introducción de la cuestión de la relación de la reparación con la intervención jurídico-punitiva. Retomemos la historia de la teorías de la pena donde la dejamos en el capítulo I.3, en el escenario actual de crisis del concepto de resocialización[690], que es hacia donde deben mirar, según el art. 25.2 de nuestra Carta Magna y el art. 1 LOGP, las penas privativas de libertad y las medidas de seguridad. Ciertamente, el hecho de que la reeducación y la reinserción social sean los únicos objetivos expresados en la dicción constitucional, podría llevar a pensar que en nuestro esquema penal no existe otro horizonte para las sanciones que el de la resocialización del infractor. Pero nada más lejos de la realidad. La doctrina es unánime al mantener que del articulado de nuestro Texto Constitucional pueden derivarse, al menos, las finalidades preventivo-generales, cuando no las retributivas[691]. En este sentido, nuestro Tribunal Constitucional ha declarado reiteradamente que el art. 25.2 CE:

> *No contiene un derecho fundamental susceptible de protección mediante el recurso de amparo, sino un mandato dirigido al legislador para orientar la legislación*

---

[690] Para un completo estudio en torno a dicho concepto, vid. MAPELLI CAFFARENA, B., *Principios fundamentales del sistema penitenciario español*, op. cit.; del mismo, *Las consecuencias jurídicas del delito*, op. cit., pp. 172 ss.

[691] Sobre las distintas las posiciones doctrinales, vid. CASTRO MORENO, A., *El por qué y el para qué de las penas*, op. cit., pp. 105 ss.; DEMETRIO CRESPO, E., *Prevención general e individualización judicial de la pena*, op. cit., pp. 68 ss. Entre las mismas destacaremos, a modo de ejemplo: MIR PUIG, S. (*El Derecho penal en el estado social y democrático de derecho, Ariel*, Barcelona, 1994), para quien no puede sostenerse la resocialización como única finalidad porque, entre otras cosas, el delincuente no siempre quiere ser resocializado y, además, existen abundantes delitos cometidos por personas "socializadas" (delitos contra la seguridad vial, delitos "de cuello blanco", etc…) a cuyas penas conviene mejor una finalidad de prevención general (op. cit., p. 148). Dicha finalidad, aunque no está expresamente prevista en el articulado de nuestra Carta Magna, es ínsita a la propia definición de nuestro estado como "social", contenida en el art. 1 CE (op. cit., p. 37); BERDUGO GÓMEZ DE LA TORRE, I., (*El delito de lesiones*, Universidad de Salamanca, Salamanca, 1982), quien en su día afirmó que *"el traslado al campo penal de la obligación que el artículo 9.2 (de la Constitución) impone a los poderes públicos de ´promover´ y ´remover´ los obstáculos que impidan ´que la libertad y la igualdad del individuo y de los grupos en que se integra sean reales y efectivos´ supone la obligación de prevenir la comisión de hechos delictivos incidiendo sobre la generalidad, esto es, se exige constitucionalmente que la prevención general sea uno de losfinesperseguidos por la sanción penal"* (op. cit., p. 37).

penitenciaria en su conjunto a que las penas privativas de libertad se ejecuten tendiendo a la consecución del fin de la resocialización y reinserción social del condenado[692].

El mismo órgano va más allá cuando niega que la Constitución se haya decantado por alguna de las finalidades de la pena, al sostener que:

> *El art. 25.2 CE no resuelve sobre la cuestión referida al mayor o menor ajustamiento a los posibles fines de la pena al sistema de valores de la Constitución, ni desde luego, de entre los posibles –prevención especial, retribución, reinserción, etc.- ha optado por una concreta función de la pena*[693].

De esta suerte, el ATC 25/95 (EDJ 1995/11072) negó el amparo a un ciudadano que había sido condenado a pena privativa de libertad por un hecho cometido tiempo atrás, período durante el que había rehecho su vida y obtenido un puesto de trabajo estable, argumentando que, de la declaración constitucional contenida en el atr. 25.2:

> *No se sigue ni el que tales fines reeducadores y resocializadores sean los únicos objetivos admisibles de la privación penal de la libertad ni, por lo mismo, el que se haya de considerar contraria a la Constitución la aplicación de una pena que pudiera no responder exclusivamente a dicho punto de vista.*

Creemos, con DEMETRIO CRESPO, que tal decisión solo puede justificarse desde la óptica de la retribución, ya que es absolutamente inútil tanto desde la de la prevención como, obviamente, desde la de la resocialización[694].

También el Tribunal Supremo se ha pronunciado sobre la cuestión, señalando que *"la reeducación y la reinserción social de los delincuentes (art. 25.2 CE) no constituyen los únicos fines lícitos del las penas privativas de libertad"* (STS de 2 de junio de 2000 [EDJ 2000,14443], FJ 2).

---

[692] SSTC 204/1999, de 8 de noviembre (EDJ 1999/34732), FJ 4, 120/2000, de 10 de mayo (EDJ 2000/5874), FJ 3, 115/2003, de 16 junio (EDJ 2003/30600), FJ 4, 202/2004, de 15 de noviembre, (EDJ 2004/174008), FJ 2, entre otras. Para completar el análisis jurisprudencial del art. 25.2 CE, vid. CASTRO MORENO, A., *El por qué y el para qué de las penas,* op. cit., pp. 110-112, DEMETRIO CRESPO, E., *Prevención general e individualización judicial de la pena,* op. cit., pp. 69-73.

[693] STC 120/2000, de 10 de mayo (EDJ 2000/5874), FJ3.

[694] DEMETRIO CRESPO, E., *Prevención general e individualización judicial de la pena,* op. cit., p. 71.

En el "Código Penal de la Democracia", aún vigente, se incorporaron numerosas medidas para dar cumplimiento al principio contenido en el art. 25.2 CE, tales como la suspensión o sustitución de las penas privativas de libertad, la imposibilidad de imponer penas privativas de libertad de duración inferior a tres meses o los trabajos en beneficio de la comunidad, que se unieron a otras ya existentes como el propio Derecho penal de menores, el instituto de la prescripción o las llamadas excusas absolutorias. Sin embargo podemos afirmar que, como consecuencia de la resignación y el escepticismo que se han cernido sobre las tesis resocializadoras[695], hoy se da más prioridad a la prevención general, es decir, a los efectos de las penas sobre la colectividad, que a los que puedan ejercerse en el delincuente. Coincidimos plenamente con ROXIN en que la verdadera etiología de este descrédito desarrollado en torno al pensamiento preventivo-especial radica en que este siempre ha centrado su mirada en la pena privativa de libertad como instrumento resocializador, lo que se ha convertido en el propio aliado contra la prevención especial al constatarse la imposibilidad de que las cárceles sirvan para recuperar socialmente al reo[696].

Dentro de la prevención general, además de la función disuasoria de la pena, o prevención general negativa, viene abriéndose paso desde hace años la llamada prevención general positiva, teoría que ha sacado provecho de la crítica a la que ha sido expuesta la visión preventivo especial[697] y en la que, en su acepción roxiniana, más adelante reincidiremos, pues su formulación no es unívoca. Esta forma de prevención no consiste en atemorizar a la sociedad a través de la imposición de los castigos sino, muy al contrario, pretende que aquella vea en la aplicación de la sanción la confirmación del Derecho y, por ende, la realización de sus propias aspiraciones de convivencia pacífica. Si bien la idea ya fue anunciada por WELZEL en los años 50, al describir la función ético social que ha cumplir el Derecho penal[698], quizá su formulador más

---

[695] Vid. supra I.3.3.

[696] ROXIN, C., *La teoría del delito en la discusión actual*. Grijley, Lima, 2007, pág. 75. En el mismo sentido, HASSEMER, W., MUÑOZ CONDE, F., *Introducción a la Criminología y al Derecho Penal*, op. cit., p. 140; MAPELLI CAFFARENA, B., *Las consecuencias jurídicas del delito*, op. cit., p. 65.

[697] NAUCKE , W., HASSEMER, W., LÜDERSSEN, K., *Principales problemas de la prevención general* op. cit., p. 52.

[698] WELZEL, H., *Derecho Penal. Parte General*, op. cit., pp. 1 ss. Para el autor, *"el derecho penal es de naturaleza positivo-ético-social: proscribiendo y sancionando el apartamiento realmente manifestado de*

conocido sea JAKOBS[699], que concibe el delito como una "defraudación de expectativas": el Derecho penal garantiza la expectativa de que quien está sometido al mismo no va a delinquir, por lo que el hecho punible supone una frustración de esa perspectiva. Así, la pena es algo positivo que ayuda a restablecer la confianza en la norma jurídica[700]. No obstante, la idea de la confirmación del Derecho como fin de la pena no deja de poseer cierto sesgo retributivo, pues recuerda enormemente al silogismo hegeliano[701] y acaso, como sostiene NEUMANN, *"estabilización normativa y retribución no son sino las dos caras de una misma moneda"*[702].

La teoría de la prevención general positiva posee también un fundamento eminentemente pedagógico-social, pues la norma penal es utilizada por el legislador para *"educar a las personas en una obediencia voluntaria al Derecho"* (JESCHECK-WEIGEND)[703] o, en palabras de MAPELLI, para comunicarles el orden de valores vigente en nuestra sociedad[704]. Según HASSEMER-MUÑOZ CONDE este fundamento sociológico significa, a diferencia de la prevención intimidatoria, que *"las metas de la prevención general positiva pueden alterarse bien porque el control del delito sea demasiado permisivo o, lo contrario, demasiado represivo"*[705]. Para MIR PUIG, la vertiente positiva de la prevención general sería cuestionable en la medida en que supusiese una injerencia del Estado en la esfera interna del ciudadano; sin embargo, sí es admisible *"como una forma de limitar la tendencia de una prevención general*

---

los valores fundamentales del pensamiento jurídico, el Estado exterioriza del modo más ostensible de que dispone, la validez inviolable de estos valores positivos de acto, forma el juicio ético-social de los ciudadanos y fortalece su sentimiento de permanente fidelidad al derecho" (op. cit., pp., 3-4).

699 Vid. JAKOBS, G., *Dogmática de Derecho penal y la configuración normativa de la sociedad* (trad. de Jacobo López Barja de Quiroga *et al.*), Civitas, Madrid, 2004, pp. 75-97; del mismo, *Sobre la teoría de la pena* (trad. del alemán de Manuel Cancio Meliá, originalmente escrito en alemán, *Zur Straftheorie*, 1998), Universidad Externado de Colombia, Bogotá, 1998, pp. 32 ss.

700 JAKOBS, G., *Dogmática de Derecho penal y la configuración normativa de la sociedad*, op. cit., p. 76.

701 Vid. lo expuesto acerca de la noción hegeliana de retribución jurídica en supra I.3.1.

702 NEUMANN, U., *"Alternativas al Derecho penal"* (trad. de Adán Nieto Martín), en AA.VV., *Crítica y Justificación del Derecho penal en el cambio de siglo.* Universidad de Castilla-La Mancha, 2003, pp. 211 y 212. En el mismo sentido, BUSTOS RAMÍREZ, J., *Política criminal y Estado*, op. cit., p. 61.

703 JESCHECK, H. H., WEIGEND, T., *Tratado de Derecho Penal. Parte General*, op. cit., p. 74.

704 MAPELLI CAFFARENA, B., *Las consecuencias jurídicas del delito*, op. cit., p. 67.

705 HASSEMER, W., MUÑOZ CONDE, F., *Introducción a la criminología y al Derecho penal*, op. cit., pp. 162-163.

puramente intimidatoria a caer en un terror penal"[706]. El profesor catalán defiende una prevención general limitada, con las adecuadas dosis de intimidación y afirmación del Derecho, lo que supone tener que limitar la prevención general a través de una serie de principios como el de proporcionalidad de las penas[707].

Por otro lado, además de la resocialización y la prevención general, no podemos dejar en el tintero el tufo retribucionista y, en ocasiones, inocuizador, que desprenden las reformas operadas en el Código Penal desde que viera la luz en 1995 y las que vienen en camino[708]. Por ejemplo, tomemos el art. 36.2 CP, introducido por la LO 7/2003, de 30 de junio, y modificado por la LO 5/2010, de 22 de junio. El señalado precepto exige un tiempo mínimo de permanencia en prisión para las condenas a penas graves antes de acceder al tercer grado de tratamiento penitenciario, el denominado "período de seguridad". Dicho período se antoja una suerte de transposición moderna de la expiación kantiana, pues introduce un margen de retribución en cada delito concreto sin otra justificación que la satisfacción de una pretendida exigencia social de justicia. No en vano, el punto III del Preámbulo de la citada LO 5/2010 declara que la remodelación del período de seguridad *"garantiza la primordial finalidad constitucional de la pena, la resocialización, sin que por otra parte ello comporte detrimento alguno en la persecución por el Estado de otros fines legítimos de la misma"*. Una vez más se incurre en la falacia de querer resocializar desde dentro del presidio, aunque por lo menos esta vez el legislador, en un alarde de sinceridad, reconoce "otros fines", aunque sin mencionarlos expresamente. En un marco como el que proporciona el art. 25.2 de nuestra Norma Fundamental, acaso sería poco decoroso reconocer que se está echando mano de idearios expiatorios o inocuizadores. Aumentar las penas (o el margen de permanencia en la celda, que viene a ser lo mismo) da réditos electorales, como se dijo al comienzo de este trabajo. Podría calificarse la finalidad punitiva subyacente en las reformas del Código Penal, si se nos autoriza la expresión, de "preventivo-electoralista

[706] MIR PUIG, S., *Derecho penal. Parte general*, op. cit., pp. 82 ss. Vid., del mismo autor, *El Derecho penal en el estado social y democrático de derecho*. Ariel, Barcelona, 1994, p. 38.
[707] MIR PUIG, S., *Derecho penal. Parte general*, op. cit., pp. 83-84.
[708] Nos remitimos a lo expuesto sobre el neorretribucionismo en supra I.3.4.

general" (pues no parece prevenirse otra cosa que la victoria en las siguientes elecciones generales).

Mediante el esquema expuesto, en fin, hemos intentado expresar que los castigos de hoy no responden únicamente a la idea correccionalista del delincuente, sino a todas las que clásicamente se han considerado finalidades de la pena. Por ello el corolario de la mediación penal, la reparación, no puede satisfacer aisladamente anhelos resocializadores, que son los generalmente asociados a la justicia restaurativa, sino que ha de contribuir también a los fines preventivos del Derecho penal, o no podrá ser Derecho penal.

III.3.2 Reparación y finalidades de la pena

III.3.2.1 Reparación y retribución

La solución reparatoria tiene difícil encaje en nuestro Derecho penal si se concibe la pena desde una perspectiva retribucionista[709]. Resulta imposible imaginar la reparación como ejercicio del imperativo categórico kantiano. En todo caso, la reparación sería compatible con una óptica retribucionista si se entendiera que aquella ha anulado la negación del Derecho en que consiste el delito según el silogismo hegeliano; de esta forma la reparación sería la "negación de la negación", sin que fuera necesaria la pena a tales efectos[710]. Pero, como dice ROXIN, pena y reparación no poseen la misma naturaleza jurídica y, por eso, la reparación no es conciliable con un fin retributivo de la pena[711]; la connotación positiva o "premial" de la reparación es la antítesis del *punitur quia peccatur est* de la retribución.

---

[709] Aunque para algunos autores la justicia restaurativa –en la que se enmarca la mediación penal- es un modelo que integra tres fines: la retribución, la reparación y la resocialización. Es decir, estos autores también reconocen una función retributiva a la justicia restaurativa, por cuanto la reparación puede operar también como sanción al infractor (por todos, SUBIJANA ZUNZUNEGUI, I. J., *"Las víctimas en el sistema penal. En especial, la justicia restaurativa"*, en AA.VV., *Panorama actual y perspectivas de la victimología. La victimología y el sistema penal.* Consejo general del Poder Judicial. Madrid, 2007, p. 234).

[710] GALAIN PALERMO, P., *"¿La reparación del daño como ´tercera vía´ punitiva? Especial consideración a la posición de Claus Roxin"*, en *Revista Electrónica de Derecho de la Universidad de La Rioja*, nº 3, 2005, obtenido el 12 de noviembre de 2012 en http://www.dialnet.unirioja.es, p. 201.

[711] ROXIN, C., *"La reparación en el sistema de los fines de la pena"*, op. cit., p. 153.

Esta manifiesta incompatibilidad no será un obstáculo si entendemos, como ROXIN, que hoy la teoría retributiva debe quedar descalificada[712], no pudiendo entrar en consideración ni siquiera como complemento de la prevención[713], si bien es necesaria la pervivencia de un elemento esencial de la teoría de la retribución, como es el principio de culpabilidad, que ha de seguir operando como límite cuantitativo de la pena[714]. Como ya avanzamos al hablar de la proporcionalidad penal, un régimen democrático y aconfesional no ha de estar movido por el interés de castigar al que ha pecado. Sin embargo creemos que, hoy, las posibilidades de eliminar los fines retributivos e inocuizadores de nuestro esquema penal no son más que sombras en medio del polvo que levantan las reformas que se avizoran.

III.3.2.2 Reparación y prevención general

Como se viene apuntando, parece claro que si queremos que la mediación pueda realmente funcionar como mecanismo que haga innecesaria la condena del delincuente, la reparación que de ella surja ha de prestar una utilidad, no solo a la víctima que puntualmente es reparada, sino a la sociedad en general. Es decir, ha de tender, como el conjunto del sistema penal en el que pretendemos insertarla, hacia la prevención de los futuros delitos. De otro modo difícilmente podrá justificarse un supuesto de eliminación de pena en favor de la *reparatio per mediationem*. Convengamos por tanto que la reparación podrá operar legalmente como sustitutivo de la pena en la medida en que pueda servir a fines preventivo generales, es decir, en la medida en que sirva no solo a la víctima actual, sino a las víctimas futuras. Siguiendo a SILVA SÁNCHEZ, la reparación "*será imposible de alcanzar en su plenitud, sino tratando de impedir la propia victimización. En otras palabras, intentando impedir que la víctima potencial se convierta en víctima actual*"[715]. En este sentido, el Proyecto Alternativo

---

[712] Ibídem, p. 152.
[713] ROXIN, C., *Derecho Penal. Parte General, Tomo I, Fundamentos, la estructura de la Teoría del Delito*, op. cit., p. 98.
[714] Ibídem, p. 99.
[715] SILVA SÁNCHEZ, J. M., "*Sobre la relevancia jurídico penal de la realización de actos de ´reparación´*", op. cit., p. 190. Ya en 1989, SEELMANN advirtió del peligro de que la reparación,

sobre Reparación de 1992 (*Alternativ-Entwurf Wiedergutmachung*, AE-WGM)[716], obra que preconizaba una idea de reparación como instrumento penal, no solamente civil, que en determinadas circunstancias puede actuar en sustitución de la pena, establecía en su parágrafo 1 que el objetivo de la reparación es *"servir al restablecimiento de la paz jurídica"*[717], un desiderátum eminentemente preventivo. Por eso estamos de acuerdo con GALAIN cuando afirma que cualquier forma de consenso que pretenda inscribirse en el modelo penal deberá reunir las tres siguientes cualidades:

- Tendrá que servir a finalidades de naturaleza social, transcender del resarcimiento del daño de la víctima directa y contemplar a la víctima potencial.
- Deberá cumplir con la misma función y finalidad que la pena.
- Habrá de consistir en un medio menos violento que la pena, que permita poner fin al conflicto[718].

Por lo tanto, si la mediación no cumpliera con estas condiciones, no podría convertirse en solución válida para el proceso penal, o no podría consistir en la única respuesta penal al delito.

No obstante, se antoja muy difícil que la reparación pueda cumplir una función disuasoria, aunque esta idea tiene sus defensores, como MARTÍNEZ ESCAMILLA, quien afirma que no solo la pena produce efectos intimidatorios: también lo hace el temor a ser descubierto y verse envuelto en el proceso penal, amén de que el propio sacrificio que comporta encontrarse con la víctima y cumplir los acuerdos de reparación puede ser a su vez una fuente de temores[719]. De la misma opinión es su discípula PASCUAL RODRÍGUEZ cuando sostiene la eficacia disuasoria de la mediación, pues *"casi siempre es más sencillo someter a*

---

aunque beneficie a la víctima actual, deje desprotegidas a las víctimas potenciales, idea sobre la que volveremos en infra VI.4.1.2 (del mismo, *"Paradoxien der Opferorientierung im Strafrecht"*, en *Juriste Zeitung*, nº 14, 1989, obtenido el 22 de febrero de 2013 en http://www.jstor.org, p. 671).

716 Citado en supra I.2.5.

717 Todas las citas del AE-WGM se refieren a la traducción al español de PÉREZ SANZBERRO, G., en *Reparación y conciliación en el sistema penal, ¿apertura de una nueva vía?*, op. cit., pp. 423 ss.

718 GALAIN PALERMO, P., *"La mediación penal como forma alternativa de resolución de conflictos: la construcción de un sistema penal sin jueces"*, en *Revista Penal*, nº 24, 2009, pp. 81-82.

719 MARTÍNEZ ESCAMILLA, M., *"Justicia reparadora, mediación y sistema penal: diferentes estrategias, ¿los mismos objetivos?"*, op. cit., p. 491.

un juicio y negar, que afrontar y confrontarse con la víctima"[720]. Y, muchos años antes, ya había dicho ANTÓN ONECA que *"el resarcimiento coopera a la defensa del interés social, y tiene efectos de intimidación. En los delitos castigados con penas de poca gravedad, es lógico que se tema más a la sanción reparadora que a la pena"*[721].

Pero no cabe duda de que para la conciencia común reparar el daño significa un sacrificio menor que la pena[722], y a nuestro juicio asiste la razón a ROXIN cuando dice que el efecto intimidatorio de la reparación sobre la sociedad (prevención general negativa) es, seguramente, muy pequeño e inferior al de la pena privativa de libertad y al de la de multa[723]. Sin embargo, para el conspicuo profesor, el hecho de que la reparación haya sido *"ampliamente sepultada por la penetración de las teorías idealistas sobre la pena y su alianza impía con la prevención comprendida como intimidación"*[724] no significa que no pueda compadecerse con otras finalidades de la pena (en nuestra opinión hoy seguramente más legítimas, pues ahí está el fracaso político-criminal tanto del *quia peccatum est* kantiano como de la coacción psicológica feuerbachiana). ROXIN preconiza una concepción de la reparación a modo consecuencia jurídica de la infracción penal, la denominada "tercera vía"[725], que se situaría,

---

[720] PASCUAL RODRÍGUEZ, E., *La mediación en el sistema penal...*, op. cit., pp. 140-141. Para la autora, *"la eficacia preventivo general negativa de la amenaza de la pena subsiste íntegramente. El infractor no se queda con la ilusión de que puede burlar la amenaza de la pena (...) con pasar por un ´procesillo´ de mediación. La implicación en un proceso de mediación supone una seriedad y un esfuerzo personal, además de las consecuencias del acuerdo, que no significa una elusión sin más del castigo, que permiten afirmar que en ningún caso la mediación supone una impunidad, ni a los ojos del infractor ni de los potenciales infractores, ni de la víctima, ni de las personas que cumplen las normas"*. También defiende el poder intimidatorio de la mediación DE URBANO CASTRILLO, quien sostiene que *"bajo el debido control judicial, y con los medios necesarios para su efectiva implementación, se haría posible la recomendación de Beccaría, de que lo verdaderamente importante no es imponer penas crueles y severas, sino efectivas, que se supiera que quien delinque entra en el sistema, no se va a ir «de gratis» y va a tener que involucrarse y comprometerse si quiere recibir un trato comprensivo y proporcionado a la gravedad de su infracción"* (del mismo, *"La justicia restaurativa penal"*, op. cit., p. 15).

[721] ANTÓN ONECA, J., *Derecho penal, 2ª edición*, op. cit., p. 647.

[722] ALASTUEY DOBÓN M. C., *La reparación a la víctima en el marco de las sanciones penales*, op. cit., p. 218.

[723] ROXIN, C., *Pena y reparación*, texto de la conferencia pronunciada en Villahermosa, México, el 16 de noviembre de 2000, dentro de los actos celebrados con motivo de la investidura del autor como Doctor "Honoris Causa" por la Universidad Autónoma Juárez de México (trad. de Enrique Gimbernat Ordeit), obtenido el 12 de julio de 2012 en http:/ / www.scribd.com, p. 13. En el mismo sentido, SILVA SÁNCHEZ estima que, *"en materia de prevención general negativa o intimidatoria, no son relevantes los efectos que podría tener una mayor insistencia en este terreno"* (del mismo, (*"Sobre la relevancia jurídico penal de la realización de actos de ´reparación´"*, op. cit., p. 192).

[724] ROXIN, C., *"La reparación en el sistema de los fines de la pena"*, op. cit., p. 149.

[725] *"Dritte Spur"*, concepto ideado por FREHSEE. Vid. infra VI.4.1.

independientemente, al lado de la pena y la medida de seguridad. Esta concepción admite la prevención general como fin perfectamente plausible a través de la reparación como consecuencia jurídica del delito, pero no será una prevención general intimidatoria (negativa), ni tampoco centrada en el ejercicio de fidelidad al Derecho y en el fortalecimiento de la conciencia jurídica general (prevención general positiva) sino que va más allá e incide en la idea de satisfacción social; es una "prevención general de integración" (*Integrationsprävention*)[726]. Siguiendo a ROXIN, la reparación como solución al hecho penal va a propiciar tres consecuencias incluidas en el concepto de prevención general integradora:

1) el efecto motivador pedagógico-social de aprendizaje, que debe provocar el sentimiento de fidelidad al Derecho;
2) el efecto de confianza, que se obtiene cuando el ciudadano comprueba que el Derecho se materializa;
3) y, finalmente, el efecto de satisfacción, que aparece cuando el delincuente ha hecho tanto que la conciencia jurídica general aplaca sus ánimos frente a la infracción del Derecho y da por finalizado el conflicto con el autor[727].

De esta manera, se consigue la protección de la víctima potencial por un camino distinto tanto del de la intimidación como del de la mera reafirmación de la vigencia del Derecho[728].

La postura roxiniana sobre la reparación y sus efectos preventivo-integradores, que personalmente suscribimos, han recibido la severa crítica de HIRSCH, para quien, conceder semejante protagonismo a la reparación esconde, bajo un velo de prevención general positiva, un regreso "*unilateral y*

---

[726] Término que venía siendo utilizado desde bastante tiempo atrás, como advierte el propio Roxin en "*La reparación en el sistema de los fines de la pena*", op. cit., p. 149.

[727] ROXIN, C., *Pena y reparación*, op. cit., p. 13.

[728] Sobre la prevención general de integración roxiniana, vid. ALASTUEY DOBÓN M. C., *La reparación a la víctima en el marco de las sanciones penales*, op. cit., pp. 166 ss.; GALAIN PALERMO, P. *La reparación del daño a la víctima del delito*, op. cit., p. 172 ss.; PASCUAL RODRÍGUEZ, E., *La mediación en el sistema penal*, op. cit., pp.186 ss.;. PÉREZ SANZBERRO, G., *Reparación y conciliación en el sistema penal, ¿apertura de una nueva vía?*, op. cit., pp. 235-236.

retrógrado a la teoría de la retribución"[729]. En opinión del autor, la posibilidad de sustituir la pena por la reparación no satisface a la víctima y elimina, además, la función intimidatoria del Derecho penal, con el consiguiente peligro de que aumenten los delitos[730]. Por ello, según HIRSCH, la pretensión punitiva del Estado y la subsiguiente pacificación social que se consigue a través del Derecho penal no debe abarcar la reparación de la víctima, que debe seguir circunscrita al ámbito de la responsabilidad civil *ex delicto*[731].

Sin embargo, somos de los que confían, como LARRAURI, en la capacidad de la reparación para confirmar la vigencia del Ordenamiento jurídico vulnerado por el delito, así como para reafirmar las expectativas del ciudadano, lo cual se consigue cuando el autor responde por su hecho, ya que reparar el mal causado también es responder[732]. BRAITHWAITE, a su vez, argumenta, refiriéndose a la justicia restaurativa en general, que esta reúne las condiciones para satisfacer, no solo la función de prevención especial, sino también la de prevención general, por cuanto, la existencia de procedimientos justos, promueve un mayor consenso social sobre la necesidad de hacer cumplir las normas, y porque la ciudadanía puede estar más dispuesta a denunciar los delitos, mejorando así la certeza de las sanciones[733]. En este sentido, LÓPEZ ORTEGA, uno de los redactores del ALECr de 2011, justifica la necesidad del reconocimiento de los hechos por el presunto infractor en términos de prevención general positiva[734], en virtud del doble carácter que acertadamente atribuye a la reparación: individual y social, pues no solo debe orientarse a satisfacer las necesidades de la víctima concreta de la infracción, sino también

---

729 HIRSCH, H. J., *"Acerca de la posición de la víctima en el Derecho penal y en el Derecho procesal penal"* (trad. de Julio B. Maier y Daniel R. Pastor, originalmente publicado en alemán, en el libro editado en conmemoración de Armin Kaufmann, *Gedächnisscrjft für Armin Kaufmann*, Carl Heymanns Verlag KG, Colonia-Berlín-Bonn-Munich, 1989), en AA.VV., *De los delitos y las víctimas*. Ad Hoc, Buenos Aires, 1992, p. 110.

730 Ibídem. P. 128. Según las palabras del profesor alemán, *"se perjudica, cuando la reparación puede reemplazar a la pena, el justo interés de satisfacción de la víctima y se desmonta la prevención general, que surgía regularmente de la pena, a costa de las víctimas futuras"*.

731 Ibídem, p. 123. Para HIRSCH, *"no existe la necesidad material de admitir que se haga valer la pretensión resarcitoria de Derecho civil en el procedimiento penal"*. Volveremos sobre HRISCH y sus críticas a la reparación como consecuencia jurídica del delito en infra VI.4.1.

732 LARRAURI PIJOAN, E., *"Victimología"*, en *De los delitos y las víctimas*, op. cit., p. 296.

733 BRAITHWAITE, J., *Restorative Justice and Responsive Regulation*, op. cit., p 117.

734 En el caso del archivo condicionado que recogía dicho ALECr, vid. supra IV.4.

"la necesidad colectiva de que queden suficientemente salvaguardados los fines de prevención general positiva que permiten atribuir a la reparación una función equivalente a la de la pena". Por ello, el mismo autor justifica que se pueda exigir al victimario, aparte del cumplimiento del acuerdo reparador, la realización de una "declaración de responsabilidad" sobre los hechos. De esta forma, en el hecho de obligar al imputado a asumir sus actos, *"sí puede hallarse un fundamento reparador que permite sostener, cuando la reparación efectivamente llega a producirse, que la imposición de la pena ha dejado de ser necesaria y, por tanto, de estar justificada"*[735].

III.3.2.3 Reparación y prevención especial

Pese al excepticismo de algunos autores, que tachan de moralista la idea de reinserción del infractor a través de la reparación (QUINTERO OLIVARES)[736], y pese a que se ha llegado a decir que el intento de resocialización del infractor mediante el fortalecimiento de su relación con la víctima puede significar un retorno a la dramatización del Derecho penal (SEELMANN)[737], lo cierto es que la cultura de la mediación implica un saludable efecto preventivo especial que pocas veces se logra por las vías tradicionales. Como ya hemos dicho, el esfuerzo del ofensor por reparar a la víctima devuelve a la sociedad su fe en el Derecho[738] y, de la misma forma, se la devuelve al propio ofensor, quien, lejos de verse segregado, recibe la oportunidad de realojarse en el sistema. Podemos afirmar, por lo tanto, que la mediación también puede satisfacer las exigencias del Derecho penal en términos de prevención especial positiva (entendida como aquella que busca la reintegración del victimario, frente a la negativa, que sería la que persigue su eliminación social). Hemos hablado largamente en esta obra del fracaso de la

---

[735] LÓPEZ ORTEGA, J J., *"La reparación del daño basada en el consenso…"*, op. cit., p. 495.

[736] QUINTERO OLIVARES, G., *"Sobre la mediación y conciliación en el sistema penal…"*, op. cit., p. 509. El autor afirma que carecemos de datos empíricos para afirmar la utilidad de la reparación en términos preventivo-especiales, si bien es cierto que tampoco los tenemos para poder afirmar lo contrario.

[737] SEELMANN, K., *"Paradoxien der Opferorientierung im Strafrecht"*, op. cit., p. 671.

[738] ALASTUEY DOBÓN M. C., *La reparación a la víctima en el marco de las sanciones penales*, op. cit., p. 448; ROLDÁN BARBERO, H., *"La mediación penal: entre el orden legal y la voluntad de mejorar"*, op. cit., p. 132.

reeducación carcelaria, pero esto no significa, como dicen HASSEMER-MUÑOZ CONDE, que el concepto de resocialización esté acabado: sigue estando ahí, como una obligación del Estado y de la sociedad de ayudar al delincuente a afrontar las consecuencias del delito cometido[739].

Como señala MARTÍNEZ ESCAMILLA, el hecho de que el proceso penal gire en torno a las garantías del infractor no significa que este tenga una verdadera participación en el mismo[740]. Sin embargo, la mediación y la subsiguiente reparación sí implican una participación activa del infractor, que se ve avocado a entenderse con los daños causados y con la persona del ofendido de una manera mucho más cercana y personal que la que correspondería si la víctima permaneciese en el anonimato. Eso puede activar, en palabras de ROXIN, *"una consternación interna que tenga efectos promotores de la resocialización"*[741], y tampoco hay que pasar por alto el dato de que la hipotética renuncia o suspensión a prueba de una pena de prisión puede contribuir a evitar los efectos desocializadores inherentes a dicha solución[742]. El profesor germano combina los efectos de la prevención general integradora con los de la prevención especial para concluir que, mientras que la primera nos daría la pena a imponer como medida adecuada a la culpabilidad[743], la pena podría, por razones de prevención especial, permanecer por debajo de la medida de la culpabilidad e incluso ser sustituida (he aquí donde entra en escena la reparación como concepto penal), pues la sociedad acepta esa merma cuando lo pide la prevención especial. No obstante, la defensa del ordenamiento jurídico podrá impedirlo algunos casos, como en el el de los delitos graves[744].

---

739 HASSEMER, W., MUÑOZ CONDE, F., *Introducción a la criminología y al Derecho penal*, op. cit., p. 153.

740 MARTÍNEZ ESCAMILLA, M., *"Justicia reparadora, mediación y sistema penal: diferentes estrategias, ¿los mismos objetivos?"*, op. cit., p. 478.

741 ROXIN, C., *"La reparación en el sistema de los fines de la pena"*, op. cit., p. 153. Más allá, prosigue el profesor, *"la reparación es una prestación social constructiva cuya imposición puede ser vivida por el mismo autor -de otra manera que, por ejemplo, la pena privativa de libertad-espontáneamente, como plena de sentido y justa; ella puede, entonces. conducir al reconocimiento del Derecho. Luego, la reparación puede acarrear una reconciliación entre el autor y la víctima, sobre todo cuando ella se lleva a cabo voluntariamente; si esa reconciliación, en el sentido de la prevención integrativa, es premiada por la comunidad, la meta, de resolver conflictos por vía de la resocialización, se alcanza sin menosprecio"*.

742 ROXIN, C., *Pena y reparación*, op. cit., p. 10.

743 ROXIN, C., *"La reparación en el sistema de los fines de la pena"*, op. cit., p. 149.

744 Ibídem, p. 156.

Determinados autores, como ALASTUEY, exigen, para reconocer verdaderos efectos preventivo especiales a la reparación, que esta sea llevada a cabo espontáneamente, sin presión alguna[745]. Sin embargo, como ya hemos señalado a lo largo de esta obra, jamás tendremos certeza acerca de la sinceridad de las "buenas intenciones" del infractor ni de si realmente el comprometerse en la reparación está ayudando a su resocialización. Ha de existir voluntariedad en el infractor, sí, pero es muy difícil, sino imposible, determinar su espontaneidad y su estanqueidad a toda influencia. Los resortes mentales concretos que activan la decisión de reparar son algo que escapa al Derecho. Lo que sí podemos hacer es establecer un sistema de aceptación judicial de la reparación supeditado a que la misma mantenga en el tiempo sus efectos, como el meritado archivo condicionado del ALECr 2011 o la suspensión de la instrucción de la causa en el BCPP 2013[746].

III.3.2.4 ¿El ingreso de la víctima en la teoría de los fines de la pena a través de la reparación?

No podemos dejar sin mencionar esta intereseante idea. Como señala GALAIN, la reparación de la víctima cumple una finalidad preventivo positiva general sobre los demás miembros de la sociedad, al devolverles la confianza en la norma jurídica[747]. Asimismo, la reparación no solo contribuye a la recuperación social del infractor; también incide en la "resocialización de la víctima"[748]. Es decir, la reparación puede contribuir, mejor que ninguna otra solución, al efectivo reconocimiento de la víctima como sujeto de derechos, a devolverle parte de la dignidad menoscabada por el delito y a su reintegración en la sociedad. Así, desde la óptica de las finalidades de la pena, la reparación alcanzaría una triple dimensión:

---

[745] ALASTUEY DOBÓN M. C., *La reparación a la víctima en el marco de las sanciones penales*, op. cit., p. 241.

[746] Vid. infra IV.4 y IV.5.

[747] GALAIN PALERMO, P. *La reparación del daño a la víctima del delito*, op. cit., pp. 326 ss.

[748] Ídem. Sobre el concepto de resocialización de la víctima, vid. GARCÍA-PABLOS DE MOLINA,A., *"La resocialización de la víctima, sistema legal y política criminal"*, en AA.VV., *Criminología y derecho penal al servicio de la persona: libro homenaje al profesor Antonio Beristain*. Instituto Vasco de Criminología, San Sebastián, 1989, pp. 193-198.

1) restableciendo la paz jurídica y la confianza en el sistema (prevención general positiva);
2) favoreciendo la resocialización del infractor (prevención especial positiva) y
3) favoreciendo la resocialización de la víctima ("prevención especial positiva victimal", si se nos permite la expresión).

III.3.2.5 Especial referencia a las infracciones graves

A modo de introducción del capítulo V, en el que trataremos de delimitar el ámbito material de la mediación penal, debemos aclarar que, si bien hemos defendido la solución de la reparación desde una óptica de prevención general y especial positivas, creemos que, en el caso de los delitos más graves, las demás finalidades siguen indiscutiblemente reclamando su papel. En este tipo de infracciones, la mediación, tal y como la concibe este trabajo (como instituto que, en la medida en que resulte exitoso, clausura el progreso de la acción penal), no tiene fácil cabida. Y la razón fundamental es su incompatibilidad con unas finalidades punitivas (la intimidación y la retribución), las cuales, nos guste o no, siguen y seguirán existiendo por mucho tiempo.

Incluso desde una óptica de prevención general positiva, las infracciones graves no parecen resolubles a través de la mediación, pues existe un *quantum* mínimo de pena, lo que ROXIN denomina "defensa del orden jurídico", por debajo de cual la sociedad quedaría insatisfecha y, en vez de afianzarse la confianza de los ciudadanos en la pacificación social a través del Derecho, se daría el efecto contrario[749].

De otro lado, al respecto de la prevención general negativa, no podemos negar que existe un amplio sector de la población que si no delinque es por miedo a la pena[750], y que se cometerían más delitos si no existiera la amenaza del castigo en el horizonte. Por ello, en el caso de los delitos graves, la

[749] ROXIN, C., *Iniciación al Derecho penal de hoy* (trad. de Diego Manuel Luzón Peña y Francisco Muñoz Conde). Universidad de Sevilla, Sevilla, 1981, pp. 48-49.
[750] CASTRO MORENO, A., *El por qué y el para qué de las penas,* op. cit., pp. 52-53.

perspectiva de poder salir librado con la reparación, en vez de con la pena tradicional, es posible que pudiera llegar a fomentar su comisión, por lo que somos partidarios, de ello trataremos en el capítulo V, del establecimiento de una frontera penológica a la "mediabilidad" de los delitos.

Por lo tanto, si queremos hacer compatible el principio de legalidad con el de oportunidad, este debe ceder frente al primero en aquellos supuestos en que la conciencia social no admita un mero acuerdo entre víctima y victimario como forma de solución de un conflicto que, precisamente por su gravedad, alcanza al conjunto de la comunidad de la que son parte integrante. En suma, de acuerdo con GALAIN, lo importante es que el sistema no pierda credibilidad mediante la no aplicación de la pena, por lo que, siempre que sea posible prescindir de la pena sin merma de las finalidades que el Derecho penal debe cumplir, esto sería lo recomendable[751].

---

751 GALAIN PALERMO, P., "*¿La reparación del daño como tercera vía?...*", op. cit., p. 201.

CAPÍTULO IV. REGULACIÓN LEGAL DE LA MEDIACIÓN PENAL

> *Una vez que los hombres comenzaron a cometer y sufrir injusticias y a probar las consecuencias de estos actos, decidieron los que no tenían poder para evitar los perjuicios ni para lograr las ventajas que lo mejor era establecer mutuos convenios con el fin de no cometer ni padecer injusticias. Y de ahí en adelante empezaron a dictar leyes.*
>
> Platón, *La república.*

IV.1 Normativa internacional

La idea de incorporar la mediación al proceso penal de adultos parte de los países anglosajones, fundamentalmente porque su sistema jurídico, como ya se ha señalado, se encuentra menos comprometido con el principio de legalidad pero, también, porque su cultura en general se presta más a ello. Sin embargo, el ideario de la justicia restaurativa fue pronto acogido en el seno de las organizaciones internacionales, y lo cierto es que la mediación penal hoy cuenta con el aval de Naciones Unidas, Consejo de Europa y Unión Europea.

IV.1.1. Naciones Unidas

En el ámbito de Naciones Unidas, el impulso inicial llegó través de la Resolución 40/34 de la Asamblea General, de 29 de noviembre de 1985[752], la cual, en el art. 7 de su anexo, ya propugnaba la conveniencia de utilizar "*mecanismos informales de solución de controversias, incluida la mediación, el arbitraje las prácticas consuetudinarias o autóctonas, a fin de facilitar la conciliación y la reparación a favor de las víctimas*".

La misma Asamblea aprobó en 1990 la Resolución 45/110, de 14 de diciembre, que contenía las Reglas Mínimas sobre Medidas no Privativas de

[752] Citada en supra I.1.2 y III.1.5.2.

Libertad, conocidas como *Reglas de Tokio,* en las que se incidía en la necesidad de fomentar en los delincuentes su sentido de la responsabilidad hacia las víctimas y hacia el conjunto de la sociedad sin recurrir a procesos formales o juicios ante los tribunales.

Posteriormente, con motivo del Décimo Congreso de Naciones Unidas sobre Prevención del Delito y Tratamiento del Delincuente, celebrado en Viena entre el 10 y el 17 de abril de 2000, la Asamblea General aprobó la Resolución 55/59, de 4 de diciembre de 2000, conteniendo la Declaración de Viena sobre Delincuencia y Justicia: frente a los Retos del Siglo XXI, la cual subrayaba, en su punto 27, la necesidad de establecer mecanismos de mediación y JR, y fijaba el año 2002 como plazo para que los Estados *"revisen sus prácticas pertinentes, amplíen sus servicios de apoyo a las víctimas y sus campañas de sensibilización".* Además, en su punto 28, la Declaración expresaba su apoyo al *"desarrollo de políticas de justicia restaurativa, así como de procedimientos y programas respetuosos con los derechos, necesidades e intereses de las víctimas, los ofensores, la comunidad y demás partes".*

Dentro de Naciones Unidas ha destacado especialmente la labor del Consejo Económico y Social (ECOSOC), bajo cuya égida viene trabajando desde hace tiempo la Comisión de Prevención del Delito y Justicia Penal, que ha formulado numerosas propuestas en este terreno, centradas en la necesidad de que los Estados miembros intercambien información y experiencia sobre mediación y justicia reparadora en el ámbito penal, así como en la conveniencia de que todos ellos formulen estrategias y políticas nacionales encaminadas al desarrollo de la JR y a promover su cultura entre autoridades policiales, judiciales y sociales. Fruto de este trabajo han sido las Resoluciones del Consejo Económico y Social 1999/26, de 28 de Julio, sobre Elaboración y aplicación de Medidas de Justicia Restaurativa en Materia Penal; 2000/14, de 27 de julio, relativa a los Principios Básicos sobre la utilización de Programas de Justicia Restaurativa en Materia Penal, ya citada; y 2002/12, de 24 de julio, con el mismo título que la anterior (*Basic Principles on the use of Restaurative Justice Programmes in Criminal Matters*).

IV.1.2. Consejo de Europa

En el seno del Comité de Ministros del Consejo de Europa han ido aprobándose distintas recomendaciones en la materia:

La Recomendación nº R (83) 7, de 23 de junio de 1983, relativa a la *Participación del público en la elaboración y aplicación de políticas criminales que tiendan a prevenir la criminalidad y facilitar la indemnización y reparación a la víctima como una forma de sustitución de la pena de privación de libertad,* recomienda a los Gobiernos de los Estados Miembros fomentar que se facilite la indemnización por el delincuente a la víctima, previendo tal medida como susititutiva de la pena privativa de libertad.

La Recomendación nº R (85) 11, de 28 de junio de 1985, sobre la Posición de la Víctima en el marco del Derecho Penal y del Procedimiento Penal, recomienda a los gobiernos de los Estados miembros revisar la legislación y su práctica, teniendo presente que las decisiones de la Justicia se deben tomar considerando la reparación del daño sufrido por la víctima y todo el esfuerzo serio hecho por el autor en esa dirección, aconsejando estudiar las ventajas qie pueden tener los sistemas de mediación y conciliación.

La Recomendación nº R (87) 18, de 17 de septiembre de 1987, sobre la Simplificación de la Justicia Penal, recoje la relevancia del principio de oportunidad y recomienda a los gobiernos potenciar la aplicación de los principios de descriminalización y de intervención mínima, así como tomar medidas que faciliten la simplificación de los asuntos menores, recomendando, en estos asuntos, los acuerdos de compensación entres autor y víctima y evitar la acción penal si el infractor cumple las medidas acordadas.

En la Recomendación nº R (92) 16, de 19 de octubre, sobre las Reglas Europeas en materia de Sanciones y Medidas Comunitarias, se proponen cinco criterios de evaluación para este tipo de sanciones alternativas: -humanidad; -atención a las necesidades de los infractores reveladas por la infracción; -valoración de la relación coste/eficacia; -reducción de la población carcelaria; y -aceptación pública.

De gran trascendencia es la Recomendación nº R (99) 19, de 15 de septiembre de 1999, sobre Mediación en Asuntos Penales[753], la cual, además de proporcionar, como antes vimos, la primera definición de mediación penal de un texto legal, pone el acento en las siguientes cuestiones:

- Recomienda a los Estados miembros que vayan progresivamente recurriendo a la mediación penal como una opción plausible, basada en la resolución del problema y en la implicación de las partes, como complemento o como alternativa al proceso judicial.
- Reconoce la necesidad de conceder a la víctima una mayor y más activa participación en el procedimiento penal, así como del delincuente, de todos aquellos implicados como parte y de la comunidad en su conjunto.
- Declara el interés legítimo de las víctimas a poder expresar las consecuencias de su victimización, comunicarse con el delincuente, y obtener de este una disculpa y una reparación. Asimismo, manifiesta la importancia de reforzar en los delincuentes el sentido de la responsabilidad y darles la oportunidad de reivindicarse.
- Reserva a la autoridad judicial la decisión y la valoración de si conviene o no el proceso de mediación. Es decir, no contempla un modelo radical y alternativo de mediación, sino vinculado al proceso penal oficial.

Merece también ser destacada la Resolución nº 2 de la XXVI Conferencia de Ministros Europeos de Justicia, reunidos en Helsinki del 7 al 8 de abril de 2005, sobre *La misión social del sistema de justicia penal – justicia restaurativa,* donde se resalta la gran importancia para la paz social de promover una política penal centrada también en la prevención, el desarrollo de las sanciones comunitarias, las necesidades de las víctimas y la reintegración del infractor. En dicho documento, los estados acuerdan la importancia de promover el enfoque de JR en sus sistemas de justicia penal (apdo. 15), e invitan al Comité de Ministros a apoyar y desarrollar programas de cooperación para promover una

[753] Citada en supra II.1.5. Conforme avance esta obra se irán desgranando diversos aspectos de esta Recomendación. Puede consultarse en la página web del Consejo de Europa, https://wcd.coe.int/ViewDoc.jsp?id =420059&Site=DC.

mayor aplicación de la JR, sobre la base de la Recomendación R. (99) 19 (apdo. 21).

Por último, la Recomendación nº R (2006) 8, de 14 de septiembre de 2006, acerca de la Asistencia a las Víctimas de las Infracciones, vuelve a hacer hincapié en las ventajas que pueden derivarse de la mediación entre víctima e infractor, y define la victimización secundaria en los términos ya estudiados en el epígrafe del capítulo I dedicado a la Victimología.

IV.1.3 Unión Europea. Especial referencia a la Directiva 2012/29/UE

Dentro del ámbito comunitario, durante los días 15 y 16 de octubre de 1999 tuvo lugar el Consejo Europeo de Tampere, en el que los líderes de la UE acordaron un Plan de acción (1999-2000) para el establecimiento de un área de libertad, seguridad y justicia, señalando en la conclusión nº 30 la pertinencia de crear procedimientos extrajudiciales alternativos.

Pero el pleno reconocimiento de la mediación penal por la UE se dio a través de la Decisión Marco 2001/220/JAI del Consejo de la Unión Europea, de 15 de marzo, relativa al Estatuto de la Víctima en el Proceso Penal. Esta norma, recientemente sustituida, establecía en su art. 10:

> *Los Estados miembros procurarán impulsar la mediación en las causas penales para las infracciones que a su juicio se presten a este tipo de medida* y que *velarán por que pueda tomarse en consideración todo acuerdo entre víctima e inculpado que se haya alcanzado con ocasión de la mediación en las causas penales.*

La citada DM fijó, como término temporal máximo de cumplimiento de lo establecido en dicho precepto, el 22 de marzo de 2006 (art. 17). Consecuentemente, debemos afirmar que nuestro país "no hizo los deberes" en este asunto[754], mostrando su apatía al respecto durante los seis años

---

[754] Así, el Anteproyecto de LECr, aprobado por el anterior Gobierno de España el 22 de julio de 2011, el cual finalmente no prosperó, señalaba en el apdo. XX de su Exposición de motivos: "*Es evidente que la nueva regulación del proceso penal debe ajustarse a las exigencias del Derecho de la Unión Europea. A estos efectos se ha incluido en las disposiciones generales del texto articulado un título específico sobre los derechos que asisten a las víctimas del delito, aun cuando no estén personadas como acusadores. Esta regulación incorpora puntualmente el elenco de derechos que fija la Decisión Marco 2001/220/JAI, del Consejo, de 15 de marzo de 2001. Y se acude a este mismo referente normativo para*

transcurridos desde que expiró el plazo dado por la DM hasta que esta ha sido derogada. Bien es cierto que la LO 5/2000, de 12 de enero, Reguladora de la Responsabilidad Penal de los Menores, recogió en su articulado la posibilidad de recurrir a la mediación, pero la DM se refería a todos los ámbitos del Derecho Penal, no solo al de menores. En este sentido, por citar un ejemplo, la Memoria de la Fiscalía General del Estado de 2010 señaló:

> *La mediación es un empeño personal de los profesionales que trabajan en ella y de los que están al frente de las instituciones que proporcionan los medios materiales para ello. Y hay que tener en cuenta, a tal efecto, que la ausencia de regulación sobre la mediación penal es una tarea pendiente del legislador español, pues las directrices que marca la Unión Europea son muy claras*[755].

En cualquier caso, y ante la indolencia de nuestro legislador, durante estos años se ha defendido la incidencia directa de la mencionada DM en nuestro Ordenamiento[756], como base jurídica de las numerosas experiencias en mediación penal realizadas en nuestro país, muchas de ellas bajo la égida del Consejo General del Poder Judicial[757].

En cuanto al Tratado de Lisboa (2007), que modifica el Tratado de la Unión Europea, no hace referencia a la mediación penal, limitándose a mencionar los sistemas alternativos de resolución de litigios en su art. 66, que

---

introducir en el texto de la ley una clara definición del concepto de víctima a efectos procesales. De este modo, la víctima se identifica, conforme a la aludida disposición europea, con el ofendido y el perjudicado directo por la infracción".

[755] Fiscalía General del Estado, *Memoria elevada al Gobierno de S. M. presentada al inicio del año judicial*. Centro de Estudios Jurídicos del Ministerio de Justicia, Madrid, 2010, p. 1253.

[756] DÍAZ LÓPEZ, J. A., ha defiendido la aplicación directa, en tanto no haya norma específica, de la Decisión Marco 2001/220, refiriéndose a la doctrina introducida por la STJUE relativa al "caso Pupino" (asunto C-105-03, de 16 de junio de 2005), que reconoció que las Decisiones Marco pueden generar efectos interpretativos que condicionen el resultado en un caso concreto, lo que para el autor citado equivale a decir que tienen efectos vinculantes (del mismo, *"Propuestas para la práctica de la mediación penal..*, op. cit., p. 14). En este sentido, vid. MANES, V., *"La incidencia de las decisiones marco en la interpretación en materia penal: perfiles de derecho sustantivo. Comentario de la sentencia de 16 de junio 2005 -Causa C-105/03 del Tribunal de Justicia de las Comunidades Europeas –Gran Sala- (demanda de pronunciamiento prejudicial propuesto por el Juez de Instrucción del Tribunal de Florencia en el procedimiento Pupino)"*, trad. de Mª Elena Torres Fernández, en *Revista Electrónica de Ciencia Penal y Criminología*, nº 9-07, 2011, obtenido el 6 de abril de 2012 en http://www.criminet.ugr.es.

[757] A ellas nos referiremos más adelante. Puede encontrarse información sobre las mismas en RÍOS MARTÍN, J. C. *et al.*, *La mediación penal y penitenciaria. Experiencias de diálogo en el sistema penal para la reducción de la violencia y el sufrimiento humano*, op. cit., pássim. También en lapágina web del CGPJ, http://www.poderjudicial.es.

está dentro del capítulo dedicado a la cooperación en materia civil, aunque, al hablar de la cooperación penal entre los Estados miembros, sí que menciona la necesidad de instaurar normas que permitan una adecuada protección a la víctima (art. 69 A).

Pero la gran novedad ha llegado de la mano de la Directiva 2012/29/UE, del Parlamento y el Consejo, de 25 de octubre, *por la que se establecen normas mínimas sobre los derechos, el apoyo y la protección de las víctimas de delitos, y por la que se sustituye la Decisión Marco 2001/220/JAI del Consejo.* Cualquier ley que en el futuro regule la mediación penal en nuestro país tendrá que hacerlo a partir de los postulados contenidos en esta directiva, por lo que conviene realizar una detenida lectura de su contenido. Además, dado que en el momento de redactar estas líneas todavía no se ha publicado ningún estudio, que sepamos, dicha lectura cobra especial interés.

Hemos de decir, en primer lugar, que la nueva directiva deja la figura de la mediación penal en un plano muy secundario. Mientras que su predecesora se ocupó de definirla y de fijar un plazo para su implantación en los diferentes ordenamientos nacionales, la norma hoy vigente se limita a mencionarla, casi de soslayo, en sus considerandos iniciales, como uno de los "servicios de justicia reparadora"[758]. Por el contrario, se ha optado por dar más protagonismo a la justicia restaurativa como sistema general, con lo que parece querer darse mayor libertad a los Estados miembros a la hora de elegir los mecanismos concretos a implantar. Esto, prima facie, no tiene que verse como algo negativo para la mediación penal; no hemos de olvidar que, pese a que en los sistemas jurídicos de herencia napoleónica la mediación es el único sistema viable desde una perspectiva realista, en la UE hay países cuyas concepciones son más permeables a los mecanismos de justicia comunitaria, por lo que parece lógico que no se les quiera avocar a la adopción de la mediación como único sistema restaurativo posible.

[758] Considerando 46, ya mencionado en supra I.4.3, según el cual: *"Los servicios de justicia reparadora, incluidos, por ejemplo, la mediación entre víctima e infractor, las conferencias de grupo familiar y los círculos de sentencia, pueden ser de gran ayuda para la víctima…"*.

Así, la directiva hace referencia expresa a la JR en cuatro de sus considerandos iniciales y, ya dentro de su articulado, en tres de sus preceptos, dedicando uno de ellos, el art. 12, a la regulación específica de sus diversos aspectos. Y he aquí una importante crítica que a nuestro juicio hemos de hacer: en todo momento, la versión en español de la norma habla de "justicia reparadora", expresión que no nos convence. Este término, como en su momento explicamos[759], se limita a reflejar la idea de reparación del daño causado, mientras que *"restorative justice"* engloba también el concepto de restablecimiento de los lazos rotos con la comunidad; siendo su traducción correcta al castellano –siempre bajo nuestro modesto punto de vista- "justicia restaurativa" o "restauradora". Pensemos que, la palabra "reparadora", ya tiene su equivalente en inglés, *"reparative"*, que igualmente ha sido considerada por la doctrina anglosajona como conceptualmente insuficiente[760]. Si atendemos a la redacción en inglés de la directiva[761], la misma sí emplea el vocablo correcto, esto es, *"restorative"*.

Pero, si atendemos a la redacción en otros idiomas de la directiva, la cosa se complica y los términos acaban mezclándose irremediablemente. Las versiones francesa e italiana, por ejemplo, contienen las expresiones *"justice réparatrice"* y *"giustizia riparativa"*, respectivamente, cuando lo deseable hubiera sido que se utilizaran, en cada caso, *"justice restauratrice"* o *"restaurative"* y *"giustizia restaurativa"*[762], lo que sí ocurre en la redacción portuguesa, donse se emplea el término *"justiça restaurativa"*. Por su parte, la versión en alemán utiliza directamente el vocablo correspondiente a "reparación" (*"Wiedergutmachung"*), si bien es cierto que esta lengua carece de voz específica al respecto, por lo que generalmente los textos germanos acuden a la locución anglosajona (*"restorative justice"*). Resulta muy esclarecedor, y resume

759 Vid. lo expresado al respecto en la introducción del epígrafe 4 del capítulo I de este trabajo, dedicado al boom de la justicia restaurativa.

760 Cfr. DALY, K., INMARIGEON, R., *"The past, present, and future of restorative justice: some critical reflections"*, en *The Contemporary Justice Review*, vol. I, nº 1, 1998, p. 22.

761 Pueden consultarse las diferentes versiones idiomáticas de esta Directiva en http://eur-lex.europa.eu/Notice.do?mode=dbl&lang=es&lng1=es,fr&lng2=bg,cs,da,de,el,en,es,et,fi,fr,hu,it,lt,lv,mt,nl,pl,pt,ro,sk,sl,sv,&val=691388:cs.

762 Cfr. ARRONA PALACIOS, A., *"El dominio de la victimología en los métodos alternativos de justicia"*, en *Rivista di Criminologia, Vittimologia e Sicurezza*, Vol. VI, nº 1, 2012, pp. 58 ss.

magníficamente la idea que estamos intentando transmitir, el siguiente comentario, tomado del texto de presentación de la página web del TOA (*Täter-Opfer-Ausgleich, autor-víctima-compensación*), el Servicio oficial de mediación penal alemán:

> *Este concepto, que en el ámbito angloparlante está presente en todos los debates referentes a la reforma del Derecho penal y a la manera de abordar la criminalidad, describe en la brevedad de dos palabras toda una estructura de pensamientos; trasladar al alemán este concepto utilizando una expresión tan breve resulta imposible o, cuando menos, es algo que puede crear confusión: "wiedergutmachende Justiz / wiedergutmachende Gerechtigkeit" hace pensar en una reparación meramente material de un daño (...) En inglés, este concepto se asocia a la idea de que mediante un delito se perjudica tanto a una víctima como a la sociedad; de forma que algo dejar de estar bien y requiere ser reparado*[763].

En resumen, el empleo de la palabra "reparadora" podría ser consecuencia de la simple concepción sinonímica de todos estos términos, lo que es muy habitual incluso entre los estudiosos y no tendría que preocuparnos. Pero, también, puede ser debido a que la idea que se pretende transmitir es, exclusivamente, la de la compensación a la víctima, no la noción restaurativa en su completa y verdadera extensión (víctima-autor-sociedad). Ello explicaría por qué se ha relegado el término "mediación" a la periferia de la directiva, ya que el mismo, como sabemos, incorpora una noción de negociación simétrica cuyo radio de acción supera con creces el del mero resarcimiento civil[764], que acaso es lo único que importa a la norma (el tiempo lo dirá). En este sentido, si acudimos a los razonamientos jurídicos contenidos en

---

[763] *"Dieser Begriff, der sich im Englisch sprachigen Raum wie ein roter Faden durch alle Diskussionen um eine Reform des Strafrechts und den Umgang mit Kriminalität zieht, beschreibt in der Knappheit zweier Worte ein ganzes Gedankengebäude – ins Deutsche lässt er sich leider in dieser Kürze gar nicht oder nur missverständlich übertragen: wiedergutmachende Justiz / wiedergutmachende Gerechtigkeit klingt schwerfällig und lässt zu sehr die Vorstellung einer rein materiellen Wiedergutmachung eines Schadens aufkommen (...) Im Englischen verbinden sich mit dem Begriff die Vorstellung, dass durch eine Straftat sowohl ein Opfer als auch die Gesellschaft beeinträchtigt wurde - etwas ist also nicht mehr in Ordnung und somit reparaturbedürftig"* (trad. de Vanessa Cruz Parra, realizada exprofeso para este trabajo. Puede accedeserse al texto original en http://www.toa-servicebuero.de/restorative_justice).

[764] Vid. infra VI.4.2, sobre el contenido de la reparación salida de la mediación penal y sus diferencias con el mero abono de la responsabilidad civil.

la propuesta[765] que finalmente cristalizó en la directiva que nos ocupa, en ellos se argumenta lo siguiente, en torno al precepto dedicado a la justicia reparadora, que después analizaremos:

> *La finalidad de este artículo es garantizar que, cuando se presten tales servicios, existen salvaguardias que garanticen que la víctima no vuelva a sufrir como consecuencia del proceso. Por tanto, estos servicios deben fijarse como prioridad satisfacer los intereses y necesidades de la víctima, reparar el perjuicio que se le haya causado e impedir que se le siga haciendo en el futuro.*

Una finalidad loable, sin duda, pero excluyente, pues se olvida del victimario y de la comunidad. Esto nos lleva a pensar que acaso sea el término utilizado en la versión en inglés el que está mal escogido. En conclusión, debemos decir que detectamos en la redacción de esta nueva directiva un cierto aire de recelo hacia los mecanismos de JR[766]. En efecto, las referencias a la justicia reparadora, además de focalizar su atención exclusivamente en el ofendido, como hemos visto[767], generalmente vienen rodeadas de advertencias relativas a la necesidad de que estos mecanismos garanticen el respeto y atención a las víctimas, y de que no favorezcan la victimización secundaria, cuando, precisamente, su objetivo es que los efectos de esta decrezcan[768].

Dejando al margen las cuestiones semánticas, y centrándonos en el contenido material de la directiva, esta dedica su art. 12 a la justicia reparadora,

---

[765] Propuesta de Directiva 2011/0129[COD], del Parlamento y el Consejo, de 18 de mayo de 2011, citada en supra III.2.2.

[766] Esta aparente desconfianza ya fue objeto de reproche, por algunos estudiosos, cuando la mencionada norma se hallaba en fase de propuesta (cfr. SOLETO MUÑOZ, H., *"La justicia restaurativa como elemento complementario a la justicia tradicional"*, op. cit., pp. 49-51).

[767] Ya en el considerando 46 se nos dice que *"...estos servicios deben fijarse como prioridad satisfacer los intereses y necesidades de la víctima..."*.

[768] Así, el considerando 9, dice que *"...cualquier servicio que entre en contacto con las víctimas, como los servicios de apoyo a las víctimas o de justicia reparadora, se deben tener en cuenta la situación personal y las necesidades inmediatas, edad, sexo, posible discapacidad y madurez de las víctimas de delitos, al mismo tiempo que se respetan plenamente su integridad física, psíquica y moral. Se ha de proteger a las víctimas de delitos frente a la victimización secundaria y reiterada, así como frente a la intimidación y las represalias; han de recibir apoyo adecuado para facilitar su recuperación y contar con un acceso suficiente a la justicia"*, mientras que el considerando 21 se señala que *"La información y las orientaciones brindadas por las autoridades competentes, los servicios de apoyo a las víctimas y de justicia reparadora deben ofrecerse, en la medida de lo posible, a través de una diversidad de medios y de forma que pueda ser entendida por la víctima"*.

bajo la rúbrica, *"Derecho a garantías en el contexto de los servicios de justicia reparadora"*. Curiosamente, la redacción original de la norma, cuando todavía se hallaba en fase de propuesta de directiva, sí hacía referencia expresa a la mediación, titulándose el que entonces era el art. 11, *"Derecho a garantías en el contexto de los servicios de mediación y otros servicios de justicia reparadora"*. Empero, como antes hemos dicho, esto no debe ser causa de preocupación por el futuro de la mediación, al menos en principio, debiendo ser entendido desde la perspectiva de la mayor libertad que se deja a los Estados para elegir los modelos restaurativos que consideren más adecuados.

Volviendo al art. 12, en su primer apartado establece:

> *1. Los Estados miembros adoptarán medidas para proteger a la víctima contra la victimización secundaria o reiterada, la intimidación o las represalias, medidas que se aplicarán cuando se faciliten servicios de justicia reparadora. Estas medidas garantizarán que aquellas víctimas que opten por participar en procesos de justicia reparadora tengan acceso a servicios de justicia reparadora seguros y competentes, siempre que se cumplan, como mínimo, las condiciones siguientes:*
> *a) que se recurra a los servicios de justicia reparadora si redundan en interés de la víctima, atendiendo a consideraciones de seguridad, y se basan en el consentimiento libre e informado de la víctima; el cual podrá retirarse en cualquier momento;*
> *b) antes de que acepte participar en el proceso de justicia reparadora, se ofrecerá a la víctima información exhaustiva e imparcial sobre el mismo y sus posibles resultados, así como sobre los procedimientos para supervisar la aplicación de todo acuerdo;*
> *c) el infractor tendrá que haber reconocido los elementos fácticos básicos del caso;*
> *d) todo acuerdo deberá ser alcanzado de forma voluntaria y podrá ser tenido en cuenta en cualquier otro proceso penal;*
> *e) los debates en los procesos de justicia reparadora que no se desarrollen en público serán confidenciales y no se difundirán posteriormente, salvo con el acuerdo de las partes o si así lo exige el Derecho nacional por razones de interés público superior.*

La dicción del precepto parece exhalar esa desconfianza antes aludida hacia la JR. Pero tratemos de ser optimistas: probablemente el legislador europeo está dando por superada la DM de 2001, favorable a la mediación penal, y ahora entiende que toca a los distintos países perfilar los aspectos procesales o procedimentales. Además, al ver que la JR empieza a ser tomada en serio, probablemente ha querido tomar una serie de precauciones para evitar una mala utilización de la misma. Descender al mínimo detalle en una materia tan genérica como esta no parece lo más adecuado, siendo más conveniente dejar amplio margen de discreción a los Estados o regiones para que diseñen sus propios modelos[769]. No obstante, tenemos que formular tres serias objeciones a esta regulación:

A) La obligatoriedad de reconocimiento de *"los elementos fácticos del caso"* (apdo. 1, letra c) es, como ya se dijo[770], cuando menos criticable. En las sesiones de mediación o de cualquier otro mecanismo de justicia restauradora, y siempre amparado en la confidencialidad de las mismas, el infractor puede –lo lógico es que lo haga- reconocer los hechos frente a la víctima, pero cosa muy distinta es que esto sea una obligación *ex lege*. No se entiende muy bien si dicho reconocimiento es un requisito para la efectividad de la reparación o si será una condición para entablar la mediación, en cuyo caso sería difícilmente compatible con las garantías procesales del acusado, en especial el derecho a no declarar contra sí mismo y a no confesarse culpable[771]. Parece que es lo primero. Si atendemos a la primigenia redacción de la directiva, en su condición de Propuesta, el mismo apartado decía *"la persona sospechosa o acusada o el infractor habrá de haber reconocido su responsabilidad por su actuación"*; una exigencia mucho más grave, pues significaba que si el que todavía era un mero "sospechoso" no reconocía los hechos no se le permitía participar en la mediación, con el consiguiente riesgo de que, si la misma fracasaba, se pudiera utilizar ese reconocimiento de responsabilidad en su contra durante el ulterior juicio. En la redacción definitiva, al emplear el término "infractor", parece que el precepto se está refiriendo a una mediación (o mecanismo restaurativo de que se trate) terminada en acuerdo, el cual, para ser visado por la autoridad competente y generar efectos, ha de incluir un cierto reconocimiento de responsabilidad.

---

[769] SOLETO MUÑOZ, H., *"La justicia restaurativa como elemento complementario a la justicia tradicional"*, op. cit., p. 51.

[770] Vid. supra III.2.2.

[771] Vid. epígrafe 2 del capítulo III de la presente obra, acerca de la posible confrontación de la mediación penal con las garantías procesales del imputado.

B) La dicción de la letra d) del apdo. 1 tampoco se compadece bien con lo que ha de ser un sólido pilar de cualquier modalidad de justicia penal, como es la prohibición de juzgar a alguien dos veces por el mismo hecho. Dice el mencionado precepto que los acuerdos alcanzados "podrán" ser tenidos en cuenta en cualquier otro proceso penal, cuando debería poner "deberán", ya que, de lo contrario, estaríamos atentando contra el principio *ne bis in idem*[772]. De hecho, en la propuesta de directiva se utilizaba la expresión "deberán ser tenidos en cuenta", pero, inexplicablemente, ha sido retocada en el último momento. Además, cuando se habla de "*cualquier otro proceso penal*", se está reconociendo que el mecanismo reparador ha sido aplicado en el marco de un proceso penal, luego, por definición, lo decidido en un proceso penal, no "puede", sino que "debe" ser tenido en cuenta. Una vez más, buscaremos cobijo en el argumento del sentido generalista y elástico que probablemente ha querido emplearse en la directiva analizada. Tal vez, el legislador europeo, al redactar el precepto, no estaba pensando en la prohibición de juzgar a alguien dos veces por el mismo hecho, sino en dejar la puerta abierta a que, una vez logrado un acuerdo y finiquitado un proceso, futuros juicios sobre hechos relacionados con el aquel, pero con distinto *thema decidendi,* puedan tener en cuenta el arreglo alcanzado.

C) La posibilidad de obligación de difundir lo hablado en los debates (apdo. 1, letra e), atenta seriamente contra la confidencialidad como principio básico de la mediación, establecida, como hemos visto antes, en las Recomendaciones R (99) 19 y R (2006) 8 del Consejo de Europa y en nuestro malogrado ALECr de 2011[773]. La exigencia de confidencialidad, además, ha sido relajada en el tenor definitivo de la directiva, pues en su redacción inicial, como propuesta, rezaba que lo hablado en los debates únicamente podría ser objeto de difusión "*con el acuerdo de las partes o si así lo exige el Derecho nacional como consecuencia de un interés público de primer orden*". En la dicción definitiva, dicho interés "de primer orden" se ha quedado en interés "superior".

Por último, el apartado 2 del artículo estudiado dispone:

[772] Vid. epígrafe VI.4 de este trabajo, concretamente el punto dedicado a la ejecutoriedad de los acuerdos de mediación.

[773] Si bien no es un principio recogido en el BCPP de 2013 (vid. infra IV.4 y IV.5).

2. Los Estados miembros facilitarán la derivación de casos, si procede, a los servicios de justicia reparadora, incluso mediante el establecimiento de procedimientos u orientaciones sobre las condiciones de tal derivación.

Hemos de volver a traer a colación el texto de la propuesta de directiva, que hacía referencia, en este mismo apartado, a *"los servicios de mediación u otros servicios de justicia reparadora"*. Una vez más se ha eliminado la mención expresa de la mediación, y una vez más volvemos a agarrarnos al argumento de la mayor libertad que de esta manera se concede a los Estados miembros. Sea como fuere, lo cierto es que este precepto vuelve a animar las expectativas de los defensores de la implantación de la mediación en nuestro país, sobre todo si se relaciona con la disposición final contenida en el art. 27, que da como plazo máximo para dar cumplimiento a lo establecido en la directiva, el 16 de noviembre de 2015. De esta manera, haciendo una interpretación digamos, optimista, de esta cláusula, podemos razonar que, la misma obligación de implantar la mediación que existía respecto de la Decisión marco 2001/220/JAI, existe ahora respecto de la Directiva 2012/29/UE, si bien ampliada a todo el espectro de la JR.

IV.2 La mediación penal en el Derecho español de adultos

La mediación se concibe como una alternativa al proceso penal tradicional para lograr, con un acuerdo voluntario, la reparación a la víctima y la resocialización del autor de faltas y delitos menores. La experiencia, que ha despertado el interés del Consejo General del Poder Judicial, deberá superar aún múltiples obstáculos -entre ellos las reformas legales necesarias- para ver generalizado su uso y contribuir a desatascar los juzgados de instrucción.

Estas palabras perfectamente podrían haberse redactado esta mañana, pero pertenecen a la edición del diario *El País* correspondiente al 3 de mayo de 1995[774]. Es decir, fueron escritas hace 18 años, acaso demasiados para que todavía no se hayan salvado los referidos obstáculos ni realizado las reformas reclamadas. Pero lo que resulta verdaderamente chocante es que, ante la

---

[774] JIMÉNEZ, M., *"Ensayo de mediación entre delincuentes y víctimas, alternativo al proceso penal"*, en diario *El País*, de 3 de mayo de 1995, obtenido el 10 de noviembre de 2012 en http://elpais.com/diario/1995/05/03/sociedad/799452004_850215.html.

abundante normativa internacional a favor de la instauración de sistemas de JR y pese a los mandatos de la Decisión marco 2001/220/JAI y de su sustituta, la Directiva 2012/29/UE, las únicas dos leyes españolas de adultos que han mencionado la mediación penal lo hayan hecho para proscribir su aplicación.

Por un lado, la Ley Orgánica 1/2004, de 28 de diciembre, de Medidas de Protección Integral contra la Violencia de Género, establece en su art. 44 que la mediación estará vedada en la materias atribuidas a la competencia de los Juzgados de Violencia Sobre la Mujer[775]. Una prohibición sorprendente, pues tuvo lugar antes de que la mediación fuera regulada, ni siquiera en el ámbito mercantil o civil. De otro lado, la mencionada Ley 5/2012, de Mediación en Asuntos Civiles y Mercantiles, excluye de su ámbito de aplicación, entre otras, a la mediación penal (art. 2.2)[776]. Pues bien, no creemos incurrir en falacia alguna si argumentamos, a contrario, que el legislador, negando la aplicación de una norma *iusprivatista* a la mediación penal y prohibiendo esta en asuntos de violencia de género, está implícitamente reconociendo su existencia, de cara a una futura regulación. En apoyo de este razonamiento, recuérdese que en los demás campos excluidos del ámbito objetivo de la citada ley ya existe la mediación[777].

[775] Dicho art. 44 de la LO 1/2004, de 28 de diciembre, de medidas de protección integral para la violencia de Género, adiciona un nuevo art. 87 ter a la LO 6/85, de 1 de julio, del Poder Judicial, relativo a las competencias de los Juzgados de Violencia Sobre la Mujer, sentando en su apartado 5 la citada prohición.

[776] *Artículo 2. Ámbito de aplicación.*
1.Esta Ley es de aplicación a las mediaciones en asuntos civiles o mercantiles, incluidos los conflictos transfronterizos, siempre que no afecten a derechos y obligaciones que no estén a disposición de las partes en virtud de la legislación aplicable.
En defecto de sometimiento expreso o tácito a esta Ley, la misma será aplicable cuando, al menos, una de las partes tenga su domicilio en España y la mediación se realice en territorio español.
2.Quedan excluidos, en todo caso, del ámbito de aplicación de esta Ley:
a) La mediación penal.
b) La mediación con las Administraciones públicas.
c) La mediación laboral.
d) La mediación en materia de consumo.

[777] En los procesos laborales y de consumo, por ser materias disponibles, hace tiempo que se recurre a la mediación, existiendo, de hecho, mediadores profesionales en la materia. En Derecho administrativo, aunque no se trate de mediación propiamente dicha, comienzan a abrirse paso las formas pactadas de terminación del procedimiento administrativo, una posibilidad prevista en el art. 88.1 de la Ley 30/92, de Régimen Jurídico de las Administraciones Públicas y Procedimiento Administrativo Común, según el cual: "*Las Administraciones Públicas podrán celebrar acuerdos, pactos, convenios o contratos con personas tanto de derecho público como privado, siempre que no sean contrarios al Ordenamiento Jurídico ni versen sobre materias no*

A fuerza de ser exactos y contradiciendo lo anterior, existe un precepto legal en nuestro Ordenamiento que reconoce la mediación penal, aunque pertenece al ámbito autonómico, donde por cierto se carece de competencia para regular esta materia[778]. La Ley cántabra 1/2011, de 28 de marzo, de Mediación de la Comunidad de Cantabria establece en su art. 43.3 que *"los acuerdos alcanzados en el ámbito penal deberán ser trasladados al procedimiento penal en cuyo seno se adopten para surtir efectos, en caso de existir procedimiento en curso, en aquellos aspectos en que exista capacidad dispositiva de las partes afectadas"*.

Sin embargo, pese a la ausencia de regulación expresa hasta la fecha, en nuestro esquema penal existen determinadas "puertas de acceso" a la mediación[779], de las que se valen regularmente los juzgados que toman parte en los distintos proyectos piloto para dotar de eficacia jurídica a los acuerdos de reparación alcanzados. Podemos identificar, *de lege lata*, los siguientes cauces legales por los que, tanto antes de iniciarse el proceso como durante el mismo o ya en fase de ejecución, pueden discurrir los efectos jurídicos de un procedimiento de mediación exitoso.

IV.2.1 Con carácter previo a la incoación del proceso penal

La mediación es perfectamente viable en los delitos y faltas perseguibles únicamente a instancia de parte, ya sea a través de querella o de simple denuncia. Podemos diferenciar varios supuestos:

---

susceptibles de transacción y tengan por objeto satisfacer el interés público que tienen encomendado, con el alcance, efectos y régimen jurídico específico que en cada caso prevea la disposición que lo regule, pudiendo tales actos tener la consideración de finalizadores de los procedimientos administrativos o insertarse en los mismos con carácter previo, vinculante o no, a la resolución que les ponga fin".

[778] El art. 149.1.6 de nuestra Constitución atribuye al Estado la competencia exclusiva en materia de legislación mercantil, penal y penitenciaria y procesal. No deja de llamar la atención el hecho de que distintas Comunidades Autónomas se hayan "lanzado" a regular la mediación, aunque sea en sus aspectos civiles, cuando, como hemos visto, el citado art. nuestro Texto Constitucional reserva al Estado la competencia exclusiva en materia de legislación procesal. Concretamente, poseen leyes de mediación: Andalucía, Aragón, Asturias, Canarias, Cantabria, Castila La Mancha, Castilla y León, Catalunya, Comunitat Valenciana, Galicia, Illes Baleares, Madrid y País Vasco

[779] *Entry doors*, como las llama el Informe Final del Proyecto AGIS (JLS/2006/AGIS/147), financiado por la Comisión Europea, en el que se afirma que en el Código Penal español existen ciertas puertas de acceso que permiten aplicar un procedimiento de mediación (Informe coordinado por CASADO CORONAS, C., *"Restaurative Justice: An Agenda for Europe. Supporting the implementation of Restorative Justice in the South of Europe"*, 2008, obtenido el 6 de abril de 2012 en http://www.gencat.cat, pp. 39-51).

- Las faltas de amenazas, coacciones, injurias y vejaciones injustas del art. 620 CP en relación con el 639, párrafo 3º, salvo, claro está, las que guarden relación con la violencia de género, la cual, según se dijo supra, es materia no mediable, *ex* art. 44 LO 1/2004.

- Las faltas de homicidio y lesiones graves por imprudencia leve y de lesiones menos graves por imprudencia grave del art. 621 CP, en las que, al tratarse de infracciones perseguibles únicamente a instancia de parte, opera el perdón del ofendido como causa de extinción de la pena impuesta o la acción penal, vía art. 639, párrafo 3º, CP.

- La falta de alteración de lindes del art. 624 CP en relación con el mismo párrafo 3º del art. 639 CP.

- Los llamados delitos privados, cuya persecución requiere la presentación de querella -calumnias e injurias, salvo si son referidas a servidores públicos en relación a hechos realizados en el ejercicio de sus funciones (art. 215.1 CP)-; en estos delitos, el perdón del ofendido exime de responsabilidad criminal (art. 215.3 CP), considerándose que *"la reparación del daño comprende también la publicación o divulgación de la sentencia condenatoria, a costa del condenado por tales delitos, en tiempo y en la forma que el Juez o Tribunal consideren más adecuado a tal fin, oídas las dos partes"* (art. 216 CP). Por otro lado, el art. 804 LECr establece que *"no se admitirá querella por injuria o calumnia inferidas a particulares si no se presenta certificación de haber celebrado el querellante acto de conciliación con el querellado, o de haberlo intentado sin efecto"*. Algunos autores, como MANZANARES SAMANIEGO, han querido ver en este precepto una mediación penal[780], pero lo cierto es que no puede conceptuarse como tal, pues se verifica ante el juez, quien, *per definitionem*, está muy lejos de ser un mediador[781].

- Los denominados delitos semipúblicos que, necesitando de la denuncia de la parte agraviada para poder ser perseguidos, incluyen el perdón del ofendido

---

[780] MANZANARES SAMANIEGO, J. L., *Mediación, reparación y conciliación en el Derecho Penal*, op. cit., p. 75.

[781] Vid. supra II.2, principios de la mediación penal. No obstante, existe algún autor que aboga por contemplar la posibilidad de conceder esta misión a los jueces de paz (cfr. ROLDÁN BARBERO, H.,*"La mediación penal: entre el orden legal y la voluntad de mejorar"*, op. cit., p. 120).

como causa de extinción de la acción o de la pena, tales como los delitos de descubrimiento y revelación de secretos y el nuevo delito de *hacking* del art. 201 CP, así como el delito de daños por imprudencia grave (art. 267 CP).

- Aquellos delitos semipúblicos en los que no posee virtualidad el perdón del ofendido, como los delitos de manipulación genética (art. 161.2 CP), de agresión, acoso o abusos sexuales (art. 191.1 CP), de abandono de familia, menores e incapaces (art. 228 CP), los relativos a la propiedad industrial, propiedad intelectual, al mercado[782] o a los consumidores (art. 287), o los delitos societarios (art. 296). En estos casos somos de la opinión de que podría ofrecerse la mediación, a título meramente informativo, con carácter previo a la denuncia, dejando siempre a salvo la posibilidad de formular esta si la mediación no fructifica.

El perdón del ofendido aparece como causa de extinción de la responsabilidad penal en el numeral quinto del art. 130.1 CP, según redacción dada por la LO 15/2003, de 25 de noviembre, según el cual se produce dicha extinción de la responsabilidad penal *"por el perdón del ofendido, cuando la Ley así lo prevea. El perdón habrá de ser otorgado de forma expresa antes de que se haya dictado sentencia, a cuyo efecto el juez o tribunal sentenciador deberá oír al ofendido por el delito antes de dictarla"*.

Por su parte, la LECr continúa admitiendo la extinción de la acción penal por la *"renuncia de la persona ofendida"*, si se trata de delito o falta *"que no puedan ser perseguidos, sino a instancia de parte"*, (art. 106 LECr), lo que tenemos que dar por tácitamente derogado[783], ya que el poder de disposición sobre la acción penal hoy queda circunscrito a los llamados delitos privados o aquellos en los que expresamente se admite el perdón del ofendido. En el resto de delitos públicos o semipúblicos, el ofendido carece de la capacidad para disponer del proceso penal una vez incoado este, aunque, como tiene dicho nuestro Alto

782 A título de ejemplo, durantes estos días se habla mucho en los medios de comunicación de la *oferta* que está haciendo alguna de las entidades bancarias que vendieron a sus clientes las tristemente famosas *participaciones preferentes*, a fin de que acepten una negociar una solución antes de interponer la denuncia penal.

783 Cfr. FERNÁNDEZ APARICIO, J. M., *"Consecuencias penales del incumplimiento de resoluciones judiciales en los procesos matrimoniales"*, en *Diario de las Audiencias y TSJ El Derecho*, nº 144, 1999, obtenido el 8 de noviembre de 2012 en http://www.elderecho.com (documento sin paginar).

Tribunal, *"no puede ignorarse que un acuerdo entre autor y perjudicado puede suponer dificultades para la persecución del delito y para la prueba de su comisión"*, si bien añade a continuación que *"pero eso no influye en su existencia, anterior a dicho pacto, ni en su naturaleza de delito público perseguible de oficio"* (STS 12 de marzo de 2004, FJ 2, EDJ 2004/13197).

Como explica MANZANARES SAMANIEGO, la institución del perdón del ofendido, limitado hoy a los supuestos *"en que la ley así lo prevea"*, ha sido objeto de una evolución restrictiva en nuestra legislación penal desde que se recogiera en el art. 132.5º del lejano C. Penal de 1870[784], que contemplaba el perdón *"cuando la pena se haya impuesto por delitos que no puedan dar lugar a procedimiento de oficio"*; es decir, se optaba por una fómula general, no limitada como la actual, sistema que, con variaciones, se ha mantenido hasta que el vigente Código introdujo la meritada restricción a los casos expresamente previstos por el legislador. Por otro lado, el mismo autor cita el texto del Curso sobre Mediación Penal organizado por el Consejo General del Poder Judicial y la Fiscalía General del Estado en 2006, donde se decía que *"debería reflexionarse sobre la conveniencia de otorgar eficacia al perdón del ofendido siempre que fuera espontáneo, a cuyo fin se establecerán los debidos mecanismos de control judicial, en delitos contra el patrimonio, la integridad y la libertad de las personas"*. MANZANARES opina, a nuestro juicio asistido de toda razón, que dicha espontaneidad no estaría reñida con la posibilidad de que se llegara al perdón a través de la mediación, pues *"lo importante para el Derecho penal sustantivo sería el resultado, al margen de su génesis"*[785].

IV.2.2 Una vez iniciado el proceso penal

Una vez incoado el proceso, la atenuante de reparación del daño suele ser el instrumento del que se valen nuestros jueces para otorgar efectos jurídicos a los acuerdos alcanzados a través de la mediación. Dicha atenuante permite dar un tratamiento punitivo privilegiado al delincuente que se esfuerza por

---

[784] vid. MANZANARES SAMANIEGO, J. L., *Mediación, reparación y conciliación en el Derecho Penal*, op. cit., pp. 77-78. Así, el art. 112 del Código anterior al actualmente en vigor aceptaba la posibilidad del perdón en toda pena *"que se haya impuesto por delito solamente perseguible mediante denuncia o querella del agraviado"*.

[785] Ibídem, p. 78.

reparar el mal causado, siempre que sea con anterioridad al juicio oral. Su aplicación conjuga, por tanto, la protección de la víctima con el reconocimiento de la actitud postdelictual del victimario, por lo que ha sido calificada como una de las pocas manifestaciones de la justicia restaurativa existentes en nuestro Ordenamiento penal actual[786], si bien es cierto que, a diferencia de esta, la aplicación de la atenuante no toma en cuenta la opinión de la víctima[787].

La circunstancia de reparación del daño aparece contenida genéricamente en el art. 21.5 del Código Penal[788], que establece que será circunstancia atenuante *"la de haber procedido el culpable a reparar el daño ocasionado a la víctima, o disminuir sus efectos, en cualquier momento del procedimiento y con anterioridad a la celebración del acto del juicio oral"*. Se trata de una redacción especialmente amplia y flexible[789], por cuanto el legislador no ha establecido cuál puede ser el contenido de la reparación, exigiendo únicamente que se produzca antes del juicio oral. Ello concede al victimario, teniendo en cuenta lo farragosas que suelen ser las instrucciones de nuestros procedimientos, un amplio margen temporal para que muestre interés en minorar los efectos de su acción. Lo primero que cabría preguntarse es en qué debe consistir esa reparación y si se ha de limitar al resarcimiento dinerario. La respuesta, afortunadamente, es que se trata de un concepto amplio de reparación, similar al que vamos a manejar al trazar las notas esenciales del procedimiento de mediación penal y, por tanto, no restringido a la mera indemnización. Si atendemos a la jurisprudencia del Tribunal Supremo, podemos trazar una serie líneas maestras en torno a esta circunstancia modificativa de la responsabilidad penal:

---

[786] ALCÁCER GUIRAO, R., *"La mediación penal y la atenuante de reparación. Similitudes y criterios de aplicación"*, en AA.VV., *Justicia restaurativa, mediación penal y penitenciaria: un renovado impulso.* Reus, Madrid, 2011, p. 110.

[787] Ibídem, p. 118.

[788] Si bien en la parte especial del Código Penal existen diversos tipos que llevan incorporada una atenuación punitiva específica en atención a la reparación efectuada por el autor, como los delitos contra la ordenación del territorio (arts. 319 ss. CP), patrimonio histórico (arts. 321 ss. CP), contra los recursos naturales y el medio ambiente (arts. 325 ss. CP) o los relativos a la protección de la flora y la fauna (arts. 322 ss. CP).

[789] RUIZ VADILLO, E., *"La mediación penal"*, en *Eguzkilore,* número extraordinario 13, 1999, p. 318.

- Las atenuantes de confesión a las autoridades (art. 21.4 CP) y reparación del daño (art. 21.5 CP), encuentran su fundamentación en razones de política criminal que tratan de favorecer que el autor del delito, con posterioridad a este, desarrolle una conducta que tienda a reparar de alguna forma las consecuencias de la acción criminal, bien reparando el daño causado o bien colaborando con la autoridad (STS 12 de marzo de 2004 [EDJ 2004/13197], FJ 2).

- No es necesario que sea integral, pero sí sustancial (STS de 12 de febrero de 2000 [EDJ 2000/992], FJ 2).

- Cabe una reparación parcial, en función de la capacidad reparadora del sujeto (STS de 23 de diciembre de 1999 [EDJ 1999/40474], FJ 7).

- No se identifica necesariamente con el concepto civil de reparación sino que puede tener muy variadas manifestaciones. Como reza la STS de 20 de marzo de 2013 (EDJ 2013/42061), en su FJ 8:

> *El elemento sustancial de esta atenuante, desde la óptica de la política criminal, radica pues en la reparación del daño causado por el delito o la disminución de sus efectos, en un sentido amplio de reparación que va más allá de la significación que se otorga a esta expresión en el artículo 110 del Código Penal. Cualquier forma de reparación del daño o de disminución de sus efectos, sea por la vía de la restitución, de la indemnización de perjuicios, o incluso de la reparación del daño moral puede integrar las previsiones de la atenuante. Lo que pretende esta circunstancia es incentivar el apoyo y la ayuda a las víctimas, lograr que el propio responsable del hecho delictivo contribuya a la reparación o curación del daño de toda índole que la acción delictiva ha ocasionado, desde la perspectiva de una política criminal orientada por la victimología, en la que la atención a la víctima adquiere un papel preponderante en la respuesta penal. Para ello resulta conveniente primar a quien se comporta de una manera que satisface el interés general, pues la protección de los intereses de las víctimas no se considera ya como una cuestión estrictamente privada.*

(En el mismo sentido, SSTS de 4 de febrero de 2000 [EDJ 2000/380], FJ 5; 28 de febrero de 2003 [EDJ 2003/3249]; 2 de junio de 2005 [EDJ 2005/188308 ; y de 17 de febrero de 2012 [EDJ 2010/14221]).

- Cabe, incluso, la reparación moral o simbólica, como una petición de perdón (SSTS de 19 de febrero de 2001 [EDJ 2001/3161], FJ 5, de 30 de abril de 2002 [EDJ 2002/13169], FJ 2, de 16 de septiembre de 2004 [EDJ 2004/135118], FJ 3, entre otras). Así, la STS de 29 de enero de 2008 (EDJ 2008/31080), señala en su FJ 3 que "*la reparación no solo se refiere al resarcimiento de los perjuicios materiales, sino que la jurisprudencia ha admitido la reparación moral o simbólica, siempre que el acto reparatorio pueda considerarse significativo en relación con la índole del delito cometido*". Sin embargo, en un caso de asesinato, el TS considera que el simple perdón verbal a la familia del difunto, aparte de un gesto que honra al acusado, no puede tener trascendencia a efectos de la concurrencia de la atenuación de reparación del daño, aunque sí pude ser tenido en cuenta en sede de individualización penológica, por lo que, en este caso, la Sala 2ª tiene en cuenta, a estos efectos, la petición de perdón e impone la pena del asesinato en su extensión mínima de 15 años de prisión, en lugar de los 17 años por los que decantó el Tribunal sentenciador –STS 22 de enero de 2010 (EDJ 2010/14244), FJ 8-.

- En cuanto al elemento subjetivo de la reparación, el TS ha reiterado que la aplicación de la atenuante de reparación no exige un particular sentimiento o actitud de arrepentimiento, sino que se trata de una circunstancia objetiva por cuanto la reparación del daño ocasionado a la víctima, en la medida de lo posible, es el dato determinante, resultando secundarios los propósitos o el origen de la compensación, siempre que se obtenga por iniciativa del acusado; de manera que lo trascendente para apreciar la atenuante es que la reparación pueda considerarse relevante en atención a las circunstancias del caso y del culpable (SSTS de 12 de mayo de 2005 [EDJ 2005/90192]; de 27 de diciembre de 2007 [EDJ 2007/260310]; de 29 de enero de 2008 (citada), FJ 3, y de 30 de diciembre de 2009 [EDJ 2009/300011]).

- Contribuye a dar protagonismo a la víctima en el proceso penal. Según la STS de 26 de abril de 1999 (EDJ 1999/7969), FJ 1, la atenuante de reparación:

> *Constituye un claro exponente de una política criminal orientada a la protección de la víctima. Por un lado esta actitud del culpable supone un*

reconocimiento, por su parte, del mal causado y supone un claro indicio de un apartamiento en su actividad delictiva facilitando el pronóstico de una efectiva reintegración social (...) De otro lado, se facilita la satisfacción de la víctima, la tradicional olvidada de las grandes construcciones doctrinales del sistema de justicia penal hasta época reciente, con reconocimiento del protagonismo que le corresponde en todo delito, reconociendo que éste, además de integrar un ataque a bienes jurídicos indispensables para la convivencia en una sociedad democrática a cuya reparación se atiende con la imposición de la pena, supone, también, un ataque a bienes concretos e individuales a los que es preciso dar satisfacción, los de la víctima, de suerte que ésta no se sienta desprotegida ni reducida a la exclusiva condición de testigo de cargo.

No obstante lo anterior, para la aplicación de la atenuante no siempre se tiene en cuenta, como se ha dicho arriba, la opinión de la víctima. Así, la STS de 17 de octubre de 1998 (EDJ 1998/20381), FJ 2, aprecia la concurrencia de la atenuante aun cuando el perjudicado había rechazado la reparación del daño (aunque el parecer del TS en el caso de referencia se antoja acertado, por cuanto se trataba de una reparación objetiva, consistente en al devolución de unas cantidades que habían sido sustraídas).

- Puede aplicarse como muy cualificada -SSTS de 24 de julio de 2001 (EDJ 2001/26119); de 30 de junio de 2003 (EDJ 2003/80639); y la ya citada de 29 de enero de 2008, entre otras-, lo que significa que puede bajarse en uno o dos grados la pena a imponer (art. 66.1, 2ª CP). La STS de 30 de junio de 2003 dice en su FJ 5:

> *La atenuante que nos ocupa debe ser interpretada con la mayor flexibilidad, en el sentido de no poner cortapisas a la actitud reparadora del sujeto agente (...) No es lo mismo reparar el daño en un delito de robo con violencia e intimidación, en que se sustraen mil euros, que en uno de hurto, apropiación indebida o estafa, en que el delincuente consigue apropiarse de esa misma cuantía. En el primero, de naturaleza pluriofensiva, se produce junto al quebranto patrimonial un ataque a la libertad y seguridad de la persona, cuyo daño no tiene vuelta atrás. No ocurriría lo mismo en el segundo grupo de delitos, en que la antijuricidad material o lesividad del bien jurídico se resuelve y agota en el ataque al patrimonio privado.*

- Es compatible con la atenuante del art. 21.4 CP, consistente en "*haber procedido el culpable, antes de conocer que el procedimiento judicial se dirige contra él, a confesar la infracción a las autoridades*". Según la STS de 23 de enero de 2001 (EDJ 20061/2891), "*...aun tratándose de comportamientos postdelictuales, se refieren a conductas distintas que exigen una distinta atenuación y obedecen a razones de política criminal que el legislador plasma en el Código Penal*".

- A su vez, la STS de 17 de julio de 2006 (EDJ 2007/104567) entiende que, con independencia del requisito cronológico, la atenuación se basa en razones de política criminal orientadas a la protección de la víctima, por lo que exige que la reparación sea significativa o de cierta eficacia. En este sentido, la STS de 20 de octubre de 2006 (EDJ 2006/282136), relativa a un delito de lesiones graves, en el que víctima y autor habían participado en el programa voluntario de mediación penal arbitrado por la Subdirección General de Medios Abiertos y Medidas Penales Alternativas del Departamento de Justicia de la Generalitat de Cataluña, exige la existencia de una reparación real y efectiva, negando la aplicación automática de la atenuante de reparación por participación en programas de mediación en su FJ 4:

> *La mera participación del recurrente en un programa voluntario de mediación penal, aun con resultado positivo, no implica efectiva reparación. El perjudicado desde un principio renunció a toda clase de indemnizaciones, así que tanto da que no exista daño a reparar o el existente sea renunciado, ya que en ninguno de ambos casos se ofrece la posibilidad de reparar y realmente, en este caso no se ha reparado nada (...). En definitiva, sin reparación real y efectiva no puede haber atenuación.*

Ahora bien, dicha sentencia terminó aplicando el beneficio penológico, pero en sede de individualización de la pena. En estos casos, siempre y cuando el infractor haya hecho todo lo posible y sea la negativa de la víctima lo que ha frustrado la mediación, la atenuante debería poder aplicarse, pues, pese a no haber tenido lugar finalmente la reparación, el infractor ha actuado en favor del restablecimiento de la vigencia del Derecho, y su esfuerzo debe ser reconocido como reparación en el sentido penal de la palabra[790].

Así mismo, como vía para recompensar punitivamente los esfuerzos reparadores de difícil incardinación en los arts. 21.4 y 21.5 CP, cabría recurrir a la atenuante analógica del art. 21.7 CP, cuya aplicación como muy calificada es igualmente factible (por todas, STS de 25 de noviembre de 2011 [EDJ 2011/292493], FJ 3). La atenuante analógica ha servido históricamente de campo de expansión de las circunstancias atenuatorias de la responsabilidad penal[791], siendo empleada por nuestro Alto Tribunal para dar entrada a nuevas líneas político-criminales[792], por lo que conviene explorar sus posibilidades en relación a la materia que nos ocupa.

Por otro lado, e independientemente de la aplicación o no de las atenuantes, el haber tomado parte en un programa mediación podrá ser valorado por el juez en el momento de individualizar la pena, teniendo en cuenta el margen de discrecionalidad que le concede el art. 66 CP, para los delitos, y el 638, en el caso de las faltas.

Finalmente, aunque ya hemos tratado el asunto en el capítulo anterior, volvemos a traer a colación la figura de la conformidad en el proceso penal, que la LECr actualmente en vigor prevé tanto para el procedimiento ordinario (art. 665) como para el abreviado y el de enjuiciamiento rápido de determinados delitos (arts. 787 y 801, respectivamente). Al margen de las consideraciones que hemos planteado en torno a la introducción del principio de oportunidad en nuestro proceso penal, a las cuales nos remitimos, hemos de recordar que la dicción de los meritados preceptos no cabe duda de que está presuponiendo la existencia de negociaciones previas entre acusación y defensa. Dichas negociaciones son hoy absolutamente habituales en la práctica diaria de

---

790 ALCÁCER GUIRAO, R., *"La mediación penal y la atenuante de reparación. Similitudes y criterios de aplicación"*, op. cit., p. 125.

791 Así, por ejemplo, las dilaciones procesales indebidas eran compensadas jurisprudencialmente, hasta la reforma operada en el CP por la LO 5/2010, de 22 de junio, mediante la aplicación de la atenuante analógica, introduciendo dicha LO la atenuante específica de dilaciones indebidas (actual art. 21.6 CP).

792 Vid. SSTS de 23 de julio de 2008 (EDJ 2008/155854); 1 de julio de 2009 (EDJ 2009/150548); y 28 de diciembre de 2010 (EDJ 2010/303017).

nuestros Juzgados y Tribunales, y nada empece que el acuerdo pueda ser el resultado de un previo procedimiento mediador[793].

IV.2.3 En la fase ejecutiva del proceso penal

Una vez dictada la sentencia, no podemos desdeñar las posibilidades que puede ofrecer el recurso a la mediación. En los últimos años se habla, incluso, de la mediación penitenciaria como subdisciplina específica dentro de la mediación[794]. Ciertamente, la comunicación entre víctima y victimario puede llegar a ser beneficiosa para ambos, máxime si culmina en el perdón[795]. Pero, además, desde el punto de vista del condenado, nuestro Ordenamiento contempla diversas medidas de ejecución penitenciaria que podrían adoptarse a consecuencia de una eventual mediación.

- La suspensión y sustitución de la ejecución de las penas privativas de libertad, previstas en los arts. 80 y ss. CP, podrían acordarse a partir de una mediación positiva. El art. 83.1 permite condicionar la suspensión de la ejecución de la pena de prisión al cumplimiento de determinadas obligaciones por el reo, entre ellas la de "*cumplir los demás deberes que el Juez o Tribunal estime convenientes para la rehabilitación social del penado, previa conformidad de éste, siempre que no atenten contra su dignidad como persona*".

---

[793] Contrario a esta opinión es MUERZA ESPARZA, para quien "*en el momento presente, cuando no se encuentra establecida legalmente, aparte el proceso de menores, la mediación como instrumento para resolver la comisión de un hecho que reviste caracteres de delito, me parece que acudir a ella y entroncarla en la Ley procesal penal en relación con la figura de la conformidad no es jurídicamente aceptable*". MUERZA ESPARZA, J., "*La autonomía de la voluntad en el proceso penal: perspectivas de futuro*", en *Revista Electrónica de Derecho de la Universidad de La Rioja (REDUR)*, nº 9, diciembre 2011, obtenido el 10 de mayo de 2012 en http://www.dialnet.unirioja.es, p. 200.

[794] Sin embargo, su estudio excedería de los propósitos de la presente obra. Pueden consultarse, como trabajos recientes en la materia, CERVELLÓ DONDERIS, V., "*Mediación entre agresor y víctima en el ámbito penitenciario*", en *Libro de ponencias de la VIII conferencia internacional del foro mundial de mediación, Valencia, 18-21 de octubre de 2012, vol. III.* Foro Mundial de Mediación, Caracas, 2012, pp. 236-245; GUARDIOLA LAGO, M. J., "*Desarrollo y aplicaciones de la justicia restaurativa en prisión*", en AA.VV., *La Justicia restaurativa: desarrollo y aplicaciones* (coord. TAMARIT SUMALLA, J.). Comares, Granada, 2012, pp. 183-236; LOZANO ESPINA, F. *et al.*, "*Mediación penitenciaria: pasado presente y ¿futuro?*, en AA.VV., *Justicia restaurativa, mediación penal y penitenciaria: un renovado impulso.* Reus, Madrid, 2011, pp. 273-308; PIÑEYROA SIERRA, C. *et al.*, *El valor de la palabra que nos humaniza...*, op. cit., pp. 90-120; RÍOS MARTÍN, J. C. *et. ál.*, *La mediación penal y penitenciaria. Experiencias de diálogo en el sistema penal para la reducción de la violencia y el sufrimiento humano*, op. cit.; SEGOVIA BERNABÉ, J. L., "*Experiencia de la mediación penitenciaria*", en AA.VV., en *Sobre la mediación penal (posibilidades y límites ne un entorno de reforma del proceso penal español*". Aranzadi, Cizur Menor (Navarra), 2012, pp. 289-314.

[795] Sobre la significación moral de la disculpa, vid. infra VI.4.2.2.

Por su parte, como ya hemos visto, el art. 88.1 CP contempla la sustitución de la pena de prisión que no exceda de seis meses por localización permanente y que no exceda de un año por multa o trabajos en beneficio de la comunidad, teniendo en cuenta, entre otras circunstancias, *"el esfuerzo para reparar el daño causado"*, sustitución que, excepcionalmente, podrá aplicarse a penas de prisión que no superiores a dos años, si se trata de reos no habituales *"cuando de las circunstancias del hecho y del culpable se infiera que el cumplimiento de aquéllas habría de frustrar sus fines de prevención y reinserción social"*.

- En lo que respecta a los grados penitenciarios, el art. 72 LOGP dispone:

> 1. *Las penas privativas de libertad se ejecutarán según el sistema de individualización científica, separado en grados, el último de los cuales será el de libertad condicional, conforme determina el Código Penal.*
> (...)
> 4. *En ningún caso se mantendrá a un interno en un grado inferior cuando por la evolución de su tratamiento se haga merecedor a su progresión.*
> 5. *La clasificación o progresión al tercer grado de tratamiento requerirá, además de los requisitos previstos por el Código Penal, que el penado haya satisfecho la responsabilidad civil derivada del delito, considerando a tales efectos la conducta efectivamente observada en orden a restituir lo sustraído, reparar el daño e indemnizar los perjuicios materiales y morales; las condiciones personales y patrimoniales del culpable, a efectos de valorar su capacidad real, presente y futura para satisfacer la responsabilidad civil que le correspondiera; las garantías que permitan asegurar la satisfacción futura...*

Así, una reparación voluntaria del preso en favor de la víctima, en el contexto de una mediación, puede considerarse como prueba de una evolución positiva que le haga merecedor de la progresión en el grado penitenciario.

- En cuanto a la concesión de la libertad condicional, el 90. CP prevé que, para poder acceder a ella, el preso ha de estar clasificado en tercer grado de tratamiento penitenciario, haber cumplido tres cuartas partes de la condena y haber observado buena conducta y un pronóstico individualizado y favorable de reinserción social, emitido por expertos designados por el Juez de Vigilancia Penitenciaria. Por su parte, el art. 91.1 permite que el requisito del tiempo de cumplimiento de condena pueda reducirse excepcionalmente a dos tercios *"siempre que merezcan dicho beneficio por haber desarrollado continuadamente actividades laborales, culturales u ocupacionales"*, mientras que el art. 91.2 reduce dicha exigencia hasta la mitad de la condena, admás de entre otros requisitos, siempre que *"el penado haya desarrollado continuadamente las actividades indicadas en el apartado anterior y que acredite, además, la participación efectiva y favorable en programas de reparación a las víctimas o programas de tratamiento o desintoxicación, en su caso".*

Podemos inferir que la participación voluntaria del preso en programas de mediación bien puede integrarse en el concepto de "buena conducta", además de en el de "programas de reparación a las víctimas". En el caso de estos últimos, por cierto, tienen que hacer la propuesta los órganos penitenciarios, con informe del Ministerio Fiscal y demás partes, lo que incomprensiblemente deja fuera la petición por el condenado.

- En lo relativo a las normas que regulan el indulto, el art. 25 de la Ley de 18 de junio de 1870, por la que se establecen reglas para el ejercicio de la Gracia de Indulto, señala que se oirá a la parte ofendida, si la hubiera (art. 24) y que se tendrá en cuenta la conducta del penado posterior a la ejecutoria, y *"especialmente las pruebas o indicios de su arrepentimiento que se hubiesen observado"* (art. 25). Así, bien podría fundamentarse la petición de indulto en la participación exitosa del reo en un programa de mediación, hecho que daría fe de su resocialización y de la no necesidad de pena.

IV.3 La mediación en el proceso español de menores

IV.3.1 Antecedentes

Aunque la presente monografía está centrada principalmente en la mediación entre adultos, no podemos pasar por alto el llamado Derecho penal del menor, sector en el que con más claridad se han dejado sentir los planteamientos de la justicia restaurativa, además de ser, *de lege lata,* el único que contempla la posibilidad de la mediación penal en nuestro país.

Desde los años setenta vienen propagándose las corrientes, fundamentalmente de origen anglosajón, favorables a la *diversion* (derivación) de la respuesta judicial a la delincuencia juvenil. En este contexto, se ha propuesto la utilización de la mediación como vía de solución de los conflictos y de reparación del daño causado a la víctima por el menor, entre otros mecanismos de JR, de los que ya hemos tratado. A nivel internacional, el gran paso adelante en este campo se produjo con la aprobación de las Reglas Mínimas de las Naciones Unidas para la Administración de la Justicia de Menores, conocidas como "Reglas de Pekín" (*Beijing Rules)*, integradas en la Resolución 40/33 de la Asamblea General, de 29 de noviembre de 1985. Se trata de un conjunto de principios, amplios y flexibles para favorecer su adopción en los distintos ordenamientos nacionales, cuya principal nota es que reconocen a los órganos públicos encargados de la persecución de los delitos capacidad para abandonar el proceso formal en favor de programas de conciliación o de restitución (art. 11, apdos. 2 y 4). A su vez, la Convención de los Derechos del Niño, adoptada mediante Resolución 44/25 de la Asamblea General, de 20 de noviembre de 1989, tiene la gran cualidad de ser la primera norma sobre la materia de acatamiento obligatorio para los Estados que la suscribieron. En relación con la materia que nos ocupa, la Convención obliga al respeto de las debidas garantías procesales cuando el presunto infractor es un menor (art. 40.2), así como, *"siempre que sea apropiado y deseable, la adopción de medidas para tratar a esos niños sin recurrir a procedimientos judiciales"* (art. 40.3, b).

En el marco del Consejo de Europa, La Recomendación del Comité de Ministros nº R (87) 20, de 17 de septiembre de 1987, sobre Reacciones Sociales a la Delincuencia Juvenil, estableció la necesidad de que, para que la educación y la integración social pudieran ser las características del sistema penal juvenil, los jóvenes no fueran juzgados por los tribunales de mayores, e instó a los Estados miembros a revisar su legislación y su práctica, recomendando el desarrollo de la desjudicialización y la mediación bajo la égida del propio órgano de persecución, o de la policía, según cuál sea el competente en cada país, con el fin de evitar que las personas menores de edad ingresen en la espiral nociva del sistema de justicia penal y padezcan sus consecuencias. En la misma línea, la Recomendación nº R (2003) 20, de 24 de septiembre, sobre

Nuevas formas de tratamiento de la delincuencia juvenil y el papel de la justicia de jóvenes, invita a los Estados a implantar medidas innovadoras que permitan el desarrollo de la mediación en materia de delincuencia juvenil.

En España, durante el franquismo imperó la Ley de Tribunales Tutelares de Menores, de 11 de junio de 1948, reproducción casi íntegra de la Ley de Bases sobre Organización y Atribuciones de Tribunales para Niños, de 2 de agosto de 1918, que consagraba un sistema paternalista de larga tradición en nuestro país, carente de toda garantía jurídica, en el que el juez hacía también de acusador y de defensor del menor, mediante el que no solo se enjuiciaban hechos objetivos cometidos por el menor, sino que tenía capacidad para valorar actitudes y modos de ser del mismo[796]. Con el advenimiento del Estado democrático, se hizo patente la necesidad de una profunda reforma del sistema de justicia juvenil y, aunque la LO 6/1985, de 1 de julio, del Poder Judicial, previó la creación de los Juzgados de Menores, para ello hubo que esperar a la STC de 14 de febrero de 1991 (EDJ 1991/1562), que declaró la inconstitucionalidad de varios artículos de la Ley de 1948 y puso de manifiesto la *"palmaria discordancia"* (FJ 6) entre el procedimiento configurado por la citada Ley y las garantías procesales consagradas en nuestra Carta Magna. Consecuencia de aquel pronunciamiento fue la promulgación de la LO 4/1992, de 5 de Junio, Reguladora de la Competencia y el Procedimiento de los Juzgados de Menores, que uso fin al sistema tradicional, estableciendo que los menores fuesen juzgados por jueces profesionales a través de un proceso similar al de los adultos. Por otro lado, se abrazaban las sensibilidades expresadas en las diferentes resoluciones internacionales, pues, aunque la nueva ley no mencionaba la mediación, sí reconocía la reparación extrajudicial como fórmula para finalizar el procedimiento, bien *ab initio*, antes de la competencia (art. 15.1.6º), bien después de la sentencia (art. 16.3). En ambos casos, la operatividad de la reparación se determinaba atendiendo *"a la naturaleza de los hechos"*, sin establecer límite punitivo alguno.

---

[796] COY, E., TORRENTE, G., *"Intervención con menores infractores: Su evolución en España"*, en *Anales de Psicología*, vol. 13, nº 1, 1997, p. 40.

IV.3.2 La mediación en la LORPM

La aprobación de la vigente LO 5/2000, de 12 de enero, Reguladora de la Responsabilidad Penal de los Menores, supuso la confirmación de estas incipientes muestras de JR, reconociéndose expresamente en la misma, tanto el ejercicio del principio de oportunidad penal como la posibilidad de recurrir a la mediación. Sin embargo, incluso desde antes de su entrada en vigor, en enero de 2001, la LORPM ha seguido la estela punitivista del Código Penal, siendo objeto de sucesivas reformas de marcado rumbo agravatorio[797], generalmente cocinadas al calor mediático de ciertos crímenes que están en la mente de todos. De esta manera, cabe afirmar que la política criminal en materia de menores delincuentes ha transitado un camino que puede condensarse en tres fases: la del paternalismo del sistema correccional primigenio; la del "*Derecho penal de autor de carácter educativo*"[798] que consagra la redacción originaria de la LORPM; y la del horizonte neorretribucionista que sus continuas reformas han dibujado.

No obstante, dichas reformas no han afectado excesivamente a la posibilidad de ejercicio de la mediación penal que la LORPM contempla. Así, su Exposición de Motivos ya dice (apartado II.13, párrafo 1º):

> *Un interés particular revisten en el contexto de la Ley los temas de la reparación del daño causado y la conciliación del delincuente con la víctima como situaciones que, en aras del principio de intervención mínima, y con el concurso mediador del equipo técnico, pueden dar lugar a la no incoación o sobreseimiento del expediente, o a la*

---

[797] Así, fue reformada, antes de su entrada en vigor, por la LO 7/2000, de 22 de diciembre, relativa a materia terrorista y por la LO 9/2000, de 22 de diciembre, que suspendió su aplicación a los. Tras su entrada en vigor, el 12 de enero de 2001, fue modificada por la LO 9/2002, de 10 de diciembre, que vuelve a ampliar la suspensión antedicha, por la LO 15/2003, de 25 de noviembre, que abre el proceso de menores a la posibilidad de personación como acusador particular, y agrava un amplio abanico de medidas (poco antes se había cometido el asesinato de Sandra Palo), y por la LO 8/2006, de 4 de diciembre, que elimina definitivamente la posibilidad de aplicación a los infractores de edades entre 18 y 21 años e introduce la medida de prohibición de acercamiento, ampliando además la medida provisional de internamiento, así como la definitiva, cuya duración se amplía severamente para los distintos tramos de edad de los delincuentes, pudiendo llegar, en determinados casos, hasta los 8 años, más 5 en régimen de libertad vigilada. Vid., al respecto de la tendencia endurecedora de las reformas de la LORPM, BARQUÍN SANZ, J., CANO PAÑOS, M. A., "*Justicia penal juvenil en España: una legislación a la altura de los tiempos*", en *Revista de Derecho Penal y Criminología*, 2ª época, nº 18, 2006, pp. 37-95; LANDROVE DÍAZ, G., *El nuevo Derecho penal*, op. cit., pp. 141-152.

[798] BARQUÍN SANZ, J., CANO PAÑOS, M. A., "*Justicia penal juvenil en España: una legislación a la altura de los tiempos*", op. cit., p. 40.

finalización del cumplimiento de la medida impuesta, en un claro predominio, una vez más, de los criterios educativos y resocializadores sobre los de una defensa social esencialmente basada en la prevención general y que pudiera resultar contraproducente para el futuro.

La LORPM deja en manos del Ministerio Fiscal la posibilidad de desistir de la continuación del proceso en dos situaciones:

- Por corrección en el ámbito educativo y familiar (art. 18), cuando los hechos denunciados constituyan delitos menos graves sin violencia o intimidación en las personas o faltas, y no se trate de una conducta reincidente. En estos casos, lógicamente, nada impide que haya tenido lugar una mediación extraprocesal cuyo resultado lleve al fiscal tomar la decisión de decretar el desistimiento.

- Por conciliación o reparación entre el menor y la víctima, siempre que se trate de expedientes seguidos por faltas o delitos menos graves[799], para lo cual se atenderá (art. 19.1):

> *A la gravedad y circunstancias de los hechos y del menor, de modo particular a la falta de violencia o intimidación graves en la comisión de los hechos, y a la circunstancia de que además el menor se haya conciliado con la víctima o haya asumido el compromiso de reparar el daño causado a la víctima o al perjudicado por el delito, o se haya comprometido a cumplir la actividad educativa propuesta por el equipo técnico en su informe.*

Ambos supuestos son expresiones del principio de oportunidad en el ejercicio de la acción penal[800], en contraposición al de necesidad, todavía imperante en el proceso de adultos. La razón aducida para justificar este

[799] Lo que no significa, como afirma FRANCÉS LECUMBERRI, que no pueda haber mediación en casos de delitos graves. Ahora bien, esta ya no podrá conllevar el desistimiento del expediente. De la misma *"El principio de oportunidad y la justicia restaurativa"*, op. cit., p. 26. En el mismo sentido, GARCÍA PÉREZ, O., *"La mediación en el sistema español de justicia penal de menores"*, en *Revista Criminal*, vol. 53, nº 2, 2011, p. 81.

[800] Así lo ha manifestado nuestra jurisprudencia, por ejemplo, en el AAP Barcelona, Secc. 3ª, de 15 de mayo de 2008 (EDJ 2008/98490), donde se afirma (FJ 2) que *"son expresiones de dicho principio de oportunidad la posibilidad de que el Ministerio Fiscal acuerde no incoar el procedimiento penal de menores (art. 18 LORPM) o los supuestos de desistimiento por corrección en el ámbito educativo y familiar o por resarcimiento anticipado o conciliación con el infractor (art. 19 LORPM)"*.

reconocimiento de la oportunidad penal es el "principio de interés superior del menor", que impregna toda la legislación de menores, en virtud del cual, como explica el apartado II.7 de la EM de la citada ley orgánica, pueden rechazarse determinados principios esenciales del Derecho penal de adultos, como la proporcionalidad entre el hecho y la sanción o la intimidación de los destinatarios de la norma. Dadas las características de nuestro sistema jurídico, presidido por el principio de legalidad, no se trata de una oportunidad "libre", que puede ejercerse sin limitación alguna, sino "reglada", esto es, sometida a pautas previamente establecidas en la ley[801], básicamente resumidas en que se trate de infracciones leves y menos graves[802] y que el menor se comprometa a realizar determinadas actividades o comportamientos previstos en la ley. La naturaleza reglada de la oportunidad que ejerce el fiscal queda patente en la Circular FGE 1/2000, de 18 de diciembre, la cual recuerda que, aun siendo muy extensa la discrecionalidad del fiscal, *"su facultad es de naturaleza reglada y ello obliga a hacer explícitos los motivos en que se funda para disipar toda sospecha de arbitrariedad"* (apartado VI.4.A).

En cuanto a lo que se entiende por conciliación y reparación, el art. 19.2 LORPM dispone:

---

801 Así, junto al principio de oportunidad, en nuestro proceso penal de menores rige el de legalidad, como se desprende claramente del articulado de la LORPM, que establece las cuatro garantías clásicas del principio de legalidad: a) la garantía criminal (la responsabilidad penal del menor sólo puede ser consecuencia de hechos tipificados como infracciñon penal, art. 1 LORPM), b) la garantía penal (sólo se pueden imponer al menor las medidas previstas en la ley, art. 7), c) la garantía procesal (dichas medidas sólo se pueden decretar a través del procedimiento legalmente establecido, art. 43) y d) la garantía de ejecución (las medidas impuestas se ejecutarán en la forma prevista en la ley, art. 43).

802 Es este un límite penológico impuesto a la mediación, pues se excluyen de su ámbito objetivo los delitos graves, que son aquellos a los que la ley señala pena grave (art. 13.1 C. P.). Las penas graves, grosso modo, son las que exceden de 5 años de prisión (art. 33.2 CP). Parte de la doctrina se ha manifestado en contra de esta limitación objetiva; entre otros, COBOS GÓMEZ DE LINARES, M. A., *"La mediación en la ley orgánica reguladora de la responsabilidad penal de los menores, y su reglamento"*, en AA.VV., *Justicia restaurativa, mediación penal y penitenciaria: un renovado impulso.* Reus, Madrid, 2011, p. 337, PÉREZ SANZBERRO, G., *Reparación y conciliación en el sistema penal, ¿apertura de una nueva vía?*, op. cit., p. 37, si bien en su caso la crítica iba referida al Anteproyecto de Ley Orgánica Penal Juvenil y del Menor de 1995, el cual ya preveía el referido límite punitivo, TAMARIT SUMALLA, J. M., *"La justicia reparadora en el Derecho penal de menores"*, en AA.VV., *Derecho penal y psicología del menor.* Comares, Granada, 2007, p. 139. El presente trabajo, por su parte, entiende que, sea cual sea el límte que se decida poner, es necesario situar alguno, de lo contrario podría producirse la quiebra del principio de legalidad a favor del de oportunidad. Abordaremos esta cuestión en profundidad en el capítulo V.

Se entenderá producida la conciliación cuando el menor reconozca el daño causado y se disculpe ante la víctima, y ésta acepte sus disculpas, y se entenderá por reparación el compromiso asumido por el menor con la víctima o perjudicado de realizar determinadas acciones en beneficio de aquéllos o de la comunidad, seguido de su realización efectiva. Todo ello sin perjuicio del acuerdo al que hayan llegado las partes en relación con la responsabilidad civil.

Así, se establece una doble vía para llegar al consenso: la conciliación y la reparación[803], cuya principal diferencia estriba en que, en la primera, el arreglo es simbólico, mientras que la reparación entraña la realización efectiva de ciertos actos, ya sea en beneficio de los afectados por el delito o de la comunidad. Creemos no obstante que hay que interpretar que es la propia víctima quien tendrá en su mano la decisión de aceptar la conciliación o exigir una reparación material[804], pero, en cualquier, caso, contrariamente a lo que pudiera desprenderse de la dicción literal de la norma, la reparación siempre implicará las oportunas disculpas; otra cosa contravendría el espíritu con el que se redactó la ley[805]. En suma, a nuestro entender, puede haber o no reparación pero siempre ha de existir la conciliación, pues una reparación sin las oportunas disculpas contravendría el sentido del precepto.

Resulta llamativo, por otro lado, que la EM exigiese el arrepentimiento del menor infractor (párrafo 2º del apartado II.13) y que la redacción final del art. 19.2 omitiese toda alusión al mismo, a nuestro juicio con buen criterio pues, como sostenemos en el presente trabajo, la exigencia de los sentimientos como requisito se antoja incompatible con una concepción del Derecho penal alejada

---

[803] Cfr. FRANCÉS LECUMBERRI, P., *"El principio de oportunidad y la justicia restaurativa"*, op. cit., pp. 16-17.

[804] Lo que habría respondido al deseo del legislador, en opinión de CRUZ MÁRQUEZ, de evitar la categorización normativa de dos clases de víctimas, las que perdonan, por un lado, y las que demandan esfuerzos materiales, por otro. De la misma, *"La mediación en la LO 5/2000, reguladora de la responsabilidad penal de los menores: conciliación y reparación del daño"*, en *Revista Electrónica de Ciencia Penal y Criminología*, nº 7-14, 2005, p. 4.

[805] Así, para CUCARELLA, no hay tal doble vía (conciliación o reparación) sino una sóla, por lo que estima que se trata de un error de redacción. Lo contrario, a su juicio, iría contra las premisas de la justicia restaurativa. CUCARELLA GALIANA, L. A., *"Justicia restaurativa y menores infractores de la ley penal"*, en AA.VV., *Sobre la Mediación Penal (posibilidades y límites en un entorno de reforma del proceso penal español)*. Aranzadi, Cizur Menor (Navarra), 2012, p. 565. Por nuestra parte, entendemos que sí hay tal doble vía y que, la diferencia, como hemos dicho arriba, estriba en que en una hay reparación y en otra no, pero la petición de disculpa y su aceptación (es decir, la conciliación) ha de tener lugar en ambas.

de pretensiones moralizantes[806]. Incluso podría prescindirse, para el archivo de la causa, de la disculpa del menor o del cumplimiento de los compromisos de reparación, "*cuando una u otros no pudieran llevarse a efecto por causas ajenas a la voluntad del menor*" (art. 19.5 LORPM), lo que valoriza la mera actitud reparadora del menor, independientemente del resultado[807]. Esta previsión, de acuerdo con FERNÁNDEZ CARRÓN, encierra en cierto modo el peligro de volver a dejar en el olvido a la víctima, cuando se supone que uno de los grandes objetivos de los instrumentos restaurativos es la recuperación de su protagonismo[808], por lo que dicha posibilidad no debe ser utilizada a la ligera, debiendo reservarse para casos muy justificados. *De lege ferenda,* en relación con la mediación penal en adultos, no podría prescindirse del concurso de la víctima, pues ello supondría la quiebra del principio de voluntariedad de toda mediación[809]. Así, en aquellos casos en que el infractor pusiera todo de su parte para lograr el acuerdo pero sin conseguirlo, serían factibles otros beneficios como la aplicación de la atenuante de reparación como muy cualificada, pero nunca podrían aplicarse los efectos legales de una mediación exitosa.

IV.3.3 Procedimiento de mediación

En cuanto a la mediación en sí, la citada ley orgánica la reconoce expresamente como vehículo de la mencionada conciliación o reparación, en el apartado 3 del artículo 19: "*el correspondiente equipo técnico realizará las funciones de mediación entre el menor y la víctima o perjudicado, a los efectos indicados en los apartados anteriores, e informará al Ministerio Fiscal de los compromisos adquiridos y de su grado de cumplimiento*".

---

806 Cfr. CRUZ MÁRQUEZ, B., *"La mediación en la LO 5/2000...",* op. cit., p. 5. Vid. asimismo lo dicho al respecto en la presente obra, en supra II.1.3, sobre la relación entre mediación y justicia restaurativa, y en infra VI.4.2.3, sobre el significado de la disculpa como acto de reparación.

807 Así, el AAP Barcelona, Secc. 3ª, de 15 de mayo de 2008 (EDJ 2008/98490), FJ 3, dio por bueno el archivo, basado en la actitud positiva en la menor infractora y pese a que la víctima se había negado a someterse a la mediación.

808 FERNÁNDEZ CARRÓN, C., *"Algunas cuestiones controvertidas en torno al desistimiento del ejercicio de la acción penal y el sobreseimiento del proceso por acuerdos a resultas de la mediación entre el menor y la víctima"*, en *Sobre la mediación penal (posibilidades y límites en un entorno de reforma del proceso penal español).* Aranzadi, Cizur Menor (Navarra), 2012, p. 677. La autora muestra su preocupación por la excesiva utilización, en la práctica diaria de los procesos de menores, de esta posibilidad, que está prevista en la Ley como excepcional. Entendemos que una cláusula de este jaez sería absolutamente inviable en el Derecho penal de adultos.

809 Ibídem, p. 678.

Así pues, la mediación se deja en manos de un equipo técnico dependiente de la Administración de Justicia, lo que se corresponde con la idea de mediación como procedimiento oficial que se maneja en el presente trabajo[810]. La función mediadora del equipo técnico aparece detallada en los arts 4 y 5 del RD 1.774/2004, de 15 de julio, por el que se aprueba el Reglamento de desarrollo de la LORPM (en adelante RRPM) donde se determina que aquel estará compuesto por psicólogos, educadores y trabajadores sociales. *De lege ferenda* debería exigirse, además, que estos profesionales contasen con formación en materia de mediación, o bien añadirse un mediador profesional a la composición del equipo, si bien el último inciso del art. 4.1 contempla la incorporación de modo temporal o permanente de otros profesionales relacionados con las funciones que tienen atribuidas, cuando las circunstancias lo requieran y así lo acuerde el órgano competente. Según al art. 4.2, los equipos técnicos estarán adscritos a los Juzgados de Menores y desempeñarán su labor bajo la dependencia funcional del Ministerio Fiscal y del Juez de Menores cuando lo ordene, aunque, en el ejercicio de su actividad técnica, *"actuarán con independencia y con sujeción a criterios estrictamente profesionales"*. En este punto, como señala SÁINZ-CANTERO, hemos de tener en cuenta que a diferencia de la mediación entre adultos, en la que el mediador carece *per definitionem* de todo interés en cuanto al resultado de las negociaciones, en la mediación impulsada por la LORPM el equipo técnico ha de tener como objetivo prioritario la educación y reinserción social del menor, hacia el que deberan estar guiadas sus propuestas[811].

Respecto al procedimiento de mediación, la iniciativa va a corresponder al Ministerio Fiscal, de oficio o a instancia del equipo técnico (art. 27 LORPM). Cabrá, también, la iniciativa del letrado del menor, posibilidad que concede el

[810] Aunque, para COBOS, esto va en detrimento de la autonomía de las partes, a no ser que medien por su cuenta y ofrezcan el acuerdo al equipo técnico como *"cosa hecha"*. COBOS GÓMEZ DE LINARES, M. A., *"La mediación en la ley orgánica reguladora de la responsabilidad penal de los menores, y su reglamento"*, op. cit., p. 319.

[811] SÁINZ-CANTERO CAPARRÓS, M. B., *"El sistema de justicia juvenil de la Ley Orgánica 5/2000, de 12 de enero, reguladora de la responsabilidad penal de los menores, y la eficacia educativa de la justicia relacional-restaurativa"*, en AA.VV., *Derecho y educación*, coords. MENA ENCISO, P. *et al.* Universidad de Almería, 2010, p. 88. Esta nota haría, a juicio de la autora, que no se pudiese hablar de mediación, sino más bien de conciliación, aunque se ha terminado imponiendo el primer término.

art. 5.1,a) del Reglamento[812], precepto que, en opinión de FRANCÉS LECUMBERRI, debe ser objeto de una interpretación flexible y hacerse extensivo al letrado de la víctima. El fiscal no está vinculado por las propuestas del equipo pero, como señala la citada Circular FGE 1/2000 (apartado VI.3.E), su informe constituye una herramienta de uso imprescindible para el fiscal, dada la dimensión no jurídica de muchos de los problemas abordados, de manera que:

> *El ejercicio por el Fiscal de sus facultades discrecionales queda en gran medida condicionado, aunque no vinculado, por el trabajo del Equipo Técnico, pues gran parte del contenido reglado de sus decisiones favorables al sobreseimiento y archivo debe remitir su razón a la expresada en las propuestas del Equipo.*

El equipo técnico citará al menor, a su letrado y a sus representantes legales, a fin de conocer su disposición hacia la reparación y sus capacidades, sobre todo económicas, de llevarla a cabo (art.5.1,b RRPM). Así, si el menor acepta, oído su letrado, alguna de las opciones que se le ofrezcan, se recabará la conformidad de sus representantes legales (art. 5.1,c RRPM). La participación de la víctima aparece regulada en el art. 5.1,d RRPM, que deja un amplio margen de flexibilidad, pues admite la mediación indirecta, sin encuentro entre víctima y menor agresor, a condición de que el sistema empleado permita dejar constancia de los acuerdos. Hemos de tener en cuenta que en el proceso español de menores cabe, como en el de adultos, la acusación particular, por lo que si la víctima se ha personado como tal en el procedimiento, su participación en la mediación será requisito indispensable para que se llegue al sobreseimiento de la causa[813].

---

[812] En virtud del cual, "*si el Ministerio Fiscal, a la vista de las circunstancias concurrentes o a instancia del letrado del menor, apreciara la posibilidad de desistir de la continuación del expediente, solicitará del equipo técnico informe sobre la conveniencia de adoptar la solución extrajudicial más adecuada al interés del menor y al de la víctima*".

[813] En la dicción originaria de la LORPM, no cabía la acusación particular, lo que facilitaba el desistimiento de la acción penal por el Ministerio Fiscal. Sin embargo, a partir de la reforma operada por la LO 15/2003, de 25 de noviembre, ya mencionada, se permitió su ejercicio. Vid., sobre esta cuestión, CANO PAÑOS, M. A., "*La acusación particular en el proceso penal de menores. ¿La represión como alternativa?*", en *Revista del Poder Judicial*, nº 76, 2004, pp. 283-319.

Sobre el contenido de la reparación, el legislador ha sido cauto evitando enumeraciones excluyentes, limitándose a señalar que consistirá en *"determinadas acciones"* en favor de la víctima, del perjudicado o de la comunidad. Así pues, cabrá cualquier actividad que pueda tener efecto reparador, debiendo jugar el equipo técnico un importante papel a la hora de proponer las soluciones que estime más adecuadas para cada caso. Tampoco hay que olvidar que la reparación debe responder a la naturaleza *"penal y educativa"* que la LORPM predica de su articulado[814], por lo que, como señala el art. 19.2 *in fine,* tanto la conciliación como la reparación son independientes del arreglo al que pueda llegarse en materia de responsabilidad civil. Es decir, que podrá pactarse sobre el contenido de la responsabilidad civil, o no, pero, como dejó bien claro la Circular 1/2007 FGE, una vez *"archivado el expediente de menores conforme a la previsión del art. 19 LORPM, cualquier cuestión relacionada con responsabilidad civil habrá de ser formulada ante la jurisdicción civil".*

En caso de incumplimiento de los compromisos, el apartado 5 del art. 19 de la LORPM dispone que el Ministerio Fiscal continuará la tramitación del expediente *"en caso de que el menor no cumpla la reparación o la actividad educativa acordada"*. Como veremos en el siguiente epígrafe de este trabajo, solución similar se establecía en el "archivo condicionado" previsto en el anteproyecto de LECr de 2011.

En cuanto al papel del juez, el art. 19.4 LORPM señala que, una vez el Ministerio Fiscal dé por concluida la instrucción, *"solicitará del Juez el sobreseimiento y archivo de las actuaciones, con remisión de lo actuado"*. El juez, por su parte, dictará auto de sobreseimiento de las actuaciones, facultad que le concede el art. 33, c) de la misma ley. Cabe preguntarse si el juez puede oponerse libremente a la decisión del fiscal, algo sobre lo que la LORPM guarda silencio, si bien es cierto que, la inclusión del verbo "solicitar" en el meritado art. 19.4, parece dejar la decisión en manos del juzgador. No obstante, pese a que la doctrina no es pacífica en torno a la cuestión[815], entendemos que hay que

---

[814] Exposición de Motivos, pássim.

[815] Sobre las posiciones doctrinales al respecto, vid. AGUILERA MORALES, M., "Análisis crítico de la regulación normativa de la mediación en la justicia de menores a la luz de su

interpretar su papel como meramente confirmatorio, dados los principios de la LORPM y la dirección de la instrucción del proceso que aquella confiere al Ministerio Fiscal. Al juez le quedaría la vía del art. 644 LECr, referido al procedimiento penal ordinario, que prevé la remisión de la causa al superior jerárquico del fiscal cuando, no existiendo acusación particular, el juez considera improcedente el sobreseimiento solicitado por el Ministerio Público. Sin embargo, la meritada Circular 1/2000 FGE se muestra contraria a la aplicación de este precepto por entender que no tiene cabida en el proceso de menores. Así, creemos, de acuerdo con CUCARELLA, que la única posibilidad de rechazo judicial al desistimiento del fiscal sería la indirecta, a través de una hipotética revocación, por la Audiencia Provincial, del auto de archivo acordado por el Juez de Menores[816].

Por su parte, el art. 51.3 LORPM posibilita la conciliación judicial, pues faculta al juez para, una vez impuesta la medida de reforma, dejar la misma sin efecto cuando, a propuesta del Ministerio Fiscal o del letrado del menor y oídos el equipo técnico y la representación de la entidad pública de protección o reforma de menores, juzgue que dicho acto y el tiempo de duración de la medida ya cumplido expresan suficientemente el reproche que merecen los hechos cometidos por el menor. Hay que decir que, aunque no se señale expresamente, la conciliación, o su intento por parte del menor, también puede ejercer influencia en el marco de las decisiones de sustitución de las medidas por otras de igual o superior duración, prevista en el apartado 1 del art. 51 LORPM[817]. De otro lado, aunque el meritado art. 51.3 se refiere exclusivamente

aplicación práctica", en AA.VV., Sobre la Mediación Penal (posibilidades y límites en un entorno de reforma del proceso penal español). Aranzadi, Cizur Menor (Navarra), 2012, p. 659, CUCARELLA GALIANA, L. A., "Justicia restaurativa y menores infractores de la ley penal", op. cit., pp. 562-563, FERNANDEZ FUSTES, M. D., "El procedimiento de mediación penal juvenil", en AA.VV., Sobre la mediación penal (posibilidades y límites en un entorno de reforma del proceso penal español). Aranzadi, Cizur Menor (Navarra), 2012, p. 635.

[816] CUCARELLA GALIANA, L. A., *"Justicia restaurativa y menores infractores de la ley penal"*, op. cit., p. 562. El autor cita el AAP Tarragona, Secc. 2ª, de 18 de junio (EDJ 2007/165006), FJ 3, en el que se revocan sendos autos de archivo acordados por el Juez de Menores, por entender que en los menores encausados *"no se aprecia una verdadera voluntad de asumir la responsabilidad"*. No obstante, hay autores que afirman que el juez podrá negarse a decretar el archivo cuando no se den los requisitos legales. Así, FERNANDEZ FUSTES, M. D., *"El procedimiento de mediación penal juvenil*, op. cit., p. 635, LÓPEZ LÓPEZ, A. M., *La instrucción del Ministerio Fiscal en el procedimiento de menores*, Comares, Granada, 2002, p 345, TAMARIT SUMALLA, J. M., *"La justicia reparadora en el Derecho penal de menores"*, op. cit., p. 70.

[817] CRUZ MÁRQUEZ, B., *"La mediación en la LO 5/2000…"*, op. cit., p. 11.

a la conciliación, debe ser interpretado en los términos del art. 19.2, es decir, extensible también a la reparación[818]. De igual forma, el procedimiento a seguir será el expresado en el art. 5 del Reglamento, arriba expuesto, con la salvedad de que el papel del equipo técnico será encomendado a la entidad pública designada por la Comunidad Autónoma respectiva (art. 15 RRPM). En este sentido, hay que señalar que, el art. 8.7 RRPM, prevé que, sin perjuicio de las funciones atribuidas a los equipos técnicos, también las entidades públicas podrán poner a disposición del Ministerio Fiscal y de los juzgados de menores, en su caso, los programas necesarios para realizar las funciones de mediación. Sin embargo, en la práctica no suele darse una doble vía para la mediación, siendo habitual que los equipos técnicos están integrados en las entidades públicas designadas por las distintas Comunidades Autónomas y las Ciudades Autónomas de Ceuta y de Melilla[819]. En otros casos, el equipo técnico toma la decisión de derivar el caso a mediación y esta es llevada a la práctica por la entidad pública, como ocurre, sin ir más lejos, en la ciudad de Granada.

IV.3.4 Conclusión: un camino a seguir

Por último, acerca de los resultados que se vienen obteniendo, desgraciadamente, como ocurre con las experiencias de mediación entre adultos, no se cuenta con datos sistemáticamente ordenados, encontrándose desperdigados entre las distintas Fiscalías Provinciales, o algún servicio autonómico, como los de Cataluña y País Vasco[820]. La propia memoria de la Fiscalía General del Estado de 2012 reconoce que, en materia del ejercicio del principio de oportunidad en el proceso de menores, *"no pueden establecerse porcentajes definidos y reglas fijas"*[821], por lo que, de los 29.614 expedientes de reforma incoados en España en 2012[822], no estamos en condiciones de saber

[818] Ídem.

[819] Sobre el funcionamiento de los servicios de mediación de las entidades públicas, vid. FERREIRÓS MARCOS, C. E. *et al*, *La mediación en el Derecho penal de menores*. Dikinson, Madrid, 2011, pp. 178 ss.

[820] Para una exposición de los resultados obtenidos en determinadas provincias españolas, vid. COBOS GÓMEZ DE LINARES, *"La mediación en la ley orgánica reguladora de la responsabilidad penal de los menores, y su reglamento"*, op. cit., p. 330 ss.

[821] Fiscalía General del Estado, *Memoria elevada al Gobierno de S. M. presentada al inicio del año judicial* (2012), op. cit., p. 960.

[822] Ibídem, p. 952.

cuántos han sido desistidos y, de estos, en cuántos ha operado la mediación. No obstante, analizando los datos disponibles, cabe decir que los resultados están siendo muy positivos. Así, en Cataluña -donde se sitúan las primeras experiencias, en 1990, en el contexto normativo de la Ley de Tribunales Tutelares de Menores[823]-, de los 4.388 menores a los que se incoó expediente de reforma en 2011, la mitad se sometió a mediación, con resultado positivo en más de un 80% de los casos [824]. En el País Vasco, los datos oficiales publicados por el Departamento de Justicia y Administración Pública hacen referencia a las "soluciones extrajudiciales", sin mencionar específicamente la mediación. De los 1.070 expedientes de reforma incoados en esa Comunidad Autónoma en 2011, 272 terminaron extrajudicialmente. Puede afirmarse, por otra parte, que, según afirman algunos estudiosos, la tasa de reincidencia es muy inferior en los menores que han acudido a los programas de mediación que la tasa media de la delincuencia juvenil[825].

---

[823] Vid. DAPENA, J., MARTÍN, J., *La mendiación penal juvenil en Cataluña, España.* Dirección General de Medidas Penales Alternativas y Justicia Juvenil, Barcelona, 1998, p. 9.

[824] Fuente: *Estadística básica de la justicia juvenil en Cataluña,* Direcció General d'Execució Penal a la Comunitat i Justícia Juvenil, obtenido el 15 de enero de 2012 en http://www20. gencat.cat.

[825] Así, en ÁLVAREZ RAMOS, F., *"Mediación penal juvenil y otras soluciones"*, en *International e-Journal of Criminal Science,* nº 2, 2008, p. 19, se cita un estudio empírico para la población de justicia juvenil de la Comunidad Autónoma de Cataluña, realizado en 2005, según el cual, la tasa de reincidencia de los menores que acuden al Programa de Mediación es de 12,7 %, muy por debajo del 22,73 % que mantiene la población general estudiada, y del 62,8% de los menores con quienes se ha adoptado la medida de internamiento.

Tabla nº 4. Porcentaje de mediaciones con resultado positivo en Cataluña[826]

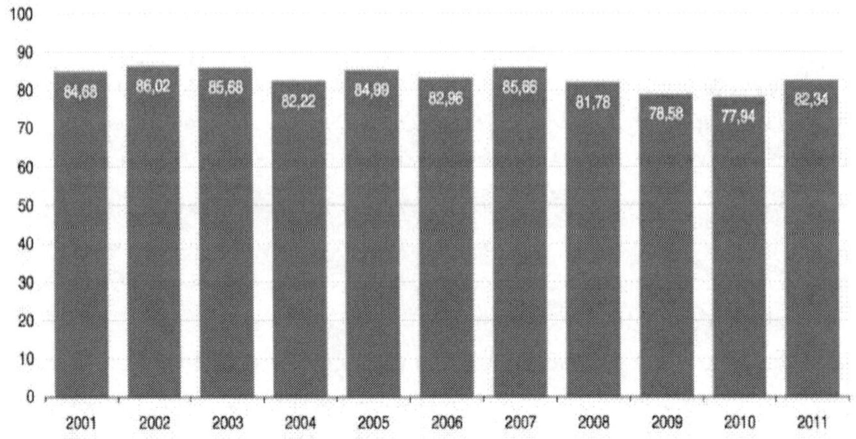

En conclusión, sería deseable que el *iter* seguido por la mediación en la justicia juvenil terminase convertido en un precedente para la mediación en el proceso penal ordinario. El éxito de las experiencias "alegales", que también existieron en materia de menores[827], convenció al legislador de la necesidad de un reconocimiento expreso de la mediación, como ahora esperamos que suceda en el proceso de adultos. Es cierto que en este no existe el superior interés del menor, pero hay otros principios, nada desdeñables, sobre los cuales hemos tratado supra, como el del escaso interés público en la persecución penal, que pueden justificar el recurso a la mediación y el posterior archivo de la causa.

IV.4 El Anteproyecto de Ley de Enjuiciamiento Criminal de 2011

En abril de 2010, el Ministerio de Justicia designó un Grupo de Trabajo[828], al objeto de elaborar una propuesta de reforma de la LECr. Fruto de su tarea fue

---

[826] Fuente: *Estadística básica de la justicia juvenil en Cataluña*, Direcció General d'Execució Penal a la Comunitat i Justícia Juvenil, obtenido el 15 de enero de 2012 en http://www20. gencat.cat.

[827] Vid. DAPENA, J., MARTÍN, J., *"La mediación penal juvenil en Cataluña, España"*, op. cit., documento sin paginar.

[828] Dicho Grupo estuvo formado por los magistrados Juan José López Ortega e Ignacio Sánchez Yllera, los fiscales Pedro Crespo Barquero, Ignacio Rodríguez Fernández y Lorena Álvarez Taboada y el catedrático de Derecho Procesal de la Universidad Pablo Olavide, D. Vicente Guzmán Fluja. También se contó con el apoyo de los fiscales Ángel Núñez Sánchez y Fernando Benítez Pérez-Fajardo, así como de la profesora de Derecho Procesal de la Universidad Carlos III de Madrid Amaya Arnáiz Serrano. En materia de mediación penal, se tuvieron en cuenta las

la aprobación, en Consejo de Ministros de 22 de julio de 2011, de un Anteproyecto de LECr. Aunque nunca llegó a ser tramitado en sede parlamentaria, el texto dio espacio al debate y a la reflexión, actuando además como referencia de futuro en la materia que nos ocupa, pues se afrontaba por primera vez la regulación expresa de la mediación penal en nuestro país. Podemos extraer del ALECr las siguientes notas de interés:

- La Exposición de Motivos dedicaba los apartados XXIV y XXV a expresar la relación patente entre el principio de oportunidad y la conformidad en el proceso penal. Se abría el abanico de la conformidad, pudiendo operar sin límite concreto de penalidad (hoy está limitada a penas no superiores a seis años de prisión, en el procedimiento abreviado –art. 787 LECr- y a tres en el procedimiento de enjuiciamiento rápido para determinados delitos –art. 801 LECr-).

- El apartado XXVI de la citada EM trataba del principio de oportunidad en relación con la mediación, lo que constituía un auténtico hito por ser la primera vez que se iba a legislar expresamente en nuestro Derecho la mediación penal de adultos. Se destacaba que la mediación no sería nunca un modo de pasar por encima del *ius puniendi*, sino que se configuraría como una institución al servicio del Estado, a activar cuando no existiera necesidad de imponer la pena, ni la necesidad de preservar fines públicos con su actuación.

- Los apartados anteriormente mencionados son desarrollados en los arts. 137 a 160 del ALECr, divididos en tres capítulos. El primero, dedicado a la "terminación por conformidad", abordaba cuestiones formales como la competencia, procedimiento, plazos... (arts. 137 a 147).

- El Capítulo II se ocupaba de la "terminación por oportunidad", con dos variantes: el "archivo por oportunidad" (art. 149), limitado a infracciones a las que la ley señalase pena como máximo de dos años de prisión, o de otra naturaleza hasta diez años, o de multa cualquiera que fuese su cuantía, siempre

---

observaciones realizadas por la profesora titular de la Universidad Carlos III de Madrid Helena Soleto Muñoz (cfr. LÓPEZ ORTEGA, J. J., *"La reparación del daño basada en el consenso en la propuesta para la reforma del proceso penal"*, op. cit., pp. 494-495).

que la incidencia del hecho punible sobre los bienes o intereses legalmente protegidos resultase mínima o insignificante, que pudiera reputarse mínima la culpabilidad del responsable, de forma que la imposición de la pena no haya de reportar ninguna utilidad pública y que la comisión de la infracción hubiese causado a su autor un perjuicio grave que hiciese necesaria o manifiestamente desproporcionada la imposición de una pena. Por otro lado, no cabría dicho archivo en los supuestos en que hubiese mediado violencia o intimidación, en los casos de reincidencia (cuando se hubiese sido condenado por un delito de la misma naturaleza o por más de un delito de naturaleza distinta, art. 149.1.b), cuando el investigado se hubiera beneficiado anteriormente de la aplicación por razón de delito de uno de los supuestos de oportunidad establecidos en el ALECr, ni cuando la víctima fuera menor de catorce años (art. 149.1.c). Así mismo, quedaban fuera de la posibilidad de archivo por oportunidad los delitos de violencia de género y los relacionados con la corrupción (art. 149.3). Además, el mismo precepto rezaba que "*si antes de la expiración del plazo de prescripción de la infracción el investigado cometiera un nuevo delito, el fiscal reabrirá el procedimiento archivado por razones de oportunidad, continuando su tramitación con plena sujeción al principio de legalidad*".

La segunda variante era el archivo condicionado al cumplimiento de determinados requisitos por el presunto infractor (art. 150), que podía decretarse para delitos penados con hasta cinco años de prisión o con pena de cualquier otra naturaleza, sin limitación alguna. Dichos requisitos podían consistir, entre otros, en indemnizar al ofendido o perjudicado en la forma y cantidad que se determinase, dar al ofendido o perjudicado una satisfacción moral que este considerase adecuada y suficiente, entregar al Estado o a Instituciones públicas o privadas homologadas la cantidad que haya sido fijada para que sea destinada a obras sociales o comunitarias, o cumplir los demás deberes que el fiscal estime convenientes para su rehabilitación social, previa conformidad del investigado, siempre que no atenten contra su dignidad como persona.

Por otro lado, en esta segunda modalidad, la suspensión del procedimiento requería, en todo caso:

a) que el investigado hubiese reconocido su responsabilidad en la comisión de los hechos punibles en la forma prevista en el artículo 253 del ALECr[829],
b) que se comprometiera expresamente a cumplir las obligaciones y reglas de conducta establecidas en el plazo fijado al efecto, y
c) que el ofendido o perjudicado mostrase su conformidad con la suspensión y con las obligaciones y reglas de conducta impuestas al investigado.

A más de esto, la suspensión quedaría siempre condicionada a que el sujeto no delinquiera en un plazo de dos años, quedando entretanto interrumpido el cómputo de la prescripción de la infracción cometida, sin que el plazo para el cumplimiento de las obligaciones o reglas de conducta pudiera exceder de dos años.

Cumplidas las obligaciones, la decisión final acerca del sobreseimiento definitivo correspondía al Juez de Garantías. Y, si la persona investigada incumplía las obligaciones o reglas de conducta establecidas en el plazo fijado al efecto o delinquía durante los dos años siguientes a la suspensión, el fiscal solicitaría del Juez de Garantías[830] la reapertura del procedimiento, que continuará por sus trámites con plena sujeción al principio de legalidad.

El Capítulo III (arts. 157-160) versaba sobre "la mediación penal", orientada bajo los principios de voluntariedad, gratuidad, oficialidad y confidencialidad (art. 157.1). Era el Ministerio Fiscal, en fase de instrucción o en la fase intermedia, de oficio o a instancia de parte, la autoridad encargada de

---

[829] Dicho artículo rezaba así: *Artículo 253. Reconocimiento de los hechos*
1. Cuando en el curso de la declaración el investigado manifieste su voluntad de reconocer su participación en los hechos punibles, el fiscal, tras recibirle declaración, le hará comparecer, asistido de su abogado ante el Juez de Garantías, para que la reitere en la forma establecida para el aseguramiento de fuentes de prueba.
2. En este caso, la declaración comenzará por la manifestación espontánea del investigado sobre los hechos, tras lo cual el fiscal y las partes podrán formular preguntas o pedir aclaraciones a través del Juez de Garantías.
3. La confesión del investigado, salvo que se formule solicitud de que se dicte sentencia de conformidad de acuerdo con lo establecido en esta ley, no dispensará de practicar todas las diligencias necesarias para comprobar la existencia del delito y la participación de aquél.
En cuanto al reconocimiento de los hechos por el presunto infractor y su posible colisión con las garantías procesales del imputado y los fines de la pena, vid. supra III.2 y III.3.

[830] Figura de nueva creación en el ALECr, cuya función esencial era controlar la legalidad de la actuación del Ministerio Fiscal, que era el verdadero instructor del proceso. Así, sus resoluciones podían ser recurrida ante el Juez de Garantías competente.

proponer la mediación, dando lugar a la continuación del proceso penal por los cauces tradicionales de no ser voluntariamente aceptada por las partes tras ser convenientemente informadas. Si las partes aceptaban la mediación pero no llegaban a un acuerdo, el proceso penal continuaba igualmente. Si la mediación fructificaba, el fiscal podría decretar la terminación por oportunidad en una de las dos variantes y con las condiciones antes explicadas. El plazo máximo establecido para desarrollar la mediación era de tres meses y, el juez, previa audiencia del fiscal, también podía decretar el inicio de la misma.

Además, el art. 160 preveía la posibilidad de mediación en fase de juicio oral. En este caso, si se llegaba a un acuerdo, las conclusiones definitivas y la sentencia debían forzosamente incluir la aplicación de la atenuante de reparación.

Como puede observarse, el ALECr deja en las exclusivas manos del Ministerio Fiscal la decisión de suspender el proceso penal, lo que obedece a dos razones: la primera, aportada por LÓPEZ ORTEGA, es que, de lo contrario, difícilmente se podría sostener que la reparación sea un medio de pacificación social, pues quedaría conformada más bien como un instrumento de venganza de la víctima[831]; la segunda razón, como señala COLOMER HERNÁNDEZ es, sencillamente, que el ejercicio del *ius puniendi* corresponde exclusivamente al Estado, a través del Ministerio Fiscal, no a la víctima[832].

Desde otro lado, cabe mencionar que el art. 16 del Anteproyecto de LO para el desarrollo de los derechos vinculados al proceso penal contenía un importante precepto sustantivo, pues autorizaba, en los supuestos de mediación y conformidad, la imposición de la pena inferior en grado a la mínima prevista para la infracción, que, según LÓPEZ ORTEGA (uno de los redactores de dicho

---

[831] LÓPEZ ORTEGA, J. J., *"La reparación del daño basada en el consenso en la propuesta para la reforma del proceso penal"*, op. cit., p. 501.

[832] COLOMER HERNÁNDEZ, I., *"Mediación penal y sustitución del acusador particular: hacia un nuevo paradigma en la posición de la víctima en el proceso penal"*, en AA.VV, *Sobre la mediación penal (posibilidades y límites en un entorno de reforma del proceso penal español)*. Aranzadi, Cizur Menor (Navarra), 2012, p. 453.

texto), se corresponde con la menor culpabilidad por el contenido positivo de la conducta post-delictiva[833].

IV.5 El Borrador de Código Procesal Penal de 2013

El cambio de Administración propiciado por las elecciones generales de noviembre de 2011 determinó la postergación del ALECr que acabamos de reseñar. El nuevo Gobierno, no obstante, consciente como el anterior de la necesidad de renovación de nuestra anciana ley rituaria, decidió, en Acuerdo de Consejo de Ministros de 2 de marzo de 2012, publicado mediante Resolución de la Subsecretaría del Ministerio de Justicia de 8 de marzo de 2012 (BOE nº 62, de 13 de marzo de 2012), la creación de una comisión institucional a la que se encomendó la elaboración de una nueva propuesta de texto articulado de Ley de Enjuiciamiento Criminal. Compuesta por magistrados, fiscales, catedráticos de Derecho, abogados, procuradores y secretarios judiciales[834], la comisión se reunió semanalmente durante los meses siguientes para elevar al Ministerio de Justicia un borrador de Código Procesal Penal, que fue entregado el pasado 25 de febrero de 2013, cuando la redacción del presente trabajo pasaba por sus últimas fases. Dicho texto, como hacía el ALECr de 2011, confía al Ministerio Fiscal la instrucción de las causas penales y la potestad del ejercicio del principio de oportunidad, además de volver a regular la figura de la mediación penal, por lo que debemos detenernos en concretar sus particularidades.

El BCPP destina los arts. 59 a 68 a la regulación de un "Estatuto procesal de la víctima". En cuanto a sus notas más resaltables, comenzaremos diciendo que, por primera vez en nuestro Ordenamiento jurídico, se ofrece una definición de víctima (art. 59):

---

[833] LÓPEZ ORTEGA, J. J., *"La reparación del daño basada en el consenso..."*, op. cit., p. 496. A este autor le cuesta comprender que, en el marco legal actual, al infractor se le pueda imponer la misma pena, cualquiera que sea el comportamiento posterior a la comisión, algo que comparto completamente.

[834] La comisión estuvo presidida por el Magistrado del Tribunal Supremo Manuel Marchena Gómez, formando parte de la misma el Magistrado Jefe del Gabinete Técnico del Tribunal Supremo, Jacobo López Barja de Quiroga; los Fiscales del Tribunal Supremo Antonio del Moral García y Jaime Moreno Verdejo; la Fiscal y Vocal Portavoz del Consejo General del Poder Judicial, Gabriela Bravo Sanestanislao y los Catedráticos, de Derecho penal y de Derecho procesal, respectivamente, Luis Rodríguez Ramos y Nicolás González-Cuéllar Serrano.

La víctima es, a efectos de lo previsto en este Código, todo ofendido o perjudicado por el hecho punible objeto de la causa, incluida la persona que haya sufrido daño personal o patrimonial por tratar de prevenir el delito o auxiliar a la víctima en el momento de la comisión del hecho punible o inmediatamente después.

Se trata de un concepto realmente amplio, de alcance muy superior al de sujeto pasivo del delito, cuestión que afecta directamente a la materia que nos ocupa, pues da idea de quiénes van a poder tomar parte como víctimas en la mediación. Además se consagra, entre los derechos de la víctima, el de *"obtener la restitución, reparación o indemnización del daño ocasionado por el hecho punible del responsable y, en los casos legalmente previstos, del Estado"* (art. 60.8).

Centrándonos en la mediación penal, la Exposición de Motivos del BCPP anuncia la intención (apdo. IV) de *"posibilitar la utilización, siempre voluntaria, de un mecanismo de solución del conflicto entre infractor y víctima que satisfaga las expectativas de la víctima de obtener una explicación del hecho, la petición de perdón y una pronta reparación"*. Posteriormente se justifica su inclusión en virtud de los mandatos de la UE sobre mediación penal y justicia reparadora, ya estudiados en este trabajo. Posiblemente por influencia de la Directiva 2012/29/UE, se alude expresamente a la justicia restaurativa (afortunadamente se ha optado por dicha expresión en detrimento de "reparadora", que es la empleada en la redacción española de la mencionada directiva), significándose que la misma permite *"redescubrir la reparación, concebida como algo mucho más rico que la pura indemnización económica- puede tener también unos efectos preventivos importantes"*, una descripción de clara ascendencia germana, si recordamos lo estudiado en el capítulo III.3.

Yendo al contenido normativo propiamente dicho, el texto proyectado dedica a la mediación penal el Título VI de su Libro II, concretamente los arts. 143 a 146. El art. 143 proporciona una definición de mediación que podríamos calificar de estándar, muy en la línea de las citadas anteriormente, describiéndola como *"procedimiento de solución del conflicto entre el encausado y la víctima libre y voluntariamente asumido por ambos en el que un tercero interviene para facilitar que alcancen un acuerdo"*. Pero la nota principal de la regulación proyectada, en lo que a mediación penal se refiere, es que no aboga por ningún modelo concreto, sino que ha optado por una fórmula abierta, tomando todo aquello de la vigente ley de mediación civil y mercantil que se ha considerado transportable al campo penal. Así, el BCPP habla de "mediación institucionalizada o profesional", para a continuación (art. 144.1) disponer la aplicabilidad de las normas establecidas en los arts. 6.1, 6.3, 7, 8, 10.1, 10.3, 11, 12, 13, 14, 17, 18, 19, 20, 21, 22, 23, 25 y 26 de la Ley 5/2012, de 6 de julio, de Mediación en Asuntos Civiles y Mercantiles. Nos parece un recurso francamente vago, a la par que inaudito. Antes que esto hubiera sido más adecuado elaborar, desde el punto de vista técnico-legislativo, una ley omnicomprensiva de todas las formas de mediación, al estilo, por ejemplo, de la Portuguesa, de la que en su momento hablaremos. Sea como fuere, dada la importancia de la cuestión, pasamos a describir brevemente la materia que se pretende transponer:

- Principios de la mediación. Concretamente se transponen los de voluntariedad, igualdad, neutralidad y flexibilidad (arts. 6.1 y 6.3, 7, 8 y 10.1 L 5/2012, respectivamente), así como el deber de colaboración con el mediador (art. 10.3). Sin embargo, se deja fuera el principio de confidencialidad, que la Ley 5/12 recoge en su art. 9; una exclusión que no entendemos. El BCPP consagra el secreto profesional del mediador, como a continuación se expondrá, pero no menciona la confidencialidad de las sesiones, cosa que sí hacía el ALECr de 2011. ¿Significa esto que, en caso de que la mediación no prospere o el fiscal decida no proponer el archivo de la causa, las partes pueden ser interrogadas acerca de lo hablado en las sesiones? Recordemos que la Directiva 2012/29/UE, ya estudiada, admite en su art. 12.1,e) la posibilidad de revelar el contenido de las discusiones "*con el acuerdo de las partes o si así lo exige el Derecho nacional por razones de interés público superior*"[835]. Para evitar malentendidos, en el futuro iter legislativo del texto que nos ocupa ha de incluirse la confidencialidad como uno de los principios informadores de la mediación penal.

- Condiciones para el ejercicio de la mediación. Según el art. 11.2 de la L 5/12, el mediador deberá estar en posesión de título oficial universitario o de formación

[835] Vid. supra IV.1.3.

profesional superior y contar con formación específica para ejercer la mediación, pero no se especifica el contenido de dicha formación específica, por lo que tendremos que esperar al futuro desarrollo reglamentario. Esta cuestión será abordada en el capítulo VI, pero avanzamos ya la vital importancia de que la preparación del mediador penal esté sometida a las máximas exigencias teórico-prácticas; de lo contrario esta figura tendrá pocos visos de cuajar en la sociedad. No cabe admitir, desde luego, cualquier "cursillo", como se dirá más adelante.

- Fomento de la formación inicial y continua de los mediadores, así como a elaboración de códigos de conducta voluntarios (art. 12 L 5/12).

- Principios de actuación del mediador (art. 13 L 5/12).

- Obligación de los mediadores de suscribir un seguro o garantía equivalente que cubra la responsabilidad civil derivada de los daños y perjuicios que causaren (art. 11.4). El perjudicado tendrá acción directa contra el mediador o la institución de mediación, con independencia de las acciones de reembolso que asistan a esta contra los mediadores (art. 14 L 5/12). Sobre este asunto también regresaremos infra, mas dejamos aquí sentado que el modelo de mediación penal que defendemos, integrado en el sistema oficial de justicia, implicaría la responsabilidad patrimonial de la propia Administración de Justicia en caso de perjuicios derivados de un incorrecto funcionamiento del servicio de mediación, como ocurre en cualquier otro servicio público. Empero, estas condiciones, importadas de una ley de Derecho privado, ya nos dan idea de por dónde parecen caminar las intenciones del legislador potencial, que estaría pensando en confíar la gestión de la mediación penal a personas o asociaciones privadas. Esto nos lleva a preguntarnos cómo se van a sufragar sus servicios; recordemos que estamos hablando de una figura penal, gratuita por definición, en la que no cabe recurrir a un gabinete de mediación privado abonando los correspondientes honorarios. Todo ello nos hace temer que los redactores del BCPP no han tenido ningún modelo de mediación oficial en mente, sino que simplemente esperan seguir contando con la labor de las asociaciones sin ánimo de lucro que están actualmente desarrollando los numerosos proyectos piloto existentes en nuestro país, a los que de paso han querido sacar de su situación de alegalidad. Otra posibilidad es que se esté pensando en un modelo "externalizado" -utilizando terminología de moda-, al estilo del portugués[836], en el que cada expediente concreto es derivado a una persona o asociación dedicada a la mediación penal, previamente inscrita en un registro ad hoc, sufragando la Administración de Justicia cada procedimiento de manera independiente.

- Existencia de sesiones informativas antes de comenzar la mediación propiamente dicha (art. 17 L 5/12).

- Sesión constitutiva, desarrollo de las sesiones y adopción de un criterio flexible en lo tocante a la duración de la mediación, si bien esta *"será lo más breve posible y sus actuaciones se concentrarán en el mínimo número de sesiones"*. También se contempla la posibilidad de que los asuntos sean llevados por uno o varios mediadores (Arts. 18, 19 20 y 21 L 5/12).

- Terminación de la mediación y firma del acta (art. 22 L 5/12).

- Acuerdo de mediación y ejecución del mismo, que será instada ante el Tribunal que homologó el acuerdo (arts. 23, 24 y 26 L 5/12).

Siguiendo con la redacción del BCPP, el art. 144.2 establece que será el MF, cuando lo considere adecuado en razón a la naturaleza del hecho, quien comunicará a la víctima la intención del infractor de someterse a la mediación, comunicación que se realizará directamente o a través de la Oficina de Atención a las Víctimas. Vemos que claramente se designa al fiscal como autoridad encargada de la derivación de los casos a mediación, evidente consecuencia del papel instructor del proceso penal que le confiere la norma proyectada. Consecuentemente, la institución de mediación o el mediador comunicarán el

[836] Vid. infra VII.2.

inicio y la finalización del procedimiento de mediación, con su resultado, al MF (art. 144.3).

Los apartados 4 y 5 del art. 144 BCPP consagran dos principios largamente sostenidos en el presente trabajo: el secreto profesional que ha de amparar al mediador, quien *"no podrá declarar sobre los hechos de los que tenga conocimiento con ocasión de su intervención en el procedimiento"* (una feliz estipulación que esperamos se mantenga incólume en la redacción definitiva del texto legal), y el carácter gratuito de la mediación penal.

En cuanto al discurrir del proceso si se lleva a cabo una mediación, el art. 145 BCPP señala que *"cuando el Ministerio Fiscal tenga conocimiento de la existencia de un procedimiento de mediación penal podrá suspender las Diligencias de Investigación mediante decreto si lo considera oportuno"*. Claramente el BCPP está contemplando la fase de instrucción como la más idónea para la mediación, pues es el único estadio procesal expresamente mencionado, admitiendo además su suspensión, algo que compartimos plenamente. Llama la atención la expresión "cuando tenga conocimiento"; es como si, a contrario, se estuviese implícitamente admitiendo la posibilidad de la mediación extraprocesal, aunque entendemos que no es esa la intención de los autores del texto.

Finalmente, lo más importante: el art. 146 BCPP, dedicado a los efectos de la mediación penal, señala que *"ni el Ministerio Fiscal ni los Tribunales ofrecerán ventajas al encausado por el hecho de someterse a un procedimiento de mediación, sin perjuicio de los efectos procesales o materiales que puedan derivarse conforme a la Ley del acuerdo con la víctima si se alcanza"*. A primera vista se diría que está privándose de todo efecto específico al acuerdo mediador, y que este únicamente va a poder reflejarse en las soluciones ya obrantes en nuestro Ordenamiento, anteriormente estudiadas (atenuante de reparación, medidas relativas a la ejecución, etc.). Pero nada más lejos de la realidad. La mediación va a poder ejercer efectos hasta ahora insospechados, ya que dentro de los *"efectos procesales o materiales que puedan derivarse conforme a la Ley"* tenemos que incluir las nuevas posibilidades que la propia legislación proyectada que estamos analizando incorpora[837]. Así, el art. 92.1 BCPP concede al Ministerio Fiscal la facultad de suspender la instrucción de la causa, por delitos leves o menos graves, por un plazo de hasta dos años,

> *Cuando el encausado acepte la realización de prestaciones de dar, hacer o no hacer lo que le proponga el Ministerio Fiscal con el fin de afrontar su responsabilidad civil, someterse a tratamiento de su adicción en su caso o realizar trabajos en beneficio de la comunidad que priven de sentido a la imposición de pena.*

Consideramos perfectamente viable que la prestación impuesta por el fiscal bien puede ser aquella que se haya pactado en el marco de un programa de mediación. A su vez, el art. 91.1,2 contempla la posibilidad de que el fiscal inste al Tribunal de Garantías, de nuevo cuño, el sobreseimiento de la causa cuando esta hubiera sido suspendida conforme al art. 92.1, *"por un plazo otorgado al encausado para la satisfacción de condiciones aceptadas por el mismo y dichas condiciones hubieran sido cumplidas satisfactoriamente"*. Dicha solicitud solo podrá ser denegada por el Tribunal de Garantías *"si existe parte acusadora personada en la causa que manifieste su voluntad de sostener la acción penal y ofrece motivo fundado para efectuar el enjuiciamiento del hecho en interés de la justicia"* (art. 92.2 BCPP). Podemos concluir, entonces, que el texto proyectado, sin mencionarlo expresamente (a diferencia del ALECr de 2011), admite indirectamente la posibilidad de que la mediación pueda derivar, en fase de instrucción, en el archivo de aquellas causas seguidas por delitos leves o menos graves. Otra importante diferencia radica en que mientras el ALECr establecía, como requisito para proceder al archivo condicionado, que el investigado hubiese reconocido su responsabilidad en la comisión de los hechos punibles, el BCPP guarda silencio en esta cuestión, no sabemos si por olvido o por eludir el conflicto con las garantías procesales del "encausado"[838]. Por último, obsérvese que el BCPP no concede el pleno ejercicio de la oportunidad procesal al fiscal, por cuanto la solicitud de archivo que el mismo formule puede ser denegada

---

[837] Así, en el apdo. IV de la Exposición de Motivos ya se anuncia que los efectos de la mediación *"pueden ser muy dispares (desde el archivo por razones de oportunidad, a la suspensión de condena, apreciación de alguna atenuante, o incluso sin repercusión sustantiva alguna)"*.

[838] Eufemismo utilizado en el BCPP para evitar el empleo de ese sambenito de nobles y políticos que en nuestros días es el vocablo "imputado".

cuando exista acusación particular personada, siempre que esta exprese su deseo de mantener dicha acusación y alegue "motivo fundado" para llegar a juicio "en interés de la justicia". Ambos conceptos, muy vagos, dejan amplio margen de libertad a la decisión del Tribunal de Garantías y habrán de ser objeto de la oportuna interpretación jurisprudencial.

Se trata, pese a sus muchos defectos, de un esperanzador boceto que, como el malogrado ALECr, deja el recurso a la mediación penal y sus posibles efectos en manos de los fiscales y que, en líneas generales, es equiparable con la regulación proyectada en 2011, si bien el BCPP solo contempla la mediación en fase de instrucción, mientras que el ALECr la admitía también en fase de jucio oral, como vimos arriba. Pero para que la mediación termine calando entre los ciudadanos hará falta un adecuado desarrollo normativo que concrete el sistema de mediadores, así como la puesta en marcha de ambiciosas campañas divulgadoras que informen a la ciudadanía tanto de la existencia de la mediación penal como de su funcionamiento, posibilidades y límites.

CAPÍTULO V. ÁMBITO MATERIAL DE LA MEDIACIÓN PENAL

La historia del Derecho penal es la historia de los intereses que la humanidad eleva a bienes jurídicos, y el Derecho penal de un determinado período, el balance de su "debe" y "haber" sociales .

Frank Von Liszt, *La idea del fin en el Derecho penal.*

En lo tocante al ámbito objetivo de la mediación penal, la doctrina se divide entre los que consideran que determinadas infracciones, bien por su naturaleza, bien por la gravedad de la pena que llevan aparejada, no pueden someterse procesalmente a mediación, que es la línea seguida en el presente estudio; y los que optan por no cerrar su puerta, a priori, a ningún delito por grave que este sea, abogando por un examen de "mediabilidad" en cada supuesto[839]. Con esta segunda opción compartimos la idea de que no hay por qué establecer, de partida, un catálogo cerrado de infracciones mediables, por cuanto un espectro demasiado restringido podría afectar al principio de igualdad, máxime si la selección de delitos y bienes jurídicos no responde a criterios objetivos, lo que entrañaría una forma de discriminación[840]. Además, la

[839] Así, ROLDÁN BARBERO, H., *"La mediación penal: entre el orden legal y la voluntad de mejorar"*, op. cit., p. 134. TAMARIT SUMALLA., J., no cierra la puerta a la posibilidad de utilizar la mediación en delitos de especial gravedad, aun cuando advierte de las precauciones metodológicas que deberían activarse (del mismo, *"La justicia reparadora: ¿una justicia para la victima?"*, en *Manual de Victimología,* Coords. ECHEBURÚA ODRIOZOLA, E. *et al.* Tirant lo Blanch, Valencia, 2006, pp. 439-462). El mismo autor, sin embargo, en una obra anterior rechaza la posibilidad de reparación en el homicidio (del mismo, *La víctima en el Derecho penal,* Aranzadi, Cizur Menor (Navarra), 1998, p. 206.) Por su parte, DEL MORAL GARCÍA, A., excluye únicamente los delitos en los que no hay víctima física concreta, afirmando que *"todos aquellos supuestos en que exista víctima identificable y concreta son idóneos en una primera aproximación para la mediación. Será luego cuando haya que manejar ciertos parámetros en un segundo filtro, atendiendo a las circunstancias concretas de cada suceso"*. Del mismo, *"Perspectivas de la mediación en el ámbito penal. Reflexiones de un fiscal"*, op. cit., p. 97. En el otro extremo, MARTÍN DIZ propone prohibir la mediación en delitos cuya pena sea la privación de libertad (del mismo, *La mediación: sistema complementario de Administración de Justicia,* p. 338).

[840] MATELLANES RODRÍGUEZ, N., *"La justicia restaurativa en el sistema penal. Reflexiones sobre la mediación"*, op. cit., p. 228. La autora, no obstante, desacarta la mediación en las infracciones más graves. Para BARONA VILAR, *"parece más recomendable la no existencia de una lista cerrada de hechos delictivos que puedan llevarse a mediación. La determinación legal de esa enumeración llevaría a*

inversión y esfuerzo realizados en pro de instaurar la mediación no merecerían la pena si luego la precariedad de su campo de acción la deja reducida a la categoría de mera anécdota.

Sin embargo, desde la perspectiva del respeto de los principios penales, garantías procesales y finalidades de la intervención punitiva estudiados en el capítulo III, estimamos que existen delitos cuyo tratamiento no puede dejarse exclusivamente en manos de los afectados, ya sea por la gravedad de la pena que llevan asociada, ya porque su naturaleza los hace incompatibles con esta figura y, en todo caso, por la *"necesidad de afirmación del Derecho penal en términos de prevención general"*, en palabras de QUINTERO OLIVARES[841].

Volvemos a aclarar que el presente estudio no niega la posibilidad de mediación en ningún caso, pero sí su viabilidad para frenar el progreso de la acción penal en ciertos supuestos, especialmente en el terreno de la criminalidad grave. De lo que se trata es de fijar unos límites legales dentro de los cuales la mediación goce de plena operatividad y, cuando el tipo penal cometido exceda dichos límites, perfectamente podrá la mediación seguir existiendo, pero en los términos en que opera hoy, es decir, en paralelo al proceso, como circunstancia exógena a valorar por el órgano judicial a la hora de dictar el contenido de la sentencia o las condiciones de su ejecución[842]. En tales supuestos, lo que no podrá darse es la mediación penal como procedimiento integrado en el proceso oficial, cuyo resultado exitoso puede llevar a la clausura de aquel. Por ello entendemos, con MANZANARES SAMANIEGO, que el legislador español *"tendrá que pronunciarse sobre el ámbito objetivo de la mediación, combinando quizá la gravedad y la naturaleza de la*

---

una inadaptación de la mediación a la realidad del momento, que puede ser cambiante y en la que pueden influir toda una serie de factores que pueden alterar una fría enumeración de delitos, de hechos delictivos que lleven aparejado una detrminada pena, etc." (de la misma, *Mediación Penal. Fundamento, fines y régimen jurídico*, op. cit., p. 187). Por el contrario, MARQUES CEBOLA estima que deben estar definidos los tipos de crímenes que pueden someterse a mediación (de la misma, *"Los sistemas de mediación pública en Portugal..."*, op. cit., '. 359).

841 QUINTERO OLIVARES, G., *"Sobre la mediación y conciliación en el sistema penal..."*, op. cit., p. 524.

842 Vid. supra IV.2, sobre las "puertas de acceso de la mediación" en nuestro actual Ordenamiento.

infracción"[843]. Abordaremos este capítulo desde dos puntos de vista, el "cualitativo", referido a los tipos penales concretos, y el "cuantitativo", acerca de si debería existir un límite penológico que afectase a la viabilidad de la mediación.

V.1 Desde el punto de vista "cualitativo"

En relación con este primer aspecto nos remitimos, de partida, a la Memoria de la FGE de 2010, la cual, al pronunciarse acerca de una futura regulación legal la mediación penal, manifestó que *"pudiera ser aconsejable un catálogo de delitos susceptibles del sistema"*[844]. Empero, más que de hacer listas cerradas, se trataría, como hemos dicho, de proceder a la exclusión de ciertos tipos penales frontalmente discrepantes con la mediación, bien porque no existe una víctima determinada, como los delitos contra la seguridad colectiva, o bien porque aquella no va a estar en una posición que le permita participar en la negociación, caso de la violencia sistemática acaecida en el marco de relaciones familiares o de pareja. En este sentido, aquellos delitos que den lugar a una especial situación de desequilibrio entre víctima y autor han de quedar descartados, pues el espacio de libertad y diálogo que pretende crearse en la mediación sería imposible de construir; pensemos en los abusos sexuales a menores o a personas especialmente vulnerables. Tampoco parece que la actividad de la criminalidad organizada, por poner otro ejemplo de inviabilidad de la mediación, pueda ventilarse por este cauce.

De cualquier modo, el modelo que se preconiza necesita de la intervención de la autoridad judicial o fiscal para estudiar su factibilidad en el caso concreto, así que habrá que atender a las circunstancias específicas de cada expediente y, sobre todo, a la disposición emocional de los protagonistas para someterse a la mediación; aunque, en principio, somos partidarios de la exclusión legislativa de aquellas materias incompatibles con la mediación penal oficial. De acuerdo con MAIER, es recomendable una revisión atenta de toda la

[843] MANZANARES SAMANIEGO, J. L., *"La mediación penal"*, en *Diario La Ley*, nº 6.900, 2008, p. 11.

[844] Fiscalía General del Estado, Fiscalía General del Estado, *Memoria elevada al Gobierno de S. M. presentada al inicio del año judicial* (2010), op. cit., p. 1253.

parte especial del Código Penal, para determinar en qué delitos puede operar el consenso entre víctima y ofensor. Sin embargo, según el citado autor:

> *El ámbito natural dentro del cual la reparación puede jugar hoy un papel destacado, según el sentimiento jurídico-penal generalizado, se aparta de aquellos delitos graves que, además, ponen de relieve el ejercicio de una violencia física extrema o la amenaza de ella (homicidio, privaciones de libertad graves, violación con ciertos escrúpulos, robos que se conectan con el ejercicio grave de la violencia física o la amenaza de ella). Son estos delitos, sin pretender mencionarlos a todos, los que, a mi juicio, conservan viva la idea retributiva del castigo, aun integrando criterios preventivo-generales o especiales, y, por ende, también ese plus lesivo para la generalidad que impide considerar al esfuerzo reparatorio integral del autor como suficiente para restablecer el equilibrio jurídico que reclama un hecho punible*[845].

Siguiendo esta idea, citamos dos ejemplos de Derecho comparado: La ley de mediación portuguesa, de la que más adelante hablaremos, excluye los delitos contra la libertad o autodeterminación sexual, así como los de cohecho, malversación o tráfico de influencias. Por su parte, el art. 204 del Código Procesal Penal de la Ciudad Autónoma de Buenos Aires proscribe la mediación respecto de los delitos dolosos contra la vida, integridad sexual y de lesiones graves cometidas dentro del nuclo familiar conviviente.

V.1.1 Las "infracciones estrella" de la mediación penal

Comenzaremos haciendo alusión a los tipos penales que mejor se prestan a la mediación, aquellos en que más ventajas pueden obtenerse frente al proceso penal tradicional, ya sea por la facilidad de lograr la reparación, como es el caso de los delitos patrimoniales de nula o escasa violencia; o por la capacidad transformativa de la relación personal entre las partes, léase aquellas pequeñas infracciones que tienen lugar en el marco de una relación personal estable, a las que hemos denominado infracciones "punta de iceberg", por cuanto suelen ser el aviso de un conflicto subyacente de mucho mayor calado.

V.1.1.1 Infracciones patrimoniales

[845] MAIER, J. B. ,*"La víctima y el sistema penal"*, en *De los delitos y las víctimas*, op. cit., p. 209.

No pretendemos referimos a los complejos delitos económicos, tan en boga hoy, en los que no hay víctima corpórea, siéndolo la sociedad en su conjunto; en estos podrán arbitrarse formas de compensar a la comunidad como atenuante o sustitutivo de la pena, pero la mediación no es viable, como después diremos. Tampoco incluimos los ataques patrimoniales que se acompañan de grandes manifestaciones de violencia -los cuales, además, excederían el límite penológico que pudiera fijarse a la operatividad de la mediación-, ni los que son expresión de la criminalidad organizada: bandas de atracadores profesionales, "mafias" de todo pelaje..., en los cuales, la patente desigualdad entre víctima y victimario -que podría traducirse, sin ir más lejos, en el miedo a posibles represalias si no se acepta la mediación- hace imposible cualquier atisbo de aplicación de esta figura. Cosa distinta es que, en fase de ejecución, puedan operar como causa de rebaja punitiva las actitudes reparadoras hacia las víctimas[846], pero no la mediación propiamente dicha.

Nos referimos al común de los robos, hurtos y estafas. En este tipo de infracciones, los procesos comunicacionales y la intervención en la relación personal entre los protagonistas, que como vamos a ver a continuación son capitales cuando dicha relación va a continuar en el futuro, ceden ante la finalidad utilitarista de reparación del daño. La mediación puede estimular la pronta y ágil compensación de la víctima, por lo que pocas objeciones pueden ponerse a su viabilidad legal en estos supuestos. El concepto de reparación, como se ha dicho, no puede confundirse con el de satisfacción de la responsabilidad civil, pero en este tipo de infracciones va a tener un contenido eminentemente materialista. Empero, no tiene porqué consistir necesariamente en la compensación dineraria o en la restitución de la cosa. Si no se posee la capacidad económica y la cosa no está en condiciones de ser restituida, deberá dejarse abierta la posibilidad de la reparación en especie, siempre, obviamente, que sea voluntariamente acordada por ambas partes[847]. Las posibilidades son infinitas.

---

[846] Sobre esta cuestión, vid. GALAIN PALERMO, P., ROMERO SÁNCHEZ, A., "*Criminalidad organizada y reparación...*", op. cit. Los autores consideran viable la suspensión de la pena condicionada a la reparación incluso en las infracciones más graves (p. 276).

[847] Vid. Infra VI.4.2, dedicado al contenido de la reparación.

Caso real nº 1: *El caso de la vaporeta misteriosa.* Servicio de mediación UGR-Jefatura Superior de Policía de Granada. Octubre de 2012. Mediadoras: Saida Pérez Prados y Laura Díaz Grütter (ver actas en el capítulo IX). Una señora se presentó en Comisaría, decidida a denunciar a tres empleados que habían participado en la realización de unas obras de reforma de su domicilio porque, según ella, le habían sustraído una vaporeta valorada en más de 1.000 euros (lo que constituiría un delito de hurto, penado, según el art. 234 CP, con entre seis y dieciocho meses de prisión). Nuestras dos intrépidas mediadoras la convencieron de que, al menos, intentase la mediación y después pusiera la denuncia si no daba resultado. Se celebraron dos sesiones con los empleados, en las que estos clamaban al cielo por su inocencia, mientras que la señora no abandonaba su postura. Los empleados manifestaron a las mediadoras que la única explicación plausible era que otras cuadrillas de operarios, o incluso algún vecino, hubiese cogido el aparato, pues, a consecuencia de las obras, el piso había permanecido accesible a cualquiera durante varios días. Por ello, pidieron tres días de tiempo para investigar lo sucedido, a lo que la señora accedió, concediendo ese plazo para que el misterio se resolviese o interpondría la denuncia. Expirado el plazo, acudió a su piso y comprobó, para su sorpresa, que alguien había depositado la vaporeta en su lugar original. Pero, lo más curioso es que, a la misma vez, los empleados habían llamado a nuestras mediadoras lamentándose de no haber podido dar con la vaporeta durante esos tres días y ofreciéndose a pagar el valor del artefacto, pues, aunque seguían manteniendo su inocencia, no querían exponer su empresa de reformas al descrédito. La señora les llamó uno por uno para pedir disculpas y, aunque nunca sabremos qué ocurrió realmente, con este final feliz se logró evitar un seguro proceso judicial.

V.1.1.2 Infracciones "punta de iceberg"

Los lazos interpersonales a veces esconden desavenencias, largo tiempo soterradas, que, cuando salen a la superficie, lo hacen de forma violenta, como el magma de un volcán, sumiendo en la pura irracionalidad una relación hasta entonces apacible. Es en estos conflictos "de tracto sucesivo", como los denomina MEJÍAS GÓMEZ[848], donde más partido puede sacarse a la mediación como procedimiento que, a diferencia del judicial, permite ir más allá de las

[848] MEJÍAS GÓMEZ, J. F., *La mediación como forma de tutela efectiva,* op. cit., p. 20.

apariencias para sacar a la luz lo que realmente se dirime en el proceso[849]. Aquellas conductas penales que implican a personas vinculadas por un nexo permanente de tipo afectivo, laboral o vecinal presentan, indudablemente, peculiaridades muy acusadas, y sin embargo no son objeto de tratamiento específico en las normas procesales clásicas. Únicamente resulta de interés, en el momento de la calificación del delito, conocer el grado de relación entre las partes, pero ello no conlleva el seguimiento de especiales cauces procedimentales[850], salvo en materia de violencia de género, en la que luego nos detendremos.

Las ventajas de la mediación penal alcanzan su máxima expresión cuando el delito aparece como clímax del progresivo deterioro de una relación interpersonal: hablamos de estallidos puntuales de violencia física o verbal entre familiares, amigos, compañeros de trabajo o de piso que, lejos de tener una explicación per se, no son sino la revelación de un problema que ha germinado en la oscuridad y ahora sale abruptamente a la luz. En este tipo de discordias, la mediación se despega definitivamente de las limitadas posibilidades de actuación de la sentencia judicial, la cual es capaz de castigar la agresión puntual, pero se muestra del todo inoperante para atacar la raíz del problema, la parte sumergida de ese iceberg de malentendidos, desencuentros y obcecaciones que, cuando no se logra deshacer, lo más probable es que siga creciendo y provocando sistemáticos estallidos de violencia hasta que la relación finalmente zozobre, o suceda algo peor. En estos casos, el gran atributo de la mediación es su capacidad transformadora de las relaciones personales de los protagonistas del conflicto. No se circunscribe a la mera reparación de la ofensa sino que, a través de la instrumentación de vías para la reflexión y la modificación de comportamientos, posee la capacidad de lograr que el vínculo se mantenga y las partes puedan seguir compartiendo espacio en la familia, el trabajo o la vivienda. La mediación actúa en pro de la investigación de las causas y consecuencias del conflicto, así como de la recuperación, si no de la

[849] SIX, J. F., *Los mediadores* (trad. de Milagros Amado Mier y Denise Garnier, originalmente publicado en francés, *Les médiateurs,* Le Cavalier Bleu, París, 2003). Sal Terrae, Maliaño, 2005, p. 19. En la misma dirección, SÁEZ RODRÍGUEZ, C., *"La estrategia contra la violencia de género en su complicado encaje con la mediación penal"*, op. cit., pp. 223-224.
[850] NORDENSTAHL, U. C. E., *Mediación penal. De la práctica a la teoría,* op. cit., p. 39.

plenitud de la relación, sí al menos de su normalidad. El proceso comunicativo alentado por el mediador ayuda a los protagonistas a descubrir el origen de sus desavenencias, que muchas veces se reduce a verdades nimiedades que han ido creciendo como una bola de nieve; a ponerse en el lugar del otro e identificar sus verdaderas necesidades, generalmente muy distintas de sus posiciones e intereses iniciales y hasta coincidentes con las suyas.

Como hemos podido constatar por propia experiencia, en la realidad diaria de nuestros quehaceres policiales abundan las explosiones circunstanciales de ira entre personas cercanas, que a menudo derivan en denuncias cruzadas que luego no van a ninguna parte pero contribuyen a elevar las diferencias a la categoría de irreconciliables. Cuando los protagonistas están "condenados a entenderse", esto es, han de seguir manteniendo su nexo vecinal, familiar, comercial o de amistad, el trabajo del mediador puede ser decisivo en la superación del verdadero conflicto -el latente-, ya que solo de este modo se superará la episódica explosión y se garantizará que esta no vuelva a repetirse. Traemos a colación una norma de Derecho comparado que expresa a la perfección lo que intentamos transmitir: la Nota Orientadora del Ministerio de Justicia francés, de 3 de junio de 1992, señaló que la mediación penal *"posee el dominio privilegiado de los conflictos familiares, los conflictos vecinales y las infracciones recíprocas, que no se tratan, o no se tratan correctamente, y que pueden degenerar con rapidez"*. En este sentido, si tomamos los resultados del servicio de mediación penal alemán, uno de los más desarrollados de nuestro entorno, del que se hablará en infra VII.1, en más del 40% de los expedientes derivados a mediación, víctima y autor mantenían una relación personal cercana (pareja, familia, vecinos, compañeros de trabajo)[851], lo que nos da una idea de las posibilidades en este tipo de conflictos de la figura a la que hemos dedicado la presente monografía.

Caso real nº 2: Juzgados de Instrucción de Granada. Julio de 2012. Tuvimos la oportunidad de asistir a un juicio de faltas entre un frutero y su vecino. Al

[851] Fuente: Ministerio de Justicia de la República Federal de Alemania, *Memoria anual de 2010 del servicio TOA* (originalmente en alemán, *Auswertung der bundesweiten Täter-Opfer-Ausgleichs-Statistik für den Jahrgang 2010*, publicada en 2012, traducida ex profeso para esta obra por Vanessa Cruz Parra), obtenido el 1 de febrero de 2013 en http://www.bmj.de.

vecino le exaspera que el frutero se levante todos los días a las tres de la mañana para realizar sus labores de frutero, situación que se prolonga ya varios años: una de esas madrugadas se asomó por la ventana y le lanzó un improperio, convenientemente respondido por el frutero, quien a su vez se siente incómodo por los continuos comentarios de desaprobación y quejas a la comunidad de los que es objeto por parte del vecino. El episodio de los insultos se reprodujo en numerosas ocasiones hasta que en una de ellas se enzarzaron en una violenta pelea, que terminó con ambos contendientes en el cuartelillo de la Guardia Civil. El asunto se ventiló en el citado juicio de faltas, compareciendo ambos en calidad de denunciantes-denunciados por sendas faltas de lesiones. Pues bien, independientemente del tenor de la sentencia (que presumiblemente habrá condenado a los dos), nada podrá hacer el Derecho penal tradicional por resolver un conflicto que viene de lejos y que a buen seguro irá *in crescendo*. Este sería un caso arquetípico de mediación. Y, sin querer caer en tremendismos, cabría recordar que no pocos homicidios han partido de nimiedades similares que han ido enquistándose hasta desembocar en el trágico desenlace.

V.1.2 Infracciones que pueden ser objeto de discusión

Aunque no es nuestra intención elaborar proposiciones concretas en torno al catálogo completo de las infracciones penales, pues ello excedería los objetivos propuestos en este trabajo, sí tocaremos algunas de las más controvertidas:

V.1.2.1 Delitos violentos

Frente a la postura de aquellos autores que, basándose en el argumento de la patente asimetría moral entre las partes, descartan los delitos violentos como materia susceptible de ser sometida a mediación[852], abogamos por no fijar ninguna exclusión de partida en materia de delitos violentos, salvo la genérica del límite penológico que se abordará a continuación. Un asesinato, por ejemplo, no se antoja una materia mediable, que digamos, pero no es necesario excluirlo expresamente, su propio régimen punitivo excedería de la frontera

[852] Así, BARALLAT LÓPEZ, J., *"La mediación en el ámbito penal"*, en *Revista jurídica de Castilla y León*, nº 29, 2013, p. 14 (si bien el autor exceptúa los delitos de lesiones, en los que reconoce la efectividad de la reparación autor-víctima, atendido el Derecho comparado); BUTRÓN BALIÑA, P., *"La mediación penal"*, op. cit., p. 46.

legal de le mediación penal –la de cinco años de prisión que aquí se defenderá o la que se decida establecer-, que siempre estará por debajo de la pena *in abstracto* del asesinato (actualmente, de 15 a 25 años de prisión, arts. 139 y 140 CP). Ello no empece que, como se ha dicho arriba, puedan propiciarse acercamientos voluntarios entre víctima e infractor, especialmente en la fase de ejecución penitenciaria, en los que el segundo pueda mostrar su arrepentimiento[853], pero ya no estamos hablando de mediación penal en el sentido que le damos en el presente trabajo, como forma de solución del conflicto penal, sino más bien de mediación penitenciaria, cuyo estudio se ha omitido intencionadamente por cuestiones de espacio.

Por otra parte, si la acusación es por un determinado delito violento en forma imprudente y su punición entra dentro del límite establecido para la mediación (por ejemplo, el homicidio por imprudencia grave, penado, ex art. 142 CP, con entre uno y cuatro años de prisión), no hay motivo para poner, de partida, barrera alguna, sino que podrá estarse al caso concreto.

V.1.2.2 Delitos sexuales

Reiteramos lo dicho sobre los delitos violentos. Además, al margen de la limitación por razón de la pena, en muchos procesos por delitos sexuales no va a ser posible la mediación, pues, o bien el agresor tendrá algún tipo de patología, o bien la víctima sufrirá alguna clase de estrés postraumático[854], pero ello no ha de suponer una exclusión absoluta, al menos, extendida a todas las manifestaciones delictivas contra la libertad sexual.

V.1.2.3 Delitos de violencia de género

Esta es, sin duda, una de las cuestiones más controvertidas en relación con el ámbito de aplicación de la mediación penal; prueba de ello es la abundante literatura existente sobre el tema en nuestro país. Por un lado, es palmario que, este tipo de violencia, constituye un problema frente al que el

---

[853] Cfr. MARTÍNEZ ESCAMILLA, M., *"La mediación penal en España: estado de la cuestión"*, op. cit., p. 38.

[854] BUTRÓN BALIÑA, P., *"La mediación penal"*, op. cit., p. 46. Por este motivo, el autor descarta de partida la mediación.

Derecho penal tradicional, por sí solo, no puede hacer nada, como demuestra el hecho de que, frente a la política de expansión punitiva llevada a cabo durante los últimos años, la cifra de asesinatos de mujeres a manos de sus parejas o ex parejas se ha mantenido estable[855]. Es absolutamente necesaria, pues, una respuesta en la que se impliquen, a fondo y sin ambages, tanto las instancias públicas como los elementos sociales en su conjunto[856], noción que conecta con el ideario de la justicia restaurativa.

Pero, por otro lado, como ya dijimos, en materia de violencia de género la mediación está expresamente vedada por su propia Ley Orgánica reguladora, cuyo art. 44 adiciona un nuevo art. 87 ter a la LOPJ, donde se enumeran las competencias de los Juzgados de Violencia contra la Mujer, estableciéndose en el apartado 5 que *"en todos estos casos está vedada la mediación"*[857]. Esta prohibición ha suscitado dudas interpretativas entre la doctrina, existiendo autores que aducen que la misma recae en un artículo relativo al proceso civil, y por lo tanto se refiere exclusivamente a la mediación en el ámbito civil[858]. Sin

---

[855] En ese sentido, la estadística elaborada por el Observatorio contra la violencia doméstica y de género, expone que desde la entrada en vigor, en enero de 2005, de la LO 1/ 2004, de 28 de diciembre, de medidas de protección integral contra la violencia de género, el número de muertes de mujeres a manos de sus parejas permanece estable en torno a entre 55 y 75 víctimas anuales. Vid. *Informe sobre víctimas mortales de la violencia de género y de la violencia doméstica en el ámbito de la pareja o ex pareja en 2010*, p. 8., obtenido el 6 de diciembre de 2012 en http://www.Observatorioviolencia.org/upload_images/File/DOC 1310027770_Datos_1trim_2011.pdf. Vid, también, el análisis de los datos en OUBIÑA BARBOLLA, I., *"La distancia que les separa, la distancia que nos separa: mediación en casos de violencia doméstica en España y en otros sistemas"*, op. cit., pp. 181-185. Para la autora, una de las primeras lecturas que se hacen de dichos datos es el endurecimiento de las penas no ha ejercido efecto disuasorio alguno.

[856] GÓMEZ NAVAJAS, J., *"La vulneración de la integridad moral en el ámbito familiar"*, en *Los Derechos Humanos, Libro Homenaje al Excmo. Sr. D. Luis Portero García*, AA.VV. (coords. ZUGALDÍA ESPINAR, J. M., ROCA ROCA, E.). Universidad de Granada, Granada, 2001, p. 349.

[857] Cabe recordar que, al igual que la LO 1/2004, el ALECr de 2011 también proscribía la mediación en asuntos de violencia de género. Si acudimos al Derecho comparado, una prohibición similar aparece contenida en la Ley luxemburguesa de 8 de septiembre de 2003, de *violence domestique*, la cual, ha sido objeto de duros reproches en aquel país, señalando que la eliminación radical de la posibilidad de mediación en esta materia no es sino el reflejo de una política criminal de fuerte cariz retribucionista cuyos beneficios para la víctima son muy discutibles (cfr. ORTUÑO MUÑOZ, J. P., HERNÁNDEZ GARCÍA, J., *Sistemas alternativos a la resolución de conflictos (ADR)...*, op. cit., p. 66).

[858] Así, GÓMEZ COLOMER, J. L., *"Visión general sobre la ley de medidas de protección integral contra la violencia de género"*, en AA.VV., *Tutela procesal frente a la violencia de género: la protección procesal de las víctimas de la violencia de género en España y en países relevantes de nuestro entorno cultural* (coord. GÓMEZ COLOMER, J. L.). Universitat Jaume I. Castellón, 2007, p. 118; GÓNZALEZ CANO, M. I., *"La mediación penal en España"*, op. cit., p. 42; OUBIÑA BARBOLLA, I., *"La distancia que les separa, la distancia que nos separa: mediación en casos de violencia doméstica en*

embargo, no parece haber sido esa la intención del legislador, pues el primero de los cinco puntos del meritado precepto versa sobre el orden penal y, cuando en el último punto se prohíbe la mediación, se emplea la frase "*en todos estos casos*", por lo que hay que entender que afecta también a las cuestiones penales[859]. Existe alguna resolución judicial, como la SAP Barcelona de 12 de enero de 2007 (EDJ 2007/59110), que así parece interpretarlo, pues, aunque no menciona expresamente la mediación penal, niega de plano toda mediación o terapia en asuntos de violencia de género. En el ámbito internacional, aunque no existe ninguna norma que proscriba manifiestamente la mediación en el ámbito de la violencia de género, el documento del ECOSOC de Naciones Unidas "Estrategias para la Lucha contra la Violencia Doméstica", aprobado en Nueva York en 1997, dedica a la mediación el apdo. D.9 de su Capítulo III, titulado "Mejoras en el Sistema de Justicia", empleando una óptica restrictiva al señalar que el desequilibrio de poder, característico de estos delitos, "*hace que la mediación sea problemática*".

Sea como fuere, la acentuada desigualdad entre víctima y agresor, que precisamente constituye la nota característica en estos delitos, no parece aconsejar, *ab initio*, la aplicación de la mediación. Como se expuso al estudiar el contenido del principio de bilateralidad en el tercer capítulo de la presente monografía, debe existir un cierto equilibrio de poder entre las partes como presupuesto indispensable para la negociación. Un equilibrio que aquí difícilmente va a existir, lo que así mismo puede afectar a la voluntariedad del procedimiento, de tal manera que, en la mayoría de los supuestos, ya sea por miedo a las represalias o por la dependencia psicológica del agresor[860], la

España y en otros sistemas", op. cit., p. 188; RODRÍGUEZ LAÍNZ, J. L., *"Mediación penal y violencia de género"*, op. cit., p. 12.

[859] Comparten esta posición, entre otros, ÁLVAREZ SACRISTÁN, I.,*"¿Por qué la mediación penal?"*, op. cit., p. 9; DEL MORAL GARCÍA, A., *"Perspectivas de la mediación en el ámbito penal. Reflexiones de un fiscal"*, op. cit., p. 96, para quien, *"la disposición no admite una interpretación correctora, como se ha propuesto en ocasiones"*; DEL POZO PÉREZ, M., *"¿Es adecuada la prohibición de mediación del art. 44.5 de la Ley Orgánica 1/2004?"*, en AA.VV., *La mediación en materia de familia y Derecho penal*, op. cit., p. 290; GALLEGO SÁNCHEZ, G., *"La violencia contra la mujeres la Unión Europea. La Directiva 2011/99/UE: la Orden Europea de Protección"*, en *Revista de Jurisprudencia*, año VIII, nº 4, 2012, p. 4; PIÑEYROA SIERRA, C. *et al.*, *El valor de la palabra que nos humaniza…*, *op.* cit., p. 82; SÁEZ RODRÍGUEZ, C., *"La estrategia contra la violencia de género en su complicado encaje con la mediación penal"*, op. cit., p. 213.

[860] En los casos en los que existe un menoscabo psicológico en la víctima, como afirman DELGADO ÁLVAREZ y SÁNCHEZ PRADA, colocarla frente a un procedimiento de mediación

víctima no va a reunir las condiciones para afrontar un programa de mediación. No obstante, es un tema que divide a la doctrina, existiendo posturas de muy diversa índole, lo que sin duda enriquece el debate[861].

Y es que no puede negarse que no todos los casos son iguales, debiéndose diferenciar entre aquellos que implican una dilatada historia de agresiones, maltrato o dominación sistemática, en los que no sería viable la mediación por la dependencia psicológica, social, emocional y acaso hasta económica de la víctima, y aquellos que consisten en aislados episodios de agresión, incluso mutua, en los que, bajo ciertas condiciones, podría recurrirse a la mediación[862]. Por lo tanto, creemos que únicamente habría que descartar, de

---

supondría, desde el punto de vista psicológico, una auténtica situación de roesgo para la misma. DELGADO ÁLVAREZ, C., SÁNCHEZ PRADA, A., *"La inviabilidad de la mediación en violencia de género: claves psicológicas"*, op. cit., p. 345.

[861] Así, por ejemplo, se muestran en contra de la prohibición de la mediación en esta materia: DEL MORAL GARCÍA, A., *"Perspectivas de la mediación en el ámbito penal"*, op. cit., p. 96, para quien *"la prohibición absoluta vigente es un dislate"*; GONZÁLEZ VIDOSA, F., *"La víctima en mediación, 1ª experiencia de adultos en España"*, en Revista del ILANUD (Instituto Latinoamericano de las Naciones Unidas para la prevención del delito y el tratamiento del delincuente), nº 27, 2006, p. 113; LARRAURI PIJOÁN, E., *"Justicia restauradora y violencia doméstica"*, en *Cursos de Derechos Humanos de Donostia-San Sebastián*, Vol. VIII, 2007, p. 132; LOBO GUERRA, M., SAMPER LIZARDI, F., *"¿Es posible la mediación en aquellos casos en los que ha existido violencia de género?"*, op. cit., pp. 163 ss.; MARTÍNEZ ESCAMILLA, M., *"La mediación penal en España: estado de la cuestión"*, op. cit., p. 37; MARTÍNEZ GARCÍA, E., *"Mediación penal en los procesos por violencia de género"*, en *Revista de Derecho Penal*, nº 33, 2011, pp. 9 ss.; NORDENSTAHL, U. C. E., *Mediación penal. De la práctica a la teoría*, op. cit., p. 103 ss.; ORTUÑO MUÑOZ, J. P., HERNÁNDEZ GARCÍA, J., *Sistemas alternativos a la resolución de conflictos (ADR)...*, op. cit., p. 83; SÁEZ RODRÍGUEZ, C., *"La estrategia contra la violencia de género en su complicado encaje con la mediación penal"*, op. cit., p. 224; VENTAS SASTRE, R., *"Principio de oportunidad y mediación intrajudicial: una posible solución para reducir las deficiencias del proceso penal"*, en AA.VV., *Sobre la mediación penal (posibilidades y límites en un entorno de reforma del proceso penal español)*, Aranzadi, Cizur Menor (Navarra), 2012, p. 102, para la que la mediación en violencia de género es aceptable especialmente cuando se trate de violencia mínima de carácter psíquico.
A su vez, se posicionan a favor de la prohibición del art. 44 LO 1/2004: BUTRÓN BALIÑA, P., *"La mediación penal"*, op. cit., p. 46; DEL POZO PÉREZ, M., *"¿Es adecuada la prohibición de mediación del art. 44.5 de la Ley Orgánica 1/2004?"*, op. cit., p. 290; MARTÍN DIZ, quien considera la justificada la probibición porque la mediación sería inviable porque las relaciones personales entre víctima y agresor están deterioradas (del mismo, *La mediación: sistema complementario de Administración de Justicia*, op. cit., p. 398). Por su parte, ESQUINAS VALVERDE prefiere adoptar una postura prudente y esperar al resultado de los nuevos estudios empíricos que se realicen (de la misma, *"La mediación entre víctima y agresor como forma alternativa de resolución del conflicto en el sistema judicial penal de adultos: ¿una posibilidad también viable en España?"*, en *Revista Penal*, nº 18, 2006, p. 119), mientras que GONZÁLEZ CANO admite la mediación en materia de violencia de género siempre que existan informes favorables del mediador y del psicólogo (de la misma, *"La mediación penal en España"*, op. cit., p. 42).

[862] Cfr., ESQUINAS VALVERDE, P., *Mediación entre víctima y agresor en la violencia de género*, op. cit., conclusión final, pp. 130-131, et pássim. La autora, citando a BÖLLINGER, diferencia entre los *"estallidos de violencia que no pasan de ser esporádicos"* y el *"ejercicio de la violencia como parte del rol de dominación a cargo del hombre"* (op. cit., p. 76); GONZÁLEZ VIDOSA, F., *"La víctima en mediación, 1ª experiencia de adultos en España"*, op. cit., pp. 113-115, donde esta autora refiere,

partida, los casos en que la manifestación de violencia sea continuada o responda a una demostración de dominio irracional sobre la víctima[863]; en definitiva, aquellos supuestos en los que la víctima carece de toda autonomía para decidir al hallarse inmersa en una situación de violencia estructural, lo que WALKER denominó *"el ciclo de la violencia"*[864].

Atendiendo a nuestra legislación, cualquier episodio de agresión ocasional del hombre sobre la mujer, que es o ha sido su par, es delito. Las numerosas muertes de mujeres a manos de sus parejas o ex parejas, y su consiguiente repercusión en los medios de comunicación, han motivado que se aplique a este asunto una política de "tolerancia cero". Sin embargo, aunque la imagen de las mujeres asesinadas parece ser el motor que ha impulsado la tarea del legislador, se ha endurecido la respuesta punitiva precisamente de las modalidades de maltrato más leves, que no siempre derivan en una violencia crónica y grave[865]. Estos casos merecen una reflexión, no porque no deban estar recogidos en el Código Penal, algo que no discutimos, sino porque suelen

---

según su experiencia, la existencia de tres tipos de supuestos en atención a la existencia de otras tantas categorías de víctimas; LARRAURI PIJOÁN, E., quien estima que la prohibición absoluta de la mediación no es acertada, pues imposibilita cualquier tipo de investigación y adopta un tono dogmático en vez de cauteloso, asumiendo que toda violencia doméstica es del mismo signo, ignorando que hay diversas escalas de gravedad y distintas necesidades en diversos grupos de mujeres, presumiendo que toda mediación es una cesión de la víctima, haciendo caso o miso de los beneficios que puede conllevarle (de la misma, *"Justicia restauradora y violencia doméstica"*, op. cit., p. 132); SÁEZ RODRÍGUEZ, C., para la que la política inflexible de los poderes públicos, de intervención uniforme en todas las manifestaciones de violencia, por disímiles que sean, en las relaciones de pareja, negando todo espacio al diálogo y al compromiso, conecta mal con la idea de convivencia y tolerancia entre hombres y mujeres dentro del estado democrático y de Derecho (de la misma, *"La estrategia contra la violencia de género en su complicado encaje con la mediación penal"*, op. cit., p. 272); TORRES FERNÁNDEZ, M. E., *"Expansionismo penal y maltrato de pareja. ¿Un papel posible para la mediación?"*, op. cit., p. 62.

[863] ESQUINAS VALVERDE, P., *Mediación entre víctima y agresor en la violencia de género*, op. cit., p. 73. En la misma dirección GUARDIOLA LAGO, M. J., *"La víctima de violencia de género en el sistema de justicia y la prohibición de la mediación penal"*, en *Revista General de Derecho Penal*, nº 12, 2009, p. 7, donde la autora descarta la mediación cuando concurre el "síndrome de la mujer maltratada". Sin embargo, existe algún autor, como NORDENSTAHL, que admite la mediación penal incluso en casos de violencia continuada (del mismo, *Mediación penal. De la práctica a la teoría*, op. cit., p. 103 ss).

[864] *The circle of violence*, expresión acuñada por la antropóloga Leonor Walker en 1979. Se denomina ciclo o círculo de la violencia o de la agresión, a las diferentes fases por las que transcurre la violencia de género, las cuales van sucediéndose repetitivamente. Estas fases son: 1) la fase de aumento de tensión; 2) la explosión o el incidente agudo de agresión; y 3) el respiro lleno de calma y de cariño. WALKER, L., *The Battered Women*, Harper and Row Publishers. Nueva York, 1979, pag. 55.

[865] TORRES FERNÁNDEZ, M. E., *"Expansionismo penal y maltrato de pareja. ¿Un papel posible para la mediación?"*, op. cit., p. 60. Vid., también, ASÚA BATARRITA, A., *"Los nuevos delitos de ´violencia doméstica´, tras la reforma de la L.O. 11/2003, de 29 de septiembre"*, en *Cuadernos Penales José M. Lidón*, nº 1, 2004, pp. 201 ss.

conllevar la imposición de una pena de prisión. El art. 153.1 CP prevé la pena de prisión, de seis meses a un año, como una opción a considerar por el juzgador, junto con la pena de trabajos en beneficio de la comunidad, de treinta y uno a ochenta días[866]. Sin embargo, según el estudio de ANTÓN GARCÍA-LARRAURI, en casi un 70% de los casos, el juez se decanta por la imposición de la pena de prisión. Y, dada la corta duración de la misma, su ejecución puede ser suspendida[867], lo que, atendiendo al mismo trabajo, sucede, a su vez, en un 70% de las ocasiones[868]. Este hecho, es decir, que el autor del delito de violencia de género ocasional no ingrese finalmente en prisión en la mayoría de las ocasiones, nos lleva a pensar, en estos supuestos, en la viabilidad de la mediación entre víctima y agresor.

Es interesante la perspectiva trazada por ESQUINAS VALVERDE, para la que vedar, en dichos supuestos específicos, la posibilidad de otras salidas, distintas de la condena penal, supone, en cierto modo, paralizar toda posibilidad de autodeterminación de la víctima, pues, aun siendo innegable la intención tuitiva del legislador, lo cierto es que impide a la víctima decir libre y responsablemente sobre el futuro de su relación de pareja[869]. Así, desde el feminismo crítico, se ha reclamado mayor capacidad de autonomía, argumentando, como MAQUEDA, que las, en teoría, beneficiarias de la tutela estatal, *"acaban perdiendo su condición reivindicativa para pasar a ocupar una posición pasiva y victimaria que les perjudica en la imagen social"*[870], esto es, se contribuye a

[866] Art. 153.1 CP: *"El que por cualquier medio o procedimiento causare a otro menoscabo psíquico o una lesión no definidos como delito en este Código, o golpeare o maltratare de obra a otro sin causarle lesión, cuando la ofendida sea o haya sido esposa, o mujer que esté o haya estado ligada a él por una análoga relación de afectividad aun sin convivencia, o persona especialmente vulnerable que conviva con el autor, será castigado con la pena de prisión de seis meses a un año o de trabajos en beneficios de la comunidad de treinta y uno a ochenta días y, en todo caso, privación del derecho a la tenencia y porte de armas de un año y un día a tres años, así como, cuando el Juez o Tribunal lo estime adecuado al interés del menor o incapaz, inhabilitación para el ejercicio de la patria potestad, tutela, curatela, guarda o acogimiento hasta cinco años".*

[867] Vid. lo expuesto en supra I.3.6 acerca de la suspensión de la ejecución de las penas privativas de libertad, arts. 80 ss. CP

[868] Cfr. ANTÓN GARCÍA, L., LARRAURI PIJOÁN, E., *"Violencia de género ocasional: un análisis de las penas ejecutadas*, en *Revista Española de Investigación Criminológica*, nº 7, 2009; LARRAURI PIJOÁN, E., *"Los programas formativos como medida penal alternativa en los casos de violencia de género ocasional"*, en *Revista Española de Investigación Criminológica*, nº 8, 2010, pp. 4 ss.

[869] ESQUINAS VALVERDE, P., *Mediación entre víctima y agresor en la violencia de género*, op. cit., p. 123.

[870] MAQUEDA ABREU, M. L., *"La violencia de género. Entre el concepto jurídico y la realidad social"*, en *Revista de Ciencia Penal y Criminología*, nº 8, 2006, obtenido el 5 de diciembre de 2012 en

la perpetuación de la idea de la mujer como un ser desvalido, a proteger por el hombre y, con ello, la desigualdad entre ambos[871]. Desde esta perspectiva, podemos decir que la mediación permite romper el desequilibrio en la relación de pareja sin que la relación afectiva tenga porqué disolverse, una doble pretensión incompatible con el sistema punitivo y procesal actual[872]. Así, frente al argumento de que, ante un episodio (aunque sea circunstancial) de violencia, la relación queda muy deteriorada y no se podrá restablecer la comunicación ni la cercanía, LOBO-SAMPER ponen sobre el tapete la evidencia de tantas parejas que deciden retirar la denuncia e incluso reanudar la convivencia, pese a la existencia de una orden de alejamiento[873], una realidad que el que suscribe, en el ejercicio de sus funciones policiales, ha podido comprobar personalmente en numerosas ocasiones.

Por otro lado, no debemos olvidar, como se expuso antes, al hablar de las que hemos denominado "infracciones punta de iceberg", que, en los episodios aislados de violencia de género en el seno de parejas estables, al igual que ocurre con la violencia familiar, la agresión física puntual, no reiterada ni acompañada de otros maltratos, suele esconder un problema de relación interpersonal, arrastrado desde tiempo atrás, que la respuesta punitiva no puede solucionar. De esta manera, podemos concluir que, ante la respuesta prevalente de la pena de prisión, cuya ejecución además es suspendida a menudo, en la violencia de género ocasional se muestra imprescindible la diversificación de los recursos para atender esta formas de maltrato en la pareja que, prima facie, no revisten especial gravedad, de manera que en el

---

http://www.criminet.ugr.es, p. 13. La autora prosigue diciendo que *"hay que repensar la idoneidad de otras fórmulas informales o también formales de resolución de conflictos, tales como el recurso a otras instancias jurídicas, civiles, laborales o administrativas"*. Vid., también, la interesante reflexión de ASÚA BATARRITA, A., *"Los nuevos delitos de ´violencia doméstica´…"*, op. cit., pp. 203 ss. Sobre las reacciones provenientes de las distintas ramas del feminismo frente a la posibilidad de aplicar la justicia restaurativa en materia de violencia de género, vid. VILLACAMPA ESTIARTE, C., *"La justicia restaurativa en los supuestos de violencia doméstica (y de género)"*, op. cit., pp. 91-92 ss.

[871] Cfr. GÓMEZ NAVAJAS, J., *"La violencia en el ámbito familiar: ¿una reforma inacabada o inacabable? Consideraciones sobre los artículos 153 y 173.2 del Código Penal"*, en *Revista de Derecho y Proceso Penal*, nº 11, 2004, pp. 77 ss.

[872] MARTÍNEZ GARCÍA, E., *"Mediación penal en los procesos por violencia de género"*, op. cit., p. 15.

[873] LOBO GUERRA, M., SAMPER LIZARDI, F., *"¿Es posible la mediación en aquellos caos en lo sque ha existido violencia de género?"*, en *Sobre la mediación penal. Posibilidades y límites en un entorno de reforma del proceso penal español.* Aranzadi, Cizur Menor (Navarra), 2012, p. 173.

tratamiento penal de las mismas se pueda tener en cuenta la voluntad de los miembros de la pareja en cuanto a su propia relación personal con todos los aspectos implicados en ella: familiares, patrimoniales, afectivos, para lo que la mediación puede constituir un instrumento muy eficaz[874]. Sin embargo, habrá que ser muy cautelosos en la derivación de los asuntos a mediación, por las graves consecuencias que pueden derivarse de un error de juicio, bien sobre la existencia de coacción psicológica por parte del ofensor hacia la víctima[875], bien acerca de las posibilidades de que la agresión se repita. Volvemos a apelar, una vez más, a la adecuada formación del mediador, que ha se saber "ver" estos peligros y detectar una posible manipulación psicológica por parte del agresor, debiendo abortar toda mediación en la que no se halla reubicado a la mujer en un plano de igualdad[876].

V.1.2.4 Delitos de violencia doméstica

Cabe añadir que lo dicho en el punto anterior es aplicable, salvando las distancias, a los episodios ocasionales de violencia doméstica, con la ventaja de que en este campo no está expresamente prohibida la mediación; de hecho, como ya se ha explicado, este es seguramente el terreno penal donde puede alcanzar mayor éxito la mediación, por cuanto esta no se limita, como el proceso penal tradicional, a dar respuesta a la infracción, sino que va directamente a la génesis del asunto[877]. En este sentido, la Recomendación del Consejo de Europa nº R (98) 1, de 21 de enero, sobre Mediación Familiar, no descarta el instrumento de la mediación en estos supuestos, si bien exige una especial cautela en su utilización por los profesionales implicados, cuando afirma que el mediador deberá prestar una atención particular a determinar si han existido episodios de violencia entre las partes o si son susceptibles de producirse en el

---

[874] TORRES FERNÁNDEZ, M. E., *"Expansionismo penal y maltrato de pareja. ¿Un papel posible para la mediación?"*, op. cit., p. 60.

[875] Para evitar este peligro, ESQUINAS VALVERDE propone el reforzamiento psicológico o *empowerment* de la víctima, para lo que puede ser necesaria la terapia profesional, de cara a "reequilibrar" su situación con el agresor, como presupuesto para una negociación. De la misma, *Mediación entre víctima y agresor en la violencia de género,* op. cit., pp. 85 ss.

[876] En el mismo sentido, TORRES FERNÁNDEZ, M. E., *"Expansionismo penal y maltrato de pareja. ¿Un papel posible para la mediación?"*, op. cit., p. 62.

[877] Vid., para una mayor información, OUBIÑA BARBOLLA, I., *"La distancia que les separa, la distancia que nos separa: mediación en casos de violencia doméstica en España y en otros sistemas"*, op. cit., p. 179-209.

futuro y sus posibles efectos sobre la situación de las partes en la negociación, debiedo así mismo examinar si, en tales circunstancias, es apropiado el procedimiento de mediación (artículo IV, apdo. IX). Por su parte, el GEMME (Grupo Europeo de Magistrados por la Mediación), manifestó, en las conclusiones del Coloquio Europeo sobre Mediación Intrajudicial, celebrado en Valencia del 15 al 17 de noviembre de 2007 (punto 5º):

> *La mediación constituye un procedimiento idóneo para la protección de las potenciales víctimas de la violencia de género y doméstica, naturalmente siempre que se den las circunstancias que aconsejan el empleo de la mediación (nunca utilizaremos la mediación cuando exista una clara situación de desigualdad de las partes)*[878].

V.1.2.5 "Delitos sin víctima"

Como es obvio, todos los delitos tienen sujeto pasivo, si no no serían delitos; nos referimos a aquellos en los que la víctima no es individualizable[879] (pensemos en los delitos contra la seguridad colectiva, contra la Administración Pública, delitos cometidos por funcionarios, delitos de atentado, contra la Hacienda Pública, etc.). En todos esos supuestos, un proceso de mediación no tiene sentido[880]. Ahora bien, la falta de corporeidad de la víctima no impide que puedan arbitrarse fórmulas de atenuación punitiva que estimulen las conductas reparadoras del mal causado a la comunidad. De hecho, la actual redacción de nuestro Código Penal, amén de la atenuación genérica de reparación del daño,

---

[878] Según transcripción de MEJÍAS GÓMEZ, J. F., *La mediación como forma de tutela efectiva*, op. cit., p. 122. Puede encontrarse información sobre el GEMME en su web: http://www.gemme.eu.

[879] Término tomado de SCHÜLER SPRINGORUM, H., citado por SILVA SÁNCHEZ, J. M., en *"Sobre la relevancia jurídico penal de la realización de actos de ´reparación´"*, op. cit., p. 197. Sobre los llamados delitos "sin víctimas" o "con víctimas difusas", vid. HASSEMER, W., MUÑOZ CONDE, F., *Introducción a la Criminología y al Derecho Penal*, op. cit., p. 31.

[880] DEL MORAL GARCÍA, A., "Perspectivas de la mediación en el ámbito penal. Reflexiones de un fiscal", op. cit., p. 96. En la misma dirección, BARALLAT LÓPEZ, J., *"La mediación en el ámbito penal"*, op. cit., p. 14; BUTRÓN BALIÑA, para quien *"no tendría sentido buscar una víctima simbólica o ficticia, como por ejemplo las personas que sufren las secuelas de la toxicomanía, e intentar que el acuerdo, y qué acuerdo, pudiese alcanzarse con quienes no son víctimas directas del delito"* (del mismo, "La mediación penal", op. cit., p. 46); HIRSCH, H. J., "La reparación del daño en el marco del Derecho Penal material", op. cit., pp. 58-59; PÉREZ CEPEDA, A. I., *"Las víctimas ante el Derecho penal. Especial referencia a las vías formales e informales de reparación y mediación"*, en AA.VV., *Homenaje al dr. Marino Barbero Santos: "in memoriam"*. Universidad de Castilla-La Mancha/Universidad de Salamanca. Cuenca, 2001, vol. I, p. 472.

ya estudiada en este trabajo[881], prevé como atenuante específica la reparación de los males causados en los delitos contra la ordenación del territorio (arts. 319 ss. CP), patrimonio histórico (arts. 321 ss. CP), contra los recursos naturales y el medio ambiente (arts. 325 ss. CP) y en los relativos a la protección de la flora y la fauna (arts. 322 ss. CP).

La imposibilidad de la mediación en los delitos de riesgo o de peligro, donde no hay una víctima concreta, sino que el sujeto pasivo es una colectividad difusa, representa un grave problema para la expansión de dicha figura pues, precisamente, es el sector del Derecho penal que más está creciendo[882]. Sin embargo, no ha lugar a la mediación por faltar una las notas que la definen: la bilateralidad del procedimiento. Si no tenemos a las partes en conflicto, no puede haber mediación, al menos desde un punto de vista formal[883]. Empero, como decimos, el autor podrá someterse a programas de reparación como forma de coadyuvar a la rebaja o sustitución de la pena o a la suspensión de su ejecución, pero no estaremos hablando de mediación en sentido propio[884]. De todas maneras, no encontramos inconveniente para que los servicios de mediación pudieran asumir estos expedientes, es decir, que el mismo servicio se encargase de orientar al infractor en cuanto a la reparación a realizar, siempre con el visto bueno del fiscal y sometido a la decisión final del juez, vía sentencia. Creemos que esta es la idea que persigue el reciente Protocolo de Actuación en Mediación Penal del Departamento de Justicia del Gobierno Vasco, cuando señala que, de no haber víctima concreta, cabrá la

---

[881] Vid. supra IV.2.2.

[882] Recuérdese lo expuesto en supra I.1 sobre el llamado Derecho penal de emergencia.

[883] Cfr. MATELLANES RODRÍGUEZ, N., *"La justicia restaurativa en el sistema penal. Reflexiones sobre la mediación"*, op. cit., p. 229; MARTÍNEZ ESCAMILLA, M., *"La mediación penal en España: estado de la cuestión"*, op. cit., p. 38.

[884] La meritada Decisión Marco del Consejo de la Unión Europea 2001/220 JAI, define la mediación como un proceso entre el infractor y la víctima (art. 1, e), y concibe la víctima como *la persona física que haya sufrido un perjuicio, en especial lesiones físicas o mentales, daños emocionales o un perjuicio económico, directamente causado por un acto u omisión que infrinja la legislación penal de un Estado miembro*, es decir, exige la existencia de un perjuicio personal. En este sentido, existen ejemplos de Derecho comparado (Alemania, Noruega) donde se rechaza expresamente la mediación en los delitos sin víctima, tales como los de drogas, conducción o impuestos.

remisión al servicio de mediación cuando el bien jurídico afectado permita la consecución de los objetivos de la justicia restaurativa[885].

Este sería el caso de los tan habituales delitos contra la salud pública, aunque algunos autores discrepan y sí admiten la mediación cuando se trata de delitos de pequeño tráfico cometidos por los propios consumidores de las sustancias estupefacientes[886]. En estos supuestos, en vez de realizar procedimientos formales de mediación, con todas sus fases, que no son posibles, procedería aplicar herramientas restaurativas que tuvieran en cuenta el esfuerzo reparador del victimario de cara a suavizar las consecuencias penales de su delito[887]. Cosa diferente son los delitos contra las personas o el patrimonio que, a causa de su adicción, pueden cometer esos mismos consumidores, en los que la mediación podría contribuir a generar en ellos las dosis de autoestima suficientes para encarar con garantías un tratamiento terapéutico, con el consiguiente bienestar que ello, a su vez, supondría para la víctima[888].

Lo mismo podemos decir de los grandes delitos económicos, de tanta actualidad en nuestros días. En estos asuntos también la víctima es colectiva y va a faltar la bilateralidad necesaria en la mediación, por lo que esta no a ser viable. Ello no obsta a la previsión de medidas compensatorias como sustitutivo de la pena, algo que, ciertamente, ya se prevé en determinados delitos, como el delito fiscal, contra la seguridad social o el fraude de subvenciones, en los que, al implicado que repara el daño ("regulariza" su situación) se le exime de responsabilidad penal (arts. 305.4, 307.3 y 308.4 CP). En estos casos, se prefiere el pronto cobro por la Administración que diferir ese cobro a la terminación de un lento proceso judicial, es decir, se atiende a razones político criminales, que podemos encontrar en otras exenciones punitivas a lo largo y ancho de nuestro

---

[885] *Protocolo de funcionamiento del Servicio de Mediación Intrajudicial, Procedimiento de Mediación Penal*, Gobierno Vasco, Departamento de Justicia y Administración Pública, 2012, obtenido el 22 de enero de 2013 en http://www.justizia.net, p. 4.

[886] BARONA VILAR, S., *Mediación Penal. Fundamento, fines y régimen jurídico*, op. cit., p. 298. Está en contra BUTRÓN BALIÑA, P., *"La mediación penal"*, op. cit., p. 46.

[887] GORDILLO SANTANA, L. F., *La justicia restaurativa y la mediación penal*, op. cit., p. 65.

[888] Cfr. SÁNCHEZ ÁLVAREZ, M. P., *"¿Es posible la mediación con drogodependientes?"*, en AA.VV., *Justicia restaurativa, mediación penal y penitenciaria: un renovado impulso*. Reus, Madrid, 2011, pp. 353 ss.

Código, como la exención de responsabilidad penal en los delitos patrimoniales no violentos cometidos entre familiares del art. 268 o la que concurre en el delito de falso testimonio, cuando el testigo mentiroso rectifica su deposición inicial antes de que se dicte sentencia (art. 262 CP).

Distintos a todos los anteriores, son los casos de infracciones dirigidas contra una persona que no ha pasado de ser víctima potencial. Nos referimos a los delitos cometidos en grado de tentativa[889], en los que la víctima potencial incluso puede haber sido real, por las consecuencias psicológicas padecidas. En esos casos estimamos, con DEL MORAL GARCÍA, que no existe incompatibilidad con un procedimiento de mediación en el que se busque *"no ya una reparación (que puede no ser necesaria), sino acuerdos de tipo conciliatorio. Otra cosa es que muchas veces por las circunstancias del supuesto no sea razonablemente planteable"*[890].

V.1.2.6 Delitos cometidos por o contra personas jurídicas

En cuanto a las personas jurídicas como sujetos de la mediación, son muchos los que aceptan esta posibilidad[891], sosteniendo que, en estos casos, la persona jurídica actuaría a través de su representante[892], habiendo de garantizar todos los principios de la mediación: diálogo voluntario y libre, reparación del daño, aprendizaje responsable. Ante esto, el interrogante que cabe plantearse es si semejante solución no supondría una involución del sistema al volver a poner

---

[889] En 2011, los delitos cometidos en grado de tentativa supusieron la nada desdeñable cifra del 5% de las 274.000 condenas por delito dictadas en España. Fuente: Instituto Nacional de Estadística. Obtenido el 20 de enero de 20133 en http://www.ini.es.

[890] DEL MORAL GARCÍA, A., *"Perspectivas de la mediación en el ámbito penal. Reflexiones de un fiscal"*, op. cit., p. 96.

[891] Entre otros, BARONA VILAR, S., *Mediación penal. Fundamento, fines y régimen jurídico*, op. cit., pp. 312 a 317; DÍAZ LÓPEZ, J.A., *"Propuestas para la práctica de la mediación pena..."*, op. cit., pássim; PÉREZ CEPEDA, A. I., *"Las víctimas ante el Derecho penal. Especial referencia a las vías formales e informales de reparación y mediación"*, op. cit., p. 472.RÍOS MARTÍN, J. C. *et al.*, *La mediación penal y penitenciaria. Experiencias de diálogo en el sistema penal para la reducción de la violencia y el sufrimiento humano* op. cit., pág. 42.

[892] Así se admite en el sistema alemán. En España hemos de recordar que la Ley 37/2011, de 30 de octubre, de medidas de agilización procesal, introdujo el art. 409 bis en el articulado de la LECr, el cual prevé expresamente la declaración de la persona jurídica a título de imputado, *"que se tomará al representante especialmente designado por ella, asistido de su Abogado"*.

sobre el tapete la noción de que el verdadero responsable es la persona física[893]. De todas maneras, una vez que nos hemos visto obligados a "cambiar el chip" tras la ampliación de la responsabilidad penal a la esfera de las personas jurídicas, probablemente también podamos pasar por esto.

Encontramos, no obstante, un escollo, relativo a la persona jurídica cuando ocupa la posición de víctima: la vigente Directiva 2012/29/UE, de manera similar a como lo hacía la derogada Decisión marco 2001/220JAI, define a la víctima, en su art. 1, letra a), como *"la persona física que ha sufrido un daño o perjuicio"*, lo que dificulta la admisión legal de la mediación en esta vertiente. El Tribunal de Justicia de la Unión Europa se ha pronunciado insistiendo en la no extensión del concepto de víctima a las personas jurídicas (STJUE de 28 de junio de 2007, caso Dell'Orto, C-467/05), que dice en su apdo. 53:

> *Del tenor del artículo 1, letra a), de la Decisión marco –que define a la víctima, a efectos de esta norma, como la persona "física" que ha sufrido un perjuicio, en especial lesiones físicas o mentales, daños emocionales o un perjuicio económico, directamente causado por un acto u omisión que infringe la legislación penal de un Estado miembro– se desprende que esta disposición de la Decisión marco se refiere únicamente a las personas físicas que han sufrido un perjuicio de esa naturaleza*[894].

V.1.2.7 Otros supuestos

Dentro de este último punto, comenzamos haciendo alusión a aquellos delitos en que haya una pluralidad de imputados, lo que no presenta, a primera

[893] MATELLANES RODRÍGUEZ, N., *"La justicia restaurativa en el sistema penal. Reflexiones sobre la mediación"*, op. cit., p. 230.

[894] En los apartados 55 y 56 de la misma sentencia, el Tribunal de Justicia señaló que ninguna otra disposición de la Decisión Marco indica que el legislador de la Unión tuviera intención de ampliar el concepto de "víctima" a las personas jurídicas a efectos de la aplicación de dicha Decisión Marco, sino que, todo lo contrario, varias de sus disposiciones confirman que el objetivo del legislador era referirse exclusivamente a las personas físicas víctimas de un perjuicio derivado de una infracción penal. A este respecto, además del artículo 1, letra a), de la Decisión Marco, que cita como perjuicios las lesiones físicas o mentales y los daños emocionales, el Tribunal de Justicia mencionó el artículo 2, apartado 1, de la misma Decisión marco, que obliga a los Estados miembros a esforzarse por que las víctimas sean tratadas durante las actuaciones con el debido respeto a su dignidad personal; el apartado 2 del mismo artículo 2, que alude al trato específico que debe dispensarse a las víctimas especialmente vulnerables, y el artículo 8, apartado 1, de la Decisión marco, que obliga a los Estados miembros a garantizar un nivel adecuado de protección a los familiares de la víctima o a las personas en situación equivalente.

vista, demasiados obstáculos. Nuestro Ordenamiento procesal previene la formación de piezas separadas, así como la posibilidad de enjuiciar a unos con independencia de los demás, lo que sortea eventuales impedimentos procedimentales[895]. Por otro lado, tampoco existe contradicción con el principio de bilateralidad pues, en su virtud, han de existir dos partes, la ofendida y la ofensora, independientemente del número de personas que las integren. El problema surge cuando alguno de los imputados acepta la mediación y los demás no. En principio, la mediación podría llevarse a cabo, pero teniendo muy presente lo que aquí se ha expuesto en lo tocante a la preservación de los derechos del acusado: las manifestaciones de los coimputados que han optado por la mediación, así como lo reflejado en el acta de reparación, no podrán ser utilizadas como prueba en una eventual sentencia condenatoria, como tampoco podrán ser traídos a declarar en el juicio que se celebre respecto de los que no optaron por seguir aquel camino[896].

En cuanto a los casos de reincidencia, habrá de valorarse con especial atención la idoneidad de la mediación, pero no puede de antemano rechazarse, pues significaría una estigmatización irreversible de la persona que ha delinquido. Además, los momentos vitales de comisión del delito pueden haber sido diferentes, lo que exige un tratamiento diferenciado, por lo que deberá estudiarse detenidamente el caso concreto y valorar el nivel de motivación del acusado para tomar parte en la mediación[897]. En los delitos de violencia de género, por ejemplo, dadas sus especiales connotaciones, arriba expuestas, deberá quedar por completo descartada la participación del reincidente en el programa de mediación[898]. Por su parte, MAIER estima que no puede discutirse que el agente juega un papel negativo en la determinación del campo de acción de la reparación, de tal modo que su reincidencia, de producirse, va a provocar

[895] DEL MORAL GARCÍA, A., *"Perspectivas de la mediación en el ámbito penal. Reflexiones de un fiscal"*, op. cit., p. 96.

[896] Ídem. El autor afirma que, *"en caso de enjuiciamiento por separado, hay que salvar la posibilidad de que uno de los co-imputados ya enjuiciado sea traído para declarar a la vista oral del otro, con la peculiar condición que le otorga ese status analizado en alguna consulta de la Fiscalía General del Estado"*. Por su parte, MARTÍN DIZ, para evitar estos problemas, aboga por proscribir la mediación en los casos de corresponsabilidad delictiva (del mismo, *La mediación: sistema complementario de Administración de Justicia*, op. cit., p. 343).

[897] GÓNZALEZ CANO, M. I., *"La mediación penal en España"*, op. cit., p. 43.

[898] De la misma opinión: MARTÍNEZ GARCÍA, E., *"Mediación penal en los procesos por violencia de género"*, op. cit., p. 24.

la insatisfacción de la generalidad con el esfuerzo reparatorio del agente como mejor modo de solución el conflicto. Por esta razón, el citado autor excluye del ámbito de influencia de la reparación penal a los autores que hacen del delito su profesión[899]. Atendiendo a nuestro Derecho proyectado, mientras que el BCPP 2013 guarda silencio al respecto, el ALECr 2011, como ya se vio, descartaba el archivo por oportunidad cuando se hubiese sido condenado por un delito de la misma naturaleza o por más de un delito de naturaleza distinta, (art. 149.1.b); o cuando el investigado se hubiera beneficiado anteriormente de la aplicación por razón de delito de uno de los supuestos de oportunidad establecidos en el ALECr (art. 149.1c). Y, como ejemplo de Derecho comparado, el art. 204 del citado CPP de la Ciudad Autónoma de Buenos Aires prohíbe la celebración de una nueva mediación penal respecto de quien hubiese incumplido un acuerdo en trámite anterior o cuando no hubieran transcurrido dos años desde la firma de un acuerdo de resolución alternativa de conflicto penal en otra investigación. La primera de dichas prohibiciones, a nuestro juicio, tiene mucho sentido, pero, de acuerdo con VÁZQUEZ, su operatividad requeriría la creación de un registro oficial de mediaciones[900].

Cambiando de cuestión, en aquellos supuestos en que la víctima es menor de edad o incapaz, la mediación sería posible con la intervención de sus representantes legales y del Ministerio Público, valorando en todo caso las facultades para la comprensión y elaboración de los conflictos[901]. Recordemos que el ALECr proscribía el archivo por oportunidad cuando la víctima fuera menor de catorce años (art. 149.1.c). Tampoco menciona este asunto el BCPP.

---

[899] MAIER, J. B. ,*"La víctima y el sistema penal"*, en *De los delitos y las víctimas*, op. cit., p. 209. De la misma opinión, BARALLAT LÓPEZ, J., *"La mediación en el ámbito penal"*, en *Revista jurídica de Castilla y León*, nº 29, 2013, p. 14.

[900] VÁZQUEZ, M. P., *"La mediación penal. ¿Un nuevo paradigma en* el derecho penal o una herramienta para el ejercicio discrecional de la persecución pública local?", en Revista Institucional de la Defensa Pública de la Ciudad Autónoma de Buenos Aires, nº 4, 2013, p. 35.

[901] Conclusión adoptada en el Encuentro de marzo de 2007 en la sede del Consejo General del Poder Judicial, entre Magistrados, Fiscales, Profesores de Universidad, Abogados y Mediadores (obtenido el 6 de abril de 2012 en http://www.poderjudicial.es). Estimamos que lo mismo podría decirse en el caso de los incapaces. En el mismo sentido, GÓNZALEZ CANO, M. I., *"La mediación penal en España"*, op. cit., p. 43.

V.2. Desde el punto de vista "cuantitativo"

Desde la perspectiva de la cuantía de la pena, que es lo mismo que decir de la gravedad del delito, la doctrina vuelve a dividirse. Sin embargo, resulta muy difícil imaginar, siguiendo con el ejemplo de antes, un asesinato sustanciado por estos cauces. La evolución social es difícil de predecir pero cuesta figurarse una reunión entre los familiares del finado con su asesino para llegar a una fórmula[902]. En estos supuestos, hallar una reparación que zanje la cuestión penal se antoja poco menos que imposible, y la lógica indemnización económica, que tampoco colma el concepto de reparación manejado este trabajo[903], irá aparejada a la pena en forma de responsabilidad civil. En los grandes crímenes, no es que no pueda existir el perdón, sino que este debe hallarse extramuros del trabajo de los tribunales; *"La gracia no debe sustituir a la justicia"*, dijo al respecto RICOEUR[904]. Por lo tanto, en contra de los que defienden el no establecimiento de límite alguno[905], somos de la opinión, por razones de prudencia y de proporcionalidad con la gravedad del hecho, de que los supuestos de criminalidad grave deben seguir siendo sometidos al juicio penal tradicional[906]. En el caso de las infracciones leves y menos graves, la

---

[902] RUIZ VADILLO, E., *"La mediación penal"*, op, cit., p. 319.

[903] Vid. infra VI.4.2, sobre el contenido del posible acuerdo de reparación.

[904] RICOEUR, P., *La memoria, la historia, el olvido*, op. cit., p. 602.

[905] Como ejemplo, los participantes del Encuentro de marzo de 2007 citado en nota supra optaron en sus conclusiones por no establecer, de partida, ninguna limitación.

[906] Así, BARALLAT LÓPEZ, J., *"La mediación en el ámbito penal"*, en *Revista jurídica de Castilla y León*, nº 29, 2013, p. 14; BUTRÓN BALIÑA, P., *"La mediación penal"*, en *Los retos del Poder Judicial ante la sociedad globalizada*, op. cit., p. 46; GALAIN PALERMO, P. *La reparación del daño a la víctima del delito*, op. cit., p. 95, para quien la reparación, en situaciones de normalidad, no podría ser el único medio punitivo de intervención en delitos de cierta gravedad social; LÓPEZ ORTEGA, J. J., *"La reparación del daño basada en el consenso..."*, op. cit., p. 497; MAIER, J. B., *"La víctima y el sistema penal"*, en *De los delitos y las víctimas*, op. cit., p. 209; ORTUÑO MUÑOZ, J. P., HERNÁNDEZ GARCÍA, J., quienes estiman que *"parece razonable su no aplicación a delitos graves, pero la gravedad no sólo debe hacerse depender de factores de quantum de penalidad abstracta o de ubicación"* (de los mismos, *Sistemas alternativos a la resolución de conflictos [ADR]...*, op. cit., p. 83); PÉREZ CEPEDA, A. I., *"Las víctimas ante el Derecho penal. Especial referencia a las vías formales e informales de reparación y mediación"*, op. cit., pp. 472-473; SÁEZ VALCÁRCEL, R., según el cual, *"hay buenas razones que aconsejan en el ámbito de los delitos muy graves, incluso hacen inevitable, que los aparatos de persecución penal y los tribunales del estado hayan cumplido sus funciones"* (del mismo, *"Notas sobre justicia restaurativa y delitos graves dialogando a partir de ´reflexiones´y su viabilidad"*, en AA.VV., *Justicia restaurativa, mediación penal y penitenciaria: un renovado impulso.* Reus, Madrid, 2011, p. 176); VON HIRSCH, A., *Censurar y Castigar*, op. cit., pp. 79 ss., donde el famoso criminólogo, ya citado en esta obra, defiende que una concepción adecuada de la prevención general supone que únicamente los delitos especialmente graves deberían dar lugar a la pena de prisión.

mediación, de terminar en acuerdo, convierte la pena en una perspectiva inútil, por cuanto la paz social es lograda a través de la reparación voluntaria del autor y libremente aceptada por la víctima. Sin embargo, a contrario, el principio político criminal de necesidad de pena[907] prevalece en el caso de las infracciones graves, allá donde la reparación por sí sola es insuficiente para colmar la función de control social del Derecho penal. Cuando la *reparatio per mediationem* sea suficiente para lograr el restablecimiento de la paz jurídica, podrá reemplazar a la pena; cuando ello no sea posible, la pena deberá ser impuesta. Ello sin perjuicio, volvemos a decirlo, de que pueda tener lugar un encuentro restaurativo entre víctima y victimario, cuyo papel en la sustanciación de la causa, aún siendo importante, ya no podrá detener el progreso de la acción penal, sino que habrá de servir de complemento del proceso oficial[908]. Dicho encuentro, de tener resultado positivo, podrá llevar al juez a estudiar la posibilidad de moderación de la pena, o, caso de que se haya producido en fase de ejecución penitenciaria, coadyuvar a la concesión de los beneficios que la ley previene en sede de cumplimiento de condena. Pero ya no estaremos ante una mediación como cauce del procedimiento penal con virtualidad para evitar el juicio y la posterior sentencia, sino ante una mediación que puede fomentar actitudes reparatorias con trascendencia punitiva o, en el segundo caso, ante manifestaciones de la llamada mediación penitenciaria.

En el caso de los delitos graves, la solución autocompositiva se antoja inviable. Como dice ROXIN, *"según el estado actual de nuestra ciencia, en el caso de los delitos más graves, todavía no es posible reconstituir nuevamente la paz jurídica únicamente por intermedio de la reparación, de tal manera que ella solo podría provocar efectos atenuantes de la pena"*[909], por lo que, en aquellos supuestos, la pervivencia del monopolio estatal del *ius puniendi* está plenamente justificada. Por todo ello, nos parece pertinente oponer un dique penológico a la determinación de las infracciones susceptibles de mediación, pues, de lo contrario, al hilo de lo que se dijo en el capítulo anterior, las exigencias mínimas del principio de legalidad

[907] Sobre el principio de necesidad de pena y su relación con la reparación en el marco del proceso penal, vid. GALAIN PALERMO, P. *La reparación del daño a la víctima del delito*, op. cit., pp. 158-161.
[908] SÁEZ VALCÁRCEL, R., *"Notas sobre justicia restaurativa y delitos graves…"*, op. cit., p. 176
[909] ROXIN, C., *"La reparación en el sistema de los fines de la pena"*, op. cit., p. 156.

correrían el riesgo de quebrar, y la cohabitación lícita que aquí defendemos entre legalidad y oportunidad se tornaría en contubernio. Además, desde la óptica de la finalidad punitiva, como también se ha expuesto, las vías de consenso no son fácilmente explicables términos de prevención general negativa[910], por lo que las infracciones cuya pena señalada no supere el muro penológico que decida establecerse como frontera a la mediación serán aquellas en las que la intimidación no sea la más importante de las funciones a cumplir por la pena; dicha finalidad se reservará a los delitos que causen una especial alarma social, la cual necesariamente habrá de ser aplacada mediante la intervención del Derecho penal tradicional[911]. Así, de acuerdo con GÓNZALEZ CANO, parece más accesible, sencillo y coherente afrontar desde la mediación aquellos conflictos tales como los delitos de robo, de hurto o de lesiones, en los que se ha comprobado que la misma funciona y que se alcanzan los fines declarados como propios del Derecho penal[912].

Ciertamente, es comprensible el argumento de los que opinan que no hay necesidad de fijar un límite específico, siendo más conveniente el estudio individualizado de las posibilidades de cada caso[913]. Desde este sector doctrinal se sostiene que, mediante el control judicial del caso, se evitaría la privación antes mencionada del *ius puniendi* al Estado. Sin embargo, y aun bajo esas premisas, entendemos que, dejar esa puerta abierta podría desembocar en desigualdades en el tratamiento de delitos graves. Sería difícilmente explicable, en términos del principio de igualdad, que, por ejemplo, el autor de un homicidio pactase una reparación, mientras que la mayoría de los homicidas continuarían dando con sus huesos en la cárcel por muchos años, o, pensemos en los grandes escándalos de corrupción financiera; el dinero lo puede todo y esta puerta sin pestillo entrañaría muchos peligros favorables a los poderosos. Contra esto se podrá razonar que la misma desigualdad puede acontecer en el

[910] Cfr. LÓPEZ ORTEGA, J. J., *"La reparación del daño basada en el consenso..."*, op. cit., p. 497.
[911] Cfr. GALAIN PALERMO, P., *"¿La reparación del daño como tercera vía?..."*, op. cit., p. 192.
[912] GÓNZALEZ CANO, M. I., *"La mediación penal en España"*, op. cit., p. 40.
[913] Como CARRIZO GONZÁLEZ-CASTELL, A., *"La mediación penal en España"*, op. cit., pp. 244 ss., ESTIRADO DE CABO, C., *"cuestiones relevantes de Derecho sustantivo y procesal respecto de la incorporación de la mediación a la jurisdicción penal de adultos en las fases de instrucción y enjuiciamiento"*, en *Estudios de Derecho Judicial 136-2007. La mediación civil y penal. Un año de experiencia.* Consejo General del Poder Judicial, Madrid, 2008, p. 209.

caso de los delitos menos graves, pero es que eso *ya está pasando* en las conformidades y en la posibilidad de suspensión de ejecución de penas privativas de libertad, asuntos sobre los que ya se ha tratado, y aquí lo que venimos a pedir es que *siga pasando*, pero en mejores condiciones para víctima y ofensor. Nos remitimos, asimismo, a lo dicho sobre los límites del principio de oportunidad, reiterando que alguna frontera hay que situar en pro del respeto del de legalidad. El Derecho, no guste o no, tiene que poner plazos, fijar límites, para evitar arbitrariedades, esta es la parte de la herencia de los BECCARIA, LARDIZÁBAL y compañía a la que no debemos renunciar.

Pero, de otro lado, tampoco podemos reducir el radio de acción de mediación penal a las infracciones de pura bagatela. Ello por dos razones: en primer lugar, el esfuerzo requerido para implantarla quedaría baldío y, en segundo lugar, se estaría dando validez a un argumento muy utilizado desde el sector doctrinal crítico con la mediación: si la mediación ha de reducirse a las infracciones más insignificantes, la mediación es innecesaria, pues para eso está el principio de intervención mínima y su efecto despenalizador[914]. Así, *de lege ferenda*, consideramos acertada la barrera impuesta tanto en el ALECr 2011 como en el BCPP 2013 que limitan la suspensión condicionada de la instrucción de la causa, solución a la que cabría llegar a través de la mediación, a las infracciones castigadas hasta con cinco años de prisión[915]. En el proceso de menores, la LORPM sigue la misma solución, al eliminar la posibilidad del sobreseimiento por conciliación o reparación en las infracciones penales graves. Si venimos manteniendo que para no lesionar el principio de legalidad que preside nuestro sistema penal ha ser la propia ley la que afronte la implantación de esta técnica, aquella deberá fijar unos límites claros, pues una excesiva discrecionalidad en esta materia podría conducirnos a decisiones difícilmente comprensibles por la sociedad. Además, para ampliar las barreras legales, siempre hay tiempo.

Por otra parte, en lo que respecta a la única norma positiva a la que hemos podido atenernos durante los últimos años en materia de mediación

---

[914] Cfr., por todos, QUERALT JIMÉNEZ, J. J., *"Víctimas y garantías: algunos cabos sueltos..."*, op. cit., p. 153.

[915] Vid. supra IV.4, acerca del mencionado ALECr, y supra IV.5, sobre el BCPP de 2013.

penal de adultos, la Decisión marco 2001/220 JAI, parecía que dejaba libertad a los Estados miembros para que sus leyes determinasen qué infracciones podrían ser objeto de mediación penal[916]. De esta manera la interpretó la STJUE de 21 de octubre de 2010, Sala 2ª, caso Eredics, asunto C-205/09, al establecer en su apdo. 37 que:

> *El artículo 10 de la Decisión marco debe interpretarse en el sentido de que no obliga a los Estados miembros a permitir la mediación para todas las infracciones cuya conducta típica, definida por la normativa nacional, coincida en lo esencial con la de las infracciones para las que esta normativa sí prevé expresamente la mediación.*

La misma sentencia, al enjuiciar el caso concreto, dice en su apdo. 38:

> *Al decidir permitir la aplicación del procedimiento de mediación únicamente en el caso de infracciones contra las personas, la seguridad del tráfico o la propiedad, elección que obedece esencialmente a razones de política jurídica, el legislador húngaro no se ha excedido de la facultad de apreciación de que dispone.*

Finalmente, por citar algunos ejemplos de Derecho comparado, diremos que, en la gran mayoría de los países de nuestro entorno, como Francia, Polonia o Portugal, la mediación está constreñida a las infracciones de menor gravedad, mientras que en Alemania, en los países escandinavos y, en general, en el *Common law*, no se parte de limitación alguna, si bien la realidad demuestra que la mediación en delitos graves brilla por su ausencia[917].

---

[916] Sin embargo la Directiva 2012/29/UE, que la sustituye, no ofrece ninguna orientación a este respecto.

[917] Vid. infra IX, con una somera referencia al Derecho comparado.

CAPÍTULO VI. FUNCIONAMIENTO DE LA MEDIACIÓN PENAL

En efeto, tanto les supo el cura decir, y tantas locuras supo don Quijote hacer, que más locos fueran que no él los cuadrilleros si no conocieran la falta de don Quijote; y así, tuvieron por bien de apaciguarse, y aun de ser medianeros de hacer las paces entre el barbero y Sancho Panza, que todavía asistían con gran rancor a su pendencia. Finalmente, ellos, como miembros de justicia, mediaron la causa y fueron árbitros della, de tal modo, que ambas partes quedaron, si no del todo contentas, a lo menos, en algo satisfechas, porque se trocaron las albardas, y no las cinchas y jáquimas; y en lo que tocaba a lo del yelmo de Mambrino, el cura, a socapa y sin que don Quijote lo entendiese, le dio por la bacía ocho reales; y el barbero le hizo una cédula del recibo y de no llamarse a engaño por entonces, ni por siempre jamás, amén.

Miguel de Cervantes, cap. XLVI de la Iª parte del *Quijote*.

Como el presente trabajo viene señalando, la mediación se aparta del rigor y la tiesura propios del proceso convencional. Ello no implica, empero, una total ausencia de reglas prefijadas. Toda forma de justicia, todo modelo de gestión de conflictos, exige la observancia de un cierto grado de formalismo por razones eminentemente prácticas[918], máxime si se pretende su inscripción en el sistema penal oficial. En este sentido, la Resolución del ECOSOC de Naciones Unidas 2002/12, de 24 de julio, sobre Principios Básicos para la Aplicación de Programas de Justicia Restaurativa en Materia Penal[919], recuerda en su punto 13 la necesidad de que los programas de JR que se diseñen por cada uno de los Estados salvaguarden, de forma suficiente, las garantías fundamentales del justo proceso que asisten al presunto autor del hecho delictivo y a la víctima[920].

---

918 ORTUÑO MUÑOZ, J. P., HERNÁNDEZ GARCÍA, J., *Sistemas alternativos a la resolución de conflictos (ADR)...*, op. cit., p. 68.

919 Citada en supra IV.1.1.

920 *"Fundamental procedural safeguards guaranteeing fairness to the offender and the victim should be applied to restorative justice programmes"*, trad. del autor.

La formalidad de la mediación no ha de entenderse como una copia del ritualismo tradicional de la justicia, para qué la querríamos entonces, sino como un instrumento al servicio, por un lado, de la comunicación y, por otro, de la obtención de los fines[921]. Las partes del conflicto deben percibir que el mecanismo no se reduce al de un acuerdo "entre amiguetes", sino que se trata de un conducto formal mediante el que se pretende evitar el juicio y la ulterior sentencia y cuyo incumplimiento puede ser reclamado judicialmente. En el presente capítulo se analizarán, empezando por la figura del mediador, los distintos elementos que compondrían un procedimiento "tipo" de mediación penal hasta llegar a la reparación, a cuyo contenido y naturaleza jurídica está dedicado el último epígrafe.

VI.1. El mediador penal

Como el vocablo "mediación", la palabra "mediador" tampoco es ajena a las interpretaciones equívocas. La definición del DRAE se limita a señalar que mediador es el *"que media"*. Ante semejante ejercicio de frugalidad lexicográfica cualquiera puede llamarse mediador, por lo que existen, como ya vimos, mediadores de seguros, mediadores policiales, y también a los abogados se les llama mediadores: el propio DRAE así lo autoriza, pues la segunda acepción de la voz "abogado" es *"intercesor o mediador"*. Sin embargo, el significado que aquí daremos al concepto de mediador penal es muy concreto y va ligado a la adquisición de una formación académica específica, primero para mediar y después para hacerlo en asuntos penales.

VI.1.1 La figura del mediador

Cuando se habla de mediación, debe distinguirse entre mediación informal o natural y mediación formal. La primera es la que todos, de buena voluntad, intentamos poner en práctica en los pequeños conflictos entre familiares, amigos, vecinos, compañeros de trabajo..., que salpican nuestra existencia cotidiana. El ejercicio de la mediación informal no requiere ningún adiestramiento específico, simplemente unos estamos mejor dotados que otros

---

921 ORTUÑO MUÑOZ, J. P., HERNÁNDEZ GARCÍA, J., *Sistemas alternativos a la resolución de conflictos (ADR)...*, op. cit., p. 68.

para llevarla a cabo[922]. Desde siempre ha habido en los pueblos y en las familias hombres y mujeres a los que no se les denominaba mediadores, pero desempeñaban ese papel; eran personas reconocidas por su prudencia, en las que se podía confiar y a las que se recurría en caso de litigio[923]. Pensemos en ese prójimo de nuestro entorno afectivo o profesional al que todos acuden cuando se necesita poner paz en una desavenencia: he ahí un mediador informal. El propio don Quijote se consideraba a si mismo un mediador informal cuando decía: *reparto de mis bienes con los pobres (...), procuro poner en paz entre los que sé que están desavenidos; soy devoto de nuestra Señora, y confío siempre en la misericordia infinita de Dios nuestro Señor*[924]. Según GOLEMAN, las personas que poseen esta habilidad son aquellos niños que resolvían las peleas en el patio del colegio cuando éramos pequeños y que, de mayores, suelen destacar en el mundo de los negocios[925]. Sin embargo, en opinión de SIX, el mediador natural no "nace", sino que "se hace", es decir, se forma a través de la vivencia de determinados acontecimientos o circunstancias de los que sabe aprovecharse gracias a su perspicacia, cualidad que sí debe acompañarle desde la cuna[926].

Pero la que propugnamos es una mediación formal, que implica la puesta en práctica de un método, sometido a una serie de pautas o reglas técnicas y guiado por personas con acreditados conocimientos en la materia: los mediadores[927]. Dicho a grandes trazos, el mediador ha de poseer, por un lado, conocimientos en materia de procesos psicosociales de los conflictos, de las

[922] Nótese que en el memorándum explicativo de la Recomendación nº R (99)19 del Consejo de Europa, de la que se ha hablado en este trabajo, se califica como "mediación informal", aquella que es desarrollada por el personal al servicio de la Administración de Justicia en su trabajo cotidiano. Es decir, se está refiriendo a un tipo de mediación realizado por personas que no se dedican profesionalmente a la mediación.

[923] SIX, J. F., *Los mediadores*, op. cit., p. 98.

[924] Capítulo XVI de la 2ª parte del *Quijote.*

[925] GOLEMAN, D., *La inteligencia emocional*, op. cit., p. 78. (del mismo, *los mediadores,* op. cit., p. 98).

[926] SIX, J. F., *Los mediadores,* op. cit., p. 99.

[927] VINYAMATA enumera las siguientes actitudes y conocimientos que debería tener todo mediador: 1) Capacidad de escucha, paciencia; 2) capacidad de síntesis y de potenciación de las soluciones que aporten las partes en conflicto; 3) imparcialidad, a pesar de las ofensas que unos y otros se hayan podido dirigir; 4) optimismo, capacidad de desarrollo del sentido del humor; 5) habilidad para transmitir serenidad a las partes; 6) sencillez en la expresión al exponer lo que es y lo que pretende la mediación; 7) Sensibilidad ante las emociones de las personas y, al mismo tiempo, capacidad para no dejarse influir; 8) confidencialidad; 9) ética, entendida como capacidad de proponer actitudes éticas desde una visión pragmática; 10) conocimientos de conflictología. Del mismo, *Aprender mediación,* op. cit., p. 26.

relaciones interpersonales y de la comunicación[928]; para ser capaz, en un primer momento, de contener la crisis inicial que presenta cada mediación, debiendo orientar su trabajo en pos de la búsqueda de información a través del diálogo con las partes, y todo ello desde una metodología ordenada[929]. Una de las bazas más consistentes que puede jugar la mediación está relacionada con el cambio de paradigma en la psicología moderna, que hoy se inclina más hacia la inteligencia emocional, en detrimento de la racional. El juez, como dijimos al empezar este trabajo, sería un exponente de esta última, mientras que el mediador es el paradigma de la primera[930]. De esta manera, el mediador tiene que estar provisto de las cualidades que conforman la inteligencia emocional: el autocontrol, la empatía el entusiasmo, la perseverancia y la capacidad para motivarse a uno mismo[931]. En este sentido, la Recomendación nº R (99) 19 del Consejo de Europa, varias veces citada, señala que "*los mediadores deben estar provistos de las habilidades interpersonales necesarias para la mediación*" (art. V. 28).

Por otro lado, y no menos importante, el mediador tiene que saber manejarse en el ámbito de lo jurídico, tanto en la delimitación de los preacuerdos como a la hora de redactar el convenio definitivo. Es, por lo tanto, una actividad profesional de carácter interdisciplinar, a caballo entre la psicología y la abogacía[932], o, como también ha sido conceptuada, una disciplina de las ciencias sociales[933], cuyos conocimientos concretos habrán de estar

---

928 ALCOVER DE LA HERA, C. M., *"La mediación como estrategia para la resolución de conflictos: una perspectiva psicosocial"*, en en GONZALO QUIROGA, M. (dir.), *Métodos alternativos de solución de conflictos: perspectiva multidisciplinar*. Dykinson – Servicio de Publicaciones de la URJC, Madrid, 2006, p. 126.

929 GORDILLO SANTANA, L. F., *La justicia restaurativa y la mediaciónpenal*, op. cit., p. 309.

930 ROLDÁN BARBERO, H.,*"La mediación penal: entre el orden legal y la voluntad de mejorar"*, op. cit., p. 130. Vid. lo dicho, al respecto, al comienzo del primer capítulo de la presente monografía.

931 Vid. GOLEMAN, D., *La inteligencia emocional*, op. cit. p. 5; VÁZQUEZ FLAQUER, A., *"La capacitación del profesional de la mediación"*, op. cit., p. 33.

932 Cfr. HIERRO SÁNCHEZ-PESCADOR, L., *"Aspectos éticos de los medios alternativos de solución de controversias..."*, op. cit., p. 43., BERNAL SAMPER, T., *La mediación. Una solución a los conflictos de ruptura de pareja*. Colex, Madrid, 2002, p. 74, ZAFRA ESPINOSA DE LOS MONTEROS, R., *"La mediación penal: una alternativa a la resocialización"*, en AA.VV., *Sobre la Mediación Penal (posibilidades y límites en un entorno de reforma del proceso penal español)*. Aranzadi, Cizur Menor (Navarra), 2012, p. 114.

933 ORTUÑO MUÑOZ, J. P., HERNÁNDEZ GARCÍA, J., *Sistemas alternativos a la resolución de conflictos (ADR)...*, op. cit., p. 40. Para los autores, como tal disciplina de las ciencias sociales, la mediación pretende analizar la realidad social, e incidir en su modificación para la superación del conflicto. En este sentido, incluye, entre los principios fundamentales de la mediación penal, su interdisciplinariedad, trayendo a colación la definición de "interdisciplina" de la UNESCO (*"aquella forma de cooperación entre disciplinas diferentes, a partir de problemas cuya complejidad es tal,*

acreditados en el título que se expida tras la realización del oportuno grado, postgrado, o lo que el legislador decida requerir.

Amén de la disposición técnica, desde la concepción más naif de la mediación se contempla al mediador como un ser ungido con los más altos principios morales y sociales[934]. Efectivamente, la posesión de ciertos valores se antoja conveniente, si no imprescindible, para poder ejercer dignamente la tarea mediadora, fundamentalmente porque es complicado hacer bien aquello en lo que no se cree. Empero, no existen parámetros fiables que midan las virtudes morales, lo que dificultaría, desde este punto de vista, la evaluación objetiva de los candidatos en una eventual selección de mediadores. De todas formas, no negamos la razón a EDWARDS cuando dice que, si las personas elegidas no poseen los adecuados ideales de justicia, hasta la mejor estructura institucional puede fracasar, y que, desde luego, lo mejor es poner a la mejor gente en la mejor estructura posible[935]. La propia Recomendación nº R (99) 19 señala que los mediadores *"deberán demostrar sentido de la justicia"* (art. V.23). Y, por traer un interesante ejemplo de Derecho comparado, la Nota Orientadora del Ministerio de Justicia francés, de 3 de junio de 1992, citada supra, apuntaba que el mediador penal tiene que *"responder a condiciones deontológicas muy estrictas"*. Para VINYAMATA, el mediador debe transmitir los siguientes valores a través del ejercicio de su labor: confianza, lealtad, honestidad, serenidad, cooperación, respeto y no violencia[936]. En este sentido, ROLDÁN defiende la utilización preeminente de mujeres, por los especiales valores que poseen estas y su mejor predisposición genética para las emociones [*sic*], llegando a afirmar que debería hablarse de "mediadoras" más que de "mediadores"[937]. Ciertamente, no se puede negar que los servicios de mediación están a día de hoy compuestos mayoritariamente por mujeres, y que la mayor parte de la literatura sobre la

---

que sólo pueden ser abordados mediante la convergencia y la combinación prudente de diferentes puntos de vista") para preguntarse si acaso no es el conflicto penal un problema complejo y por tanto necesitado de interdisciplina. NORDENSTAHL, U. C. E., *Mediación penal. De la práctica a la teoría*, op. cit., p. 67.

[934] Vid., por todos, HIERRO SÁNCHEZ-PESCADOR, L., *"Aspectos éticos de los medios alternativos de solución de controversias…"*, op. cit., p. 40, et pássim.

[935] EDWARDS, J., citado por KEMELJAJER, A., *"En búsqueda de la tercera vía…"*, op. cit., p. 323.

[936] VINYAMATA CAMP, E., *Aprender mediación*, op. cit., p. 51.

[937] ROLDÁN BARBERO, H.,*"La mediación penal: entre el orden legal y la voluntad de mejorar"*, op. cit., p. 131.

materia proviene del género femenino, pero de ahí a discriminar a los hombres que quieran dedicarse a esta labor, que también los hay, va un largo trecho. Las aulas de los másteres de mediación están repletas de mujeres en detrimento de los hombres, pero el origen de esta descompensación hay que buscarlo, seguramente, más en el patio del colegio que en los genes de cada uno.

VI.1.2 Formación específica del mediador

Sin duda, esta no es una cuestión para tomarse a la ligera si realmente se pretende que la mediación cristalice en nuestra sociedad. Como consecuencia del modelo que defendemos, marcado por el principio de oficialidad, el mediador tendrá que ser un profesional cualificado, debiendo regularse convenientemente los requisitos relativos a su formación, facultades, obligaciones, prohibiciones e incompatibilidades, así como su código deontológico. Procedamos al examen de las condiciones que hoy ha de reunir una persona para dedicarse a la mediación, a la luz de las normas dictadas en la materia.

Comenzando por el ámbito internacional, la Recomendación nº R (99) 19 del Consejo de Europa dedica su art. V a la cualificación de los mediadores, indicando que han de pertenecer a todos los sectores de la sociedad, debiendo demostrar sentido de la justicia y las habilidades de comunicación interpersonal necesarias para la mediación. Asimismo, antes de comenzar su ejercicio profesional tendrán que recibir una formación específica que comprenda los específicos conocimientos para trabajar con víctimas y ofensores y un conocimiento básico acerca del sistema de justicia criminal.

A su vez, la Recomendación nº R (2006) 8, también citada, sobre Asistencia a Víctimas de Infracciones, dice en su art. XII.1 que los Estados Miembros deberán fijar los estándares de selección del personal mediador, así como de los contenidos que comprenda la formación de los mismos.

En lo tocante al Derecho de la Unión Europea, la recientemente derogada Decisión marco 2001/220/JAI, relativa al Estatuto de la Víctima en el Proceso Penal, dedicaba su artículo 14 a la formación de las personas que intervienen en las actuaciones o tienen otro tipo de contacto con la víctima, y apremiaba a los Estados miembros a que propiciasen, a través de sus servicios públicos o mediante la financiación de organizaciones de apoyo a la víctima, iniciativas en virtud de las cuales las personas que intervienen en las actuaciones o que tienen otro tipo de contacto con la víctima reciban la adecuada formación, con especial atención a las necesidades de los grupos más vulnerables. En la misma línea, la Directiva 2012/29/UE[938], que sustituye a la anterior Decisión marco, establece en el apdo. 4 de su art. 25, el cual lleva por título "Formación de los profesionales":

> *Los Estados miembros fomentarán iniciativas, a través de sus servicios públicos o mediante la financiación de organizaciones de apoyo a las víctimas, mediante las que se posibilite que las personas que prestan servicios de apoyo a las víctimas y servicios de justicia reparadora reciban la formación adecuada de un nivel que sea el adecuado al tipo de contactos que mantengan con las víctimas, y observen normas profesionales para garantizar que tales servicios se prestan de manera imparcial, respetuosa y profesional.*

En nuestro país, la Ley 5/2012, de 6 de julio, de Mediación en Asuntos Civiles y Mercantiles, establece las siguiente condiciones para ser mediador: hallarse en pleno ejercicio de los derechos civiles; la inexistencia de impedimentos derivados de la legislación a la que el mediador pueda estar sometido en el ejercicio de su profesión (art. 11.1); así como estar en posesión de título oficial universitario o de formación profesional superior y contar con formación específica para ejercer la mediación, que se adquirirá mediante la realización de uno o varios cursos específicos impartidos por instituciones debidamente acreditadas, los cuales tendrán validez para el ejercicio de la actividad mediadora en cualquier parte del territorio nacional (art. 11.2). Este precepto de la Ley 5/12 es uno de los que el BCPP 2013 transpone a su contenido[939], por lo que será de aplicación en el terreno de la mediación penal si

---

[938] Estudiada en supra IV.1.3.
[939] vid. supra IV.5.

dicho texto ve finalmente la luz. A nuestro juicio, para el ejercicio de la mediación penal habría que añadir, como condición sine qua non, la carencia de antecedentes penales no cancelados.

Llama poderosamente la atención la circunstancia de que en el texto originario de la Ley de mediación civil y mercantil, inicialmente expedido como RDL 5/2012, de 5 de marzo, el art. 11.2 no exigía, como sí hace su actual dicción, la posesión de título oficial universitario o de formación profesional superior, sino tan solo haber recibido formación específica para ejercer la mediación. Parece esta una muy feliz enmienda, fruto de la tramitación en sede parlamentaria del meritado decreto legislativo, ya a título de ley ordinaria. Como afirma MAPELLI, aun asumiendo que el control administrativo puede hacerle perder espotaneidad, si se quiere preservar la seriedad de la mediación como profesión, así como evitar el intrusismo y fomentar su prestigio entre la ciudadanía, se ha de ser riguroso en cuanto a los requisitos académicos exigidos a los mediadores[940]. Debe requerirse, además de una formación universitaria en Derecho, Psicología, o Trabajo Social[941], la realización de estudios específicos de postgrado, que comprendan los distintos campos donde puede operar la mediación para así poder ejercerla en cualquiera de los órdenes jurisdiccionales o en otros sectores ajenos al Derecho. Este el camino propuesto en la ponencia sobre mediación familiar, obra de la profesora GARCÍA TOMÉ, presentada ante la Comisión de Asuntos Jurídicos del Parlamento Europeo el 23 de mayo de 2011, donde se dice:

> *Para que la Institución de la mediación goce de fiabilidad y calidad, a los profesionales que se dediquen a ella se les debe exigir formación universitaria, y*

---

[940] MAPELLI CAFFARENA, B., *"La formación de los mediadores"*, en *Revista Mediara*, nº 2, 2013, obtenido el 12 de junio de 2013 en http://www.revistamediara.es/numeros-editados/6/revista-2, p. 2.

[941] Hay que señalar que, mientras que la Ley estatal 5/12 y la mayor parte de las leyes autonómicas de mediación no establecen *numerus clausus* en cuanto a la tipología de la titulación universitaria de base, algunas de las regulaciones autonómicas en la materia, como la catalana o la gallega , exigen formación y ejercicio profesional previo como abogado, psicólogo, trabajador social, educador social o pedagogo. Sobre esta cuestión, vid. MAPELLI CAFFARENA, B., *"La formación de los mediadores"*, op. cit., pp. 3 ss.

formación específica en mediación. La formación en mediación podría ser similar a los estudios de postgrado/master adaptándolas al espacio europeo de formación superior[942].

Siguiendo la misma senda, la Resolución 2011/2026 (INI) del Parlamento de la UE, de 13 de septiembre de 2011, *sobre aplicación de la directiva sobre mediación en los Estados miembros, su impacto en la mediación y su aceptación por los tribunales,* pide en su conclusión nº 18 que se adopten más medidas en torno a los requisitos exigidos para acceder a la profesión de mediador.

Sin embargo la realidad española no parece avanzar en esa dirección. Así, por ejemplo, el Decreto del Consejo de Gobierno de la Junta de Andalucía 37/2012, de 21 de febrero, que aprueba el Reglamento de desarrollo de la Ley de Andalucía 1/2009, de 27 de febrero, de Mediación Familiar, establece (art. 5.2) que los mediadores deberán contar con una formación específica de postgrado en mediación familiar que deberá ser impartida por las Universidades o ser homologada por estas, contentándose con la superación de un curso de 300 horas o su equivalente en el Sistema Europeo de Transferencia de Créditos (ECTS). A más de esto, en el momento de redactar estas líneas se tiene por inminente la aprobación del reglamento de desarrollo de la Ley estatal 5/2012, cuyo art. 11.2, como hemos dicho, se refiere a *"cursos específicos impartidos por instituciones debidamente acreditadas"*, lo que no es una perspectiva halagüeña, a nuestro modo de ver. Sería deseable que nuestros gobernantes finalmente se concienciasen de la necesidad de fijar unos mínimos "serios" al respecto, pues se corre el riesgo de que algunos centros privados, movidos únicamente por intereses crematísticos, comiencen a impartir cursillos "como churros", *sit venia verbo,* basados en el cumplimiento cicatero de los requisitos de homologación y en el escaso o nulo contenido práctico real. Semejantes estrategias empresariales dejarían las expectativas y necesidades de aprendizaje del alumno en el más absoluto desamparo. Por ello es imprescindible que el legislador ponga alto el listón de las condiciones y que la Administración sea

[942] GARCÍA TOMÉ, M., *Mediación Familiar: ventajas, desventajas, costes y perspectivas,* ponencia presentada en la Comisión de Asuntos Jurídicos del Parlamento Europeo el 23 de mayo de 2011, obtenida el 18 de noviembre de 2012 en http://www.upsam.es, p. 22. En la misma línea, GÓNZALEZ CANO, M. I., *"La mediación penal en España"*, op. cit., p. 49; MARTÍN DIZ, F., *"La mediación: marco general para su implantación como sistema complementario de administración de justicia"*, op. cit., p. 62.

rigurosa en la vigilancia de su cumplimiento. Ya tenemos noticia de la existencia de algunos cursos de ese jaez, ofrecidos incluso *on line*, de cuya eficiencia mucho dudamos: como dice ORTUÑO, no se puede aprender a torear por correspondencia[943].

Es crucial para el futuro de la mediación que se incida en una correcta y completa capacitación de los mediadores, o de lo contrario terminará siendo una "sub-profesión", en palabras de SIX[944]. Estamos ante una labor muy delicada, como es la de atender a personas que ponen sobre el tapete sus sentimientos e inquietudes más íntimos, y si dicha labor no es precedida del correcto adiestramiento, difícilmente podrá echar raíces en la sociedad. Si se nos permite la interesada analogía, la aceptación que hoy tiene la Policía Nacional entre los ciudadanos no obedece sino a su alto nivel de formación, tanto el exigido para el ingreso como el recibido después y, al contrario, el poco aprecio que muchos le dispensaban en tiempos pretéritos estaba muy ligado a su raquítica preparación.

En conclusión, consideramos que los requisitos académicos para ejercer como mediador deben consistir, al menos, en la posesión de un título universitario, además de la realización del oportuno máster universitario específico de mediación, ya sea oficial o propio, como el que propone desde hace años la Universidad de Granada, cuya realización deberá comprender un amplio, exigente y obligatorio período de prácticas. Como hemos apuntado arriba, aspirar a ser mediador a base de cursillos es como querer aprender a torear por correspondencia.

VI.1.3 Carácter público del mediador penal

[943] El Magistrado de la Audiencia de Barcelona don José Pascual Ortuño Muñoz, varias de cuyas obras han sido citadas aquí, en conferencia impartida el 10 de mayo de 2012 en el aula Aranzadi de la Universidad de Granada, comparó con mucha gracia ciertos "cursillos" de mediación con un curso de toreo por correspondencia al que se apuntó un amigo durante su infancia. Huelga decir que su amigo jamás llegó a ponerse delante, no ya de un toro, sino siquiera de una vaquilla.

[944] SIX, J. F., *Los mediadores*, op. cit., p. 87.

Al contrario que en el ámbito del Derecho civil, la mediación penal no puede configurarse como una profesión privada; a ello se oponen los principios de gratuidad y oficialidad vistos al comenzar este estudio. El de mediación penal ha de ser un servicio público, integrado en la Administración de Justicia, en unos términos y condiciones que al autor de estas líneas no corresponde establecer, aunque sí nos parece necesario, frente a los que contemplan la posibilidad de emplear a voluntarios[945], que la función del mediador penal sea retribuida, como garantía de su dedicación y profesionalidad.

Partiendo de la base anterior, podrá optarse entre diversos sistemas, como la contratación estable de los mediadores, o el sistema rotatorio en virtud de listas ad hoc de mediadores especializados, como el estilado en Portugal[946]. Lo cierto es que, para el ejercicio de la mediación penal, sería deseable establecer un plus de requisitos, ya basado en la formación, en la superación de determinadas pruebas de aptitud o en la posesión de experiencia en la materia. Desde este punto de vista, sería interesante que los alumnos que cursen los estudios de mediación y quieran especializarse en el campo penal hagan sus prácticas en estos servicios, pero junto a mediadores profesionales, no en vez de los mismos. De esta manera, la experiencia adquirida podría exigirse como un requisito más en el momento de aspirar a ser contratado como mediador penal.

VI.1.4 El mediador penal y el abogado

Como ya se ha dicho en este trabajo, la mediación no ha de suponer ninguna suerte de expulsión del letrado de la esfera del proceso penal; muy al contrario su papel es importante[947], pero hemos de tener claro que será muy

---

[945] ROLDÁN BARBERO, H.,*"La mediación penal: entre el orden legal y la voluntad de mejorar"*, op. cit., p. 126. ROLDÁN puede acabar acertando, pues quizá vayan por ahí los tiros, según parece deslizarse del articulado del BCPP 2013 (vid. supra IV.5).

[946] Nos remitimos al capítulo VII de esta monografía, dedicado al Derecho comparado, donde se dará una somera visión de los diferentes modos de acceso a esta función en los distintos países europeos.

[947] Para una mayor información sobre esta cuestión, vid. ORTUÑO MUÑOZ, P., *"El papel del abogado en la mediación"* (2010), op. cit, documento sin paginar; ORTUÑO MUÑOZ, J. P., HERNÁNDEZ GARCÍA, J., *Sistemas alternativos a la resolución de conflictos (ADR)...*, op. cit., pp. 72-73; ZAFRA ESPINOSA DE LOS MONTEROS, R., *"La mediación penal: una alternativa a la resocialización"*, op. cit., p. 115.

diferente al del mediador. El abogado podrá ser un gran negociador, tener un espíritu conciliador, pero su labor no es mediar[948], sino proteger los intereses de su cliente; es decir, no es aquel tercero neutral que trata de ayudar indistintamente a ambas partes a encontrar la solución. Por tanto, contrariamente a lo que se dice en lenguaje común, el abogado, considerado como tal, no puede ser mediador. Esto, en su envés, significa que el mediador tampoco es un asesor legal. Aquí es donde entra en juego la principal función del letrado: el asesoramiento jurídico de las partes. De esta manera, el imputado seguirá teniendo derecho a la asistencia letrada, el denunciante podrá pertrecharse de la misma como acusación particular y sus letrados podrán asesorarles sobre la conveniencia o no de someterse a mediación, aclararles la letra del acuerdo propuesto y aconsejarles su aceptación o rechazo. Un papel activo del abogado, además, conviene al mediador, pues, el hecho de que el imputado y el denunciante, en su caso, estén convenientemente asesorados, tapona eventuales responsabilidades del mediador.

Ahora bien, el letrado no debe participar en las sesiones, pues ni es mediador ni es parte. Lo contrario podría lesionar los principios de voluntariedad y de bilateralidad de la mediación, estudiados en los albores de la presente monografía. Decimos "no debe" en vez de "no puede" porque tampoco es cosa de prohibirlo. La presencia física del abogado en la sesión bilateral de mediación es susceptible de coartar la libertad de su representado y no es, a nuestro juicio, recomendable[949] -cualquiera que practique la mediación nos dará la razón-, pero su proscripción lo es menos aún, por cuanto sembraría la desconfianza entre los letrados y el subsiguiente rechazo sistemático de la posibilidad de mediación por sus patrocinados. De esta manera, en caso de que alguna de las partes quisiera asistir acompañada por su abogado, debería serle permitido, aunque bajo dos premisas: el letrado no puede intervenir en las conversaciones, debiendo mostrar absoluto respeto hacia el papel director del

---

[948] Pese a que el Diccionario de la RAE diga lo contrario, como hemos visto al inicio del presente epígrafe.

[949] Aunque hay autores que estiman conveniente la presencia del letrado como forma de equilibrar el poder entre las partes (cfr. HERRERA MORENO, M., *"Introducción a la problemática de la conciliación víctima-ofensor. Hacia la paz social por la conciliación"*, en *Revista de Derecho penal y criminología*, nº 6, 1996, p. 404).

mediador y, en segundo lugar, habrá de situarse físicamente en un segundo plano respecto de los protagonistas; por ejemplo detrás de su representado. Como orientación al respecto, la ley portuguesa de mediación, que abordaremos en el siguiente capítulo, admite la presencia de los letrados en las sesiones. Traemos a colación, también, el Protocolo del Servicio de Mediación del Departamento de Justicia del Gobierno Vasco de junio de 2012, citado supra, donde se resume a la perfección el papel del abogado en la mediación penal:

> *Las defensas letradas de las personas acusadas, denunciadas, imputadas o condenadas tienen un papel fundamental en esta fase para indicar con claridad y precisión a sus clientes los posibles beneficios que la mediación puede reportarle en cada caso concreto, siendo además quienes en una fase posterior negociarán en términos jurídicos con el Ministerio Fiscal los acuerdos alcanzados entre las partes. La persona mediadora estará a disposición de los letrados de las partes para tratar cualquier cuestión relacionada con el proceso de mediación y su posible repercusión o consecuencias jurídicas para las partes, a fin de que los letrados puedan asesorar convenientemente y en todo momento a sus clientes*[950].

Ahora bien, la necesaria compartimentación de los roles de abogado y mediador no es óbice para que una persona que ejerza la abogacía decida, tras haber cursado los estudios adecuados, dedicarse también a la mediación. Nada obsta a que lo haga, de hecho es una doble condición habitual en el campo de la mediación civil, pero tendrá que dejar la toga en el armario en aquellos asuntos que conozca como mediador y a la inversa, pues no se pueden jugar los dos roles a la vez[951].

Por otro lado, ORTUÑO-HERNÁNDEZ aportan la interesante sugerencia de la creación de turnos de asistencia de oficio especializados en

---

[950] *Protocolo de funcionamiento del Servicio de Mediación Intrajudicial, Procedimiento de Mediación Penal*, Gobierno Vasco, op. cit., p. 5.

[951] Tomemos como ejemplo imaginario una mediación familiar: una pareja con problemas que pretende separarse pacíficamente acude a un mediador; sería irrisorio que este, tras arduas e intensas sesiones, los remitiese, una vez alcanzado el acuerdo, al despacho del abogado para formalizar judicialmente dicho acuerdo y que, al llegar al despacho, se encontrasen otra vez al mediador, ahora a título de letrado. El proceso perdería toda su formalidad.

procesos de mediación[952]. Si dichos turnos ya existen en otras materias legales específicas, como la violencia de género o el Derecho de extranjería, no vemos por qué no pueden instaurarse para la mediación penal.

VI.1.5 El amparo del secreto profesional

Como reverso de la exigencia de confidencialidad que ha de presidir toda mediación, el mediador penal, como el abogado o el sacerdote, ha de estar amparado por el secreto profesional, consagrado en el segundo párrafo del art. 24.2 de nuestra Constitución, no pudiendo ser obligado a declarar acerca de lo tratado en las sesiones[953]. Si acudimos a la normativa internacional, la Recomendación nº R (99) 19 del Consejo de Europa sitúa la confidencialidad entre los tres grandes principios de la mediación penal (art. II)[954] y, respecto del secreto profesional, el punto 32 del art. V.4 de la misma señala que *"el informe del mediador no debe revelar los contenidos de las sesiones de mediación, ni expresar ningún juicio acerca de la conducta de las partes durante la mediación"*, si bien el punto 30 del art. V.3 puntualiza que *"no obstante el principio de confidencialidad, el mediador debe trasladar a las autoridades competentes cualquier información sobre crímenes serios inminentes, que puedan salir a la luz en el curso de la mediación"*.

Ya en el ordenamiento estatal, volvemos a sacar a la palestra la Ley de Mediación en Asuntos Civiles y Mercantiles, la cual consagra la confidencialidad del procedimiento y el secreto profesional del mediador en su art. 9.1[955]; prohibiendo (art. 9.2) que los mediadores o las personas que participen en el procedimiento de mediación sean obligados a declarar o a aportar documentación en un procedimiento judicial o en un arbitraje sobre la

---

[952] ORTUÑO MUÑOZ, J. P., HERNÁNDEZ GARCÍA, J., *Sistemas alternativos a la resolución de conflictos (ADR)...*, op. cit., p. 73.

[953] Igual opinión tiene PASCUAL RODRÍGUEZ, E., *La mediación en el sistema penal...*, op. cit., pp. 157-158. Para la autora, el mediador debe quedar amparado por el secreto profesional, salvo que fuera llamado para aclarar aspectos relativos a la disposición positiva del infractor para compensar a la víctima en el caso de mediación con éxito, o sin él, que no contase con colaboración de aquella.

[954] Junto a la voluntariedad y a la disponibilidad del procedimiento.

[955] Curiosa en incomprensiblemente, como en su momento se dijo, el art. 9 ha sido uno de los pocos preceptos de la L 5/12 que no han sido traspuestos en el BCPP 2013 (vid. supra IV.5).

información y documentación derivada de un procedimiento de mediación o relacionada con el mismo, excepto:

> *a. Cuando las partes de manera expresa y por escrito les dispensen del deber de confidencialidad.*
> *b. Cuando, mediante resolución judicial motivada, sea solicitada por los jueces del orden jurisdiccional penal.*

En la misma línea, la Ley de Andalucía 1/2009, de 27 de febrero, de Mediación Familiar, tras consagrar el secreto profesional del mediador (art. 16,h), dispone que la persona mediadora:

> *No estará sujeta al secreto profesional cuando, de la información obtenida en el proceso de mediación, se infiera la existencia de hechos delictivos o de amenazas para la vida o la integridad física de alguna de las partes o de cualquier otra persona que tenga o haya tenido algún tipo de relación con éstas, descendientes o ascendientes que integren el núcleo familiar, aunque no sean parte en el proceso de mediación, estando obligada a informar a las autoridades competentes de tales hechos.*

Empero, contra lo que podría pensarse a primera vista, entendemos que estas normas sí reconocen el secreto profesional del mediador, pues la excepción que contemplan excede de todo aquello que integra el contenido de su labor, a diferencia de lo que sucedería en el caso de los abogados penalistas si se les aplicase la misma excepción, ya que su tarea cotidiana comprende la revelación de la comisión de delitos. Por último diremos que el BCPP 2013 sí reconoce expresamente y sin ambages el secreto profesional del mediador penal (art. 144.4)[956].

VI.1.6 Abstención y recusación, incompatibilidades y prohibiciones

También tendrán que regularse oportunamente, en el marco del sistema oficialista que preconizamos, las causas de abstención y recusación de los mediadores penales. A modo de simple indicación, y ante el silencio de la Ley 5/2012 al respecto, la Ley andaluza 1/2009, arriba citada, las simplifica en tres

[956] Vid. supra IV.5.

cláusulas generales, que bien podrían trasladarse a la materia que nos ocupa (art. 17):

> *a. Haber realizado actuaciones profesionales relacionadas con las titulaciones especificadas en el artículo 13.1* [disciplinas de Derecho, Psicología, Psicopedagogía, de carácter educativo, social, psicológico o jurídico] *a favor o en contra de alguna de las partes.*
>
> *b. Que exista vínculo de parentesco por consanguinidad hasta el cuarto grado o afinidad hasta el segundo grado, amistad íntima o enemistad manifiesta entre la persona mediadora, ya actúe individualmente o como parte integrante del equipo de personas mediadoras, y alguna de las partes.*
>
> *c. Que la persona mediadora tenga intereses económicos, patrimoniales o personales en el asunto de que se trate o en otro en cuya resolución pudieran influir los resultados de la mediación.*

Lo mismo puede decirse de las incompatibilidades y prohibiciones, aunque su magnitud dependerá del estatus que se confiera al mediador penal, que si fuera funcionarial conllevaría la observancia del cúmulo de incompatibilidades y prohibiciones prevenido en la Ley 53/84, de 26 de diciembre, de Incompatibilidades del Personal al Servicio de las Administraciones Públicas. Por el contrario, como ya se ha dicho, de no revestir la condición de funcionarios en el sentido administrativo del término, los mediadores podrán compatibilizar esta función con la de abogado, pero siempre que su actuación en calidad de una cosa sea estanca respecto de la actuación en calidad de la otra.

VI.1.7 Deontología y responsabilidad del mediador

VI.1.7.1 Necesidad de un código deontológico unitario

La tarea del mediador penal ha de estar sujeta al acatamiento de unos deberes profesionales que deben establecerse por ley. Sin embargo, ni siquiera a nivel internacional existe un código de conducta del mediador penal, salvo algunas notas contenidas en el art. V.3 de la Recomendación nº R (99) 19[957]:

> 26. (...) *El mediador debe siempre respetar la dignidad de las partes y asegurarse de que las partes actúan con respeto la una hacia la otra.*
> 27. *El mediador debe ser responsable de proporcionar un entorno seguro y adecuado para la mediación. El mediador debe ser sensible hacia la vulnerabilidad de las partes.*
> 28. *La mediación debe ser guiada con eficiencia, pero a un ritmo que sea cómodo para las partes.*

Hemos entonces de acudir otra vez a la mediación civil, cuyos códigos deontológicos sin duda serán muy parecidos a los que eventualmente puedan dictarse en materia penal. En el seno de la UE, la Comisión adoptó en 2004 un Código Europeo de Conducta para Mediadores[958], redactado por un conjunto de expertos en la materia, que posteriormente inspiró la creación de la Directiva 2008/52/CE del Parlamento Europeo y del Consejo, de 21 de mayo de 2008, sobre mediación civil y mercantil. Dicho código, cuya asunción por los mediadores es voluntaria, alberga unas pautas muy genéricas y escasas, que apenas van más allá de consagrar la independencia e imparcialidad del mediador y la confidencialidad de su función, aunque no es menos cierto que ha influido en la normativa posterior de los distintos Estados miembros.

Ya dentro de nuestras fronteras, la Ley 5/2012, nacida de la meritada directiva, se limita a disponer (art. 12)[959] que el Ministerio de Justicia y las Administraciones públicas competentes, en colaboración con las instituciones de mediación, fomentarán y requerirán la elaboración de códigos de conducta voluntarios, así como la adhesión de aquellos y de las instituciones de mediación a tales códigos[960]. Sin embargo no determina el contenido de los

957 Citada en supra II.1.5, IV.1.2 y VI.1.5.

958 Para conocer la génesis de este Código, vid. http://www.ec.europa.eu/civiljustice/adr/adr_ec_es.htm. En cuanto a su texto, puede descargarse la versión en castellano en http://www.ec.europa.eu/civiljustice/adr/adr_ec_code_conduct_es.pdf.

959 Este art. es uno de los preceptos de la L 5/12 que han sido traspuestos en el BCPP 2013 (vid. supra IV.5).

960 Así, comienzan a abrirse paso en nuestro país códigos de conducta elaborados por algunas asociaciones de mediadores, a cuyo cumplimiento se comprometen sus integrantes, como el de

deberes a observar, lo que a nuestro juicio supone una importante carencia. Por su parte, la ley andaluza de mediación familiar sí fija una serie de deberes concretos del mediador (art. 16)[961], que *de lege ferenda* pueden servirnos de pauta.

Nos hallamos, como dice BELLOSO, ante un nuevo profesional que trata de adquirir su propia identidad[962]. Es indispensable, por tanto, la existencia de un código de conducta unitario y vinculante para todos los mediadores -no solo para los que decidan suscribirlo-, lo que ayudaría a que la mediación alcanzase su propia autonomía y, consecuentemente, a deslindarla mejor de otros mecanismos análogos[963]. No cabe duda de que, conforme el uso de la mediación vaya extendiéndose, más se echará en falta una norma ética unitaria, si no de ámbito europeo, sí por lo menos nacional, a la que poder atenerse de cara a establecer eventuales responsabilidades por mala praxis.

---

la Asociación de Mediadores de Madrid, el cual contiene 36 artículos y data de 2010. Puede consultarse en www.matildedefuentes.com/CodigoDeontologico_web.pdf.

[961] *"a) informar a las partes en conflicto, previamente al inicio del proceso de mediación, de las características y finalidad del procedimiento, así como de su coste económico aproximado cuando no proceda la gratuidad de la prestación.*
b) Conducir el procedimiento de mediación, facilitando la comunicación entre las partes para alcanzar un acuerdo satisfactorio para ellas, dentro de la legalidad vigente.
c) Ejercer la actividad mediadora conforme a la buena fe y a la adecuada práctica profesional, y en su caso respetando las normas deontológicas del colegio profesional al que pertenezca.
d) Velar en todas sus actuaciones por el interés preferente de los hijos e hijas menores y de las personas dependientes.
e) Propiciar que las partes tomen sus propias decisiones y que dispongan de la información y el asesoramiento suficientes para que desarrollen los acuerdos de manera satisfactoria libre, voluntaria y exenta de coacciones.
f) Mantener la neutralidad e imparcialidad, respetando las posiciones de las partes, y preservar su igualdad y equilibrio durante el proceso de mediación, dando efectivo cumplimiento, en su caso, al principio de igualdad por razón de género.
g) Redactar, firmar y entregar a las partes el documento de aceptación, las actas y los justificantes de la celebración y asistencia a las reuniones.
h) Mantener la reserva y el secreto profesional respecto de los hechos conocidos durante el curso de la mediación (...).
i) Velar por el cumplimiento de los principios establecidos en la presente Ley.
j) Abstenerse de ofrecer a las personas en conflicto sus servicios fuera del campo de la mediación familiar o ejercer, con las mismas personas, otra función distinta de la mediación".

[962] BELLOSO MARTÍN, N., *"Una propuesta de código ético de los mediadores"*, en *Cuadernos Electrónicos de Filosofía del Derecho*, nº 15, 2007, obtenido el 1 de mayo de 2013 en http://www.uv.es/cefd, p. 1.

[963] Cfr. VALERO LLORCA, J., *"Mediación y deontología. Hacia un código deontológico de los mediadores"*, en *Libro de ponencias de la VIII conferencia internacional del foro mundial de mediación, Valencia, 18-21 de octubre de 2012, vol. II.* Foro Mundial de Mediación, Caracas, 2012, p. 168.

VI.1.7.2 Responsabilidad del mediador

La violación de sus deberes dará lugar a la pertinente responsabilidad del mediador, que podrá ser de tipo administrativo y/o penal. El art. 11.3 de la Ley 5/2012 exige a los mediadores la suscripción de un seguro o garantía equivalente que cubra la responsabilidad civil derivada de su actuación profesional, mientras que el art. 14 consagra su responsabilidad por los daños y perjuicios que aquella causare. Ambos preceptos son extrapolables al ámbito penal[964] pero, si se integra la mediación penal en los servicios judiciales, debería ser la propia Administración de Justicia la que asumiese la responsabilidad civil derivada de una mala praxis del mediador; ello sin perjuicio de una ulterior repetición contra el mediador en caso de dolo o negligencia grave. He aquí una sensible diferencia con la mediación en el campo del Derecho privado: a nuestro juicio, un modelo de mediación penal ligado al sistema de justicia caería forzosamente bajo la órbita del art. 106.2 CE, en virtud del cual, *"los particulares, en los términos establecidos por la ley, tendrán derecho a ser indemnizados por toda lesión que sufran en cualquiera de sus bienes y derechos, salvo en los casos de fuerza mayor, siempre que la lesión sea consecuencia del funcionamiento de los servicios públicos"*.

Si se adoptase el modelo de mediación penal oficialista por el que aboga este trabajo, el mediador quedaría sujeto a los especiales deberes de los servidores públicos, cuyo incumplimiento comporta una específica responsabilidad penal y administrativa. Recordemos que el concepto de funcionario público de nuestro Código Penal es amplísimo (*"todo el que por disposición inmediata de la Ley o por elección o por nombramiento de autoridad competente participe en el ejercicio de funciones públicas"*, art. 24.2), por lo que debería caer bajo su órbita todo mediador que en virtud de cualquier título prestase sus servicios a la Administración de Justicia. Así, por ejemplo, la inobservancia por el mediador penal de su deber de sigilo profesional sería susceptible de tipificarse como delito de violación de secretos por funcionario

[964] De hecho, como se vio en supra IV.5, el BCPP de 2013 transpone ambos preceptos, entre muchos otros de la Ley 5/2012, a su contenido.

público, previsto en el art. 417 C.P[965]. Y, como todo funcionario en el sentido jurídico-penal del término, quedaría fuera del ámbito de protección del principio *ne bis in idem*, por lo que los mismos hechos también podrían ser objeto de sanción administrativa.

VI.2 Procedimiento de mediación

VI.2.1 Modelos de mediación

Dentro de la mediación formal existen varios patrones de actuación, perfilados desde finales de la pasada centuria en el mundo anglosajón, entre los que se suele destacar a tres como los principales[966]:

a) El modelo Harvard o modelo tradicional lineal toma su nombre del *Harvard Negotiation Project*, desarrollado por la Facultad de Derecho de la famosa Universidad. Fue creado originalmente para la negociación bilateral, especialmente en política internacional, extendiéndose después a la Economía y al Derecho. Parte de una concepción estructuralista: no pretende modificar las relaciones, sino resolver un problema concreto. Su rasgo fundamental es su simplicidad: es una técnica de negociación que propugna la "gestión cooperativa" del problema asistida por un mediador experimentado[967], tendente a la solución del conflicto, el cual es concebido como un obstáculo para la satisfacción de los intereses y necesidades de las partes.

---

[965] *"1. La autoridad o funcionario público que revelare secretos o informaciones de los que tenga conocimientopor razón de su oficio o cargo y que no deban ser divulgados, incurrirá en la pena de multa de doce a dieciocho meses e inhabilitación especial para empleo o cargo público de uno a tres años.*
Si de la revelación a que se refiere el párrafo anterior resultara grave daño para la causa pública, la pena será de prisión de uno a tres años, e inhabilitación especial para empleo o cargo público de tres a cinco años.
2. Si se tratara de secretos de un particular, las penas serán las de prisión de dos a cuatro años, multa de doce a dieciocho meses y suspensión de empleo o cargo público por tiempo de uno a tres años.

[966] Cfr. ALCOVER DE LA HERA, C. M., *"La mediación como estrategia para la resolución de conflictos: una perspectiva psicosocial"*, op. cit., p. 120; FERREIRÓS MARCOS, C. E. *et al, La mediación en el Derecho penal de menores*, op. cit., pp. 211-212; GORDILLO SANTANA, L F., *La justicia restaurativa...*, op. cit., p. 182; MUNUERA GÓMEZ, P., *"El modelo circular narrativo de Sarah Cobb y sus técnicas"*, en *Portularia*, Universidad de Huelva, vol. VII, nº 1-2, 2007, pp- 85-106; ORTUÑO MUÑOZ, J. P., HERNÁNDEZ GARCÍA, J., *Sistemas alternativos a la resolución de conflictos (ADR)...*, op. cit., pp. 40-41; OTERO PARGA, M., *"Los modelos teóricos de la mediación"*, en AA.VV., *Mediación y solución de conflictos. Habilidades para una necesidad emergente*, M. Tecnos, Madrid, 2007, pp. 158-171.

[967] ORTUÑO MUÑOZ, J. P., HERNÁNDEZ GARCÍA, J., *Sistemas alternativos a la resolución de conflictos (ADR)...*, op. cit., pp. 40.

b) El modelo circular narrativo, presentado por la profesora de la Universidad de Santa Bárbara (California) Sara COBB en 1995 a través de diversos artículos[968], focaliza la tarea del mediador en la comunicación e interacción con las partes. No preocupa especialmente la solución del conflicto, esta no es la prioridad inicial; el conflicto remitirá por su propio peso cuando vaya mejorando la comunicación entre las partes. Solucionar el conflicto es crear una coherencia entre las distintas narraciones que se formulan sobre el mismo. De esta manera, el trabajo del mediador se centra en ayudar a las partes a construir nuevas narraciones, más acordes con la realidad objetiva del conflicto. Adoptar este modelo en un caso de mediación convierte el proceso ya no en una negociación en sentido estricto, sino en una experiencia narrativa[969]. Este modelo contempla las sesiones privadas con ambas partes, por considerar que es la mejor forma de comprender a cada uno y de buscar los intereses comunes[970]. Siguiendo esta línea, VINYAMATA da una definición de mediación centrada en el proceso de comunicación y en el restablecimiento de las relaciones entre las partes:

> *El proceso de comunicación entre partes en conflicto con la ayuda de un mediador imparcial, que procurará que las personas implicadas puedan llegar, por ellas mismas, a establecer un acuerdo que permita recomponer la buena relación y dar por acabado, o al menos mitigado, el conflicto, que actúe preventivamente o de cara a mejorar las relaciones con los demás*[971].

c) El modelo transformativo de FOLGER y BUSH incide en mejorar el aspecto relacional[972]. Busca transformar a las partes, hacerlas mejores para afrontar mejor futuros conflictos. En este modelo los acuerdos también quedan en un segundo plano, pues lo que se pretende fundamentalmente es la adquisición

---

968 La profesora COBB, madre de seis hijos, actualmente en la Universidad George Mason (Virginia, EEUU), es la abanderada de esta escuela. Puede encontrarse, en español, COBB, S., *"Una perspectiva narrativa en mediación"*, en *Nuevas direcciones en mediación* , coord. FOLGER, J. P. y JONES, T. S. Paidós, Buenos Aires, 1997, pp. 89-100.

969 Cfr. MUNUERA GÓMEZ, P., *"El modelo circular narrativo de Sarah Cobb y sus técnicas"*, op. cit., p. 86.

970 Ibídem, p. 90.

971 VINYAMATA CAMP, E., *Aprender mediación*, op. cit., p. 17. En la misma línea, la definición de FARRÉ SALVÁ (del mismo, *Gestión de conflictos: taller de mediación. Un enfoque socioafectivo*, op. cit., p. 119).

972 Vid. FOLGER, J. P., BUSH, R. B., *La promesa de mediación*, op. cit.

por las partes de capacidades nuevas. Se considera fundamental la superación de la visión unilateral del conflicto, para lo cual se incide en el reconocimiento de los valores de la otra parte, a través de una relación mutua que propugna la comprensión y la modificación de los propios sentimientos. Si el sistema de Harvard incide en la simplicidad, la escuela transformativa constituye el modelo de mediación más complejo por su carácter relacional y el "crecimiento moral" que persigue[973]. ORTUÑO-HERNÁNDEZ identifican la esencia de este modelo cuando dicen:

> *La mediación no tiene como objetivo primario la determinación de las responsabilidades derivadas del conflicto, sino la construcción de nuevas relaciones capaces de generar soluciones superadoras. La clave es otorgar a las propias partes el poder de gestionar su crisis para que, fuera de estructuras formalizadas, identifiquen las soluciones más equitativas.*[974]

Pensamos que el patrón más funcional, más simple y, por tanto, más indicado para la mediación en el campo penal, es el de Harvard. Sin embargo, en el caso de las que hemos denominado infracciones "punta de iceberg"[975], habrá que utilizar un modelo de mediación que, más que en la concreta reparación, incida en el restablecimiento de los lazos de unión deteriorados, pues la infracción penal cometida, lejos de constituir el problema, no es más que el reflejo del deterioro del vínculo interpersonal. Como ya se dijo anteriormente, es en estas situaciones cuando la mediación triunfa definitivamente frente a los cauces tradicionales del proceso penal. En estos supuestos, convendrán mejor las técnicas de los modelos circular narrativo[976] y transformativo[977].

VI.2.2 Fases del procedimiento de mediación

---

[973] FOLGER, J. P., BUSH, R. B., *La promesa de mediación*, op. cit. p. 21.

[974] ORTUÑO MUÑOZ, J. P., HERNÁNDEZ GARCÍA, J., *Sistemas alternativos a la resolución de conflictos (ADR)...*, op. cit., p. 7.

[975] Vid. supra V.1.1, dedicado a las infracciones "estrella" de la mediación.

[976] Sobre la aplicación del modelo circular narrativo a la mediación penal, vid. NORDENSTAHL, U. C. E., *Mediación penal. De la práctica a la teoría*, op. cit., pp. 88-89.

[977] Sobre la aplicación del modelo transformativo en mediación penal, vid. PIÑEYROA SIERRA, C. *et al.*, *El valor de la palabra que nos humaniza...*, *op.* cit., pp. 67-68. Según relata la obra citada, aquel ha sido el modelo seguido en la experiencia en mediación penal llevada a cabo en Aragón por la Asociación "¿hablamos?".

Según se avanzó al inicio del presente capítulo, la flexibilidad característica de la mediación no equivale a la inexistencia de ciertos pasos básicos que su puesta en práctica ha de seguir. La mediación puede describirse como una sucesión de pequeñas metas cuya consecución permite ir avanzando escalonadamente hacia el objetivo final. De esta manera, el mediador deberá afanarse en un primer momento en "romper el hielo", en obtener la confianza de las partes, para a continuación centrarse en el hecho en sí y proceder a la determinación de las posiciones iniciales. Una vez dados esos pasos preliminares, será el momento de encarar a las partes en las sesiones de mediación propiamente dichas. Atendiendo a la doctrina y al contenido de los distintos proyectos llevados a la práctica en nuestro país, podemos distinguir cinco fases principales[978]: la llamada "premediación", la fase informativa, las sesiones de mediación propiamente dichas, la terminación de la mediación y, en caso de acuerdo, la fase de seguimiento de su cumplimiento.

VI.2.2.1 La "premediación"

Esta primera fase va a estar centrada en la identificación del caso, en el "diagnóstico de su mediabilidad"[979] y, si se evalúa como viable, en la derivación del expediente al servicio de mediación. Lo idóneo es que la derivación se haga en los momentos preliminares del proceso penal, recién formulada la denuncia o incluso antes de que esto ocurra, quedando abierta en todo momento la posibilidad de seguir las vías tradicionales. La derivación competerá a las autoridades encargadas de la persecución –policía, juez, fiscal- o incluso al

---

[978] Cfr., ALCOVER DE LA HERA, C. M., *"La mediación como estrategia para la resolución de conflictos: una perspectiva psicosocial"*, op. cit., p. 120 ss.; BELTRÁN MONTOLIU, A., *"Modelo de mediación en los Estados Unidos de América"*, op. cit., pp. 73 ss.; DE URBANO CASTRILLO, E., *"La justicia restaurativa penal"*, op. cit., p. 12; FARRÉ SALVÁ, *Gestión de conflictos: taller de mediación. Un enfoque socioafectivo*, op. cit., pp. 129 ss.; FOLBERG J., TAYLOR, A., *Mediación: resolución de conflictos sin litigio*, op. cit. pp. 55 ss.; GÓMEZ HERMOSO, M. R., *"Mediación penal y aspectos psicológicos"*. Consejo General de Colegios Oficiales de Psicólogos, Madrid, 2012, p. 4; JUNG JIN CHOI, J., GILBERT, M. J., *"Joe everyday, people off the street: a qualitative study on mediators´ roles and skills in victim-offender mediation"*, en *Contemporary Justice Review*, vol. 2, nº 13, 2010, pp. 207 ss.; MARTÍNEZ GARCÍA, E., *"Mediación penal en los procesos por violencia de género"*, op. cit., pp. 31-32; PASCUAL RODRÍGUEZ, E., *La mediación en el sistema penal…*, op. cit., pp. 265 ss.; PÉREZ CABALLERO, M. L., *"Las víctimas en la mediación penal de adultos"*, op., cit., pp. 13-14; PORTELA, J. G., *"Estructura y fases de la mediación"*, op. cit., pp. 226 ss.; ROZENBLUM DE HOROWITZ, S., *Mediación. Convivencia y resolución de conflictos en comunidad*. Grao, Barcelona, 2007, pp. 22 ss.

[979] FARRÉ SALVÁ, S., *Gestión de conflictos: taller de mediación. Un enfoque socioafectivo*, op. cit., p. 130).

propio servicio de mediación, previa solicitud de la víctima, una vez adecuadamente informada de los pormenores del procedimiento. El dato clave que debe tenerse presente en este punto es si el supuesto concreto es o no mediable.

En el proyecto conjunto UGR-Policía Nacional, del que hablaremos al final de este trabajo, puesto que se trata de mediación preprocesal ofrecida a las partes de manera previa a la presentación de la denuncia, la decisión de derivar o no el caso a mediación nos corresponde a los dos Inspectores Jefes que venimos coordinando la experiencia sobre el terreno. Dicha decisión se fundamenta estrictamente en las connotaciones legales del asunto; después, será labor de los mediadores decidir la activación o no del procedimiento, tras un cuidadoso análisis del tipo de conflicto, las connotaciones personales de las partes, el equilibrio de poder existente entre las mismas y el conocimiento de la historia o pasado del problema.

VI.2.2.2 La fase informativa

En esta segunda fase, que llamaremos informativa, entra en acción el mediador, quien procederá a efectuar contactos iniciales con las partes a fin de instruirles sobre la existencia de esta vía[980] y la posibilidad de recurrir a la misma, advirtiéndoles de su gratuidad, de las ventajas que pueden obtener y de las consecuencias de un eventual acuerdo, remarcando siempre que la mediación es voluntaria y que en cualquier momento se puede desistir de la misma y devolver la causa a sus caminos tradicionales. En esta fase el mediador debe informar, pero también ha de informarse, lo que se materializa en dos tareas concretas[981]:

1ª) Recogida y estudio de la mayor cantidad posible de datos acerca del conflicto. A estos efectos, el mediador penal debe tener en su poder, previa

[980] Es pertinente que los distintos servicios dispongan de folletos informativos. El principal escollo de la mediación, sobre todo de la penal, como ya se ha indicado aquí, es, sin lugar a dudas, el desconocimiento que la rodea.
[981] ALCOVER DE LA HERA, C. M., *"La mediación como estrategia para la resolución de conflictos: una perspectiva psicosocial"*, op. cit., p. 122.

entrega de la Fiscalía o del Juzgado, los documentos obrantes en la causa que sean necesarios para el adecuado desempeño de su función mediadora[982].

2ª) Identificación de los temas nucleares y establecimiento de un esquema o guion a seguir.

En síntesis, el mediador ha de ser capaz de identificar el "PIN" de las partes, según denominación de PORTELA, esto es: sus posiciones, intereses y necesidades[983]. Si la posición es el punto de partida, el máximo inicial exigido, los intereses son aquello que se aspira a obtener, mientras que las necesidades vienen conformadas por lo que realmente se precisa. He aquí el meollo del trabajo de todo mediador: hacer ver a las partes sus verdaderas necesidades; poner a cada uno en el lugar del otro para así hacerles comprender a ambos que sus demandas no son tan diferentes entre sí como parecía al principio. Para la conceptuación y valoración de tales necesidades suele recurrirse a la clásica "Pirámide de MASLOW"[984].

VI.2.2.3 Las sesiones de mediación

La tercera fase viene conformada por la mediación propiamente dicha. El inicio formal del procedimiento se concretaría en la redacción de un "acta inicial de mediación", un "contrato"[985] en el que los participantes se comprometerían a aceptar los principios de la mediación, estudiados en el capítulo II. El acta inicial será firmada, como prueba de conformidad, por el mediador y por las

[982] BARALLAT LÓPEZ, J., *"La mediación en el ámbito penal"*, op. cit., p. 15; GONZÁLEZ CANO, M. I., *"La mediación penal en España"*, op. cit., p. 50. Por nuestra parte, entendemos que, si la mediación penal es dispuesta modo de servicio de la Administración de Justicia, no tendría por qué vulnerarse el secreto de las actuaciones sumariales consagrado en el art. 301 de nuestra LECr. En contrapartida, esta configuración del mediador va a conferirle una especial sujeción a los deberes propios de los servidores públicos, con las responsabilidades penales y/o administrativas que su incumplimiento puede conllevar, como dijimos en supra VI.1.7.2.

[983] PORTELA, J. G., *"Comprensión del PIN de las partes"*, en AA.VV., *Mediación y solución de conflictos. Habilidades para una necesidad emergente*, M. Tecnos, Madrid, 2007, p. 234.

[984] Vid. MASLOW, A. H., *Motivación y personalidad* (trad. de Caridad Clemente, originalmente publicado con el título *Motivation and personality*, Harper & Row, Nueva York, 1954). Ediciones Díaz de Santos, Madrid, 1991, pp. 87 ss. El autor confeccionó una pirámide, ya clásica, en la que, dicho muy gruesamente, las necesidades más perentorias para la supervivencia se situaban en la base, mientras que las relativas a la realización social del individuo iban en la parte superior.

[985] ALCOVER DE LA HERA, C. M., *"La mediación como estrategia para la resolución de conflictos: una perspectiva psicosocial"*, op. cit., p. 121.

partes, a las que se entregará copia. Firmada el acta, se iniciará y se irá desarrollando la mediación de acuerdo con las pautas fijadas por el mediador.

En este punto, la versión penal de la mediación presenta una sensible diferencia con las de otros ámbitos jurídicos: mientras que en el campo de las relaciones jurídicas privadas los contactos unilaterales (mediación indirecta) tienen carácter excepcional[986], en la mediación penal, dadas sus especiales connotaciones, es conveniente que los primeros contactos tengan lugar separando inicialmente a víctima y e infractor[987]. Las sesiones unilaterales son conocidas en el lenguaje técnico de la mediación como "caucus"[988]. En ellas se valora la conveniencia o no de juntar a ambas partes, punto en que es crucial la adecuada formación del mediador, quien ha de poseer los conocimientos necesarios para determinar si los protagonistas están o no psicológicamente preparados para el encuentro cara a cara. En caso afirmativo será el momento de las sesiones bilaterales. En estas, el mediador ha de echar mano de su "caja de herramientas"[989]: un conjunto de técnicas, desarrolladas fundamentalmente en el campo de la psicología, mediante las que, una vez identificado el PIN de las partes, tratará de conseguir, siguiendo a HIERRO:

a) Que las partes abandonen sus posiciones iniciales y sus percepciones erróneas y atiendan a sus necesidades e intereses.

---

[986] Ello en virtud del principio de bilateralidad de la mediación, visto en supra II.2.6.

[987] Fely González Vidosa, la directora de la oficina de la atención a la víctima de Valencia que llevó a cabo, junto con el Juzgado de Instrucción nº 2 de los de esa ciudad, la primera experiencia de mediación penal con adultos en 1993, explica que, en la mayoría de los caso por delito, la mediación fue indirecta, mientras que en los asuntos por falta fue directa. GONZÁLEZ VIDOSA, F., *"La víctima en mediación, 1ª experiencia de adultos en España"*, op. cit., pp. 103-116. Por su parte, PASCUAL RODRÍGUEZ, E., que tomó parte en otra experiencia realizada en Madrid entre 2005 y 2008, estima aconsejable recurrir a la mediación indirecta en casos de conflictos vecinales o de pareja, en los que el problema está enquistado y hay mala comunicación entre las partes. De las misma, *La mediación en el sistema penal…*, op. cit., p. 150. Vid., asimismo, sobre la conveniencia de la mediación indirecta en materia penal, desde una perspectiva psicológica, GÓMEZ HERMOSO, M. R., *"Mediación penal y aspectos psicológicos"*, op. cit., pp. 11 ss.

[988] Cfr. PORTELA, J. G., *"Estructura y fases de la mediación"*, op. cit., p. 240, PASCUAL RODRÍGUEZ, E., ss., GONZÁLEZ CAPITEL, C. M., *Manual de mediación, 2ª edición*. Atelier, Barcelona, 2001, p. 99. Al lector le resultará familiar este término pues así es como se llama a las convenciones del Partido Demócrata estadounidense en las que son designados sus candidatos. Se discute si el vocablo tiene origen indioamericano o latino. Vid. PIQUER, I., *"Qué es un caucus"*, en *Diario Público*, edición de 3 de enero de 2008, obtenido el 14 de noviembre de 2012 en http://www.publico.es, documento sin paginar.

[989] VÁZQUEZ FLAQUER, A., *"La capacitación del profesional de la mediación"*, en *Libro de ponencias de la VIII conferencia internacional del foro mundial de mediación, Valencia, 18-21 de octubre de 2012, vol. IV*. Foro Mundial de Mediación, Caracas, 2012, p. 31.

b) Que abandonen la atención a los motivos del conflicto y centren su atención en los beneficios del posible acuerdo.
c) Que marginen los puntos de discrepancia e identifiquen los puntos en común.
d) Que vayan alcanzando consensos parciales.
e) Que alcancen un acuerdo voluntario final que solucione el conflicto.
f) Que dejen abierta la posibilidad de mantener relaciones en el futuro, particularmente, se comprometan a someter nuevamente a mediación cualquier eventual modificación del acuerdo obtenido[990].

De entre las técnicas que integran la caja de herramientas del mediador, destacaremos brevemente algunas de las más citadas en la literatura sobre la materia[991]:

1. Escucha activa empática o "parafraseo"

El parafraseo consiste, en esencia, en el reprocesamiento de la información que se va recogiendo de las partes: el mediador devuelve a las partes el relato que previamente han hecho, pero puesto en sus propias palabras, incluyendo tanto el contenido como las emociones expresadas. Esta es la primera de las dos grandes funciones de la paráfrasis: "demostrar" a las partes que se les ha escuchado, lo que contribuye a que se sientan legitimadas tras su narración[992]. Finalmente se les pregunta si ese relato que se les ha devuelto, una vez objetivado y mejor estructurado, es lo que han querido contar

---

[990] HIERRO SÁNCHEZ-PESCADOR, L., *"Aspectos éticos de los medios alternativos de solución de controversias..."*, op. cit., p. 39.
[991] Vid. ALCOVER DE LA HERA, C. M., *"La mediación como estrategia para la resolución de conflictos: una perspectiva psicosocial"*, op. cit., pp. 124-125; ESTEBAN SOTO, Y., *"Las microtécnicas de la mediación"*, en AA.VV., *Mediación y solución de conflictos. Habilidades para una necesidad emergente*, M. Tecnos, Madrid, 2007, pp. 247 ss.; FOLBERG, J., TAYLOR, A., *Mediación: resolución de conflictos sin litigio*, op. cit. pp. 109 ss.; GÓMEZ HERMOSO, M. R., *"Mediación penal y aspectos psicológicos"*, op. cit., pp. 12 ss.; GONZÁLEZ CAPITEL, C. M., *Manual de mediación, 2ª edición*. Atelier, Barcelona, 2001, pp. 99 ss.; JUNG JIN CHOI, J., GILBERT, M. J., *"Joe everyday.."*, op. cit., pp. 207ss.; PASCUAL RODRÍGUEZ, E., *La mediación en el sistema penal...*, op. cit., pp. 318 ss.; PORTELA, J. G., *"Estructura y fases de la mediación"*, op. cit., pp. 240 ss.; del mismo, *"Replanteamiento y generación de opciones"*, en AA.VV., *Mediación y solución de conflictos. Habilidades para una necesidad emergente*, M. Tecnos, Madrid, 2007, pp. 264 ss. PASCUAL RODRÍGUEZ, E., *La mediación en el sistema penal...*, op. cit., pp. 318 ss.;
[992] ALCOVER DE LA HERA, C. M., *"La mediación como estrategia para la resolución de conflictos: una perspectiva psicosocial"*, op. cit., p. 125.

y, en caso de respuesta afirmativa, el parafraseo habrá tenido éxito y la mediación estará ya avanzando por la senda correcta.

2. Reformulación

He aquí la segunda función del parafraseo. El relato se reformula, se descontamina de elementos hostiles, es decir, se repite la historia narrada pero limpia de insultos, tergiversaciones y expresiones como venganza, enemigo, odio… Es fundamental para lo que se conoce como "control de la ira": evitar que las emociones negativas dominen la conducta de las partes implicadas en el proceso de mediación[993].

3. Realización de preguntas.

En su conocimiento de las posiciones, intereses y necesidades de las partes, el mediador más ha de ir más allá de lo que aquellas hayan transmitido en su relato. Para ello recurre a las preguntas. Las más frecuentes son, siguiendo el esquema clásico de FOLBERG-TAYLOR[994]:

- Clarificadoras: Su objetivo es aclarar o precisar extremos de lo relatado por las partes.
- Preguntas cerradas. Tienen un carácter dicotómico, es decir, solo se puede responder "sí" o "no".
- Preguntas abiertas. Se deja libertad en su contestación, formulándose a través de términos como "por qué", "qué", "dónde", "quién", "cómo", "cuándo", etc.

4. Equilibrio de poder

Como ya se ha dicho a lo largo de esta obra, un desequilibrio de poder muy acusado entre las partes inhabilita la mediación. Pero puede que existan desequilibrios salvables por el mediador (diferencias de "jerarquía social", de

[993] Ídem.

[994] FOLBERG, J., TAYLOR, A., *Mediación: resolución de conflictos sin litigio,* op. cit. p. 118. En opinión de los autores, es conveniente evitar las preguntas disyuntivas, tales como *"se lleva usted mal con su madre o con su padre"*, pues restan libertad de comunicación y pueden incomodar a las partes.

género, presencia física...), en cuyo caso debe facilitar que la parte "débil" se sienta segura y pueda expresar libremente sus pensamientos.

5. Intercambio de papeles

Consiste en la petición que el mediador hace a cada parte para que se ponga en el lugar de la otra. Esto permitirá que comprendan los intereses y perciban las necesidades del otro. Necesita de un importante esfuerzo de imaginación por ambas partes pero suele ser muy eficaz cuando se logra.

6. Enfocar hacia el futuro

A través de esta técnica el mediador coloca a las partes en escenarios hipotéticos para comprobar sus posibles reacciones ante las variantes presentadas, las cuales pudieran llegar a ser reales. Se emplean frases condicionales como "imagínate que…, "qué pasaría si…", etc.

7. Control de la ira

Se trata de apaciguar la excesiva tensión, angustia o miedo experimentado por las partes (especialmente por la víctima). El mediador ha de saber cuándo afrontar dicha ira, propiciando la comunicación abierta y sincera, y cuándo enfriarla, proponiendo recesos, descansos, o simplemente dando por terminada la reunión. En este punto es vital la no implicación del mediador con sus propias emociones, como ya se dijo al hablar de su neutralidad en el capítulo II.

8. Asertividad

Este término, muy recurrente en mediación, hace referencia al estilo de comunicación que ha de emplear el mediador: firme sin llegar a ser agresivo y respetuoso sin llegar a ser pasivo, posibilitando lal comunicación y garantizando el respeto entre las partes.

9. Estudio del lenguaje no verbal

Dentro de la mediación, la comunicación es el componente básico. Puede ser verbal y no verbal, y el mediador ha de saber entender e interpretar ambas, al objeto de poder determinar si los mensajes que recibe de las partes mensajes son acordes con su expresión corporal. Corolario de esto, también tendrá que estar muy pendiente de su propio lenguaje no verbal, cuidar que no se noten sus opiniones al respecto de lo que se le está contando, o si se encuentra cansado, aburrido, etc. No se olvide que el 55% de lo que comunicamos viene determinado por el lenguaje corporal: movimientos de las manos, posturas, gestos, miradas, el 38% por el tono de voz, velocidad e inflexión, y el 7% por las palabras que realmente decimos[995]. Tampoco hay que dejar caer en saco roto las llamadas "características somáticas", esto es, los rasgos físicos que evidencian determinados sucesos a lo largo de la vida de la persona (arrugas, cicatrices, obesidad o delgadez extremas, etc.)[996].

Por otro lado, no debe descartarse la posibilidad de tener que recurrir a los caucus una vez comenzado el período de encuentros bilaterales, si así lo juzga conveniente el mediador; por ejemplo, si observa que alguna de las partes se está "guardando" información o se muestra cohibida para aportarla, si bien parte de la doctrina advierte de la necesidad de informar a la otra parte y de reunir a ambas alternativamente, para que no se produzca una descompensación en el número de reuniones[997].

En cuanto a la duración de las sesiones, no existe una longitud estándar, sino que depende del criterio del mediador. Este tendrá que conceder un margen de tiempo suficiente a los protagonistas para que se liberen de las reticencias iniciales, pero una vez advierta en ellos el cansancio o la falta de interés en continuar será mejor dejarlo para una futura ocasión. FOLBERG-

[995] Cfr. VÁZQUEZ FLAQUER, A., *"La capacitación del profesional de la mediación"*, op. cit., p. 33; FOLBERG, J., TAYLOR, A., *Mediación: resolución de conflictos sin litigio*, op. cit. p. 123 ss.
[996] FOLBERG, J., TAYLOR, A., *Mediación: resolución de conflictos sin litigio*, op. cit. p. 127.
[997] Cfr. PORTELA, J. G., *"Estructura y fases de la mediación"*, op. cit., p. 240; PASCUAL RODRÍGUEZ, E., *La mediación en el sistema penal…*, op. cit., p. 321.

TAYLOR aconsejan tener en cuenta el tiempo máximo de atención que puede prestar una persona, lo que denominan *"factor de resistencia a la posición sentado"*, que sería el tiempo que una persona media aguanta cómodamente sentada sin que le den ganas de ir al baño, por lo que no hay que olvidarse de ofrecer descansos a los protagonistas[998]. Según la opinión más extendida, la duración de la sesión no debería sobrepasar las dos horas[999]. Por otro lado resulta conveniente, como hemos podido comprobar a lo largo de nuestra experiencia, detener la reunión cuando se alcanza algún pequeño logro inicial, para que las partes se vayan con una sensación positiva y con ganas de volver a encontrarse para seguir avanzando.

Respecto al número de sesiones adecuado, como ya se avanzó al hablar de los principios de la mediación tampoco existe una cantidad ideal, siendo el mediador quien debe determinar cuándo el procedimiento se halla en vía muerta y si es conveniente darlo por concluido. Sin duda, aquellas infracciones que hemos denominado "punta de iceberg" demandarán más sesiones, pero estas no pueden prolongarse *ad infinitum*; menos aún si existe una instrucción procesal suspendida a expensas de su resultado. La mediación, como procedimiento flexible por definición, no está sujeta a términos ni plazos, pero ello tampoco es óbice para que, máxime si se acopla en el andamiaje del proceso penal, deba sustanciarse en un tiempo razonable[1000]. Acerca del asunto, la Recomendación nº R (99) del Consejo de Europa[1001] establece que la decisión que derive un caso penal al servicio de mediación deberá contener un plazo de tiempo considerado razonable para su desarrollo, debiendo informar los mediadores de las incidencias que se produzcan que imposibiliten o compliquen su terminación en dicho término (art. IV.16). Por su parte, el ALECr 2011 fijaba tres meses como plazo máximo de duración, aunque no hacía referencia al número de sesiones, mientras que tanto la Ley 5/2012, de

---

[998] FOLBERG, J. y TAYLOR, A., *Mediación: resolución de conflictos sin litigio,* op. cit. p. 289.

[999] FOLBERG, J. y TAYLOR, A., consideran que una hora es demasiado poco tiempo y más de dos es excesivo. De los mismos *Mediación: resolución de conflictos sin litigio,* op. cit. p. 289. Por su parte, PASCUAL RODRÍGUEZ, E., fija en dos horas la duración adecuada. De la misma, *La mediación en el sistema penal...*, op. cit., p. 321. Según nuestra experiencia personal, dos horas es una adecuada duración "estándar".

[1000] Cfr. ORTUÑO MUÑOZ, J. P., HERNÁNDEZ GARCÍA, J., *Sistemas alternativos a la resolución de conflictos (ADR)...*, op. cit., p. 73.

[1001] Citada en supra III.1.5, IV.1.2, VI.1.5 y VI.1.7.1.

Mediación civil y mercantil, como el BCPP 2013, sin poner plazo concreto, establecen que la mediación *"será lo más breve posible y sus actuaciones se concentrarán en el mínimo número de sesiones"*. Como ejemplo de instrumento normativo vigente, aunque relativo a otra materia, el Reglamento andaluz de mediación familiar, ya citado, fija un tope de tres meses a contar desde el día que se levante el acta inicial, debiéndose celebrar en dicho plazo las sesiones previstas. Estas, salvo causa justificada, no excederán de seis y tendrán una duración mínima de sesenta minutos cada una (art. 26.1).

Refiriéndonos a experiencias concretas, el Protocolo de mediación penal del Departamento de Justicia del Gobierno Vasco, también citado, señala al respecto que el procedimiento no podrá superar, con carácter general, los dos meses, sin perjuicio de que, *"por circunstancias extraordinarias y debidamente motivadas y autorizadas por el órgano judicial y el Departamento de Justicia"*, se pueda prorrogar dicho plazo en uno o dos meses más[1002]. A su vez, el Convenio sobre mediación penal suscrito por el Gobierno de Aragón en diciembre de 2012[1003], fija un plazo de un mes para resolver o desechar los expedientes de mediación, *"salvo cuando existan serias posibilidades de llegar a un acuerdo y para ello sea necesaria su ampliación (principio de flexibilidad)"*. Asimismo, de los resultados de los programas piloto desarrollados en nuestro país, podemos destacar, como dato interesante, que de los 218 expedientes derivados a mediación penal en Madrid entre 2006 y 2008, más del 50% se resolvió en menos de un mes, más 90% en menos de dos y, ninguno excedió de los tres meses[1004].

Por último, de cada una de las sesiones que se celebren, es conveniente redactar el correspondiente documento de asistencia, en el que quedará constancia de la fecha de la reunión y duración de la misma y del que se

---

[1002] *Protocolo de funcionamiento del Servicio de Mediación Intrajudicial, Procedimiento de Mediación Penal*, Gobierno Vasco, Departamento de Justicia y Administración Pública, 2012, op. cit., p. 9.
[1003] Convenio publicado mediante Orden de 19 de diciembre de 2012 del Departamento de Presidencia y Justicia del Gobierno de Aragón (Boletín Oficial de Aragón, de 23 de diciembre de 2012). Vid. infra VIII.3.7, sobre la experiencia sobre mediación penal en Aragón.
[1004] Fuente: PASCUAL RODRÍGUEZ, E., *La mediación en el sistema penal…*, op. cit., p. 358.

entregará una copia a cada una de las partes, quedando otra en poder del mediador[1005].

VI.2.2.4 Terminación de la mediación

La cuarta fase estaría constituida por el acuerdo de mediación, o bien por el abandono de la misma, si se ha sobrepasado el plazo o el número de sesiones preestablecidos, si el mediador considera que no se dan las condiciones para que se vayan consiguiendo avances o si alguna de las partes decide no continuar participando.

De todos los contactos con las partes, sean o no por separado, debe dejarse constancia por escrito; con mayor motivo en materia de mediación penal, al estar guiada por el principio de oficialidad. Por lo tanto, lo adecuado es que el servicio de mediación incoe un expediente en el que obren las actas firmadas de las distintas sesiones, así como los logros que se van obteniendo (compromiso de volver a reunirse y fecha de la nueva reunión, compromisos concretos de respeto mutuo en la relación personal, si se trata de personas que se conocen independientemente de la infracción cometida, etc.)[1006]. Finalmente, los intervinientes deberán firmar un acta final de la mediación, ya sea de acuerdo o de simple conclusión de la misma. El acta de acuerdo deberá remitirse a la autoridad competente para que, una vez obtenido el visto bueno, aquel surta efectos.

VI.2.2.5 Seguimiento del acuerdo

Si finalmente se alcanza el acuerdo, debe realizarse un seguimiento del grado de cumplimiento por lo servicios de mediación, debiendo dar cuenta de ello a la autoridad competente. El control de la realización de lo acordado, especialmente, como es obvio, por el victimario, posee especial relevancia en el

[1005] A título indiciario, así lo exige, por ejemplo el citado Reglamento andaluz de mediación familiar, aprobado por el Decreto 37/2012, de 27 de enero (art. 25.3). Igual pauta seguimos en la experiencia UGR-Jefatura Superior de Policía de Andalucía Oriental.

[1006] Este es el iter documental, por así decirlo, que seguimos en los casos que abordamos en la experiencia llevada a cabo entre la UGR y la Jefatura Superior de Policía de Andalucía Oriental.

terreno de la mediación penal, por cuanto cabe la existencia de un proceso penal suspendido a expensas del definitivo cumplimiento de los acuerdos.

VI.3 Momento procesal oportuno, autoridad competente para la derivación del expediente y ubicación del servicio

VI.3.1. Mediación preprocesal

Debemos aclarar que también puede existir la mediación penal preprocesal[1007], es decir, aquella que tiene lugar antes de que la *notitia criminis* llegue a las autoridades encargadas de perseguir el delito[1008]. Dicha mediación solo es viable en las infracciones perseguibles a instancia de parte y consiste, en suma, en el ofrecimiento a las víctimas de someterse a mediación con el presunto infractor de manera absolutamente voluntaria y previa a la presentación de la denuncia, la cual quedaría provisionalmente paralizada, a resultas de lo que se consiguiera en la mediación. Entendemos que esta mediación preprocesal es la solución ideal en las infracciones bagatelarias, como las faltas o los delitos leves de nuevo cuño, que a diario colapsan nuestros juzgados de instrucción con verdaderas menudencias. En estos casos, dado el carácter oficial del modelo que defendemos, el ofrecimiento al ciudadano de la mediación preprocesal partiría de los propios servicios de mediadores (que a su vez podrían contar con la colaboración de las comisarías de policía)[1009].

El problema que aquí se nos plantea viene constituido por el corto período de prescripción de las faltas (6 meses, art. 131.2 CP[1010]). De manera indudable, dado que en la mediación intraprocesal propiamente dicha el proceso penal ya se ha incoado, el cómputo de la prescripción de la infracción

---

[1007] No confundir con extraprocesal, pues, como se viene diciendo a lo largo de este trabajo, no se defiende la mediación como alternativa al proceso, sino dentro de él. Simplemente se trata de dar posibilidad a las partes, en aquellas infracciones que el Estado no tiene obligación de perseguir si no son denunciadas, de obtener una reparación antes incluso de formular la denuncia, gozando el acuerdo al que pueda llegarse del reconocimiento oficial de las instancias estatales competentes.

[1008] Cfr. BARONA VILAR, S., *Mediación penal. Fundamento, fines y régimen jurídico,* op. cit., p 294

[1009] Vid. infra IX.2, acerca de la experiencia conjunta UGR-Jefatura Superior de Policía de Granada en mediación para pequeñas infracciones.

[1010] Si bien el Anteproyecto de Reforma de Código Penal actualmente en trámite suprime el Libro III y transforma las faltas más relevantes en "delitos leves", de nuevo cuño, para los que el plazo de prescripción aumenta hasta el año.

viene interrumpido *ex ante*, por mor de dicha incoación[1011]. Sin embargo, parece que no puede ocurrir así en la mediación preprocesal, pues se trata de una solución que se ofrece de manera previa a la comunicación de la *notitia criminis* a las instancias competentes del Estado; luego, si las Autoridades competentes todavía no han "tomado nota" de la posible existencia de la infracción, es decir, no les ha sido participada la *notitia criminis,* el plazo de prescripción sigue corriendo. Consecuencia de ello, especialmente en materia de faltas penales, el mediador tendrá que tener en cuenta los plazos de prescripción y recomendar la presentación de la denuncia si ya no queda tiempo razonable para mediar.

Solución distinta encontraremos en la mediación en el ámbito del Derecho privado, ya que en este campo la mediación es siempre extraprocesal. Así, la Ley 5/2012, de mediación civil y mercantil, señala en su art. 4 que la solicitud de inicio de la mediación suspenderá la prescripción o la caducidad de acciones desde la fecha en la que conste la recepción de dicha solicitud por el mediador, estableciendo un plazo de 15 días para que efectivamente se incoe el procedimiento de mediación, lo que prolongará la suspensión hasta que termine la mediación.

VI.3.2. Momento procesal oportuno

En cuanto a la fase procesal adecuada, la mediación puede darse en cualquier etapa del proceso, pero sus efectos no siempre deberían ser los mismos. Es decir, somos partidarios de fijar una frontera a partir de la cual el proceso no sea susceptible de ser suspendido a expensas del resultado de la mediación; ello en aras de evitar utilizaciones subrepticias de este mecanismo. Dicha idea depende, también, de cómo se conciba la mediación penal. Esquemáticamente, las formas de entender la mediación penal pueden condensarse en tres opciones[1012], a saber: como causa de exclusión o atenuación de la pena; como consecuencia jurídica del delito, a modo de tercera vía

[1011] En este sentido, el art. 161 del ALECr 2011 determinaba con toda lógica que *"el sometimiento a la mediación durante la tramitación de los juicios de faltas interrumpirá el plazo de prescripción de la correspondiente infracción penal"*.

[1012] Cfr. ESQUINAS VALVERDE, P., *"La mediación entre víctima y agresor como forma alternativa de resolución del conflicto en el sistema judicial penal de adultos…"*, op. cit., pp. 62-63; PÉREZ SANZBERRO, G., *Reparación y conciliación en el sistema penal, ¿apertura de una nueva vía?*, op. cit, p. 363.

roxiniana entre la pena y la medida de seguridad; y como mecanismo de sobreseimiento de la causa penal en sede de instrucción, opción por la que nos decantamos.

Si la mediación, o la *reparatio* subsiguiente, para ser más exactos, se concibe como una forma de atenuar o excluir la pena, o bien como tercera consecuencia jurídica del delito, habrá de celebrarse el juicio y ser tenida en cuenta a la hora de dictar sentencia para, llegado el caso, sustituir la pena por el cumplimiento del acuerdo, dejando la pena "en reserva". Pero si se concibe como forma de terminación anticipada en atención a criterios de oportunidad (como defiende este trabajo) el momento apropiado es, claramente, la fase instructora o, en todo caso, la llamada fase intermedia, una vez que la instrucción se ha dado por finalizada, pero siempre antes del auto de apertura del juicio oral[1013]. No olvidemos que el simple hecho de estar sujeto a un proceso penal causa en el individuo similar efecto estigmatizador al de la aplicación de una pena[1014], por lo que, si se dan los requisitos pertinentes, conviene que los efectos de una mediación fructuosa operen cuanto antes, lo que tampoco es baladí desde el punto de vista de la ganancia económico-procesal que puede obtenerse.

En sede de diligencias previas, si se dan las circunstancias previstas por el legislador, la autoridad instructora (el MF, según las reformas en camino) podrá terminar o suspender la instrucción y derivar el expediente al oportuno servicio de mediación, que será el encargado de informar sobre la posibilidad de mediación a las partes. Así, de alcanzarse un resultado satisfactorio, el juez, el fiscal, o este último sujeto a posterior confirmación judicial (dependiendo de a quien se le confíe finalmente la instrucción de las causas penales), tendrán la llave del archivo de la causa, que podrá estar condicionado, si la infracción es de cierta entidad, al efectivo cumplimiento de los acuerdos por el presunto infractor. Entendemos, pues, que el límite podría situarse en la llamada fase intermedia, esto es, tras finalizar la instrucción y antes del dictado del auto de

---

[1013] En parecidos términos, GÓNZALEZ CANO, M. I., *"La mediación penal en España"*, op. cit., p. 46.
[1014] GALAIN PALERMO, P., *"¿La reparación del daño como tercera vía?..."*, op. cit., p. 206.

apertura del juicio oral. Sirva decir, a título meramente indicativo, que esta es la concepción manejada en la LORPM[1015]. Dicha ley prevé, caso de que se produzca la conciliación o se hayan cumplido los compromisos de reparación, que *"el Ministerio Fiscal dará por concluida la instrucción y solicitará del Juez el sobreseimiento y archivo de las actuaciones, con remisión de lo actuado"* (art. 19.3). Por traer un ejemplo de Derecho comparado, así está configurada en la legislación francesa, que solo admite la incoación por el Ministerio Público de un *procédure alternative*, como sería la mediación, *"préalablement à sa décision sur l'action publique"*[1016].

Ha de quedar claro que no nos oponemos a que la mediación exista después de abierta la fase de juicio oral de la causa pero, entonces, no debería poseer virtualidad para suspender el proceso, sino que los efectos de la reparación habrían de operar en el dictado de la sentencia, bien como sustituto de la pena, como prevé en determinadas circunstancias el Código Penal alemán[1017]; bien como se utiliza en la actualidad en nuestro país: como modulador de la pena en sede de individualización del *quantum* y apreciando la atenuante de reparación. En este sentido, el Proyecto de LO de Reforma del Código Penal de 2013, ya citado y probablemente en vigor cuando estas páginas vean la luz, prevé, a través de la nueva redacción que da a la suspensión de la ejecución de penas privativas de libertad de los arts. 80 y ss. CP, que la misma pueda condicionarse al cumplimiento de los acuerdos alcanzados a través de una mediación (art. 84.1). De esta manera, mientras el BCPP 2013 contempla la mediación como figura intraprocesal vinculada al período instructorio, la nueva dicción de nuestro Código sustantivo abre la puerta al reconocimiento de las mediaciones realizadas con posterioridad a dicha fase o bien extramuros del proceso penal. También en consonancia con esta idea, la LORPM admite la conciliación posterior a la instrucción del expediente, pero en ese caso hay que llegar hasta la imposición de la medida por el Juez de Menores. Así, el art. 51.3 LORPM prevé que *"la conciliación del menor con la víctima, en cualquier momento en que se produzca el acuerdo entre ambos a que se refiere el artículo 19 de la presente*

[1015] Vid. supra IV.3.

[1016] *"Con carácter previo a su decisión sobre ejercitar o no la acción pública"*, art. 41.1 del *Code de Procedure Penale* francés. Retomaremos el modelo francés en infra VII.3.

[1017] De ello hablaremos en infra VII.1.

Ley, podrá dejar sin efecto la medida impuesta cuando el Juez". Apoyamos nuestra posición en dos argumentos:

1) De admitir la mediación como vía suspensiva del proceso penal en cualquier fase del mismo, se daría paso al uso perverso de la misma, pues el imputado podría adoptar la táctica de rechazarla en un primer momento para, según como le fueran las cosas en el devenir futuro del proceso, someterse a ella o no; es decir, buscar la salida negociada solo si el asunto "se pone feo". Al hilo de este razonamiento, ALASTUEY DOBÓN plantea la interesante cuestión de cómo debe valorarse la prestación voluntaria y si todas las prestaciones voluntarias han de ser tenidas en cuenta en igual medida, así cómo de qué manera debe ser valorada la reparación en virtud del momento procesal en que se realice. Por ejemplo, no será lo mismo una reparación efectuada espontáneamente por el victimario antes de interponer la víctima la denuncia, que la que aquel realiza bajo la presión de conocer que puede aplicársele una pena. Indudablemente, desde el punto de vista cualitativo ambas prestaciones no son iguales, ya que la motivación interna es sustancialmente diferente en cada una de ellas[1018]. Por su parte, CATALINA BENAVENTE refleja que en el sistema alemán, al permitirse el efecto suspensivo de la mediación en cualquier momento del proceso, no es infrecuente que el inculpado niegue el hecho desde el principio y que, en un momento más avanzado, cuando ve el material probatorio existente, se incline por solicitar la mediación, encontrándose la víctima en estos casos con que tiene que decidir en muy poco espacio de tiempo[1019], esto es lo que tratamos de evitar abogando por el establecimiento de un límite dentro del *iter* procesal.

2) Quedarían vacías de contenido las posibles ventajas de la mediación en cuanto a economía procesal y material, pudiendo llegar a atascarse aún más el sistema de justicia si se convierte en una opción postprocesal o cuasi

[1018] ALASTUEY DOBÓN M. C., *La reparación a la víctima en el marco de las sanciones penales*, op. cit., pp. 144-145.
[1019] CATALINA BENAVENTE, M. A., *"La mediación penal en Alemania"*, en AA.VV., *Sobre la mediación penal (posibilidades y límites en un entorno de reforma del proceso penal español).* Aranzadi, Cizur Menor (Navarra), 2012, p. 511.

postprocesal. Y, al haber proceso, tampoco se conseguiría el objetivo de reducir los efectos victimizadores secundarios.

La mediación, no nos cansaremos de repetirlo, cabe en todos los momentos procesales, antes y después de dictada sentencia; cabe fuera del proceso e incluso en sede penitenciaria; pero entonces ya no responderá al esquema que sostiene este trabajo, como vía de suspensión y posterior archivo de la causa.

VI.3.3. Autoridad encargada de derivar el caso a mediación

Dado que aquí mantenemos la conveniencia de que la mediación forme parte del proceso penal, habrá de ser en el seno de las instancias oficiales donde, una vez examinada la idoneidad de cada causa para ser desviada a mediación, se disponga el ofrecimiento a las partes de dicha posibilidad[1020]. Ello sin perjuicio, desde luego, de que la iniciativa pueda provenir de las propias partes, pero la decisión ha de corresponder a las autoridades del proceso. A título indiciario, cabe indicar que la Memoria de la FGE de 2012, al recomendar el estudio de vías como la mediación, contempla encomendar la derivación de los casos tanto al juez como al Ministerio Fiscal[1021]. Así, hay autores que sostienen que debe ser el juez de instrucción o, en su caso, el órgano juzgador en fase de juicio oral, ya que el impulso del proceso mediador no debe quedar en manos del MF, pues puede proyectarse una imagen de vinculación con el equipo de mediación que debilite la imagen de neutralidad de este último[1022].

[1020] Así, estamos totalmente de acuerdo con LARRAURI cuando dice que la decisión de derivar el caso, y también la valoración del hipotético acuerdo, debe estar reservado a las autoridades del sistema penal. De la misma, *"Tendencias actuales de la justicia restauradora"*, op. cit., p. 451. En el mismo sentido, BARALLAT LÓPEZ, J., *"La mediación en el ámbito penal"*, op. cit., p. 14; GONZÁLEZ CANO, M. I., *"La mediación penal en España"*, op. cit., p. 34.

[1021] Fiscalía General del Estado, *Memoria elevada al Gobierno de S. M. presentada al inicio del año judicial* (2012), op. cit., p. XXIII de la Introducción, a cargo del Fiscal General del Estado, donde se dice que *"La derivación puede ser ordenada por el juez de instrucción, o el juez de lo penal, si la considera una vía factible para facilitar la avenencia de las partes, o en su caso por el Ministerio Fiscal que haya tomado conocimiento del hecho por medio de atestado o denuncia"*.

[1022] HEREDIA PUENTE, M., *"Perspectivas de futuro en la mediación penal de adultos. Una visión desde el ministerio fiscal"*, en *Diario La Ley*, nº 7.257, 7 de octubre de 2009, obtenido el 1 de julio de 2012 en http://www.poderjudicial.es, p. 5. El autor sostiene acertadamente que, para que fuera el juez, debería garantizarse su impermeabilización respecto a los contenidos e informaciones revelados en las sesiones de mediación ya que, de otra forma, quedaría contaminado y peligraría la aplicación del principio de presunción de inocencia.

Sin embargo, y pese a que la normativa internacional en la materia no se pronuncia, la mayoría de los Ordenamientos que regulan la mediación penal encomiendan la función de derivación de los expedientes al MF, consecuencia del rol protagonista en la instrucción de las causas que las mismas legislaciones le confieren. Esta es la línea seguida en nuestro país, tanto por el ALECr 2011 como por el BCPP 2013 y lo es, *de lege lata,* en la LORPM, como vimos en su momento. Además, no hay que olvidar que el art. 124 CE encomienda al fiscal, amén de la defensa de la legalidad, de la misión de procurar ante los Tribunales la satisfacción el interés social. En el mismo sentido se pronuncia el art. 1 del EOMF, el cual, en su art. 3, establece, entre las misiones de los fiscales:

> - *Velar por el respeto de las instituciones constitucionales y de los derechos fundamentales y libertades públicas con cuantas actuaciones exija su defensa.*
> - *Velar por la protección procesal de las víctimas, (...) promoviendo los mecanismos previstos para que reciban la ayuda y asistencia efectivas.*

En la mediación penal, siguiendo a HEREDIA PUENTE, el Ministerio Fiscal ha de ser una pieza fundamental por cuatro razones fundamentales:

1) porque tiene la obligación de facilitar el cumplimiento de los fines de la pena y de defender los derechos fundamentales del autor de un delito por lo que, en cuanto la mediación redunda en ello, su intervención es decisiva;
2) porque debe velar por la satisfacción de las víctimas, a las que representa y defiende en el proceso penal, y con la mediación participa en esta labor;
3) porque debe defender el interés de la sociedad lo que, sin duda, se lleva a cabo de una forma mejor con mecanismos de los que la sociedad sea coparticipe;
4) y porque es el encargado de impulsar en los Tribunales de Justicia la persecución penal por lo que no puede concebirse una actividad mediadora en el proceso penal sin su participación activa[1023].

[1023] Ibídem, p. 6.

Consideramos que la autoridad que debe realizar el control del procedimiento de mediación es el Ministerio Fiscal, sin perjuicio de que se deje en manos de la autoridad judicial la decisión de decretar el archivo definitivo de la causa. Esto casaría con la función instructora del proceso penal que parece reservar al fiscal la legislación venidera. Así se contempla en el BCPP 2013[1024] y, aunque es de esperar cierto rechazo doctrinal y judicial de la encomienda de la instrucción del proceso penal a los fiscales[1025], tal y como sucedió con anteriores legislaciones proyectadas que no llegaron a ver la luz[1026], parece que esta ocasión puede ser la definitiva.

Por otro lado, entendemos que, siempre bajo la tutela del Ministerio Público, también podría concederse a la Policía algún papel en la derivación del caso. Si el delito cometido fuera legalmente mediable y se denunciase ante la Policía, en la misma comisaría podría informarse a las partes sobre la posibilidad de mediación. Como ejemplo de Derecho comparado, la Ley federal alemana de 24 de junio de 2004 obliga a la Policía, en los casos legalmente establecidos, a informar al imputado sobre la posibilidad de solicitar la mediación penal[1027]. Además creemos que, en las infracciones de menor calado, como las faltas o algunos de los delitos leves de nuevo cuño, cabría habilitar a la Policía para derivar el expediente al servicio de mediación. Según explicaremos en el capítulo IX del presente trabajo, así lo venimos concibiendo en el servicio de mediación de nuestra Jefatura de Policía, aunque, ante la falta de regulación legal, el ofrecimiento de mediación se hace siempre antes de la denuncia, nunca después, puesto que desde ese momento la cuestión entra en la órbita judicial, en la que no podemos inmiscuirnos. Traemos a colación, a modo de indicio de futuro, el dato de que, en un país tan avanzado en estas lides como Alemania,

---

[1024] Vid. supra IV.5.

[1025] En contra de esta posibilidad, vid. por todos, CABEZUDO RODRÍGUEZ, N., *"Sobre la conveniencia de atribuir la instrucción penal al ministerio fiscal"*, en *Revista Jurídica de Castilla y León*, nº 14, 2008, pp. 185-221.

[1026] Como el Proyecto de Estatuto Orgánico del Ministerio Fiscal de 1980 (art. 3.4) y la Propuesta de Anteproyecto de la Ley del procedimiento abreviado (art. 781 a 789 LECrim.), de 1988, amén del fallido ALECr de 2011, si bien el abandono de este último se debió más bien al desalojo del Gobierno socialista tras su descalabro electoral de noviembre de 2011.

[1027] Sobre la mediación penal en Alemania se tratará en infra VII.1.

en torno a un 6% de los expedientes de mediación han sido derivados por iniciativa de la Policía[1028].

VI.3.4. Lugar idóneo para la ubicación del servicio

Entre los defensores de la mediación penal se discute sobre si sería conveniente enclavar las dependencias de los servicios de mediación en el interior de las sedes judiciales, o si por el contrario sería mejor localizarlas de manera independiente[1029]. Seguramente asiste la razón a CHRISTIE cuando dice que los tribunales pertenecen a los administradores de la ley y que los ciudadanos los perciben como algo ajeno[1030]; sin embargo, aun a riesgo de equivocarnos, vemos más conveniente la instalación de dichas dependencias en los propios edificios de Justicia, tanto por razones de índole práctica como de imagen[1031]. Como hemos podido comprobar desde nuestra vivencia personal en materia de mediación policial, el hecho de que las sesiones se celebren en el interior de toda una Jefatura de Policía, lejos de intimidar a las personas involucradas, estimula su participación y su confianza, por la sensación de seriedad del servicio que ello les transmite. En consecuencia, creemos que el lugar idóneo para emplazar las dependencias de los servicios de mediación penal son las propias instalaciones judiciales[1032], lo que redundaría en pro de la

---

[1028] Vid. infra VII.I.

[1029] Cfr. RÍOS MARTÍN, J. C. *et al.*, *La mediación penal y penitenciaria. Experiencias de diálogo en el sistema penal para la reducción de la violencia y el sufrimiento humano*, op. cit., pp. 87-90; ROLDÁN BARBERO, H., *"La mediación penal: entre el orden legal y la voluntad de mejorar"*, op. cit., pp. 125-126. Según afirman RÍOS MARTÍN, J. C. *et al.* tras estudiar algunas de las experiencias llevadas a cabo en España, cuando la mediación se propone en fase de instrucción, las partes prefieren llevarla a cabo en sede oficial, pero cuando aquella tiene lugar tras el juicio oral, los interesados suelen manifestar el deseo de que el procedimiento se lleve a cabo fuera de los edificios judiciales (de los mismos, *La mediación penal y penitenciaria. Experiencias de diálogo en el sistema penal para la reducción de la violencia y el sufrimiento humano*, op. cit., p. 80).

[1030] CHRISTIE, N., *"Los conflictos como pertenencia"*, op. cit., p. 162.

[1031] Totalmente contraria es la opinión de NORDENSTHAL, que aduce precisamente razones de imagen para desterrar físicamente la mediación de los juzgados. Del mismo, *Mediación penal. De la práctica a la teoría*, op. cit., p. 189.

[1032] ORTUÑO y HERNÁNDEZ no comparten esta opinión, ello en aras de preservar la independencia de lo servicios de mediación. En opinión de los autores, *"la actividad de mediación debe ocupar un claro espacio paraprocesal en el que el equipo de mediación se sitúe en una posición marcadamente diferenciada del juez y del Ministerio Fiscal. Para ello parece muy conveniente que el lugar donde deba desarrollarse el proceso de mediación se sitúe fuera del espacio físico donde se encuentren los órganos de la justicia penal, y que los servicios de mediación no se organicen como órganos objetivamente dependientes de la jurisdicción"* (ORTUÑO MUÑOZ, J. P., HERNÁNDEZ GARCÍA, J., *Sistemas alternativos a la resolución de conflictos [ADR]...*, op. cit., p. 71). GONZÁLEZ CANO, sin embargo, reafirmación del carácter oficial de la mediación y de la mayor confianza que inspiraría al ciudadano el saber que no está siendo utilizado en ningún "experimento raro", sino que goza del respaldo de uno de los pilares básicos del Estado de Derecho. Ahora bien, lo más apropiado es que las dependencias de mediación se sitúen como servicio común dentro del edificio de los juzgados, como el servicio de notificaciones o el médico forense, no en las habitaciones de un órgano jurisdiccional concreto.

Algún autor ha señalado las oficinas de atención a las víctimas como el mejor lugar para situar los servicios de mediación[1033] pero, de acuerdo con ROLDÁN, dicho emplazamiento podría comprometer su neutralidad, ya que "los clientes" naturales de estas oficinas son los perjudicados, no los infractores, y la mediación está dirigida a ambos por igual[1034].

VI.4 Naturaleza y contenido de la reparación penal[1035]

Aunque la propia idea de reparación penal ha sido criticada por entender que, dada su naturaleza eminentemente civil, la *reparatio* no puede ser un instituto penal, y que su utilización como respuesta penal haría borrosos los confines de ambos sectores del Ordenamiento[1036], lo cierto es que únicamente podrá llegarse a evitar la imposición de una pena en favor de la reparación ofrecida a la víctima si tal previsión forma parte del Derecho penal. Así, como apunta OLMEDO, la reparación del daño está dejando de contemplarse exclusivamente como parte de la responsabilidad civil *ex delicto*, para empezar a

---

se muestra favorable a la instalación del servicio dentro del edificio judicial, *"para dotar de oficialidad al proceso"* (de la misma *"La mediación penal en España"*, op. cit., p. 50.

1033 GONZÁLEZ VIDOSA, F., *"La víctima en mediación, 1ª experiencia de adultos en España"*, op. cit., pássim.

1034 ROLDÁN BARBERO, H.,*"La mediación penal: entre el orden legal y la voluntad de mejorar"*, op. cit., p. 126.

1035 Complétese con la jurisprudencia del TS sobre la atenuante de reparación, en supra IV.2.2.

1036 GARCÍA ARÁN, M., *"Despenalización y privatización: ¿tendencias contrarias?"*, en AA.VV., *Crítica y Justificación del Derecho penal en el cambio de siglo.* Universidad de Castilla-La Mancha, 2003, p. 196. Según JESCHECK-WEIGEND, *"la reparación del daño se sitúa justo en el límite entre las sanciones penales y extrapenales"* (de los mismos, *Tratado de Derecho Penal. Parte General*, op. cit., p. 806).

ser una consecuencia jurídica que también ha se der estudiada por el Derecho penal[1037]. Vamos a abordar esta cuestión partiendo de dos afirmaciones:

En primer lugar, el concepto de reparación en el contexto de la mediación penal no es equiparable al de reparación civil del daño (aunque se darán muchos casos en que ambas figuras compartan contenido). El sistema penal gira en torno a la gravedad del hecho, que no siempre coincide con el daño causado a los perjudicados por el delito: puede haber injusto penal sin daño y viceversa, y el hecho de que el ejercicio de la acción civil quepa dentro del proceso penal no altera la diferente naturaleza del daño civil y el criminal[1038]. El que actúa con culpa o negligencia tiene la obligación, *ex* art. 1902 CC[1039], de restañar el daño civil en toda su extensión, siendo irrelevante la calificación penal de la conducta que lo produce[1040]; mientras que la reparación, concebida como institución penal, ha de atender a la gravedad penal del hecho, ya que es la responsabilidad penal lo que trata de satisfacer, de ahí que no siempre podrá evitar la concurrencia de la pena. Pero la gran diferencia es que, si el Derecho civil posee una vocación eminentemente reparadora de la víctima actual, el Derecho penal tiene que proteger a la generalidad, a la víctima potencial[1041]. La obligación civil *ex delicto* trata de restaurar un interés lesionado por el hecho punible[1042] -el de la víctima actual-, en tanto que la *reparatio* penal ha de ir más allá y reunir determinadas cualidades político-criminales, como la protección de los intereses de las víctimas futuras y la contribución al logro de la paz social.

[1037] OLMEDO CARDENETE, M., ARAÚJO NIETO, F., *Introducción al Derecho penal.* Ara Editores, Lima, 2007, p. 26.

[1038] Sobre la diferencia entre daño civil y daño criminal, vid. SÁINZ-CANTERO CAPARRÓS, M. B., *La reparación del daño ex delicto,* op. cit., pp. 64 ss.; de la misma, *El ilícito civil en el Código Penal.* Comares, Granada, 1997, pp. 13 ss.

[1039] Art. 1902 CC: *"El que por acción u omisión causa daño a otro, interviniendo culpa o negligencia, está obligado a reparar el daño causado".* A su vez, el art. 109.1 CP establece: *"La ejecución de un hecho descrito por la Ley como delito o falta obliga a reparar, en los términos previstos en las Leyes, los daños y perjuicios por él causados".*

[1040] SÁINZ-CANTERO CAPARRÓS, M. B., *El ilícito civil en el Código Penal,* op. cit., p. 1.

[1041] Cfr. GALAIN PALERMO, P. *La reparación del daño a la víctima del delito,* op. cit., p. 92; SEELMANN, K., *"Paradoxien der Opferorientierung im Strafrecht",* op. cit., p. 675; SILVA SÁNCHEZ, J. M., *"Sobre la relevancia jurídico penal de la realización de actos de ´reparación´",* op. cit., pp. 196-197.

[1042] SÁINZ-CANTERO CAPARRÓS, M. B., *La reparación del daño ex delicto,* op. cit., p. 149.

En segundo lugar, la reparación tampoco es una pena[1043]. Hemos dicho que no necesariamente ha de tener el contenido material de la indemnización civil, pero tampoco ha de poseer el carácter aflictivo de la pena[1044]. Además, tanto la pena como la responsabilidad civil son consecuencias coactivas del proceso penal, mientras que la reparación surgida de la mediación es el resultado de un acuerdo alcanzado voluntariamente que puede ser tenido en cuenta a la hora de determinar la responsabilidad penal del autor[1045]. Sin embargo –y probablemente he aquí el nudo gordiano de la cuestión de su posible integración o no en el sistema penal-, la reparación únicamente podrá evitar la imposición de la pena en la medida en que sea capaz de atender a sus fines. De esta afirmación podemos colegir que la reparación ha de participar del carácter personal de las sanciones penales, a diferencia de la obligación civil *ex delicto,* cuya transmisibilidad está fuera de toda duda.

Por lo tanto la reparación, como concepto penal, ha de compensar a la víctima, responder a los criterios político-criminales imperantes en cada momento y satisfacer las finalidades de la pena. Siguiendo a ANTOLISEI, el delito suele generar dos efectos: ofensa y daño[1046]: la ofensa determina la pena, mientras que el daño da origen a la responsabilidad civil, de manera que si solo se restituye el daño, la ofensa queda impune. Por ello, el concepto de reparación manejado en mediación penal ha de comprender tanto la ofensa como el daño. En palabras de PÉREZ SANZBERRO, la reparación penal sería, en un sentido

---

[1043] Si bien determinados autores defienden la concepción de la reparación como una pena. Su principal exponente es Klaus SESSAR (cfr. ALASTUEY DOBÓN, M. C., *La reparación a la víctima en el marco de las sanciones penales,* pp. 105-108; PÉREZ SANZBERRO, G., *Reparación y conciliación en el sistema penal, ¿apertura de una nueva vía?,* op. cit, pp. 222-226; ROXIN, C., *"La reparación en el sistema de los fines de la pena",* op. cit., pp. 144-145). En nuestro país, HEREDIA PUENTE, estima que nada obsta a que la reparación que tenga lugar a través de la mediación pueda fijarse como pena (de la misma, *"Perspectivas de futuro en la mediación penal de adultos...",* op. cit., p. 8). Por su parte, MAPELLI aboga por una transformación de la naturaleza de la reparación para convertirla en una pena (del mismo, *Las consecuencias jurídicas del delito,* op. cit., p. 88).

[1044] Sobre el carácter aflicitivo de la pena, vid. MAPELLI CAFFARENA, B., *Las consecuencias jurídicas del delito,* op. cit., p. 21.

[1045] MARTÍNEZ ESCAMILLA, M., *"Justicia reparadora, mediación y sistema penal: diferentes estrategias, ¿los mismos objetivos?",* op. cit., p. 482.

[1046] ANTOLISEI, F., citado por ANTÓN ONECA, J., *Derecho Penal, 2ª edición,* op. cit., p. 646; por MORILLAS CUEVA, L., *Derecho Penal, parte general, fundamentos...,* op. cit., p. 42; y por SÁINZ-CANTERO CAPARRÓS, M. B., *La reparación del daño ex delicto,* op. cit., p. 65.

amplio, la suma de la pena y la responsabilidad civil[1047]. Tiene entonces que compensar de alguna manera a la victima, pero ha de satisfacer, además, los fines perseguidos cuando se impone una pena. Sin embargo, no se identifica plenamente con ninguna de las dos, por lo que puede englobar, indistintamente, tanto las reparaciones materiales y/o simbólicas en favor de la víctima como las reparaciones, llamémoslas, colectivas (sometimiento a programas reeducativos, realización de trabajos de utilidad común)[1048]. Tampoco cabe asociar matemáticamente la "parte material" del concepto de reparación penal al contenido de la responsabilidad civil. A diferencia de la reparación civil, que solo tiene en cuenta el elemento objetivo del daño y su valoración, la reparación penal ha de tomar en consideración el elemento subjetivo representado por las posibilidades resarcitorias del infractor y el esfuerzo realizado por este. El esfuerzo e interés en reparar, por encima del contenido de la reparación, debe ser el criterio a seguir a la hora de determinar si los fines preventivos generales y especiales de la norma penal se han visto atendidos de manera suficiente como para poder prescindir de la pena. Así, el contendido material de la reparación no tiene porqué ser económico (sin perjuicio de que efectivamente lo sea), sino que puede versar sobre todo aquello que las partes estén dispuestas a aceptar, lógicamente dentro de unos límites, marcados *ex lege*.

Traemos a colación un ilustrativo ejemplo de distinción entre reparación penal y civil, como es el de la obligación (*auflag*), prevista en el § 56b del Código Penal alemán (StGB), que el Tribunal puede imponer al condenado en libertad condicional, consistente en el pago de una suma de dinero al erario público o a una institución sin ánimo de lucro a modo de reparación del daño causado, lo que solo se podrá decretar "*en tanto que el cumplimiento de la obligación no impida la reparación de los perjuicios*". Se está diferenciando claramente, pues, entre lo que es la reparación penal del injusto cometido y la indemnización civil de los

[1047] PÉREZ SANZBERRO, G., *Reparación y conciliación en el sistema penal, ¿apertura de una nueva vía?*, op. cit, p. 18.
[1048] Ibídem, pp. 19-20.

daños y perjuicios derivados del mismo[1049]. En nuestro Derecho positivo hallamos otro cristalino ejemplo en el apdo. 2 del art. 19 LORPM[1050], el cual, tras sentar una idea harto flexible de lo que debe ser la reparación, aclara que esta se producirá *"sin perjuicio del acuerdo al que hayan llegado las partes en relación con la responsabilidad civil"*.

VI.4.1 La reparación como "tercera vía"

VI.4.1.1 Una nueva consecuencia jurídica del delito

La autoría de la idea de utilización de la reparación como un instrumento de control social que pueda operar en la estructura sancionadora como tercera vía (*dritte Spur*), al lado de la pena y la medida de seguridad, corresponde a Detlev FREHSEE[1051], pero ha sido ROXIN su principal impulsor. A diferencia de SEELMAAN y de RÖSSNER[1052], ROXIN no concibe la reparación como un fin de la pena, ni tampoco como un tipo especial de pena (SESSAR)[1053], sino como una consecuencia autónoma del delito. Así como la medida de seguridad sustituye a la pena cuando falta la culpabilidad o esta es limitada, constituyendo de este modo una segunda vía, la reparación del daño sustituiría como tercera vía a la pena, o la atenuaría complementariamente, allí donde satisface los fines de la pena y las necesidades de la víctima igual o mejor que una pena no atenuada[1054]. Si el principio de culpabilidad justifica la segunda vía, el principio de subsidiariedad sería la razón de ser de la tercera[1055]. De esta forma, en sintonía con la idea de RÖSSNER[1056], la reparación se configura como

[1049] Para una completa exposición de las distintas interpretaciones doctrinales de las cargas del § 56b StGB, vid. ALASTUEY DOBÓN M. C., *La reparación a la víctima en el marco de las sanciones penales*, op. cit., pp. 274-301.

[1050] Precepto del que hemos hablado en supra IV.3.

[1051] Según explica PÉREZ SANZBERRO, G., en *Reparación y conciliación en el sistema penal, ¿apertura de una nueva vía?*, op. cit., p. 242. Sin embargo, a diferencia de ROXIN y demás autores del AE-WGM, FREHSEE admitía el carácter coactivo de la reparación (op. cit., p. 227).

[1052] Vid. inicio del epígrafe III.3.

[1053] Vid. nota supra 1043.

[1054] ROXIN, C., *Derecho Penal. Parte General, Tomo I, Fundamentos, la estructura de la Teoría del Delito*, op. cit., pp. 108-110; también en *"La reparación en el sistema de los fines de la pena"*, op. cit., p. 155. Para ROXIN, hasta ahora todo esto es más programa que realidad: sólo se podrá hablar de un Derecho penal de tres vías (en vez del actual de dos vías), cuando el legislador tenga en cuenta el sistema de sanciones de una manera absolutamente distinta a la actual.

[1055] Ibídem, p. 109.

[1056] Vid. comienzo del epígrafe III.3.

una "pena positiva", frente a la "pena negativa" tradicional[1057]. ROXIN piensa la reparación como sanción autónoma, en la cual se mezclan elementos jurídicos civiles y penales. Esto, sin embargo, no significa una *"inversión de la marcha del desarrollo histórico, sino un ensamblamiento de ambas ramas del Derecho, que se corresponde con su función común de solucionar conflictos sociales de manera cuidadosa y pacificadora"*[1058]. La solución reparadora, en fin, comporta ventajas para la víctima (que resulta indemnizada rápidamente sin ningun costo ni esfuerzo propios); para el autor (que tiene la posibilidad, mediante una reparación rápida y voluntaria, de salir librado con una importante atenuación de la pena o incluso con su remisión condicional); y para la propia Administración de Justicia (que, como mínimo, se ahorra un proceso civil)[1059].

La doctrina de la tercera vía fue plasmada en el AE-WGM germano-austríaco-suizo de 1992[1060], que integraba la reparación en el catálogo de consecuencias jurídicas de delito. En el AE-WGM subyace la idea de que existe un salto muy profundo entre aquellos supuestos en que se renuncia a la pena y aquellos otros en que la pena es impuesta. La asunción voluntaria de responsabilidad por el autor a través de la reparación vendría a rellenar ese vacío como nueva consecuencia jurídica[1061]. La reparación voluntaria del autor compensa a la víctima pero también reconcilia al autor con la sociedad, contribuyendo así al restablecimiento de la paz social. De esta manera, se satisfacen las finalidades de la pena, especialmente la prevención general integradora y la prevención especial, por lo que la reparación puede operar a modo de sustituto de la pena, como causa de suspensión o atenuación de la

[1057] SÁNCHEZ CONCHEIRO, M. T., *Para acabar con la prisión*, op. cit., p. 106. La autora define la reparación como *"un hacer o no hacer, o en una privación de algo, o en un esfuerzo, por parte del autor del delito a favor de la víctima, de otros o de la comunidad"*. Sin embargo, la definición posee una segunda parte que no compartimos, por incluir como elemento necesario del sentimiento de culpa en el infractor, acerca de lo que ya nos pronunciamos al comienzo del segundo capítulo de esta obra.

[1058] ROXIN, C., *"La reparación en el sistema de los fines de la pena"*, op. cit., p. 155.

[1059] ROXIN, C., *Pena y reparación*, op. cit., pp. 6-7.

[1060] Citado en supra I.2.5. y III.3.2.2. El Proyecto fue obra de los penalistas Jürgen BAUMANN, Anna-Eva BRAUNECK, Manfred BURGSTALLER, Albin ESER, Barbara HUBER, Heike JUNG, Ulrich KLUG, Horst LUTHER, Werner MAIHOFER, Bernd-Dieter MEYER, Peter RIESS, Franz RIKLIN, Dieter RÖSSNER, Klaus ROLINSKI, Klaus ROXIN, Heinz SCHÖCH, Horst SCHÜLLER-SPRINGORUM y Thomas WEIGEND.

[1061] Cfr. ALASTUEY DOBÓN M. C., *La reparación a la víctima en el marco de las sanciones penales*, op. cit., p. 77; GALAIN PALERMO, P. *La reparación del daño a la víctima del delito*, op. cit., p. 147.

misma, o como motivo para determinar la concesión de la libertad condicional, una vez cumplida la mitad de la condena[1062].

El Proyecto Alternativo de Reparación fue presentado en el LIX Cogreso de la *Deutscher Juristentag* (Asociación de Juristas Alemanes), celebrado en Hannover en septiembre de 1992, y, aunque la propuesta de potenciar la reparación obtuvo gran respaldo, la proposición de integrarla en el sistema de consecuencias jurídicas como tercera vía fue mayoritariamente rechazada. Sin embargo, el AE-WGM ejerció gran influencia en las reformas penales de los años 90[1063], y hoy continúa despertando un tremendo interés entre quienes nos acercamos al estudio de las alternativas a la pena. Puede decirse que, en Europa, el AE-WGM ha significado una decisiva contribución en pro de los planteamientos autocompositivos en el campo de la justicia penal, y que sus fundamentos teóricos han inspirado la mayoría de los trabajos escritos a este lado del Atlántico en defensa de la mediación penal, como el que el lector tiene en sus manos.

VI.4.1.2 Críticas a la doctrina de la tercera vía

Quizá la principal limitación del AE-WGM y la formulación roxiniana, como explica GALAIN, es que basan su propuesta de crear una nueva vía punitiva en criterios no dogmáticos, sino estrictamente político criminales, los cuales, lejos de brindar seguridad jurídica, son muy volátiles y cambiantes; dependen de la coyuntura política y social de cada momento[1064]. HIRSCH, que con cierto aire despectivo considera que el redescubrimiento de la víctima es

---

[1062] Para una completa visión del AE-WGM, vid. ALASTUEY DOBÓN M. C., *La reparación a la víctima en el marco de las sanciones penales*, op. cit., pp.75-105; BARONA VILAR, S., *"Situación de la justicia restaurativa y la mediación penal en Alemania"*, op. cit., pp. 248 ss.; DE VICENTE REMESAL, J., *"La consideración de la víctima a través de la reparación del daño en el Derecho penal español: posibilidades actuales y perspectivas de futuro"*, op. cit., p. 204-206; GALAIN PALERMO, P. *La reparación del daño a la víctima del delito*, op. cit., pp. 147 ss.; PÉREZ SANZBERRO, G., *Reparación y conciliación en el sistema penal, ¿apertura de una nueva vía?*, op. cit., pp. 268-306 y traducción íntegra del mismo en pp. 423 ss.

[1063] Sobre las mismas se tratará en infra VII.

[1064] GALAIN PALERMO, P. *La reparación del daño a la víctima del delito*. op. cit., p. 244.

"un tema de moda"[1065], arrecia sus críticas al sostener que la tercera vía *"no solo es una consecuencia jurídica ajena al Derecho penal, sino también desacertada en sus consecuencias"*[1066]. HIRSCH niega la pretendida prevención general integrativa de la reparación, especialmente en materia de delincuencia patrimonial, al afirmar que la reparación puede terminar convirtiéndose en un cheque en blanco para delinquir. Asimismo, defiende la finalidad retributiva al afirmar que la satisfacción que genera la pena consiste, para la sociedad, en al afirmación del ordenamiento jurídico (lo que nos retrotrae a HEGEL), mientras que la víctima obtiene satisfacción a través del justo castigo del autor (lo que nos retrotrae a KANT)[1067]. En síntesis, HIRSCH opina que, de implantarse esta tercera vía, no se avanzaría nada frente a la ya existente obligación de reparación civil, a no ser que se previera el recurso a la pena tradicional como sustitutivo en caso de incumplimiento, lo que significaría *"el regreso de la cárcel por deudas"* (*Schuldturn*): si no se quiere volver a la cárcel por deudas, entonces la concepción representada por ROXIN beneficia únicamente al autor[1068]. Parecida crítica (aunque mucho más amable) hacen MUÑOZ CONDE-GARCÍA ARÁN, quienes consideran la propuesta plagada de inconvenientes, principalmente el de la confusión entre responsabilidad penal y responsabilidad civil *ex delicto*[1069]. Por su parte, FERRAJOLI defiende la incompatibilidad absoluta entre pena y reparación: no se puede imponer la reparación como pena, pues la pena ha de consistir siempre en la privación de un derecho sufrida pasivamente[1070], mientras que SEELMANN pone en duda la eficacia de la *Wiedergutmachung* en términos de prevención general y advierte del peligro de que la reparación, aunque pueda compensar a la víctima actual, deje desprotegidas a las víctimas potenciales al no ejercer efecto motivador, ni positivo ni negativo, en la generalidad[1071], temor expresado también por

---

[1065] HIRSCH, H. J., *"La reparación del daño en el marco del Derecho Penal material"*, op. cit., p. 56. Coincidimos con ESER en que HIRSCH emplea dicha expresión en sentido peyorativo (ESER, A., *Sobre la exaltación del bien jurídico a costa de la víctima*, op. cit., p. 40).

[1066] HIRSCH, H. J., *"La reparación del daño en el marco del Derecho Penal material"*, op. cit., p. 67.

[1067] Ibídem, pp. 63-64.

[1068] Ibídem, pp. 57 ss.

[1069] MUÑOZ CONDE, F., GARCÍA ARÁN, M., *Derecho Penal. Parte general*, op. cit., p. 619.

[1070] FERRAJOLI, L., *Derecho y razón. Teoría del garantismo penal*, op. cit., p. 420.

[1071] SEELMANN, K., *"Paradoxien der Opferorientierung im Strafrecht"*, op. cit., p. 671. Posteriormente reincidieron en esta idea HIRSCH (*"La reparación del daño en el marco del Derecho*

ALASTUEY, que hace una completa crítica del principio de voluntariedad de la reparación como tercera vía[1072]. MORILLAS, a su vez, considera que hay que seguir profundizando en el estudio de la reparación, pero extremando la prudencia, a fin de preservar los principios y garantías que orientan nuestro Derecho penal[1073].

VI.4.1.3 Toma de posición

El principal problema de situar la reparación junto a la pena y la medida de seguridad estriba en su incapacidad para colmar la función pacificadora del Derecho penal en todos los supuestos. En las manifestaciones graves de criminalidad la reparación no puede reemplazar al castigo. Por otro lado, pretender inscribir la reparación en el catálogo de sanciones y a la misma vez exigir que sea voluntaria parece una *contradictio in terminis*. Si se otorga naturaleza sancionadora a la reparación entendemos que, por definición, sería susceptible de ser impuesta coactivamente. Como ejemplo en este sentido, la medida ya citada del § 56b StGB, claramente inspirada en la doctrina de la tercera vía[1074], contempla la posibilidad de que el Tribunal imponga al condenado en libertad condicional la reparación del injusto cometido, bajo amenaza de ejecutar la condena e independientemente del resarcimiento civil.

Consideramos que el mejor momento procesal para que la reparación deje sentir sus efectos es la fase de instrucción. Pero si ya se ha llegado al plenario servirían, para reconocer efectos a la reparación, las amplias posibilidades en cuanto a dosimetría penológica que resultan de conjugar la atenuante de reparación del daño con las reglas de individualización de la pena; sin olvidar la panoplia de medidas que pueden adoptarse en favor del reo en sede de ejecución de sentencia, a las que a nuestro juicio habría que añadir la posibilidad de suspensión condicional de la ejecución de la condena en favor de

Penal material", op. cit., p. 56) y SILVA SÁNCHEZ, J. M., (*"Sobre la relevancia jurídico penal de la realización de actos de 'reparación'"*, op. cit., p. 190).

1072 ALASTUEY DOBÓN M. C., *La reparación a la víctima en el marco de las sanciones penales*, op. cit., pp. 88-94.

1073 MORILLAS CUEVA, L., *Derecho Penal. Parte general*, op. cit., pp. 44-45.

1074 Volveremos sobre la legislación penal alemana en materia de reparación en infra IX.1.

la reparación. De esta manera, si la reparación es incumplida, no habrá que regresar a la cárcel por deudas, como decía HIRSCH, sino retomar el proceso donde se había dejado y, si hay lugar a ello, imponer la pena que el ordenamiento jurídico estipule para la infracción cometida, o bien se ejecutar la que en su momento se dictó, caso de que hubiera sido suspendida a resultas de dicha reparación. En concusión, tal vez sea más adecuado contemplar la *reparatio per mediationem* como motivo de sobreseimiento del proceso en fase de instrucción; como atenuante (actualmente lo es); o como causa de suspensión de la ejecución de la pena, que incluirla en el catálogo de sanciones del Código Penal.

La reparación, más que erigirse *per se* en tercera vía, podría preverse en la legislación penal como circunstancia que determinase la condena condicional, que en opinión de JESCHECK-WEIGEND sí es la tercera vía sobre la que se construye la política criminal, junto con la pena en sentido estricto y la medida de seguridad[1075]. Así, en la medida en que la reparación sea suficiente para lograr los fines de protección y pacificación del Derecho penal, la pena habrá de ceder en beneficio de aquella; cuando se halle contraindicada en términos preventivos, la pena deberá subsistir, sin perjuicio de que pueda ser atenuada en atención a la prestación de la reparación[1076].

VI.4.2. Contenido del acuerdo

El contenido de la reparación puede ser, como venimos diciendo, de muy diversa índole. Desde luego, no debe conducirse únicamente a la mera compensación económica o material, pues ya no estaríamos hablando de reparación penal, sino de indemnización civil, lo que terminaría convirtiendo la mediación en un recurso contraproducente e inútil[1077]. Con todo sentido decía BERISTAIN que aquella reparación consistente en la indemnización de todos

---

[1075] JESCHECK, H. H., WEIGEND, T., *Tratado de Derecho Penal. Parte General*, op. cit., p. 85.
[1076] Cfr. GALAIN PALERMO, P., *"¿La reparación del daño como tercera vía?..."*, op. cit., p. 244; ROXIN, C., *"La reparación en el sistema de los fines de la pena"*, op. cit., p. 154; SILVA SÄNCHEZ, J. M., *"Sobre la relevancia jurídico penal de la realización de actos de ´reparación´"*, op. cit., pp. 198.
[1077] GONZÁLEZ CANO, M. I., *"La mediación penal en España"*, op. cit., p. 28.

los daños y perjuicios es una reparación "de mínimos"[1078]. Si nos limitásemos a vincular la evitación de la pena con el mero resarcimiento material, estaríamos abriendo la puerta a una justicia de clase, basada en la discriminación penal de los más débiles frente a los poderosos, porque solo los pudientes podrían recurrir a la vía de la reparación.

Tampoco puede consistir en la aceptación voluntaria de una pena, ya que no estaríamos hablando entonces de reparación, sino de expiación, y, como ya dijimos[1079], un sistema penal basado en la reparación, es del todo incompatible con la teoría de la retribución. Además, en ese escenario nunca podría operar la mediación, porque para la atenuación de la intervención punitiva en virtud de su aceptación voluntaria ya existe la conformidad procesal. Los elementos que integren el acuerdo reparador no deben tener carácter punitivo, como tampoco es factible exigir el sincero arrepentimiento en la prestación de la reparación, lo que ya se trató en supra II.1.3. Ahora bien, aunque no quepa requerir la expiación de la culpa para que la reparación pueda sustituir a la pena -y que por tanto sean atendidos los fines preventivos generales y especiales- sí es exigible un cambio de actitud del infractor frente a la víctima y al Ordenamiento jurídico[1080], lo que es posible lograr a través de la mediación, en la que concurren, tanto la aceptación de responsabilidad, como la disculpa frente a la víctima y, por extensión, frente a la sociedad.

Así, serán las circunstancias del caso concreto y la voluntad de las partes los factores que determinarán el modo de restablecer el equilibrio dañado; he aquí otra gran disimilitud con la obligación civil *ex delicto*, en la que el tipo de reparación no se deja a la elección del infractor, pero tampoco de la víctima, siendo el juez quien lo determina[1081]. La reparación penal podrá consistir, si ello es dable, en la *reparatio in natura*, en la realización de las operaciones necesarias

---

1078 BERISTAIN IPIÑA, A., *"De la Victimología de mínimos a la de máximos"*, en diario *ABC*, edición de 29 mayo de 2004, p. 22.

1079 Vid. supra III.3.2.1.

1080 GALAIN PALERMO, P. *La reparación del daño a la víctima del delito*, op. cit., p. 108. Podría añadirse, sobre esta esta exigencia de asunción de la responsabilidad ante la víctima y el ordenamiento jurídico, que así podrán verse satisfechos, además, los fines de la justicia restaurativa.

1081 SÁINZ-CANTERO CAPARRÓS, M. B., *La reparación del daño ex delicto*, op. cit., p. 120.

para devolver las cosas al estado anterior a la comisión del delito[1082]. Pero también podrá consistir en una compensación de naturaleza completamente diferente a la del daño causado, como las prestaciones personales o laborales, determinados servicios a la comunidad[1083] e incluso compromisos educativos o deshabituadores, o el mismo perdón, elementos todos ellos que escapan de las formas empleadas habitualmente para satisfacer la responsabilidad civil[1084], casi exclusivamente limitadas, en la práctica, a la indemnización dineraria. Por otro lado, pensemos en aquellos supuestos en que los papeles de víctima y ofensor no están tan definidos, como los enfrentamientos que dan lugar a denuncias cruzadas, en los que puede resultar conveniente una reparación mutua, consistente en la adopción de comportamientos tendentes a evitar que el episodio se repita. Esta es, pues, la idea que, *de lege ferenda*, deberá imperar en la regulación de la mediación en el seno del proceso penal de adultos: un concepto amplio y flexible, tanto en lo referente al contenido del acto reparador como al beneficiario del mismo, y expresamente deslindado de la responsabilidad civil. De esta manera, como dice ROXIN, podrá aplicarse, ampliamente y sin injusticias sociales, la idea de reparación voluntaria a los autores que no disponen de medios económicos[1085].

No compartimos, por tanto, la opinión de aquel sector de la doctrina que sostiene que la reparación, salvo algún tipo de disculpa por parte del victimario, va a consistir, lisa y llanamente, en una indemnización[1086]. Esta crítica conlleva

---

[1082] Ibídem, p. 118.

[1083] Sobre las soluciones basadas en los servicios a la comunidad, vid. TORRES ROSELL, N., *"Una lectura en clave reparadora de las sanciones penales: las sanciones de cumplimiento en la comunidad"*, en AA.VV., *La Justicia restaurativa: desarrollo y aplicaciones* (coord. TAMARIT SUMALLA, J.). Comares, Granada, 2012, pp. 131.152.

[1084] Que, según el art. 110 C. P., son: la restitución, la reparación del daño y la indemnización de perjuicios materiales y morales.

[1085] ROXIN, C., *Pena y reparación*, op. cit., p. 12. Por su parte, BOVINO insiste en la idea de que el concepto de reparación no se debe confundir con el pago de una suma de dinero. La noción de reparación ha de vincularse a cualquier solución que objetiva o simbólicamente restituya la situación al estado anterior a la comisión del hecho y que satisfaga a la víctima —por ejemplo, la devolución de la cosa hurtada, una disculpa pública o privada, la reparación monetaria, trabajo gratuito, etc.—. Se trata, en fin, de abandonar un modelo de justicia punitiva para adoptar un modelo de justicia reparatoria (BOVINO, A., *Problemas en el Derecho Procesal Contemporáneo*. Editores del Puerto. Buenos Aires,1998, pp. 95-96).

[1086] HIRSCH, H. J., *"Acerca de la posición de la víctima en el Derecho penal y en el Derecho procesal penal"* op. cit., pp. 106-107. En el mismo sentido, BUTRÓN BALIÑA, P., *"La mediación penal"*, en *Los retos del Poder Judicial ante la sociedad globalizada*, op. cit., p. 45; CABEZUDO RODRÍGUEZ, la inutilidad de la reparación como figura penal, pues la indemnización de los daños es de todas formas obligatoria como consecuencia jurídico-civil del delito[1087], que en el proceso español puede ventilarse junto con la responsabilidad penal. Pero, como arriba hemos apuntado, el concepto de reparación penal tiene un radio mucho amplio que el de resarcimiento civil, pudiendo consistir en el pago de una cantidad económica, pero también en una compensación en especie o en la realización de una conducta, asunto que no es baladí en los tiempos de tan gran escasez de peculio que nos ha tocado vivir. Sirva como ejemplo el propuesto por MAIER, del jardinero que, para compensar el daño sufrido por la víctima en su integridad física, cuida de su jardín durante un tiempo[1088]. Frente a este argumento, podría aducirse que el art. 112 CP ya dispone que *"la reparación del daño podrá consistir en obligaciones de dar, de hacer o de no hacer"*, pero dicho precepto está haciendo referencia a la posibilidad de compensar en especie el daño patrimonial causado, mientras que la mediación busca restañar también la herida emocional que supone la propia condición de víctima, amén de admitir aquellas conductas reparadoras que tienen como destinataria a la comunidad. A título orientativo, el AE-WGM de 1992[1089] utilizaba un concepto completamente flexible de reparación, al definirla en el § 1 como *"la compensación de las consecuencias del hecho delictivo a través de una prestación voluntaria del autor"*. Dicho texto acogía los siguientes contenidos de la reparación penal, (§ 2.1):

1. *Resarcimiento al ofendido del daño causado;*
2. *Resarcimiento del daño a terceros, en especial a compañías aseguradoras a las que se haya dado traslado de la reclamación del ofendido;*
3. *Otras prestaciones materiales, como pagos a instituciones de utilidad pública;*

N., *"El último (y controvertible) credo en materia de política criminal. Justicia restaurativa y mediación penal"*, op. cit., p. 20.

[1087] JESCHECK, H. H., WEIGEND, T., *Tratado de Derecho Penal. Parte General*, op. cit., p. 7.

[1088] MAIER, J. B., *"La víctima y el sistema penal"*, en *De los delitos y las víctimas*, op. cit., p. 212. Recuérdese también el ejemplo que se puso sobre la víctima que aceptaba como reparación un empleo para su hijo, en el capítulo I.3 de este trabajo. Por su parte, HIRSCH es muy escéptico ante este tipo de soluciones, al decir, no sin cierta gracia, que la víctima de un a lesión corporal o de un hurto difícilmente estará dispuesta a dejar entrar al autor en su casa. HIRSCH, H. J., *"Acerca de la posición de la víctima en el Derecho penal y en el Derecho procesal penal"* op. cit., p. 114.

[1089] Citado en supra I.2.5, III.3.2.2 y VI.4.1.

4. Regalos al ofendido o prestaciones inmateriales como la petición de disculpas o los encuentros de conciliación;

5. Prestaciones de trabajo, en particular, trabajos de utilidad común. Podrán realizarse conjuntamente diversas prestaciones reparadoras.

VI.4.2.1 Reparación penal y extinción de la responsabilidad civil

De otra parte, una vez sentado que la reparación penal no equivale a la responsabilidad civil, podemos preguntarnos qué ocurrirá con esta de llegarse a un acuerdo; es decir: ¿tiene la reparación penal que cubrir necesariamente la indemnización civil?; y, en el caso de que no sea así, ¿puede esta reclamarse posteriormente en vía civil? Frente a los estudiosos que abogan por una automática inclusión de la responsabilidad civil en el concepto de reparación penal[1090], a nuestro juicio la respuesta debe quedar en manos los protagonistas del conflicto. Dicho en términos benthanianos, la reparación penal posee un radio de acción superior al del resarcimiento civil; sin embargo el centro de ambas circunferencias tampoco tiene por qué coincidir. Pensemos, por ejemplo, en la reparación simbólica aceptada por la víctima de un delito cometido contra su patrimonio: podrá dar fin al proceso penal, pero la disminución patrimonial padecida seguirá existiendo, por lo que nada empece que la víctima pueda accionar civilmente si considera que la reparación recibida en sede penal no cubre su detrimento civil. La indemnización civil tiene como único objetivo la compensación del daño sufrido mientras que, desde la óptica de la mediación, un buen acuerdo es aquel que satisface a las partes y a la sociedad, resolviendo el conflicto y evitando que se repita, por lo que todo va a depender del contenido concreto del pacto al que se llegue. Así, el acuerdo de reparación podrá comprender el abono total o parcial de la responsabilidad civil, y la víctima tendrá la posibilidad, o bien de renunciar a la totalidad o a la parte no indemnizada, o bien de reservarse su oportuna reclamación ante la jurisdicción civil, *ex* art. 109.2 CP[1091]. En definitiva, como sucedería en cualquier proceso penal, el ofendido seguirá teniendo a su disposición el título ejecutivo de la

[1090] Asi, CUELLO CONTRERAS, J., MAPELLI CAFFARENA, B., *Curso de Derecho penal. Parte general*, op. cit., p. 35.

[1091] Art. 109.2 CP: *"El perjudicado podrá optar, en todo caso, por exigir la responsabilidad civil ante la Jurisdicción Civil"*.

responsabilidad civil, siempre que no haya renunciado en sede penal a su ejercicio y que lo que reclame no supere la diferencia entre lo efectivamente recibido y lo que merece recibir.

VI.4.2.2 Límites del contenido del acuerdo

Partiendo de la base de que el espectro de contenidos que puede abarcar el acuerdo de reparación es muy heterogéneo, existen dos importantes limitaciones que, en nuestra opinión, siempre habrá que respetar:

1) Como ya se ha explicado, la reparación penal no es una pena, de modo que los contenidos punitivos no caben en el acuerdo de reparación[1092]. Desde algún sector doctrinal se ha puesto sobre el tapete la cuestión de si cabría el ingreso en prisión como parte del acuerdo[1093]. Bajo nuestro punto de vista no, pues, como decimos, no caben los acuerdos punitivos. Además ello iría contra una de las concepciones más elementales de la mediación, al menos desde las ideas que maneja el presente estudio, como es su configuración positiva, frente a la "amarga necesidad" y el carácter aflictivo de la pena carcelaria. No se puede ingresar en prisión si no es para cumplir una pena y las penas no se pueden pactar en mediación: pena y reparación poseen distinta naturaleza jurídica y, por otro lado, para acordar una pena ya tenemos a la conformidad procesal, cuestiones también abordadas ya en este trabajo. De todas formas, como acertadamente expone MATELLANES, esta discusión revela la importancia de fijar límites legales al contenido de los acuerdos y, en general, de someter la mediación a criterios legales[1094], algo que compartimos plenamente.

2) El segundo límite viene conformado por la no transgresión de los derechos fundamentales del infractor, en concreto el derecho a la integridad física y moral y la consecuente prohibición de tratos inhumanos o degradantes (art. 15 CE), por lo que no tendrán cabida los acuerdos ignominiosos, como, por

[1092] MARTÍNEZ ESCAMILLA, M., *"La mediación penal en España: estado de la cuestión"*, op. cit., p. 23.
[1093] MATELLANES RODRÍGUEZ, N., *"La justicia restaurativa en el sistema penal. Reflexiones sobre la mediación"*, op. cit., p. 209.
[1094] Ídem.

ejemplo, que el infractor se comprometa a ponerse una camiseta con el rótulo "SOY UN LADRÓN", o a circular con una pegatina adosada a su coche que relate el delito que cometió[1095]. Soluciones de semejante jaez están extendiéndose peligrosamente en el entorno angloamericano (las llamadas *shame sanctions*), fundamentalmente en materia de delincuencia juvenil[1096], probablemente por su menor coste frente a la pena tradicional y hasta porque son mejor aceptadas por sus destinatarios, pero ni reparan, ni reeducan. Se basan simplemente en la denigración del infractor, poseen un sesgo marcadamente retributivo y nos retrotraen a los tenebrosos tiempos de la picota y el sambenito. Sin duda, una de las grandes aportaciones de la justicia restaurativa es que deja espacio a la creatividad en la búsqueda de soluciones, pero ello no significa que deban ser aceptadas aquellas de contenido inquietante o incluso espantoso: hemos de mantenernos ojo avizor para que la JR no termine siendo utilizada de tan triste manera. La solución obvia es la de la supervisión del contenido de los acuerdos por la autoridad oficial, con potestad para el rechazo de aquellos que no respeten ciertos estándares. Como ejemplo indicativo, volvemos a citar el AE-WGM, cuyo § 2.2 establecía que *"las prestaciones reparadoras no deberán suponer una carga desproporcionada o irracional ni para el ofendido, ni para el infractor"*. Por su parte, la ley de mediación portuguesa, que más adelante abordaremos, prohíbe que el acuerdo de reparación incluya sanciones privativas de libertad, obligaciones que ofendan la dignidad del agresor o sanciones cuyo cumplimiento se extienda en el tiempo más allá de seis meses (artículo 6, nº 2, de la Ley 21/2007, de 12 de junio). Estamos de acuerdo con MARQUES CEBOLA en que, precisamente, uno de los aspectos que con mayor urgencia reclaman la existencia de una ley sobre mediación penal en España es que se pueda limitar la libertad de las partes a la hora de decidir el contenido de los acuerdos y no permitir aquellos que ofendan lal dignidad del imputado, como hace la ley portuguesa[1097].

[1095] Caso real citado en LAMAS LEITE, A., *"`Nueva penología´, punitive turn y Derecho Penal..."*, op. cit., p. 48.

[1096] Sobre este tipo de castigos vergonzantes, las llamadas *shame sanctions*, vid. DEL ROSAL BLASCO, *"¿Hacia el Derecho penal de la postmodernidad?"* op. cit., pp. 53-54; LAMAS LEITE, A., *"`Nueva penología´, punitive turn y Derecho Penal..."*, op. cit., pp. 42 ss. Ya en 1983 advertía MAPELLI del peligro retributivo que puede esconderse tras la compensación penal del daño (del mismo, *Principios fundamentales del sistema penitenciario español*, op. cit., pp. 40-41).

[1097] MARQUES CEBOLA, C., *"Los sistemas de mediación pública en Portugal…"*, op. cit., '. 364.

VI.4.2.3 Significación de la disculpa: la reparación simbólica

Yendo más allá de la discusión acerca del contenido material de la reparación, y centrándonos en su alcance, los escépticos consideran poco realista mantener que la mediación favorece una mejor solución en el plano afectivo de la víctima[1098], opinión de la que también diferimos. Precisamente, uno de los puntos fuertes de la mediación, es más, su razón de ser, es el mejor trato que puede obtener la víctima mediante la solución alcanzada, no solo porque normalmente va a ser más rápida, sino fundamentalmente porque es voluntaria, es decir, ella ha participado en su concreción y el sentimiento subjetivo de "saberse reparado" es más fácil que concurra de esta manera. Las necesidades de la víctima no son solo tangibles: la reparación ha de comprender en lo posible el resarcimiento material, pero también puede ejercer efectos positivos sobre la aflicción que padece la víctima, la cual, normalmente, queda sometida a un estado de perplejidad y temor que es necesario solucionar. La reparación, ya lo dijimos, puede contribuir mucho mejor que el mero castigo del ofensor a la recuperación por parte de la víctima de la dignidad menoscabada por el delito y a su reintegración en la sociedad. Por ello, es de capital importancia que el ofensor tome conciencia de su responsabilidad y ofrezca una muestra de arrepentimiento, si no sincero, porque eso es algo indemostrable e inexigible en Derecho[1099], sí al menos, con apariencia suficiente de sinceridad y completamente alejado del mero formalismo. En este sentido, la Memoria de la FGE de 2012[1100] considera, al referirse a la mediación penal:

Lo importante es que la víctima se sienta parte activa y escuchada en el proceso de resolución del conflicto y que obtenga una reparación no solo económica del daño

[1098] Cfr. DURBÁN SICILIA, L., *"Mediación, oportunidad y otras propuestas para optimizar la instrucción penal."*, en *La Ley Penal*, núm. 73, 2010, p. 48. HIRSCH, por ejemplo, entiende, con cierto tono de desdén, que para la reparación afectiva de la víctima ya existe la figura de los daños morales dentro de la responsabilidad civil *ex delicto*. Del mismo, *"Acerca de la posición de la víctima en el Derecho penal y en el Derecho procesal penal"* op. cit., p. 122.

[1099] Ya hemos dicho en otros momentos de este trabajo que no se puede exigir sinceridad: estamos hablando de Derecho, no de moral. No se puede demostrar la sinceridad. Lo que si se podrá es exigir que la disculpa sea seria, respetuosa y, sobre todo, voluntaria. Vid., al respecto, lo expuesto en supra II.1.3.

[1100] Citada en supra I.1, IV.3.4 y VI.3.3.

sufrido, sino también moral, de modo que se alcance una verdadera conciliación. Para ello es preciso que el imputado reconozca su responsabilidad y se manifieste dispuesto a obtener el perdón de la víctima[1101].

La disculpa tiene que ofrecerse seriamente y sin ambages, a la cara de la víctima: el reconocimiento del mal causado y la petición del perdón compensa, en cierto modo, la humillación a la que fue sometida la víctima, y contribuye a abrir la vía de la posible solución[1102]. La simple celebración de una reunión donde la víctima tenga la oportunidad de comunicarse directamente con el victimario y de formular aquellas preguntas que tanto le inquietan como *"¿por qué a mí?"*, puede ser de una importancia capital y afectar, para bien, a su vida futura[1103]. Según nuestra experiencia policial, no debemos minusvalorar los efectos de la disculpa, que pueden ser muchos y muy positivos.

> Caso real nº 3: hace tan solo unos meses, tuvimos la oportunidad de participar en la solución, a través de una disculpa, de un caso penal en principio muy serio. Se trataba de un ciudadano que había recibido un disparo en el vientre, en el transcurso de un tiroteo entre componentes de la Policía Nacional y los atracadores de una entidad bancaria. Pues bien, el ciudadano, que inicialmente había reclamado la responsabilidad patrimonial de la Administración del Estado, paralizó dicho procedimiento y denunció penalmente a los policías. En el transcurso de la instrucción de dicha causa, que estaba resultando bastante compleja y larga, se nos ocurrió preguntar al letrado del ciudadano por las motivaciones de este, contestando, para nuestra sorpresa, que lo que más había dolido a su cliente era la ausencia de una disculpa oficial por parte de la Policía. Se organizó un encuentro con los responsables policiales, donde se formuló la disculpa, y el ciudadano retiró la acusación, con el visto bueno del Ministerio Fiscal, archivándose la causa penal y siendo retomado el procedimiento

---

[1101] Fiscalía General del Estado, *Memoria elevada al Gobierno de S. M. presentada al inicio del año judicial* (2012), op. cit., p. XXIII de la Introducción, a cargo del Fiscal General del Estado.

[1102] Cfr. ESQUINAS VALVERDE, P., *Mediación entre víctima y agresor en la violencia de género,* op. cit., p. 85, ORTUÑO MUÑOZ, J. P., HERNÁNDEZ GARCÍA, J., *Sistemas alternativos a la resolución de conflictos (ADR)...*, op. cit., p. 70.

[1103] LARRAURI PIJOAN, E., *"Victimología"*, en *De los delitos y las víctimas,* op. cit., p. 305. Sobre la utilidad del diálogo entre víctima y victimario, vid., también, ESQUINAS VALVERDE, P., *Mediación entre víctima y agresor en la violencia de género,* op. cit., pp. 14, 49, KEMELJAJER, A., *"En búsqueda de la tercera vía..."*, op. cit., p. 304, SÁNCHEZ ÁLVAREZ, P., SEGOVIA BERNABÉ, J. L., *La mediación penal comunitaria de adultos: experiencias y propuestas de lege ferenda* (2007), obtenido el 26 de enero de 2013 en http://www. restorativejustice.org, p. 4, SÁEZ VALCÁRCEL, R., *"Notas sobre justicia restaurativa y delitos graves..."*, op. cit., pp. 187 ss.

administrativo resarcitorio. Así, una petición de perdón supuso el archivo judicial de un caso de lesiones graves.

Dejamos la cuestión aportando un par de apuntes reveladores: si atendemos a los datos obrantes sobre los distintos programas piloto de mediación penal desarrollados en España, podemos observar que, en un alto porcentaje, generalmente superior al 50%, los acuerdos alcanzados entre víctima e infractor han consistido en una reparación moral o simbólica, es decir, centrada en el perdón, o en combinar este con la realización de alguna actividad por parte del infractor, lo que demuestra el error de los que ven en la mediación penal un trasfondo básicamente materialista. Y, si acudimos a los resultados obtenidos en un país donde la posibilidad de mediación penal está legalmente aceptada, como es Alemania, veremos que, por ejemplo en 2010, último año sobre el que existen estudios publicados, solo un 18,5% de los casi 5.000 acuerdos formalizados tuvo contenido económico[1104].

VI.4.3. Ejecutoriedad del acuerdo. Consecuencias de su Incumplimiento

Un punto flaco que suele achacarse a la mediación es el inseguro valor y ejecutoriedad del acuerdo que resuelve el conflicto[1105]. Esto hoy es indiscutible, habida cuenta de la falta de legislación en materia de mediación penal de adultos, pero, cuando por fin aquella exista[1106], el acuerdo salido de la mediación, o, mejor dicho, la decisión de la autoridad competente que lo dé por bueno, tendrá el mismo valor que cualquier otra decisión judicial: vinculación, obligatoriedad, firmeza, ejecutoriedad[1107].

Sobre las consecuencias jurídicas del incumplimiento del acuerdo, dentro de la concepción de la mediación que se defiende aquí, como causa de

---

[1104] Vid. capítulo VIII de la presente obra, sobre las experiencias realizadas en nuestro país, y capítulo VII.1, sobre la mediación penal en Alemania.

[1105] MARTÍN DIZ, F., *"La mediación: marco general para su implantación como sistema complementario de administración de justicia"*, op. cit., p. 43.

[1106] Cabe señalar que el BCPP 2013, en relación a este importante asunto, se limita a transponer rácanamente el art. 26 de la Ley de mediación civil y mercantil, en virtud del cual la ejecución de los acuerdos de mediación se instará ante el tribunal que homologó el acuerdo (vid. supra IV.5).

[1107] ORTUÑO MUÑOZ, J. P., HERNÁNDEZ GARCÍA, J., *Sistemas alternativos a la resolución de conflictos (ADR)...*, op. cit., p. 74.

suspensión y posterior archivo del procedimiento por oportunidad, huelga decir que el proceso penal tradicional debe reactivarse si el acuerdo no se cumple. En este sentido se pronuncia la Resolución del ECOSOC de Naciones Unidas 2002/12[1108], cuyo punto 16 establece que, cuando no se alcance el acuerdo, el caso deberá ser devuelto al cauce procesal habitual y la decisión que corresponda se tomará sin demora, añadiendo que, el mero hecho de no haber llegado a un acuerdo, no podrá por sí solo ser tenido en cuenta en el proceso criminal subsiguiente. Ahora bien, cabe la posibilidad de que el infractor haya puesto todo de su parte para cumplir los compromisos adquiridos y, por causas ajenas a su voluntad (por ejemplo por la falta de colaboración de la víctima), haya resultado imposible. En este caso la ley debería dejar abierta la posibilidad de archivo de la causa, solución adoptada en el ámbito de la mediación en el proceso penal de menores por la LORPM, en su art. 19.5, ya estudiado[1109].

En nuestra opinión, una vez que el acuerdo de reparación haya sido firmado por ambas partes y aprobado, pongamos, por el fiscal, estas no deberían poder echarse atrás. De distinta opinión es BRAITHWAITE, para quien, si pese a firmar el acuerdo el infractor llega posteriormente a la conclusión de que aquel es injusto, por ser por ejemplo demasiado gravoso, debería tener derecho a que los tribunales revisaran su caso[1110]. Esto, sin embargo, nos parece que no haría sino contribuir a la eternización del proceso, dejando en un incómodo lugar a la víctima –recordemos lo expuesto al principio de esta monografía sobre la victimización secundaria-, a la par que posibilitaría una utilización perversa de la mediación por el ofensor.

También podría contemplarse una tipificación del incumplimiento malicioso del acuerdo por el infractor, como delito, no contra la víctima, claro está, pues ello significaría la vuelta a la cárcel por deudas de la que hablaba HIRSCH, sino contra la Administración de Justicia. Pensemos en la reciente inclusión del incumplimiento de las medidas cautelares en materia de violencia doméstica y de género como variante del delito de quebrantamiento de condena

[1108] Citada en supra I.4.1, IV.1.1 y en la introducción del capítulo VI.
[1109] Vid. epígrafe IV.3 del presente trabajo.
[1110] BRAITHWAITE, J., *Restorative Justice and Responsive Regulation*, op. cit., p 72.

del art. 468 CP[1111]. Al tipificar estas conductas se ha sorteado el obstáculo del principio *ne bis in idem,* al configurarlas como ataques al funcionamiento de la Administración de Justicia, no hacia la víctima. Lo mismo podría hacerse en caso de un incumplimiento malicioso del acuerdo reparador, derivado de un uso manifiestamente subrepticio de la mediación. Ello tendría, como consecuencia negativa, una mayor judicialización del problema, precisamente lo que se quería evitar. Pero, acaso, como consecuencia positiva para el sistema que se propone, se imprimiría a la *reparatio per mediationem* una connotación intimidatoria que, como se vio anteriormente, casi no posee.

Por último, una vez que el contenido del acuerdo se haya hecho efectivo por el infractor, y dicho cumplimiento obtenga el visto bueno de la autoridad competente[1112], ha de procederse al archivo definitivo de la causa (siempre que se trate, claro está, de una mediación en fase instructora que haya dado lugar al archivo condicionado de la causa). Este archivo deberá equivaler al sobreseimiento libre y total del art. 634 LECr[1113], el cual posee el valor inherente de cosa juzgada (por todas, STS 13 de junio de 1984, EDJ 1984/3.604, FJ 2). Consecuentemente operará, en este caso a favor del infractor, el principio *ne bis in idem,* lo que significa que no podrá ser procesado en un futuro por el mismo hecho. Sobre esta cuestión, cabe añadir que el art. 12.1,e), de la Directiva 2012/29/UE señala, al hablar de la eficacia de los acuerdos de justicia reparadora, que estos "podrán ser tenidos en cuenta" en cualquier otro proceso penal, cuando lo deseable hubiese sido que dijera "deberán ser tenidos en cuenta".

[1111] Cuyo apdo. 2, según redacción dada por la LO 5/2010, de 22 de junio, dice: *"Se impondrá en todo caso la pena de prisión de seis meses a un año a los que quebrantaren una pena de las contempladas en el artículo 48 de este Código o una medida cautelar o de seguridad de la misma naturaleza impuesta en procesos criminales en los que el ofendido sea alguna de las personas a las que se refiere el artículo 173.2, así como a aquellos que quebrantaren la medida de libertad vigilada".*

[1112] Bien podría exigirse, *de lege ferenda,* que fuese acompañado del visto bueno de la víctima.

[1113] Art. 634. *"El sobreseimiento puede ser libre o provisional, total o parcial (...) Si fuere el sobreseimiento total, se mandaré que se archiven la causa y piezas de convicción que no tengan dueño conocido, depués de haberse practicado las diligencias necesarias para la ejecución de lo mandado".* De la misma opinión es LARRAURI PIJOÁN, E., *"Tendencias actuales de la justicia restauradora",* op. cit., p. 451.

CAPÍTULO VII. REFERENCIA AL DERECHO COMPARADO

Los conocimientos que se han adquirido en algunos países, y se adquirirán en otros, acerca de las reglas más seguras que deben aplicarse en los juicios criminales interesan al género humano más que ninguna otra cosa del mundo.

Montesquieu, *El espíritu de las Leyes,* libro XII, capítulo II.

Conscientes como somos de que lo importante, como afirmara RUIZ VADILLO acerca de la mediación penal, *"no es tanto lo que dice el Derecho comparado como la efectividad de la correspondiente normativa dentro de un clima social determinado"*[1114], nos limitaremos en este capítulo a dar unas pinceladas sobre cómo se configura la mediación penal entre adultos en algunos de los Estados de nuestro entorno continental, dejando al margen los países del *Common law,* pues estos, dadas sus connotaciones jurídicas, tan diferentes de las nuestras, darían por sí solos para otro trabajo.

A la hora de incorporar la mediación penal a un Ordenamiento, lo primero que hay que decidir es si regularla en una norma ad hoc o subsumirla en la legislación penal preexistente en el Estado en cuestión. Siguiendo a GARCIANDÍA, atendidos el monopolio estatal en la aplicación del Derecho penal, y la necesidad de acudir al proceso para el enjuiciamiento de la mayor parte de las conductas delictivas que caracterizan al sistema continental, no es extraño que la mayor parte de los Estados que regulan la mediación penal en Europa se hayan decantado por la segunda de las opciones[1115]. De esta manera, países como Alemania, Francia, Austria, Bélgica, Eslovenia, Luxemburgo o Polonia incluyen la regulación de la mediación penal en sus códigos penales y procesales, mientras que otros como Portugal, Chequia, Noruega o Finlandia

[1114] RUIZ VADILLO, E., *"La mediación penal"*, op. cit., p. 318.
[1115] GARCIANDÍA GONZÁLEZ, P. M. *"La regulación de la mediación penal en España: opciones legislativas y contenidos mínimos"*, op. cit., p. 418.

poseen leyes específicas de mediación, generalmente omnicomprensivas de los distintos ámbitos jurídicos, como el civil y mercantil, el familiar y el penal[1116]. Un tercer grupo lo formarían los países donde todavía no se ha legislado la mediación penal, entre los que se encuentran España, Holanda, Dinamarca o Rumanía.

La segunda gran decisión que debe tomarse es la relativa a la acotación del ámbito material de la mediación penal. En el Derecho comparado cercano, lo general es la no existencia de un *numerus clausus* de infracciones susceptibles de guiarse por este procedimiento, aunque sí puede distinguirse entre los países que limitan la gravedad de los delitos mediables –que son mayoría-, y los que, aun no haciéndolo, prevén otra clase de contraindicaciones que han de valorar los organismos encargados de tomar la decisión de derivar el asunto concreto a mediación. Pasemos a estudiar someramente algunos modelos concretos:

VII.1 Alemania

VII.1.1 Marco legal

Como se ha puesto de manifiesto a lo largo del presente trabajo, el estudio de la reparación del daño y sus posibles significados goza de larga tradición en la doctrina penal germana, por lo que no es de extrañar que el país teutón sea fértil en experiencias de justicia penal consensuada[1117]. Podemos hallar el germen moderno de estas inquietudes en el Proyecto Alternativo de Código Penal de 1966 (*Alternativ-Entwurf*)[1118], que motivó reformas penales inspiradas en los ideales resocializadores, mas el definitivo paso adelante fue dado a raíz de la aparición del célebre Proyecto Alternativo sobre Reparación (*Alternativ-Entwurf Wiedergutmachung*) de 1992[1119]. El AE-WGM, del que ya se ha

[1116] En el caso de España, como sabemos, el frustrado ALECr de 2011 acogía en su seno la regulación de la mediación penal.

[1117] Sobre las primeras experiencias modernas de conciliación en Alemania en los años 80, vid. DÜNKEL, F., "*La conciliación delincuente víctima y la reparación de daños: desarrollos recientes del Derecho Penal y la práctica en el Derecho Comparado*", en AA.VV., *Victimología, VIII Cursos de Verano* (ed. BERISTAIN IPIÑA, A.) Universidad del País Vasco, San Sebastián, 1990, pp. 121-123.

[1118] Citado en supra I.3.2.

[1119] Citado en supra I.2.5, III.3.2.2, VI.4.1 y VI.4.2.

tratado en esta obra, pretendía consagrar la reparación como consecuencia jurídica del delito, a modo de la tercera vía que ROXIN formuló[1120], centrando su razón de ser entre la protección de la víctima y la restauración de la paz jurídica[1121]. El AE-WGM ejerció una notable influencia en la reforma penal operada por las leyes de 11 de enero de 1993, para la Descongestión de la Administración de Justicia (*Gesetz zur Entlastung der Rechtspflege*, BGBl. I, p. 50) y de 28 de octubre de 1994, de Modificación del Código Penal, de la Ley Procesal Penal y otras Leyes (*Gesetz zur Änderung des Strafgesetzbuches, der Strafprozeßordnung und anderer Gesetze* [*Verbrechensbekämpfungsgesetz*], BGBl. I, p. 3186). Dichas normas incorporaron mecanismos que permiten la renuncia a la persecución penal, a la pena o la atenuación de esta, según los casos, tanto en el StGB (*Strafgesetzbuch*, Código Penal) como en el StPO (*Strafprozeßordnung*, Código Procesal Penal), a sumar a los ya existentes en la Ley Penal Juvenil (*Jugendgerichtsgesetz*), de 4 se agosto de 1953, que había sido objeto de una revisión similar en 1990[1122]. Así, en virtud de lo dispuesto en el apdo.1 del § 153a StPO, el Ministerio Público (*Staatsanwaltschaft*) puede acordar sobreseimientos provisionales en atención a la escasa lesión social producida por el delito y por la falta de interés público en la persecución penal, a los que puede llegarse como consecuencia de la reparación (*Wiedergutmachung*) ofrecida por el autor, ya sea como consecuencia de un procedimiento de mediación formal o independientemente de este[1123].

A su vez, el apdo. 2 del § 153a StPO confiere al juez (*Richter*) la potestad de suspender provisionalmente el proceso a la espera del cumplimiento de las

[1120] Vid. supra VI.4.1.

[1121] BARONA VILAR, S., *"Situación de la justicia restaurativa y la mediación penal en Alemania"*, op. cit., pp. 248.

[1122] Sobre la introducción del principio de oportunidad en la *Jugendgerichtsgesetz*, y las diferencias con el principio de oportunidad del *Strafprozeßordnung*, más orientado a la economía procesal, vid. CANO PAÑOS, M. A., *"Posibilidades de 'diversión' por parte del ministerio fiscal en el Derecho penal juvenil alemán"*, op cit., pp. 236-237.

[1123] El problema es que la dicción de la norma es muy compleja, y no ofrece un criterio claro de delimitación de los delitos a los que se puede aplicar la suspension condicional del proceso. Únicamente exige que ni la gravedad de la culpabilidad ni el interés público en la persecución se opongan al archivo condicionado del proceso. Sobre la regulación procesal de la reparación en Alemania, vid. ALDONEY RAMÍREZ, LL. M., *"Sistemas penales comparados. Mediación penal y justicia alternativa"*, op. cit., pp. 185 ss.; GALAIN PALERMO, P., *"Suspension condicional del proceso a cambio de reparacion: ¿una forma anómala de decretar el sobreseimiento?"*, en *Cuadernos de doctrina y jurisprudencia penal*, año 12-13, nº 22, 2007-2008, pp. 361-385.

obligaciones (*Auflagen*) o instrucciones (*Anweisugen*) de reparación material o simbólica del daño causado, pudiendo prescindir de la pena en virtud del resultado de estas acciones reparadoras.

Por otro lado, la posibilidad de arreglo entre víctima e infractor se vió muy favorecida por la inclusión en el StGB, merced a la meritada reforma de 1994, de un nuevo § 46a, que reza así[1124]:

> *Arreglo entre autor y víctima, reparación del daño. Si el autor:*
> *1. en su empeño para lograr un acuerdo con el lesionado (arreglo autor-víctima) haya reparado su hecho enteramente o en su mayor parte o este aspirando seriamente a su reparación; o,*
> *2. en el caso en que la reparación del daño haya exigido por él un considerable desempeño personal o una renuncia importante, indemniza a la víctima enteramente o en su mayor parte, entonces el tribunal puede atenuar la pena de acuerdo con el § 49 inciso primero*[1125] *o, puede prescindir de la pena cuando no se ha incurrido en pena grave tal como privación de la libertad hasta un año o multa hasta 360 importes diarios.*

Nos encontramos, en el último supuesto, ante una verdadera causa de exclusión de la pena, como apuntan COBO DEL ROSAL-VIVES ANTÓN[1126].

La reforma de 1994 afectó además a los siguientes parágrafos del StGB:

- § 56, donde se estableció que para decidir la suspensión condicional de la ejecución de penas privativas de libertad de hasta dos años, "*deben considerarse*

[1124] Se ha manejado la trad. del Código Penal alemán de Claudia López Díaz, publicada por la Universidad Externado de Colombia en 2002.

[1125] Atenuación que puede ser muy sensible: "*§ 49. Causas legales especiales de atenuación: (1) Si se prescribe una atenuación conforme a este precepto o se autoriza, entonces para la atenuación rige lo siguiente: 1. En lugar de pena privativa de la libertad perpetúa, se aplica una pena privativa de la libertad no menor de tres años. 2. En los casos de pena privativa de la libertad temporal se permite imponer como máximo tres cuartos del máximo impuesto. En los casos de multa rige lo mismo que para el número máximo de los importes diarios.*
3. El aumento del mínimo de una pena privativa de la libertad se disminuye: - en los casos de un mínimo de diez o de cinco años, a dos años: - en los casos de un mínimo de tres o de dos años, a seis meses; - en los casos de un mínimo de un año, a tres meses; - en los restantes casos, al mínimo legal.
(2) Si el tribunal permite, conforme a una ley que a este precepto remita, atenuar la pena según su criterio, entonces el tribunal puede reducir hasta el mínimo de la pena conminada o en vez de pena privativa de la libertad imponer una multa".

[1126] Vid. COBO DEL ROSAL, M., VIVES ANTÓN, T. S., *Derecho penal. Parte General*, op. cit., p. 852.

también particularmente los esfuerzos del condenado por reparar los perjuicios causados por el hecho";

- § 56b[1127], que prevé la posibilidad de que el Tribunal imponga al condenado en libertad condicional la realización de obligaciones (*Auflagen*) que sirvan para la *"reparación del injusto cometido"* (*Genugtuung für das begangene Unrecht*), siempre que no se trate de exigencias imposibles, pudiendo consistir no solo en la reparación de los daños causados sino en la prestación de servicios de utilidad pública o en el pago de sumas a instituciones benéficas o al erario público; pero si el condenado ofrece, *motu proprio*, una reparación adecuada, el tribunal puede prescindir de las *Auflagen*;

- § 59, que contempla, dentro de las instrucciones (*Anweisugen*) que puede dirigir el Tribunal al sujeto al que ha impuesto la "amonestación con reserva de pena" (*Verwarnung mit Strafvorbehalt*)[1128], la de *"esforzarse para lograr un convenio con el lesionado o de otro modo repararle los daños causados por el hecho"*.

Estos preceptos plantean, más allá de una forma de *diversion*, una expresión de justicia restaurativa[1129], por cuanto no se deriva el asunto a ninguna vía, sino que se faculta directamente al juez para prescindir de la pena, atenuar la misma o suspender la ejecución en caso de reparación. La reparación, aunque pudiera inferirse lo contrario, no se contempla en realidad como castigo, sino que, como advierte SILVA SÁNCHEZ, responde a un enfoque "premial", pues se configura como paso previo a la obtención de beneficios[1130]. De acuerdo con GALAIN, puede considerarse que la suspensión condicional de los §§ 56 y ss. forma parte de la determinación de la pena en sentido amplio, de manera que las *Auflagen* serían verdaderas medidas sancionadoras que compensan la ausencia de pena y por tanto han de cumplir una función

[1127] Precepto citado en supra VI.4.2.1.

[1128] En esta figura no se suspende la condena sino que esta ni siquiera llega a producirse; sólo cabe en pena de hasta 180 días-multa.

[1129] BARONA VILAR, S., *"Situación de la justicia restaurativa y la mediación penal en Alemania"*, op. cit., p. 275.

[1130] SILVA SÁNCHEZ, J. M., *"Sobre la relevancia jurídico penal de la realización de actos de ´reparación´"*, op. cit., p. 186.

preventiva, mientras que las *Anweisugen* serían medidas destinadas a facilitar la resocialización del infractor[1131].

En suma, en Alemania cabe distinguir entre la mediación institucional, que abordaremos a continuación, y la mera *Wiedergutmachung,* la cual puede responder a una mediación privada entre víctima y autor al margen de las instancias oficiales, existir de manera espontánea o ser impuesta en forma de *Auflage* o de *Anweisug*. Por lo tanto, a la hora de valorar los datos estadísticos del servicio de mediación oficial, debemos tener en cuenta que existe un gran volumen de mediaciones privadas no contabilizado.

VII.1.2 El sistema TOA

El sistema de mediación penal oficial germano recibe el nombre de TOA (*Täter-Opfer-Ausgleich,* autor-víctima-compensación)[1132]. La creación del TOA llegó con la Ley para el establecimiento procesal penal de la Compensación Autor-Víctima, de 20 de diciembre de 1999 (*Gesetz Zur strafverfahrensrechtlichen Verankerung des TOA und zur Änderung des Gesetzes über Fernmeldeanlagen,* BGBl. I, p. 2.491). Dicha ley modificó el § 153a StPO para dar al fiscal la opción de no ejercer la acusación mientras se sustancia el TOA, e introdujo el § 155a StPO, que impone a jueces y fiscales que en todo momento del proceso contemplen la posibilidad de remitir el caso a TOA.

El sistema, que es sufragado por el Ministerio de Justicia central y los de los distintos Estados federales (*Länder*), no ha experimentado un desarrollo uniforme, ya que el Estado central fija el marco jurídico básico, pero cada *Land* puede introducir normas específicas, amén de apoyar en mayor o menor medida este servicio[1133]. Así, Renania del Norte-Westfalia es el *Land* donde más se está desarrollando el sistema, acaparando más del 40% de los casos totales[1134], mientras que en otros *Länder* la presencia del TOA es meramente testimonial.

1131 GALAIN PALERMO, P. *La reparación del daño a la víctima del delito,* op. cit., pp .253-257.

1132 Sobre los orígenes del TOA, vid., BARONA VILAR, S., *"Situación de la justicia restaurativa y la mediación penal en Alemania"*, op. cit., pp. 245 ss.

1133 Así, de los 16 *Länder* con competencia exclusiva de organización de la administración de justicia, tan sólo Baviera no ha introducido especificidades en el funcionamiento del TOA.

1134 Fuente: Ministerio de Justicia de la República Federal de Alemania, *Memoria anual de 2010 del servicio TOA,* op. cit.

Sea como fuere, aunque es indudable su progreso (de los 1.000 casos llevados a TOA en 2000, se ha pasado a los más de 5.000 en 2009 y 2010[1135]), todavía no puede decirse que esta figura tenga una presencia relevante en el proceso alemán[1136].

Este procedimiento suele tener lugar en la fase preliminar del proceso, aunque existe la posibilidad de iniciarlo en cualquiera de sus etapas. El Ministerio Público, tanto en el proceso de menores como en el de adultos, puede derivar el caso a TOA en fase de instrucción (*pretrial*) y a veces incluso en fase ejecutiva[1137], decisión que también puede tomar el juez en el período de enjuiciamiento. Además, aunque la decisión corresponde exclusivamente al fiscal o al juez, con el consentimiento de las partes, la iniciativa de derivación también puede partir de la Policía (*Polizei*) y de las propias partes[1138], si bien el imputado no gozó de esta posibilidad hasta la enmienda operada en el StPO por la Ley de Reforma de los Derechos de la Víctima (*Opferrechtsreformgesetz*) de 24 de junio de 2004 (BGBl. I, p. 1.354). Dicha ley agregó a los deberes de información al imputado en el primer interrogatorio (§ 136 StPO), el de participarle, si el caso resulta apropiado para ello, la posibilidad de iniciar el TOA.

La consecuencia de un procedimiento exitoso de TOA podrá consistir en alguna de las medidas que hemos visto arriba: el archivo de la causa por el Ministerio Público, que puede ser provisional o definitivo; si la acción penal ha sido ya ejercitada, el órgano juzgador podrá a su vez decretar la suspensión del

---

1135 Fuente: Ministerio de Justicia de la República Federal de Alemania, *Memoria anual de 2010 del servicio TOA*, op. cit.

1136 Si bien, como se ha indicado supra, también puede llegarse a la *Wiedergutmachung* a través de mediación no institucional, por lo que los resultados del servicio TOA sólo cabe considerarlos como parciales.

1137 El Derecho alemán asigna al fiscal un gran protagonismo en la sustanciación del procedimiento penal. Tienen la competencia exclusiva de la instrucción del sumario, además de ejercer la acusación pública en la fase intermedia y en el juicio oral. Pero, además, es el órgano encargado de la ejecución penal, por lo que, como señala CANO PAÑOS, *"la mayoría de la doctrina procesal alemana no considera al Ministerio Fiscal ni como parte del ejecutivo ni del judicial, sino que lo conciben como un 'órgano independiente de la administración de justicia'"* (del mismo, *"Posibilidades de 'diversión' por parte del ministerio fiscal en el Derecho penal juvenil alemán"*, op cit., p. 232).

1138 Atendiendo a la memoria citada del TOA publicada por el Ministerio de Justicia, en 2010, la iniciativa correspondió al Fiscal en un 74,5% de los casos, a la Policía en un 6,3%, a los inculpados en un 3,8%, a los jueces en un 3,1% y a la víctima en un 1,2% de los casos.

proceso, a expensas de que el inculpado cumpla los requisitos exigidos, o bien, en sede de imposición de la pena, atenuar, sustituir o suspender la ejecución de la misma por mor de la reparación. Para favorecer la reparación en sede ejecutiva, la Ley de 22 de diciembre de 2006 (BGBl. I, p. 3.416), modificó el § 42 StGB, permitiendo que los pagos de cantidades como reparación, cuando las posibilidades económicas del infractor sean limitadas, tengan carácter preferente frente al abono de las multas.

En cuanto a las infracciones susceptibles de ser llevadas a TOA, la legislación federal no establece restricciones, si bien la mayor parte de los estados federales han fijado listas positivas o negativas de los hechos que pueden derivarse a TOA, excluyendo, generalmente, los delitos violentos y sexuales, así como la violencia doméstica y de género[1139].

Una materia divergente en los distintos *Länder* es la relativa al estatus de los mediadores, que en unos Estados tienen carácter oficial y en otros tienen carácter privado, si bien en este caso reciben financiación pública, ya que el TOA posee carácter gratuito para las partes[1140]. De cualquier forma, se trata de mediadores profesionales, capacitados en cursos ofrecidos por determinadas universidades e institutos, con carga lectiva suficiente para la adquisición del postgrado.

En lo tocante a los resultados conocidos, el Ministerio de Justicia alemán ha publicado memorias comprensivas de los datos del TOA en el conjunto de los *Länder*, datando la última de abril de 2012, aunque referida a datos globales de 2010, pudiéndose destacar los siguientes apuntes:

- Respecto al período procesal de derivación, esta tuvo lugar, en un 82,5% de los casos, durante la instrucción, por un 10% en la fase intermedia y solo un 1% en

---

1139 Cfr. BARONA VILAR, S., *"Situación de la justicia restaurativa y la mediación penal en Alemania"*, op. cit., p. 266; GARCIANDÍA GONZÁLEZ, P. M. *"La regulación de la mediación penal en España..."*, op. cit., p. 435.

1140 Actualmente, el servicio es prestado por 33 instituciones, de las cuales sólo 8 son públicas (datos obrantes en la página web explicativa del sistema TOA, http://www.toa-servicebuero.de).

la fases de enjuiciamiento y de ejecución, respectivamente (el 5% restante no quedó adecuadamente documentado).

- En 2010 participaron 5.233 víctimas en los procedimientos TOA, de las que el 60% fueron hombres. En cuanto a los daños sufridos por las mismas, en el 36% de los casos fueron de tipo físico, frente a un 19% de naturaleza psíquica y a un 21,2% de carácter material. De los daños físicos, el 76,4% fueron leves, por un 21% de daños de mediana gravedad y, tan solo un 3,3%, graves.

- Respecto a los infractores en los procedimientos TOA en 2010, participaron 5.051 imputados, de los que el 79% eran hombres. En lo relativo a la edad, un 36% eran menores de edad (*Jungendlicher*) a partir de 14 años, pues antes, al igual que en España, no se es penalmente responsable; o "jóvenes semiadultos" (*Heranwachsender*) entre 18 y 20 años, a los que en el país germano se les aplica el Derecho penal juvenil[1141].

- En cuanto a la tipología de las infracciones, de un total de 5.075 casos derivados a TOA, en torno a la mitad consistieron en delitos de lesiones, seguidos por las injurias (13%), los delitos contra la libertad personal (12%), de daños (11%), de robo con fuerza y de desfalco (6%), los hurtos (4,9%), las estafas (1,8%) y los robos con violencia (1,1%), amén de otros tipos residuales. Podemos decir que se trata de una tipología que casa bien con la idea que se ha mantenido de mediación penal en la presente monografía.

- Un dato que nos ha llamado la atención, avanzado en supra V.1.1.2, y que debería incluirse en cualquier estudio estadístico sobre la materia, es el relativo al grado de conocimiento previo entre víctima y autor. Así, en el 41% de los casos, víctima y autor mantenían una relación personal cercana (pareja, familia, vecinos, compañeros de trabajo), en el 27,2% se conocían, y tan solo en el 31,9% de los supuestos no existía previo conocimiento mutuo.

[1141] Sobre la mediación penal juvenil en Alemania, vid. FERREIRÓS MARCOS, C. E. *et al*, *La mediación en el Derecho penal de menores*, op, cit., pp. 148-168.

- Otra referencia relevante es la de las mediaciones que terminaron en acuerdo: un 91% de las más de 5.000 iniciadas. En cuanto al contenido del acuerdo, también es revelador que un 42,5% de los acuerdos se basaran en el perdón, mientras que el 13% consistieron en la realización de alguna actividad por el infractor, 10,9% en la indemnización de los perjuicios, 7,6% en una compensación dineraria (lo que supone un total del 18,5% de los acuerdos con contenido económico), 5,2% en trabajos para la víctima, 1,5% en un regalo para la víctima, 1,1% en la devolución de la cosa sustraída y otro 1,1% en la realización de alguna actividad conjunta con la víctima, no estando el resto adecuadamente documentados. Respecto al grado de cumplimiento de lo acordado, en el 91,5% de los casos fue completo, en el 7,1% fue parcial y, únicamente en el 1,4%, no existió ningún tipo de cumplimiento.

VII.2 Portugal

En Portugal, después de la buena acogida de proyectos piloto como el de Oporto[1142], se dictó la Ley 21/2007, de 12 de junio (DR nº 112, p. 3798), de Mediación Penal, y su Reglamento de desarrollo, de 23 de enero de 2008 (DR nº 15, p. 634). Casi al unísono, tras la aprobación de la Directiva 2008/52/CE del Parlamento Europeo y del Consejo sobre mediación, el *Ministério da Justiça* creó el *Gabinete de Resoluçào Extrajudicial de Conflictos* (GRAL), órgano que ha venido gestionando de forma centralizada la prestación del servicio de mediación penal hasta hace solo unos. Sin embargo, hace tan solo unos meses, debido a la crisis económica, que también está asolando la porción lusitana de nuestra península, el GRAL ha sido extinguido, asumiendo directamente sus funciones la *Direção-Geral da Política de Justiça* (DGPJ)[1143].

[1142] El *Projecto do Porto,* realizado por la Facultad de derecho de la Universidad de Oporto, la Procuraduría General del Distrito de Oporto y el Departamento de Investigación y Acción Penal de Oporto (DIAP), tuvo lugar entre 2004 y 2007, arrojando resultados esperanzadores. Sobre el mismo, vid. REIS, S., *"A vítima na mediação penal em Portugal"*, en *Revista da Ordem dos Advogados,* vol. I/IV – 2010, p. 3.

[1143] Según nos ha manifestado directamente doña Soña Reis, Directora-Adjunta del GRAL hasta su reciente disolución. Nuestro más sincero agradecimiento a ella y a los funcionarios de la DGPJ que tan amablemente han atendido nuestras solicitudes de información.

La Ley 21/07 integra la mediación en el proceso criminal, estableciendo un régimen circunscrito a los delitos contra las personas o contra el patrimonio y a que se den las siguientes circunstancias (art. 2 de la citada ley):

1) Que la pena a imponer no sea superior a cinco años de prisión.
2) Que no sea crimen contra la libertad o autodeterminación sexual.
3) Que no sea crimen sobre cohecho, malversación o tráfico de influencias.
4) Que el ofendido no sea menor de 16 años.
5) Que no se siga el procedimiento sumario o sumarísimo.

La citada ley ofrece la siguiente definición de mediación penal (art. 4.1):

> *Un proceso informal y flexible, dirigido por un tercero imparcial, el mediador, que promueve la aproximación entre el imputado y la víctima y los apoya en el intento de encontrar activamente un acuerdo que permita la reparación de los daños causados por el hecho ilícito y que contribuya a la restauración de la paz social.*

La única objeción que puede formularse a esta descripción es que en la misma se habla de "proceso", y, como hemos dicho a lo largo de esta monografía, proceso solo existe el penal propiamente dicho, aunque probablemente se ha empleado el término para remarcar la naturaleza de la mediación como parte integrante del proceso penal[1144]. Por otro lado, una característica propia de la mediación penal portuguesa es que no siempre es totalmente voluntaria, ya que, en virtud del art. 3.1 de la citada ley, si el *Ministério Público*, en cualquier momento de la causa, entiende que se dan las condiciones para iniciar la mediación, puede remitir al servicio de mediación la documentación del caso para que se ponga en contacto con las partes. Ahora bien, una vez que esto sucede, las partes pueden consentir o no en someterse a la mediación, así como desecharla en cualquier momento, volviendo el proceso a discurrir por sus cauces tradicionales, lo que significa que el principio de voluntariedad, aunque con el matiz señalado, se respeta. Por otro lado, las propias partes pueden, igualmente, instar la mediación (art. 3.5 L 21/2007).

En cuanto al procedimiento concreto, ya se haya iniciado a instancia del

[1144] CARRIZO GONZÁLEZ-CASTELL, A., *"La mediación penal en España"*, op. cit., p. 238.

Ministerio Público o de las partes, la DGPJ procede a la designación del mediador, el cual contacta con la víctima y el agresor, les informa de sus derechos y obligaciones, así como de la naturaleza, finalidades y reglas del procedimiento, que es completamente gratuito (art. 10). La ley incide en la importancia de la valoración del consentimiento de las partes por el mediador, a efectos de detectar vicios o motivos que impidan la mediación, lo que deberá poner en conocimiento del fiscal, quien decretará el regreso del proceso a la vía judicial. El mediador nombrado puede traspasar el caso a otro mediador cuando hayan razones excepcionales que así justifiquen (relativas a la inserción comunitaria o ambiente cultural de cualquiera de las partes), debiendo ponerlo en conocimiento del Ministerio Fiscal y de la DGPJ.

Sobre el plazo de duración de la mediación, este no podrá superar los tres meses, aunque el Ministerio Público podrá prorrogarlo durante dos meses más, por una sola vez.

Con respecto al acuerdo, como en toda mediación, son los implicados quienes deciden su contenido. No obstante, no podrá incluir sanciones privativas de libertad, obligaciones que ofendan la dignidad del agresor o sanciones cuyo cumplimiento se prolongue durante más de seis meses (artículo 6, nº 2, L 21/2007). Cuando el Ministerio Público recibe la notificación del acuerdo debe comprobar si se dan los requisitos legales, en cuyo caso homologa el mismo. En caso contrario lo devuelve al mediador para que, en el plazo de 30 días, autor y victima traten de subsanar el defecto. Por último, si el infractor no cumpliese el acuerdo en el plazo fijado, la víctima tiene un plazo de un mes para ponerlo en conocimiento de las autoridades y que el proceso penal sea retomado. Como no podía ser de otra manera, la ley establece que, durante todo el tiempo que se prolongue el procedimiento mediador, hasta su definitiva consolidación o abandono, el cómputo de la prescripción quedará interrumpido.

Por otro lado, la Ley de mediación portuguesa establece unos requisitos mínimos para acceder a la condición de mediador. Estos han de tener más de veinticinco años de edad, poseer una licenciatura adecuada, y haber superado un curso homologado por el Ministerio de Justicia (art. 12). No hay una formación pública de mediadores, esta corre a cargo de entidades privadas, con vistas a su inclusión en las listas del GRAL, actualmente gestionadas por la DGPJ. El Ministerio de Justicia acredita los cursos de mediación de estas entidades exigiendo un cierto número de horas de aprendizaje, determinadas prácticas de enseñanza y contenidos concretos de los programas. La DGPJ gestiona listas de mediadores para cada uno de los tres sistemas públicos de mediación: familiar, laboral y penal, discurriendo la mediación civil y mercantil por vías privadas, a través de los Juzgados de Paz. Una vez acordada la derivación del expediente con arreglo a las normas que regulan cada sistema, la aplicación informática del antiguo GRAL suministra automáticamente un mediador. Para ello, las listas de mediadores de cada especialidad se subdividen en atención a las 15 comarcas judiciales donde opera la mediación penal en Portugal[1145].

Sobre los resultados obtenidos, tenemos que decir que, en su aún corta andadura, el Sistema de Mediación Penal (SMP) no ha calado excesivamente, de momento, entre los portugueses. Entre el 23 de enero de 2008, fecha de comienzo del servicio, y el 31 de diciembre de 2012, se habían derivado a mediación 735 procedimientos, de los cuales 188 habían terminado con acuerdo[1146], siendo casi inexistentes los casos derivados por iniciativa de las partes. Tal vez, como señala REIS, los siglos de Inquisición y de Monarquía Absoluta, además de la posterior Dictadura, son factores que pueden explicar por qué los ciudadanos de la todavía joven democracia se acomodan mejor a decisiones tomadas por terceros que a aquellas experiencias que les permiten tener una participación activa en la superación del conflicto[1147], pero, en cualquier caso, una innovación del calibre de la que nos ocupa necesita de un

---

[1145] Cfr. GARCÍA CARCÍA-CERVIGÓN, J., *"La mediación penal de adultos en Portugal. A propósito del libro de André Lamas Leite. A Mediaçao penal de adultos, un novo ´paradigma´ de justiça? (Analise crítica de la Lei 21/2007, de 12 de julho)*, en *Revista Electrónica de Ciencia Penal y Criminología*, nº 12, 2010, pp. 1-6, obtenido el 6 de diciembre de 2012 en http://www.criminet.ugr.es, p. 4, MARQUES CEBOLA, C., *"Los sistemas de mediación pública en Portugal…"*, op. cit., ʻ. 362, REIS, S., *"A vítima na mediação penal em Portugal"*, op. cit., p. 4.

[1146] Fuente: consulta directa con la DGPJ.

[1147] REIS, S., *"A vítima na mediação penal em Portugal"*, op. cit., p. 5.

largo recorrido, una adecuada difusión y, sobre todo, como las películas que son buenas pero cortas de presupuesto, del inestimable "boca a boca", a fin de que las personas se vayan familiarizando ella. Creemos que, en España, será necesario menos tiempo, por la sencilla razón de que, cuando llegue por fin la ley de mediación penal, las experiencias piloto llevarán lustros (si no decenios) funcionando, lo que hará más fácil su difusión popular.

En conclusión, el modelo portugués responde, salvo algún detalle, a la idea de mediación que se ha defendido en el presente estudio. En la práctica totalidad de las veces, la derivación a mediación tiene lugar en la fase de *inquérito* (instrucción)[1148], lo que, como se ha explicado aquí, nos parece lo más acorde con los fines que se pretenden conseguir a través de la mediación penal.

[1148] Ibídem, p. 6.

Ilustración nº 1. Esquema explicativo del Sistema de Mediación Penal (SMP), difundido por el Ministerio de Justicia portugués[1149]

VII.3 Francia

En el país vecino se distingue entre una mediación social, extrapenal, en la que el mediador pertenece a la comunidad social donde están ubicadas las partes, siendo ellas las que acuden al mediador antes de judicializar el problema, y una mediación penal, que es la llevada a cabo en el seno del

1149 Fuente: web de la Dirección General de Política de Justicia del Ministerio de Justicia del Gobierno de Portugal: http://www.dgpj.mj.pt/sections/gral/mediacao-publica.

proceso por el Ministerio Fiscal (*Procureur de la République*[1150]), en conexión con el gran tejido existente de asociaciones de mediación (actualmente hay más de 150), coordinadas por el Estado y encargadas de poner en marcha los procesos mediadores[1151].

La mediación comunitaria, al modo francés, comenzó a desarrollarse en los años 80 en los barrios de las ciudades más populosas. Es llevada a cabo por líderes respetados en la zona de actuación, quienes han recibido formación como mediadores, desempeñándose *ad honorem*. Esta modalidad, que abarca tanto temas civiles como infracciones penales de poco calado[1152], es una expresión de justicia restaurativa, en el sentido de que se practica extramuros del proceso judicial, por lo que puede ser considerada una rara avis dentro del sistema jurídico continental[1153]. Consecuencia de su carácter extraoficial, el gran problema de las experiencias francesas de justicia comunitaria es su total falta de uniformidad y control, siendo difícil establecer el alcance de las mismas, tanto en lo que respecta al volumen de asuntos como en lo tocante a las materias abordadas. De hecho, una de las razones que llevaron al legislador francés a admitir el principio de oportunidad en su legislación penal fue la necesidad de compatibilizar estas prácticas con la legalidad y asegurar la igualdad de trato de todos los delincuentes[1154].

Mediante las leyes 1993-2, de 04 de enero, y 2004-204, de 9 de marzo, Francia modificó su marco jurídico penal, quedando el principio de oficialidad muy matizado por el principio de oportunidad. De este modo, el art. 40.1 del *Code de Procédure Pénale* (CPPF) dispone que el fiscal puede decidir si resulta

---

[1150] En Francia el *Procureur de la République* pertenece al Cuerpo de Magistrados, y llega a ejercer funciones que en ocasiones se solapan con las judiciales.

[1151] Cfr. CHAVARIÑO LARAÑO, J., *"La mediación con nuestra actual LECr. La figura del fiscal y la mediación en el futuro"*, ponencia pronunciada en San Sebastián el 31 de enero de 2008, en el marco de las Jornadas Transfronterizas sobre Mediación Penal, MEJÍAS GÓMEZ, J. F., *La mediación como forma de tutela efectiva*, op. cit., p. 102.

[1152] ARROYO, M. *et al.*, *La mediación penal como alternativa* (2009), obtenido el 1 de febrero de 2013 en http://www.criminologiaunt.ecaths.com, documento sin paginar.

[1153] Si bien es cierto que en algún otro país continental, como Holanda, empiezan a tomar cuajo las experiencias basadas en las conferencias restaurativas (vid. GÓMEZ HERMOSO, M. R., *"Mediación penal y aspectos psicológicos"*, op. cit., p. 17).

[1154] Cfr. ETXEBERRÍA GURIDI, J. F., *"El modelo francés de mediación penal"*, en AA.VV. *La mediación penal para adultos. Una realidad en los ordenamientos jurídicos* (dir. BARONA VILAR, S.), Tirant Lo Blanch, Valencia, 2009, p. 183.

oportuno (*s'il est opportun*): 1ª) ejercitar la acción penal; 2ª) incoar un procedimiento alternativo; o 3º) decretar el archivo de la causa si las circunstancias concretas así lo justifican (archivo incondicionado).

Así, dentro de la segunda posibilidad, de incoar un *procédure alternative*, la ley habilita al fiscal para, con carácter previo a su decisión sobre ejercitar o no la acción pública, *"favorecer, con el acuerdo de las partes, una misión de mediación entre el autor de los hechos y la víctima"*[1155] (art. 41.1.5ª CPPF), si estima que tal medida es susceptible de asegurar la reparación del daño causado a la víctima y de poner fin al problema resultante de la infracción y de contribuir a la rehabilitación del autor de la infracción (art. 41.1). Las partes únicamente dan su acuerdo para proceder a la mediación[1156], pero carecen de iniciativa, solo el fiscal puede tomar la decisión de derivar el expediente. Posteriormente, si el dictamen de la mediación es positivo, el fiscal archivará la causa. Dicho archivo no produce efecto de cosa juzgada, por lo que la causa puede ser reabierta si, en el caso de la mediación, no se cumplen los compromisos adquiridos (art. 41.1 CPPF, *in fine*). Solo el transcurso del tiempo y el cumplimiento de los plazos de prescripción elevarán el archivo a definitivo. Por otro lado, una vez que el fiscal toma la decisión de ejercitar la acción pública, ya no cabe la derivación del caso a mediación. Vemos, pues, como la mediación penal está configurada estrictamente como circunstancia que puede llevar al archivo de la causa en la fase de instrucción, pero nunca después.

En cuanto al ámbito objetivo, el CPPF no señala límite alguno, por lo que la decisión queda en manos del fiscal. Sin embargo, en la práctica, la mediación penal en Francia se circunscribe a los casos de violencia leve y, en general, en las infracciones de menor gravedad[1157]. Como señala EXTEBERRÍA GURIDI, la idea

---

[1155] *"Faire procéder, à la demande ou avec l'accord de la victime, à une mission de médiation entre l'auteur des faits et la victime"*.

[1156] De hecho, como ocurre en Portugal, en virtud de lo dispuesto en la Nota Orientadora del Ministerio de Justicia de 3 de junio de 1992, el Ministerio Fiscal puede derivar el caso a mediación sin haber recabado el consentimiento de las partes, tarea que corresponderá, en ese caso, al mediador.

[1157] Cfr., BARONA VILAR, S., *Mediación penal. Fundamento, fines y régimen jurídico*, op. cit., p 294; ETXEBERRÍA GURIDI, J. F., *"El modelo francés de mediación penal"*, op. cit., p. 193; GARCIANDÍA GONZÁLEZ, P. M. *"La regulación de la mediación penal en España: opciones legislativas y contenidos* de la implantación de esta figura respondió en su momento al deseo de tratar oportunamente pequeñas infracciones comunes que, en su mayoría, quedaban sin respuesta penal al ser objeto del archivo incondicionado del art. 40.1 CPPF, pero para las cuales también era excesivo el ejercicio de la acción penal, como es el caso de la delincuencia intrafamiliar leve[1158]. Así se puso de relieve en las Instrucciones impartidas por el Ministerio de Justicia durante la época en que la mediación penal comenzó su andadura en el país galo[1159], pudiéndose decir que en Francia la mediación penal no solo no está prohibida en materia de violencia de género y doméstica sino que está especialmente indicada en estas materias (siempre, obviamente, que no se trate de casos graves)[1160].

Por otro lado, como ocurre en la práctica totalidad de las regulaciones europeas, la mediación penal es completamente gratuita, y cabe tanto la reparación económica o material como la simbólica, así como la consistente en la realización de alguna actividad[1161].

Respecto del estatuto del mediador, cabe decir que sus obligaciones, las condiciones para acceder al ejercicio de la mediación, etc., aparecen reguladas en el propio CPPF, como consecuencia de la reforma operada por el Decreto 1996-305, de 10 de abril, si bien en la parte reglamentaria (*Décrets en Conseil d'Etat*)[1162]. Hasta la promulgación de dicha norma, estas cuestiones eran muy difusas e incluso, en muchas ocasiones, era el mismo fiscal quien realizaba directamente la mediación, lo que se daba en llamar "mediación retenida"[1163]. Así, los art. R-15 33-30 y ss. de los Decretos del Consejo de Estado integrados en el CPPF disponen que únicamente podrán realizar un programa de mediación conforme a lo establecido en el 41.1.5ª CPPF, arriba citado, las persona físicas o asociaciones habilitadas como "mediadores del fiscal" (*médiateurs du procureur*

mínimos", op. cit., p. 435; GORDILLO SANTANA, L F., *La justicia restaurativa...*, op. cit., pp. 303 ss.

1158 ETXEBERRÍA GURIDI, J. F., *"El modelo francés de mediación penal"*, op. cit., p. 215.

1159 Como la Nota Orientadora de 3 de junio de 1992 y la Circular de 11 de marzo de 1993.

1160 Cfr. ETXEBERRÍA GURIDI, J. F., *"El modelo francés de mediación penal"*, op. cit., p. 215.

1161 MEJÍAS GÓMEZ, J. F., *La mediación como forma de tutela efectiva*, op. cit., p. 102.

1162 El *Code de procédure pénale* tiene una profusa parte final de carácter reglamentario, cuyos preceptos están ordenados de manera distinta (con caracteres alfanuméricos) a la de los artículos de la parte de rango legal.

1163 ETXEBERRÍA GURIDI, J. F., *"El modelo francés de mediación penal"*, op. cit., p. 220.

de la République). Concretamente, se deberá solicitar la habilitación ante el Fiscal o el Fiscal General, dependiendo de si se quiere ejercer la mediación ante el Tribunal de Primera Instancia o ante el de Apelación. La concesión, inicialmente, tiene vigencia de un año a prueba, a cuyo término el Fiscal resolverá conceder o no la habilitación por cinco años, pudiendo ser revocada en cualquier momento si el mediador no cumple las obligaciones estipuladas como propias de su cargo. El CPPF no exige un nivel de formación concreto, sino presentar garantías de competencia, independencia e imparcialidad, carecer de antecedentes penales, no ser mayor de 75 años y las lógicas incompatibilidades, entre las que se encuentra el prestar servicios profesionales en la Administración de Justicia, lo que terminó con la mediación retenida. En la práctica, suele exigirse haber cursado formación reconocida por el Ministerio de Justicia, la cual suele ser impartida por el INAVEN (*Institut Nationale d´Aide aux Victimes et de Médiation*) y el CLCJ (*Comité de Liaisons des Asociations Socio-Educatives de Contrôle Judiciaire*) .

VII.4 Italia

Hemos seleccionado Italia como ejemplo de Estado europeo en el que prácticamente no existe la mediación penal. En el país transalpino, el principio de la obligatoriedad del ejercicio la acción penal en los delitos públicos está sancionado constitucionalmente (*"Il pubblico ministero ha l'obbligo di esercitare l'azione penale"* art. 112 CI) por lo que, de momento, como en España, solo se pueden formular hipótesis con base en experimentaciones. Ni siquiera en el proceso de menores está reconocida la mediación, siendo en este campo donde están poniéndose en práctica los programas piloto existentes, que en 2011 afectaban a los Tribunales de Turín, Bari, Milán, Roma, Trento y Salerno[1164]. No obstante, en los delitos perseguibles únicamente a instancia de parte, el Decreto Legislativo 274/2000, de 28 de octubre, estableció expresamente la posibilidad de recurrir a mediación, función que va a corresponder al Juez de Paz. Así, el art. 29 de dicho Decreto señala que el Juez de Paz, en este tipo de infracciones, puede aplazar la audiencia preliminar por un período de tiempo no superior a

[1164] PALERMO, G., *Perspectivas socio-jurídicas de la mediación penal en Italia. Análisis comparativo con España*, op. cit., p. 37.

dos meses, a fin de permitir el desarrollo de la mediación, para lo cual puede instar él mismo a la conciliación de las partes ("acuerdo conciliativo"), o servirse de la actividad mediadora de estructuras públicas o privadas presentes en la zona. Además, el art. 35 de la susodicha norma prevé la posibilidad de que, antes de lal audiencia preliminar, el reo haya procedido a la reparación del daño y a la eliminación de las consecuencias lesivas o peligrosas de su conducta, circunstancias que ha de verificar el juez para decretar el archivo de las actuaciones[1165].

VII.5 Polonia

En este país, la posibilidad de recurrir a la mediación penal descansa fundamentalmente en el art. 23a del Código de Procedimiento Penal (*Kodeks Postepowania Karnego*, KPK), introducido por la Ley 17/2003, de 10 de enero[1166]. Según su apdo. 1, el fiscal, que en Polonia es el instructor de la causa, y el juez, en las fases posteriores, pueden, ya sea de oficio o a instancia de parte, derivar la causa a una institución especializada o a una "persona de confianza" (*osoba zaufana*) para realizar el procedimiento de la mediación entre el perjudicado y el acusado, siendo necesario el consentimiento de ambos si la iniciativa de la mediación parte de las instancias oficiales (arts. 320 y 339 CPK). El plazo máximo de duración de cada mediación es de un mes, prorrogable, quedando la causa archivada condicionalmente durante dicho ínterin e interrumpiéndose el cómputo de la prescripción (art. 23a, § 2 KPK).

En cuanto al ámbito objetivo, la mediación en Polonia no es una alternativa específica a la pena, sino que es un factor a tener en cuenta por el juez o fiscal. De esta forma, podrá causar efecto en aquellos supuestos en que la ley permite la renuncia a la acción penal y el subsiguiente archivo condicional del procedimiento por el Ministerio Público, regulados en los arts. 66 y ss. del

[1165] Cfr. ALDONEY RAMÍREZ, LL. M. *et al.*, *"Sistemas penales comparados. Mediación penal y justicia alternativa"*, op. cit., pp. 214 ss., PALERMO, G., *Perspectivas socio-jurídicas de la mediación penal en Italia. Análisis comparativo con España*, op. cit, pp. 38 ss.; QUINTERO OLIVARES, G., *"Sobre la mediación y conciliación en el sistema penal…"*, op. cit., pp. 512-513.

[1166] Normas originales en polaco, traducidas ex profeso para esta obra por Monika Wisniewska Dejneka.

Kodeks Karny (Código Penal)[1167]. El sobreseimiento condicional de la causa puede operar cuando el delito en cuestión está castigado con una pena no superior a los tres años de prisión. Pero, si el perjudicado hace las paces con el autor de delito (la denominada "reconciliación", prevista expresamente), este último repara los daños o ambos pactan la forma de repararlos, puede archivarse condicionadamente la causa hasta en delitos penados con hasta cinco años de pena privativa de libertad.

Además, el *Kodeks Karny* establece los siguientes requisitos para poder decretar dicho sobreseimiento condicional: que el grado de culpabilidad del autor y del perjuicio social causado no sean considerables; que no existan dudas acerca de los hechos; que el autor no haya sido condenado anteriormente por la comisión de un delito doloso; y que el pronóstico acerca de su comportamiento futuro sea positivo, es decir, que su actitud y sus condiciones personales permitan presumir justificadamente que, tras el sobreseimiento de la causa, respetará el orden jurídico y no volverá a delinquir. En lo que respecta al período condicional, el mismo podrá durar de uno a dos años. En caso de incumplimiento de cualquiera de los requisitos legales, o de la reparación acordada, caso de que la hubiere, la sustanciación de la causa se retomará. Por último, un sumario sobreseído condicionalmente no se puede reactivar una vez transcurridos seis meses desde el momento de la conclusión del el período de suspensión.

Por su parte, el juez puede tener en cuenta la mediación a la hora de aplicar la atenuación extraordinaria de la pena (art. 60.2 KK) o la sustitución de la pena privativa de libertad por multa (art. 58.3 KK).

Los costes del procedimiento corren a cuenta del Estado (art. 619 CPK), y los requisitos para ser mediador y demás circunstancias accesorias al procedimiento están regulados en el Reglamento del Ministerio de Justicia, de

[1167] Para un estudio en castellano acerca de esta norma, vid. KUNICKA-MICHALSKA, B., *El nuevo Código penal de Polonia*, en AA.VV., *Homenaje al dr. Marino Barbero Santos: in memoriam*. Universidad de Castilla-La Mancha/Universidad de Salamanca, Cuenca, 2001, vol. I, pp. 321-328.

13 de junio de 2003, sobre el Procedimiento de Mediación en Causas Penales (*Rozporzadzenie Ministra Sprawiedliwosci; Dziennik Ustaw Numer* 108, *poz.* 1020). Esta norma prevé una estructura administrativa y de personal sufragada por el Estado para gestionar lo relativo a los procedimientos de mediación, que serán encomendados a instituciones de mediación previamente inscritas en unas listas ad hoc, del estilo de las que veíamos al hablar sobre Portugal. Pero, además de a las instituciones, el asunto, como se dijo arriba, puede confiarse a un mediador individual, a una *osoba zaufana*, que deberá reunir lo siguientes requisitos (art. 3 del Reglamento):

- Tener la nacionalidad polaca;
- Estar en plena posesión de de los derechos civiles;
- Ser mayor de 26 años;
- Hablar con fluidez el polaco;
- No tener antecedentes por delito doloso;
- Poseer la capacidad de eliminar los conflictos, un conocimiento suficiente de la mediación, y especialmente en el campo de la psicología, la pedagogía, la sociología, la resocialización, o del Derecho;
- Garantizar el debido cumplimiento de sus funciones;
- Estar inscrito, a título individual, en las listas de mediación.

Dichos requisitos son similares a los exigidos para ocupar el cargo de Juez de Paz. Curiosamente, en Polonia la formación profesional del mediador es imprescindible en los casos con menores pero no en el proceso penal de adultos. Esto puede sorprender, y hasta hoy cambiar la ley ha sido una lucha por parte de los mediadores profesionales, pero de momento sin ningún efecto. Las listas, a diferencia del modelo portugués, son gestionadas directamente por cada Juzgado de 1ª Instancia[1168]. Cualquier persona o institución que se crea en posesión de los requisitos exigidos, puede solicitar al Juzgado su inclusión en las lista, teniendo la posibilidad, en caso de denegación, de interponer recurso ante el Juez de Provincia[1169] (art. 4 del Reglamento). Una vez designado el

[1168] Órgano que, en el esquema judicial polaco, equivaldría a nuestras Audiencias Provinciales.
[1169] El equivalente a nuestros Tribunales Superiores de Justicia.

mediador, ya sea este individual o perteneciente a una institución, se le facilitará la información del expediente solo en la medida necesaria para llevar a cabo su labor. En caso necesario, a petición del mediador, el juez o el fiscal también puede facilitar, las pruebas contenidas en el expediente en la parte relativa al sospechoso o al acusado, la víctima y el delito, exceptuándose los documentos que estén bajo secreto sumarial, o afecten a la intimidad o a los antecedentes penales del acusado, así como a los relativos a la identificación de testigos en virtud del artículo 184 CPK, y aquellos otros que pudieran tener un impacto sobre la responsabilidad penal de la víctima o de los otros acusados en el caso y que no participan en el procedimiento de mediación (art. 10 del Reglamento). Una vez informado, el mediador contactará individualmente con las partes, fijando un encuentro si estima que se dan las circunstancias oportunas para ello; de lo contrario, la mediación se guiará por cauces indirectos (arts. 11 y 12). Finalmente, el mediador elaborará un informe sobre el resultado de la mediación, que deberá incorporar un acta específica de acuerdo en caso de que lo haya, el cual será remitido a la autoridad que derivó el caso. Si vence el plazo máximo antes mencionado, se pondrá fin a la mediación y se elevará informe dando cuenta de ello.

Por lo que respecta a los datos estadísticos, debemos decir que, tras una acogida inicial un tanto indiferente, la mediación comienza a calar entre la población, aunque muy lentamente. En ello ha tenido mucho que ver la creación, en 2009, del Consejo Público de Modalidades Alternativas de Solución de Conflictos y Medidas para la Solución de Conflictos y Litigios (*Społeczna Rada ds. Alternatywnych Metod Rozwiązywania Konfliktów i Sporów*), que agrupa a representantes de la Administración, de las asociaciones de jueces y fiscales y de diversas instituciones. Existe asimismo un gran número de organizaciones privadas que desempeñan una función importante en la promoción de la mediación, entre las que destaca el Centro Polaco de Mediación (*Polskie Centrum Mediacji*). En mayo de 2008, el Consejo adoptó el Código deontológico de los mediadores polacos, aunque es puramente declarativo y no prevé sanciones en caso de incumplimiento.

Tabla nº 5. Resultados de la mediación penal en Polonia

AÑOS	Número de casos derivados por la Fiscalía en fase de instrucción y porcentaje de terminaciones con acuerdo entre las partes[1170]	Número de casos derivados por el juez durante el proceso judicial y porcentaje de terminaciones con acuerdo entre las partes
1998	2 casos, acuerdo en el 50%	10 casos, acuerdo en el 70%
1999	40 casos, acuerdo en el 80%	366 casos, acuerdo en el 63,4%
2000	51 casos, acuerdo en el 84,3%	771 casos, acuerdo en el 65%
2001	38 casos, acuerdo en el 78,9%	786 casos, acuerdo en el 60%
2002	34 casos, acuerdo en el 88,2%	1.021 casos, acuerdo en el 58,5%
2003	60 casos, acuerdo en el 84,3%	1.858 casos, acuerdo en el 59,6%
2004	325 casos, acuerdo en el 70,8%	3.569 casos, acuerdo en el 59,5%
2005	699 casos, acuerdo en el 74,7%	4.440 casos, acuerdo en el 62%
2006	1.447 casos, acuerdo en el 74,2%	5.052 casos, acuerdo en el 60,6%
2007	1.822 casos, acuerdo en el 74,9%	4.178 casos, acuerdo en el 65,9%
2008	1.506 casos, acuerdo en el 78,9%	3.891 casos, acuerdo en el 65,6%
2009	1.296 casos, acuerdo en el 80,4%	3.714 casos, acuerdo en el 67,4%
2010	1.217 casos, , acuerdo en el 78,9%	2.541 casos, acuerdo en el 89,5%

Estas cifras, aun siendo importantes, no llegan al 0,5% de los asuntos ingresados en la justicia penal polaca y finalizados con acusación, por lo que pueden servirnos como indicio a la hora no tomar la economía procesal como el gran razonamiento a favor de la mediación penal, al menos, como otras veces hemos dicho a lo largo del presente trabajo, a corto y medio plazo.

En relación con la tipología delictual, suele repetirse el mismo patrón observado en caso todas las experiencias, tanto dentro como fuera de nuestras fronteras: dominan los delitos de lesiones (34%), contra las relaciones familiares (31%), contra la libertad (26%) y contra el patrimonio (9%)[1171].

[1170] Fuentes: FIDOR, L., *La experiencia de Polonia,* texto de la ponencia presentada en las I Jornadas Técnicas sobre Mediación, "Nuevos Enfoques de la Justicia", celebradas en Cádiz, el 20 y 21 de octubre de 2001, p. 5; SITARZ, O. *et al.*, *"La mediación penal en Polonia. Resultados de una investigación sobre su funcionamiento práctico entre 1997-2010. Investigación realizada en la Universidad polaca Uniwersytet Slaski"*, en *E-czasopismo Prawa Karnego I Nauk Penalnych,* nº 13, 2102, p.2.

[1171] Ibídem, p. 22.

VII.6 Noruega

En Noruega, la mediación penal se ha desarrollado a partir de experiencias que datan de 1981, habiendo alcanzando a día de hoy tal aceptación social que, actualmente, el número de casos sometidos a mediación es similar al de los judicializados[1172]. Noruega fue el primer Estado del mundo que aprobó leyes específicas de mediación, tanto en el campo civil como en el penal, datando la Ley Nacional del Servicio de Mediación de 1991[1173]. El éxito del sistema se basa en la cooperación activa del sector estatal y las numerosas ONG´s dedicadas a la mediación con ayuda financiera pública, dando como resultado un consolidado sistema, cuyos pilares se distribuyen en todos los condados del país, llamado *Konfliktraadet*[1174]. Noruega está dividida en 19 condados, existiendo en cada uno al menos un centro del Servicio Nacional de Mediación. En total hay 23 centros, trabajando en cada una de ellas un coordinador del centro, administrativos y varios mediadores[1175]. Los centros de cada condado poseen sus propias características, ajustadas a la diferenciación social en la región, siendo impuestas por el Estado unas pautas generales, por ejemplo en lo relativo al sistema de contratación de mediadores o a la financiación del servicio, que corre a cargo del Estado[1176]. En Noruega los mediadores no son profesionales; cualquier persona mayor de 18 años y que acredite buena conducta puede ser contratada por un período de cuatro años, cuyas primeras ocho semanas están dedicadas al adiestramiento en la materia, si bien no se cobra un salario fijo, sino una pequeña cantidad por cada

---

1172 ARROYO, M. *et al.*, *La mediación penal como alternativa*, op. cit., documento sin paginar.

1173 ERVO, L., *"La conciliación penal en los países escandinavos"*, en AA.VV. *La mediación penal para adultos. Una realidad en los ordenamientos jurídicos* (dir. BARONA VILAR, S.), Tirant Lo Blanch, Valencia, 2009, p. 147.

1174 ERVO, L., *"La conciliación penal en los países escandinavos"*, op. cit., p. 152; OSICA, N, *Norweskie mediacje to sukces polityki państwa* (2006), obtenido el 1 de febrero de 2013 en http://www.mediacja.com, documento sin paginar.

1175 GÓMEZ HERMOSO, M. R., *"Mediación penal y aspectos psicológicos"*, op. cit., p. 18; MARTÍN, I., *Mediación comparada. Breve acercamiento a la experiencia nórdica* (2005), obtenido el 1 de febrero de 2013 en http://www.todomediacion.com, documento sin paginar.

1176 OSICA, N, *Norweskie mediacje to sukces polityki państwa*, op. Cit., documento sin paginar.

mediación realizada, por lo que los mediadores ejercen, en paralelo, su propia profesión al margen de la mediación[1177].

En cuanto al proceso penal en sí, la policía noruega desempeña un rol muy importante en la derivación de los casos a mediación, debido al papel impulsor de la acción penal que le confiere la Ley. En el sistema de organización del Ministerio Fiscal noruego, los llamados "fiscales de la policía" se encuentran en el último peldaño de la jerarquía y tratan los casos castigados con la pena inferior a seis años. Así, en fase de instrucción, el Fiscal policial tipifica el caso y, si entra dentro de su competencia, puede decidir su derivación a mediación, con consentimiento de las partes. Como resultado, un gran número de causas penales se ventilan por este medio, habiendo pasado de los 1.963 expedientes de 1994 a los 6.000-7.000 anuales de la actualidad[1178], si bien hay que decir que su principal campo de acción es el de la justicia juvenil, siendo tres cuartas partes de los presuntos infractores que se someten a mediación menores de 21 años. Como dato curioso, en Noruega se admite, bajo determinadas circunstancias el acuerdo verbal, siempre que se trate de faltas y que ambas partes consientan, en cuyo caso se les informará de que tiene el mismo efecto y eficacia[1179].

VII.7 Otros países europeos

Luxemburgo, por citar otro ejemplo cercano, posee, como única impedimenta, la cohabitación entre víctima e infractor, al objeto de impedir la mediación en materia de violencia doméstica, en tanto que el modelo sueco, en vigor desde 2002, desecha la mediación únicamente en casos de delitos sexuales y violencia contra personas cercanas[1180]. Por el contrario en Holanda, uno de los primeros países en dar cabida a soluciones basadas en la justicia restaurativa, no existe límite establecidos, siendo viable la mediación en todo

[1177] MÈZNAR, A., *Short overview upon european restorative justice and victim-offender mediation* (2004), obtenido el 4 de febrero de 2013 en http://www.ebookbrowse.com/presentation-alenka-meznar-doc-d150870325, p. 2.
[1178] ERVO, L., *"La conciliación penal en los países escandinavos"*, op. cit., p. 153.
[1179] GÓMEZ HERMOSO, M. R., *"Mediación penal y aspectos psicológicos"*, op. cit., p. 13.
[1180] PALERMO, G., *Perspectivas socio-jurídicas de la mediación penal en Italia. Análisis comparativo con España*, op. cit., p. 42.

tipo de delitos en los que la víctima pueda reclamar una indemnización, o bien la restitución (robo, daños, lesiones)[1181].

En Austria, la mediación penal es viable en delitos penados con hasta cinco años de prisión, siempre que no se haya causado la muerte de ninguna persona. La derivación del caso es competencia del Ministerio Fiscal, correspondiendo su gestión al Servicio de Compensación Extrajudicial (*Aussergerichtlicher Tatausgleich*, ATA), que cuenta con 12 oficinas en todo el país. Los mediadores contratados han de poseer una titulación superior en Derecho, Psicología o Trabajo Social, además de una formación específica en mediación[1182].

En Bélgica, tras un período experimental que arrancó en 1991, la Ley de 10 de febrero de 1994 introdujo los arts. 216 bis y 216 ter en el Código de Instrucción Criminal estableciendo un sistema de "transacción penal" que puede aplicarse en delitos castigados con pena de prisión de hasta dos años de duración, no existiendo restricción en materia de violencia de género[1183]. Dentro de ese margen, el Procurador del Rey (nuestro Ministerio Fiscal) puede disponer del ejercicio de la acción penal, teniendo la facultad de derivar el caso al servicio de mediación[1184].

En Chequia existe la mediación penal desde la promulgación de la Ley 57/2000, de 14 de julio, de libertad condicional (*probation*) y mediación. Para la gestión de ambas figuras existe el Servicio de *Probation* y Mediación (PMS), dependiente del Ministerio de Justicia, el cual agrupaba a 431 funcionarios en enero de 2010[1185]. La decisión de derivación del caso a mediación corresponde tanto al fiscal como al juez, siendo el servicio gratuito. No existe límite legal tasado en cuanto al ámbito material y, dependiendo de las circunstancias del

---

1181 GORDILLO SANTANA, L F., *La justicia restaurativa...*, op. cit., pp. 309-310.

1182 MÈZNAR, A., *Short overview upon european restorative justice and victim-offender mediation*, op. cit., p. 1.

1183 VILLACAMPA ESTIARTE, C., *"La justicia restaurativa en los supuestos de violencia doméstica (y de género)"*, op. cit., pp. 125-126.

1184 MEJÍAS GÓMEZ, J. F., *La mediación como forma de tutela efectiva*, op. cit., p. 120; QUINTERO OLIVARES, G., *"Sobre la mediación y conciliación en el sistema penal..."*, op. cit., p. 511.

1185 Fuente: Organización europea para la *probation*, consultado en http://www.cepprobation.org.

caso, el fiscal podrá renunciar a la acción penal o el juez aplicar medidas atenuantes, caso de que la mediación termine en acuerdo[1186].

[1186] Fuente: Czech probation and mediation service, consultado en https://www.pmscr.cz.

CAPÍTULO VIII. EXPERIENCIAS REALIZADAS EN ESPAÑA

Las nieblas hiperbóreas le parecían bien entre los bebedores de cerveza encabezada, pero no en esta clarísima España de esplendente cielo y de sano Valdepeñas enyesado.

Miguel de Unamuno, *Niebla.*

VIII. Anómica, pero no anémica

En la mediación penal española se produce un fuerte contraste entre su nulo reconocimiento legal y la multitud de experiencias realizadas. Tal es el empuje de esta figura, que no ha esperado a su existir legalmente para propagarse. Sin embargo, a consecuencia de esta anomia, las numerosas experiencias no responden a un patrón homogéneo, sino que consisten más bien en un deslavazado conjunto de prácticas, algunas veces inestables y poco sistemáticas, que dependen de la buena fe de los operadores jurídicos implicados en su puesta en marcha[1187]. De semejante estado de cosas ya se hacía eco la Memoria de la FGE de 2010 al decir, sobre la situación de la mediación penal en España, que *"esta carencia normativa provoca cierto grado de inseguridad jurídica al no existir una uniformidad en la actuación"*[1188]. La dificultad de confrontación de los datos de los diferentes proyectos constituye un serio problema cuando se tratan de formular conclusiones serias acerca de los resultados obtenidos. Si los diseños de los programas son tan disímiles que no permiten un contraste de la información que de ellos se obtiene, proporcionarán una valiosa experiencia personal a quienes participen en los mismos, pero no datos contrastables que posibiliten un análisis riguroso de las distintas opciones[1189]. En tanto la legislación no aparezca, la unficación de criterios metodológicos y estadísticos bien podría llevarse a cabo por el Consejo General

---

1187 ORTUÑO MUÑOZ, J. P., HERNÁNDEZ GARCÍA, J., *Sistemas alternativos a la resolución de conflictos (ADR)...*, op. cit., p. 7.

1188 Fiscalía General del Estado, Fiscalía General del Estado, *Memoria elevada al Gobierno de S. M. presentada al inicio del año judicial* (2010), op. cit., p. 1253.

1189 SOLDEVILLA MARTÍNEZ, I. y GUARDIOLA GARCÍA, J., *Mediación penal en adultos: una comparativa de experiencias piloto*, op. cit., pp. 1-2.

del Poder Judicial, bajo cuyos auspicios han echado a andar buena parte de los proyectos piloto. De hecho, en los últimos años, la Vocalía Delegada de dicho Consejo para la coordinación e impulso del proyecto de mediación, actualmente ocupada por Margarita Uría Etxevarría, está realizando, nos consta, un serio esfuerzo por recopilar al menos unos someros datos que nos den idea del volumen de mediaciones penales realizadas en el conjunto de nuestro territorio.

Aproximadamente desde hace dos décadas, pero especialmente desde el cambio de centuria, han tenido y tienen lugar multitud de experiencias de mediación penal en el seno de otros tantos órganos judiciales a lo largo y ancho de nuestra geografía. En ellas, los magistrados participantes se han servido de las "puertas de acceso" que ofrece nuestro Ordenamiento jurídico[1190], especialmente de la aplicación de la atenuante de reparación del daño, para articular una solución punitiva específica en aquellos supuestos en que se ha llegado a un acuerdo de reparación entre víctima e infractor. Incluso, determinadas Comunidades Autónomas han creado servicios oficiales de mediación penal (Cataluña, País Vasco, Navarra, La Rioja), mientras que otras han brindado apoyo institucional a iniciativas privadas (Andalucía, Aragón).

La primera experiencia documentada vio la luz en Valencia en 1993[1191], siendo fruto de la colaboración entre el Juzgado de Instrucción nº 2 de Valencia, cuyo titular era por aquel entonces el Magistrado Luis Francisco de Jorge, y la Oficina de Ayuda a la Víctima de esa Comunidad Autónoma, dirigida en esa época por la abogada Fely González Vidosa[1192]. El proyecto se prolongó durante algo más dos años, en los que se abordaron veinte casos hasta 1994, cuatro de ellos resueltos mediante acuerdo[1193], mientras que en 1995 se llegó a los 60, la mitad terminados en arreglo[1194]. Posteriormente, en 1998, se implanta el programa de mediación penal para adultos en el seno de la Generalitat de

---

[1190] Sobre dichas "puertas de acceso", vid. supra IV.2.

[1191] Cfr. JIMÉNEZ, M., *"Ensayo de mediación entre delincuentes y víctimas, alternativo al proceso penal"*, en diario *El País,* de 3 de mayo de 1995, op. cit.

[1192] Sobre el relato en primera persona de la experiencia vivida por esta abogada, vid. GONZÁLEZ VIDOSA, F., *"La víctima en mediación, 1ª experiencia de adultos en España"*, op. cit., pp. 103-116.

[1193] Fuente: JIMÉNEZ, M., *"Ensayo de mediación entre delincuentes y víctimas, alternativo al proceso penal"*, en diario *El País,* de 3 de mayo de 1995, op. cit.

[1194] Fuente: GONZÁLEZ CANO, M. I., *"La mediación penal en España"*, op. cit., p. 31.

Cataluña[1195], donde además existen iniciativas locales como la de San Adrià de Besòs, desde 2001. También en el cambio de milenio inició su andadura la experiencia de Madrid, en virtud de convenio entre la Asociación Apoyo y la Fiscalía del TSJ de Madrid. Alentado por estas iniciativas el CGPJ dio comienzo, a finales del año 2005, de la mano del profesor de Derecho Penal de la Universidad Pontificia de Comillas Julián Ríos Martín y del vocal del CGPJ Félix Pantoja García, a una experiencia piloto en diferentes juzgados del país que recogiera y promocionara lo que el Servicio de Mediación Penal de Adultos de la Generalitat de Cataluña, y la Asociación Apoyo de Madrid venían desarrollando desde años atrás[1196], experiencia que continúa en nuestros días si bien los órganos y ciudades son cambiantes.

El Consejo General del Poder Judicial aprobó en noviembre de 2008 un Plan de Modernización de la Justicia que incluía en sus medidas la implantación de la mediación en el proceso penal. En la Hoja de Ruta para la aplicación del mencionado Plan, el Consejo promovía y autorizaba que se potenciasen las experiencias piloto en distintos Juzgados de España[1197]. Así, a partir de 2009 se sumaron a los proyectos nuevos órganos judiciales de Madrid, Pamplona, Sevilla, Jaén, Zaragoza, Calatayud, Córdoba, Huelva, Cádiz, Valladolid, San Sebastián, Bilbao, Baracaldo y Vitoria, con el objetivo principal de aplicar la derogada Decisión marco 2001/220/JAI en nuestro país o, al menos, sentar las bases para su aplicación[1198]. Hoy podemos decir que el número de juzgados que

[1195] Cfr. VERGER GRAU, J., *"Una modalidad alternativa al ejercicio de la acción penal"*, en *Revista del Poder Judicial, Número especial XIX: Propuestas para una nueva Ley de Enjuiciamiento Criminal*, 2006, pp. 127-149.

[1196] Cfr. PIÑEYROA SIERRA, C. *et al.*, *El valor de la palabra que nos humaniza…*, op. cit., p. 80.

[1197] En el Plan de Modernización de la Justicia aprobado, en su nueva etapa, por el Pleno del Consejo General del Poder Judicial, se incluye una referencia específica a la mediación civil y penal como instrumento eficaz en la resolución de conflictos. En este eje de actuación se enmarcan un conjunto de reformas orgánicas y procesales que el Consejo se propone impulsar para dar soluciones más ágiles a la Justicia. Dentro del CGPJ, Margarita Uría Extevarría es la Vocal Delegada para la Coordinación e Impulso del Proyecto de Mediación Penal y Civil coordinado por el CGPJ.

[1198] Vid., al respecto de los proyectos amparados por el CGPJ, DOMINGO DE LA FUENTE, V., *"Justicia Restaurativa y Mediación Penal"*, op. cit., pp 33 ss., RÍOS MARTÍN, J. C: *et al.*, *Justicia restaurativa y mediación penal. Análisis de una experiencia (2005-2008)*, estudio publicado (2008) por el Servicio de Planificación y Análisis de la Actividad Judicial del Consejo general del Poder Judicial, obtenido el 8 de abril de 2012 en http://www.poderjudicial.es, RÍOS MARTÍN, J. C. *et al.*, *La mediación penal y penitenciaria. Experiencias de diálogo en el sistema penal para la reducción de la violencia y el sufrimiento humano*, op. cit. Asimismo, en la página web *youtube* puede encontrarse un vídeo en el que Margarita URÍA ECHEVARRIÁ, vocal del Consejo General del Poder se decide a poner en práctica estas experiencias está creciendo geométricamente y empiezan a ser habituales las resoluciones judiciales del orden penal que hacen mención de la mediación[1199].

VIII.2 Metodología seguida en las distintas experiencias

El creciente número de proyectos piloto, sin embargo, no es uniforme en cuanto al tipo de asuntos sometidos a mediación, la persona o institución a que se atribuye la actividad de mediación, y al procedimiento y fase judicial en que se admite. Tampoco existe uniformidad, como hemos dicho antes, en lo tocante a la forma de recoger y ordenar los resultados obtenidos. Sí podemos, no obstante, resumir en unos pasos generales el esquema procedimental seguido en las experiencias documentadas hasta la fecha[1200]:

Judicial, de la que ya se ha hecho mención, explica esta experiencia. Se puede acceder al mismo tecleando esta dirección: http://www.youtube.com/watch?v=-9zgcygNeKM.

[1199] Por ejemplo, la Sentencia de la Audiencia Provincial de Guipúzcoa, Sección 1ª, de 16 de marzo de 2010 (EDJ 2010/260000), la cual dedica íntegramente su FJ 2 a *"La justicia restaurativa y la mediación penal"* [*sic*], diciendo que *"La mediación penal es uno de los instrumentos de plasmación del modelo de justicia restaurativa. Este modelo trata de lograr la pacificación social e individual involucrando al victimario y a la víctima en la consecución de una respuesta consensuada a la infracción penal bajo el control del Estado. De esta manera se logra la pacificación social (el Estado garantiza que la respuesta convenida, además de ser una expresión de una voluntad libre, permita una ratificación de la vigencia del orden penal como instrumento hábil para la protección de los bienes jurídicos fundamentales) y la pacificación individual (la víctima obtiene la reparación del daño y el victimario una reacción dúctil a su integración social positiva). Sin embargo, es obvio que este modelo de justicia descansa en la libre voluntad de los intervinientes en la infracción pena. Por ello, si la afirmada víctima o el acusado no acceden a la mediación deviene inviable su realización"*. En el caso concreto, la Audiencia desestima el recurso interpuesto por una persona condenada a dos años de prisión un delito de lesiones, la cual invocaba como motivo el haberse prestado a la mediación, porque la víctima no compareció a la misma, pero, en cualquier caso, ahí queda esa loa a la mediación penal.

[1200] Cfr. AGIRRE PEDRAYES, M., *"La experiencia de la mediación penal en la Comunidad Autónoma de Euskadi"*, en *Estudios Penales y Criminológicos,* vol. XXX, 2010, pp. 12-13, CASANOVAS, P., MAGRE, J., LAUROBA M. E. (dirs.), *Libro Blanco de la Mediación en Cataluña,* Departamento de Justicia de la Generalitat de Cataluña, Barcelona, 2011, p. 689, Generalitat de Calaluña, Dirección General de Ejecución Penal Comunitaria y de Justicia Juvenil, *Memoria del año 2007 del programa de mediación y reparación penal,* obtenido el 20 de enero de 2013 en http://www.gencat.cat, *Protocolo de funcionamiento del Servicio de Mediación Intrajudicial, Procedimiento de Mediación Penal*, Gobierno Vasco, Departamento de Justicia y Administración Pública, 2012, op. cit., GONZÁLEZ VIDOSA, F., *¿Qué es la ayuda a la víctima?,* op. cit., p. 72, MAGRO, V., HERNÁNDEZ, C., CUÉLLAR, J. P., *Mediación Penal. Una visión práctica…,* op. cit., pp. 79 ss., MARTÍNEZ FERNÁNDEZ, I., LANDA OCÓN, S., *"El camino de la mediación penal en La Rioja"*, en *Libro de ponencias de la VIII conferencia internacional del foro mundial de mediación, Valencia, 18-21 de octubre de 2012, vol. II.* Foro Mundial de Mediación, Caracas, 2012, pp. 136-140.PASCUAL RODRÍGUEZ, E., *La mediación en el sistema penal…,* op. cit., pp. 343 ss., PIÑEYROA SIERRA, C. *et al.*, *El valor de la palabra que nos humaniza…,* op. cit., pp. 76-78, SÁNCHEZ SÁNCHEZ, J, *"Programa de mediación jurídica. Cáritas diocesana de Albacete"*, en *Cauce, Boletín del Departamento de Pastoral Penitenciaria,* nº 35, 2012, pp. 25-26.

1. Derivación del caso a mediación. De esta tarea se encarga el juez.
2. Comunicación de los datos del caso al servicio de mediación. Este puede ser la oficina de atención a la víctima de la Comunidad Autónoma de que se trate, o un servicio instalado en la propio edificio judicial.
3. Incoación del expediente por el servicio de mediación y carta a la víctima y al delincuente para ofrecerles el servicio de mediación[1201].
4. Sesiones de mediación.
5. Propuesta de acuerdo a las partes y, en caso de que la solución implique una conformidad procesal –lo más habitual pues suele tratarse de materias indisponibles en las que no se puede abandonar el ejercicio de la pretensión punitiva-, también al abogado del imputado y al Ministerio Fiscal.
6. Firma del acuerdo y traslado del mismo al Juzgado para que obre en consecuencia (lo más habitual: citación para vista y sentencia de conformidad).
7. Seguimiento del cumplimiento del acuerdo.

Por lo que respecta al contenido del acuerdo, y siguiendo con las experiencias en órganos judiciales, puede sintetizarse así:

La víctima suele obtener, dependiendo del caso, la reparación económica, la devolución de la cosa, una reparación moral o un compromiso de futuro por parte del agresor, como la promesa de no molestarla más. Aunque no es posible ofrecer un dato general, sí podemos decir que, atendiendo a las conclusiones expuestas por los responsables de distintos proyectos, sorprende el alto índice de reparaciones de contenido meramente simbólico o moral.

El ofensor suele obtener una sensible rebaja de la pena, vía conformidad o por la aplicación de la atenuante de reparación del art. 21.5 CP como muy cualificada, en combinación con los márgenes de individualización de la pena.

[1201] En la experiencia que estamos teniendo la oportunidad de coordinar en sede policial, se opta por la llamada telefónica directamente por el mediador, pues creemos que de esta manera se puede explicar el servicio de forma más cercana al usuario, que a su vez puede formular preguntas y pedir cuantas aclaraciones estime convenientes.

Además, separada o conjuntamente con lo anterior, puede recurrirse también a la posibilidad de suspensión de la ejecución de las penas privativas de libertad de duración no superior a dos años (arts. 80 y ss CP), de todo lo cual ya se trató en el capítulo IV de esta obra.

VIII.3 Resultados conocidos

Como venimos apuntando, los distintos proyectos piloto en materia de mediación penal se han guiado por criterios dispares a la hora de sistematizar sus resultados, los cuales además no siempre se han publicado. Los datos obrantes, por consiguiente, aun siendo indiscutiblemente esperanzadores, solo permiten un acercamiento parcial a realidad de la mediación penal en nuestro país. Como regla general, los documentos estudiados suelen atender a cuatro parámetros principales: el número de sesiones informativas, las mediaciones formalmente iniciadas, las que han sido finalizadas y, de estas, las que han terminado en acuerdo de reparación, que suelen suponer un porcentaje muy alto de las mediaciones terminadas. En cuanto a la fase procesal en que ha tenido lugar la mediación, esta ha sido mayoritariamente la fase de instrucción. Sin embargo, el resto de indicadores son muy disímiles. Así, hemos optado por presentar los datos generales facilitados por la Vocalía Delegada del CGPJ para, a continuación, hacer un somero balance de las experiencias, agrupándolas por Comunidades Autónomas. Podemos decir, basándonos en los informes de la citada vocalía, que, a enero de 2012, había 175 órganos judiciales participando en experiencias en mediación penal el el conjunto del territorio español, y que, a lo largo de 2011 se incoaron 2.306 mediaciones. De ellas finalizaron formalmente 1.252, rubricándose 966 acuerdos de reparación, lo que supone un 77% de las mediaciones finalizadas, datos sensiblemente superiores cualitativa y cuantitativamente a los obtenidos el año anterior (1.345 mediaciones iniciadas, 780 finalizadas y 580 acuerdos, un 70,6%). En cuanto a la ubicación de los órganos judiciales, según el estudio de SÁEZ RODRÍGUEZ, publicado en 2011, la distribución territorial de los 170 órganos que tomaban parte en experiencias de mediación penal era la siguiente: Cataluña: 80 (48%), País Vasco 37: (22%), Castilla-León: 16 Andalucía: 12, Madrid: 11, La Rioja: 4, Navarra: 3 y Aragón:

1[1202]. No obstante, nos consta la existencia de algún proyecto que no ha sido contabilizado, como el desarrollado desde hace largos años en Albacete bajo la égida de Cáritas, del que se hablará infra. Esto da fe de la tremenda dificultad existente para tratar de poner puertas estadísticas al campo de la mediación penal, lo que no se va a lograr en tanto no exista una ley ad hoc y el subsiguiente y definitivo control de la materia a cargo del CGPJ. Por todo ello, insistimos, es imposible dar una visión exacta del hoy de la mediación penal en España; el presente epígrafe no es más que un esforzado acercamiento con inevitables lagunas.

Tabla nº 6. Mediaciones realizadas en el orden penal en España entre 2010 y 2012[1203]

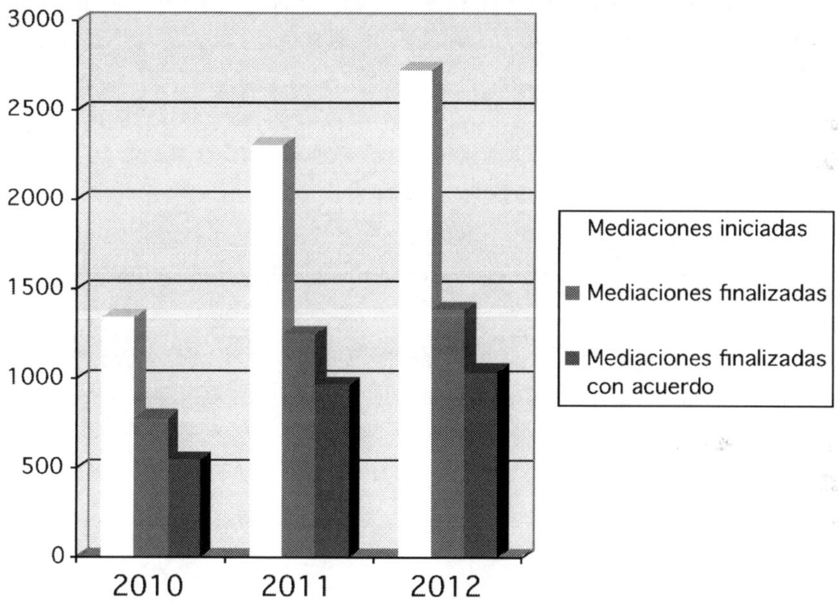

[1202] SÁEZ RODRÍGUEZ, C., *"La mediación penal. Conclusiones de las experiencias en España. 2008-2011"*, en *Cuadernos penales Jose María Lidón, nº 8.* Universidad de Deusto, Bilbao, 2011, p. 141.

[1203] Fuente: Elaboración propia, con base en los datos obrantes en la *Memoria del Consejo General del Poder Judicial 2012,* pp. 323 ss. y en la *Memoria del Consejo General del Poder Judicial 2013, aprobada por el pleno de 25 de julio de 2013,* pp. 237 ss., obtenidas respectivamente el 12 de enero y el 2 de agosto de 2013 en http://www.poderjudicial.es.

VIII.3.1 Cataluña

Comenzamos por la Comunidad Autónoma donde la mediación, en todas sus vertientes jurídicas, está más avanzada. Aunque, como ya mencionamos en supra IV.3.4, existen experiencias documentadas desde 1990, en el año 1998 el Departamento de Justicia de la Generalitat creó el Programa de Mediación y Reparación en la Jurisdicción Penal de Cataluña (PMRP), que desde entonces ampara los proyectos de mediación penal en esta Comunidad Autónoma. La ejecución del programa está encomendada actualmente, dentro del mencionado Departamento de Justicia, a la Dirección General de Ejecución Penal Comunitaria y Justicia Juvenil, de la que depende el Área de Reparación y de Atención a la Víctima. A su vez, a esta última están adscritos cinco Equipos de Mediación y Reparación Penal, correspondientes a Barcelona, Gerona, Lleida, Tarragona y Tierras del Ebro. Aparte de este servicio oficial ofrecido por la Comunidad Autónoma, también se han llevado a cabo algunas experiencias independientes, como la ya mencionada de San Adriá de Bessos, desde 2001.

Los citados equipos oficiales desarrollan proyectos de mediación penal en diferentes juzgados de la Comunidad Autónoma, cuyos resultados han convertido a Cataluña en el referente de la mediación penal en nuestro país. En 2009, según los datos publicados por la Generalitat, se iniciaron 887 mediaciones penales, de las que se finalizaron 405. De las 405 mediaciones finalizadas, un 88%, (357) lo hizo con acuerdo de reparación[1204]. En 2011 se finalizaron 1.037 mediaciones, con resultado positivo en el 40% de las mismas[1205].

[1204] Fuente: Generalitat de Cataluña, Departamento de Justicia, *Memoria de 2009 del Departamento de Justicia*, obtenido el 20 de enero de 2013 en http://www.gencat.cat.

[1205] Fuente: Generalitat de Cataluña, Departamento de Justicia, *Memoria de 2012 del Departamento de Justicia*, obtenido el 20 de enero de 2013 en http://www.gencat.cat.

Tabla nº 7. Evolución de las mediaciones penales iniciadas (línea superior) y finalizadas entre 1998 y 2011 en Cataluña por el servicio adscrito a la Generalitat[1206]

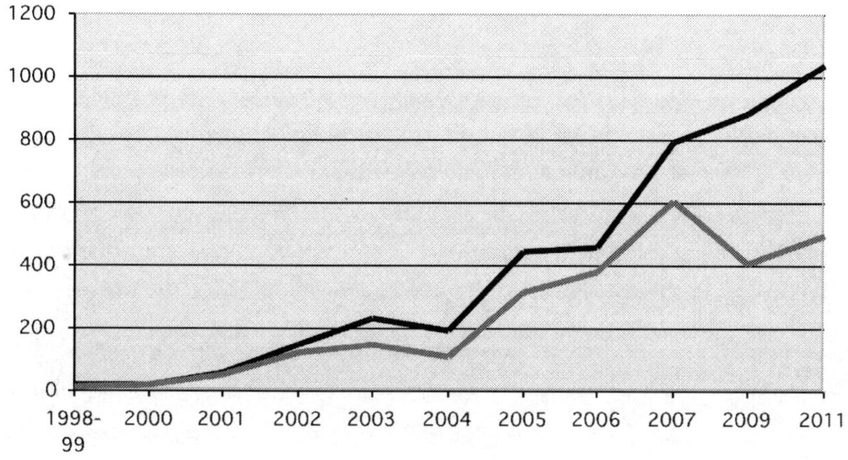

En cuanto a las materias objeto de mediación, si tomamos los datos de 2007, año de publicación de la última memoria específica del programa oficial de mediación, se abordaron infracciones contra la propiedad, de daños, lesiones, injurias, amenazas y coacciones; es decir, infracciones mediables, desde la óptica manejada en el presente trabajo. Por otro lado, de los 277 acuerdos de reparación celebrados en 2007 (un 44% de las 604 mediaciones finalizadas), la mayor parte, 158, consistieron en reparación moral, 64 en reparación material y 21 en la realización de alguna actividad, consistiendo en reparación económica solo 24 acuerdos. Además, un 96% de los participantes se mostraron satisfechos con la mediación, independientemente de su resultado[1207]. Respecto a la fase procesal de derivación del caso a mediación,

[1206] Elaboración propia, con base en los datos obrantes en Generalitat de Calaluña, Dirección General de Ejecución Penal Comunitaria y de Justicia Juvenil, *Memoria del año 2007 del programa de mediación y reparación penal,* op. cit., Generalitat de Cataluña, Departamento de Justicia, *Memoria de 2009* y *Memoria de 2012 del Departamento de Justicia,* op. cits.
[1207] Ídem.

puede darse en tres momentos: durante la instrucción, después de la sentencia y antes de la ejecución, o durante la propia ejecución de la condena[1208].

VIII.3.2 Madrid

En Madrid, la Asociación Apoyo venía desplegando desde 1998 un programa de mediación comunitaria con drogodependientes, en virtud de convenio con el Ayuntamiento de la capital[1209]. Posteriormente, desde comienzos de 2006, con la puesta en marcha del proyecto auspiciado por el Servicio de Planificación y Análisis del CGPJ en diferentes juzgados de nuesto país, el Juzgado de lo Penal nº 20 de Madrid fue el centro de una experiencia piloto a la que paulatinamente han ido sumándose otros órganos judiciales madrileños, hasta los once que están participando en la actualidad[1210].

La tesis doctoral de PASCUAL RODRÍGUEZ, ya citada en este trabajo, contiene una completa exposición de los resultados obtenidos en Madrid ente 2006 y 2010. Según la misma, en dicho período se derivaron 218 expedientes a mediación, de los que se iniciaron 147 mediaciones, finalizando 122 con acuerdo entre las partes[1211]. Como dato a destacar, la fase procesal en la que se dieron las mediaciones fue muy diversa, desde la instrucción hasta la fase de ejecución de sentencia, en cuyo caso se contó con la participación del Juzgado de Ejecutorias nº 4 de Madrid. Concretamente, de los 218 casos derivados, 131 correspondieron a juicios de faltas, de los que 87 estaban señalados como tales y 44 se hallaban en fase de diligencias previas, sin que se hubiera determinado aún su entidad como infracción leve. De los 87 restantes procesos por delito, 51 se hallaba en fase de instrucción, 32 en fase de enjuciamiento por el Juzgado de lo Penal y 4 en fase de ejecución.

[1208] SÁEZ RODRÍGUEZ, C., *"La mediación penal. Conclusiones de las experiencias en España. 2008-2011"*, op. cit., 136.

[1209] Vid., sobre esta experiencia, SÁNCHEZ ÁLVAREZ, P., SEGOVIA BERNABÉ, J. L., *La mediación penal comunitaria de adultos: experiencias y propuestas de lege ferenda,* op. cit.

[1210] Vid., sobre esta experiencia, *"Justicia restaurativa y mediación penal. Análisis de una experiencia (2005-2008)"*, op. cit., PASCUAL RODRÍGUEZ, E., *La mediación en el sistema penal…*, op. cit., pp. 343 ss., SÁEZ RODRÍGUEZ, C., *"La mediación penal. Conclusiones de las experiencias en España. 2008-2011"*, op. cit., pp. 127 ss.

[1211] PASCUAL RODRÍGUEZ, E., *La mediación en el sistema penal…*, op. cit., p. 347.

En cuanto al contenido de los acuerdos, de manera diferente a otras experiencias, junto con las disculpas y el compromiso de respeto mutuo, que existieron en la práctica totalidad de los casos, en casi el 80% de los supuestos hubo reparación económica, si bien es cierto, como puede observarse, que la mayoría de los tipos penales eran de naturaleza patrimonial, aunque en el caso de las faltas predominaban también las infracciones cometidas en el seno familiar, destacando el incumplimiento de obligaciones familiares[1212]. Es de resaltar, asimismo, el hecho de que el índice de cumplimiento total de los acuerdos superase el 90%.

Otro dato especialmente interesante, de los muchos que pueden extraerse del citado estudio, es que, de las 218 mediaciones intentadas, en 117 tuvo lugar el encuentro dialogado entre víctima e infractor, mientras que, el resto, se recurrió exclusivamente a las entrevistas individuales o "caucus"[1213].

VIII.3.3 País Vasco

En Euskadi, la mediación penal cuenta con el apoyo del Departamento de Justicia y Administración del Gobierno Vasco[1214] que, en junio de 2012 publico un protocolo de funcionamiento de la mediación penal, ya citado a lo largo de esta obra. En julio de 2007 comenzó su andadura el primer Servicio de Mediación Penal, dependiente de la Dirección de Ejecución Penal, como experiencia piloto el partido judicial de Barakaldo y de Vitoria-Gasteiz, en el marco del proyecto general orquestado por el Servicio de Planificación y Análisis del CGPJ. Pocos meses después, el servicio se extendió a los partidos de Vitoria-Gasteiz, Bilbao y Donostia-San Sebastián, y hoy viene prestándose en un número creciente de juzgados de instrucción, de lo penal y en las Audiencias Provinciales, a través de las asociaciones ANAME (Guipúzcoa), ADOSTEN (Vizcaya) e IRSE (Álava). Hay dedicadas un mínimo de tres personas mediadoras en Guipúzcoa y Álava y siete en Vizcaya, trabajando todas ellas en

[1212] Ibídem, p. 364.
[1213] Ibídem, p. 363.
[1214] Cabe destacar que, desde el año 2007, el Gobierno Vasco es miembro del *European Forum for Restorative Justice1*, cuya 6ª Conferencia Internacional tuvo lugar en Bilbao, del 17 al 19 de junio de 2010. Vid. http://www.euforumrj.org/index.html.

dependencias del Gobierno Vasco, sitas en el interior de los propios Palacios de Justicia[1215].

En cuanto a los datos concretos, podemos decir que confirman el serio avance de la mediación penal en el País Vasco. Así, en 2010-2011, se observa una consolidación levemente por encima de los 1.000 casos derivados a mediación, siendo el porcentaje de acuerdos obtenidos cercano al 60%.

Tabla nº 9. Mediaciones penales en el País Vasco (2008-2011)[1216]

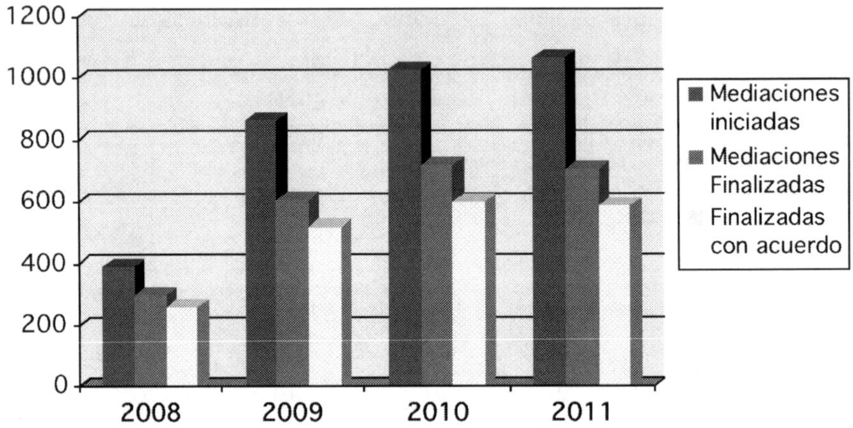

Respecto al momento de la recepción, la mayoría de los casos se derivan durante la fase de instrucción o de enjuiciamiento, siendo residuales los derivados en fase de ejecución. La tipología de las infracciones abarca tanto faltas como delitos (algo más del 40%), destacando abrumadoramente las

[1215] Vid., para mayor información, AGIRRE PEDRAYES, M., *"La experiencia de la mediación penal en la Comunidad Autónoma de Euskadi"*, op. cit., SÁEZ RODRÍGUEZ, C., *"La mediación penal. Conclusiones de las experiencias en España. 2008-2011"*, op. cit., pp. 143 ss., SOLDEVILLA MARTÍNEZ, I., GUARDIOLA GARCÍA, J., *Mediación penal en adultos: una comparativa de experiencias piloto* (2011), op. cit., p. 3, VARONA MARTÍNEZ, G., *Justicia restaurativa a través de los servicios de mediación penal en Euskadi. Evaluación externa de su actividad: octubre 2008 - septiembre 2009* (2009), obtenido el 30 de junio de 2012 en www.ivac.ehu.es/.../GEMA_ *Evaluacion ExternaSMP_08-09.pdf.*

[1216] Fuente: Elaboración propia, con base en los datos de las Memorias del Servicio de Mediación Intrajudicial del Departamento de Justicia y Administración del Gobierno Vasco correspondientes a 2009, 2010 y 2011, obtenidas el 31 de enero de 2013 en http:/www. justizia.net.

lesiones (en torno al 40% del total de las causas por delito que terminaron en acuerdo), seguidas por los los robos con fuerza/hurtos (en torno al 15%) y por los delitos en el ámbito familiar (sobre un 10%). En principio no se descartó ningún tipo penal, pero parece un dato que apuntala la tesis de la no mediabilidad de las infracciones especialmente graves, el que ninguna de las más de 3.000 mediaciones penales realizadas haya versado sobre homicidio u asesinato.

En lo tocante al contenido de los acuerdos, los más frecuentes consisten en disculpas formales, tratamiento terapéutico, pago a la víctima, y realización de trabajos de reflexión por escrito y/o servicios comunitarios[1217]. Respecto a la solución judicial aplicada como consecuencia de la reparación, tomando los datos de 2009, pues más allá no han sido consignados en las distintas memorias publicadas, en el 68% de los casos se aplicó la atenuante de reparación del daño como muy cualificada, y en el 32% como simple, mientras que en el 85% se concedió la suspensión de la ejecución de la pena privativa de libertad, en el 11% la pena fue sustituida y en el 3,5% restante se aplicó la de trabajos en beneficio de la comunidad, no produciéndose el ingreso en prisión en ningún caso[1218].

VIII.3.4 Castilla y León

En esta Comunidad Autónoma, desde 2006 se viene desarrollando un programa piloto de mediación penal en Burgos, a través de la asociación AMEPAX, mediante acuerdo con el Juzgado de Instrucción nº 4 de Burgos y con la Fiscalía del TSJ de Castilla-León, contando con el apoyo expreso del CGPJ. Se aplica fundamentalmente en casos de faltas y se trabaja en dependencias sitas en el edificio judicial. Dos personas se dedican exclusivamente a la mediación penal. La citada asociación publica periódicamente una extensa memoria donde

---

[1217] Cfr. AGIRRE PEDRAYES, M., *"La experiencia de la mediación penal en la Comunidad Autónoma de Euskadi"*, op. cit., p. 14, Memorias del Servicio de Mediación Intrajudicial del Departamento de Justicia y Administración del Gobierno Vasco correspondientes a 2009, 2010 y 2011, op. cits.

[1218] Cfr. Memorias del Servicio de Mediación Intrajudicial del Departamento de Justicia y Administración del Gobierno Vasco correspondientes a 2009, 2010 y 2011, op. cits., SÁEZ RODRÍGUEZ, C., *"La mediación penal. Conclusiones de las experiencias en España. 2008-2011"*, op. cit., pp. 143 y 150, VARONA MARTÍNEZ, G., *Justicia restaurativa a través de los servicios de mediación penal en Euskadi...*, op. cit., p. 38.

refleja los resultados obtenidos en Burgos, destacando los siguientes acuerdos de reparación conseguidos:

Tabla nº 8. Acuerdos alcanzados en el proyecto de mediación penal de AMEPAX

AÑO	INFRACCIONES QUE TERMINARON EN ACUERDO DE REPARACIÓN
2006-2007	7 delitos/ 11 faltas
2008	2 delitos/ 11 faltas
2009	3 delitos/ 20 faltas
2010	2 delitos/ 20 faltas
2011	1 delito/ 17 faltas
2012	1 delito/ 19 faltas

Esto nos deja un total de 118 asuntos resueltos en seis años. En cuanto a la clase de infracciones que se han atendido en Burgos durante estos años, cabe señalar lo siguiente:

- Año 2006-2007: Se atendieron mayoritariamente: amenazas, robos y lesiones
- Año 2008: principalmente injurias, incumplimiento de régimen de visitas, amenazas y lesiones
- Año 2009: se vieron de forma mayoritarias, lesiones, hurtos e injurias
- Año 2010: se atendieron lesiones, amenazas e injurias y coacciones.
- Año 2011: se atendieron principalmente amenazas y lesiones, habiendo un aumento de los hurtos
- Año 2012: se mantuvieron las lesiones y amenazas y crecieron los caos de injurias y coacciones. También siguieron destacando los hurtos aunque disminuyeron con respecto a 2011[1219].

La asociación AMEPAX refleja en su última memoria que en estos años se han atendido una gran variedad de infracciones, lo que vendría a confirmar, según el mismo documento, que hacer un numerus clausus de infracciones que pueden ser susceptibles de un proceso restaurativo es un error ya que esto dependerá no tanto de la clases sino de las condiciones del caso y las

[1219] Fuente: *Memoria del Servicio de Mediación de Castilla Y León, Burgos* (2012), obtenido el 15 de febrero de 2013 en https://sites.google.com/site/justiciarestaurativaamepax/memorias-del-servicio-de-mediacion-penal-de-castilla-y-leon-amepax, p. 63.

circunstancias de las partes. Sin embargo, como puede observarse, ha sido una constante durante estos cuatro años la intervención en lesiones, amenazas e injurias. También podemos añadir, respecto al contenido de los acuerdos de reparación que, en aproximadamente la mitad de las ocasiones, la reparación ha sido de contenido simbólico, habiéndose combinado en los demás supuestos con la realización de alguna actividad por el infractor o con la reparación económica, la cual, como una vez más comprobamos, no es preponderante en las experiencias sobre mediación penal[1220].

Por su parte, Valladolid y Palencia se han sumado, desde 2009 y 2010, respectivamente, a la realización de experiencias de mediación penal en Castilla y León. El proyecto vallisoletano corre de la mano de la Asociación Castellano Leonesa de Mediación Penal, en virtud de convenio con la Diputación provincial y, después de empezar probándose en dos juzgados, actualmente participan los números 1, 2 y 4 de Instrucción y el 4 de lo Penal, en la capital, además del de Medina de Rioseco, uno de los de Medina del Campo y la Sección Segunda de la Audiencia Provincial. De la treintena de asuntos que se ha derivado anualmente a mediación penal, el 47 por ciento se llegó a empezar y, de estos, se alcanzaron acuerdos en el 70%. En cuanto a Palencia, en los dos años que lleva funcionando la mediación penal, a través de la asociación Promedia, en colaboración con los Juzgados de 1ª Instancia e Instrucción nº 2 y 7, se ha intervenido en veinte conflictos, 18 de ellos solucionados con éxito, sin necesidad de llegar a juicio.

VIII.3.5 Navarra

En Navarra, como en Cataluña, País Vasco y La Rioja, la mediación penal goza del estatus de servicio oficial de la Comunidad Autónoma. Depende de la Dirección General de Presidencia, Justicia e Interior del Gobierno de Navarra, y es gestionado por la Asociación Navarra de Mediación. El servicio comenzó a implantarse en 2006, y hoy se ofrece en todos los Juzgados de Instrucción y de lo Penal de Pamplona, así como, desde 2011, en la Audiencia Provincial en el

[1220] Ibídem, pp. 72-73.

Juzgado mixto de Aoiz, y se presta en una sala habilitada al efecto en el Palacio de Justicia de Pamplona.

El Servicio de Mediación Penal del Gobierno de Navarra abordó en 2012 un total de 191 infracciones (por 145 en 2011; 103 en 2010 y 67 en 2009, lo que denota un importante avance), formalizándose 110 mediaciones, de las que 90 se saldaron con acuerdo (67 en 2011, 40 en 2010 y 22 en 2009,), tanto de tipo simbólico como económico o consistente en la realización de alguna actividad, En total, en 2012 fueron atendidas 206 personas, 73 de ellas víctimas.

Respecto a la gravedad de los asuntos sometidos a mediación, en 2012 el Servicio de Mediación Penal tramitó 128 faltas (67% del total) frente a 63 delitos (33%). En cuanto a las faltas, 48 estaban relacionadas con amenazas, 25 con lesiones y 13 con el régimen de custodia. El resto derivaban de coacciones (10), injurias (10), maltrato de obra y lesiones (7), daños (5), hurto (3), estafa (3), orden público (2), atentado (1) y apropiación indebida (1). Con respecto a los delitos, 31 casos tenían que ver con lesiones y 18 con robo. El resto guardaban relación con daños (7), estafa (2), atentado (2), amenazas (1), injurias (1) y violencia doméstica (1)[1221].

VIII.3.6 La Rioja

En La Rioja se trabaja desde 2006 bajo un proyecto dependiente del Departamento de Derecho Procesal de la Universidad de La Rioja, que nace como una idea en conjunto entre los Colegios de abogados y de psicólogos, la Universidad y el Gobierno de La Rioja. El programa ha sido enmarcado, desde 2009, dentro del proyecto europeo JLS/2008/JPEN/025, sobre mediación en materia penal, dependiente de la Dirección General de Justicia de la Comisión. Participan los Juzgados de Instrucción nº 2 y 3 de Logroño y el nº 2 de Calahorra. En marzo de 2012, el Gobierno autonómico ha concedido su apoyo al proyecto mediante la puesta en marcha del Servicio Intrajudicial de Mediación Penal en los Juzgados de la Rioja.

[1221] Fuente: notas de prensa del Gobierno de Navarra, disponibles en http://www.navarra.es.

En el proyecto actúan cinco equipos de mediadores, cada uno compuesto por un abogado con formación en justicia restaurativa, y por un psicólogo, suministrados por los respectivos Colegios Oficiales de Abogados y de Psicólogos de la Rioja. Ambos colegios facilitan, asimismo, las instalaciones para la celebración de las sesiones, si bien la sesión informativa inicial se celebra en las instalaciones de los Juzgados, salvo en el caso del Juzgado de La Calahorra, en cuya sede tienen lugar la totalidad de los encuentros[1222].

En cuanto a los resultados obtenidos, se han abordado a lo largo de estos años en más de setenta casos, de los cuales la mitad eran constitutivos de delito y la otra mitad de faltas, predominando ampliamente las lesiones, seguidas de las amenazas, los daños y, en último término, las injurias, hurtos y el maltrato familiar. Como puede observarse en el gráfico, la gran mayoría de las mediaciones iniciadas terminaron en acuerdo.

Tabla nº 10. Mediaciones penales formalmente terminadas en La Rioja (2010-2011)[1223]

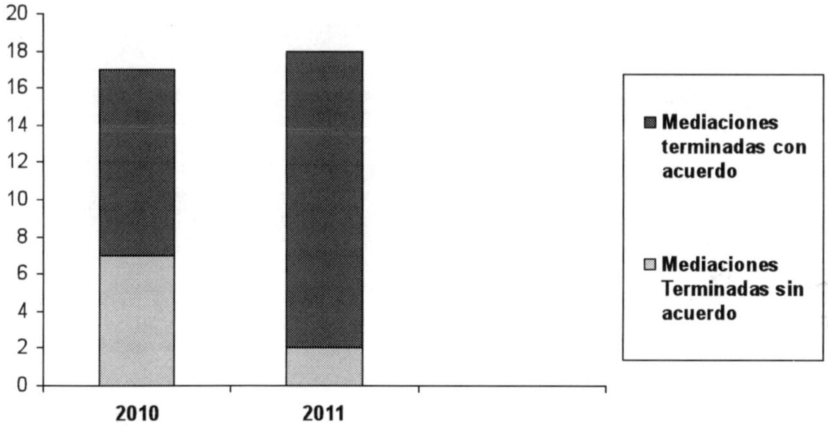

[1222] Cfr. SOLDEVILLA MARTÍNEZ, I. y GUARDIOLA GARCÍA, J., *Mediación penal en adultos: una comparativa de experiencias piloto*, op. cit., p. 3.
[1223] Elaboración propia según datos obrantes en MARTÍNEZ FERNÁNDEZ, I., LANDA OCÓN, S., *"El camino de la mediación penal en La Rioja"*, op. cit., p. 140.

VIII.3.7 Andalucía

En Andalucía los diversos programas piloto se enmarcan en el proyecto general auspiciado por el CGPJ, y todos cuentan con el apoyo oficial de la Conserjería de Gobernación y Justicia de la Junta de Andalucía. En Huelva y Cádiz presta el servicio la Federación Andaluza de Drogodependencias y Sida, en virtud de convenio suscrito con la citada Conserjería. Tiene lugar desde 2009 y en Huelva participa el Juzgado de lo Penal nº 2 y la Audiencia Provincial, mientras que en la capital gaditana el programa ha experimentado un importante desarrollo en los dos últimos años y actualmente toman parte el Juzgado de Instrucción nº 4 y los cinco juzgados de lo Penal, además de la Sección 3ª de la Audiencia Provincial. En ambas ciudades, el equipo de mediación está formado por dos mediadoras y un asesor jurídico, pertenecientes a la citada federación. Concretamente en Cádiz, en 2012 se remitieron 24 asuntos, realizándose 8 mediaciones, de las que 5 terminaron en acuerdo. En todas ellas, la mediación tuvo lugar en la fase de instrucción, y el acuerdo se reflejó vía sentencia de conformidad, generalmente mediante la aplicación de la atenuante de reparación como muy cualificada[1224].

En Málaga se encargan de la puesta en práctica del proyecto tres asociaciones: ANFIMA, MEDIAMOS y SOLUCIONA, las cuales aportan los mediadores en virtud de convenio firmado el 8 de marzo de 2011 con la Delegación de Justicia e Interior de la Junta de Andalucía. A día de hoy participan los Juzgados de Instrucción nº 7, 13 y 14 y los Juzgados de lo Penal nº 7, 8 y 10. Como resultados destacables, entre septiembre de 2011 y septiembre de 2012 se derivaron 116 expedientes, realizándose 69 mediaciones, 52 de ellas con acuerdo. La mediación, en los casos por delito, siempre tuvo lugar en sede de diligencias previas y solamente en el 75% de los casos se superaron las dos sesiones[1225].

[1224] Datos obtenidos mediante consulta directa a la fundación ENLACE.

[1225] Fuente: SANTIAGO SÁNCHEZ, M. C., *Mediación intrajudicial penal en Andalucía*, ponencia presentada en la II Jornada sobre Justicia Restaurativa, Centro de Estudios Jurídicos, Barcelona, 16 de octubre de 2012, obtenido el 23 de enero de 2013 en http://www. mediamos.org.

En Jaén presta el servicio la asociación Soluciona, en colaboración con el Juzgado de Instrucción nº 2 y los de lo Penal nº 1 y 3. El servicio viene experimentándose desde 2007 y el número de asuntos derivados se mantiene estable en torno a los 7 por año, de los que suelen resolverse la mitad.

Por último, en Sevilla se ha firmado, en septiembre de 2013, un convenio entre la Junta de Andalucñia y el CGPJ con la asociación AMEDI para retomar el proyecto que en 2007-2008 se desarrolló en el Juzgado de Instrucción nº 13. Esta vez participan los Juzgados de Instrucción nº 9 y Penal nº 9 de Sevilla; y de Instrucción nº7 de Dos Hermanas.

VIII.3.8 Aragón

En esta Comunidad Autónoma existe una experiencia piloto integrada en el proyecto del CGPJ y llevada a cabo desde 2007 por la asociación ¿HABLAMOS? en la que actualmente participan los Juzgados de Instrucción nº 4, 9 y 10 de Zaragoza y los mixtos nº 1 y 2 de Calatayud. Las sesiones se desarrollan en las dependencias de la citada asociación, donde trabajan diez mediadores, afrontando cada caso por parejas. Recientemente, el 19 de diciembre de 2012, el Gobierno de Aragón sumó su apoyo a la iniciativa, al suscribir un convenio, ya citado supra, con el CGPJ, la Fiscalía del TSJ de Aragón y la asociación ¿HABLAMOS?, al objeto de extender la mediación penal a todo el territorio de la Comunidad Autónoma, entre los años 2013 y 2016. El convenio prevé la derivación de los expedientes, en juicios de faltas y en causas por delito en fase de diligencias previas o de enjuiciamiento.

Entre 2007 y 2011, se derivaron en torno a cien mediaciones penales, de las cuales se terminaron el 60%, llegándose al acuerdo en el 32% del total. Asimismo, en las mediaciones sin acuerdo se registró un 22% en el que hubo pacificación de las partes, al tiempo que en el 78% restante no hubo pacificación. En cuanto a las infracciones, el 63% de las mismas fueron delitos, mientras que el 37% restante consistió en faltas, destacando las amenazas (31%), los hurtos (16%) y las injurias (15%), así como los conflictos personales de tipo familiar, laboral, de vecindad o de amistad. La reparación más habitual fue la simbólica o moral (61%), seguida por la reparación económica de los daños causados en un 23%, quedando de manera residual otras como el sometimiento a terapias, realización de cursos, etc.[1226]

VIII.3.9 Valencia

En Valencia destaca la experiencia puesta en práctica desde 2007 en Alicante, también amparada por el CGPJ, donde el servicio está a cargo de la Oficina de Coordinación Institucional de la Audiencia Provincial, en colaboración con el Juzgado de lo Penal nº 2. Es el titular del Juzgado quien deriva los casos al servicio de mediación, compuesto por dos mediadores, uno licenciado en Derecho y otro en Psicología. Se desarrolla en un local de la Audiencia y sin duda se beneficia del incondicional apoyo del actual Presidente de la Audiencia Provincial, el Magistrado Vicente Magro Servet, quien en 2011 relató la experiencia en el libro *Mediación Penal. Una visión práctica desde dentro hacia fuera,* citado a lo largo del presente trabajo. El programa cerró 2012 con cerca de un centenar de asuntos concluidos, en los cuales se alcanzó un acuerdo en el 54% de los casos. Como dato resaltable, los impagos de pensiones suponen un tercio de los casos que se enviaron a mediación, siendo seguidos en importancia por las lesiones y los robos con fuerza[1227].

VIII.3.10 Castilla-La Mancha

En Albacete, desde 1999 existe un proyecto piloto de mediación penal y penitenciaria amparado por Cáritas diocesana. Según los mismos protagonistas, se han llevado a cabo desde entonces 410 actuaciones. El 80% de las mediaciones se han producido en delitos contra el patrimonio, correspondiendo el 20% restante a distintos delitos entre los que destacan delitos de lesiones, malos tratos y atentado[1228]. No contamos, lamentablemente, con datos referidos al resultado de las mediaciones.

[1226] Cfr. PIÑEYROA SIERRA, C. *et al.*, *El valor de la palabra que nos humaniza. Seis años de justicia restaurativa en Aragón*, op. cit., pp. 85 ss., VALERO, F., *"La mediación se abre paso a duras penas en el sistema judicial"*, en *El Periódico de Aragón*, edición de 25 de abril de 2011, p. 35.

[1227] Datos obtenidos mediante consulta directa con el servicio de mediación.

[1228] Cfr. SÁNCHEZ SÁNCHEZ, J., *"Programa de mediación jurídica. Cáritas diocesana de Albacete"*, op. cit., p. 25.

En Toledo, la mediación penal está tomando cuerpo gracias a los esfuerzos de la asociación MEDIACON y su alma máter, Maite Delgado. Desde octubre de 2012 vienen realizando mediaciones en procedimientos de faltas derivados por los Juzgados de Instrucción, debiendo destacarse el dato de que todas mediaciones formalmente finalizadas lo han sido con acuerdo. Además, el 8 de mayo de 2013, tuvo lugar la suscripción del convenio entre la citada asociación y el CGPJ para implantar la mediación en los Juzgados de lo Penal de la capital toledana.

CAPÍTULO IX. RELATO DE UNA EXPERIENCIA SOBRE MEDIACIÓN POLICIAL EN GRANADA

La policía es la medida de la mezcla exacta entre fuerza y libertad en un Estado y una época determinados

Winfried Hassemer, Persona, mundo y responsabilidad.

Hemos querido dedicar el último capítulo a las posibilidades de actuación de la Policía en el campo de la justicia restaurativa. En consonancia con lo tratado en esta obra acerca de la necesidad de actualización de las concepciones clásicas que sustentan nuestro esquema penal, la Policía también está llamada a adaptar su papel a los nuevos paradigmas. La adopción del monopolio de la violencia por el Estado Moderno implicó la creación y especialización de la Policía como unidad administrativa dedicada a su ejercicio. Su función represora no va desde luego a desaparecer mientras exista la delincuencia, pero también es cierto que una policía moderna debe aspirar a ser concebida por la sociedad, no como factor exógeno de control, sino como referente dentro de la misma.

Desde un tiempo a esta parte podemos observar cómo las Instituciones policiales vienen prodigando esfuerzos para eliminar las barreras cognitivas que les separan del ciudadano. Las campañas de publicidad con consejos "amables" sobre seguridad doméstica y la creación de unidades dedicadas a la interacción con colectivos especialmente vulnerables dan fe de ello. En la Policía Nacional existe, desde 1988, la Unidad Central de Participación Ciudadana y Programas (UCPCP). Esta unidad, cuyo nombre original era, no por casualidad, Sección de Necesidades Sociales, ha ido confeccionando a lo largo de los años programas específicos dirigidos a grupos de riesgo, diseñando asimismo campañas de prevención ante situaciones coyunturales[1229]. Iniciativas de este tenor son dignas de alabanza, pero para llegar a ser un referente comunitario no basta el mero *marketing* sino algo mucho más profundo: redefinir el rol de la Policía como elemento de control de una sociedad plural y democrática y ahondar en la perspectiva de la comunicación con el ciudadano[1230]. En este sentido, los difíciles momentos por los que atravesamos nos parecen idóneos para que la Policía asuma nuevas responsabilidades de intervención comunitaria, como la implantación de programas de mediación en los centros policiales, lo que sin duda coadyuvaría a proyectar su otrora papel represor al de verdadero referente social. La propia organización de Naciones Unidas, en su *Handbook on restorative justice*[1231], afirma que el empleo de prácticas restaurativas por los policías representa un paso lógico en la evolución de la política social y de la propia Policía[1232]. Por otro lado, desde el punto de vista del ciudadano, dichas prácticas proporcionarían, como señala TREBOLLE, la posibilidad de contribuir a una importante y necesaria transformación cultural, a una integración ciudadana propia de una democracia participativa y, por qué no, a una mayor comprensión y respeto hacia el prójimo[1233].

IX.1. ¿Qué es la mediación policial?

Podemos decir que la mediación policial es aquella que se realiza en el seno de las Instituciones policiales. Pero no nos referimos a la mediación informal que ha hecho el patrullero de toda la vida en la calle, sino a procedimientos formales de mediación desarrollados por servicios policiales específicamente destinados a ese cometido. Dichos servicios podrán estar integrados por mediadores externos, como el que coordinamos en la Jefatura de Policía de Granada, o por los propios agentes de policía, pero en este caso, de

---

1229 Vid., para más información,http://www.policia.es/org_central/seguridad_ciudadana/unidad_central_part_ciudada/part_ciu dadana_origen.html.

1230 Cfr. CERVINI, R., *"Referente comunitario y función policial"*, en AA.VV., *Homenaje a Dr. Marino Barbero Santos: "in memoriam"*. Universidad de Castilla-La Mancha/Universidad de Salamanca. 2001, vol. I, p. 169.

1231 Citado en supra I.4.1.

1232 Ibídem, p. 62.

1233 TREBOLLE, M. A., *"La función policial en el nuevo milenio y los métodos RAC"*, en *Libro de ponencias de la VIII conferencia internacional del foro mundial de mediación, Valencia, 18-21 de octubre de 2012, vol. III.* Foro Mundial de Mediación, Caracas, 2012, p. 102.

acuerdo con MEJÍAS GÓMEZ, no basta con policías con buena voluntad o determinadas aptitudes comunicativas; es imprescindible que se hayan formado adecuadamente en mediación y que sepan utilizar bien sus técnicas[1234]. La mediación policial abarca un potencialmente amplio abanico de materias; podemos situarla a medio camino entre la mediación comunitaria y la penal. Está indicada desde en discusiones de toda índole entre conocidos hasta en pequeñas infracciones penales, con la evidente descarga de trabajo que ello puede suponer (siempre pensando en el medio y largo plazo) a la Administración de Justicia.

IX.2. El proyecto conjunto UGR-Policía Nacional en Granada

No podemos dejar pasar la oportunidad de mencionar la experiencia, en cuya coordinación tomamos parte, desarrollada en la sede de la Jefatura Superior de Andalucía Oriental de la Policía Nacional, fruto del convenio suscrito en 2010 con la Universidad de Granada. Es de justicia resaltar el papel desempeñado por nuestro anterior Jefe Superior, don Pedro-Luis Mélida Lledó, sin cuyo apoyo hubiera sido imposible emprender esta aventura, así como del actual Jefe Superior de Policía de Andalucía Oriental, don Francisco Arrebola Larrubia, cuyo constante aliento e implicación personal están resultando fundamentales para la buena marcha del servicio. Los resultados, aunque todavía modestos, son muy alentadores. El servicio es prestado por alumnos/as en prácticas del Máster en Mediación la Universidad de Granada, cuya alma máter es nuestro querido Catedrático de Derecho civil, don Guillermo Orozco Pardo.

Dado que mediación policial es eminentemente preprocesal, se ha de contactar con los posibles interesados antes de que formulen la denuncia, pues esta no es sino el embrión de un proceso judicial y a partir de su interposición ya nada puede hacer la Policía[1235]. Así, es en la sala de espera de la ODAC

[1234] MEJÍAS GÓMEZ, J. F., *La mediación como forma de tutela efectiva*, op. cit., p. 115. El autor, magistrado en ejercicio, se muestra partidario de instalar en las Comisarías del Cuerpo Nacional de Policía y demás institutos policiales, oficinas de mediación policial, servidas por funcionarios policiales específicamente formados en la materia.

[1235] Una vez presentada la denuncia estaríamos hablando de mediación penal propiamente dicha, no policial.

(oficina de denuncias) donde se reparten folletos informativos a los ciudadanos acerca del servicio de mediación policial. Además, los propios policías de la ODAC, si estiman que el hecho que se pretende denunciar es susceptible de ser derivado a mediación, ofrecen dicha posibilidad al denunciante. A estos efectos, a los miembros de la ODAC se les impartieron en Jefatura unas jornadas sobre mediación por profesores del Máster universitario, en las que recibieron nociones básicas sobre mediación y sobre el tipo de asuntos que pueden derivarse.

La decisión de derivar o no el caso a mediación nos corresponde a los dos Inspectores Jefes que venimos coordinando el experimento sobre el terreno. Dicha decisión se fundamenta estrictamente en las connotaciones legales del asunto. Después, será labor de los mediadores resolver la activación o no del mecanismo, tras un pormenorizado análisis del tipo de conflicto, características de las partes implicadas, equilibrio de poder entre ellas y conocimiento de la "historia" o pasado del problema.

En cuanto al procedimiento concreto, dado que suele contarse solamente con una de las partes, los mediadores contactan con la otra telefónicamente, ofreciéndole una sesión presencial en la que se le explica detalladamente la mecánica del servicio. Si ambas partes aceptan la mediación, firman un acta comprometiéndose a respetar sus principios informadores. A partir de este momento se programan las sesiones. De producirse el acuerdo ambas partes, en unión del mediador, plasman por escrito su compromiso. Finalmente, una vez que se tiene constancia de que los acuerdos han sido cumplidos, se archiva el expediente.

En el convenio de colaboración suscrito, se han limitado los asuntos a las faltas de injurias, calumnias, amenazas y vejaciones injustas del art. 620 CP y a la falta de daños del art. 625.1 CP Sin embargo, donde la mediación policial se ha revelado como un instrumento especialmente efectivo, al menos según nuestra experiencia, es en determinados conflictos interpersonales, inicialmente no constitutivos de ilícito penal, que por una u otra razón llegan al servicio de mediación de Comisaría. La difícil situación económica que vivimos genera numerosas desavenencias que, si bien en otro escenario carecerían de importancia alguna, hoy son motivo de acaloradas discusiones que en ocasiones requieren la presencia de la patrulla policial[1236]. Baste el siguiente apunte para comprender lo que decimos: tomando un mes al azar de los últimos años, por ejemplo enero, y analizando las llamadas recibidas en el teléfono de urgencias de la Policía Nacional (091) en la capital granadina, se observa cómo tras el estallido de la crisis económica, las peleas –no constitutivas de delito- de pareja, entre miembros del núcleo familiar, y entre compañeros de piso o vecinos, han experimentado un dramático aumento. En semejante escenario, la Policía tiene ante sí el enorme compromiso de contribuir, en la medida de sus posibilidades, a la pacificación comunitaria. No creemos que esta sea, en absoluto, una afirmación ingenua.

Tabla nº 11. Evolución de las llamadas al 091 durante el mes de enero (años 2007 a 2013) en la ciudad de Granada como consecuencia de conflictos no constitutivos de de delito en el seno de relaciones de convivencia[1237]

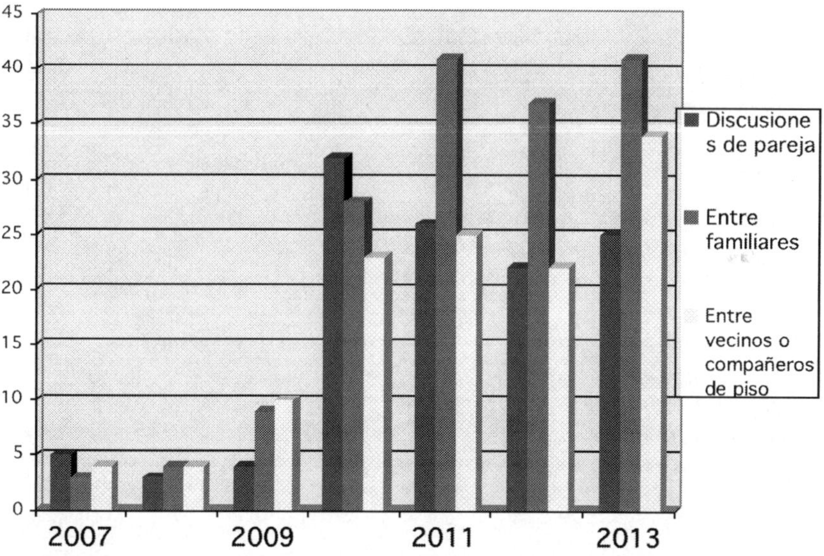

[1236] Vid. lo expuesto en supra V.1.1.2 acerca de las infracciones "punta de iceberg".
[1237] Fuente: elaboración propia.

Ilustración nº 2. Folleto informativo que se está ofreciendo a los ciudadanos en Comisaría

La mediación policial que practicamos en Granada tiene casi más de mediación social o comunitaria que de penal, pues, como decimos, la mayor parte de los casos tratados no han sido tan siquiera constitutivos de infracción penal. Empero, si los afectados vienen a la Policía en busca de una solución (problemas de relación familiar, entre vecinos o compañeros de piso, incluso pequeñas deudas económicas), ¿por qué no ayudarles y aprovechar así la posibilidad de hacer de la comisaría de Policía un espacio de convivencia si, merced al convenio con la UGR, tenemos los instrumentos para hacerlo?

Hasta el momento de redactar estas líneas, el servicio se ha prestado en cuatro períodos, coincidiendo con las prácticas de los alumnos del Máster de Mediación: entre febrero y mayo de 2011; entre diciembre de 2011 y abril de 2012; entre noviembre de 2012 y marzo de 2013 y entre septiembre de 2013 y abril de 2014. Muy sintéticamente, de los 136 procedimientos formales de mediación que se han llevado a cabo podemos extraer los siguientes resultados:

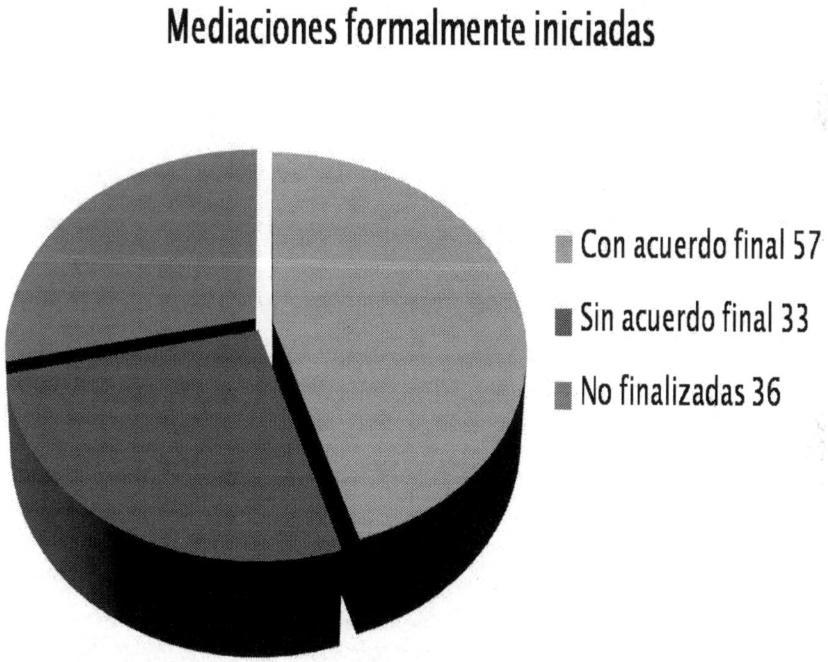

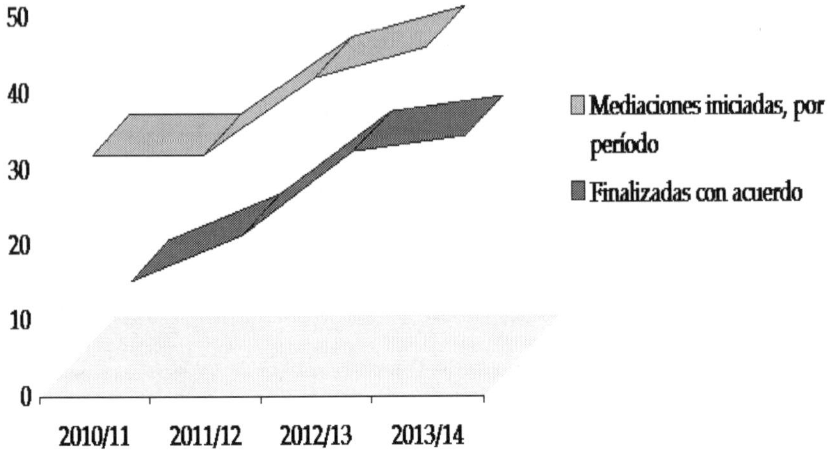
50
40
30
20
10
0
2010/11
2011/12
2012/13
2013/14
Mediaciones iniciadas, por período
Finalizadas con acuerdo

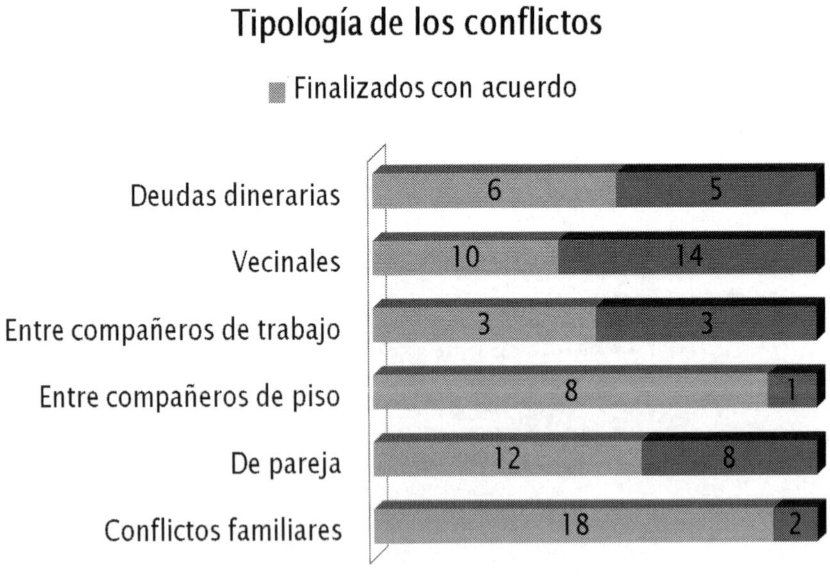
Tipología de los conflictos
Finalizados con acuerdo
Deudas dinerarias
6
5
Vecinales
10
14
Entre compañeros de trabajo
3
3
Entre compañeros de piso
8
1
De pareja
12
8
Conflictos familiares
18
2

Actas de un caso real de mediación policial

Acta inicial y de aceptación de la mediación

Datos de la reunión

Fecha 25 de Octubre 2012	hora 20:00
Personas reunidas	
Apellidos y nombre de la persona que acoge la mediación Susana	
Apellidos y nombre de la persona que acoge la mediación Germán , Raúl , José	
Apellidos y nombre del/a mediador/a Saida Pérez , Laura Díaz	

Objeto de la mediación

- Desaparición de un electrodoméstico

"El caso de la vaporeta misteriosa"

ACTA DE MEDIACION.

D. Susana mayor de edad, vecino de ,con domicilio en, ,con DNI y Dª Germ Raúl y José ,mayor de edad, vecina de ,C/ ,con DNI , se han sometido a mediación bajo la supervisión del mediador/a D./Dª Laura Días y Saida Pérez .

En el día de hoy los abajo firmantes han llegado a los siguientes acuerdos:

- Realizar pesquisas y aumentar el número de sospechosos antes de formular denuncia.

En Granada, a 25 de 10 de 2012

D. Dª.

Mediador/a D. / Dª.

MINISTERIO
DEL INTERIOR

DIRECCIÓN GENERAL
DE LA POLICÍA Y
DE LA GUARDIA CIVIL
CUERPO NACIONAL DE POLICÍA
Jefatura Superior de Policía
de Andalucía Oriental

ACTA DE MEDIACIÓN

D. / Dª con DNI

y D./Dª con DNI

en el trascurso del proceso de mediación han adoptado libre y voluntariamente los siguientes acuerdos:

Compromisos verbales:

- Ella se compromete verbalmente a esperar un tiempo antes de tramitar la denuncia
- Ellos se comprometen a ayudarla a averiguar quién ha sustraído la vaporetta.
- Fijan un lugar donde ésta pueda ser depositada de forma anónima

→ Realizado seguimiento posterior se constata que la vaporetta fue devuelta anónimamente tres días mas tarde. Susana llamó por teléfono a los tres operarios para disculparse personalmente.

En Granada, a de de 201 .

D./Dª. D./Dª.

Mediador/a

C/La Palmita,nº1
18014-Granada
TEL. 958808046

Conclusiones

1. La admisión de la mediación no solo es factible, también puede ser beneficiosa para un sistema penal en crisis, basado en la imposición de penas privativas de libertad incapaces de responder a las necesidades de la víctima y mucho menos de favorecer la resocialización del victimario. La mediación se erige en la más eficaz expresión de la justicia restaurativa por sus claras posibilidades de integración en el proceso penal, debiendo la justicia punitiva seguir en vigor respecto de aquellos tipos penales que, bien por su gravedad, bien por su naturaleza, no son susceptibles de ser guiados a través de fórmulas de consenso entre ofensor y ofendido.

2. La mediación penal cabe en todos los delitos, por graves que sean, pero sus capacidades como mecanismo penal con virtualidad para determinar el archivo de la causa o sustituir a la pena son limitadas. Las exigencias del principio de legalidad y las finalidades de la pena aconsejan establecer un límite legal a los delitos que pueden resolverse a través de la mediación. La LORPM y el ALECr 2011 fijaron dicho límite en los delitos graves, frontera mantenida en el actual borrador de Código Procesal Penal de 2013 y que nos parece acertada. En el mismo sentido, como se ha visto, la mayor parte de los sistemas penales de nuestro entorno fijan barreras punitivas a la mediación y, en los que no lo hacen, la mediación no se utiliza en la criminalidad grave. Por otro lado, determinados tipos penales, por su incompatibilidad con la mediación, como los llamados "delitos sin víctima", también han de ser excluidos, así como aquellos supuestos en que concurran circunstancias que desaconsejen la mediación, como cuando la víctima viene siendo objeto de maltrato continuado.

3. La introducción de la mediación en el proceso penal de adultos ha de vincularse al reconocimiento del principio de oportunidad, ya previsto en la legislación de menores. Será necesario, para ello, introducir cambios en nuestras leyes penales, pero no en la Constitución, pues la mediación es compatible con los principios y garantías constitucionales que rigen nuestro sistema penal. El conflicto con dichos principios es salvable siempre que el modelo de mediación se base en la existencia de un marco legal previo y que haya una intervención del Estado, a través de unos mediadores integrados en el sistema oficial y de un visado judicial de los resultados obtenidos en cada mediación, en aras de preservar el respeto del mencionado marco legal. Así se evitaría el peligro de la privatización del conflicto, principal objeción que oponen los detractores de esta figura.

4. Corolario de lo anterior, el principio de oportunidad, como se ha puesto de manifiesto en esta obra, lleva años implantado en nuestro proceso de adultos: la actual regulación de la conformidad en el procedimiento abreviado y en los juicios rápidos supone el ejercicio, en la práctica diaria de nuestros juzgados, del principio de oportunidad.

5. La mediación tiene en común con la conformidad que también es expresión del principio de oportunidad, pero ambas figuras son totalmente distintas, pues:

a) La conformidad pone el acento en el ahorro del juicio, que no de la sentencia, para lo cual intenta despachar al delincuente con una rebaja punitiva. Su *leitmotiv* es, pues, la economía procesal, mientras que la razón de ser de la mediación estriba en una mejor satisfacción de los intereses del ofensor y de la víctima: uno repara, otro es reparado y la paz social queda restablecida.

b) La conformidad implica una coacción para la confesión indirecta de los hechos, a través del premio de la rebaja punitiva, mientras que la conformidad debe implicar únicamente asunción de responsabilidad. Esta ha de ser suficiente para soslayar el problema del conflicto con la presunción de inocencia pero no tan explícita como para que sirva de base a una posterior condena si el proceso penal sigue su curso habitual.

c) Nuestra legislación no exige la reparación de la víctima para que el juez acepte el acuerdo de conformidad, por lo que este no deja de ser punición, mientras que la mediación es reparación.

La conformidad, no obstante, seguirá siendo útil en los casos donde no llega la mediación, como el de los delincuentes multireincidentes, cuya característica es incompatible con la esencia y los fines de la mediación.

6. Para que no se vean afectadas las garantías procesales del inculpado, tiene que asegurarse la confidencialidad de lo manifestado en las sesiones de mediación, sin que quepa su ulterior utilización en un hipotético juicio, lo contrario abriría paso a un uso perverso de la mediación. Consecuencia de ello, el mediador ha de quedar amparado por el secreto profesional y sujeto al deber de sigilo.

7. Ninguno de los dos principales argumentos que suelen utilizarse a favor de la mediación, el del ahorro económico y el de su superioridad moral, es oportuno ni está demostrado.

a) No es conveniente utilizar la economía procesal como banderín de enganche en la batalla argumental en pro de la mediación penal. La economía procesal, y su corolario, la material, son razonamientos que necesitarán de un muy largo recorrido de la mediación hasta que puedan ser decisivos. Más de un año después de la entrada en vigor de la Ley 5/2012, de 6 de julio, todavía no podemos afirmar, con datos en la mano, que se hayan reducido significativamente los procesos civiles y mercantiles en España como consecuencia de la promulgación de dicha ley (otras cosa es que lo hayan hecho a causa de la famosas tasas judiciales). Además, en el campo penal, la generalización de la mediación, una vez implantada legalmente, tardará mucho más tiempo, fundamentalmente porque será más lento el proceso de concienciación social acerca de su utilidad y porque, no se olvide, el el abanico de asuntos que pueden llevarse a mediación es mucho menor en el campo penal que en el del Derecho privado, si bien también tenemos que decir que el conjunto total de causas penales que ingresan en nuestros juzgados es muy superior al de asuntos civiles y mercantiles que llegan hasta los mismos, seis millones y medio frente a menos de dos millones en 2012[1238].

[1238] Fuente: CGPJ, *Estadística Judicial. La Justicia dato a dato. Año 2012*, op. cit., p. 33.

Tomemos, por ejemplo, las cifras recogidas en países donde esta figura goza ya de un considerable recorrido. Como vimos, los TOA alemanes han alcanzado los casi 5.000 acuerdos de reparación anuales. En Polonia, también lo hemos comprobado, la mediación penal va consolidándose muy lentamente, y todavía las mediaciones penales exitosas (unas 3.500 en 2010) no alcanzan el 0,5% de los casos instruidos y seguidos de acusación. Pues bien, en 2012 la jurisdicción penal española dictó 741.000 sentencias[1239], por lo que podemos determinar que, aun en el caso de que la mediación penal obtuviese la misma acogida que en el país germano, a corto y medio plazo, no se conseguirían avances significativos en términos de economía procesal. Así pues, el razonamiento debe dirigirse hacia la consecución de una justicia de mejor calidad, no más barata, sin perjuicio de que esto último también pueda lograrse a largo plazo[1240].

b) Tampoco es el mejor argumento el de la superioridad moral de la mediación frente al proceso, principalmente porque esta va a formar parte del proceso, como un cauce más dentro del mismo. La superioridad moral puede ser predicable de otros instrumentos de justicia restaurativa que suponen la desjudicialización del conflicto penal, algo inviable en nuestro sistema jurídico. Si la mediación es Derecho ya no puede incorporar pretensiones moralizantes. De ser así, deberíamos exigir, para dar validez al acuerdo de reparación, además de la propia reparación, el sincero arrepentimiento del ofensor, el franco perdón del ofendido y hasta un futuro mejor para ambos, como ya se dijo. La curación espiritual del infractor no puede ser unan exigencia, sin perjuicio de que se aspire a ella, pues es indiscutible el efecto de prevención especial positiva que puede conseguirse a través de la reparación. Así, ha de bastar que la reparación ofrecida sea aceptada como solución por la víctima y se ajuste a los parámetros que legalmente se establezcan.

[1239] Ídem.

[1240] Así, diversos estudios sobre la mediación en Alemania, citados por BARONA VILAR, estiman que potencialmente podrían resolverse 900.000 asuntos anuales mediante mediación penal en aquel país (de la misma, *"Situación de la justicia restaurativa y la mediación penal en Alemania"*, op. cit., pp. 280).

8. El mejor argumento en pro de la implantación de la mediación penal es el de la satisfacción social, la satisfacción que ha de generar en las personas el hecho de participar directamente en la solución de sus conflictos; ello elevará la confianza de la ciudadanía en la norma y coadyuvará a lograr los fines del Derecho penal: la pacificación social y la prevención de las futuras infracciones. El Estado Democrático debe aspirar a que sus ciudadanos intervengan en la resolución de sus problemas, incluso los penales: la mediación ha de ser concebida como ejercicio democrático.

9. Tampoco hay que desdeñar los razonamientos instrumentales, como el menor coste personal para el infractor, el menor coste psicológico para la víctima, el menor coste económico para ambos, la mayor celeridad en la obtención de la solución, una mayor calidad de la Justicia, en suma. Respecto a la víctima, la implantación de la mediación ha de responder a razones vinculadas a la reducción del impacto de la llamada victimización secundaria y a la mejor satisfacción de sus intereses que puede propiciar. Su principal objetivo debe ser la desvictimización, entendida como reparación completa, económica y psicológica de la víctima[1241]. La mediación puede contribuir mejor que el proceso tradicional a devolver a la víctima parte de la dignidad menoscabada por el delito y a facultar su reintegración en la vida social.

10. Respecto al victimario, junto con el anterior fin, la aceptación por el legislador de la mediación penal debe responder al incremento de las posibilidades de reintegración social (y, a contrario, el decremento de las posibilidades de estigmatización) del delincuente, que se responsabilizará por su conducta y efectos de la misma, reforzando así sus lazos con la sociedad de la que es parte integrante.

11. A través de la mediación, el Derecho penal se orientará más y mejor hacia la reparación de la víctima. Con la ayuda de la mediación puede llegarse a la reparación en supuestos en que la condena judicial no lo consigue. La satisfacción de la responsabilidad civil es requisito para la suspensión de la

---

[1241] Definición de DE LA CUESTA AGUADO, M. P. (*"Fines de la pena y justicia reparadora"*, en *Sobre la mediación penal...*, op. cit., p. 140).

ejecución de las penas privativas de libertad no superiores a dos años; del que se dispensa al insolvente, luego la ejecución de dichas condenas puede suspenderse sin reparación alguna a la víctima en los abrumadoramente numerosos casos de insolvencia. La mediación admite cualquier tipo de reparación para que esta sea tenida en cuenta a la hora de atenuar, sustituir o evitar una pena. La mediación sitúa, por encima del concepto de solvencia económica, el de esfuerzo reparador.

12. Enlazando con lo anterior, la reparación no puede concebirse en términos meramente económicos, no puede equiparse con la responsabilidad civil, puede consistir en compensaciones materiales, pero también de cualquier otra clase. La reparación no es solo una compensación, es también una rectificación. Así, debe admitirse (como posibilidad que, lógicamente, ha de ser aceptada por la víctima) el simple perdón del ofensor o la realización por el mismo de determinadas actividades, siempre salvaguardando su dignidad. Resulta muy indicativo, atendidos los resultados de las experiencias piloto realizadas en nuestro país, el alto porcentaje de acuerdos de reparación simbólica que se ha registrado.

13. La *reparatio per mediationen* ha de ser concebida como figura penal para que tenga efectos penales. Ha de tender a satisfacer, entonces, los fines tradicionales de la pena. La reparación es efectiva en términos de prevención general integradora y de prevención especial positiva, lo que la convierte en una opción plausible para llegar al archivo de la causa o como sustitutivo de la pena en supuestos de criminalidad leve y menos grave. En estos casos, si la reparación es capaz por sí sola de colmar la función pacificadora del Derecho penal, la pena ha de ceder ante ella en virtud del principio de subsidiariedad. Por el contrario, la criminalidad grave sigue respondiendo hoy en día a finalidades preventivo intimidatorias y retributivas, incompatibles con la *reparatio per mediationen.*

14. La comunidad también es esencial en la mediación. Aplicando la mediación en todos los ámbitos: familia, escuela, trabajo, etc., los ciudadanos se irán familiarizando con ella y esto facilitará el proceso de aceptación de su dimensión penal. Hace falta un mayor compromiso de los poderes públicos, así como de los medios de comunicación, el llamado cuarto poder, en la implantación de la cultura del acuerdo en nuestra sociedad. Para que una propuesta como la mediación penal cuaje y los acuerdos reparadores puedan cumplir una función similar a la de la pena debería provocarse un cambio en la conciencia social, muy influida por los medios de comunicación en su constante demanda de mayor rigor punitivo, lo que de paso es aprovechado por el mandatario de turno para impulsar reformas penales de claro matiz electoralista. Quizá, dada nuestra herencia latina, somos más propensos al enfrentamiento que otras culturas, o tal vez esto no sea más que una creencia, una "leyenda urbana", como se dice ahora. Cabe preguntarse en qué somos tan distintos los españoles para que no pueda instalarse en nuestra sociedad esta otra forma de resolver los problemas. En cualquier caso, ello no debe ser pretexto para no implicarnos en la promoción de la resolución pacífica de disputas, por las muchas ventajas que nos puede acarrear como sociedad.

15. La palabra "mediación" está de moda pero hay un déficit de conocimiento de su verdadero significado, por lo que es necesaria su difusión. En España existen organismos, como la Fundación Mediara en Andalucía, dedicados encomiablemente a esta labor, pero son insuficientes. A nivel de la justicia penal, la instauración de la mediación debería ir acompañada de una ambiciosa campaña divulgadora que informase al público de su existencia, su funcionamiento y de sus posibilidades, así como de sus límites.

Por ejemplo, en Estados Unidos, la colaboración de colegios de abogados y tribunales de justicia para promover su conocimiento ha dado lugar a las "semanas de acuerdo" (*settlement weeks*), campañas intensivas de una semana que han ayudado a sensibilizar a personal de los juzgados, abogados y a muchos ciudadanos, en aquellos lugares donde todavía no se han implantado programas de mediación. En algunos de estos lugares se celebran las *settlement weeks* dos o tres veces al año. Estamos convencidos de que iniciativas de este tipo serían muy bien recibidas en nuestro país.

Como antes se ha sugerido, somos dados a creer que nuestra herencia cultural latina nos predispone más hacia la confrontación. ¿No será que lo que falta es una educación que nos predisponga mejor hacia la resolución pacífica de las controversias? En estos tiempos se hace más necesario que nunca proceder a lo que GOLEMAN denominó la "alfabetización emocional"[1242], es decir, hacer comprender a las personas, desde el mismo patio de recreo, que los conflictos no siempre se deben a que el otro es "malo", sino que, a veces, nacen de nuestra propia hostilidad, y de que es posible la superación no traumática de los mismos. La mediación podrá instalarse definitivamente entre nosotros cuando aprendamos esta evidencia. Una evidencia no es evidente hasta que nos la enseñan. Es muy fácil darse cuenta de que la tierra gira alrededor del sol pero hicieron falta siglos de investigación, y alguna que otra barbacoa humana, para que resultara evidente.

16. Se propone la fase instrucción del proceso penal como momento más indicado para la mediación como forma de llegar al archivo de la causa, aunque ello suponga el inconveniente de su congelación, en tanto no se obtengan resultados, positivos o negativos y, en el primer caso, hasta que no se dé por cumplido el acuerdo. Una vez formulada la acusación en la fase intermedia dando paso a la de juicio oral, la mediación puede tener lugar, mas sus efectos no podrán abarcar el archivo del proceso, sino que habrá que aguardar al dictado de la sentencia, pudiendo derivar en la atenuación, sustitución o suspensión de la ejecución de la pena, u otras medidas en sede ejecución penitenciaria, todas ellas figuras ya existentes. Incluso puede configurarse la reparación como causa de exclusión de la pena en supuestos de criminalidad leve, a imagen y semejanza del § 46a StGB. El fin de esta proposición es evitar un uso subrepticio de la mediación por el inculpado, además de impedir que el recurso a este instrumento, en vez de agilizar el proceso, acabe lastrándolo aún más. Como referencia que puede avalar nuestra defensa de la fase instructora como la más indicada, podemos decir que en Alemania, sin que exista restricción al respecto del momento procesal, más del 80% de las mediaciones tiene lugar en el período de instrucción.

[1242] GOLEMAN, D., *La inteligencia emocional*, op. cit., pp. 168 ss.

17. Es primordial que una futura regulación de la mediación penal asegure, en términos jurídicos, el valor y ejecutoriedad del acuerdo que resuelve el caso derivado a mediación. Actualmente, dada la carencia de regulación legal, dicho acuerdo no tiene un valor jurídico definido.

18. Se propone, como mera hipótesis a estudiar, que se tipifique penalmente el incumplimiento malicioso del acuerdo de mediación por el infractor, no como agresión contra la víctima, sino que como lesión de un bien jurídico colectivo, como es el buen funcionamiento de la Administración de Justicia, castigándose como delito independiente del originalmente cometido. Esta posibilidad quedaría limitada, eso sí, a usos manifiestamente inicuos de la mediación.

19. En relación a los programas de mediación penal puestos en práctica en nuestro país, existen serios problemas para su valoración por la disparidad de criterios existente a la hora de recoger los datos. Debe unificarse el protocolo de recogida de datos al cien por cien, sin perjuicio de posibles particularidades justificadas, siendo el CGPJ el encargado de su análisis y de garantizar la homogeneidad. No obstante, se agradecería una mayor difusión de sus resultados por parte de los servicios mediadores que están en funcionamiento. Debería seguirse el ejemplo de Estados Unidos, donde existe una base de datos desarrollada por la *American Bar Association,* el colegio de abogados norteamericano, y la *Hewlitt Foundation,* que recopila todos los programas de mediación judicial en los Estados Unidos, junto con su información de contacto y características. Los programas están categorizados según su nivel judicial, extensión geográfica, servicios y otra información. Poder llevar a cabo en España una generalización similar de los resultados, puede proporcionar un consistente argumento empírico a favor de la mediación penal.

De todas formas, no puede negarse, con los datos cogidos de aquí y de allá en la mano, que los resultados de los proyectos realizados son muy esperanzadores, máxime teniendo en cuenta la falta de medios y de apoyo oficial suficiente, que muchas veces hace depender la continuidad de los programas del altruismo y buena fe de los participantes. Con toda seguridad, de no hallarnos inmersos en estos años de oscuridad económica, los resultados serían todavía más relevantes.

20. Al hilo del punto anterior, debe unificarse la metodología empleada en las distintas experiencias que se están llevando a cabo en nuestro país, pues a veces responde a parámetros muy disímiles. Tal vez esto no se consiga hasta que no se regule definitivamente la mediación penal, pero es de temer que ni aun así se logrará, pues dicha metodología tampoco es uniforme en el caso de la mediación civil y mercantil, ya incorporada a nuestro ordenamiento.

21. La mediación penal ha de tener carácter público y gratuito, y el mediador penal ha de ser una figura adscrita a la Administración de Justicia, excediendo de nuestro cometido el determinar bajo qué título. Podrá tener cariz funcionarial o ser contratado de forma fija, temporal o incluso ad hoc para cada caso, pero en el ejercicio de su función actuará como servicio público, lo que tiene importantes consecuencias en materia de responsabilidades derivadas de los perjuicios que la prestación del servicio pudiera ocasional.

22. Uno de los peores peligros que encierra la mediación es el de una débil formación de los mediadores, tanto penales como de cualquier ámbito. Para ejercer la mediación se ha de exigir formación universitaria y formación específica en mediación. La segunda podría ser similar a los estudios de postgrado/máster, adaptándola al espacio europeo de formación superior.

23. Existen muchos códigos deontológicos para mediadores, como hemos visto, pero ninguno es vinculante. Debe crearse un código profesional con rango de ley para todos los mediadores, sea cual sea su especialidad.

24. De cara a una regulación de la mediación penal, debemos mantenernos ojo avizor para combatir lo que pueden ser una de sus principales flaquezas: el riesgo de que pierda su identidad, de que se olviden los buenos propósitos que en su momento guiaron a los que la defendieron, y de que la misma se convierta en una simple instancia burocrática que coaccione a los protagonistas para aceptarla y, así, ahorrarle un proceso al sistema.

La mediación penal es un mecanismo de justicia restaurativa que, dadas las connotaciones de nuestro sistema jurídico, no ha de ser concebido como alternativa sino como parte integrante del proceso oficial. De esta manera, igual que los mediadores no deben dejar de involucrarse en el diseño, evaluación e investigación de los programas de mediación penal, los juristas hemos de preocuparnos porque estos propósitos respeten las garantías jurídico-penales consagradas en nuestra Constitución.

BIBLIOGRAFÍA CONSULTADA

AA.VV., *Conclusiones del I Congreso internacional sobre justicia restaurativa y mediación penal*, celebrado en Burgos, durante los días 4 y 5 de marzo de 2010, documento obtenido el 30 de julio de 2012 en http://www. justiciarestaurativa. org.

AA.VV., *Nuevo Testamento*. La Católica, Madrid, 1989.

AEBI, M. F., LINDE, A., *"El misterioso caso de la desaparición de las estadísticas policiales en España"*, en *Revista Electrónica de Ciencia Penal y Criminología*, nº 12-07, 2010, obtenido el 13 de diciembre de 2012 en http://www. criminet.ugr.es, pp. 1-30.

AGUILERA MORALES, M., *"Análisis crítico de la regulación normativa de la mediación en la justicia de menores a la luz de su aplicación práctica"*, en AA.VV., *Sobre la Mediación Penal (posibilidades y límites en un entorno de reforma del proceso penal español)*. Aranzadi, Cizur Menor (Navarra), 2012, pp. 643-664.

- *"La Mediación Penal: ¿quimera o realidad?"*, en *Revista electrónica de Derecho de la Universidad de la Rioja*, nº 9, diciembre de 2011, obtenido el 12 de marzo de 2102 en http://www.dialnet.unirioja.es, pp. 127-146.

AGIRRE PEDRAYES, M., *"La experiencia de la mediación penal en la Comunidad Autónoma de Euskadi"*, en *Estudios Penales y Criminológicos*, vol. XXX, 2010, pp. 7-54.

ALASTUEY DOBÓN M. C., *La reparación a la víctima en el marco de las sanciones penales*, Tirant lo Blanch, Valencia, 2000.

ALBORNOZ, J. E., *"Tolerancia cero: un mito peligroso"*, en *Revista Criterio*, nº 2.244, 1999, obtenido el 19 de diciembre de 2012 en http://www.revista criterio.com.ar.

ALBRETCH, P. A., *"El Derecho penal en la intervención de la política populista"*, en AA.VV., *La insostenible situación del Derecho penal*. Comares, Granada, 1999, pp. 471-487.

ALCÁCER GUIRAO, R., *"La mediación penal y la atenuante de reparación. Similitudes y criterios de aplicación"*, en AA.VV., *Justicia restaurativa, mediación penal y penitenciaria: un renovado impulso*. Reus, Madrid, 2011, pp. 109-126.

ALCALÁ-ZAMORA Y CASTILLO, N., *Proceso, autocomposición y autodefensa (contribución al estudio de los fines del proceso)*. Universidad Autónoma de México, México D. F., 2000.

- *Cuestiones de terminología procesal*. Universidad Autónoma de México, México D. F., 1972.

- *Estampas procesales de la literatura española*. Ejea, Buenos Aires, 1961.

ALCOVER DE LA HERA, C. M., *"La mediación como estrategia para la resolución de conflictos: una perspectiva psicosocial"*, en GONZALO QUIROGA, M. (dir.), *Métodos alternativos de solución de conflictos: perspectiva multidisciplinar*. Dykinson – Servicio de Publicaciones de la URJC, Madrid, 2006, p. 113-129.

ALDONEY RAMÍREZ, LL. M., *"Sistemas penales comparados. Mediación penal y justicia alternativa"*, en *Revsta Penal*, nº 39, 2005, pp. 185-234.

ALÉS SIOLÍ, J., *"Costumbres para mediación"*, en revista *La Toga*, nº 160, 2006, pp. 51-53.

ALISTE SANTOS, T. J., *"Meditación crítica de la mediación como alternativa a la jurisdicción"*, en en *Mediación en materia de familia y derecho penal*, AA.VV., coord. MARTÍN DIZ, F., Andavira, Santiago de Compostela, 2011, pp. 67-83.

ALMEIDA SILVA, K. C., *La incorporación del principio de oportunidad en el proceso penal: un análisis de política criminal*. Tesis Doctoral, dirigida por el Catedrático Víctor Moreno Catena. Universidad Carlos III. Getafe, 2008.

ÁLVAREZ RAMOS, F., *"Mediación penal juvenil y otras soluciones"*, en *International e-Journal of Criminal Science*, nº 2, 2008, pp. 1-26.

ÁLVAREZ SACRISTÁN, I., *"¿Por qué la mediación penal?"*, en *Diario La Ley*, nº 7.699, 21 sept. 2011, p. 10-14.

ANTÓN GARCÍA, L., LARRAURI PIJOÁN, E., *"Violencia de género ocasional: un análisis de las penas ejecutadas*, en *Revista Española de Investigación Criminológica*, nº 7, 2009.

ANTÓN ONECA, J., *Derecho penal, 2ª edición anotada y corregida por José Julián Hernández Guijarro y Luis Benítez Merino*. Akal, Madrid, 1986.

- *Los fines de la pena según los penalistas de la Ilustración*. Instituto de Ciencias Jurídicas, Madrid, 1965.

- *"La teoría de la pena en los correccionalistas españoles"*, en AA.VV., *Estudios jurídico-sociales. Homenaje al profesor Luis Legaz y Lacambra*. Universidad de Santiago de Compostela. Santiago de Compostela, 1960, *separata*, pp. 1.015 a 1.025.

- *La utopía penal de Dorado Montero*. Universidad de Salamanca, Salamanca, 1951.

- *Derecho penal. Obra ajustada al primer ejercicio de oposiciones al Cuerpo de Aspirantes a la Judicatura y al Ministerio Fiscal*. Reus, Madrid, 1922.

ARANDA OCAÑA, M. *et al.*, *El populismo punitivo. Análisis de las reformas y contra-reformas del sistema penal en España (1995-2005)*. Universidad de Barcelona, Barcelona, 2005.

ARÁNGUEZ SÁNCHEZ, C., *"La progresiva implantación de la prisión electrónica en el Ordenamiento jurídico español"*, en *Orbis: Revista Científica,* vol. 1, nº 1, 2010, obtenido el 11 de marzo de 2013 en http://www.cesrei.com.br/ojs/index.php/orbis, pp. 1-26.

ARENAL, C., *El pauperismo,* edición digital basada en la edición de las *Obras completas de Concepción Arenal* de la Librería de Victoriano Suárez, Madrid, 1897. Obtenido el 9 de marzo de 2013 en http://www.cervantesvirtual.com/obra/el-pauperismo--0/.

- *Cartas a los delincuentes.* Librería de Victoriano Suárez, Madrid, 1894.

ARENDT, H., *La condición humana* (trad. de Ramón Gil Novales, originalmente publicado en inglés, *The human condition,* The University of Chicago Press, Chicago, 1958). Paidós, Buenos Aires, 2009.

ARES, J. L., *"El retorno de la víctima al proceso penal"* (2010), obtenido el 3 de noviembre de 2012 en http://procesalpenaluns.blogspot.com.es/2010/12/retorno-de-la-victima-al-proceso-penal.html.

ARMENTA DEU, T., *"La reforma del proceso penal: Principios irrenunciables y opciones de política criminal"*, en *Revista del Poder Judicial,* núm. 58, 2000.

- *"Principio acusatorio: realidad y utilización (lo que es y lo que no)"*, en *Revista de Derecho Procesal,* n.º 2, 1996.

ARRONA PALACIOS, A., *"El dominio de la victimología en los métodos alternativos de justicia"*, en *Rivista di Criminologia, Vittimologia e Sicurezza,* Vol. VI, nº 1, 2012, pp. 58-73.

ARROYO, M. *et al., La mediación penal como alternativa* (2009), obtenido el 1 de febrero de 2013 en http://www.criminologiaunt.ecaths.com, documento sin paginar.

ASHWORTH, A., *"Responsibilities, rights and restorative justice"*, en *British Journal of Criminology,* nº 42, 2002.

Asociación AMEPAX, *Memoria del Servicio de Mediación de Castilla Y León, Burgos* (2012), obtenido el 15 de febrero de 2013 en https://sites.google.com/site/justiciarestaurativaamepax/memorias-del-servicio-de-mediacion-penal-decastilla-y-leon-amepax

ASÚA BATARRITA, A., *"Los nuevos delitos de ´violencia doméstica´, tras la reforma de la L.O. 11/2003, de 29 de septiembre"*, en *Cuadernos Penales José M. Lidón,* nº 1, 2004, pp. 201-234.

ATTANASIO, A., GIORGI, J., *"Venganza de sangre"*, reportaje publicado en la edición del diario *El País,* de 21 de octubre de 2012, pp. 8-10.

BACIGALUPO ZAPATER, E., *Derecho penal y el Estado de Derecho.* Editorial Jurídica de Chile, Santiago de Chile, 2005.

- *Manual de Derecho Penal,* Temis, Santa Fe de Bogotá, 1996.

BALAGUER CALLEJÓN F. *et al., Manual de Derecho Constitucional.* Tecnos, Madrid, 2005.

BARALLAT LÓPEZ, J., *"La mediación en el ámbito penal",* en *Revista jurídica de Castilla y León,* nº 29, 2013, pp. 1-17.

BARATTA, A. *"Principios de Derecho penal mínimo (para una teoría de los derechos humanos como objeto y límite de la ley penal)",* en *Criminología y Sistema Penal (compilación in memoriam),* trad. de Beatriz Lenzi. B de F, Buenos Aires, 2004, pp. 299-333.

- *"Funciones instrumentales y simbólicas del Derecho penal:una discusión en la perspectiva de la criminología crítica"* (trad. de Mauricio Martínez Sánchez), en AA.VV., *Pena y Estado,* dir. BUSTOS RAMÍREZ, J. Cono Sur, Santiago de Chile, 1995, pp. 37-56.

- *Criminología crítica y crítica al Derecho penal* (trad. de álvaro Bunster, originalmente publicado en italiano, *Criminologia critica e critica del diritto penale, introduzione alta sociologia giuridico-penal,* Societá Editrice Il Molino, Bolonia,1982). Siglo XXI, Buenos Aires, 2004.

BARBERO SANTOS, M., *"La Defensa Social, treinta años después",* en *Boletín de Información del Ministerio de Justicia,* n" 1372, de 25 de enero de 1985, separata.

BARNETT, R., *"Restitution: a new paradigm of criminal justice",* en *Ethics,* vol. 87, nº 4, 1977, pp 279–301. Obtenido el 14 de julio de 2012 en http://www.randybarnett.com/restitution.html.

BARONA VILAR, S., *Mediación Penal. Fundamento, fines y régimen jurídico,* Tirant lo Blanch. Valencia, 2011.

- *"El movimiento de las ADR en el Derecho comparado",* en AA.VV., *Violencia de género, justicia restaurativa y mediación.* La Ley, Las Rozas (Madrid), 2011, pp. 455-497.

- *"Situación de la justicia restaurativa y la mediación penal en Alemania",* en AA.VV., *La mediación penal para adultos. Una realidad en los ordenamientos jurídicos* (dir. BARONA VILAR, S.), Tirant Lo Blanch, Valencia, 2009, pp. 235-288.

BARQUÍN SANZ, J., CANO PAÑOS, M. A., *"Justicia penal juvenil en España: una legislación a la altura de los tiempos",* en *Revista de Derecho Penal y Criminología,* 2ª época, nº 18, 2006, pp. 37-95.

BAUMANN, J. *et al, Alternativ-Entwurf Wiedergutmachung (AE-WGM): Entwurf eines Arbeitskreises deutscher, österreichischer und schweizerischer Strafrechtslehrer:*

(Arbeitskreis AE). Beck, Munich, 1992.

- *Derecho penal. Conceptos fundamentales y sistema* (trad., de la 4ª edición, de 1972, de Conrado A. Finzi, originalmente publicado en Alemán, *Grundbegriffe und System des Strajrcchts*. Kohlhamnier, Berlín, 1961). Depalma, Buenos Aires, 1973.

BELTRÁN MONTOLIU, A., *"Modelo de mediación en los Estados Unidos de América"*, en AA.VV. *La mediación penal para adultos. Una realidad en los ordenamientos jurídicos* (dir. BARONA VILAR, S.), Tirant Lo Blanch, Valencia, 2009, pp. 53-84.

BELLOSO MARTÍN, N., *"Una propuesta de código ético de los mediadores"*, en *Cuadernos Electrónicos de Filosofía del Derecho*, nº 15, 2007, obtenido el 1 de mayo de 2013 en http://www.uv.es/cefd, pp. 1-10.

BENTHAM, J., *Tratados de legislación civil y penal, obra exttractada de los manuscritos del señor Jeremías Bentham, jurisconsulto inglés, por Esteban Dumont, miembro del Consejo Representativo de Ginegra, y traducida al castellano por Ramón Salas*. Imprenta de D. Fermín Villalpando, Madrid, 1821.

BERDUGO GÓMEZ DE LA TORRE, I. *et al.*, *Introducción al Derecho penal*. Iustel, Madrid, 2010.

- *El delito de lesiones*, Universidad de Salamanca, Salamanca, 1982.

BERISTAIN IPIÑA, A., *"De la Victimología de mínimos a la de máximos"*, en diario *ABC*, edición de 29 mayo de 2004, p. 22.

- *Nueva Criminología desde el Derecho Penal y la Victimología*. Tirant lo Blanch, Valencia, 1994.

BERIZONCE, R. O. *Efectivo acceso a la justicia*. Libreria Editora Platense, La Plata, 1987.

BERNAL SAMPER, T., *La mediación. Una solución a los conflictos de ruptura de pareja*. Colex, Madrid, 2002.

BERTONI, E. A., *"El Derecho penal mínimo y la víctima"*, en AA.VV., *De los delitos y las víctimas*. Ad-Hoc, Buenos Aires, 1992, pp 251-260.

BECCARIA (BONESANA, C., Marqués de), *Tratado de los delitos y las penas* (trad. de Juan Antonio de las Casas, publicado originalmente en italiano, *Dei delitti e delle pene*, 1764). Heliasta, Buenos Aires, 1993.

BOAS, F., *Cuestiones fundamentales de antropología cultural* (trad. de Susana W. De Ferdkin, originalmente publicado en inglés, *The mind of primitive man*, The Macmillan Co., New York 1911, también publlcada en otras ediciones en español con el título *La mentalidad del hombre primitivo*), Ediciones Solar, Buenos Aires, 1964.

BODERO. E. R., *"Pedro Dorado Montero, el desmitificador de Salamanca"*, en AA.VV., *Homenaje póstumo al Dr. Edmundo Durán Díaz,* Universidad Católica de Santiago de Guayaquil, Santiago de Guayaquil, 2002 pp. 21-42.

BOHANNAN, P., *Para raros, nosotros* (trad. de M. Linares García, originalmente publicado en inglés, *We, the alien, Waveland Press,* Long Grove, Illinois,1992). Akal, Madrid, 1996.

BOTTOMS, A., *"The Philosophy and Politics of Punishment and Sentencing"*, en AA.VV., *The Politics of Sentencing Reform,* ed. CLARKSON, C., MORGAN, R. Clarendon Press, Oxford, 1995, pp. 17-49.

BOVINO, A., *Problemas en el Derecho Procesal Conteporáneo*. Editores del Puerto. Buenos Aires,1998.

- *"La víctima como sujeto público y el Estado como sujeto sin derechos"*, en *Lecciones y Ensayos* (buenos Aires), nº 59, 1994.

- *"La víctima como preocupación del abolicionismo penal"*, en AA.VV., *De los delitos y las víctimas.* Ad-Hoc, Buenos Aires, 1992, pp. 261-280.

BRAITHWAITE, J., *Restorative Justice and Responsive Regulation.* Oxford University Press, Nueva York, 2002.

- *Crime and Justice*. University of Chicago, 1999.

BUENO de MATA, F., *"Mediación online: ¿la mediación del futuro?"*, en *Mediación en materia de familia y derecho penal,* AA.VV., coord. MARTÍN DIZ, F.. Andavira, Santiago de Compostela, 2011, pp. 85-102.

BUSTOS RAMÍREZ, J., *Política criminal y Estado,* en *Revista de Ciencias Penales,* Año IX, n° 12, 1996, p. 55-64.

- *Manual de Derecho Penal. Parte general,* 4ª edición, aumentada, corregida y puesta al día por HORMAZBAL MALAREE, H. PPU, Barcelona, 1994.

BUTRÓN BALIÑA, P., *"La mediación penal"*, en *Los retos del Poder Judicial ante la sociedad globalizada. Actas del IV Congreso Gallego de Derecho Procesal (I Internacional). A Coruña, 2 y 3 de junio de 2011*. Universidad de A Coruña, 2012, pp. 43-49.

BUTTS GRIGGS, T., *"La mediación en Norteamérica"*, en *AA.VV., Mediación y solución de conflictos. Habilidades para una necesidad emergente,* M. Tecnos, Madrid, 2007, pp. 204-211.

CABEZUDO RODRÍGUEZ, N., *"El último (y controvertible) credo en materia de política criminal. Justicia restaurativa y mediación penal"*, en *La Ley Penal,* nº 86, 2011, pp. 1-40.

- *"Sobre la conveniencia de atribuir la instrucción penal al ministerio fiscal"*, en

Revista Jurídica de Castilla y León, nº 14, 2008, pp. 185-221.

CALVO GONZÁLEZ, J., *El escudo de Perseo. La cultura literaria del derecho.* Comares, Granada, 2012.

CAMARGO, P. P., *El debido proceso.* Leyer, Bogotá, 2000.

CANO PAÑOS, M. A., *El futuro del Derecho penal juvenil europeo. Un estudio comparado del Derecho penal juvenil en Alemania y España.* Atelier, Barcelona, 2006.

- *"Posibilidades de 'diversión' por parte del ministerio fiscal en el Derecho penal juvenil alemán"*, en *Revista de Derecho Penal y Criminología*, 2ª época, nº 13, 2004, pp. 213-267.

- *"La acusación particular en el proceso penal de menores. ¿La represión como alternativa?"*, en *Revista del poder judicial*, nº 76, 2004, pp. 283-319.

CARBONELL MATEU, J. C., *"Reflexiones sobre el abuso del derecho penal y la banalización de la legalidad"*, en AA.VV., *Homenaje al Dr. Marino Barbero Santos: "In memoriam".* Universidad de Castilla-La Mancha/Universidad de Salamanca. Cuenca, 2001, vol. I, pp.129-144.

- *Derecho penal: concepto y principios constitucionales,* 3ª edición. Tirant lo Blanch, Valencia, 1999.

CARNELUTTI, *Las miserias del proceso penal* (trad. de Santiago Sentis Melendo).Temis, Bogotá, 2005.

CARRETERO MORALES, E., *"Mediación online: una posible vía para introducir la justicia restaurativa en asuntos de violencia de género"*, en AA.VV., *Sobre la mediación penal, penal (posibilidades y límites en un entorno de reforma del proceso penal español)".* AA.VV. Aranzadi, Cizur Menor (Navarra), 2012, pp. 211-243.

CARRIL Y CAMPERO, M., *Elementos de Derecho penal.* Librería de Victoriano Suárez, Madrid, 1882.

- *Dos palabras sobre la pena de muerte.* Imprenta de la Propaganda Gallega, Orense, 1976.

CARRIZO GONZÁLEZ-CASTELL, A., *"La Mediación Penal en España"*, en *La mediación en materia de familia y Derecho penal: estudios y análisis* (coord. MARTÍN DIZ, F.). Andavira, Santiago de Compostela, 2011.

CASADO CORONAS, C., *Restaurative Justice: An Agenda for Europe. Supporting the implementation of Restorative Justice in the South of Europe* (2008), obtenido el 6 de abril de 2012 en http://www.gencat.cat.

CASANOVAS, P., MAGRE, J., LAUROBA M. E. (dirs.), *Libro Blanco de la Mediación en Cataluña.* Departamento de Justicia de la Generalitat de Cataluña, Barcelona, 2011.

CASTILLEJO MANZANARES, R.,*"Hacia un nuevo proceso penal (investigación y juicio de acusación)"*, en *Estudios Penales y Criminológicos*, nº 29/2009, pp. 207-270.

CATALINA BENAVENTE, M. A., *"La mediación penal en Alemania"*, en AA.VV., *Sobre la mediación penal (posibilidades y Límites en un entorno de reforma del proceso penal español)*. Aranzadi, Cizur Menor (Navarra), 2012, pp. 505-544.

CASTRO MORENO, A., *El por qué y el para qué de las penas (análisis crítico sobre los fines de la pena)*. Dykinson, Madrid, 2008.

CEREZO DOMÍNGUEZ, A. I., *El protagonismo de las víctimas en la elaboración de las leyes penales*. Tirant lo Blanch, Valencia, 2010.

CERVELLÓ DONDERIS, V., *"Mediación entre agresor y víctima en el ámbito penitenciario"*, en *Libro de ponencias de la VIII conferencia internacional del foro mundial de mediación, Valencia, 18-21 de octubre de 2012, vol. III*. Foro Mundial de Mediación, Caracas, 2012, pp. 236-245.

CERVINI, R., *"Referente comunitario y función policial"*, en AA.VV., *Homenaje a Dr. Marino Barbero Santos: "in memoriam"*. Universidad de Castilla-La Mancha/Universidad de Salamanca. Cuenca, 2001, vol. I, pp. 153-169.

CHAVARIÑO LARAÑO, J., *"La mediación con nuestra actual LECr. La figura del fiscal y la mediación en el futuro"*, conferencia pronunciada en San Sebastián el 31 de enero de 2008, en el marco de las Jornadas Transfronterizas sobre Mediación Penal.

CHOZAS ALONSO, J. M., *"La ´conformidad´ en el proceso penal español"*, en *Temas de derecho procesal penal de México y España*, A.A.V.V., coords. CIENFUEGOS SALGADO, D., NATARÉN NANDAYAPA, C. F., RÍOS ESPINOSA, C. Universidad Autónoma de México, México D. F., 2005, pp. 325-342.

CHRISTIE, N., *"Los conflictos como pertenencia"* (trad. de Alberto Bovino y Fabricio Guarigli, originalmente publicado en inglés, *"Conflicts are property system"*, en *The British Journal of Criminology*, vol. 17, nº 1, enero de 1977), en AA.VV., *De los delitos y las víctimas*. Ad-Hoc, Buenos Aires, 1992, pp. 157-183.

- *Los límites del dolor* (trad. de Mariluz Caso). Fondo de Cultura Económica, México D. F., 1984.

CID LUCAS, F., *"Del bushi al neosamurai"*, en *Puertas de Lectura*, Universidad de Extremadura, nº 24, 2012, pp. 109-122.

CID MOLINÉ, J., *El incremento de la población reclusa entre 1996 y 2006: Diagnóstico y remedios*, en *Revista Española de Investigación Criminológica*, nº 6, 2008, obtenido el 16 de diciembre de 2012 en http://www.criminologia.net, pp. 1-31.

- *"Medios alternativos de solución de conflictos y Derecho penal"*, en *Medios alternativos de solución de controversias,* AA.VV., BOE-Facultad de Derecho de la Universidad Autónoma de Madrid, Madrid, 2007, pp. 151-168.

COBB, S., *"Una perspectiva narrativa en mediación"*, en *Nuevas direcciones en mediación,* coord. FOLGER, J. P. y JONES, T. S. Paidós, Buenos Aires, 1997, pp. 89-100.

COBO DEL ROSAL, M., VIVES ANTÓN, T. S., *Derecho penal. Parte General.* 5ª edición. Tirant lo Blanch. Valencia, 1999.

COBO DEL ROSAL, M., QUINTANAR DÍEZ, M., *Instituciones de Derecho penal Español, parte general,* Centro de Estudios Superiores de Especialidades Jurídicas, Madrid, 2004.

COBOS GÓMEZ DE LINARES, *"La mediación en la ley orgánica reguladora de la responsabilidad penal de los menores, y su reglamento"*, en AA.VV., *Justicia restaurativa, mediación penal y penitenciaria: un renovado impulso.* Reus, Madrid, 2011, pp. 309-340.

COLINA, J., *Quáqueros y menonitas* (2007), obtenido el 19 de noviembre de 2012 en http://www.es.catholic.net, documento sin paginar.

COLMENERO MÉNDEZ DE LUARCA, M., *"La suspensión de la ejecución de las penas privativas de libertad tras la reforma operada por la Ley Orgánica 15/2003"*, en AA.VV., *Cuadernos de Derecho Judicial. Las penas y sus alternativas, vol. IV-2005,* dir. VIEIRA MORANTE, F. J. Consejo General del Poder Judicial, Madrid, 2005.

COLOMER HERNÁNDEZ, I., *"Mediación penal y sustitución del acusador particular: hacia un nuevo paradigma en la posición de la víctima en el proceso penal"*, en AA.VV, *Sobre la mediación penal (posibilidades y límites en un entorno de reforma del proceso penal español).* Aranzadi, Cizur Menor (Navarra), 2012, pp. 445-455.

CONDE-PUMPIDO FERREIRO, C., *"El principio de legalidad y el uso de la oportunidad reglada en el proceso penal"*, en *Revista del Poder Judicial. Número especial VI: Protección jurisdiccional de los derechos fundamentales y libertades públicas,* vol. 6, 1989, pp. 17-36.

- *"Alternativas a la pena privativa de libertad y principio de oportunidad reglada en el proceso penal", en Criminología y Derecho penal al servicio de la persona. Libro homenaje al profesor Antonio Beristain.* AA.VV. Instituto Vasco de Criminología. San Sebastián, 1989, pp. 1009-1024.

- *"El principio de oportunidad reglada: su posible incorporación al sistema del Proceso Penal Español"*, en AA.VV., *La reforma del proceso penal.* Ministerio de Justicia, Madrid, 1989, pp. 287-308.

CONFORTI, F., *"Los ´enemigos´ de la mediación de conflictos"* (2013), obtenido el 30 de enero de 2013 en http://www.lawyerpress.com, documento sin paginar.

Consejo General del Poder Judicial, *Estadística Judicial. La Justicia dato a dato. Año 2012.* Obtenido el 2 de agosto de 2013 en http://www. poderjudicial.es.

- *Memoria de 2013, aprobada por el pleno de 25 de julio de 2013,* obtenido el 2 de agosto de 2013 en http://www. poderjudicial.es.

- *Memoria de 2012, aprobada por el pleno de 23 de julio de 2012,* obtenido el 12 de enero de 2013 en http://www. poderjudicial.es.

CORIGLIANO, M. E., *"Juicio abreviado: una imposición de criterios de oportunidad en el sistema penal",* en *Derecho y cambio social,* nº 21, 2010, obtenido el 11 de noviembre de 2012 en http://www.derechoycambiosocial.com, pp. 1-36.

Cortes Generales, *Diario de Sesiones del Senado, X Legislatura,* nº 36, de 23 de octubre de 2012.

COY, E., TORRENTE, G., *"Intervención con menores infractores: Su evolución en España",* en *Anales de Psicología,* vol. 13, nº 1, 1997, pp. 39-49.

CRAIS, R., *El secuestro.* Ediciones B, Barcelona, 2003.

CRUZ MÁRQUEZ, B., *"La mediación en la LO 5/2000, reguladora de la responsabilidad penal de los menores: conciliación y reparación del daño",* en *Revista Electrónica de Ciencia Penal y Criminología,* nº 7-14, 2005, pp. 1-34.

CRUZ PARRA, J. A., *"La mediación en el proceso penal español. Propuestas en torno a su aplicación",* en *Ciencia Policial,* nº 113, 2012, pp. 9-39.

- *"La mediación penal (II). Relato de una experiencia de mediación policial en la Jefatura Superior de Policía de Granada",* en *Ciencia Policial,* nº 118, 2013, pp. 31-48.

CUCARELLA GALIANA, L. A., *"Justicia restaurativa y menores infractores de la ley penal",* en AA.VV., *Sobre la Mediación Penal (posibilidades y límites en un entorno de reforma del proceso penal español).* Aranzadi, Cizur Menor (Navarra), 2012 pp. 547-570.

CUELLO CONTRERAS, J., MAPELLI CAFFARENA, B., *Curso de Derecho penal. Parte general.* Tecnos, Madrid, 2011.

CUELLO IRIARTE, G., *"El debido proceso",* en revista *Universitas* (Bogotá), nº 110, 2005, pp. 491-510.

CUERDA RIEZU, A., *"Los medios de comunicación y el Derecho penal",* en AA.VV., *Homenaje al dr. Marino Barbero Santos: in memoriam.* Universidad de Castilla-La Mancha/Universidad de Salamanca, Cuenca, 2001, vol. I, pp. 187-208.

DALY, K., INMARIGEON, R., *"The past, present, and future of restorative justice: some critical reflections",* en *The Contemporary Justice Review,* vol. I, nº 1, 1998, pp. 21-45.

DANDURAND, Y., GRIFFITHS, C. T., *Handbook on Restorative Justice programmes.* ONUDD, Nueva York, 2006.

DAPENA, J., MARTÍN, J., *La mendiación penal juvenil en Cataluña, España.* Dirección General de Medidas Penales Alternativas y Justicia Juvenil, Barcelona, 1998.

DA SILVA JUNIOR, S. R., *La aplicación de la mediación en los conflictos medioambientales.* Tesina dirigida por BELLOSO BURGOS, N. Facultad de Derecho de Burgos, Departamento de Derecho Público, 2010.

DÁVALOS, J. I., *"La mediación penal como método alternativo de resolución de conflictos: resultados actuales de la República Argentina"* en *Derecho y cambio social,* nº 22, 2010, obtenido el 10 de noviembre de 2012 en http://www.derechoycambiosocial.com, pp. 1-36.

DE LA CUESTA AGUADO, P. M., *"Fines de la pena y justicia reparadora",* en AA.VV., *Sobre la mediación penal (posibilidades y límites en un entorno de reforma del proceso penal español).* Aranzadi, Cizur Menor (Navarra), 2012, pp. 127-146.

DE LA MATA BARRANCO, N. J. *El principio de proporcionalidad penal.* Tirant Lo Blanch, Valencia, 2007.

DELGADO ÁLVAEZ, C., SÁNCHEZ PRADA, A., *"La inviabilidad de la mediación en violencia de género: claves psicológicas",* en AA.VV., *La mediación en materia defamilia y Derecho penal. Estudios y análisis.* Andavira, Santiago de Compostela, 2011, pp. 325-350.

DELGADO BARRIO, J., *"El principio de oportunidad en el proceso penal: aplicación de la doctrina de los conceptos jurídicos indeterminados",* en AA.VV., *La reforma del proceso penal.* Ministerio de Justicia, Madrid, pp 309-319.

DEL MORAL GARCÍA, A., *"Perspectivas de la mediación en el ámbito penal Reflexiones de un fiscal",* en *Revista Familia,* nº 36, 2008, pp. 79-98.

DEL POZO PÉREZ, M., *"¿Es adecuada la prohibición de mediación del art. 44.5 de la Ley Orgánica 1/2004?",* en AA.VV., *La mediación en materia de familia y Derecho penal,* op. cit., pp. 283-324.

DEL RÍO FERNÁNDEZ, L., *"Mediación y cambio cultural. Hacia una nueva filosofía penal",* en *Revista Mediara,* nº 1/2012, pp. 6-16.

- *Mediación y cambio cultural. Hacia una nueva filosofía penal.* , texto de la conferencia inaugural de las I Jornadas Técnicas sobre Mediación, "Nuevos Enfoques de la Justicia", celebradas en El Puerto de Santa María (Cádiz), el 20 y 21 de octubre de 2011.

- *"El reto de la Mediación Penal: el Principio de Oportunidad",* en *Diario La Ley,* núm 6.520, de 6 de julio de 2006, pp. 1-8.

DEL ROSAL BLASCO, B. *"¿Hacia el Derecho penal de la postmodernidad?"* en *Revista Electrónica de Ciencia Penal y Criminología*, núm. 11-08, 2009, obtenido el 13 de diciembre de 2012 en http://www.criminet.ugr.es.

DEMETRIO CRESPO, E., *"Del 'Derecho penal liberal' al 'Derecho penal del enemigo'"*, en *Revista de Derecho Penal y Criminología*, nº 14, 2004, pp. 87-116.

- *Prevención general e individualización judicial de la pena.* Universidad de Salamanca, 1999.

DE URBANO CASTRILLO, E., *"La justicia restaurativa Penal"*, en *La Ley Penal*, nº 73, 2010, pp. 1-19.

DE VICENTE MARTÍNEZ, R., *El principio de legalidad penal.* Tirant lo Blanch. Valencia, 2004.

DE VICENTE REMESAL, J., *"La consideración de la víctima a través de la reparación del daño en el Derecho penal español: posibilidades actuales y perspectivas de futuro"*, en SILVA SÁNCHEZ, J. M. (ed.), *Política criminal y nuevo Derecho Penal. Libro homenaje a claus Roxin.* Bosch, Barcelona, 1997, pp. 173-206.

Diario *ABC*, edición de 2 de abril de 2012, obtenido el 10 de noviembre de 2012 en http://www.abc.es.

Diario *El País*, edición de 6 de septiembre de 2012, obtenido el 10 de noviembre de 2012 en http://www.elpais.com.

Diario digital *diariojuridico.com*, edición de 4 de mayo de 2012, obtenido el 18 de noviembre de 2012 en http://www.diario juridico.com.

Diario digital vozpópuli, edición de 12 de septiembre de 2012, obtenido en 14 de diciembre de 2012 en http://www.vozpopuli.com.

DÍAZ DE DIEGO, P., La mediación en seguros privados: análisis de un complejo proceso de cambio. Fundación Mapfre, Madrid, 2009.

DÍAZ LÓPEZ, J. A., *"Propuestas para la práctica de la mediación penal. Delitos patrimoniales cometidos entre parientes y responsabilidad penal de las personas jurídicas"*, En *InDret, Revista para el Análisis del Derecho*, nº 3, 2011, obtenido el 6 de abril de 2012 en http://www.indret.com.

DI CHIARA, G., *"Scenari processuali per l'intervento di mediazione: Una panoramica sulle fonti"*, en *Rivista Italiana di Diritto e Procedura Penale*, nº 2, 2004, pp. 500 ss.

DÍEZ GONZÁLEZ, P. R. y ÁLVAREZ DÍAS, J. A. (dir. ÁLVAREZ GARCÍA, F. J.), *Los efectos psicológicos de la pena de prisión.* Tirant lo Blanch, Valencia, 2009.

DÍEZ RIPOLLÉS, J. L., *"El nuevo modelo de seguridad ciudadana"*, en *Revista Jueces para la Democracia*, nº 49, 2004, pp. 25-42.

- *"El Derecho penal simbólico y los efectos de la pena"* en AA.VV., *Crítica y Justificación del Derecho penal en el cambio de siglo.* Universidad de Castilla-La Mancha, 2003, pp. 147-172.

DIVA, J., *"Sangre para un nuevo abril quebrado"*, artículo publicado en el diario *El País,* de 1 de abril de 2007, obtenido el 24 de octubre de 2012 en http://www.elpais.com.

DOMINGO DE LA FUENTE, V., *"Justicia Restaurativa y Mediación Penal"*, en *Lex Nova,* nº 23, 2008.

DONINI, M., *"Un Derecho Penal fundado en la carta constitucional: razones y límites. La experiencia italiana"*, en *Revista Penal,* nº 8, 2001, pp. 24-38.

DORADO MONTERO, P., *Naturaleza y función del Derecho.* Reus, Madrid, 1927.

DÜNKEL, F., *"La conciliación delincuente víctima y la reparación de daños: desarrollos recientes del Derecho Penal y la práctica en el Derecho Comparado"*, en AA.VV., *Victimología, VIII Cursos de Verano* (ed. BERISTAIN IPIÑA, A.) Universidad del País Vasco, San Sebastián, 1990, pp. 113-147.

DURBÁN SICILIA, L., *"Mediación, oportunidad y otras propuestas para optimizar la instrucción penal."*, en *La Ley Penal,* núm. 73, 2010, pp. 44-58.

ECO, U., *Cómo se hace una tesis,* 6ª edición. Gedisa, Barcelona, 2001.

ERVO, L., *"La conciliación penal en los países escandinavos"*, en AA.VV. *La mediación penal para adultos. Una realidad en los ordenamientos jurídicos* (dir. BARONA VILAR, S.), Tirant Lo Blanch, Valencia, 2009, pp. 125-179.

ESER, A., *"Una justicia penal `a la medida del ser humano´ en la época de la europeización y la globalización"*, en *Modernas tendencias en la ciencia del derecho penal y en la criminologia: Congreso Internacional Facultad de Derecho de la UNED, Madrid , 6 al 10 de noviembre de 2000.* UNED, Madrid, 2001, pp. 15-38.

- *Sobre la exaltación del bien jurídico a costa de la víctima* (trad. de Manuel Cancio Meliá, originalmemte publicado en alemán, *"Rechtsgut und Opfer: zur Überhöhung des einen auf Kosten des anderen"*, en *Libro Homenaje a Ernst-Joachim Mestmácker,* Nomos-Verlag, Baden-Baden, 1996), Universidad Externado de Colombia, Bogotá, 1998.

- *"Acerca del renacimiento de la víctima en el procedimiento penal"* en AA.VV., *De los delitos y las víctimas.* Ad-Hoc, Buenos Aires, 1992, pp. 13-53.

ESQUINAS VALVERDE, P., *Mediación Entre Víctima y Agresor en la Violencia de Género.* Tirant lo Blanch, Valencia, 2008.

- *"La mediación entre víctima y agresor como forma alternativa de resolución del conflicto en el sistema judicial penal de adultos: ¿una posibilidad también viable en España?"*, en *Revista Penal,* nº 18, 2006, pp. 55-101.

ESTEBAN SOTO, Y., *"Las microtécnicas de la mediación"*, en *AA.VV., Mediación y solución de conflictos. Habilidades para una necesidad emergente,* M. Tecnos, Madrid, 2007, pp. 247-263.

ESTIRADO DE CABO, C., *"Cuestiones relevantes de Derecho sustantivo y procesal respecto de la incorporación de la mediación a la jurisdicción penal de adultos en las fases de instrucción y enjuiciamiento"*, en *Estudios de Derecho Judicial 136-2007. La mediación civil y penal. Un año de experiencia.* Consejo General del Poder Judicial, Madrid, 2008, pp. 207-216.

ETXEBERRÍA GURIDI, J. F., *"El modelo francés de mediación penal"*, en AA.VV., en AA.VV. *La mediación penal para adultos. Una realidad en los ordenamientos jurídicos* (dir. BARONA VILAR, S.), Tirant Lo Blanch, Valencia, 2009, pp. 181-230.

FARIAS, V., *La reparación de la víctima desde un enfoque criminológico y civil.* Tesis doctoral bajo la dirección de la Profesora García Garnica y la Orientación del Profesor David Lorenzo Morillas Fernández. Universidad de Granada – Universidad Federal de Pelotas (Brasil), 2011.

FARRÉ SALVA, S., Gestión de conflictos: taller de mediación. Un enfoque socioafectivo. Ariel, Barcelona, 2010.

FERNÁNDEZ-BALLESTEROS, M. A., *"Avenencia"*, en *Revista del Club Español de Arbitraje,* nº 14, 2012, pp. 5-22.

FERNÁNDEZ CARRÓN, C., *"Algunas cuestiones controvertidas en torno al desistimiento del ejercicio de la acción penal y el sobreseimiento del proceso por acuerdos a resultas de la mediación entre el menor y la víctima"*, en AA.VV., *Sobre la mediación penal (posibilidades y límites en un entorno de reforma del proceso penal español).* Aranzadi, Cizur Menor (Navarra), 2012, pp. 665-690.

FERNÁNDEZ APARICIO, J. M., *"Consecuencias penales del incumplimiento de resoluciones judiciales en los procesos matrimoniales"*, en *Diario de las Audiencias y TSJ El Derecho,* nº 144, 1999, obtenido el 8 de noviembre de 2012 en http://www.elderecho.com.

FERNANDEZ FUSTES, M. D., *"El procedimiento de mediación penal juvenil"*, en AA.VV., *Sobre la mediación penal (posibilidades y límites en un entorno de reforma del proceso penal español).* Aranzadi, Cizur Menor (Navarra), 2012, p. 635.

FERRAJOLI, L. *Derecho y razón. Teoría del garantismo penal* (trad. de Perfecto Andrés Ibáñez, Alfonso Ruiz Miguel, Juan Carlos Bayón Mohino, Juan Terradillos Basoco y Rocío Cantarero Bandrés, originalmente publicado en italiano, *Diritto e ragione,* Laterza, Bari, 1989). Trotta, Madrid, 2009.

- *"El Derecho penal mínimo"* (trad. de Roberto Bergalli, originalmete publicado en italiano, *Diritto penale minimo*), en *Poder y Control,* nº 0, P.P.U., Barcelona, 1986, pp. 25-48.

FERREIRO BAHAMONDE, X., *La víctima en el proceso penal*. La Ley, Madrid, 2005.

FERREIRÓS MARCOS, C. E. *et al*, *La mediación en el Derecho penal de menores*. Dikinson, Madrid, 2011.

FERRERES COMELLA, V. *El principio de taxatividad en materia penal y el valor normativo de la jurisprudencia (una perspectiva constitucional)*. Civitas, Madrid, 2002.

FERRI, E., *Los nuevos horizontes del Derecho y del procedimiento penal* (trad. de Isidoro Pérez Oliva, originalmente publicado en italiano, *I nuovi orizzonti del diritto e della procedura penale*, Zanichelli, Bolonia,1884). Góngora, Madrid, 1887.

Fiscalía General del Estado, *Memoria elevada al Gobierno de S. M. presentada al inicio del año judicial*. Centro de Estudios Jurídicos, Ministerio de Justicia, Madrid, 2012.

- *Memoria elevada al Gobierno de S. M. presentada al inicio del año judicial*. Centro de Estudios Jurídicos, Ministerio de Justicia, Madrid, 2010.

FILANGIERI, G., *Ciencia de la Legislación, escrita en italiano por el caballero Cayetano Filangieri, traducida al castellano por Don Jaime Rubio, abogado de los reales consejos*, 3ª edición (originalmente publicado en italiano, *Sciencia della legislacione*, entre 1770 y 1780). Imprenta de NÚÑEZ. Madrid, 1822.

FOLBERG, J., TAYLOR, A., *Mediación: resolución de conflictos sin litigio* (trad. de Beatriz E. Blanca Mendoza, originalmente publicada en inglés, *Mediation: a comprensive guide to resolving conflicts without litigation*, Jossey-Bass Publishers, San Francisco, 1884). Limusa, México, 1996.

FOLGER, J. P., BUSH, R. B., *La promesa de mediación* (trad. de Aníbal Leal, originalment epublicado en inglés, *The promise of mediation*, Jossey-Bass Publishers, San Francisco, 1994). Gránica, Barcelona, 1996.

FOUCAULT, M., *Vigilar y castigar: nacimiento de la prisión* (trad. de Aurelio Garzón del Camino, originalmente pubicado en francés, *Surveiller et punir*, Gallimard, París, 1975). Siglo XXI, Buenos Aires, 2002.

- *La verdad y las formas jurídicas* (trad. de Enrique Lynch, originalmente publicado en portugués, *A verdae e as formas jurídicas*, sobre cinco conferencias pronunciadas por el escritor en Río de Janeiro, entre los días 21 y 25 de mayo de 1973, Pontificia Universidade Católica do Rio de Janeiro, 1978). Gedisa, Barcelona, 1996.

FRANCÉS LECUMBERRI, P., *"El principio de oportunidad y la justicia restaurativa. Mediación, reparación y conciliación en la Ley Orgánica de responsabilidad penal del menor"*, en *Indret*, nº 4, 2012, obtenido el 11 de noviembre de 2012 en http://www.indret.com.

FREHSEE, D., *Schadenswiedergutmachung als Instrument strafrechtlicher Sozialkontrolle.* Duncker & Humblot, Berlin, 1987.

FRIEDMAN, B., *"Popular dissatisfaction with the administration of justice: a retrospective (ando look ahead)"*, en Indiana Law Journal, vol. 82, 2007, obtenido el 26 de enero de 2013 en http://www.repository.law.indiana.edu, pp. 1.193-1-214.

FRÜHAUF, L., *Wiedergutmachung zwischen Täter und Opfer: eine neue Alternative in der strafrechtlichen Sanktionspraxis.* Mannhold, Gelsenkirchen, 1988.

FUENTES OSORIO, J. L., *"Los medios de comunicación y el Derecho penal"*, en *Revista Electrónica de Ciencia Penal y Criminología*, nº 7-16, 2005, obtenido el 12 de septiembre de 2012 en http://www.criminet.ugr.es, pp. 1-51.

GALAIN PALERMO, P., *La reparación del daño a la víctima del delito.* Tirant lo Blanch, Valencia, 2010.

- *"La mediación penal como forma alternativa de resolución de conflictos: la construcción de un sistema penal sin jueces"*, en *Revista Penal*, nº 24, 2009, pp. 71-89.

- *"Suspensión del proceso y tercera vía: avances y retrocesos del sistema penal"*, en *Revista Penal*, nº 20, 2007, pp. 58-73.

- *"¿La reparación del daño como ´tercera vía´ punitiva? Especial consideración a la posición de Claus Roxin"*, en *Revista Electrónica de Derecho de la Universidad de La Rioja (REDUR)*, nº 3, 2005, obtenido el 12 de noviembre de 2012 en http://www.dialnet.unirioja.es.

- *"Suspension condicional del proceso a cambio de reparacion: ¿una forma anómala de decretar el sobreseimiento?"*, en *Cuadernos de doctrina y jurisprudencia penal*, año 12-13, nº 22, 2007-2008, pp. 361-385.

GALAIN PALERMO, P., ROMERO SÁNCHEZ, A., *"Criminalidad organizada y reparación. Hacia una propuesta político-criminal que disminuya la incompatibilidad entre ambos conceptos"*, en AA.VV., *Universitas vitae. Homenaje a Ruperto Núñez Barbero* (ed. PÉREZ ÁLVAREZ, F.). Universidad de Salamanca, Salamanca, 2007, pp. 245-278.

GALLEGO SÁNCHEZ, G., *"La violencia contra la mujeres la Unión Europea. La Directiva 2011/99/UE: la Orden Europea de Protección"*, en *Revista de Jurisprudencia*, año VIII, nº 4, 2012, pp. 1-4.

GARCÍA ALBERO, R., *"La nueva política criminal de la seguridad vial. Reflexiones a propósito de la LO 15/2007, de 30 de noviembre, y del Proyecto de Reforma del Código Penal"*, en *Revista Electrónica de Ciencia Penal y Criminología*, nº 09-11, 2007, págs. 1- 28. Obtenido el 14 de diciembre de 2012 en http://www.criminet.ugr.es.

GARCÍA ARÁN, M., *"Despenalización y privatización: ¿tendencias contrarias?"*, en

AA.VV., *Crítica y Justificación del Derecho penal en el cambio de siglo.* Universidad de Castilla-La Mancha, 2003, pp. 191-200.

GARCÍA ESPAÑA, E. *et al.*, *"Evolución de la delincuencia en España. Análisis longitudinal con encuestas de victimización"*, en *Revista Española de Investigación Criminológica*, nº 8, 2010.

GARCÍA CARCÍA-CERVIGÓN, J., *"La mediación penal de adultos en Portugal. A propósito del libro de André Lamas Leite. A Mediaçao penal de adultos, un novo ´paradigma´ de justiça? (Analise crítica de la Lei 21/2007, de 12 de juhno)*, en *Revista Electrónica de Ciencia Penal y Criminología*, nº 12, 2010, pp. 1-6, obtenido el 6 de diciembre de 2012 en http://www.criminet.ugr.es.

GARCIANDÍA GONZÁLEZ, P. M. *"La regulación de la mediación penal en España: opciones legislativas y contenidos mínimos"*, en AA.VV., *Sobre la mediación penal (posibilidades y Límites en un entorno de reforma del proceso penal español).* Aranzadi, Cizur Menor (Navarra), 2012, pp. 413-443.

GARCÍA LEON, R., *"El Kanum y la venganza de sangre"*, publicado el 28 de noviembre de 2010, obtenido el 23 de octubre de 2012 en http://www.suite101.net/article/el-kanum-y-la-venganza-de-sangre-a31221.

GARCÍA-PABLOS DE MOLINA, A., *Criminología: una introducción a los fundamentos teóricos*, 7ª edición. Tirant lo Blanch, Valencia, 2013.

- *Tratado de Criminología*, 4ª Edición, Tirant lo Blanch, Valencia, 2009.

- *Introducción al Derecho penal*, 4ª edición. Editorial Universitaria Ramón Areces, Madrid, 2006.

- *"El redescubrimiento de la víctima: victimización secundaria y programas de reparación del daño. La denominada victimización terciaria (el penado como víctima del sistema legal)"*, en *Cuadernos de derecho judicial. La victimología*, vol. 15, 1993. Consejo General del Poder Judicial, Madrid pp. 287-320.

- *"La resocialización de la víctima, sistema legal y política criminal"*, en AA.VV., *Criminología y derecho penal al servicio de la persona: libro homenaje al profesor Antonio Beristain.* Instituto Vasco de Criminología, San Sebastián, 1989, pp. 193-198.

GARCÍA PÉREZ, O., *"La mediación en el sistema español de justicia penal de menores"*, en *Revista Criminal*, vol. 53, nº 2, 2011, pp. 73-98.

GARCÍA-ROSTÁN CALVÍN, G., *"Víctima y Mediación Penal"*, en *Anales de Derecho*, Universidad de Murcia, nº 26, 2008.

GARCÍA TOMÉ, M., *Mediación Familiar: ventajas, desventajas, costes y perspectivas*, ponencia presentada en la Comisión de Asuntos Jurídicos del Parlamento Europeo el 23 de mayo de 2011, obtenida el 18 de noviembre de 2012 en http://www.upsam.es.

GARLAND, D., *La cultura del control,* (trad. de Máximo Sozzo, originalmete publicado en ingles, *The culture of control,* Oxford University Press, Oxford, 2001). Gedisa, Barcelona, 2005.

GARRIDO FERRADANES, F., *"El devenir de la modernidad. Crisis del paradigma y acercamiento a una nueva epistemología social",* en *Aposta. Revista de Ciencias Sociales,* nº 1, 2003, pp. 1-36.

GAVRIELIDES, T., *Restorative justice. Theory and practice. Adressing the discrepancy,* European Institute for Crime Prevention and Control, Helsinki (Finlandia), 2007. Obtenido el 23 de julio de 2012 en www.heuni.fi/uploads /8oiteshk6w.pdf.

Generalitat de Cataluña, Dirección General de Ejecución Penal Comunitaria y de Justicia Juvenil, *Memoria del año 2007 del programa de mediación y reparación penal,* obtenido el 20 de enero de 2013 en http://www.gencat.cat.

Generalitat de Cataluña, Departamento de Justicia, *Memoria del año 2012 del Departamento de Justicia,* obtenido el 20 de enero de 2013 en http://www.gencat.cat.

- *Memoria del año 2009 del Departamento de Justicia,* obtenido el 20 de enero de 2013 en http://www.gencat.cat.

GIMENO SENDRA, V., *Derecho procesal penal.* Thomson Reuters, Cizur Menor (Navarra), 2012.

- *Introducción al Derecho Procesal, 3ª Edición,* Cólex, Madrid, 2005.

- *Fundamentos del derecho procesal.* Civitas, Madrid, 1981.

GIMENO SENDRA, V., MORENO CATENA, V., y CORTES DOMINGUEZ, V., *Derecho Procesal. Proceso penal.* Tirant Lo Blach. Valencia, 1993.

Gobierno Vasco, Departamento de Justicia y Administración Pública, Memorias del Servicio de Mediación Intrajudicial correspondientes a 2009, 2010 y 2011, obtenidas el 31 de enero de 2013 en http:/www.justizia.net.

- Protocolo de funcionamiento del Servicio de Mediación Intrajudicial, Procedimiento de Mediación Penal, 2012, obtenido el 22 de enero de 2013 en http://www.justizia.net.

GOLEMAN, D., *La inteligencia emocional,* 19º edición. Barcelona, 1997.

GÓMEZ COLOMER, J. L., *"Visión general sobre la ley de medidas de protección integral contra la violencia de género",* en AA.VV., *Tutela procesal frente a la violencia de género: la protección procesal de las víctimas de la violencia de género en España y en países relevantes de nuestro entorno cultural* (coord. GÓMEZ COLOMER, J. L.). Universitat Jaume I. Castellón, 2007, pp. 73-132.

GÓMEZ DE LIAÑO DIEGO, R., *"Algunas notas sobre los mecanismos alternativos a la acción penal. El principio de conformidad en el Anteproyecto de Ley de Enjuiciamiento Criminal de 2011"*, en AA.VV., *Sobre la mediación penal (posibilidades y límites en un entorno de reforma del proceso penal español).* Aranzadi, Cizur Menor (Navarra), 2012, pp. 387-413.

GÓMEZ HERMOSO, M. R., *"Mediación penal y aspectos psicológicos".* Consejo General de Colegios Oficiales de Psicólogos, Madrid, 2012.

GÓMEZ NAVAJAS, J., *"La violencia en el ámbito familiar: ¿una reforma inacabada o inacabable? Consideraciones sobre los artículos 153 y 173.2 del Código Penal"*, en *Revista de Derecho y Proceso Penal,* nº 11, 2004, pp. 45-87.

- *"La vulneración de la integridad moral en el ámbito familiar"*, en *Los Derechos Humanos, Libro Homenaje al Excmo. Sr. D. Luis Portero García,* AA.VV. (coords. ZUGALDÍA ESPINAR, J. M., ROCA ROCA, E.). Universidad de Granada, Granada, 2001, pp. 315-357.

GONZÁLEZ CANO, M. I., *"Los métodos alternativos de resolución de conflictos"*, en *AA.VV., Mediación y solución de conflictos. Habilidades para una necesidad emergente,* M. Tecnos, Madrid, 2007, pp. 125-143.

GONZÁLEZ CAPITEL, C. M., *Manual de mediación, 2ª edición.* Atelier, Barcelona, 2001.

GONZÁLEZ GONZÁLEZ, J. P. (dir.), AA.VV., *Panorama actual y perspectiva de la victimología: la victimología y el sistema penal. Estudios de Derecho Judicial,* nº 21, 2007, Consejo General del Poder Judicial, Madrid. 2007.

GONZÁLEZ SÁNCHEZ, I., *Aumento de presos y Código Penal,* en *Revista Electrónica de Ciencia Penal y Criminología,* nº 13-04, 2011, obtenido el 12 de diciembre de 2012 en http://www.criminet.ugr.es, pp. 1-20.

GONZÁLEZ VIDOSA, F., *"La víctima en mediación, 1ª experiencia de adultos en España"*, en Revista del ILANUD (Instituto Latinoamericano de las Naciones Unidas para la prevención del delito y el tratamiento del delincuente), nº 27, 2006, pp. 103-116.

- *¿Qué es la ayuda a la víctima?.* Atelier, Barcelona, 2001.

GORDILLO SANTANA, L. F., *La justicia restaurativa y la mediación penal.* Iustel, Madrid, 2007.

- *"Los principios constitucionales y las garantías penales en el marco del proceso de mediación penal"*, en *Revista electrónica de Derecho de la Universidad de la Rioja,* nº 4, 2007, obtenido el 12 de mayo de 2102 en http://www.dialnet.unirioja.es, pp. 87-124.

GROSSI, P., *Mitología jurídica de la modernidad.* Trotta, Madrid, 2003.

GUARDIOLA LAGO, M. J., *"Desarrollo y aplicaciones de la justicia restaurativa en prisión"*, en AA.VV., *La Justicia restaurativa: desarrollo y aplicaciones* (coord. TAMARIT SUMALLA, J.). Comares, Granada, 2012, pp. 183-236.

- *"La víctima de violencia de género en el sistema de justicia y la prohibición de la mediación penal"*, en *Revista General de Derecho Penal*, nº 12, 2009, pp. 1-41.

- (*et al.*) *"Conferencing: origen, transferencia y adaptación"*, en AA.VV., *La Justicia restaurativa: desarrollo y aplicaciones* (coord. TAMARIT SUMALLA, J.). Comares, Granada, 2012, pp. 237-268.

GUILLAMAT RUBIO, A., *La justicia restaurativa y la mediación penal. Una cultura preventiva ante el conflicto.* Consejo General de Colegios Oficiales de Psicólogos, Madrid, 2012.

GULOTTA, G. *La vittima.* Guiffré, Milano, Italia, 1976.

HASSEMER, W., *"Los rostros del derecho penal"*, en AA.VV., *Cahiers de defense sociale.* SIDS, Milán, 2004, pp. 105-116.

- *Por qué no debe suprimirse el Derecho penal* (trad. de Miguel Ontiveros Alonso, conferencia pronunciada en el acto de clausura de los XII Cursos de Postgrado en Derecho de la Universidad de Salamanca el 24 de enero de 2003). Instituto Nacional de Ciencias Penales, México D. F., 2003.

- *Persona, mundo y responsabilidad. Bases para una teoría de la imputación en derecho penal* (trad. de Francisco Muñoz Conde y María del Mar Díaz Pita). Temis, Bogotá, 1999.

- *"Derecho penal simbólico y protección de bienes jurídicos"* (trad. de Elena Larrauri), en *Pena y Estado*, AA.VV., dir., BUSTOS RAMÍREZ, J. Cono Sur, Santiago de Chile, 1995, pp. 23-36.

- *"El destino de los derechos del ciudadano en un Derecho penal eficaz"* (trad. de Francisco Muñoz Conde), en *Estudios Penales y Criminológicos*, nº 15, 1990-1991, pp. 181-198.

- *"La persecución penal: legalidad y oportunidad"* (trad. de M. A. Cobos Gómez de Linares), en *Revista Jueces para la Democracia*, nº 4, 1988, pp. 8-11.

- *Fundamentos del Derecho Penal.* Bosch, Barcelona, 1984.

HASSEMER, W., MUÑOZ CONDE, F., *"Introducción a la Criminología y al Derecho penal"*. Tirant lo Blanch, Valencia, 1989.

HEGEL, G. W. F., *Filosofía del Derecho* (trad. de Angélica Mendoza de Montero, tomada de la versión italiana de Francisco Messineo, originalmente escrito en alemán, *Grundlinien der Philosophie des Rechts*, 1821), 5ª edición. Claridad, Buenos Aires, 1968.

HENDLER, E. S., *Las raíces arcaicas del Derecho Penal.* Editores del Puerto, Buenos Aires, 2009.

HERNÁNDEZ DÍAZ, J. M., *"Nuevo Derecho penal versus pedagogía correccional en Dorado Montero"*, en AA.VV., *El largo camino hacia una educación inclusiva.* Universidad Pública de Navarra, Pamplona (Navarra), 2009, vol. II, pp. 125-132.

HEREDIA PUENTE, M., *"Perspectivas de futuro en la mediación penal de adultos. Una visión desde el ministerio fiscal"*, en *Diario La Ley*, nº 7.257, 7 de octubre de 2009, obtenido el 1 de julio de 2012 en http://www.poderjudicial.es.

HERRERO MORENO, M., *"Historia de la victimología"*, en AA.VV., *Manual de Victimología,* coords. ECHEBURÚA ODRIOZOLA, E. *et al.* Tirant lo Blanch, Valencia, 2006, pp. 51-78.

- *"Introducción a la problemática de la conciliación víctima-ofensor. Hacia la paz social por la conciliación"*, en *Revista de Derecho penal y criminología,* nº 6 , 1996, pp. 377-414.

HIERRO SÁNCHEZ-PESCADOR, L., *"Aspectos éticos de los medios alternativos de solución de controversias (ADR): ética y deontología en la mediación"*, en *Anuario de la Facultad de Derecho de la Universidad Autónoma de Madrid,* nº 11, 2007 (ejemplar dedicado a *Medios alternativos de solución de controversias,* coord. Iván Heredia Cervantes), pp.27-48.

HIGHTON, E., *"Mediar en el ambiente entero"*, en *Revista Fundación Libra,* nº 3, 1993, obtenido el 19 de noviembre de 2012 en http://www.fundacionlibra.org.ar.

HIGHTON, E., ÁLVAREZ, G, GREGORIO, C., *Resolución alternativa de disputas y sistema penal.* Buenos Aires, Ad Hoc, 1998, pp. 71 ss.

HIRSCH, H. J., *"La reparación del daño en el marco del Derecho penal material"* (trad. de Elena Carranza), en AA.VV., *De los delitos y las víctimas.* Ad-Hoc, Buenos Aires, 1992, pp. 53-90.

- *"Acerca de la posición de la víctima en el Derecho penal y en el Derecho procesal penal"* (trad. de Julio B. Maier y Daniel R. Pastor, originalmente publicado en alemán, en el libro editado en conmemoración de Armin Kaufmann, *Gedächnisscrjft für Armin Kaufmann,* Carl Heymanns Verlag KG, Colonia-Berlín-Bonn-Munich, 1989), en AA.VV., *De los delitos y las victimas.* Ad Hoc, Buenos Aires, 1992, pp. 91-120.

HOBBES, T., *Leviatán* (originalmente escrito en inglés, *Leviathan or the matter, forme and power of a commonwealth, ecclesiasticall and civil,* 1651), obtenido el 12 de mayo de 2012 en http://www.inep.org.

HOMERO, *Ilíada.* Espasa, Madrid, 1999.

HORMAZÁBAL MALAREE, H., *Bien jurídico y Estado social y democrático de Derecho*. Cono Sur, Santiago de Chile, 1992

HOULSMAN, L. y BERNAT DE CELLIS, J., *Sistema Penal y Seguridad Ciudadana: Hacia una alternativa*. Ariel, Barcelona, 1984.

HUGHES, S. H., *"La protección institucionalizada de los mediadores en los Estados Unidos: una breve mirada a través del acta uniforme de mediación"* (trad. de Consuelo Cristina Sánchez González), en *Revista de la Facultad de Derecho de la Universidad de Granada*, nº 5, 2002, pp. 699-729.

IHERING, R. v., *El fin en el Derecho* (trad. de Leonardo Rodríguez, originalmente publicado en 1877 con el título *Zweck im Recht*). Rodríguez Serra, Madrid, 1911.

- *La lucha por el Derecho* (trad. de Diego Abad de Santillán, publicado originalmente en alemán en 1872 con el título *Der Kempff ums Recht)*. Cajica, México D. F., 1957.

JAKOBS, G., *Dogmática de Derecho penal y la configuración normativa de la sociedad* (trad. de jacobo López Barja de Quiroga *et al.*). Civitas, Madrid, 2004.

- *Sobre la teoría de la pena* (trad. de Manuel Cancio Mellá, originalmente escrito en alemán, *Zur Straftheorie*, 1998), Universidad Externado de Colombia, Bogotá, 1998.

JAKOBS, G., CANCIO MELIÁ, M., *Derecho penal del enemigo*. Madrid, Civitas, 2003.

JESCHECK, H. H., WEIGEND, T., *Tratado de Derecho Penal. Parte General* (trad. de Miguel Olmedo Cardenete, originalmente publicado en alemán, *Lehrbuch des Strafrechts: All.* Duncker u. Humblot, Berlín, 1996). Comares, Granada, 2002.

JIMÉNEZ, M., *"Ensayo de mediación entre delincuentes y víctimas, alternativo al proceso penal"*, en diario *El País*, de 3 de mayo de 1995, obtenido el 10 de noviembre de 2012 en http://elpais.com/diario/1995/05/03/sociedad/799452004_850215.html.

JOHNSTONE, G., *A Restorative Justice Reader. Texts, sources, context.* Routlegge, Nueva York, 2011.

- *Restorative Justice, Ideas, Values, Debates*. William Publishing. Londres, 2002.

JUNG JIN CHOI, J., GILBERT, M. J., *"Joe everyday, people off the street: a qualitative study on mediators´ roles and skills in victim-offender mediation"*, en *Contemporary Justice Review*, vol. 2, nº 13, 2010, pp. 207-227.

KADARE, I., *Abril quebrado*. Alianza Editorial, Madrid, 2009.

KAFKA, F., *El proceso* (trad. de Feliu Formosa, publicado originalmente en alemán, *Der Prozess,* Verlag die Schmiede, Berlín, 1925). Ediciones B, Barcelona, 1995.

KAISER, G., *Introducción a la Criminología* (trad. de José Arturo Rodríguez Núñez, bajo la supervisión de José María Rodríguez Devesa, originalmente publicado en alemán, *Kriminologie,* Heidelberg, 1980), 7ª edición. Dykinson, Madrid, 1987.

KANT, I., *La metafísica de las costumbres* (trad. de Adela Cortina Orts y Jesús Conil Sancho, originalmente publicado en alemán, *Die Metaphysik der Sitten,* 1797). Tecnos, Madrid, 1989.

KELSEN, H., *Teoría pura del Derecho,* (trad. de Roberto G. Vernengo, originalmente publicado en alemán, *Reine Rechtslehre,* 2ª edición, 1960, 1ª edición publicada en 1934). Universidad Autónoma de México, México D. F., 1982.

KEMELJAJER, A., *"En búsqueda de la tercera vía. La llamada ´justicia restaurativa´, ´reparativa´, ´reintegrativa´ o ´restitutiva´"*. En GARCÍA RAMÍREZ, S. (coord.), *Derecho Penal. Memoria del Congreso Internacional de Culturas y Sistemas Júridicos Comparados. I. Derecho Penal.* Universidad Autónoma de México, Mexico, D.F., pp. 271-324.

KHÜNE, H. H., *"Kriminologie: Victimologie der Notzucht"*, en *Juristische Schulung,* nº 5, 1986 (Alemania), pp. 388-394.

KLUG, U., *"Abschied von Kant und Hegel"*, en AA.VV., *Programm für ein neues Strafgesetzbuch.* Fisher, Fráncfort del Meno, 1968, pp. 36-41.

KOLB, D., *Los mediadores* (trad. de felipe Sáez Hernández, originalmente publicada en inglés, *The Mediators,* Mit Press, Cambridge, 1983). Ministerio de Trabajo y Seguridad Social. Madrid, 1989.

KUHN, T. S., *La estructura de las revoluciones científicas* (trad. de Agustín Contin, originalmente publicado en inglés, *The structure of scientific revolutions.* University of Chicago Press, Chicago, 1962). Fondo de Cultura Económica, México D. F., 1971.

KUNICKA-MICHALSKA, B., *El nuevo Código penal de Polonia,* en AA.VV., *Homenaje al dr. Marino Barbero Santos: "in memoriam"*. Universidad de Castilla-La Mancha/Universidad de Salamanca. Cuenca, 2001, vol. I, pp. 321-328.

LAMAS, M., *Feminismo. Transmisiones y retransmisiones.* Taurus, México D. F., 2006.

LAMAS LEITE, A., *"`Nueva penología´, punitive turn y Derecho Penal:* quo vadimus? *Por los caminos de la incertidumbre (pos)moderna"*, en *InDret, Revista para el análisis del Derecho,* nº 2, 2013, obtenido el 14 de junio de 2013 en http://www.indret.com, p. 1-34.

LAMNEK, S., *Teorías de la criminalidad* (trad. de Irene del Carril, originalmente publicado en alemán, *Křiminalitätstheorien - kritisch: Anomie und Labeling im Vergleich,* Wihelm Fink, Munich, 1977), Siglo XXI, México D. F., 1980.

LANDROVE DÍAZ, G., *"El Derecho penal de la seguridad"*, en *Diario La Ley,* nº 5.868, 10 de octubre de 2010.

- *El nuevo Derecho penal.* Tirant lo Blanch, Valencia, 2009.

- *La moderna victimología.* Tirant lo Blanch, Valencia, 1998.

-*"La víctima ante el Derecho penal español"*, en *Estudios penales y criminológicos,* nº 21, 1998, pp. 167-208.

LARDIZÁBAL Y URIBE, M., *Discurso sobre las penas contrahido a las leyes criminales de España, para facilitar su reforma.* Impresor Joaquin Ibarra, Madrid, 1787.

LARRAURI PIJOAN, E., *"Los programas formativos como medida penal alternativa en los casos de violencia de género ocasional"*, en *Revista Española de Investigación Criminológica,* nº 8, 2010, pp. 1-24.

- *"La economía política del castigo"*, en *Revista Electrónica de Ciencia Penal y Criminología,* 2009, nº 11, 2006, obtenido el 1 de julio de 2012 en http://www. crinimet.ugr.es/recpc.

- *"Justicia restauradora y violencia doméstica"*, en *Cursos de Derechos Humanos de Donostia-San Sebastián,* Vol. VIII, 2007, pp. 119-136.

- *"Tendencias actuales de la justicia restauradora"*, en *Serta. In memoriam A. Baratta,* ed. PÉREZ ÁLVAREZ, M. Universidad de Salamanca, Salamanca, 2004, pp. 439-464.

- *"Criminología crítica: abolicionismo y garantismo"*, en *Anuario de Derecho Penal y Ciencias Penales,* vol. L, 1997, pp. 133-168.

- *"Victimología"*, en AA.VV., *De los delitos y las víctimas.* Ad-Hoc, Buenos Aires, 1992, pp. 281 a 316.

- *La herencia de la criminología crítica.* Siglo XXI, Madrid, 1991.

LAUCIRICA ARRIOLA, N., *"Propuesta de la regulación legal de la figura y funciones de la persona mediadora"*, en *Cuadernos José María Lidón,* nº 8, 2011, pp. 209-216.

LÉVI-STRAUSS, C., *El pensamiento salvaje* (trad. de Francisco González Aramburo, originalmente publicado en francés, *La pensée sauvage,* Plon, París, 1962). Fondo de Cultura Económica, México D. F., 1964.

LINARES REBAZZA, D. J., *"Breves apuntes sobre la criminoilogía crítica de Alessandro Baratta"* (2009), obtenido el 18 de diciembre de 2012 en http://www.derechojusticia sociedad.blogspot.com.es, documento sin paginar.

LIPPENS, R., *"La problemática actual de la criminología crítica"* (trad. de Maria Gaiteri, conferencia pronunciada en la Facultad de Derecho de la Universidad de Buenos Aires el 15 de abril de 2009), en *Revista Digital de la Maestría en Ciencias Penales de la Universidad de Costa Rica,* nº 1, 2009, obtenido el 12 de febrero de 2013 en http://www.revistacienciaspenales.ucr.ac.cr, pp. 123-132.

LOBO GUERRA, M., SAMPER LIZARDI, F., *"¿Es posible la mediación en aquellos casos en los que ha existido violencia de género?"*, en *Sobre la mediación penal. Posibilidades y límites en un entorno de reforma del proceso penal español.* Aranzadi, Cizur Menor (Navarra), 2012, pp. 163-178.

LÓPEZ LÓPEZ, A. M., *La instrucción del Ministerio Fiscal en el procedimiento de menores.* Comares, Granada, 2002.

LÓPEZ ORTEGA, J. J., *"La reparación del daño basada en el consenso en la propuesta para la reforma del proceso penal"*, en AA.VV., *Sobre la Mediación Penal (Posibilidades y Límites en un Entorno de Reforma del Proceso Penal Español).* Aranzadi, Cizur Menor (Navarra), 2012, pp. 441-504.

LOZANO ESPINA, F. *et al.*, *"Mediación penitenciaria: pasado presente y ¿futuro?,* en AA.VV., *Justicia restaurativa, mediación penal y penitenciaria: un renovado impulso.* Reus, Madrid, 2011, pp. 273-308.

FIDOR, L., *La experiencia de Polonia,* texto de la ponencia presentada en las I Jornadas Técnicas sobre Mediación, "Nuevos Enfoques de la Justicia", celebradas en El Puerto de Santa María (Cádiz), el 20 y 21 de octubre de 2011.

LUDEÑA BENÍTEZ, O. D., *Breves reflexiones sobre la justicia penal negociada en el Derecho Español y comparado* (2008). Obtenido el 10 de julio de 2012 en http://www.noticias.juridicas.com, documento sin paginar.

- *Algunos aspectos polémicos de la conformidad "premiada" del art. 801 de la LECRIM: los modos de obtenerla y la competencia inicial para la ejecución de la pena* (2007). Obtenido el 18 de enero de 2013 en http://www.noticias.juridicas.com, documento sin paginar.

LLOBET RODRÍGUEZ, J., *"Justicia restaurativa y la protección de la víctima",* en *Pensamiento Penal,* nº 32, 2006, obtenido el 12 de mayo de 2012 en http://www.pensamientopenal.com.ar.

MAGRO, V., HERNÁNDEZ, C., CUÉLLAR, J. P., *Mediación Penal. Una visión práctica desde dentro hacia fuera.* Club Universitario. San Vicente (Alicante), 2011.

MAIER, J. B., *"Entre la inquisición y la composición"*, en AA.VV., *Homenaje al dr. Marino Barbero Santos: in memoriam.* Universidad de Castilla-La Mancha/ Universidad de Salamanca, Cuenca, 2001, vol. II, pp. 801-814.

- *"La víctima y el sistema penal"*, en AA.VV., *De los delitos y las víctimas.* Ad-Hoc, Buenos Aires, 1992, pp. 183-250.

MAIHOFER, W., *Estado de Derecho y dignidad humana* (trad. de J. L. Guzmán Dalbora), B de F, Buenos Aires, 2008.

MANES, V., *"La incidencia de las decisiones marco en la interpretación en materia penal: perfiles de derecho sustantivo. Comentario de la sentencia de 16 de junio 2005 - Causa C-105/03 del Tribunal de Justicia de las Comunidades Europeas –Gran Sala- (demanda de pronunciamiento prejudicial propuesto por el Juez de Instrucción del Tribunal de Florencia en el procedimiento Pupino)"*, (trad. de Mª Elena Torres Fernández), Universidad de Bolonia, 2007, en *Revista Electrónica de Ciencia Penal y Criminología,* obtenido el 6 de abril de 2012 en http://www.criminet.ugr.es.

MANZANARES SAMANIEGO, J. L., *"La Mediación Penal"*, en *Diario La Ley,* núm. 6.900, 10 de marzo de 2008.
- *Mediación, reparación y conciliación en el Derecho penal,* COMARES, Granada, 2007.

MAPELLI CAFFARENA, B., *"La formación de los mediadores"*, en *Revista Mediara,* nº 2, 2013, obtenido el 12 de junio de 2013 en http://www.revistamediara.es/numeros-editados/6/revista-2, pp. 1-10.

- *"La cadena perpetua revisable"*, en *Anuario Joly Andalucía 2013,* obtenido el 1 de junio de 2013 en http://www.anuariojolyandalucia.com/article/justiciaysucesos/1241398/la/cadenaperpetuarevisable.html, documento sin paginar.

- *Las consecuencias jurídicas del delito.* Thomson Reuters, Cizur Menor (Navarra), 2011.

- *"Una nueva versión de las normas penitenciarias europeas"*, en *Revista Electrónica de ciencia penal y criminología,* nº 8-1, 2006, pp. 1-44.

- *Principios fundamentales del sistema penitenciario español.* Bosch, Barcelona, 1983.

MAQUEDA ABREU, M. L., *"La violencia de género. Entre el concepto jurídico y la realidad social"*, en *Revista de Ciencia Penal y Criminología,* nº 8, 2006, obtenido el 5 de diciembre de 2012 en http://www.criminet.ugr.es.

- *"Políticas de seguridad y Estado de Derecho"*, en AA.VV., *Serta: in memoriam Alexandri Baratta* (coord. PÉREZ ÁLVAREZ, F.), Universidad de Salamanca, 2004, pp. 1.287-1.298.

MARLOW, L., *Mediación familiar. Una práctica en busca de una teoría. Una nueva visión del derecho* (trad. de Ana M. Sánchez y Daniel J. Bustelo, originalmente publicado en inglés, *Divorce mediation: a practice in search of a theory,* Harlan Press, Nueva York, 1997). Granica, Barcelona, 1999.

MARQUES CEBOLA, C., *"Los sistemas de mediación pública en Portugal: una visión comparativa con las experiencias de mediación en España"*, en AA.VV., *La mediación en materia de familia y Derecho penal,* Andavira, Santiago de Compostela, 2011, pp. 351-385.

MARSHALL, T., *Restorative Justice. An overview.* Home Office Research Development and Statistics Directorate. Londres, 1999. Obtenido el 12 de julio de 2012 en: http://library.npia.police.uk/docs/homisc/occ-resjus.pdf.

MARTÍN, I., *Mediación comparada. Breve acercamiento a la experiencia nórdica* (2005), obtenido el 1 de febrero de 2013 en http://www.todomediacion.com, documento sin paginar.

MARTÍN DIZ, F., *"La mediación: marco general para su implantación como sistema complementario de administración de justicia"*, en *Mediación en materia de familia y derecho penal,* AA.VV., coord. MARTÍN DIZ, F., Andavira, Santiago de Compostela, 2011, pp. 21-65.

- *La mediación: sistema complementario de Administración de Justicia,* Consejo General del Poder Judicial, Madrid, 2010.

MARTÍNEZ ESCAMILLA, M., *"La mediación penal en España: estado de la cuestión"*, en AA.VV., *Justicia restaurativa, mediación penal y penitenciaria: un renovado impulso.* Reus, Madrid, 2011.

- *"Justicia reparadora, mediación y sistema penal: diferentes estrategias, ¿los mismos objetivos?."* En AA.VV., *Estudios penales en homenaje a Enrique Gimbernat.* Edisofer, Tomo I, Madrid, 2008, pp. 465-498.

MARTÍNEZ GAMBOA, R. J., *Vías Alternativas a la Solución de Conflictos en el Proceso Penal,* Editorial Académica Española, Saarbrücken, 2011.

MARTÍNEZ GARCÍA, E., *"Mediación penal en los procesos por violencia de género"*, en *Revista de Derecho penal,* nº 33, 2011, pp. 9-32.

MARTÍNEZ SOTO, T. *"La mediación penal y la reforma de la Ley de Enjuiciamiento Criminal. El principio de oportunidad como instrumento de simplificación procesal"*, en AA.VV., *Sobre la Mediación Penal (Posibilidades y Límites en un Entorno de Reforma del Proceso Penal Español).* Aranzadi, Cizur Menor (Navarra), 2012.

MARX, K., ENGELS, F., *La sagrada familia o crítica de la crítica contra Bruno Bauer y consortes,* (trad. de Carlos Liacho, originalmente publicado en alemán, *Die heilige Familie oder Kritik der Kritischen Kritik. Gegen Bruno Bauer und Consorten,* Fráncfort del Meno, 1845). Claridad, Buenos Aires, 1971.

MASLOW, A. H., *Motivación y personalidad* (trad. de Caridad Clemente, originalmente publicado con el título *Motivation and personality,* Harper & Row, Nueva York, 1954). Ediciones Díaz de Santos, Madrid, 1991,

MATELLANES RODRÍGUEZ, N., *"La justicia restaurativa en el sistema penal. Reflexiones sobre la mediación"*, en *Mediación en materia de familia y derecho penal,*

AA.VV., coord. MARTÍN DIZ, F., Andavira, Santiago de Compostela, 2011, pp. 207-228.

MATTHEWS, R., *"The Myth of Punitiveness"*, en *Theoretical Criminology*, vol. 9, núm. 2, 2005, pp. 88-89.

MEJÍAS GÓMEZ, J. F., *La mediación como forma de tutela efectiva.* El Derecho Editores, Madrid, 2009.

MELOSSI, D., *"Ideología y Derecho penal: ¿el garantismo y la criminología crítica como nuevas ideologías subalternas?"*, en *Pena y Estado,* AA.VV. (dir. BUSTOS RAMÍREZ, J.). Cono Sur, Santiago de Chile, 1995, pp. 57-66.

- *El estado del control social, Un estudio sociológico de los conceptos de estado y control social en la conformación de la democracia* (trad. de Martín Mur Urbasart, originalmente publicado en inglés, *The state of social control, a sociological study of concepts of state and social control in the making of democracy,* Polity Press, Cambridge, 1990). Siglo XXI, México D. F., 1992.

MENDOZA BUERGO, B., *"Exigencias de la moderna política criminal y principios limitadores del Derecho penal"*, en *Anuario de Derecho Penal y Ciencias Penales,* vol. LII, 1999, obtenido el 14 de diciembre de 2012 en http://www.cien ciaspenales.net, pp. 278-321.

MERINO ORTIZ, C., MORCILLO JIMÉNEZ, J., *"Regulación de la mediación familiar en España. Estado de la cuestión a la luz del Proyecto de Ley de mediación. Reflexiones sobre las posibilidades de mediar y sus límites"*, en *Revista electrónica de Derecho de la Universidad de la Rioja,* nº 9, diciembre de 2011, obtenido el 14 de julio de 2102 en http://www.dialnet.unirioja.es, pp. 165-189.

MERINO ORTIZ, C., ROMERA ANTÓN, C., *"Conferencias de grupos familiares y sentencias circulares: dos fórmas ancestrales de resolución de conflictos dentro del paradigma restaurativo"*, en *Eguzkilore,* nº 12, 1998, pp. 285-303.

MEZGER, E., *Derecho penal. Libro de estudio, parte general* (trad. de Conrado A. Finzi, originalmente publicado en alemán, *Strafrecht - Ein Studienbuch,* 6º ed., Beck, Munich-Berlin, 1955). Editorial Bibliográfica Argentina, 1958.

MÈZNAR, A., *Short overview upon european restorative justice and victim-offender mediation* (2004), obtenido el 4 de febrero de 2013 en http://www.ebookbrowse .com/presentation-alenka-meznar-doc-d150870325.

MIERS, D. *et al.* (ed. WEBB, B.), *An exploratory evaluation of restorative justice schemes*. London Home Office. Londres, 2001.

Ministerio de Justicia de la República Federal de Alemania, *Memoria anual de 2010 del servicio TOA* (originalmente en alemán, *Auswertung der bundesweiten Täter-Opfer-Ausgleichs-Statistik für den Jahrgang 2010,* publicada en 2012, traducida ex profeso para esta obra por Vanessa Cruz Parra), obtenido el 1 de febrero de 2013 en http://www.bmj.de.

MIR PUIG, S., *Dereho Penal. Parte general.* 8ª edición. Reppertor, Barcelona, 2010.

- *"El principio de proporcionalidad como fundamento constitucional de límites materiales del Derecho penal"*, en AA.VV., *Constitución, derechos fundamentales y sistema penal (semblanzas y estudios con motivo del setenta aniversario del profesor Tomás Salvador Vives Antón)*, Tomo II. Tirant lo Blanch, Valencia, 2009, pp. 1.357-1.382.

- *Introducción a las bases del Derecho penal,* 2ª edición. B d F, Buenos Aires, 2003.

- *El Derecho penal en el estado social y democrático de derecho, Ariel*, Barcelona, 1994.

MOFFITT, M. L., *"Frank Sander and his legacy as an ADR pioneer"*, en *Negotiation Journal*, Harvard College, oct. 2006, pp. 437-443.

MOLINA LÓPEZ, R., *"La McDonalización del proceso penal (la indemnización de perjuicios en el proceso penal como sustituto de la pretención punitiva)"*, en *Revista Facultad de Derecho y Ciencias Políticas* (Universidad Pontificia Bolivariana, Colombia), vol. 38, nº 19, 2008, obtenido el 19 de agosto de 2012 en http://www.redalyc.uaemex.mx, pp. 307-321.

MONTESINOS GARCÍA, A., *"La mediación penal en Inglaterra y Gales"*, en AA.VV. *La mediación penal para adultos. Una realidad en los ordenamientos jurídicos* (dir. BARONA VILAR, S.), Tirant Lo Blanch, Valencia, 2009, pp. 85-120.

MONTESQUIEU (SECONDAT, C. L., Barón de), *El espírutu de las leyes* (trad. de Sirio García del Mazo, originalmente publicado en francés, *De l'esprit des lois*, 1748). Librería General de Victoriano Suárez, Madrid, 1906.

MONTERO, T., *"Las reformas del Código Penal y su incidencia en la población penitenciaria"*, según datos del *Anuario estadístico del Ministerio del Interior*, obtenido el 15 de diciembre de 2012 en http://www.cj-worldnews.com, documento sin paginar.

MORENO CATENA, *"El proceso penal español. Algunas alternativas para la reforma"*, en *Cuadernos de Derecho Judicial, Sistemas penales europeos*, vol. 4/2002. Consejo General del Poder Judicial, Madrid, 2002, pp. 15-62.

MORENO CATENA, V., CORTÉS DOMÍNGUEZ, V., GIMENO SENDRA, V., *Introducción al Derecho Procesal. 2ª edición.* Colex, Madrid, 2003.

MORESO, J. J., *"Principio de legalidad y causas de justificación. Sobre el alcance de la taxatividad"*, en *Doxa*, nº 24, 2001, pp. 525 y ss.

MORILLAS CUEVA, L. *Derecho penal. Parte general. Fundamentos conceptuales y metodológicos del Derecho Penal. Ley Penal, 2ª edición.* Dykinson, Madrid, 2010.

- *"Reflexiones sobre el Derecho penal del futuro"*, en en *Revista Electrónica de Ciencia Penal y Criminología,* 2004, nº 4-06, obtenido el 2 de julio de 2012 en http://www.criminet.ugr.es/recpc, pp. 1-15.

- *Curso de Derecho penal español. Parte general.* Marcial Pons, Madrid, 1996.

- *Metodología y ciencia penal,* 3ª edición. Universidad de Granada, Granada, 1993.

MORILLAS FERNÁNDEZ, D. L. *et al., Victimología. Un estudio sobre la víctima y los procesos de victimización.* Dykinson, Madrid, 2011.

MUERZA ESPARZA, J. *"La autonomía de la voluntad en el proceso penal: perspectivas de futuro"*, en *Revista Electrónica de Derecho de la Universidad de La Rioja,* nº 9, diciembre 2011, obtenido el 10 de mayo de 2012 en http://www.dialnet.unirioja.es, pp. 191-202.

- El Proceso Penal Abreviado". Aranzadi, Cizur Menor (Navarra), 2002.

MUNUERA GÓMEZ, P., *"El modelo circular narrativo de Sarah Cobb y sus técnicas"*, en *Portularia,* Universidad de Huelva, vol. VII, nº 1-2, 2007, pp. 85-106.

MUÑOZ CONDE, F., *"De nuevo sobre el derecho penal del enemigo"*, en *Revista Penal,* nº 16, 2005, p. 123.

- *Introducción al derecho penal,* 2ª edición. B de F, Buenos Aires, 2001.

- *Derecho penal y control social.* Fundación Universitaria, Jerez, 1985.

MUÑOZ CONDE, F., GARCÍA ARÁN, M., *Derecho penal. Parte general,* 8ª ed. Tirant lo Blanch, Valencia, 2010.

NAUCKE , W., HASSEMER, W., LÜDERSSEN, K., *Principales problemas de la prevención general* (trad. de Gustavo Eduardo Alonso y Tea Low, originalmente publicado en alemán, *Hauptprobleme der Generalprävention,* Verlag GmbH, Fráncfort, 1979). B de F, Buenos Aires, 2004.

NEUMAN, E. *Victimología. El rol de la víctima en los delitos convencionales y no convencionales, 2ª edición.* Editorial Universidad, Buenos Aires, 1994.

NEUMANN, U., *"Alternativas al Derecho penal"* (trad. de Adán Nieto Martín), en AA.VV., *Crítica y Justificación del Derecho penal en el cambio de siglo.* Universidad de Castilla-La Mancha, 2003, pp. 201-212.

NORDENSTAHL, U. C. E., *Mediación penal. De la práctica a la teoría.* Librería Histórica, Buenos Aires, 2005.

NUVOLONE, P., *Il sistema del diritto penale,* Cedam, Pádova, 1975.

O´BRIEN, M., YAR, M., *Criminology, the key concepts.* Routledge, Nueva York, 2008.

Observatorio contra la Violencia de Género, *Informe sobre víctimas mortales de la violencia de género y de la violencia doméstica en el ámbito de la pareja o ex pareja en 2010*, obtenido el 6 de diciembre de 2012 en http://www.observatorioviolencia.org.

OLALDE, A., *Justicia restaurativa y mediación en el ámbito penal*. Centro Universitario de Transformación de Conflictos. Leioa, 2006.

OLIVARES GARCÍA, O., *"Victimización policial"*, en *Ciencia Policial*, nº 114, 2012, pp. 9-31.

OLMEDO CARDENETE, M., *"¿Es la* lex stricta *una garantía efectiva en Derecho Penal?"*, en AA.VV., *Estudios penales en homenaje a Enrique Gimbernat*. Edisofer, Tomo I, Madrid, 2008, pp. 583-596.

OLMEDO CARDENETE, M., ARAÚJO NIETO, F., *Introdución al Derecho penal*. Ara Editores, Lima, 2007.

OROZCO PARDO, G., *"Notas acerca de la mediación"*, en *Revista de la Facultad de Derecho de Granada*, nº 5, 2002, pp. 731-755.

- *"La cárcel como instrumento de la violencia institucional"*, en *Revista Aldaba*, nº 1, 1983, pp. 53-62.

ORTIZ ÚRCULO, J. C., *"El principio de oportunidad: naturaleza, ámbito de aplicación y límites"*, en *El proceso en el siglo XXI y soluciones alternativas*. Centro de Estudios Jurídicos, Madrid, 2004, pp. 3.396 ss.

ORTUÑO MUÑOZ, P., *"El papel del abogado en la mediación"* (2010), obtenido el 11 de noviembre de 2012 en http://www.rpublica.org/contenidos/opinion/369-pascual-ortuno-qel-papel-del-abogado-en-la-mediacionq.

- *"La iniciativa de los puntos negros pro mediación"*, en *Revista Mediara*, nº 2, 2013, obtenido el 22 de junio de 2013 en http://www.revistamediara.es.

ORTUÑO MUÑOZ, J. P., HERNÁNDEZ GARCÍA, J., *Sistemas alternativos a la resolución de conflictos (ADR): la mediación en las jurisdicciones civil y penal*. Fundación Alternativas, Madrid, 2007.

OSICA, N., *Norweskie mediacje to sukces polityki państwa* (2006), obtenido el 1 de febrero de 2013 en http://www.mediacja.com, documento sin paginar.

OTERO PARGA, M., *"Ventajas e inconvenientes de la mediación"*, en AA.VV., *Mediación y solución de conflictos. Habilidades para una necesidad emergente*. Tecnos, Madrid, 2007, pp. 144-157.

- *"Los modelos teóricos de la mediación"*, en AA.VV., *Mediación y solución de conflictos. Habilidades para una necesidad emergente*. Tecnos, Madrid, 2007, pp. 158-171.

- *"Las raíces históricas y culturales de la mediación"*, en AA.VV., *Mediación y solución de conflictos. Habilidades para una necesidad emergente*. Tecnos, Madrid, 2007, pp. 172-184.

- *"Un tipo de ley. La norma jurídica"*, en *Jurídica. Anuario del Departamento de Derecho de la Universidad Iberoamericana*, nº 33, 2004, pp. 199-210.

OUBIÑA BARBOLLA, I., *"La distancia que les separa, la distancia que nos separa: mediación en casos de violencia doméstica en España y en otros sistemas"*, en AA.VV., *Sobre la mediación penal (posibilidades y límites en un entorno de reforma del proceso penal español)*. Aranzadi, Cizur Menor (Navarra), 2012, pp. 179-210.

PALERMO, G., *Perspectivas socio-jurídicas de la mediación penal en Italia. Análisis comparativo con España*. Cultiva Libros. Madrid, 2011.

PALMA CHAZARRA, L., *La mediación como proceso restaurativo en el sistema penal,* Tesis doctoral, dirigida por el profesor Borja Mapelli Caffarena. Universidad de Sevilla, Sevilla, 2007.

PARKER, L., *"Círculos"* (2008). Obtenido el 13 de julio de 2012 en: http://www.justiciarestaurativa.org/intro/practices/circle.

PASCUAL RODRÍGUEZ, E., *La mediación en el sistema penal. Propuestas para un modelo reparador, humano y garantista*. Tesis doctoral dirigida por la Profesora Margarita Martínez Escamilla. Universidad Complutense, Madrid, 2012.

-*"La mediación en el Derecho penal de adultos en la fase de enjuiciamiento: un estudio sobre la experiencia piloto en los órganos jurisdiccionales"*, en *Alternativas a la judicialización de los conflictos: la mediación, Estudios de Derecho Judicial,* nº 111, 2006. Consejo General del Poder Judicial. Madrid, 2006, pp. 107-137.

PAVARINI, M., *"¿Abolir* la *pena? La paradoja del sistema penal"*, en *No hay Derecho* (Buenos Aires), nº 1, 1990.

PAZ, S. M., PAZ S. S., *La mediación penal y los principios procesales* (2001). Obtenido el 12 de julio de 2012 en http://www.mediadoresenred.org.ar, documento electrónico sin paginar.

PEDRAZ PENALVA, E., *"Notas sobre policía y justicia penal"*, en *Revista Jurídica de Castilla y León"*, nº 14, 2008, pp. 15-109.

- *Constitución, Jurisdicción y Proceso*. Akal, Madrid, 1990.

PERALTA GONZÁLEZ, L. C., *"Aproximación local al derecho a la justicia: un estudio de caso"*, en *Revista de Estudios Socio-Jurídicos*, Bogotá, Colombia, 2010, 12, (1), pp. 233-262.

PEREDA BELTRÁN, N., *"Nuevas formas de justicia para menores víctimas de procesos restaurativos"*, en AA.VV., *La Justicia restaurativa: desarrollo y aplicaciones* (coord. TAMARIT SUMALLA, J.). Comares, Granada, 2012, pp. 131-152.

PÉREZ CABALLERO, M. L., *"Las víctimas en la mediación penal de adultos"*, Consejo General de Colegios Oficiales de Psicólogos, Madrid, 2012.

PÉREZ CEPEDA, A. I., *"Las víctimas ante el Derecho penal. Especial referencia a las vías formales e informales de reparación y mediación"*, en AA.VV., *Homenaje al dr. Marino Barbero Santos: "in memoriam"*. Universidad de Castilla-La Mancha/Universidad de Salamanca. Cuenca, 2001, vol. I, pp. 443-478.

PÉREZ LÓPEZ, J. A., *"La explicación sociológica de la criminalidad"*, pp. 28 ss., en *Derecho y Cambio Social*, nº 22, 2010, obtenido el 13 de febrero en http://www.derechoycambiosocial.com, pp. 1-22.

PÉREZ PUERTO, A., *Mediación civil y familiar en Cataluña* (2010), obtenido el 26 de enero de 2013 en http//:www.noticiasjuridicas.com, documento sin paginar.

PÉREZ SANZBERRO, G., *Reparación y conciliación en el sistema penal, ¿apertura de una nueva vía?*. Comares, Granada, 1999.

PIÑEYROA SIERRA, C. *et al.*, *El valor de la palabra que nos humaniza. Seis años de justicia restaurativa en Aragón,* Asociación ¿Hablamos?, Zaragoza, 2011.

PIQUER, I., *"Qué es un caucus"*, en *Diario Público,* edición de 3 de enero de 2008, obtenido el 14 de noviembre de 2012 en http://www.publico.es, documento sin paginar.

PLATÓN, *Obras completas de Platón, puestas en lengua española por Patricio de Azcárate.* Medina y Navarro Editores, Madri, 1871.

POQUET, A., *Temas de Derecho penal y Criminología.* Ediar, Buenos Aires, 2005.

PORTELA, J. G., *"Estructura y fases de la mediación"*, en AA.VV., *Mediación y solución de conflictos. Habilidades para una necesidad emergente.* Tecnos, Madrid, 2007, pp. 225-233.

- *"Comprensión del PIN de las partes"*, en AA.VV., *Mediación y solución de conflictos. Habilidades para una necesidad emergente.* Tecnos, Madrid, 2007, pp. 234-245.

- *"Replanteamiento y generación de opciones"*, en AA.VV., *Mediación y solución de conflictos. Habilidades para una necesidad emergente. Tecnos*, Madrid, 2007, pp. 264-271.

POUND, R., *The causes of popular dissatisfaction with the administration of justice"*, en 29 *A.B.A. Rep.*, 1906, pp. 395-417.

PRIETO SANCHÍS, L., *La filosofía penal de la Ilustración.* Palestra, Lima, 2007.

- *"La filosofía penal en la ilustración española"*, en AA.VV., *Homenaje al dr. Marino Barbero Santos: "in memoriam"*. Universidad de Castilla-La Mancha/Universidad de Salamanca. Cuenca, 2001, vol. I, pp. 489-510.

PUY MUÑOZ, F., *"La expresión ´mediación jurídica´. Un análisis tópico"*, en AA.VV., *Mediación y solución de conflictos. Habilidades para una necesidad emergente*. Tecnos, Madrid, 2007, pp. 21-33.

QUERALT Jiménez, J. J., *"La mediación en España y perspectivas internacionales"*, en *Victimología y Victimodogmatica. Una aproximación al estudio de la Víctima en el proceso penal* AA.VV. (coord. REINA ALFARO, L. M.). Ara, Lima, 2003, pp. 191-242.

- *"Vícitimas y garantías: algunos cabos sueltos. A propósito del Proyecto Alternativo de la Reparación"*, en SILVA SÁNCHEZ (ed.), *Política criminal y nuevo Derecho penal, libro homenaje al profesor Claus Roxin*. Bosch, Barcelona, 1997, pp. 145-172. También en *Anuario de Derecho Penal y Ciencias Penales*, 1997, pp. 129-158.

QUINTERO OLIVARES, G., *"Sobre la mediación y conciliación en el sistema penal: situación y perspectiva de futuro"*, en AA.VV., *Violencia de género, justicia restaurativa y mediación*. La Ley, Las Rozas (Madrid), 2011, pp. 501-525.

- *Parte general del Derecho penal*, 3ª edición. Thomson Reuters, Cizur Menor (Navarra), 2009.

Real Academia Española, *Nuevo Tesoro Lexicográfico de la Lengua Española*. DVD-ROM. Espasa-Calpe. Madrid, 2001.

REIS, S., *"A vítima na mediação penal em Portugal"*, en *Revista da Ordem dos Advogados*, Vol. I/IV – 2010, p. 3.

REVILLA GONZÁLEZ, J. A., *"La mediación penal"*, en AA.VV., *Mediación y solución de conflictos. Habilidades para una necesidad emergente*. Tecnos, Madrid, 2007, pp. 301-317.

RICOEUR, P., *La memoria, la historia y el olvido* (trad. de Agustín Neira, originalmente publicado en francés, *La mémorie, l´histoire, l´obli*, Éditions du Seouil, París, 2000). Fondo de Cultura Económica, Buenos Aires, 2004.

RÍOS MARTÍN, J. C. *et al.*, *"Justicia Restaurativa y Mediación Penal. Análisis de una Experiencia (2005-2008)"*, Estudio publicado por el Servicio de Planificación y Análisis de la Actividad Judicial del Consejo general del Poder Judicial (2008). Obtenido el 4 de abril de 2012 en http://www.poderjudicial.es

RÍOS MARTÍN, J. C. *et al.*, *La mediación penal y penitenciaria. Experiencias de diálogo en el sistema penal para la reducción de la violencia y el sufrimiento humano*. 3ª Edición. Colex, Madrid, 2012.

- (*et al.*), *Desenmascarando mitos que sostienen el Derecho penal* (2010), obtenido el 20 de enero de 2013 en http://www.otroderechopenal.com.

RIVERA BEIRAS, I., *La devaluación de los derechos fundamentales de los recursos: La construcción jurídica de un ciudadano de segunda categoría*. Bosch, Barcelona, 1997, pp. 21 ss.

RODRÍGUEZ LAÍNZ, J. L., *"Mediación penal y violencia de género"*, en Diario La Ley, nº 7.557, 2011, pp. 1-16.

RODRÍGUEZ MANZANERA, L., *"Derecho victimal y victimodogmática"*, en *Eguzkilore*, nº 26, 2012, p. 142.

- *Victimología. Estudio de la víctima*. Porrúa, México D. F., 2002.

ROLDÁN BARBERO, H. *"La mediación penal: entre el orden legal y la voluntad de mejorar"*, en *Revista Penal*, nº 11, 2003, pp. 118-137.

ROMERA ANTÓN, C., *"Principios de la mediación en el ámbito penal: consideraciones desde la práctica"*, en AA.VV., *Sobre la mediación penal (posibilidades y límites en un entorno de reforma del proceso penal español)*. Aranzadi, Cizur Menor (Navarra), 2012, pp. 147-161.

RÖSSNER, D., *"Wiedergutmachen statt übelvergelten – (Straf) theoretische Begründung und Eingrenzung der kriminalpolitischen idee"*, en AA.VV., *Täter-Opfer-Ausgleich: vom zwischenmenschlichen Weg zur Wiederstellung des Rechtsfriedens* (eds. MARKS, E., RÖSNER, D.). Forum Verlag Godesberg, Bonn, 1989, pp. 7-37.

- (*et al.*), *La mediación penal*. Generalitat de Catalunya, Barcelona, 1999.

ROUSSEAU, J. J., *El contrato social* (originalmente publicado en francés, *Du contract social; ou, principes du droit politique,* París, 1762). El Aleph, Buenos Aires, 1999.

ROXIN, C., *La teoría del delito en la discusión actual*. Grijley, Lima, 2007.

- *Pena y reparación,* texto de la conferencia pronunciada en Villahermosa, México, el 16 de noviembre de 2000, dentro de los actos celebrados con motivo de la investidura del autor como Doctor "Honoris Causa" por la Universidad Autónoma Juárez de México (trad. de Enrique Gimbernat Ordeit). Obtenido el 12 de julio de 2012 en http://www.scribd.com.

- *Dogmática penal y política criminal* (trad. de M. A. Abanto Vásquez). Idemsa, Lima, 1998.

- *Derecho Penal. Parte General, Tomo I, Fundamentos, la estructura de la Teoría del Delito* (trad. de Diego Manuel Luzón Peña, Miguel Díaz y García Conlledo y Javier De Vicente Remesal, originalmente publicado en alemán, *Strafrecht. Allgemeiner Teil, Band I,* Beck, Munich, 1994), Civitas. Madrid, 1997.

- *"La reparación en el sistema de los fines de la pena"*, en AA.VV., *De los delitos y las víctimas,* (trad. de J. B. Maier y Elena Carranza, originalmente publicado en alemán, en el libro *Wiedergutmachung und Strafrecht,* W. Fink, Munich, 1987). Ad-Hoc, Buenos Aires, 1992, pp. 129-156.

- *Iniciación al Derecho penal de hoy* (trad. de Diego Manuel Luzón Peña y Francisco Muñoz Conde). Universidad de Sevilla, Sevilla, 1981.

ROZENBLUM DE HOROWITZ, S., *Mediación. Convivencia y resolución de conflictos en comunidad.* Grao, Barcelona, 2007.

RUIZ RICO Y RUIZ MORÓN, J., *"Situación actual de la mediación. El caso concreto de Andalucía"*, en AA.VV., *Estudios de derecho civil en homenaje al profesor José González García,* coord. JIMÉNEZ LIÉBANA, D. Aranzadi-Universidad de Jaén, Cizur Menor (Navarra), 2012, pp. 689-708.

RUIZ RICO Y RUIZ MORÓN, J., OROZCO PARDO, G., *"La mediación familiar en el Derecho español"*, en *Revista Mediara,* nº 1, 2012, pp. 26-43.

RUIZ VADILLO, E., *"El principio de oportunidad reglada"*, en AA.VV., *La reforma del proceso penal.* Ministerio de Justicia, Madrid, 1990 pp. 387-406.

- *"La mediación penal"*, en *Eguzkilore,* número extraordinario 13, 1999, pp. 311-321.

SÁEZ RODRÍGUEZ, C., *"La estrategia contra la violencia de género en su complicado encaje con la mediación penal"*, en AA.VV., *Justicia restaurativa, mediación penal y penitenciaria: un renovado impulso.* Reus, Madrid, 2011, pp. 211-270.

- *"La mediación penal. Conclusiones de las experiencias en España. 2008-2011"*, en *Cuadernos penales Jose María Lidón, nº 8.* Universidad de Deusto, Bilbao, 2011, pp. 127-190.

SÁEZ VALCÁRCEL, R., *"Notas sobre justicia restaurativa y delitos graves dialogando a partir de ´reflexiones´y su viabilidad"*, en AA.VV., *Justicia restaurativa, mediación penal y penitenciaria: un renovado impulso.* Reus, Madrid, 2011, pp. 173-210.

SÁINZ CANTERO, J. A., *Lecciones de Derecho penal. Parte general. Tomo I. Introducción.* Bosch, Barcelona, 1979.

SÁINZ-CANTERO CAPARRÓS, M. B., *"El sistema de justicia juvenil de la Ley Orgánica 5/2000, de 12 de enero, reguladora de la responsabilidad penal de los menores, y la eficacia educativa de la justicia relacional-restaurativa"*, en AA.VV., *Derecho y educación,* coords. MENA ENCISO, P. *et al.* Universidad de Almería, 2010.

- *La reparación del daño ex delicto. Entre la pena privada y la mera compensación.* Comares, Granada, 1997.

- *El ilícito civil en el Código Penal.* Comares, Granada, 1997.

SÁNCHEZ ÁLVAREZ, M. P., *"¿Es posible la mediación con drogodependientes?"*, en AA.VV., *Justicia restaurativa, mediación penal y penitenciaria: un renovado impulso.* Reus, Madrid, 2011, pp. 341-359.

SÁNCHEZ ÁLVAREZ, P., SEGOVIA BERNABÉ, J. L., *La mediación penal comunitaria de adultos: experiencias y propuestas de lege ferenda* (2007), obtenido el 26 de enero de 2013 en http://www.restorativejustice.org.

SÁNCHEZ CONCHEIRO, M. T., *Para acabar con la prisión*. Icaria, Barcelona, 2006.

SÁNCHEZ ORTIZ DE URBINA, R., *"Krausismo"*, en AA.VV., *Enciclopedia de la cultura española*. Editora Nacional, Madrid, 1966, tomo III, pp. 825-826.

SANDERS, F. E. A., *Varieties of Dispute Processing: versión en español*, (trad. de Julio César Betancourt). CIA, London, 2010.

SANTIAGO SÁNCHEZ, M. C., *Mediación intrajudicial penal en Andalucía*, ponencia presentada en la II Jornada sobre Justicia Restaurativa, Centro de Estudios Jurídicos, Barcelona, 16 de octubre de 2012, obtenido el 23 de enero de 2013 en http://www. mediamos.org.

SANZ DELGADO, E., *Regresar antes: los beneficios penitenciarios*. Ministerio del Interior, Madrid, 2006.

SCANNICCHIO, N., *"La conciliazione extragiudiziale Italiana nell 'esperienza dell' a.d.r. europeo"*, en AA.VV., *Mediación y arbitraje de consumo: una perspectiva española, europea y comparada* (dirs. ESTEBAN DE LA ROSA, F., OROZCO PARDO, G.). Tirant lo Blanch, Valencia, 2010, pp. 253-306.

SCHEERER, S., *"El círculo de reforzamiento político periodístico. Sobre la influencia de los medios de comunicación en el proceso de gestación de la normativa penal"* (trad. de Miguel Ángel Cano Paños, originalmente publicado en alemán, *"Der politisch-publizistische Verstärkerkreislauf. Zur Beeinflussung der Massenmedien im Prozeß strafrechtlicher Normgenese"*, en *Kriminologisches Journal*, núm. 10, 1978, pp. 223-227), en *Revista de Derecho Penal y Criminología*, 3ª Época, nª 8, 2012, pp. 403-410.

SCHÜNEMANN, B., *"¿Crisis del procedimiento penal? (¿marcha triunfal del procedimiento penal americano en el mundo?)"*, en *Revista de Derecho Penal* (Montevideo), nº 11, 2000, pp. 111-118.

SEELMANN, K., *"Paradoxien der Opferorientierung im Strafrecht"*, en *Juriste Zeitung*, nº 14,1989, obtenido el 22 de febrero de 2013 en http://www.jstor.org, p. 671.

- *"Strafzwecke und wiedergutmachung"*, en *Zeitschrift für Evangelische Ethik*, nº 25, 1981, pp. 44-55.

SEGOVIA BERNABÉ, J. L., *"Experiencia de la mediación penitenciaria"*, en AA.VV., en AA.VV., *Sobre la mediación penal (posibilidades y límites ne un entorno de reforma del proceso penal español)*. Aranzadi, Cizur Menor (Navarra) 2012, pp. 289-314.

SEGOVIA BERNABÉ, J. L., RÍOS MARTÍN, J., *Diálogo, justicia restaurativa y mediación* (2006), obtenido el 26 de enero de 2013 en http//:www.larevistilla.org.

SHAFER, S., en *The victim and his criminal: a study in functional responsibility*. Ramdon House, Nueva York, 1968.

- *"The Victim and His Functional Responsibility"*, en *Criminology*, Volume 5, Issue 3, 1967, pp. 25-29.

SILVA SÁNCHEZ, J. M., *"Una crítica a las doctrinas penales de la ´lucha contra la impunidad´y del ´derecho de la víctima al castigo del autor´"*, en *Revista de Estudios de Justicia*, nº 11, 2009, pp. 35-56.

- *"Retos científicos y retos políticos de la ciencia del Derecho penal"*, en AA.VV., *Crítica y Justificación del Derecho penal en el cambio de siglo*. Universidad de Castilla-La Mancha, 2003, pp. 25-40.

- *La expansión del Derecho penal. Aspectos de la política criminal en las sociedades postindustriales*, 2ª edición. Civitas, Madrid, 2001.

- *Perspectivas sobre la política criminal moderna*. Ábaco, Buenos Aires, 1998.

- (Ed.) *Política criminal y nuevo Derecho Penal. Libro homenaje a claus Roxin*. Bosch, Barcelona, 1997.

- *"Sobre la relevancia jurídico penal de la realización de actos de ´reparación´"*, en *Revista del Poder Judicial*, nº 45, 1997, pp. 183-202.

- "*La consideración del comportamiento de la victima en la teoría jurídica del delito. Observaciones doctrinales y jurisprudenciales sobre la ´victimo-dogmática´"*, en *Cuadernos de derecho judicial. La victimología*, vol. 15, 1993. Consejo General del Poder Judicial, Madrid, pp. 11-52.

- *Aproximación al Derecho Penal contemporáneo*. Bosch, Barcelona, 1992.

SILVESTRI, E., *"Observaciones en materia de instrumentos alternativospara la resolución de las controversias"* (trad. de Perfecto Andrés Ibáñez, originalmente publicado en italiano, *Osservazioni in tema di strumenti alternativi per la risoluzione delle controversie*, en *Rivista trimestrale di diritto e procedura civile*, 1999, LIII, pp.321-337), en *Revista Jueces Para la Democracia*, nº 37, 2000, pp. 47-55.

SITARZ, O. *et al.*, *"La mediación penal en Polonia. Resultados de una investigación sobre su funcionamiento práctico entre 1997-2010. Investigación realizada en la Universidad polaca Uniwersytet Slaski"*, en *E-czasopismo Prawa Karnego I Nauk Penalnych*, nº 13, 2102, pp. 1-29.

SIX, J. F., *Los mediadores* (trad. de Milagros Amado Mier y Denise Garnier, originalmente publicado en francés, *Les médiateurs*, Le Cavalier Bleu, París, 2003). Sal Terrae, Maliaño, 2005.

SOLAR, M.,*"Justicia Restaurativa con adolescentes infractores de ley penal en el marco de la convención de los derechos del niño"*, en *Revista de Derechos del Niño,* Nº 2, 2003. Obtenido el 16 de julio de 2012 en: http://www.unicef.cl/archivos_documento /92/Derechos2.pdf, pp. 253-264.

SOLDEVILLA MARTÍNEZ, I. y GUARDIOLA GARCÍA, J., *Mediación penal en adultos: una comparativa de experiencias piloto* (2011), obtenido el 2 de julio de 2012 en http://www.uv.es/recrim, pp. 1-3.

SOLETO MUÑOZ, H., *"La justicia restaurativa como elemento complementario a la justicia tradicional"*, en AA.VV., *Sobre la mediación penal (posibilidades y límites en un entorno de reforma del proceso penal español).* Aranzadi, Cizur Menor (Navarra), 2012, pp. 41-90.

SOTO NAVARRO, S., *"La influencia de los medios de comunicación socila en la percepción de la delincuencia"*, en *Revista Electrónica de Ciencia Penal y Criminología,* nº 07-09, 2005, obtenido el 30 de diciembre de 2012 en http://www.criminet.ugr.es/recpc, pp. 1-46.

STRANG, H. *et al.*, *"Victims evaluations face to face restorative justice conferences: a quasi experimental análisis"*, en *Journal of Social Issues,* vol. 62, nº 2, 2006, pp. 281-306.

SUBIJANA ZUNZUNEGUI, I. J., *"Las víctimas en el sistema penal. En especial, la justicia restaurativa"*, en AA.VV., *Panorama actual y perspectivas de la victimología. La victimología y el sistema penal,* Consejo general del Poder Judicial. Madrid, 2007, pp. 227-274.

TÁCITO, C. C., *De las costumbres, sitios y pueblos de la Germania* (originalmente es crito en latín, *De origine et situ Germanorum,* hacia 98 DC), edición de *El Cid Editor,* Barcelona, 2004.

TAMARIT SUMALLA, J., *"Paradojas y patologías en la construcción social, política y jurídica de la victimidad"*, en *Indret, Revista para el Análisis del Derecho,* nº 1, 2013, obtenido el 30 de junio de 2013 en http://www.indret.com, pp. 1-31.

- *"La justicia restaurativa: concepto, principios, investigación y marco teórico"*, en AA.VV., *La Justicia restaurativa: desarrollo y aplicaciones* (coord. TAMARIT SUMALLA, J.). Comares, Granada, 2012, pp. 3-60.

- *"La justicia reparadora en el Derecho penal de menores"*, en AA.VV., *Derecho penal y psicología del menor.* Comares, Granada, 2007, pp. 137-168.

- *"La victimología. Cuestiones conceptuales y metodológicas"*, en AA.VV. *Manual de Victimología,* coords. ECHEBURÚA ODRIOZOLA, E. *et al.* Tirant lo Blanch, Valencia, 2006, pp. 17-50.

- *"La justicia reparadora: ¿una justicia para la victima?"*, en AA.VV. *Manual de Victimología,* coords. ECHEBURÚA ODRIOZOLA, E. *et al.* Tirant lo Blanch, Valencia, 2006, pp. 439-462.

- *La víctima en el Derecho penal,* Aranzadi, Cizur Menor (Navarra), 1998.

TAMARIT SUMALLA, J., VILLACAMPA ESTIARTE, C., *Victimología, justicia penal y justicia reparadora.* Ibáñez, Bogotá, 2006.

TECCO, S., *"La venganza de sangre albanesa"*, artículo publicado en el diario ABC, de 4 de agosto de 2003, obtenido el 23 de octubre de 2012 en http://abc.es.

TERRADILLOS BASOCO, J. M., *"La Constitución penal. Los derechos de la libertad"*, en CAPELLA HERNÁNDEZ, J. R. (ed), *Las sombras del sistema constitucional español.* Trotta, Madrid, 2003, pp. 355-378.

TIEDEMAN, K., *"Constitución y Derecho penal"* (trad. de Luis Arroyo Zapatero), en *Revista Española de Derecho Constitucional,* nº 33 (separata), pp. 144-172.

TINOCO PASTRANA, A., *Fundamentos del sistema judicial penal en el Common law.* Servicio de Publicaciones de la Universidad de Sevilla. Sevilla, 2001.

TOMÁS Y VALIENTE, F. *La Tortura Judicial en España.* Crítica. Barcelona, 2000.

- *El Derecho penal de la Monarquía Absoluta (siglos XVI, XVII, XVIII).* Tecnos, Madrid, 2ª ed., 1992.

TORRES, J., *"Una moto es razonable, un helicóptero no"*, en diario *La Opinión de Málaga,* edición de 28 de octubre de 2012. Obtenido el 19 de noviembre de 2012 en http://www.laopiniondemalaga.es/malaga/2012/10/28/moto-razonable-helicoptero/544252.html.

TORRES FERNÁNDEZ, M. E., *"Expansionismo penal y maltrato de pareja. ¿Un papel posible para la mediación?"*, en *Libro de ponencias de la VIII conferencia internacional del foro mundial de mediación, Valencia, 18-21 de octubre de 2012, vol. III.* Foro Mundial de Mediación, Caracas, 2012, pp. 60-66.

TORRES ROSELL, N., *"Una lectura en clave reparadora de las sanciones penales: las sanciones de cumplimiento en la comunidad"*, en AA.VV., *La Justicia restaurativa: desarrollo y aplicaciones* (coord. TAMARIT SUMALLA, J.). Comares, Granada, 2012, pp. 131.152.

TORTOSA MUÑOZ, A., *La mediación. Una alternativa extrajudicial a la resolución de conflictos,* conferencia pronunciada el 24 de enero de 2013 en la Cámara de Comercio de Granada.

TREBOLLE, M. A., *"La función policial en el nuevo milenio y los métodos RAC"*, en *Libro de ponencias de la VIII conferencia internacional del foro mundial de mediación, Valencia, 18-21 de octubre de 2012, vol. III.* Foro Mundial de Mediación, Caracas, 2012, pp. 90-110

URÍAS MARTÍNEZ, J., *"El valor constitucional del mandato de resocialización"*, en *Revista Española de Derecho Constitucional*, nº 21, 2001, pp. 43-78.

URQUIZO OLAECHEA, J., *"El bien jurídico"*, en *Cathedra, Espíritu del Derecho*, nº 2, año 2, 1998, obtenido el 12 de agosto de 2012 en http://www.sisbib.unmsm.edu.pe, documento electrónico sin paginar.

URRA PORTILLO, J., *"Educar a los adolescentes para la socialización"*, conferencia pronunciada el 26 de julio de 2011, en el transcurso de la XIX edición de la Universidad de Verano de Adeje. Obtenido (extracto) el 14 de diciembre de 2012 en http://www.eldia.es/2011-07-27/SOCIEDAD/6-Urra-Hay-ponerse-lado-victimas-permi tirles-legislar.htm.

VALDÉS CRUZ, L., ZUBIZARRETA PRIETO, L. D., PAREDES LEÓN, A., *"Orígenes históricos y culturales de la mediación"* (2010), obtenido el 19 de noviembre de 2012 en http://www.ecolink.com.ar.

VALERO, F., *"La mediación se abre paso a duras penas en el sistema judicial"*, en *El Periódico de Aragón*, edición de 25 de abril de 2011, p. 35.

VALERO LLORCA, J., *"Mediación y deontología. Hacia un código deontológico de los mediadores"*, en *Libro de ponencias de la VIII conferencia internacional del foro mundial de mediación, Valencia, 18-21 de octubre de 2012, vol. II*. Foro Mundial de Mediación, Caracas, 2012, pp. 166-172.

VARONA GÓMEZ, D., *"Medios de comunicación y punitivismo"*, en *Indret, Revista para el Análisis del Derecho*, nº 1, 2011, obtenido el 30 de diciembre de 2012 en http://www.indret.com, pp. 1-34.

VARONA MARTÍNEZ, G., *"Justicia restaurativa a través de los servicios de mediación penal en Euskadi. Evaluación externa de su actividad: octubre de 2008 – septiembre de 2009"* (2009), obtenido el 30 de junio de 2012 en www.ivac.ehu.es/.../*GEMA_Evaluacion ExternaSMP_08-09.pdf*.

- *"Evaluación externa del servicio de mediación penal de Barakaldo, julio-diciembre de 2007"* (2008), obtenido el 30 de marzo de 2012 en http://www.justizia.net.

- *"Criterios de evaluación en la justicia restaurativa: análisis comparado e internacional"*, adaptación de la comunicación, no publicada, presentada dentro de la Mesa Redonda *Justicia restauradora: evaluación de las experiencias existentes*, en el II Congreso Nacional de la Sociedad Española de Victimología, celebrado en San Sebastián del 25 al 27 de junio de 2007, obtenido el 12 de junio de 2013 en http://www.arrats.com.

- *La mediación reparadora como estrategia de control social*. Comares, Granada, 1998.

VÁZQUEZ, M. P., *"La mediación penal. ¿Un nuevo paradigma en el derecho penal o una herramienta para el ejercicio discrecional de la persecución pública local?"*, en

Revista Institucional de la Defensa Pública de la Ciudad Autónoma de Buenos Aires, nº 4, 2013, pp. 29 a 48.

VÁZQUEZ CÁRDENAS, A. E., *"La victimología como estudio. Redescubrimiento de a víctima para el sistema penal"*, en *Revista Prolegómenos - Derechos y Valores*, 2011-I, obtenido el 12 de mayo de 2012 en http://www.redalyc.org, pp. 27-42.

VÁZQUEZ FLAQUER, A., *"La capacitación del profesional de la mediación"*, en *Libro de ponencias de la VIII conferencia internacional del foro mundial de mediación, Valencia, 18-21 de octubre de 2012, vol. IV*. Foro Mundial de Mediación, Caracas, 2012, pp. 26-33.

VÁZQUEZ GONZÁLEZ, M., *Delincuencia juvenil: consideraciones penales y criminológicas*. Cólex, Madrid, 2003.

VENTAS SASTRE, R., *"Principio de oportunidad y mediación intrajudicial: una posible solución para reducir las deficiencias del proceso penal"*, en AA.VV., *Sobre la mediación penal (posibilidades y límites en un entorno de reforma del proceso penal español)*. Aranzadi, Cizur Menor (Navarra), 2012, pp. 91-106.

VERGER GRAU, J., *"Una modalidad alternativa al ejercicio de la acción penal"*, en *Revista del Poder Judicial, número especial XIX: propuestas para una nueva Ley de Enjuiciamiento Criminal*, 2006.

VILLACAMPA ESTIARTE, C., *"La justicia restaurativa en los supuestos de violencia doméstica (y de género)"*, en AA.VV., *La justicia restaurativa: desarrollo y aplicaciones aplicaciones* (coord. TAMARIT SUMALLA, J.). Comares, Granada, 2012, pp. 89-130.

VINYAMATA CAMP, E., *Aprender mediación*. Paidós, Barcelona, 2003.

VIRGOLINI, J. E. S., *La razón ausente. Ensayo sobre criminología y crítica política*. Editores del Puerto, Buenos Aires, 2005.

VON HIRSCH, A., *Censurar y Castigar*, (trad. de Elena Larrauri, originalmente publicado en inglés bajo el título *Censure and sanctions*, University Press, Nueva York, 1993). Trotta, Madrid, 1998.

- *Doing Justice. The Choice of Punishments*. Hill and Wang, Nueva York, 1976.

VON LISZT, *La idea del fin en el Derecho penal penal* (trad. de César Pérez del Valle, originalmente publicado en alemán en 1882, con el título *Der zweckgedanke im strafrecht*, también conocida como *El programa de Marburgo*). Universidad Autónoma de México, México, D. F., 1994.

WALKER, L., *The Battered Women*, Harper and Row Publishers. Nueva York, 1979.

WALMSLEY, R., *World prision polulation list, nith edition*. International Centre for Prision Studies, Essex, 2012.

WARR, M., *"El miedo al delito en los Estados Unidos: rutas para la investigación y la formulación de políticas"* (trad. de Mario Arroyo), en AA.VV. (eds. BARBERET, R., BARQUÍN, J.), *Justicia Penal Siglo XXI,* Departamento de Justicia de los Estados Unidos, Granada, 2006, pp. 181-222.

WELZEL, H., *Introducción a la Filosofía del Derecho* (trad. de Felipe González Vicén). Aguilar, Madrid, 1971.

- *Derecho Penal. Parte General* (trad. de Carlos Fontán Balestra, originalmente publicado en alemán, *Das deutsche Strafrecht: eine systematische Darstellung,* De Gruyter, Berlín, 1956). Roque de Palma, Buenos Aires, 1956.

WILSON, J. Q., KELLING, L., *"Ventanas rotas: la policía y la seguridad en los barrios"* (trad. de Daniel Friedman, originalmente publicado en inglés, *"Broken Windows. The police and neighborhood safety"*, en *The Atlantic Monthly,* vol. 249, nº 3, 1982, pp. 29-38), en *Delito y Sociedad. Revista de Ciencias Sociale,* nº 15-16, 2001, pp. 67-79).

WRIGHT, M., *"Restorative justice: For whose benefit?"*, en *Victim-offender mediation in Europe: Making restorative justice work.* Leuven University Press. Leuven, 2000, p. 35.

- *Justice for victims and offender: a restorative response to crime.* Waterside Press, Hatfield, Hertfordshire, Gran Bretaña, 1996.

ZAFFARONI, E. R. *et al., Derecho penal. Parte general.* Ediar, Buenos Aires, 2002.

- *"Los códigos penales de latinoamérica"*, en *Códigos penales de los países de América Latina (Suprema Corte de Justicia de la Nación de México).* ILANUD, México D.F., 2000, pp. 15-82.

- *"La creciente legislación penal y los discursos de emergencia"*, en AA.VV., *Teorías actuales del Derecho Penal.* Ad Hoc, Buenos Aires, 1998, pp. 613-620.

ZAFRA ESPINOSA DE LOS MONTEROS, R., *"La mediación penal: una alternativa a la resocialización"*, en AA.VV., *Sobre la Mediación Penal (posibilidades y límites en un entorno de reforma del proceso penal español).* Aranzadi, Cizur Menor (Navarra), 2012, pp. 107-126.

ZEHR, H., *Cambiando de lente. Un nuevo enfoque para el crimen y la justicia* (trad. de Cristián D. Quezada *et al.*, originalmente publicado en inglés, *Changing lenses.* Herald Press, Elkhart, Indiana, 1990). Herald Press, Harrisonbourg, Virginia, 2012.

- *El pequeño libro de la justicia restaurativa.* Good Books, Madrid, 2007.

- *"Retributive justice, restorative justice"*, en *New Perspectives on Crime and Justice,* Mennonite Central Commitee, nº 4, 1985, pp. 2-18.

ZUGALDÍA ESPINAR, J. M., *Fundamentos de Derecho Penal.* Universidad de Granada, Granada, 1991.

Made in United States
Orlando, FL
04 November 2026

90200629R00269